钟少异 著

中国古代军事工程技术史（上古至五代）

山西出版集团
山西教育出版社

1.新石器时代晚期石钺

山东泰安大汶口出土

2.商代晚期铜钺

河北藁城台西出土，长 26.5 厘米

3.商代中期铁刃铜钺

河北藁城台西出土，残长 11.1 厘米

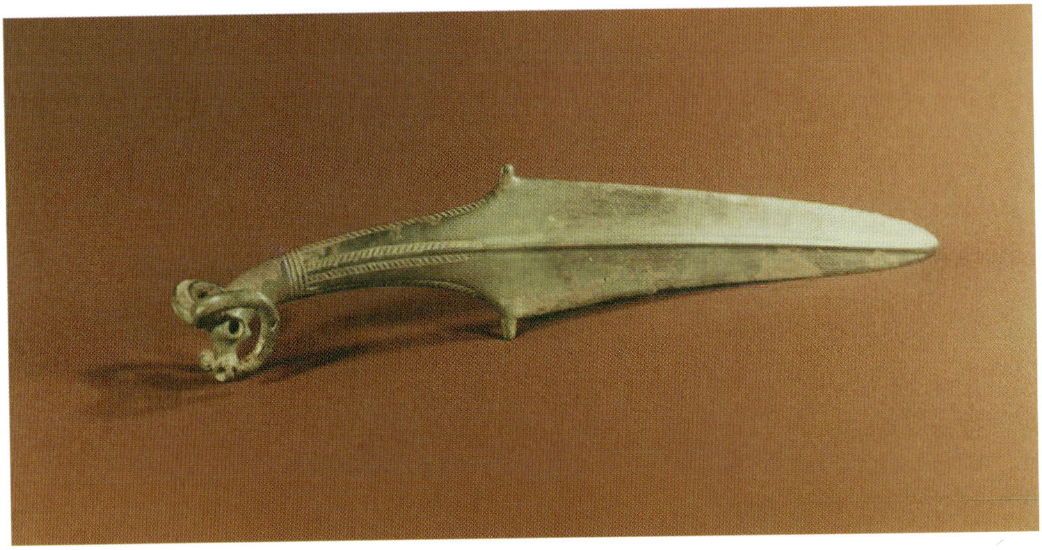

4.商代晚期铜短剑　河北青龙抄道沟出土，长 30.2 厘米

5.商代晚期铜盾饰
陕西岐山贺家村出土，宽 13.5 厘米

6.西周早期铜矛
山西曲沃曲村出土

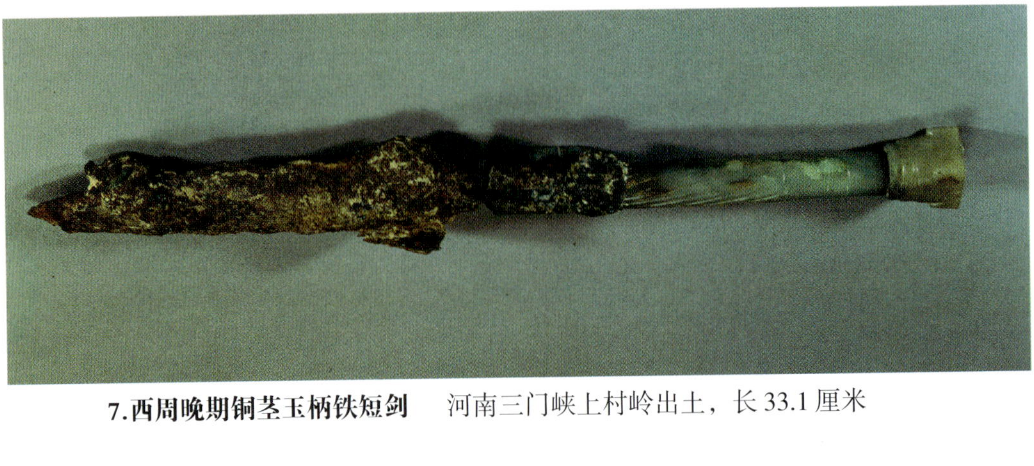

7.西周晚期铜茎玉柄铁短剑　河南三门峡上村岭出土，长 33.1 厘米

8.两周之际铜戈　河南三门峡上村岭出土，长约 21 厘米

9.春秋晚期吴王夫差铜矛
湖北江陵马山出土，长 29.5 厘米

10.吴王夫差铜矛铭文细部

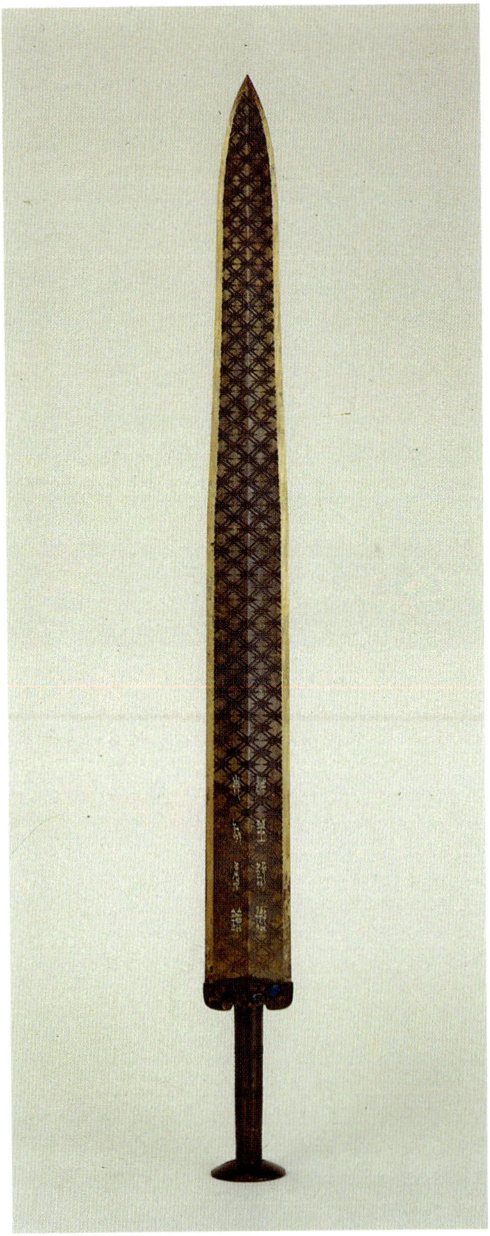

11.春秋战国之际越王句践铜剑

湖北江陵望山出土，长 55.6 厘米

12.越王句践铜剑铭文细部

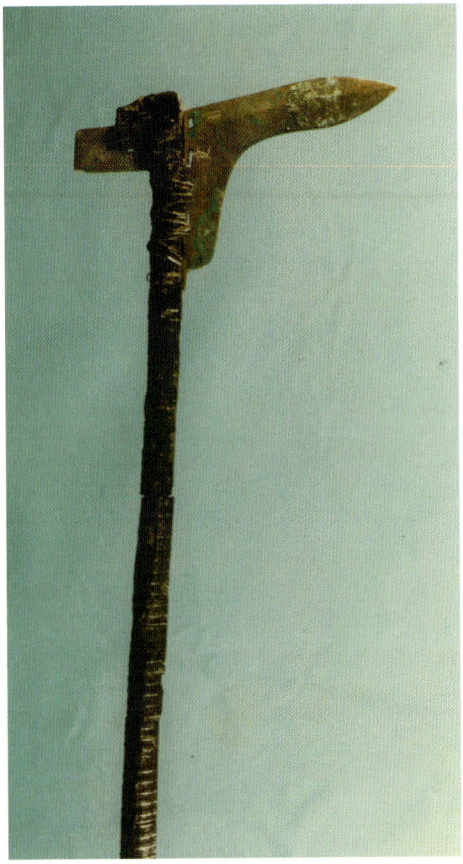

13.战国早期铜戈

湖北随县曾侯乙墓出土，装积竹柄

14.战国早期铜殳
湖北随县曾侯乙墓出土，装积竹柄

15.战国早期铜三戈戟
湖北随县曾侯乙墓出土，装积竹柄

16. 战国早期皮甲胄（复原模型）
湖北随县曾侯乙墓出土，甲长 80 余厘米

17.战国彩绘漆盾（复原）
湖南长沙出土，高 64.5 厘米

18.秦代铜戟（柄系复原）
陕西临潼秦始皇陵兵马俑坑出土

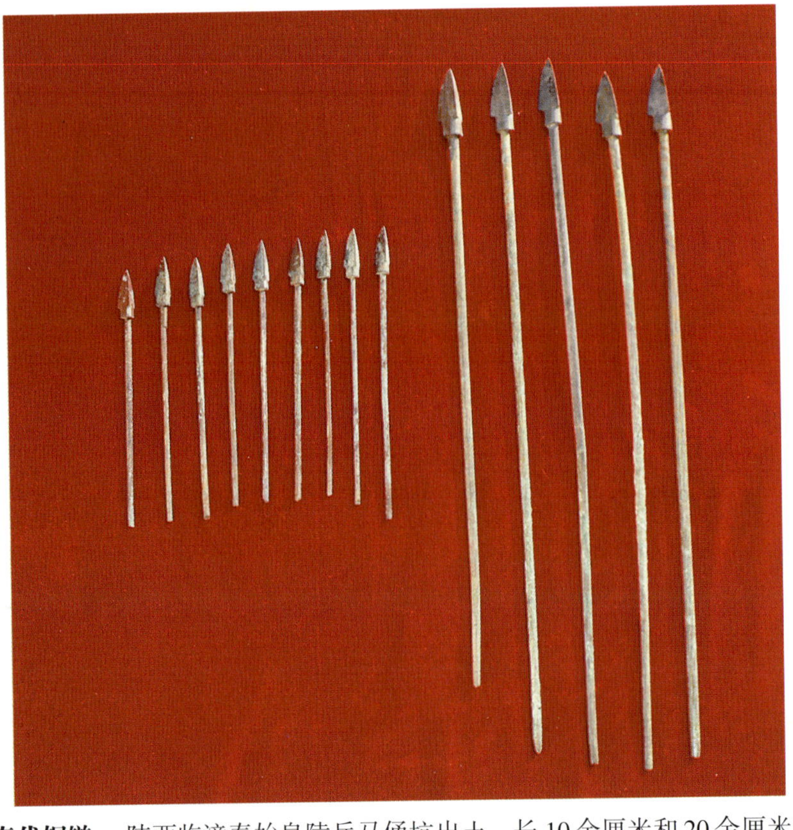

19.秦代铜镞 陕西临潼秦始皇陵兵马俑坑出土，长 10 余厘米和 20 余厘米两种

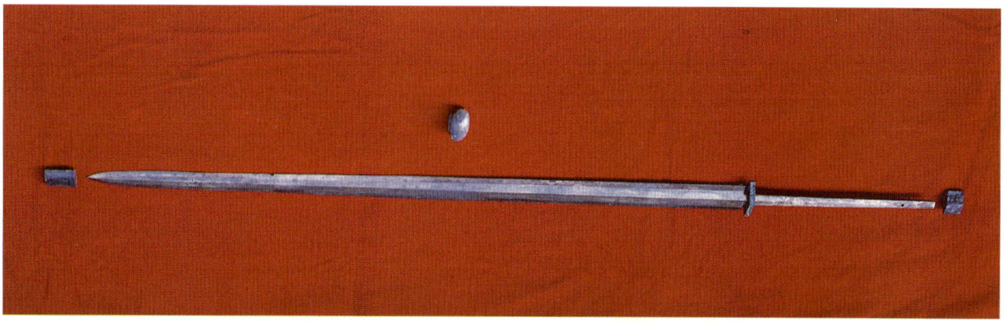

20.秦代铜剑　陕西临潼秦始皇陵兵马俑坑出土，长 91 厘米，剑身宽 3.4 厘米

21.战国晚期铁胄（复原）　河北易县燕下都出土，高 26 厘米

22.西汉金饰铁匕首　河北满城出土，长 36.7 厘米

23.秦陵1号铜车马　陕西临潼秦始皇陵陪葬坑出土

24.秦陵1号铜车马细部：车上所架之弩

25.西汉铜弩机

河北满城出土，长 9.7 厘米

26.西汉铁甲（复原模型） 河北满城出土，长约 80 厘米

27.北齐着明光甲按盾陶武士俑
河北磁县出土

28.敦煌第285窟西魏壁画《五百强盗成佛图》

29.河北易县战国燕下都的夯土城墙细部

30.汉代玉门关（小方盘城）遗址

31.敦煌唐代壁画上的攻城图

序言

“工程技术”活动是人类最为基本的社会实践之一。现代工程技术主要表现为以科学发现来引导技术创新，并应用于生产；又围绕生产过程对技术实行集成，并以理论的形态，形成诸多独立的学科，起到联结科学与生产的桥梁作用。工程技术是在人类利用和改造自然的实践过程中逐渐产生，并发展起来的，在古代，人们只有有限，且不太系统的科学知识；科学与生产的联系也不像今天这样直接和紧密。古代工程技术，主要表现为累积了世代经验的生产手段和方法，这些手段和方法，有的经过了一定的总结和概括，有的就蕴含于生产过程之中。当然，由于目的及所采用的手段和方法的不同，古代工程技术也形成了许多门类。就中国古代工程技术而言，最为主要的有以下内容：采矿技术、冶铸技术、机械技术、建筑技术、水利技术、纺织和印染技术、造纸和印刷技术、陶瓷技术、军事技术、日用化工技术等。这些门类，也就是《中国古代工程技术史大系》所要包括的内容。

在科学技术突飞猛进的现代，来研究中国古代工程技术史，我觉得不能不思考三个问题，一是中国古代工程技术发展的特点或规律，二是中国古代工程技术实践的历史意义，三是中国古代工程技术实践的现实价值。我是学现代工程技术的，近些年因工作关系，与科学史界有较多接触，这次《中国古代工程技术史大系》编委会要我担任主编，也促使我有意识地对这些问题进行了思考，借此机会，谨将一些初步的认识梳理罗列于下，以与海内外科学史界的朋友交流、讨论。

（1）中国古代工程技术发展的主要特点

根植于中华农业文明，发展进程具有连续性、渐进性和相对独立性。

国家因素起着重大作用，具有强大组织功能的中央集权制国家机器推动产生了一系列规模宏大的工程技术实践。

独特的环境、独特的资源和独特的历史，孕育了诸多独特的发明创造。

辽阔与各具特点的地域，既孕育了丰富多样的技术成果，也导致了技术发展的地区差异

（2）中国古代工程技术实践的历史意义

与中国古代农业技术相结合，共同构成了中华农业文明体系的技术基础。

以富有特色的大量发明创造，形成了世界古代工程技术的独特体系。

以一系列独具匠心的发明，对人类文明进步和近代世界发展作出了贡献。

凝聚了中国古人对于自然以及人与自然关系的丰富而独到的认识。

（3）中国古代工程技术实践的现实价值

当前我们正面临一个全球化的时代，现代化和全球化不能以失落传统为代价，未来世界应当是一个高度发达，同时又保有多样文化传统的多彩世界，中国古代工程技术实践的成果结晶既是中华民族文化传统的有机组成部分，也是人类科学技术传统的重要组成部分。

基于"敬天悯人"的意识，中国先贤一直以"顺天而动"、"因时制宜"、"乘势利导"、"节约民力"为工程技术活动的重要原则，由于多种因素的交互作用，既有成功，也有失败，这部"悲欣交集"的历史长卷，对于今天的工程技术实践乃至整个人类的活动，仍有丰富的启迪意义。历史的经验和教训从来都是一笔宝贵的财富，后来者要善于以史为鉴、服务当今、创造未来。

以上诸点，只是粗线条的概括性认识。我相信，本书各卷的撰著者，必然都从各自的领域和角度对这些问题进行了深入的思考，并以大量的资料进行论证，从而得出自己独立的见解，为读者展现出丰富而生动的学术成果。

中国科技史研究以往存在重数理而轻技术的现象，我希望这次通过编纂《中国古代工程技术史大系》，能够集中全国各方面专家学者的力量，对中国古代工程技术实践进行系统的整理和研究，力求科学地理解中国古代工程技术发展的历史，并对以往有关中国古代工程技术史的研究进行一次总结。

2003 年 9 月 8 日

导 言

“工程技术”是一个现代科技术语。按照今天的认识，军事技术总体上属于工程技术的范畴，也可以统称之为“军事工程技术”。《中国古代军事工程技术史》（包括“上古至五代”卷和“宋元明清”卷）作为《中国古代工程技术史大系》的组成部分，就是在这个意义上使用“军事工程技术”这个概念的①，其内容是对中国古代军事技术进行系统的研究。

一、公元10世纪以前中国的战争

本卷的任务是对上古至隋唐五代时期，亦即公元10世纪以前中国的军事技术进行系统研究。在进入主题之前，有必要对这个时间范围内中国战争形态的演变作一概览，因为各个时代军事技术的发展，总是与特定形态的战争相关联。

在公元10世纪，我们的祖先将火药运用于军事，创造出最初的火器，这标志着战争开始由冷兵器时代向火器时代过渡。因此，公元10世纪以前的战争史，都属于冷兵器时代。所谓“冷兵器”，系相对于火器而言，泛指不利用火药，而仅凭人的体力、器物的重力和机械能，通过人和人的碰撞格斗，或千米范围内的抛射打击②，来实行杀伤的武器。冷兵器时代人类的战斗方式都是近身格斗和近距射击，但多样的地理环境和生存方式，不同的历史际遇和文化积淀，仍使得各民族的战争形态异彩纷呈。

东亚地区以黄河流域和长江流域为腹心的这个历史舞台，由于周边高山巨岭、大漠荒碛和浩瀚大洋的环绕而具有很强的独立性，公元10世纪以前中国的战争活剧就是在这个相对独立的空间范围内一幕幕上演的。其中心战场是位于长城山地和长江天堑之间的广阔平原。长城山地和江淮区域，则构成了两条主要的军事对抗带：横亘于华北平原和蒙古高原之间的长城山地，是中原农耕民族和北方游牧民族的对抗带；江淮之险，是分裂时期南北对峙的天然界线。

如同世界大部分地区一样，中国的战争也由徒步战斗起始。夏商时期，搭乘马车作战逐渐发展起来，但直至商周交替之际（约公元前11世纪），步战仍居主导地位。西周时期（公元前11世纪~前771年），战车部队得到大力发展，乘车作战逐渐成为主要方式。“戎车啴啴，如霆如雷”——是那个时代的象征。特别是到了春秋时期（公元前770~前476年），在各诸侯国之间的战争中，车阵对决成

① “军事工程技术”这个概念还有狭义的用法，即特指军事方面的工程建筑技术和作战行动的工程保障技术，在古代主要有筑城、攻守城战中的工程作业、道路和桥梁工程等，在本书中一般称之为“军事土木工程技术”。

② 冷兵器时代抛射武器的射程一般不超过1000米。《宋史·魏丕传》（第9277页）记：“旧床子弩射止七百步，令丕增造至千步。”（亦见王应麟《玉海》卷一五一）宋时五尺为步，一尺约合今31厘米。据此，宋代最强劲弩砲的射程（七百步至一千步）当超出千米。这可能是古代抛射武器射程之最，属罕见之例。

为基本的样式：双方的战车都列成阵势，相向推进，碰撞厮杀。车战达于鼎盛。

直至这个时期，中国的战争都以黄河中下游平原为主要战场，坦荡的平原很适合马车驰骋，古代战车的冲击力因而得以充分发挥。及至春秋交替战国之际(约公元前5世纪)，随着东周列国兼并浪潮的升级，作战地域和战争规模急速扩大，战场日益复杂化，只适于平地驰骋的马拉战车越来越难以适应，车战遂由盛转衰，古老的步战重又复兴。战国七雄：秦、楚、齐、魏、韩、赵、燕，都大量征召郡县农民，组成以步兵为主体的庞大军队，在辽阔的地域进行征战，或戍守城邑和边防。

早在新石器时代晚期，筑城和对城的攻防作战业已兴起。到战国时期（公元前475~前221年)，由于兼并战争加剧，攻城灭国日益扩大化，因而出现了一个攻守城作战的高潮，其频率和规模达到了空前的程度，甚至为以后许多朝代所不及。这与步兵的复兴也互为因果。

图1 河南汲县山彪镇出土战国铜鉴上的水陆攻战图纹

图2 山东沂南出土汉画像石上的汉匈战争图

就在步战和步兵复兴的同时，北方的秦、赵、燕三国，为对抗匈奴、楼烦、东胡等北方游牧民族，又率先发展了骑兵。新兴的骑兵很快被导入中原诸侯国之间的战争，因而促使列国都组建了骑兵部队。数量还比较有限的骑兵，与规模已相对缩小的战车兵，共同构成了当时军队中的快速机动力量，在战争中担负侧翼掩护和奔袭追击等任务。于是形成了以步兵为主，车骑为辅，步车骑协同的作战方式。由此也确立了史无前例的秦统一战争的基本样式。时人描述战国晚期秦、楚等国的军力为“车千乘，骑万匹，带甲百万”，大致反映了当时列国军队的构成状况。

当秦汉王朝统一了华北平原直至珠江三角洲的广大农耕区域，建立起大一统的东亚农业帝国之际，匈奴人也征服了广袤的蒙古草原上的诸多游牧部族，形成强大的骑马军事集团，不断南下攻扰，给秦汉王朝造成严重的安全压力。为此，秦汉王朝一方面大规模修造长城，大力发展装备强弩的步兵，以加强边境屯戍，备防匈奴袭扰；一方面大力发展骑兵，以求主动出击，与来去迅捷的匈奴人在草原大漠上展开角逐，消灭其军事力量，将之驱向遥远的北方。这种努力在汉武帝时代（公元前140～前87年）达到高峰，汉朝组建了庞大的骑兵部队，频频出击，深入大漠。其时汉、匈军队在蒙古草原上进行的大决战，已主要是骑兵与骑兵的集团对抗。

但汉朝的边塞屯戍和内地驻防，仍始终以步兵为主。与匈奴的连年战争，导致马匹大量死亡，使得马源本不丰富的汉朝更难以不断扩大骑兵的规模，及至汉武帝晚年因整个社会不堪重负而被迫放弃远征战略后，骑兵的发展便告停滞。然而，骑兵作为主力兵种之一的地位已经确立，其数量规模虽小于步兵，实战中的作用，却往往大于步兵。而且，汉武帝时代骑兵的大发展，导致速度和灵活性都不如骑兵的战车部队彻底消亡，骑兵因而成为军队中唯一的快速机动力量。至此，以步兵为主的步车骑协同作战，遂演变为主次因情而异的步骑协同作战。步、骑两大兵种，或分别，或协同，上演了中古战争的多种对抗形式。

中国水战的萌芽，可以追溯到史前时期。及至春秋晚期，位处长江中下游的楚、吴、越三国都组建了水军，互相抗衡。之后秦汉王朝为统一岭南和控制整个长江以南地区，也在南方组训水军。东汉王朝崩溃后，中国出现了长期的分裂局面，从三国鼎立到南北朝对峙，宽阔的长江水道成为分裂对抗的天然界线，因而也是统一所必须逾越的障碍，于是伴随着统一和分裂的激烈斗争，在长江上爆发了多次惊心动魄的大规模水战。这是公元10世纪以前中国水战最为壮观的一幕。

东晋十六国和南北朝时期（公元317～589年）战争的最大特点是骑战的盛行以及骑兵重装化导致骑战面貌的改变。由于便习弓马的北方游牧民族大规模入据中原，使得骑兵成为江淮以北地区战场上的主宰。与此同时，骑兵日益重装化，即人和马都穿着铠甲。这是此时期骑兵发展的普遍性趋势。重装化使骑兵的防护能力大为增强，但相应降低了速度和灵活性，骑兵作战因而失去了原先快速灵活的特点，变为由铁塔似的重装骑兵组成的厚重阵势，以并不迅疾的速度，如墙推进，碰撞厮杀。

约在隋末唐初（公元7世纪初），中国的重装骑兵便趋于衰落。以李世民为代表的大唐帝国的创建者们更加重视骑兵基于其速度的机动性和灵活性，唐代骑兵于是恢复了以马匹不着铠甲的轻骑兵为主的旧传统。同时，随着统一帝国的重建，唐代又组建起规模庞大的步兵，驻防城邑，戍守边境。这是建立于农耕文明基础之上的中央王朝不变的特点。不同的是，经过十六国以来北方地区的民族大融和，唐朝的统治者和将军们混杂了许多游牧民族的血统，或浸染了许多游牧民族的习性，因此他们比原先的中原汉人更加喜好弓马骑射，更善于运用骑兵，往往能以精锐的骑兵，予敌以致命的打击，从而对战局产生决定性的影响。由是，在以步兵为主体的基本格局之下，骑兵的作用进一步增强。

公元10世纪以前中国战争的演变轨迹，大体如上。

二、公元10世纪以前中国的军事技术

公元10世纪以前中国的军事技术主要有两大内容，一是武器装备制造技术，一是军事土木工程技术。10世纪以前的武器大体包括格斗兵器（刀矛剑戟等）、射击兵器（弓弩抛石机等）和防护装具（甲胄盾牌等）三类；其他重要装备有战车、战船、骑兵马具、攻守城器械等。10世纪以前军事土木工程的核心内容是筑城，包括城池筑城、野战防御筑城和边防长城；其他重要内容有攻守城作战中的工程作业、军事交通工程（道路、河渠、桥梁）等。

公元10世纪以前中国军事技术的发展经历了不同的历史时期，各个时期都有其突出的内容，而在主要方面又始终具有先后启承关系，保持了总体的连续性。

（一）史前时期

生产工具特别是狩猎工具的发展孕育了原初的兵器，新石器时代晚期随原始社会解体而不断加剧的战争促使兵器及其制造技术趋向专门化。

农耕定居生活导致了筑城活动的发生，新石器时代晚期战争的加剧和早期王权的成长促使筑城活动趋向兴盛。在这个阶段，中国筑城已经形成了以平原夯土城为主的特点。

（二）夏商西周时期

“国之大事，在祀与戎。”中原王朝的诞生，强力推动了中国古代军事技术的发展。从这个时代开始，兵器制造和军事工程建设成为以国家为主的行为，国家意志和国家力量成为促进军事技术发展的主要因素。中原地区在兵器制造技术上的领先和主导地位自此确立。

青铜冶铸技术的成熟导致青铜兵器逐渐取代原始骨、石兵器，并确立了以泥范铸造为主的青铜兵器技术体系。以铜戈的流行为标志，中国古代冷兵器形成了独特的面貌。

车战兴起，促进了战车（独辕马车）制造技术的发展，同时对兵器形制结构的演变产生了重大影响。

中国筑城的基本技术——夯土版筑法得到确立，平原夯土城的构造渐趋成熟。

（三）东周时期

东周列国间不断加剧的兼并战争强劲地刺激了兵器制造业的发展，中央集权制度的逐渐发育进一步强化了国家对兵器制造业的控制。

青铜兵器制造技术不断精进，以至登峰造极。特别是在青铜合金配比技术和青铜兵器表面处理技术上，取得了一系列卓越成就。

铁兵器由萌芽而得到初步发展，预示了青铜兵器将为钢铁兵器所取代。

以复合弓、庐器、皮甲和漆盾为代表的非金属兵器（或兵器部件）的制造技术臻于完善，创造了多种复合材料工艺，确立了非金属复合兵器在中国古代冷兵器中独特的重要地位。步战复兴，对兵器的发展方向产生重大影响，剑、弩等适合步兵运用的武器迅速兴起。

在南方地区，水军和战船有了初步发展。

以版筑法为核心的夯土筑城技术趋于规范化。兼并战争的不断加剧和攻守城战的日益频繁，导致出现空前的筑城高潮，并促使攻守城方法趋于丰富多样。战争扩大化和步战的复兴，又导致野战防御筑城迅速兴起。

边境防御渐趋严密，长城防御工程体系初步形成。依凭城塞进行防守成为中原农耕民族对抗北方游牧民族的基本方式。

“兵者，国之大事也。”军事受到社会的普遍关注。百家争鸣，引发时人对有关军事技术的问题发表了诸多见解，既有宏观的思考（如《管子》“工无敌”之说），也有具体的探究（如墨家对守城术的研讨）。

（四）秦汉时期

随着大一统王朝的建立，形成了统一的国家兵器制造体系和统一的兵器生产标准，武器装备的标准化有了突出进展。

冶铁业的大发展，生铁炼钢技术特别是炒钢技术的成熟，推动了钢铁兵器的普及，并最终淘汰了青铜兵器。同时，在防护装具方面，由主要使用皮甲转变为以铁甲为主。

铁兵器制造技术不断进步，确立了以炒钢或熟铁冶锻为主的技术传统，形成了独具特色的“百炼钢”工艺。

弩得到大力发展，成为步兵的主要射击武器，其制造技术臻于成熟，汉代的青铜弩机代表了历史上同类机构的最高水平。

骑兵的大发展，战车兵的最终消亡，使武器装备彻底步骑兵化。

为统一岭南和控制南方地区，水军和战船得到显著发展，形成多种内河战船，船具臻于齐备。

中央集权的统一帝国，为军事工程建设提供了空前强大的力量，先后建成规模空前的战略性交通干道和长城防御工程体系。特别是长城防御体系，历经秦汉两代经营，臻于完善。与长城防线相匹配，还形成了庞大而高效的边防烽火警讯系统。

（五）魏晋南北朝时期

铁兵器制造技术继续发展，炒钢或熟铁冶锻进一步普及，创造了独特的灌钢冶炼法，西亚镔铁技术传来。涌现诸多制刀名家，各怀绝技，反映了铁兵器制造技艺的精进。

以床弩、抛石机、拍竿为代表的大型军事机械有了重大发展。

游牧民族大规模入据中原，北方地区骑战的兴盛，以及骑兵的重装化趋势，对武器装备的发展产生重大影响。马镫发明，骑兵马具趋于完善。武装战马的具装铠成为最受重视的军事装备之一。

南北分裂对抗，使长江水战出现高潮，战船及其战具有了重大发展，出现了装备拍竿的巨型楼船。同时出现了阻断长江水道的大型防御工程——铁锁拦江。

城池防御工程体系趋于完善，马面、瓮城、角台等设施逐步推广。夯土筑城技术达到高峰，中国筑城开始由夯土城向砖壁夯土城发展。在长期持续的战争中，攻守城方法继续发展。

（六）隋唐五代时期

沿袭前代成果而有所发展。中国冷兵器时代的军事技术至此基本定型。唐代李筌《太白阴经》和杜佑《通典·兵典》中的有关篇章，对10世纪以前中国军事技术的发展成果（不是技术本身）进行了总结。

根据公元10世纪以前中国军事技术的发展历程，本卷共设五编进行论述：史前、夏商西周、东周、秦汉，各为一编；魏晋南北朝与隋唐五代，合为一编。关于火药发明与火器创制的内容，虽发端于公元10世纪以前，但真正发生作用是在10世纪之后，故一并置于宋元明清卷考察。

三、公元10世纪以前中国军事技术的独特面貌

中国古代文明是在相对独立的空间范围内，主要靠其自身内部因素及其与邻近周边地区的相互作用关系发展形成的独特体系。它与古代世界其他文明中心的联系，不是呈便捷的频密往来，而是表现为远距离的接力传递式渗透，或是靠艰难的长途跋涉。如先秦时代中国与西方的联系，主要是通过欧亚草原地带诸多游牧或半游牧部族的往来迁徙，传递中转。也正是通过那些中间民族的传递和不畏艰险的商旅、使节的长途跋涉，形成了中古时代中国与西方联系的主要途径——陆上丝绸之路和海上丝绸之路。由这些路径传来的西方事物，或像流星那样湮没于中国文化和中国历史的浩瀚空间，或与中国的文化和历史相融合，在全新的环境中发展、演变成为地道的中国事物。

中国古代军事技术是中国古代文明的有机部分，其发展同样具有相对独立性，因而形成了自己的独特面貌。兹略举数端，以见一斑。

中国青铜技术的发端比西方迟，但青铜器的制造和应用更为发达，这既表现于瑰丽、神秘的青铜礼器，也表现于精良、独特的青铜兵器。从夏商时期直至秦代，青铜兵器的制造和使用持续兴盛了1500来年，至今地下不断出土那个时期的青铜兵器，数量浩大，是世界上任何其他古代文明所无法比拟的。

中国青铜技术以礼器和兵器制造为主导，两个方面既紧密联系，又各有特色，互相影响，形成了泥范铸造的深厚传统，历经长期持续的努力，在范铸技术、合金技术和青铜器表面处理技术等方面，达到了登峰造极的水平。中国青铜技术的发达和青铜兵器的盛行，甚至一定程度上迟滞了铁兵器的推广。

中国铁兵器的推广普及，是以生铁炼钢技术，特别是炒钢技术的成熟为基础的。中国人工冶铁的发端也迟于西方，但很早就发展出了冶炼生铁的技术，早期主要用生铁铸造农具，进而在生铁冶铸基础上发展出了多种生铁炼钢技术，如铸铁脱碳成钢法、炒钢法、灌钢法等，在兵器制造和生产工具制造中都得到广泛应用。特别是炒钢技术的成熟和推广，使中国古代冶铁技术自汉魏时期形成了以炒钢或熟铁冶锻为主的特点，其工艺尤其在兵器制造中不断精进，世人盛誉的“百炼钢”刀剑，堪称最有代表性的杰出制品。这与西方冶铁技术（包括铁兵器制造技术）长期停留于冶锻块炼铁（或块炼渗碳钢）的水平，形成了显明的对比。

在金属兵器制造技术发展进步的同时，兵器制造中对非金属材料的开发利用也高度发达。辽阔的地域所赋予的丰富多样的物产为兵器制造提供了独特的非金属材料。在此基础上，以弓、皮甲和庐器制造技术为代表，发展形成了利用木、竹、革、角、筋、胶、丝、漆等物复合制器的多种工艺，通过对这些具有不同性能的材料的复合，获得优良的综合机械性能，从而造出了堪称世界古代最优良的复合弓、漆皮甲和兵器柄（积竹，即所谓庐器）。

在机械设计方面，中国人也有杰出的天赋，很早就创造出许多独特的装置。在军事机械上，中国古人的创造力和贡献突出表现于两个方面。一是发明创造了一系列高效的抛射武器，如弩和卓越的青铜弩机、弩砲（车弩或床弩）、杠杆抛石机等，毫无疑问，中国人是对古代抛射武器贡献最大的民族。二是对基于杠杆原理的汲水工具桔槔的开发利用，在其基础上发展出了杠杆抛石机和拍竿等独特的战具，体现了中国古人对杠杆原理的独到认识和应用，这与公元前5世纪墨子对杠杆原理就有精妙的物理学阐述是相符契的。

在先秦时代，中国曾出现一个以独辕马车为军队重要装备，以战车兵为军队主力，以车战为战争主要方式的时期，这使中国成为古典时代世界独辕马车技术发展的主要中心。

在公元10世纪以前，中国的水战一直以长江中下游水域为主要战场，海上军事行动基本限于近海沿岸活动，战船发展因而一直以内河战船为主，兼顾近海航行，适于长江中下游宽阔水域使用的大型战船，尤其是发展的重点。

自战国时期以来，在中原农耕民族和北方游牧民族的长期对抗中，骑兵得到大力的发展。在此过程中，中国的骑兵马具不断完善，先后发明使用了高鞍桥的硬马鞍和供骑乘蹬踏的马镫，从而使骑兵战术趋于成熟，并对世界其他地区产生了重要影响。

中国筑城从一开始就以保护平原农耕人口的平原筑城为主。因天材，就地利，基于平原地区取之不竭的土壤资源，形成了夯土筑城的基本方式。从新石器时代的堆筑法到商周时期的版筑法，夯土筑城技术不断发展提高，日趋成熟完善。东晋十六国时期，开始将夯土城包砌砖壁，单纯的夯土城逐渐向砖壁夯土城发展。砖系用泥土塑造、焙烧而成，砖砌建筑是泥土建筑的延续和发展。由于中国古代的大多数建筑都以泥土和木材为主要原料，在中国，建筑活动因而被形象地称为“大兴土木”。中国古代筑城既是中国古代军事工程的核心内容，也是中国传统建筑的重要方面。

平原的开阔空间为规划城的形式提供了充分的可能性。中国筑城具有强烈的规则化趋向，方形城制很早就占据主导地位，并日益得到强化，这既基于平原筑城所具有的空间条件，又与中国人的观念体系，如天圆地方、择中而处等意识密切相关。

农耕文明筑城而守的传统，使得对城的攻防作战成为中国古代战争的重要形式，因而发展形成了丰富多样的攻守城方法。特别是以中国古代发达的农业水利技术为基础，发展形成了引水攻城的一整套工程技术手段，具有显著的特色。

中国古人还将城守的方法扩展至对大面积国土的防御，由此形成了规模庞大的长城防御工程体系。在中原农耕民族与北方游牧民族的长期对抗中，长城防御体系渐趋完备，其遗迹至今仍是地球上的一大奇观，被全世界公认为人类创造的伟大工程奇迹。

四、中国古代军事技术与相关技术

在任何时候，军事技术都具有综合性。如果说技术反映了人对自然的利用和改变，那么军事技术可以说是人类利用和改变自然的各种技术在军事中的应用。在公元10世纪以前的中国，在军事领域得到应用的技术主要有以下几类：

冶金技术，特别是冶铜和冶铁技术，这是金属兵器制造技术的基础；

木、竹、革、角、筋、胶、丝、漆等材料的手工加工技术，这是非金属武器装备（或其部件）制造技术的基础；

机械技术，这是弓、弩、弩砲、抛石机、拍竿等军事机械制造技术的基础；

制车技术，这是战车制造技术的基础；

造船技术，这是战船建造技术的基础；

土木工程技术，这是筑城技术和军事交通工程技术的基础；

水利工程技术，这是攻城战中水攻技术的基础；

采矿技术，这是攻守城战中穴攻和反穴攻技术的基础。

这些技术，既被应用于军事和战争，而军事和战争的需要，也为其发展注入了新的因素，由此形成诸多专门的领域或特殊的部门。就与军事的关系而言，当以冶金技术最为密切。金属兵器制造技术本身就是冶金技术的主体内容之一，冶金技术上的许多发明创造，或是缘于兵器制造，或是首先在兵器制造中得到应用，进而推广于其他领域。即便如此，金属兵器制造技术仍然受到普通冶金技术或其他金属器制造技术的重大影响，如商周时期的青铜兵器制造技术，就受到青铜礼器制造技术的强烈影响。这种交互关系，在各个技术门类中或多或少都存在。

因此，我们研究公元10世纪以前中国的军事技术，将努力关注它与相关技术的联系。唯有如此，才能够正确地揭示技术发展的轨迹和传统。但我们考察的重点始终是这些相关技术在军事中的应用和影响。

五、中国古代军事技术发展中的国家因素

国际汉学界有一种普遍认识：在中国的军事传统中，非常重视基于政治和道义因素的军队凝聚力和士气的作用，而比较轻视武器也即技术或者说物质因素的作用①。如孙子认为决定战争胜负的因素是道、天、地、将、法五事②，他把“道”（“主孰有道”，或者说政治清明）列于首位，而未提武器。学者们还常引孟子的言论为例：

> 王如施仁政于民，省刑罚，薄税敛，深耕易耨。壮者以暇日修其孝弟忠信，入以事其父兄，出以事其长上，可使制梃以挞秦楚之坚甲利兵矣。彼夺其民时，使不得耕耨以养其父母，父母冻饿，兄弟妻子离散。彼陷溺其民，

① 李约瑟《中国科学技术史》第5卷第6分册对此有集中的论述，作者认为：“中国古典战争理论一方面是惊人地‘现代的’，另一方面，由于对武器的忽视，又属于过去。”（Joseph Needham, Science and Civilization in China, Vol. 5, part 6, Cambridge University Press, 1994, pp. 45, 61－66）

②《孙子·计篇》。

王往而征之，夫谁与王敌？故曰：“仁者无敌。”①

中国学术界也流行类似的看法，并概言之曰“重道轻器”。

确实，中国的军事传统非常重视政治和道义因素，但说中国古代轻视武器和技术，却不符合事实。古典军事著作不怎么涉及武器和技术，往往与其性质有关。如《孙子兵法》系以军事力量的运用为研究对象，属于典型的战争艺术，自然多谈战略战术。但孙子也未忽视武器因素，《孙子·计篇》又将决定战争胜负的因素具体化为七个方面，即：主孰有道，将孰有能，天地孰得，法令孰行，兵众孰强，士卒孰练，赏罚孰明。其中“兵众孰强”应当是指由人和物所构成的军队的实力，自然包括了武器因素。

至于一些思想家的偏颇之词，则往往与其所强调的主题有关。如孟子极力宣扬仁政的威力，不免过中。他的言论，是推其主张的夸大演讲，而非综合考量的治国计划。当讲实际治国时，儒家的鼻祖孔子也要强调“足兵”②，这自然也包括人和物两个方面。

实际上，在中国古代，并不缺乏重视武器的主张。如《司马法》把武器装备列为用兵必须关注的五个要素之一，提出“右兵”，即重视武器③。《管子》认为武器装备是决定战争胜负的主要因素之一，“故凡兵有大论，必先论其器，论其士，论其将，论其主”④；并由重视武器，进而重视工艺技术，提出军事建设要做到“工无敌”和“器无敌”⑤。《吕氏春秋》特别强调要对将士和军备进行严格简选，绝不可因为乌合之众和锄头木棍可能打胜仗，而精兵良将和坚甲利兵可能打败仗，就不要精兵良将和坚甲利兵了⑥。《六韬·必出》说：“器械为宝，勇斗为首。”《墨子·七患》说：“库无备兵，虽有义不能征无义。”即使儒家学派的大师荀子，虽力主强国强兵的根本是君贤和隆礼贵义，但同时也认为“械用兵革攻完便利者强，械用兵革窳楛不便利者弱”乃强弱之“常”⑦。

最为重要的是，古代在此问题上起决定性作用的，并非思想家的理论主张，而是人们的一般意识，特别是统治者的意识，这是荀子所谓“常”——常情常理范畴的事情。

在中国古代，很早就有人说：“国之大事，在祀与戎。”⑧《孙子兵法》开篇第一句话也是：“兵者，国之大事也。”这些都反映了社会的普遍意识。这种意识在统治者的头脑中尤为根深蒂固，因此，与军事有关的事情，包括制造兵器和筑城，总是受到统治者的特殊关注和高度重视，成为强有力的国家意志。

周初鲁侯伯禽讨伐淮夷徐戎的誓词说：“备乃弓矢，锻乃戈矛，砺乃锋刃，无

---

① 《孟子·梁惠王上》。

② 《论语·颜渊》：“子贡问政。子曰：足食，足兵，民信之矣。”尽管孔子接着把“足兵”列于“求信于民”和“足食”之次，但至少也是头三位的大事之一。

③ 《司马法·定爵》。

④ 《管子·参患》。

⑤ 《管子·七法》。

⑥ 《吕氏春秋·简选》。

⑦ 《荀子·议兵》。

⑧ 《左传·成公十三年》。

敢不善。”① 春秋名相管仲说：“美金以铸剑戟，试诸狗马；恶金以铸钽夷斤斸，试诸壤土。”② 突出体现了统治者对兵器制造的重视。中国古代与国计民生密切相关的手工行业基本上为国家所控制，而在国家控制的官手工业中，兵器制造是最重要的部门。历朝历代，都设官管理兵器制造，制度日趋严密。由于兵器制造业被置于国家控制之下，得到国家的全力保障，因而成为中国古代官手工业的主体。近几十年来地下出土的东周列国生产的青铜兵器，不计其数，恐怕足以重新武装一支“十万之师”，而这还仅只是当日列国武备之九牛一毛。汉、唐两朝，其中央武库藏兵大概都在百万以上。中国古代兵器制造业的规模，于此可见一斑。

至于筑城，在历朝历代，也都是极重要的事务。中国古人很早就把粮食、军队和城视为国防的三要素，称：“此三者，国之具也。”③ 每个朝代建立伊始，总是立即组织大量民力营缮都城；而在任何一个朝代，其境内大大小小数以千万计的城邑的营缮活动，更无时或绝。许多朝代，甚至征发数十百万民夫建起规模浩大的长城，至今令人惊叹不已。如果没有统治者的高度重视和国家政权的有效组织，是根本无法想象的。

古代世界的科学技术成就，包括军事技术成就，主要是建立在农业文明的基础之上。其发展总体上表现为自然的渐进式过程，技术的创新和进步几乎都是点滴经验和微小改良世代累积的结果，总是需要有较长的时间，才能逐渐发生作用。任何重大的变化，都须经历数代，具有长期累积、潜移默化的特点。在此状态下，技术发展的规模和水平，主要取决于其所赖以存在的文明体系的规模和连续性，而后者又总是与特定形态的国家或王朝相联系。

中国不仅有非常广大的农耕区域，而且很早就出现了强有力的国家政权，能够有效地组织起巨大的人力和物力，对广大区域进行开发，并予以控制和保护，从而形成了庞大而发达的农业文明体系，长期延续达2000余年，这在古代世界是独一无二的，它对科学技术发展所提供的支持，也比任何其他古代文明要强。这种支持既表现为发达的农业提供了古代科学技术发展的物质基础，也表现为国家机器的组织推动作用。中国古代军事技术的发展，又比任何其他技术门类更加得益于此。由于统治者的高度重视和国家政权的有效组织，发达的农业文明体系所提供的雄厚的物质资源，被更多地投入于这个领域，从而使得中国古代军事技术的发展规模和水平，处于古代世界最为突出的地位。

六、中国古代对军事技术发展的若干制约及其作用模式

在中国的王朝历史上，国家对军事技术发展的积极作用也受到多种根本性因素的严重制约，其表现具有很强的规律性，形成了特定的模式，贯穿于从秦统一直至鸦片战争的两千多年中，特别是在宋代以后，呈现出进一步强化的趋势。

（一）环境与活力

如前所说，中国古代文明是在相对独立的空间范围内，主要靠其自身内部因

① 《尚书·费誓》。

② 《国语·齐语》，参见《管子·小匡》。

③ 《墨子·七患》。

素及其与邻近周边地区的相互作用关系发展形成的独特体系。在这个体系中，中国的历代王朝，始终处于核心和主导的地位，其在政治、经济、军事、文化和技术的发展上都遥遥领先于周边的部族藩国。这种状况决定了中央王朝的技术发展，特别是军事技术发展始终缺乏强劲的交流刺激，突出地表现在两个方面：

其一，上述状况使得古代东亚大陆的技术传播呈现为中心扩散型，其主导趋向是由中央王朝向周边部族藩国扩散，而由周边向中央的回流则非常微弱，因此中央王朝的技术发展没有相对等的技术体系的碰撞刺激，也缺乏来自外界的新的技术因子的刺激促进。宋代大科学家沈括，广泛搜罗了他那个时代的新奇事物，著成《梦溪笔谈》一书，其中重要的技术发明和创新，大多产生于中央王朝自身，来自周边和域外、对技术进步具有重要意义的事物，寥寥无几。这部中国中古时代最重要的科学著作，是很有代表性的事例。

其二，中央王朝对其文化和技术的优势地位有清楚的认知，由此而生的强烈优越感和自大主义导致了严重的发展惰性，通常总是更加注重于保持固有的优势，而非创新发展。在军事技术上，还由于国家安全的作用，往往更强调技术控制而非技术创新。自汉代以来，控制铁器输出一直是历代王朝的重要政策。在汉代，还严禁强弩外流。到了宋代，开始禁止火药火器和硝石硫黄输出。对于朝廷来说，只要保持住现有的武器和技术优势，就足以应付周边的部族藩国和境内的寇盗匪患。①

关于国家对军事技术的控制，在宋代有一条很典型的材料。据王得臣《麈史》卷上引宋次道《东京记》，北宋京城设有“广备攻城作”，专司攻守城器械制造，后隶属军器监：

> 其作凡十一目，所谓火药，青窑，猛火油，金火，大、小木，大、小炉，皮作，麻作，窑子作是也，皆有制度作用之法，俾各诵其文，而禁其传。②

攻守城器械包括了火药火器及床弩、抛石机、云梯、攻城槌、钩车等大型军事机械，是当时最重要的军事技术，控制尤其严，甚至地方驻军要制造这些装备，都得先上奏，由朝廷颁给法式图样，才能制造③。在缺乏交流刺激的大环境下，严厉的控制进一步削弱了创新发展的活力。

（二）充气和慢撒气

中国王朝历史所具有的强烈的周期性特点，使得统治者对军事技术和军事装备的讲求也呈现出周期性的起伏变化。通常，在王朝开创之初，国家有勃兴之气，同时危机四伏，统治者勤于国事，关注武备，对军事装备生产和军事技术提高非

---

① 中国历史上几次边地少数民族入主中原，主要是因为中央王朝内乱或国势衰颓，而非武器和技术的原因；揭竿而起的造反者，更没有武器和技术优势可言，之所以能够改朝换代，靠的是多方面的复杂因素，是历史的风云际会的结果。一些思想家特别强调“道”和“民心向背”的作用，都是基于某种特殊的历史情境，有其特定的针对性，而非一般性地否定武器和技术的重要性。

② 据《宋会要辑稿》职官三十之七，广备攻城作有二十一作而非十一作，具体为：“大木作、锯匠作、小木作、皮作、大炉作、小炉作、麻作、石作、砖作、泥作、井作、赤白作、桶作、瓦作、竹作、猛火油作、钉铰作、火药作、金火作、青窑作、窟子作。”

③ 《宋史·兵十一》记：宋神宗元丰四年（1081 年）七月，“泾原路奏修渭州城毕，而防城战具寡少，乞给三弓八牛床子弩、一枪三剑箭，各欲依法式制造。诏图样给之”。

常重视；随着海内砥定，社会升平，继位者逐渐就松懈了对武备的讲求，尽管有识者屡屡提醒，要“居安思危”、“安不忘战”，但收效甚微，总是承平日久，便不可避免地武备废弛；在此过程中，有时某些局部性的危机也促使统治者有所警醒，试图采取措施重振武备，甚至一度出现所谓“中兴”气象，但总是犹如昙花一现，难以挽回一步步衰颓的大势；最后，由于王朝更替，又回复到似曾相识的起点。这样一种周期性起伏变化的特点，可以用现代人非常熟悉的自行车轮胎做一个比喻，就好像车胎一充足气后，人们便不再去管它，于是车胎就在日复一日的骑行中慢慢地消耗掉气；人们发现车胎扁了，于是再次给它充气，随之而来的又是慢慢地撒气。

在宋代，曾有一次短暂的中兴，这就是神宗时的熙宁变法，在王安石的主持下，采取了一系列振衰起弊的措施，也整顿和加强了军事装备的生产。据《宋史·兵志》记载：

> （熙宁）五年……诏权三司度支副使沈起详定军器制度。起以为一己之见有限，宜令在京及三路主兵官、监官、工匠审度法度所宜，庶可传久。诏从之。……时帝欲利戎器，而患有司苟简。……六年，始置军器监，总内外军器之政。……先是，军器领于三司，至是罢之，一总于监。凡产材州，置都作院。凡知军器利害者，听诣监陈述，于是吏民献器械法式者甚众。①

由于当时采取了比较合理的做法来整顿军器制造，如广泛征求并综合军事指挥官、监官和工匠的意见来改进和完善制度法式，统一军器制造机构，鼓励官、民发明创造、献计献策，所以短时间内取得了显著进步。熙宁六年，编成《熙宁法式》112卷，全面地总结了军事装备生产制造的技术、标准和制度②。但这场变法从熙宁二年（1069年）开始，没几年就步履维艰，熙宁七年王安石罢相，八年复相，九年再罢相，草草收场。军器制造也再次陷入了停滞不前的状态，甚至不断退步，以致于几十年后还只能抱着祖宗的老法式③。

中央王朝在武备问题上的“慢撒气”现象，难以简单地看成后来的统治者不重视这个问题，实际上他们对此问题的重要性似乎一直是有认识的，但局面仍不可控制地下滑，这其中有多方面的复杂原因，“官僚主义”是一个重要的因素。中国古代形成了世界上最发达的官僚制度和官僚体系，与之相伴随，也存在古代世界最严重的官僚主义。官僚主义的基本规律——官僚体系的规模和历史与效率成反比，与腐败成正比——在中国历朝历代都有突出的表现，渗透于国家的方方面面，与王朝历史的周期性反复紧密关联。也正是这条规律，对基本上为国家所控制的军事技术领域的“慢撒气”现象，有着重要的作用。对此，《宋史·兵志》中有一段话，做了很好的描述：

> 工造不已而较数尝（常）阙，缮修无虚岁而每称弊坏。大抵中外相应，

① 《宋史·兵十一》。

② 《麈史》卷上。

③ 《宋史·兵十一》记：“政和二年（1112年）二月，诏诸路州郡造军器有不用熙宁法式者，有司议罚，具为令。”40多年后仍只能依循老祖宗的法式，也是缺乏发展创新活力的一个典型例子。

一以虚文，上下相蒙，而驯致靖康之祸矣。①

这虽然讲得是北宋后期军事装备生产的情况，但在历朝历代，实具有普遍性。

综合上述，可以得出如下结论：在中国古代，统治者历来重视军事技术，国家对军事技术发展起了巨大作用，但其作用也受到一些根本性因素的严重制约，因而在总体上，中国古代军事技术的发展呈现为自然的渐进过程，国家因素的作用最终主要表现为规模效应和时间效应——国家的体量大，文明延续的时间长，故作用也大。

七、关于文献征引的简单说明

本书征引文献，大体分为两类。一类是今人著述，按“编”编为《参考文献》，列于各编之后，文中征引，只标注其在《参考文献》中的序号；一类是古籍，通常以脚注形式注出其书名和卷次，不再收入《参考文献》。对于经过系统整理的大型古籍，尽量按权威版本注出页码，计有以下几种（其版本文中不复注）：

中华书局点校本《二十四史》，1959～1977年版；

中华书局点校本《资治通鉴》，1956年版；

中华书局点校本《续资治通鉴长编》，1986年版；

中华书局影印清阮元校刻《十三经注疏》，1980年版。

① 《宋史·兵十一》。

目录

CONTENTS

第一编　史　前

大约距今二三百万年前，中国的土地上就开始有原始人类活动。在先民与大自然的斗争过程中，人类的工具系统逐渐发育，特别是在先民的狩猎活动中，杀伤性器具不断进步，奠定了冷兵器的最初基础。

大约距今一万多年前，地球上的最后一次冰期结束，人类由旧石器时代向新石器时代迈进。新石器时代的技术进步，导致了生产工具和狩猎武器的改进；新石器时代农耕定居生活的发展，导致了设防村寨的出现和筑城活动的发生。

在距今 5000 ~ 4000 年期间，中国的原始社会发展到了高峰，逐渐向有阶级的国家过渡，中华大地上，部族纷争，武装冲突频发，狩猎武器迅速转变为战争兵器，筑城活动日益兴盛。

第一章
兵器的起源

第一节 初民的狩猎活动和兵器的孕育

战争是人类社会的一种特有现象，但作为战争工具的兵器，其早期形态——冷兵器，却是在原始人类与大自然的斗争中，特别是在先民与动物的对抗中，孕育成形的。

在人类历史的初始阶段——旧石器时代，先民已经制造了许多具有杀伤功能的器具，但其原初的动机，并非为了杀人，而是为了抵御猛兽的攻击，进而则发展为猎杀动物。

人是由远古类人猿演变而来的。那些三四千万年前成群结队地生活于茂密葱绿的潮湿森林中的古猿，是食果实的灵长动物。在漫长的进化过程中，他们逐渐懂得了利用工具，比如森林中随处可见的树木枝棍和石块，以帮助获取食物，或抵御敌害。大约三四百万年前，从古代灵长动物中分化出了最初的直立行走的人。伴随着体质的巨大进步，人类最早祖先的生活方式较之灵长动物发生了显著变化。他们离开了森林，渐渐分布于广大的地域，有更为广泛的食物来源：既以植物的果实根茎为食，也吃鱼和啮齿动物（蚁类）；不仅是就地取食的采集者，而且是见机行事的食腐者，即常常从食肉动物杀死的猎物身上获得肉食；此外，可能也捕猎一些弱小的哺乳动物。尤为重要者，是开始制造工具，这是人区别于动物的根本标志。人类最初制造的工具，既受体质和智力进化的制约，又与早期的生活方式密切相关。因此，那是一些仅仅经过最简单加工的木棍和石块，难以明确地区分其功能，通常一器多用，既用于采掘，也用于自卫或狩猎，既用于切削食物，也用于加工工具，故被今人形象地称为“万能工具”。然而，刚刚开始、成功率还极低的狩猎活动，势必促使人们努力去增强工具的杀伤力。

随着人类体质的继续进化，工具制造和使用的发展，以及群体协作的增强，捕猎大型动物，包括凶猛的食肉动物，逐渐成为可能。距今一二百万年前在旧大陆相当广泛地出现的直立人（Homo Erectus），已是经常食肉的捕兽猎人。他们依赖合作的群体进行狩猎，而且逐渐成功地运用了火①：这些早期猎人从高处观察漫游于原野上的动物，数群猎手暗中聚集，然后点着火把将毫无防备的兽群驱赶下悬崖摔死，或赶入沼泽，陷于其中，再用各种利器、钝器将之杀死。如果所对付的是凶悍的食肉动物，则免不了会发生激烈的搏斗。

① 年代约为距今180万年的山西芮城西侯度文化遗址中，曾发现一些烧过的动物骨骼、角和牙齿，与石器共存。年代约为距今170万年的元谋人遗址中也有烧骨和大量炭屑存在。元谋人和西侯度文化的主人当已懂得用火。而北京周口店猿人洞中厚达1.8米的灰烬堆，说明生活于70万年前至20万年前的北京人已会控制用火和保存火种。

狩猎效率的提高，狩猎活动的普遍化，使狩猎与采集共同成为早期人类生存的支柱。这种狩猎、采集相结合的模式，一直持续到了大约距今1万年前旧石器时代的终结。在此之前，出于狩猎需要对杀伤效能的追求，是工具进化最重要的动力。正是在此过程中，冷兵器最基本的类型及其功能—结构特点，逐渐孕育成形。

一、专用杀伤器具的出现

现知人类祖先制造的最早的石器，发现于东非，年代为200万～260万年前。中国境内已知最早的石器，年代约为距今200万年①。人类学家和史前考古学家推测，人类开始制造工具的时间，大约在三四百万年前，之后经过二百来万年的岁月，工具制造乃由最初的偶发状态变成为人类生活中的关键性因素。

为了更有效地猎杀动物，原始人一直努力改进工具，以增强其杀伤力。经过漫长岁月一点一滴经验的积累，逐渐创造出一些专门化的杀伤器具。

迄今所知最早的专用杀伤器具，属于直立人文化。在年代约为距今100万～50万年的陕西蓝田旧石器时代早期遗址，曾发现一件打制成圆形的石球，直径约为7.6厘米[2]。年代与之接近的山西芮城匼河文化遗址中，也出土了三件相似的石球②。这类石球，其最大可能性是作为狩猎用的投掷武器，而且很可能已经使用飞石索抛射③。

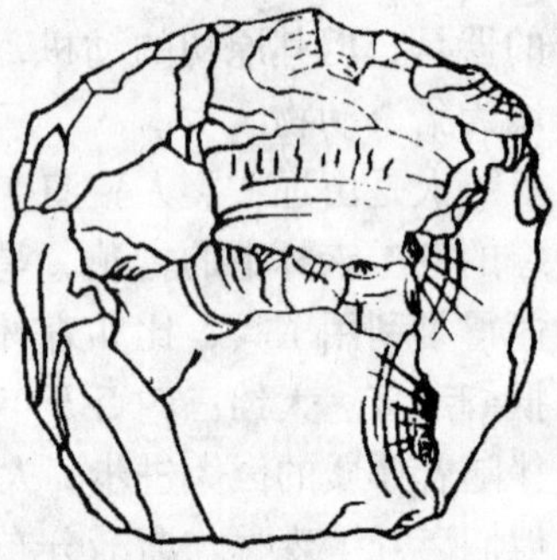

图1－1　旧石器时代早期石球

山西芮城匼河出土，直径8.5～9.5厘米，重1035克。

长大的木矛也是最初的专用杀伤器具。原始人很早就采用火烤矛尖的办法，以使之更为坚硬、锋利。在英格兰的克拉克当（Clactonian）曾出土旧石器时代早期的木矛尖，经过火烧法加工④。

旧石器时代早期的专用杀伤器具，已经具备了抛射打击和手持格斗两个基本类型。

二、弓箭的发明

在任何时候，抛射打击都是有效而安全的杀伤方式。古猿第一次用石块掷击来犯的猛兽，应是出于自卫的本能，而猿人当已意识到，这样做既可伤及“敌人”，又能与之保持一定的距离，以躲避对方的攻击。随着狩猎活动的发展，抛射打击越来越受到重视，这不仅出于躲避伤害的意识，而且也为了提高狩猎活动的隐蔽性，以及有效地追击逃遁的猎物。因此，用于抛射打击的器具，在先民的工具系统中，很早就得到了突出的发展。

最初，原始人只是对直接手投的器具进行改进，以使之更利于抛掷，具有更强的杀伤力，如将石块打制成石球，将木矛制成大小适中的投枪。进而则创制出一些起辅助作用的抛射和投掷器械，以延长自己的手臂，加大投击的力度，如发

---

① 见〔1〕。最近有报道在中国河北泥河湾晚上新世地层中出土了一件人工石核，年代估计为距今280万～301万年，但“还需要更多的材料和更细致的工作来加以确认”（见〔88〕〔89〕）。

② 见〔3〕第57页。

③ 见〔3〕第63、119、143、154页。

④ 见〔4〕上册第88页；〔6〕第155、157页。

明了飞石索，或许还较早就发明利用了投矛器①。终于，在人类完成其生物进化的旧石器时代之末期，又发明了弓箭，这标志着抛射打击工具出现了革命性的飞跃，冷兵器时代抛射打击的基本方式随之确立。

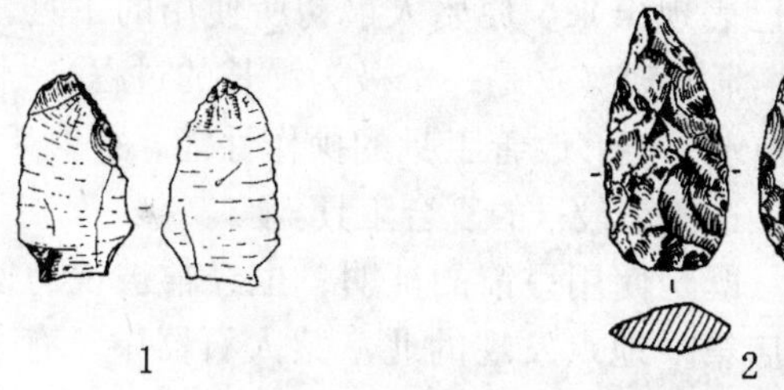

图 1－2　旧石器时代晚期石镞

1. 山西朔县峙峪出土；2. 山西沁水下川出土。

1963 年，在年代约为距今 2.8 万年的山西朔县峙峪旧石器时代晚期遗址，发现了一件用燧石打制而成的细小石镞，长仅 2.8 厘米[8]。1973～1974 年，在山西沁水下川旧石器时代晚期遗址中又发现 10 余件打制石镞，长 3～4 厘米，年代为距今 2.4 万年～1.6 万年[9]。这些是目前中国石器时代考古发现中经鉴定确认的最早箭镞②，它们表明在距今 2 万～3 万年期间，中国境内的先民已经使用了弓箭③。

中国自古就有先民“弦木为弧，剡木为矢”的说法④。据此，最原始的弓应是将木条（或许还有竹条）弯曲，系上弦而构成；最原始的箭便是削尖的细木棍（或许还有细竹棍）。从民族学材料中，还能够见到接近于原始形态的弓箭。在 20 世纪上半叶，中国东北松花江下游的赫哲族，依然用“水曲梨”树为原料制弓，修整成形后，弯曲而缚上鱼鳔或鹿筋制成的弦[11]。活动于外兴安岭一带的鄂伦春人，用落叶松和榆木制造弓体，鹿、犴筋为弦，箭以桦木制成，早先只把箭杆的一头削尖，后来才有了石制和骨制的矢镞，并在箭尾夹以天鹅或大雁的羽翎⑤。中国西南地区（云南、贵州、广西、四川）的少数民族，则普遍将竹条用火烤弯制成弓，弓弦用麻绳、野麻绳或牛皮绳制作，中央缠以藤条[15]。《汉书·地理志》说，汉武帝时，海南岛上的土著用“木弓弩，竹矢，或骨为镞”。近代西南一些民族仍用竹箭，仅把细竹棍前端修削成尖锋，尾部插置竹叶或芭蕉叶折成的尾羽⑥。

如果说将箭矢安装上镞锋是进一步发展的结果，那么箭镞最初出现的时候，

① 欧洲旧石器时代晚期的马格德林文化（Magdalenian）已常见投矛器。见〔5〕第 54、59 页，〔6〕第 190、192 页，〔7〕第 299 页。

② 过去，据步日耶（H·Breuil）描述和鉴定，在宁夏灵武水洞沟和内蒙古乌审旗萨拉乌苏遗址出土的遗物中也有石镞。水洞沟遗址的年代与峙峪遗址接近，萨拉乌苏遗址的年代约为距今 5 万～3.5 万年。但步氏之说未被普遍接受。

③ 年代大致相同的欧洲旧石器时代晚期文化（如梭鲁特文化，Solutrian）中也出现了一些细小的尖状石器，其窄狭的根部很容易固定在箭杆顶端的裂隙内，但也有人认为，它们同样可以用作投枪的尖头。一些西方学者认为，欧洲使用弓箭的可靠证据是在德国汉堡附近的斯泰莫尔（Stellmoor）发现的末端有卡弦凹口的木质残箭杆，年代约为公元前 9000 年，见〔10〕。

④ 《易·系辞下》。

⑤ 见〔12〕第 21 页。一些调查或说鄂伦春人的弓只用落叶松木制作，见〔13〕和〔14〕第 78 页。

⑥ 见〔15〕〔16〕。为增强杀伤力，或在箭锋上刻出螺旋形的浅槽，蘸以毒药。

弓箭的使用当已经历了一段时间。

三、复合工具的问世

人类工具的进化历史，就是材料和结构逐渐由单一而趋于复合的过程。这种发展趋势在旧石器时代业已表现出来。原始人最初所使用的工具，只是经过简单加工的木棍和石器，后来渐渐发现（这是一个极为漫长的过程），将较为短小的石器绑缚于相对长大的木棍前端，能够改善工具的操作性能，提高工具的使用效率，由此创造出了装柄的器具，这便是最早的复合工具。

峙峪遗址出土的石镞，既是使用弓箭的证明，也经常被视为使用复合工具的标志。然而，在北京周口店第一地点发现的北京猿人石器中，有一种小石锥，属于晚期遗物（年代约为距今20万年），长仅4厘米有余，打制得甚为精致，其形状类似于倒置箭头，实用部分是锥尖，但这样细小的东西，显然难以用手捏的方式锥物，因而被推测为可能是装柄使用的，而且据认为，北京人主要使用的两类石器——砍斫器和尖状器，其上也留有“从把手到安柄的发展踪迹”[17]。

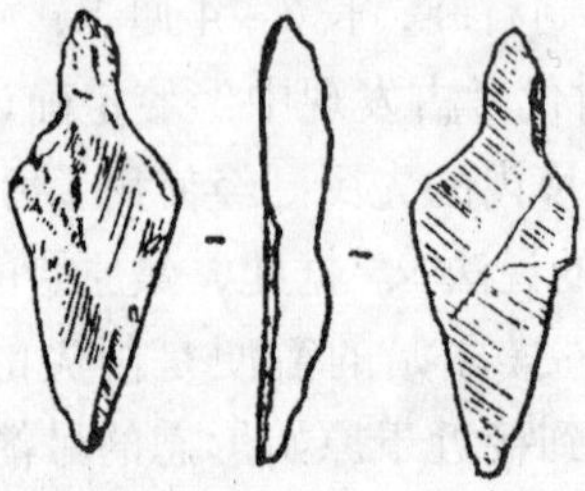

图1－3　北京猿人的小石锥
北京周口店第一地点出土

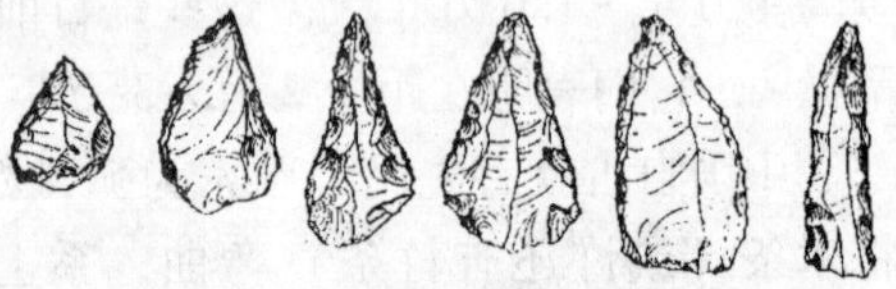

图1－4　莫斯特文化的尖状器

无论如何，将中国复合工具的产生定在旧石器时代晚期显然是偏晚的。欧洲旧石器时代中期的莫斯特文化（Mcusterian），一般认为已使用复合工具，莫斯特文化中常见的小型尖状器，据分析多为矛或投枪的尖头①。而到旧石器时代晚期的诸文化，如奥瑞纳文化（Aurignacian）、梭鲁特文化（Solutrian）、马格德林文化（Magdalenian）等，已广泛使用各种制作得相当精致的复合工具②。

在旧石器时代，工具的发展主要有两条路线：一是基于狩猎需要，一是出于加工器物的需要，前者主要侧重于工具的杀伤效能，后者更加侧重于工具的操作性能。这两个方面都对复合工具的产生起了重要作用。而复合工具的出现，对于杀伤器具，特别是手持格斗器械的发展，无疑具有重大的意义。随着装柄意识的扩展与装柄技术的提高，人们逐渐在木棍的前端安装上各种各样石质或骨质的杀伤端头，因而制造出多种多样的格斗器械，诸如石矛、骨矛、石斧、石锤等等，所有这些器械，乃至冷兵器时代绝大多数格斗兵器的基本结构：柄＋头，是在复合工具第一次面世的时候确立的。

---

① 见〔6〕第169～170页，〔4〕上册第92～94页。

② 见〔90〕及〔7〕第23、299、508页。

第二节　史前战争的发展和兵器的诞生

一、从工具到武器

在旧石器时代，冷兵器最基本的类型和功能—结构特点就已经在生产工具的发展中孕育成形。因此，所谓“兵器的诞生”，实际上主要是一个转化的问题，即由主要用于生产，或者说狩猎，转化为主要用于人和人的战斗。

在旧石器时代，人类主要是与大自然相抗争，其生存方式突出地表现为对自然的夺取，但其时人类内部也发生了最初的争斗。由于能力极其低下，初民难以持续有保证地获得维持群体生活的足够食物，尤其当发生大的灾害时，比如干旱、洪水和严寒等，群体的生存更直接受到饥饿的威胁。由此可能会产生三种后果：一是群体内部自相残食，主要是吃掉老者和弱者；二是同一区域内的不同群体为争夺食物而发生争斗；三是迁徙，因而可能侵入其他群体的活动区域并导致争斗。在这些情况下，原初的生产工具，特别是狩猎器具，便不可避免地被用于人和人的格斗与互相残杀。根据考古发现，这个时间是很早的。在距今约为 70 万 ~20 万年前的北京人遗址中，出土了许多带有严重伤痕的人头骨，从伤痕形状判断，死者生前曾遭受石块和木棒等器物的打击[18]。从原始生产工具最初被用于杀人的时候起，原始生产工具（主要是狩猎器具）向兵器的转化就开始了，但这种转化经历了极为漫长的过程，其间，战斗工具处于和生产工具不分的状态：既是主要用于狩猎等生产活动的工具，也被用于人和人的战斗。

大约距今 1 万多年前，地球上的最后一次冰期结束，气候逐渐变得温暖。适应环境的变化，先民开始定居下来，经营种植农业及饲养家畜，工具制造技术也由打制石器进化到磨制石器，并发明了制陶。所有这些，标志着新石器时代的来临。与旧石器时代流动性很大的狩猎—采集模式相比，新石器时代的人类生活呈现出较为稳定、繁荣的气象。温暖的气候，定居生活，农业和饲养业提供的比较可靠的食物来源，导致人口骤增，不同的人们共同体之间的距离迅速缩短，接触愈益增加，因而引发了更多的暴力冲突。同时，生产性经济使得对土地、资源的争夺成为暴力冲突的重要起因。特别是由于生产工具改进，劳动生产率大幅度提高，产品有了剩余，并积累为财富，遂使得原先由生存竞争所引发的争斗发展成为以掠夺财富为目的的战争。财富象征着富裕、可靠的生活，于是暴力冲突的直接生存目的变得淡薄了，掠夺其他共同体的财富成了切近的目标。而且，由于史前社会的发展，战争的起因也逐渐趋于复杂化，诸如血亲复仇、猎取祭神牺牲，以及原始宗教信仰、禁忌方面的冲突等，都有可能导致不同的共同体之间发生战争。

及至新石器时代晚期，原始社会的发展形成三大趋势：随着财富进一步增长，私有制产生，社会成员之间出现贫富分化，因而形成了富裕者和贫穷者的区别；私有制空前刺激了人们的贪欲，使得掠夺战争愈演愈烈，征服和被征服频繁发生，被征服者被强制纳入征服者社会，因而出现了奴役者和被奴役者的区别①；由于战

① 对战败者，通常是“人夷其宗庙，而火焚其彝器，子孙为隶，下夷于民”（《国语·周语下》）。

争加剧，相邻的氏族和部落出于防卫和进攻的需要，纷纷结成联盟，联盟成员的力量有大有小，权力也有大有小，因而出现了领导者和被领导者的区别①。正是在此过程中，早期国家和王权逐渐孕育，社会则日益分化一组合为不同的阶层和集团，不同阶层和集团间的矛盾激化，将导致发生暴力冲突，战争开始成为权力斗争和阶级斗争的表现形式。

与战争的趋盛相反，在新石器时代，狩猎在先民生活中的地位却呈下降的趋势，这种趋势随农业的扩大和男子越来越多地介入农业生产而日益明显②。战争行为和狩猎活动的这一长一消，即是兵器诞生的契机所在：它使得原先主要用于狩猎的器具，逐渐向主要用于战斗的工具转化；使得杀伤性器具进化的根本动力，逐渐由狩猎需要向战争的需要转变。

在新石器时代晚期，由于战争日趋频繁而激烈，仅以一般的氏族成员临时参战已经不适应，于是出现了专门的军事首领和主要从事作战的战士，这些人从主要从事生产的一般氏族成员中分化出来，构成了最初的氏族武装，成为保卫氏族安全及对外进行战争的骨干力量。与此相适应，原始生产工具（主要是狩猎器具），首先在这部分人手中发生了质的变化，转化成为主要用于战斗的武器。同时，剧烈而残酷的战争也对这些工具的杀伤性能提出了新的更高的要求，促使人们有意识地对其进行改进，使之更适于人和人的战斗，乃至发明、创造出新的专用于战斗的器械。这样，作战工具就从生产工具中分化出来，走上独立发展的道路，兵器诞生了。

当人们用狩猎工具打击动物时，动物不会用同样的器具反击，所以狩猎需要一般只对攻击性或杀伤性器具的发展起促进作用。在人和人的战斗中双方都使用相似的武器，战士们既要努力用自己手中的武器杀伤对方，又要尽量躲避或防御对方手中的武器，所以战争不仅促使杀伤性武器得到发展，而且必然促使针

图 1－5 汉代画像石上的蚩尤像 山东临沂白庄出土

① 所谓“强则为酋豪，弱则为人附落”（参见《后汉书·西羌传》，第 2869 页）。

② 据对部分新石器时代男性和女性墓葬中随葬工具的分析，在公元前 4800 ~ 前 4000 年，黄河中游的仰韶文化半坡类型社会中，男子主要从事工具制造、狩猎和农业中的部分劳动，妇女主要从事农业、纺织和缝纫；至公元前 4000 ~ 前 3500 年，在黄河下游的早期大汶口文化社会中，男子在农业生产中的地位已略高于女子，至少是和妇女一样从事农业劳动（见〔25〕第 113 ~ 114，180 ~ 185 页）。

对杀伤性武器的防护装具得到发展。旧石器时代以来主要基于狩猎需要的单纯杀伤性器具的发展，至新石器时代晚期，便为基于战争需要的杀伤性武器和防护装具的矛盾式发展所代替。

二、古史传说中包含的信息

中国古史传说中的五帝时代，大体相当于原始社会向有阶级国家过渡的新石器时代晚期。《史记·五帝本纪》称："轩辕之时……诸侯相侵伐，暴虐百姓。"传说中的著名大战，有炎帝、黄帝和蚩尤之间的涿鹿之战，以及黄帝和炎帝之间的阪泉之战，其他还有蚩尤与共工的战争，共工与颛顼的战争，等等。古史传说中的战争都具有浓厚的神话色彩，传说中的领袖人物也都是神化的英雄。如《淮南子·天文训》称，共工与颛顼争为帝，怒触不周之山，以致天柱折，地维绝，天倾地陷。这些传说反映了那个时代战争频繁而激烈的特点。

而且，中国古人常把兵器的发明权归于古史传说中的英雄，如蚩尤、黄帝及其臣子等。在中国古代，尤其流行蚩尤作兵的传说。《世本·作篇》说："蚩尤作五兵。"《山海经·大荒北经》说："蚩尤作兵伐黄帝。"战国秦汉时期，民间还将蚩尤奉为八神（天、地、兵、阴、阳、月、日、四时）之一的"兵主"进行祭祀①。在汉代的画像石中，蚩尤被雕刻成一个似人非人的神兽，头顶、手中、身旁佩持着多种兵器，以象征其作兵的业绩②。这类传说，一定程度上反映了兵器起源与史前战争发展的联系。但正如《吕氏春秋·荡兵》所言："人曰'蚩尤作兵'。蚩尤非作兵也，利其械矣；未有蚩尤之时，民固剥林木以战矣。"

第三节 史前的武器制造技术

在以百万年计的漫长岁月中，武器主要就是狩猎工具，有时也被用于人和人的战斗，只是在大约四五千年前，它们才转化为主要应用于人和人的战斗。这类器具的制造技术，就包含于以石器为主的史前工具的制造技术之中。

一、打制石器技术

以石块和石块的碰撞打击来制造石器，是最古老的工具制造方法，贯穿于整个旧石器时代。最初，原始人利用天然的砾石，比如卵石，予以简单敲砸，即成为工具③。进而，则先从石材上打下石片，再将不同形状的石片加工成各种石器，主要有尖状器、刮削器、雕刻器等，考古学上统称之为石片石器。同时，直接利用砾石打制石器的方法也继续改进，这类石器在中国主要有砍砸器④、三棱大尖状器、石球等，在非洲和欧洲还有甚为流行的手斧，考古学上统称之为砾石石器或石核石器。

石核也是考古学上的一个术语，指被用于生产石片或石器的砾石或石材。从

---

① 《史记·封禅书》，第1367页。

② 见〔19〕图版170图383，〔20〕图版33。

③ 这些工具是如此原始，只有专家才能将之与自然破碎的岩石区分开来，而专家们的意见又常常不一致。

④ 也有不少砍砸器是用较厚重的打制石片加工而成。

石核上打制石片的方法主要有三种：一是锤击法，手握石块或石器为锤（也用角、木槌），直接击打另一手中的石核边缘以剥离石片；二是砸击法，把石核放在石砧上，用石锤砸击其边缘以剥离石片；三是碰砧法，用一块石头为砧，手握石核，将其边缘向下碰击。打击石片时，往往先将石核进行修理，比如将球形砾石的顶部打成一个平面（习称台面），从而更易于打下石片，且使打下的石片较规整。此外，也从巨石或山岩上直接打制石片。对石片的加工主要用敲击法，即用石器或角、木器沿石片边缘和端面进行敲打，也称之为锤制或啄制。李济曾说："以石锤石，或以石啄石，为变更石形极有效方法之一种，今日石工仍加沿用，惟以铁锤代石锤耳。"[21]

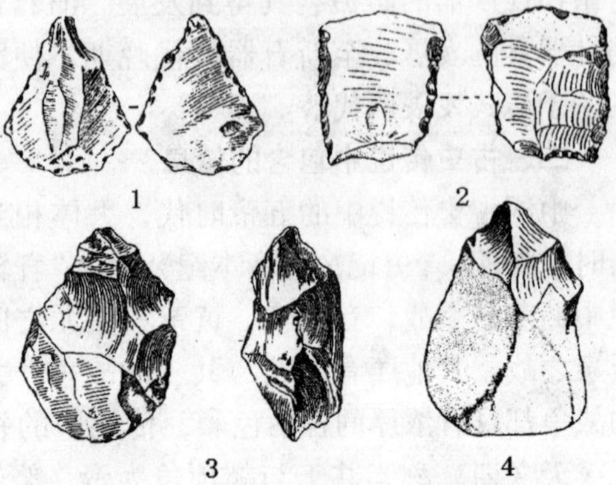

图 1－6　旧石器时代石器

1. **尖状器，北京周口店第一地点出土；**
2. **刮削器，山西怀仁鹅毛口出土；**
3. **砍砸器，山西襄汾丁村出土；**
4. **三棱大尖状器，山西芮城西侯度出土。**

砾石石器的制作可分为粗打制和修治加工两步，方法与石片石器基本相同。

随着技术进步，旧石器时代的石制工具总体上呈现出形状不断规整化、形体逐渐小型化的趋势。复合工具的问世，客观上促进了这种发展趋势，为了安柄使用，人们愈益将石器制作得较小而规整。小型石器在中国旧石器时代相当发达，很早就出现了很精致的小石器，这固然要以打制和细敲技术的纯熟为前提，但与复合工具的较早问世也不无关系。

二、细石叶镶嵌工艺

上述打制石器的基本工艺，均属直接打击法的范畴。旧石器时代晚期，出现两种新的制石技术，一为间接打击法，一为压削法（或称压制法），促使石器更加小型化和规整化，进而诞生了细石叶镶嵌工艺。

间接打击法是用木质或骨角质的短棒，一端置于石核台面的边缘，然后用石锤敲击另一端，由此打下细长而薄的石片。

压削法分胸压法和手压法。由民族学材料获知，前者是将石核置于地上，操作者以双脚夹住石核使之稳固，再用一T形木件，横木顶于胸上，直木前端装有角质或硬木端头，对准石核台面的边缘，以上身之力下压，即可产生细长而薄的石片。后者采用小型的手执压削器，其前端装有石质或骨质尖头，用以修削石器的边刃和尖锋，特别是小型石器的细加工。

以间接打击法或胸压法产生的石片，用途有二。一是将之加工为小型的尖状器、刮削器和雕刻器，以及镞、锥等，多装柄使用。在中国北方乃至整个东北亚地区，从距今一万年前直至距今四五千年前，都非常流行用这类方法所生产的细小石片加工成小石镞[22]。欧洲旧石器时代晚期的梭鲁特文化（Solutrian），以高超的压制石片技术著称，其代表性器物是用作矛头的桂叶形或柳叶形尖状器，制作

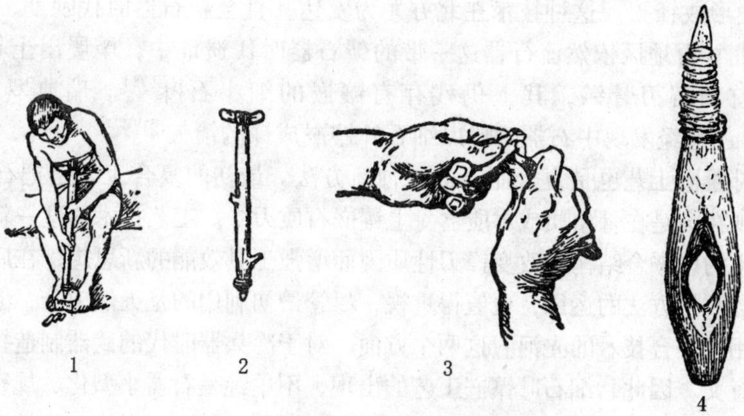

图 1－7　压削法示意

1. 胸压法；2. T 形压削器；3. 手压法；4. 手执压削器（采自〔5〕第 54 页）。

精致，器形很薄，有的甚至达到透明的程度①。二是将之加工为细小的石叶，镶嵌于骨角质或木质器身上作为锋刃。考古发现的一些细石叶，重量不足 1 克[23]，足可见加工的细微程度。在这些精细加工中，手压法被广为运用②。

一般认为，以间接打击法和压削法为基础的小石器技术和细石叶镶嵌工艺，在中国均萌生于旧石器时代晚期，而鼎盛于旧石器向新石器过渡之际（即习称的中石器时代）③。但如果仔细分析中国旧石器时代晚期遗存中的间接打击法或胸压法产品，可知其多为小石器④，细石叶镶嵌工艺当是稍后进一步发展的产物。

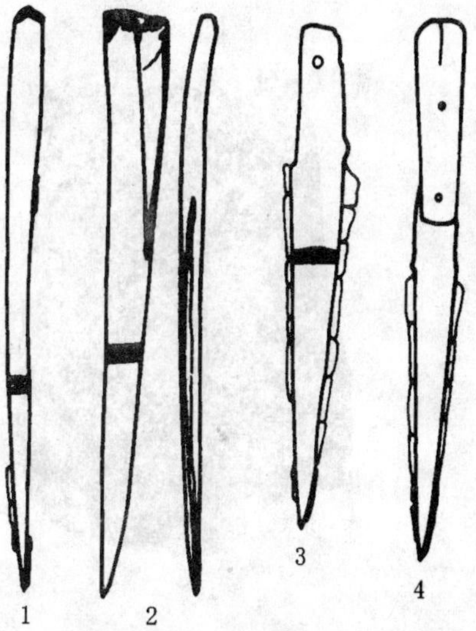

图 1－8　新石器时代晚期石刃骨匕首

1、2. 甘肃东乡林家出土，长 23 厘米和 23.5 厘米；

3、4. 甘肃永昌鸳鸯池出土，长 24 厘米和 33.5 厘米。

中国的细石叶镶嵌工艺，突出特征是使用长条形石叶⑤。石叶细小扁薄，一般长 2 厘米左右，宽约 0.5 厘米，厚约 0.2 厘米，边缘锐利，将之一截挨一截地镶嵌于骨角质或木质器身上刻出的凹槽内，用天然树脂等

① 见〔7〕第 508～509，356～357 页。

② 旧石器时代晚期以直接打击法获得之石片制成的小型石器，也采用手压法加工。见〔9〕及〔26〕第 24 页。

③ 见〔23〕〔24〕及〔25〕第 48 页。

④ 如下川遗址中的这类制品（见〔9〕）。峙峪遗址中也有用间接打击法制成的石片（见〔8〕），但与后来的镶嵌细石叶相比，体积稍大，多半是供制作小石器，而非用于镶嵌。

⑤ 欧洲和北非的细石叶镶嵌工艺，以使用三角形、半月形、梯形等几何状石叶为特征，代表了另一个传统。

粘固①，便形成锋刃。这种技术在北方尤为发达，直至新石器时代晚期，东北、内蒙古和西北甘青地区依然流行，这一带的新石器时代遗址中，屡屡出土石刃骨刀、石刃骨匕首和石刃骨镞，其上仍残存有镶嵌的细小石叶[28]。瑞典罗斯胡尔特（Loshult）还曾经发现中石器时代以细石叶镶嵌成锋的箭矢②。

细石叶镶嵌工艺也是复合制器的一种新方法。最初的复合工具是把石器绑缚于木柄上，现在则是在骨角质或木质器身上镶嵌石质刃缘。工艺技术的这一新发展，以及由此诞生的以嵌合结构来改变锋刃性质因而增强工具效能的新思想，在后世有着深远的影响。胶粘方法的运用，也值得重视，尽管最初利用的是天然树胶，但它开了后世广为运用的胶合技术的先河。这两个方面，对于冷兵器时代的武器制造技术，都具有重要的意义。因此，细石叶镶嵌工艺的出现，不单纯是石器小型化、规整化的一个成果，而是综合了当时最新的制石技术、骨角木器制造技术，以及对胶粘剂的最初经验的重大技术进步，也标志着复合制器思想有了重大发展③。

图1－9 仰韶文化早期石斧

陕西西安半坡出土，长约12厘米，宽约8厘米。

图1－10 新石器时代晚期石钺

江苏淮安青链岗出土，长13.8厘米，宽8.2厘米。

三、磨制石器技术

在旧石器时代晚期，石器的细加工出现磨制的方法。这首先见于小型的装饰

① 晚期细石叶镶嵌工艺可能运用了动物胶作黏结剂。1977年内蒙古赤峰大南沟新石器时代晚期墓地曾出土数量较多的石刃骨刀，骨柄的凹槽中残存有黑色黏合物，或凝固成块状，有几件骨刀的石刃保存完整，黏结得很牢固。中国科学院化学研究所对这种黑色黏合物作了鉴别：x射线物相分析结果为由SiO_2（二氧化硅）和$CaCO_3$（碳酸钙）两种物质组成；红外光谱分析结果，黏合剂中无油、漆、纤维素、松香、树脂，仅可能有蛋白质（见〔27〕及该文附录一）。这种黏合物大概是在动物胶中掺和石灰、粘土而成。

② 见〔4〕上册第106页图2。

③ 费根（B·M·Fagon）：“发明，包含产生一个新观念以及转化为（用考古学的话说）一件遗物或保存至今的其他有形发明物。一项新的发明意味着对一种或一系列旧观念的修改，也意味着创造一个全新的观念。”（见〔6〕第50页）

品，如北京周口店山顶洞人遗址中出土的一些穿孔石珠和穿孔涂彩砾石，均将一面稍稍磨平。当旧石器时代临近结束而向新石器时代过渡时，石工具也开始运用磨制法。距今约1万年的河北阳原虎头梁遗址出土的石器中，有三件凹底尖状器，一面很粗糙而且有经纵横磨过、深浅不一的条痕[29]，反映了最初的运用情况。年代稍晚的山西怀仁鹅毛口遗址出土的石器中，有一件石斧的两面和顶端经过磨制，其他部位仍留有打击的痕迹[30]。

进入新石器时代，磨制技术从粗磨发展到细磨，从局部磨制扩大为通体磨光，磨制石器的数量日渐增多。但在新石器时代早中期，打制石器仍占相当比重，大量石器还只是略加粗磨，大型锋刃器往往仅磨光刃部。宝鸡北首岭仰韶文化遗址中出土的石斧，经细磨的仅占5%，粗磨的有80%，打制的还有15%[31]。一些仰韶文化遗址中，打制石器的比例更高，甚至超过了磨制石器，如河南陕县庙底沟一期遗存[32]。

磨制石器的制造一般有三道工序：一是打制“毛坯”；二是敲去表面棱脊，将之修治平整；三是磨光，通常用砺石加沙、蘸水进行研磨。磨制技术的运用是石器规整化的一个飞跃。新石器时代的磨制石器多已是规范化器具，器类依功能而有确定的形状。磨制技术对于锋刃器制作尤有重要意义，因为这能使锋刃更为锐利。仰韶时代的箭镞，已较普遍地通体磨光，是当时采用磨制技术最充分的一类石器。局部磨光的大型锋刃器，其锋刃总是磨光的。

磨制技术的成熟和完善是在新石器时代晚期。其时，多数石器通体磨光，少数经细敲后磨光刃部，打制石器已很少见。研磨更趋精细，甚至用皮革进行抛光①。尤为重要者，其时坯件的制造广泛采用了切割法，从而使制成的石器形体扁薄、棱角分明，早期磨制石器体型厚重、边廓弧曲的特点为之一变。切割石料常用的方法是在石材上加沙蘸水，用木片或沙石片从两面压擦切成沟状，然后截断②。据对良渚玉器的研究，当时截面较大的横向切割，很可能还运用了线切割技术，如用动物筋条等柔软的线状物带动砂粒等介质进行切割[35]。

在距今4600～4000年的龙山时代，磨制石器的技术和磨制石器的应用都臻于顶峰。这个阶段的石器，绝大部分通体磨光，一些制品形状之规整，线条之流畅，表面之光洁，令人震惊，即便是今天的工艺大师，仅凭手工要把顽石加工到这个程度，必也得大费时日，而在当时，这却是普及的技术。

四、石器穿孔技术

石器穿孔，也首见于旧石器时代晚期的小装饰品，其目的是为了编串挂佩。与磨制技术相比，穿孔方法在工具制造中的运用，发展相当迟缓，直至新石器时代中期仍很少见，如河南陕县庙底沟一期遗存中的约2600件石器，穿孔者仅占3.6%[32]。到新石器时代晚期，穿孔石器才大为增加，年代约为公元前2780年的庙底沟二期遗存共出土石器82件，穿孔者占30%多[32]。

石器穿孔，主要是为了穿绳绑缚木柄。这是复合制器技术的一个进步。早期

---

① 见〔33〕第281～282页，〔25〕第228页。

② 见〔7〕第474页，参见〔34〕第140～141页。

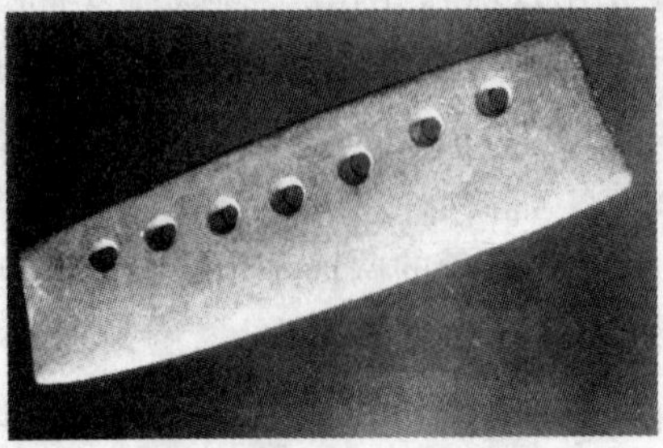

图 1－11 新石器时代晚期七孔石刀

江苏南京北阴阳营出土，长 22.6 厘米。

的无孔石器，缚柄后易于脱落，为解决这个问题，人们将石器穿孔，有时将木柄也穿孔，缚柄之绳穿绕孔中，从而大大提高了器头与器柄结合的牢固程度，如新石器时代晚期的穿孔石斧（石钺）和长条形多孔石刀。

石器穿孔方法主要有以下几种：

钻 用尖状器或石锥手执钻孔；

啄 用敲啄器在大件石器上直接啄出大孔，或将石器表面啄出凹坑，再予钻透；

划 用尖状器反复划削，着重中间部分，因而出现中间宽两头窄的梭形狭槽，槽间有扁孔。或将石器表面划出长槽，再于中间下钻[36]。此种方法很少见；

木棍旋钻 将硬木棍用两手掌夹住，来回转动以进钻，并不时加沙蘸水。有时在木棍前端装上石锥头。从民族学材料看，先民或许也运用了弓弦法，即用弓弦带动木棍旋转进钻；

管钻 基本操作方式与木棍旋钻相同，唯以直管（如竹管）代替硬木棍，钻成的孔洞很直，并有圆柱形石芯脱落。这是新石器时代晚期得到推广的新工艺，特点是效率高，且能避免器物破裂。

五、骨、角、木器制造技术

中国先民可能在旧石器时代的早期已用动物的骨、角制作工具，周口店北京猿人遗址中发现的一些截断了的肿骨鹿的角根（一般长 12～20 厘米），既粗壮又坚硬，可能是当作锤子使用的，一些带尖的鹿角或打击成的带尖的肢骨，可能是作为挖掘工具使用的①。至旧石器时代晚期，骨角器大大发展起来，器形趋于明确，品种逐渐增多，既有鹿角棒（北京周口店山顶洞）、鹿角鹤嘴锄（甘肃刘家岔）、矛枪头、渔叉（辽宁海城小孤山）等较大型的器具，也有小型的装饰品和细小的骨针等，已经采用了锯、切、削、钻、挖、刻、磨等一系列加工方法。由于骨角的质地远软于石料，所以骨角器的磨、钻技术比石器的磨、钻技术发展得早，旧石器时代晚期就被普遍运用了。在新石器时代，人们大量地用骨角制作箭镞、矛枪头、渔叉，以及石刃骨刀或石刃骨匕首的器身，基本的加工方法无大变化，但更为精细。

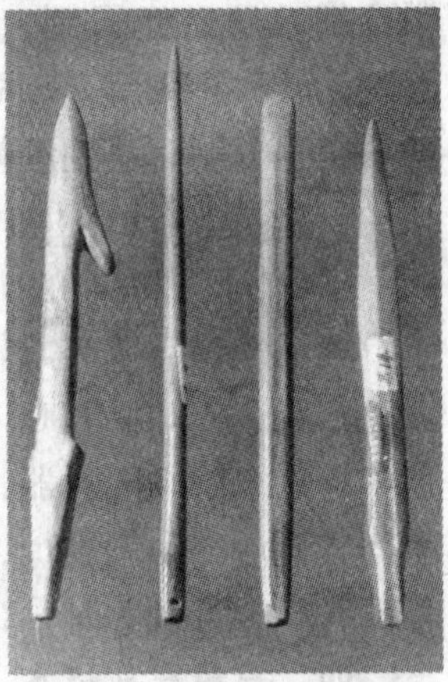

图 1－12 新石器时代晚期骨器

江苏吴江出土。左，鱼镖头；右，矛枪头。

木器的制造与石器同样古老，从简单的木棒到削尖端头的木矛，到各种工具

① 见〔37〕。裴文中对此有不同意见，但他似乎并不否定北京人有用骨器的可能性，而只是反对早期骨器鉴定中确实存在的“扩大化”现象，见〔38〕。

的木柄，以及用硬木制成的矛枪头（浙江余姚河姆渡），其基本的加工方法一直是锯、切、刮、削、钻、凿，只是随着加工工具（主要是石器）的进步而渐趋精细。就工具和武器来说，石器时代最高超的木工技术大概体现于弓箭的制造。经过数万年的实践，新石器时代晚期的制弓者对于木材的性能和木料的加工，必定已积累了较丰富的经验。

此外，在旧石器时代晚期，人们已用海蚌壳制作装饰品，至新石器时代，又常用以制作箭镞，其工艺主要是削、磨、钻。

六、专业分工的最初迹象

1963 年在山西怀仁鹅毛口发现的石器制造场遗址，年代为旧石器向新石器过渡之际①。该遗址中出土的石器（包括大量未完成或废弃的石制品），以厚重型为主，一般重量有几百克，大者达千余克，种类有砍砸器、尖状器、刮削器、石斧、手斧、锤等。后来在该遗址西侧，与遗址仅隔一条冲沟的窑子头地点，又发现一处石器遗存，所出以细小石器为主〔39〕，这个地点很有可能也是石器制造场的一部分。或许，当时在石器制造中已经存在某种分工②。

七、手工业的独立

大致在新石器时代晚期，随着生产劳动专业化分工的发展，一部分人逐渐从农业和渔猎生产中脱离出来，而专门从事于石玉器、骨角牙器、陶器等的制造，于是出现了最初的手工业者。山东泰安大汶口遗址中有 10 座中晚期墓随葬较多的石质和骨牙质的工具，且往往伴出砺石、骨料或牙料，墓主人有可能是制作石器或骨牙器的手工业者③。大汶口文化中晚期（公元前 3500～前 2500 年）精湛的陶、石、玉、骨、牙器制造技术，也反映出一部分手工制作当已从农业生产中分离出来，成为相对独立的部门④。中国新石器时代晚期高度发达的玉器文化和高超的琢玉技术，更使许多人确信当时已出现一定规模、专业性较强、相对集中的玉器作坊，有一批长期甚至终身从事玉器制作的工匠〔40〕。

手工业的逐渐独立不仅是经济和技术发展的必然，也与新石器时代晚期的社会分化，特别是早期王权的孕育有密切的关系。一些迹象表明，在龙山时代的城邑中，往往有手工生产作坊，存在着为居住于这些早期城堡中的统治阶层服务的手工业者。如河南淮阳平粮台的龙山文化城址中有多处陶窑，城东南角的一灰坑内还发现了铜炼渣〔41〕。新出现的社会权贵的各种需要，包括他们日益奢侈的生活需要和日益急迫的军事需要，是手工业发展的新的强大动力⑤，早期手工业也因此开始被纳入权力辖治的体系之中。

---

① 见〔30〕和〔25〕第 50 页。

② 见〔25〕第 50～54 页。

③ 见〔25〕第 262 页。还有一些遗址中的若干墓随葬大量同一品种的陶器，如山东临沂大范庄 17 号墓随葬 41 件背水壶、32 件瓶，18 号墓随葬 44 件背水壶，莒县大朱村的一座墓随葬 103 件高柄杯。其墓主人可能是专业化的陶工，故以代表其财富的单一产品随葬。见〔25〕第 242～243 页。

④ 见〔7〕第 81～83 页。

⑤ 良渚文化的一些大墓，随葬大量珍美的玉器，数量可谓惊人，如浙江余杭反山 20 号墓，随葬玉器 511 件（见〔42〕）；余杭瑶山被盗掘的 12 号墓，从盗掘者手中收集起来的玉器就有 344 件（见〔43〕）。权贵对玉器的特殊需要，是制玉业发展的强大动力。

第四节　原始兵器的种类

史前时期转用于人和人的战斗的生产工具（主要是狩猎器具），以及新石器时代为人和人的战斗而专门创制的最初的一些械具，已经构成了格斗兵器、射击兵器和防护装具三个基本类型，其材质则限于石、骨、木等非金属材料。

一、格斗兵器

1. 棍棒

《商君书·画策》说，上古“伐木杀兽”；《吕氏春秋·荡兵》讲，先民“剥林木以战”。由于木棍棒取材方便，而且比器形短小的简单石器，打击威力更大，故在整个石器时代一直被人们广泛地运用于狩猎和战斗。最初，原始人可能仅仅将断树折木稍加修削，以便握持。随着加工技术的进步先民逐渐对简单的木棒进行改进，以增强其杀伤力。如区分棍棒的头部和柄部，将柄部修削得较细一些，适于握持，将头部制作得粗大一些，利于砸击；在棍棒的头部镶嵌蚌壳、石片等，使之更具杀伤力；将棍棒的前端修削出尖锋，增加刺击的功能，等等。此外，先民也利用鹿的枝角制成短棒，如北京周口店山顶洞人遗址中发现的鹿角棒。

2. 简单石器

中国旧石器时代的多用途打制石器中，一些体积较大的砍砸器（也称砍斫器）和三棱尖状器，可能也较多被用于狩猎和战斗。前者形体较宽，一端打制出横刃，普遍认为它是后来石斧的先祖。后者一端较粗大，另一端从数面打制出尖刃（见图1-6）。

在中国旧石器时代，非常流行形体较小而扁薄的尖状器（见图1-6），它们与小型刮削器的盛行共同构成了中国旧石器时代文化的一个特色①。早期的石质矛枪头，就来源于这类小型尖状器。小石器的发达，一些学者推测是中国旧石器时代较早就出现复合工具的重要因素。

至于欧洲和非洲旧石器时代非常流行的手斧，在中国很少见，一些遗址中偶尔发现的类似物，都是不经意的制品，仍应归于砍砸器之列。

3. 矛和投枪

矛的雏形是削尖的木棒竹棍。在欧洲曾发现旧石器时代的木矛，矛尖用火烤过。竹矛可以说是中国南方和东南亚地区的特产，过去西双版纳的傣族用竹矛剽牛，矛尖经火烤或油炸，坚硬耐用。

复合工具发明后，人们开始在木棒竹棍的前端安装上石质或骨质的矛头，遂成石矛、骨矛。在距今约一万年的中国旧石器时代晚期遗址中，发现了确凿无疑的石、骨质矛枪头。石矛头的突出之例有河北阳原虎头梁出土的多种尖状器〔29〕，骨枪头的典型标本有辽宁海城小孤山出土的一件实物〔45〕。其时矛枪头的装柄方式，一般是将基部插入柄端的裂隙，然后用绳绑紧。至新石器时代，随磨制、钻孔技术的运用和发展，石骨质矛枪头制作得日益规整精致；为使缚柄更加牢固，往往将矛枪头的基部钻孔。

① 见〔44〕第43~66页，〔26〕第29页。

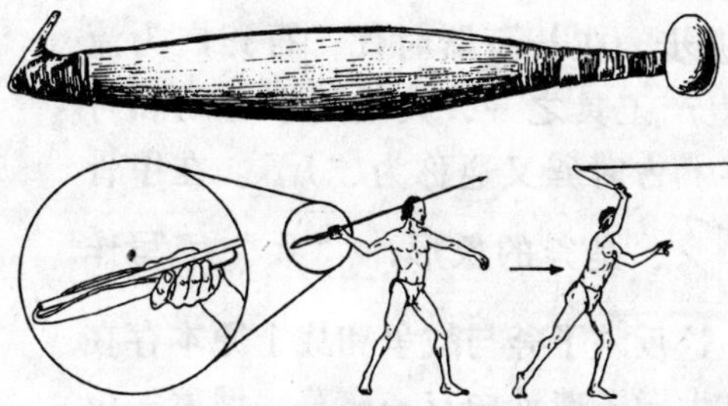

图 1－13　澳大利亚土著的投矛器及用法示意

人们不仅用矛格斗，而且也用它投掷击敌。为提高投掷打击的效率，先民逐渐对一般矛枪进行改进，进而创制出了专用的投枪（标枪）和投掷辅助器——投矛棒。投矛棒在世界上有广泛的运用，从欧洲到非洲到澳大利亚，不仅见于石器时代的遗存，而且有活生生的民族学标本，奇怪的是，在中国古代却至今未发现它的踪迹①。

石器时代的专用投枪因枪柄早已腐烂无存，仅凭枪头一般难以确定，但有一些结构特异者，仍可鉴别。如白令海峡两岸古代爱斯基摩人使用的有翼投枪，其尾部装有骨质翼形器，在飞行中能起稳定作用，类似于箭矢的尾羽。无独有偶，在浙江余姚河姆渡文化遗址中，曾出土一些石质、骨质或木质的“蝶形器”和一些硬木制成的矛头，蝶形器的形状与爱斯基摩人投枪上的骨质翼形器相似，故有人推测它们也是有翼投枪的构件[47]。

新石器时代极流行的装骨、角枪头的鱼镖②，也属于投枪一类，虽然这是专门化的渔猎工具，但当人和人之间发生战斗时，肯定也会被运用。

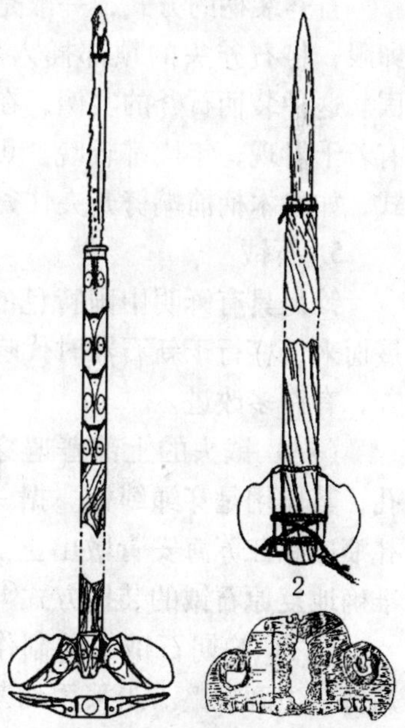

图 1－14　有翼投枪

1. 古爱斯基摩人有翼投枪复原；
2. 河姆渡文化有翼投枪复原；
3. 河姆渡文化骨质“蝶形器”，宽 18.8 厘米，13.5 厘米。

4. 石斧

石斧的祖先是旧石器时代的砍砸器，砍砸器装柄使用，就成为石斧。山西怀仁鹅毛口石器时代遗址中出土的一类打制石器，形状与后来的石斧头已极其相似，发掘者因而将它定名为“石斧”[30]。它可以被视为从旧石器时代的砍砸器向新石器时代石斧演变的中间形态。

① 投矛棒或投矛器的原理与带柄飞石索（staff－sling）相通相近，后者在中国甚为流行，早已有之，中古时期战场上仍见使用，如宋代的“手砲”（见〔46〕）和明代的“飘石”（见戚继光《纪效新书》卷十五）。

② 见〔48〕〔49〕。

装柄的石斧的诞生，大大提高了砍斫的效率，是先民利用尖劈原理的一个进步。在新石器时代，石斧广为流行，是当时最重要的生产工具之一，大量用于劳动和狩猎，也经常被用于战斗。古时斧又通称为“斤”。在甲骨文中，“斤”字写作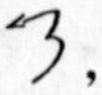，是斧的象形；“兵”字写作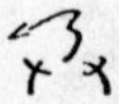，作双手持斧状，这反映了斧与战争和战士原本存在的密切关系。江苏邳县大墩子遗址中有一座墓，埋着一位中年男性，他右手握着骨匕首，在腿旁放置一柄石斧，一枚骨镞嵌入他的左股骨[50]。壮年男子是氏族中的主要劳力，也是当然的战士，石斧既是他的生产工具，也是他的作战武器。

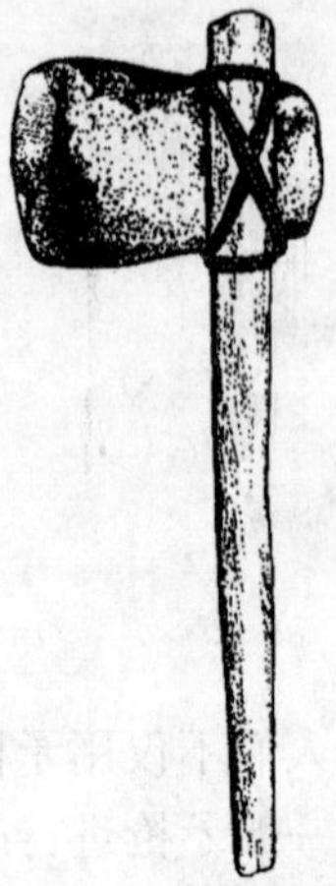

图 1－15　石斧装柄方式复原（参见图 1－9）

石斧装柄的方式，一般是将木柄较为粗大的前端凿出卯眼，将石斧头的顶部插入卯眼内，然后用绳索绑缚牢固。这种装柄石斧的实例，在青海乐都柳湾①、江苏吴县澄湖②和其他一些地方③，有若干发现，年代都较晚。可能还存在更原始的装柄方式，如将木柄前端劈开夹住斧头，再用绳绑紧。

5. 石钺

钺是具有鲜明中国特色的劈砍器具。石钺由石斧发展而来，盛行于新石器时代晚期（见图 1－10）。较之石斧，有许多改进。

（一）钺头的上部普遍穿钻一孔，少数钻二孔、三孔，其作用是穿绳缚柄。据一些石钺头上遗留的绳索捆扎痕迹和江苏海安青墩出土的一件陶制石钺模型，能够准确地复原石钺的装柄方式④。

（二）晚期石钺头的制作普遍采用切割法，故形体扁薄，边廓规整。未采用切割法的早期石钺头，形体仍然厚重，边廓圆钝，典型者如河姆渡遗址出土之例⑤，代表了由石斧向石钺过渡的形态。

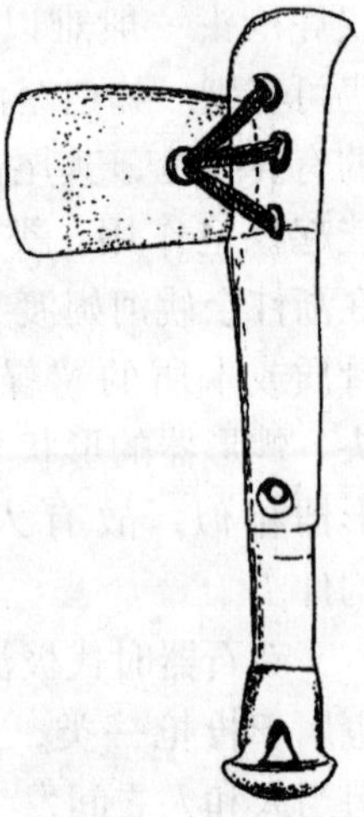

图 1－16　石钺装柄方式复原（参见图 1－10）

（三）石钺头的形体一般较石斧为宽，刃也更宽而弧曲，体现了扩大砍斫接触面的追求。一些石钺头，如安徽潜山薛家岗⑥、广东曲江石峡⑦和四川大溪巫山⑧出土之例，其刃部不是正弧形，而呈略微偏斜的弧形，

① 见〔51〕上册第 87 页图 67:9。
② 见〔52〕第 37 页。
③ 见〔53〕〔54〕。
④ 见〔55〕〔56〕。
⑤ 见〔57〕。原报告将之定名为“石耜”。
⑥ 见〔58〕图版 12 及第 154 页图 1。
⑦ 见〔59〕图 5:9 和图 38，〔60〕图 25。
⑧ 见〔61〕图 7。

砍斫接触面更大。

（四）石钺头普遍通体磨光，磨制较石斧更为精细。

凡此，使石钺成为比石斧装柄更为牢固、刃部更加锋利、作用特点有所不同的新型劈砍器具。普遍认为，它主要是被用作杀人猎兽的武器，而不是适于砍劈树木的工具[55]；或认为，石钺已是专门制造或专用的战争武器[62]。

仅从形体上看，石钺与商周时代的铜钺也是非常接近的。良渚文化和石峡文化中的一些石钺头，顶部两侧向内收缩，从而形成一个肩①，更利于嵌入木柄，这已是后世铜钺用以安柄的内的萌芽。

在新石器时代晚期，石钺是重要的兵器，并且逐渐成为戎事的象征，进而演化为军事统帅的标志物。那些用作权杖的石钺，材质更佳，制工尤精，更常以玉料精制，钺头上或琢出神徽，柄部还饰以玉件和玉粒②。用钺作为军权的标志，在商周时代也得到沿袭③。

石钺的例子说明，中国青铜时代一些独具特色的兵器，早在新石器时代已经发源。过去，考古学界普遍将石钺称为“穿孔石斧”，1977 年以来，随着对这种石器性质的认识的深化，一些学者提出将之正名为“石钺”④，现已为人们普遍接受。但关于石钺的研究似应注意，当进入青铜时代后，一些晚期石钺的形制也受到铜钺的影响，甚至模仿后者，如有的石钺具有成熟的内⑤，很可能就是仿铜钺的制品。

6. 石锤

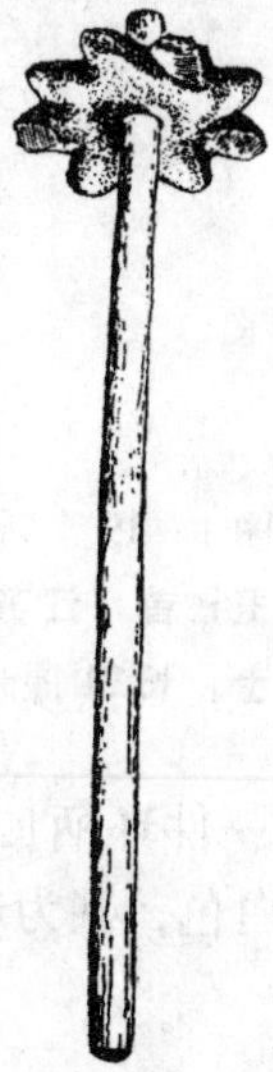

图 1－17　石锤装柄复原

锤头出土于甘肃武威，直径 10 厘米。

图 1－18　新石器时代晚期石啄锤

江苏邳县大墩子出土

① 见〔55〕〔56〕〔59〕。

② 见〔56〕〔63〕及〔42〕〔43〕。

③ 见〔64〕〔65〕〔66〕〔67〕〔68〕。

④ 见〔55〕〔69〕。

⑤ 见〔56〕图 2:23。

在新石器时代，先民运用钻孔技术，制成一种圆环状的石器，有的周边还做出尖凸的齿刃，略呈星形①，它们可能是装于木棒顶端使用的砸击之器，主要用于狩猎和战斗，故可名之曰石锤，或也称之为“棍棒头”或“多头石斧”。在东北地区，这类石器直至青铜时代仍然流行②。此外，江苏邳县大墩子新石器时代遗址中曾出土一件穿孔石器，一端扁平，一端尖锐，类似于后世的啄锤③。

7. 匕首

在新石器时代，中国各地广泛出现了多种类型的石刀，如带柄石刀、长条形穿孔石刀、石刃骨刀等，这些单面刃的切割器具，基本上是农业、畜牧业生产或日常生活使用的工具④，而一些地区出现的匕首（或称之为短剑），则可能较多地用于狩猎和战斗，因为匕首或短剑有双面刃和聚合尖锋，适于战斗中的扎刺，对于生产和生活中的切割，有一面刃通常是多余的。当然它也无法同人们的生活完全分开，在青铜时代的游牧民族中，匕首或短剑往往是男子的随身之器，既用于防身自卫，也用于宰兽切肉。

史前的匕首或短剑，目前在中国见有两类。

一类是石刃骨匕首，它以细长的骨梗为体，前端磨尖，两侧挖刻出凹槽，在其中镶嵌细小的石叶为刃（见图 1－8）。这类匕首在东北地区约出现于公元前五六千年，后来在西北甘青地区的马家窑文化（公元前 3300～前 2050 年）中甚为流行⑤。其晚期形式已是柄、身复合而成，刃身呈柳叶形，基部有穿孔的短茎，供安装握柄，甘肃永昌鸳鸯池墓地有较完整的标本出土[77]。

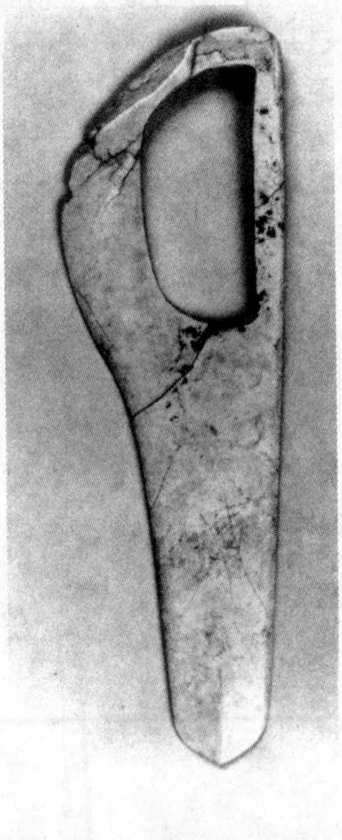

图 1－19 新石器时代晚期玉匕首 江苏邳县大墩子出土，长 21 厘米。

另一类是环柄骨石匕首，流行于山东和苏北地区的大汶口文化中。它用整块石料或骨料磨制而成，柄部挖空呈环形。山东泰安大汶口遗址曾出土一件环柄骨匕首，长 18 厘米，被误定为骨矛⑥。江苏邳县大墩子遗址出土的一件环柄匕首，用岫岩玉精工磨制，长 21 厘米，器形规整，表面光洁，通体呈乳白色，甚为珍美⑦。

二、射击兵器

1. 飞石索

① 见〔70〕图 18：5，〔71〕第 12 页图 1－29。
② 见〔72〕〔73〕〔74〕。
③ 见〔75〕图 17。
④ 见〔49〕〔54〕。
⑤ 见〔28〕〔76〕。
⑥ 见〔78〕第 45 页图 37：2。
⑦ 见〔75〕图 20，参见〔79〕。

飞石索大概是人类最早创制的抛射武器。可能是用飞石索抛射的石球，在旧石器时代遗址中屡有发现。1976 年在山西阳高许家窑旧石器时代中期遗址中出土了 1059 个石球，大者直径超过 10 厘米，重 1500 克有余，小者直径不足 5 厘米，重量小于 100 克，大多数则介乎二者之间①，它们应主要是供飞石索抛射使用的。但远古的飞石索早已腐烂无存，借助于民族学材料②，可知其主要有三种形式：

图 1－20　旧石器时代中期石球
山西阳高许家窑出土

（一）单股飞石索。它是在一根索绳的端头拴系石球，持索绕头顶急速甩动，然后松手释索，石球在离心力作用下飞射出去，以打击较远的目标。也可将分别拴有石球的多根索并在一起使用，遂成“多股”飞石索，它实际上是多个单股飞石索的合用。

（二）双股飞石索。它有两股索绳，中间连系盛放弹丸的兜囊，一股索绳的端头有环，用时套于手上，同时抓住另一股索绳，在急速甩动中将无环的索绳从手中松开，兜囊外甩，囊中的物体借助离心力飞向目标。

（三）带柄飞石索。它是将盛放弹丸的兜囊安装于短棒的端头，兜囊上有两股索绳，一股系结于短棒，另一股末端有一环，套于棒端，当自后向前猛力挥动短棒时，绳环滑脱，弹丸便凭离心力飞去。这种飞石索的最原始形态，只是将木棒的顶端劈开，夹住石块，然后手握棒尾向前猛力甩动，将石块抛掷出去。因木棒延长了手臂（即投掷的力臂），故也加大了射程。而在棒端装一个兜囊（即一个短的双股飞石索），则改进了容弹和释放的方式，既避免了石块在甩棒过程中脱落，也消除了弹体释放时的摩擦阻力，且使弹体具有更规则的飞行轨道，提高了打击的准确度。

图 1－21　云南纳西族的双股飞石索

2. 弓箭

最原始的弓是用单根木材（中国南方和东南亚地区或用竹材）弯曲制成的单体弓（缚上动物筋、皮条或麻质的弦），最原始的箭是前端削尖了的细木棍（或细竹棍），即古人所谓“弦木为弧，剡木为矢”③。为增强弓箭的杀伤力，先民不断改进制造技术，逐渐懂得了在箭端装上石、骨质的尖头——镞，以增强穿透力，

① 见〔80〕，参见〔3〕第 119、143、154 页。
② 见〔81〕及〔33〕第 90 ~ 94 页。
③ 《易·系辞下》。

又知道了在箭尾装上鸟类翎毛制成的羽翼，以增强箭矢飞行的稳定性。弓箭的发明和改进使得人们能够在较远的距离准确而有效地杀伤猎物，而且弓矢携带、使用方便，可以预备多支箭，连续射击，即使在很近的距离，仍能发挥作用，这些特点是飞石索和投枪所难以比拟的。因此，自中石器时代开始，弓箭就成为人类最重要的狩猎和战斗的武器。恩格斯说："弓箭对于蒙昧时代，正如铁剑对于野蛮时代和火器对于文明时代一样，乃是决定性的武器。"① 此话对于铁剑的评价或许过高，但就弓箭而言，是无论如何不为过的，实际上直至火器问世，弓箭才逐渐失去其作为决定性武器的地位。

在欧洲已经发现了中石器时代和新石器时代弓的实物，如丹麦霍尔麦加德（Holmegard）出土的紫杉木弓，长约140厘米，以整条木料削制而成，两端细，中间粗，握持处稍向内凹，两梢刻有挂弦的凹口，年代约为公元前6000年②。中国虽然尚未发现石器时代弓的实物，但出土了大量新石器时代的箭镞，主要是骨、角镞和石镞，偶尔能见到用蚌壳制成的镞。

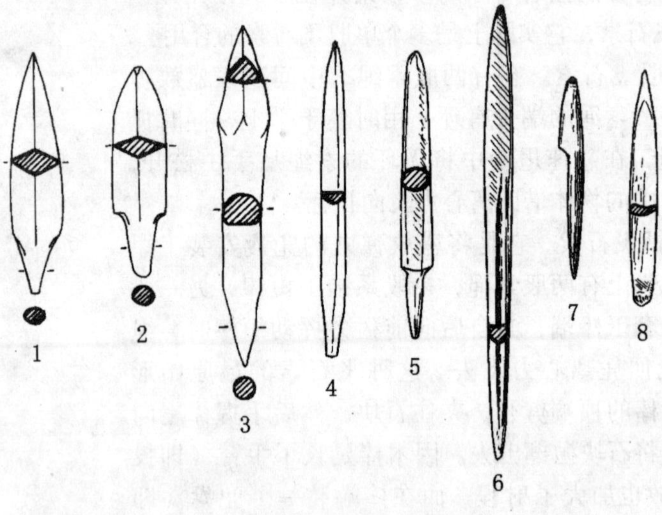

图1－22　新石器时代的箭镞

1－3. 石镞，山东潍坊姚官庄出土，长6.5～10.6厘米；
4～8. 骨镞，浙江余姚河姆渡出土，长6.7～15厘米。

旧石器时代晚期的石箭镞，都是打制而成的。新石器时代的箭镞，制作远为精细，大多磨制光洁，镞锋锐利。这些箭镞的装杆方式，是早期工具装柄技术进化的一个缩影。最原始的箭镞，一般底部较宽，渐向镞锋收杀；进而则将底部制作得较细，以便嵌入箭杆；再进一步，镞锋与底部的镞铤形成明确的区分，更利于装杆。河姆渡遗址出土的斜铤镞，则是装杆方式的一种独特尝试。

弓箭的诞生，说明人类已经懂得利用通过机械方式储存起来的能量。当人用力拉弦迫使弓体变形时，便把自身的力量储存进去了；松手释弦，弓体迅速恢复

① 恩格斯：《家庭、私有制和国家的起源》，见〔82〕第19页。
② 见〔4〕上册第106页，〔83〕第96页。

原状，同时把储存的能量猛烈地释放出来，从而将搭在弦上的箭有力地弹射出去。诚如恩格斯所说：“弓、弦、箭已经是很复杂的工具，发明这些工具需要有长期积累的经验和较发达的智力。”我们远古的祖先最初是怎么产生这种构思的？发明弓箭的契机和灵感的来源是什么？至今仍是一个谜。

中国古代流传“弓生于弹”的说法①，弹即弹弓。在甲骨文中，“弹”字写作，为一张弓的象形，弦中部有一小囊，用以搁放弹丸。这种形状的弹弓在后世中国一直是民间猎鸟和体育活动的器械，颇为流行，清末民初的北京天桥把式中仍可见到。由于石弹子飞行时比箭矢稳定，故以弓射弹要易于以弓射箭，从这个角度看，说先民最初发明的是发射小石子的弹弓，之后随着射击经验的积累，才将弓用于射箭，也并非不可能②。

三、防护装具

1. 盾牌

史前盾牌的实物尚未见发现，近代一些仍停留于原始状态的民族所使用的非常简陋的盾牌，可为了解远古盾牌作一个参考。比如 20 世纪初，台湾兰屿耶美人用粗藤条编扎成长方形的盾牌，为增强防护能力，表面或蒙上一层鲀鱼的硬皮[84]。一般来说，先民更广泛利用的材料应是木头和兽皮。

2. 甲胄

关于原始甲胄，杨泓曾有精当论述：

> 一般说来原始的民族常用的护体装备，往往是用皮革做原料。开始可能就是把整张的兽皮披裹在身上，后来在战斗实践中逐渐懂得把皮革加以裁制加工，使它更合身，更能有效地保护躯体的主要部位，于是出现了具有一定形制的整片的皮甲。民族学的资料也提供有这类原始状态的皮甲的标本。以前傈僳族使用的一种整片的牛皮甲，就是很好的例子[16]。这种皮甲，是用两张长约 1 米的生牛皮缝在一起，然后在其上开一个舌形的缝，沿缝将切开的皮革掀起来，形成领孔，战士穿甲时就从领孔把头套出去，掀起的舌形皮革正护住后脖颈。在领孔前的一小半皮革垂在前面护胸，一大半皮革垂在背后护背，在腋下把前后两片用绳结牢，使皮甲紧贴在身上。③

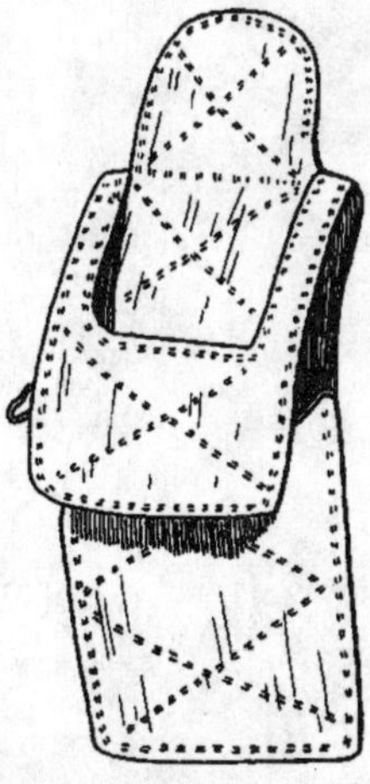

图 1－23　云南傈僳族的皮甲

可以补充的是，远古甲胄的发生发展，必然与早期衣服的发生发展密切相关。从衣服的发明过程看，先民最初只是将整片兽皮披在身上，或用绳条将之缠裹于身上；进而才学会在皮上开领孔，形成最早的套头式上衣；再往后，才将上衣的

① 《吴越春秋》卷九。

② 中国新石器时代遗址中经常出土石质或陶质的小弹丸，应是用于弹弓发射的。当时，弹弓已是非常专门化的狩猎器械。参见〔49〕和〔58〕第 176～177 页。

③ 见〔85〕第 2 页。

前部制成开襟状。甲是特殊的衣服，其成形直接受衣服发展的影响，只有当人们懂得将衣服制成套头式或开身式以后，才能够将甲也制成相应的形状。

傈僳人用生牛皮制甲也值得注意。所谓生皮，即未经鞣制熟化的动物皮，仅仅刮去皮下脂肪和残肉筋，然后晾干变硬，适于制甲。先民在掌握熟皮技术以前，已能通过简单的刮削加工获得干硬的生皮①，从这个角度来说，皮甲的起源可能是很早的；而当掌握了熟皮技术以后，由于制甲要求皮质坚硬，故一直仍用生皮，中国古代便是如此。

① 参见〔86〕。关于先民刮制生皮的一些模拟试验，见〔87〕。

第二章
筑城的发端

在古代世界，筑城一直是军事工程的核心内容，也是最为重要的大型社会工程之一。筑城活动的发生，城的出现，根源于人类的居址安全意识。这种意识在旧石器时代人们对穴居山洞的选择中就有充分的体现，比如今天发现的远古人类的洞穴遗址，普遍地势较高，洞口隐蔽，既无水淹之患，又不易受野兽侵袭。距今一万多年前地球上最后一次冰期的结束，对于城的产生是一个重大的契机。随着气候变暖，人类逐渐离开了山洞，由穴居转变为野处；同时，随着采集、狩猎经济向种植、畜牧经济过渡，经常性的迁徙流动逐渐转变为定居生活，出现了长期定居的村落。在新的时代，温暖的气候、较可靠的食物来源和较稳定的生活方式导致人口增加，财富日渐累积，使得不同的共同体之间因争夺土地、资源和财富而发生暴力冲突的几率不断增大，更增强了人们的居址安全意识。这时，人们多选择临近平原和河流的山麓坡台地、山前平地，或平原上的近水丘岗和台地作为村落居址，既利于向平原活动，有水源保障，又有较高的地势和相对独立的空间，不惧洪水，利于防守。这类村落居址，本身就具有一定的防御意义；其防御功能，又因人为的措施而得到加强。所谓人为的措施，主要有三类：一是在村落外围设置篱笆、栅栏；二是在村落外围挖掘壕沟；三是在村落外围建造围墙。也许先民还在村落周边特别是道路上采取了其他一些障碍措施，如民族学材料中经常能够看到的陷阱、伏弩等，可以将之视为篱栅、壕沟或围墙的配套设施。

上述村落防御设施，主要是随定居的农业社会的成长而逐步发展起来的。具有篱栅或壕沟的村落，可以称之为设防村寨。村落围墙的出现，说明设防村寨已向城堡发展，是筑城活动起始的标志。从设防村寨到最初的筑墙城堡，其防御的对象是多元的，有敌人，也有野兽，还有洪水（壕沟可以排水，围墙可以挡水）。但筑城活动的进一步发展，主要基于三个因素的作用：

一是军事因素。战争趋繁促使筑城活动趋盛，战争的手段和方式则对城的结构和功能产生影响。

二是政治因素。权力中心的形成和强化，使对权力中心所在地的保护，包括筑城，受到特别的重视和特殊的加强。由于权力中心通常集聚了较多的人口（权力阶层及为其服务的各类人），因而促使城的规模扩大。

三是经济因素。人口增长导致城的规模扩大。手工业、商业的发达则促进了作为财富渊薮的经济中心的筑城活动。

第一节　史前的环壕村落

在距今 8000～7000 年期间，中国已经存在外围有壕沟保护的村落。湖南澧县梦溪八十垱新石器时代遗址中发现的早期居址围沟（G10），年代约为距今 7500

年，是现知中国最早的村落护壕[91]。距今约7000多年的内蒙古敖汉旗兴隆洼遗址（A区）坐落于临近河流的山坡上，平面略呈圆形，外有一道宽约1.5～2米、深0.55～1米的壕沟，围成一个直径为170米左右的空间，内有数列成排的房址①。这是一处较典型的环壕村落。

在距今7000～6000年期间，有环形护壕的村落已经颇为常见。半坡遗址和姜寨遗址是最著名的例子。

陕西西安半坡遗址位于浐河东岸的第二台地上，距今约6800～6300年，遗址中心的居住区面积约为3万平方米，平面略呈圆形，外围挖有一道深5～6米、宽6～8米的大壕沟②。

陕西临潼姜寨遗址位于临河东岸的第二台地上，距今约6600～6400年，其居住区面积约有1.9万平方米，平面呈椭圆形，西面以临河为天然屏障，东、南、北三面有宽和深各约2米的人工壕沟环绕。为加强防御，在壕沟的边沿和两个缺口（实即寨门所在）设有哨所。居住区内有中心广场，面积约4000平方米，周围分布着100多座房屋，分为5群，每群以一个大房子为主体，包括一二十座中小型房屋，房门均朝向中心广场③。这样整齐的布局，体现出经过较严密的规划，可以说代表了史前村落建设的一个高度。

图1－24　姜寨原始村落复原图（张孝光作，采自〔97〕）

在半坡村落护壕的一段沟中，还曾发现3根炭化木柱，柱径15厘米，残长130厘米④。有学者推测这是被火烧毁的围沟内侧栅栏的木柱，进而推测宽度窄于半坡护壕的姜寨护壕内侧可能也存在用木桩和树枝编成的栅栏[98]。

在先民的村落建设中，壕沟逐渐成为重要的内容：它分隔了内外部空间，使

① 见〔92〕〔93〕。

② 见〔94〕〔95〕。近来有研究者通过对半坡遗址的分析认为，半坡村落可能存在双重环壕，护壕边沿还建有哨所（见〔96〕）。

③ 见〔97〕〔98〕。

④ 见〔94〕第52页。

居住区形成封闭的体系，因而起着重要的防御作用；它规定了居住区的范围，为村落规划提供了基础；它又是居住区的主要排水设施。挖掘这样的壕沟，必然需要使用整个群体的力量，而且需有一定的规划，这是人类在军事工程领域的第一项重要内容。即使在筑城活动兴起以后，挖掘壕沟仍然长期受到重视，壕沟成为与城墙相配套的重要设施，因而成为筑城活动的基本内容，许多早期城堡，实际上只是利用挖掘壕沟的泥土在壕沟内侧增筑一道围墙而已。

第二节　史前筑城

一、史前城址的发现

对中国史前筑城的认识，由于近年的一系列考古发现而有了重大突破，表现为：关于中国史前筑城活动的时空范围的认识被大为拓展，关于中国史前城的类型和结构的认识被大大地丰富，关于中国史前城的性质的讨论空前地热烈而深入①。

据现已公布的资料统计，目前在中国已经发现了50余座史前城址（见表1－1），其中大多数已为科学的考古发掘所证实，但也有个别遗址，其性质还有待于进一步的考察论证。比如有学者认为，浙江余杭良渚文化遗址中的莫角山遗址实际上是一个人工筑城，或至少是依托自然土冈，由人工截弯取直、填平补齐而形成的东西长约670米、南北宽约450米，面积达30万平方米，高5～8米的长方形土台子，其上已发掘揭露出部分房基和柱洞，它也许就是良渚文化的一座台城〔170〕。但这种史前台形遗址有较广泛的分布，不独江浙有，华北平原上也很常见〔171〕，如无确实的筑墙现象，能否视为“城址”，还存在较大的争论〔172〕。或认为莫角山遗址可能是良渚方国的高台基宫殿区和举行最隆重祭礼的场所②。

又有研究者认为，近年在余杭良渚遗址群北侧发现的一条绵延数公里的垄状土垣（顶部宽约30米，底部宽约50米，高出南侧水田3～5米，初步的发掘解剖表明系人力搬运土方堆筑而成）可能是一座面积约为10平方公里的良渚文化古城的北城墙遗迹，前述莫角山遗址即位于这座古城的范围之内〔173〕。但史前时期是否有可能出现这样大规模的城，良渚文化的人口是否足以防守长达十余公里的城墙，存在着很大的疑问。目前仅在遗址群的北侧和西北角见有土垣，恰介于遗址群与西天目山余脉大遮山丘陵之间，因此有学者较慎重地将之推测为良渚先民为堙障山洪而修建的一道长堤〔173〕。

尽管还存在一些不确定因素，但现有的资料已经能够反映出中国史前筑城的基本面貌。

---

① 参见〔99〕〔100〕。
② 见〔173〕及〔193〕。

表1－1　中国史前城址统计

区域	地　点	年　代	简　　况	建造技术	资料来源
长江中游两岸	湖南澧县梦溪八十垱	距今7500~7100年	平原边缘，低台地，外有壕沟	土筑，堆筑法	〔91〕〔101〕
	湖南澧县城头山	不迟于距今6000年	平原，低台地，圆形，内径314~324米，城垣周长约1000米，面积约8万平方米，外有护城河，设有水门	土筑，堆筑法	〔102〕〔103〕〔104〕〔105〕
	湖南澧县鸡叫城	距今5000~4600年	平原，低台地，略呈方形，东西约400米，南北约370米，面积约15万平方米，外有护城河	土筑，堆筑法	〔106〕〔107〕〔108〕
	湖北天门石家河	距今5000~4500年	低山丘陵－平原过渡带，近似方形，南北约1200米，东西约1100米，面积约120万平方米，外有壕沟	土筑，堆筑法	〔109〕〔110〕
	湖北石首走马岭	距今5000~4600年	低山丘陵－平原过渡带，低台地，不规则椭圆形，城垣周长约1200米，面积7.8万平方米，外有护城河	土筑，堆筑法	〔111〕〔112〕
	湖北荆州阴湘城	距今4900~4600年	平原，低台地，不规则形状，现存南半部城垣长约900米，面积约12万平方米，外有护城河	土筑，堆筑法	〔113〕〔114〕〔115〕〔116〕
	湖北荆门马家院	距今5000~4500年	低山丘陵－平原过渡带，低台地，略呈梯形，长约640米，宽300~400米，城垣周长约2000余米，面积约24万平方米，外有护城河，设有水门	土筑，堆筑法	〔117〕
	湖北公安鸡鸣城	距今5000~4500年	平原，不规则椭圆形，南北约500米，东西约400米，城垣周长约1100米，面积约15万平方米，外有护城河	土筑，堆筑法	〔190〕
	湖北应城门板湾	距今5000~4600年	低山丘陵－平原过渡带，低台地，近似方形，南北550米，东西400米，面积约20万平方米，外有护城河	土筑，堆筑法	〔118〕
	湖北应城陶家湖	距今5000~4500年	平缓丘陵，椭圆形，南北约1000米，东西约850米，面积约67万平方米，外有壕沟	土筑	〔191〕

（续表）

华北平原	河南郑州西山	距今 5300~4800 年	平原，台地，略呈圆形，直径约 180 米，面积 2.5 万余平方米，外有壕沟	土筑，方块版筑法	〔119〕
	河南淮阳平粮台	约距今 4300 年	平原，低台地，正方形，长宽各 185 米，面积约 3.4 万平方米，外有壕沟	土筑，堆筑、版筑结合	〔41〕〔108〕
	河南登封王城岗	距今 4400~4200 年	平原边缘，低台地，东西两城相连，东城西墙即西城东墙，西城略呈方形，城垣周长约 350 米，面积约 8500 平方米，城角外凸，东城形状、结构、大小与西城相仿	土筑，堆筑法，先挖基槽，筑基起墙	〔120〕第 28 ~ 35 页〔108〕
	河南辉县孟庄	距今 4400~4200 年	平原边缘，低台地，正方形，边长 400 米，面积 16 万平方米，外有护城河	土筑，堆筑法	〔121〕〔122〕
	河南郾城赫家台	距今 4400~4200 年	平原，低台地，长方形，南北 147 米，东西 130 米，面积约 1.9 万平方米，外有壕沟	土筑，堆筑法	〔123〕
	河南安阳后冈	距今 4500~4100 年	平原，台地，存有长 70 余米、宽 2~4 米的夯土墙	土筑	〔124〕〔125〕〔126〕第54~55页
	河南新密古城寨	距今 4200~4000 年	平原，低台地，长方形，面积 17.65 万平方米，外有护城河，宽 34~90 米	土筑，版筑法	〔127〕
	山东滕州西康留	距今 5000 年左右	平原，低台地，方形，南北约 195 米，东西约 185 米，面积约 3.5 万平方米	土筑，堆筑法	〔128〕〔129〕
	山东章丘城子崖	距今 4600~4000 年	平原，低台地，略近凸字形，东西 435 米，南北最大 540 米，面积 20 余万平方米	土筑，堆筑、版筑结合，先挖基槽，筑基起墙	〔130〕〔131〕〔132〕〔133〕
	山东邹平丁公	距今 4600~4000 年	平原，低台地，近方形，南北约 350 米，东西约 310 米，面积约 11 万平方米，外有壕沟	土筑，堆筑法	〔134〕〔135〕〔136〕
	山东寿光边线王	距今 4300~4000 年	平原，先建小城，正方形，边长约 100 米，面积约 1 万平方米，后于其外建大城，近方形，边长约 240 米，面积 5.7 万平方米，大城建成后，小城被夷平	土筑，先挖基槽，筑基起墙	〔137〕〔138〕第 166 页〔133〕

（续表）

华北平原	山东淄博田旺	距今4400～4000年	平原，低台地，长方形，面积约15万平方米	土筑，堆筑法	〔139〕
	山东滕州尤楼	距今4600～4000年	平原，低台地，近方形，南北170米，东西150米，面积2.5万平方米，外有壕沟	土筑，堆筑法	〔140〕
	山东五莲丹土	距今4800～4200年	平原，低台地，有早中晚3个城圈，呈不断扩大之势：早期城圈略呈椭圆形，面积约9.5万平方米；中期城圈略大，面积约11万平方米；晚期城圈呈不规则形状，面积约18万平方米。外皆有壕沟，中期城墙建于早期城壕之上，晚期城墙建于中期城壕之上	土筑，堆筑法	〔189〕〔141〕〔142〕
	山东阳谷王家庄	距今5000年左右	平原，低台地，长方形，南北约360米，东西120米以上，面积约4万平方米	土筑，堆筑法	〔129〕〔133〕
	山东阳谷景阳冈	距今4600～4000年	平原，低台地，略呈长方形，长约1150米，宽300～400米，面积约38万平方米	土筑，堆筑、版筑结合	〔143〕
	山东阳谷皇姑冢	距今4600～4000年	平原，低台地，长方形，南北约495米，东西约150米，面积约6万平方米	土筑，堆筑法	〔144〕〔145〕〔133〕
	山东茌平教场铺	距今4600～4000年	平原，低台地，长方形，东西约1100米，南北约360米，面积约40万平方米	土筑，堆筑法	〔144〕〔145〕〔133〕〔146〕
	山东茌平尚庄	距今4600～4000年	平原，低台地，方形，面积3万余平方米	土筑，堆筑法	〔144〕〔145〕〔133〕
	山东茌平乐平铺	距今4600～4000年	平原，低台地，略呈长方形，面积3.5万平方米	土筑，堆筑法	〔144〕〔145〕〔133〕
	山东茌平大尉	距今4600～4000年	平原，低台地，略呈长方形，面积约3万平方米	土筑，堆筑法	〔144〕〔145〕〔133〕
	山东东阿王集	距今4600～4000年	平原，低台地，长方形，面积约3.7万平方米	土筑，堆筑法	〔144〕〔145〕〔133〕
	江苏连云港市滕花落	距今4500～4000年	平原，低台地，有内外两重城垣，外城长方形，南北435米，东西325米，周长1520米，面积约1.4万平方米，外有护城河，宽7.5～8米；内城位于城南部，方形，南北207～209米，东西190～200米，周长806米，面积约4000平方米	土筑，外城堆筑、版筑结合，内城版筑	〔147〕

（续表）

成都平原	四川新津宝墩	距今4300～4000年	平原，低台地，长方形，长约1000米，宽约600米，城垣周长约3200米，面积60万平方米	土筑，堆筑法，墙脚或有卵石层	〔148〕〔149〕
	四川温江渔凫村	不迟于距今4000年	平原，低台地，不规则多边形，城垣周长约2110米，面积32万平方米	土筑，堆筑法，墙脚、墙表或有卵石层	〔150〕
	四川郫县古城	距今4100～3900年	平原，低台地，长方形，长约620米，宽约490米，面积约30.4万平方米	土筑，堆筑法，底部有卵石层	〔151〕〔152〕〔192〕
	四川都江堰市芒城	距今4500～3700年	平原，低台地，长方形，内外两圈城墙，内圈南北约300米，东西约240米，面积约7.2万平方米；外圈南北约350米，东西约300米，面积约10.5万平方米，内外圈间距约20米	土筑，堆筑法	〔153〕
	四川崇州双河	距今4500～3700年	平原，低台地，内外两圈城墙，内外圈间距约15米，面积约15万平方米	土筑，堆筑法	〔154〕〔155〕〔108〕
内蒙古中南部河套地区	包头阿善	距今5000～4000年	山麓台地，背山面水，东、西二城，面积各一两万平方米	不规则石块垒砌	〔156〕〔157〕
	包头威俊	距今5000～4000年	山麓台地，三座小城，面积各一两万平方米，不规则形状	不规则石块垒砌	〔158〕
	包头西园	距今5000～4000年	山麓台地，不规则长方形，东西约150米，南北约90米	不规则石块垒砌	〔159〕
	包头莎木佳	距今5000～4000年	山麓台地，东、西二城，不规则形状，东城：东西约70米，南北约50米；西城：东西80多米，南北60多米	不规则石块垒砌	〔159〕
	包头黑麻板	距今5000～4000年	山麓台地	不规则石块垒砌	〔159〕
	凉城老虎山	距今4500年左右	山麓坡地，面积13万平方米，扇形，顶有小方城，边长约40米	不规则石块垒砌	〔160〕
	凉城西白玉	距今4500年左右	山麓坡地，面积2万平方米以上，不规则形状，顶有小方城	不规则石块垒砌	〔161〕〔157〕
	凉城板城	距今4500年左右	山麓坡地，面积2万平方米以上，不规则形状	不规则石块垒砌	〔161〕〔157〕
	凉城大庙坡	距今4500年左右	山麓坡地	不规则石块垒砌	〔161〕〔157〕

（续表）

内蒙古中南部河套地区	准格尔旗白草塔	不迟于距今5000年	河岸高台地	不规则石块垒砌	〔162〕〔163〕
	准格尔旗寨子圪旦	距今5000年左右	河岸高台地，略呈椭圆形，南北约160米，东西约110米，面积约1.5万平方米	不规则石块垒砌	〔164〕
	准格尔旗寨子塔	距今5000~4500年	河岸高台地，不规则形状，面积近5万平方米，北部有两道城墙和内外城门	不规则石块垒砌，有土墙基	〔165〕
	准格尔旗寨子上	距今5000~4000年	河岸高台地	不规则石块垒砌	〔166〕
	准格尔旗小沙湾	距今5000~4000年	河岸高台地，面积4000平方米	不规则石块垒砌	〔167〕
	清水河县马路塔	距今5000~4000年	河岸高台地	不规则石块垒砌	〔168〕
	清水河县后城嘴	距今5000~4000年	河岸高台地，面积约40余万平方米	不规则石块垒砌	〔169〕

二、筑城活动的发生

现知中国最早的村落围墙，发现于湖南澧县梦溪八十垱新石器时代遗址，修筑的时间约为距今7500~7100年①。这之后，在相距遥远的不同地区，先后出现了早期的筑墙城堡：

长江中游两湖地区，已发现距今6000年的湖南澧县城头山城址；

华北平原，已发现距今5300年的河南郑州西山城址和距今5000年左右的山东滕州西康留城址、山东阳谷王家庄城址；

内蒙古中南部河套地区，已发现距今约5000年的准格尔旗白草塔城址。

目前还不知道这些地区的早期筑城活动相互之间有什么关系，我们可以把距今7500年直至距今5000年期间视为中国筑城活动的发生期。

中国筑城活动的发生，大体有两种情形：

其一，由挖掘村落护壕发展而来。先民将开掘壕沟挖出来的土方堆筑在壕沟内侧，于是形成围墙②。梦溪八十垱的村落围墙就是这样筑成的。初时围墙可能甚

---

① 八十垱遗址的年代约为距今7500~7100年，遗址中发现两条围沟（G10和G7），一道围墙。发掘者认为，围沟G10属遗址早期阶段，围沟G7和围墙属遗址晚期阶段（见〔91〕）。张学海认为，围墙和围沟G10同属遗址早期阶段，G10后淤积，于是开挖围沟G7，同时对围墙进行了增筑（见〔101〕）。

② 从在壕沟内侧堆土到出现围墙，应有一个过渡过程。一些史前村落护壕，内侧口沿高于外侧，大概就是堆土所致，但还未形成明显的墙状建筑，如半坡遗址的大围沟，内沿高出外沿1米，又如安徽蒙城尉迟寺新石器时代村落护壕，内沿深3.5米，外沿仅深1.2米（见〔174〕）。在湖南安乡划城岗遗址中，有大溪时期（距今五六千年）的一次动土工程，人们“围绕台地外缘低坡地带人为堆筑了一层近1米厚的地层，取土后，使得台地外围约20米处形成一条未完全封闭的洼地（沟），宽约10~15米，深70~100厘米”（见〔175〕）。这也是在沟内侧堆土的一个例子。

为低矮，筑造粗简，仍以壕沟起主要的防护作用。逐渐地，围墙越筑越高大，建造技术不断进步，以至转变为以围墙为主，而以壕沟为辅，遂形成了城、壕相配置的体系，奠定了中国筑城的基本样式。尽管壕沟的地位前后有变化，但利用挖掘壕沟取土筑城的方式，则一直延续了下来。

其二，与挖掘壕沟的活动没有什么联系，而表现为在地面上直接建造。内蒙古中南部河套地区的史前城堡，大多只有围墙而无壕沟，当属于这种发生方式。这个地区的史前城堡，都是山城和石头城。这种发生方式，似乎最常见于石块垒砌的山城，因为它不依赖于挖沟取土。当然，由这种发生方式也能够发展出城、壕相配置的体系，但壕沟是次生的因素，主要体现了城的结构的改进和防御功能的加强。

三、中国筑城的第一次高潮

中国先民的筑城活动，在距今5000～4000年期间有了突出的发展。现已发现的数十座中国史前城址，绝大部分属于这个时间段。其分布集中于四个地区：长江中游两岸（湖北、湖南），黄河下游两岸（河南、山东），内蒙古中南部河套地区，成都平原。涉及的地域已经相当辽阔，特别是在黄河下游两岸的河南、山东境内，呈现出密集的态势。似乎可以认为，在距今5000～4000年期间，中国的筑城活动出现了第一次高潮。

其时正当中国新石器时代的晚期，原始社会发展到了尽头，在其基础上，国家和王权正一步步孕育，就在这个千年之末，诞生了中国历史上的第一个王朝——夏。在此过程中，中华大地上林立的邑聚、部族之间的武装冲突日益频繁，这无疑是筑城活动趋盛的最主要原因。在距今5000～4000年期间，特别是在这个千年的后半叶，以今河南省为中心的中原地区的文明活力日益增强，逐渐形成为中国历史的轴心区域，相继孕育了夏、商两个中心王朝。而在距今4600～4000年期间，也正是这个区域的筑城活动表现得最为活跃的时期，目前已经在豫中、鲁西一带发现了诸多这个时期的城址，可以预期，将来在中原地区还会有这个时期的更为重要的城址发现。

直至距今5000～4000年期间，中国城的面积仍普遍不超过20万平方米，大量的在5万平方米以下（甚而只有数千平方米），与早期的村落规模相当，称之为寨堡或堡寨，或许更为恰当。这种小规模城堡林立的局面，反映了新石器时代晚期社会发展的一般程度。但王权的逐渐形成和强化，业已对筑城活动产生影响，这既体现于出现了少数面积达数十万平方米甚至上百万平方米的较大的城，更体现于城堡群和中心大城的出现。目前在鲁西平原已经发现了两处距今4600～4000年的城堡群：阳谷县的城堡群，以面积38万平方米的景阳冈城址为中心，周围有王家庄、皇姑冢两座小城（面积分别为4万和6万平方米）呈依附、拱卫之势；在平—东阿的城堡群，以面积40万平方米的教场铺城址为中心，周围有茌平尚庄、乐平铺、大尉和东阿王集4座小城（面积均为三四万平方米）呈依附、拱卫之势①。这种规模明显超出于周边小城的中心大城，很可能是较高级别的权力中心所

① 见〔133〕〔108〕。

在，可以视为后世都城的滥觞。伴随着早期国家的孕育，中国城的发展也出现了初步的等级化趋势。

在中国史前城址中，已经发现了一些手工业作坊遗址，但缺乏进一步的经济活动的证据。那些手工作坊，除少数与生产工具的制造有关，多数系生产陶器、骨角牙器和玉器，产品或为生活必需物，或为仪式性的艺术品——礼器，具有明显的为城中居民特别是权力阶层服务的性质。这些资料所反映的情况，与其说是手工业、商业的活跃促进了城的发展，不如说是城的出现以及权力中心的形成导致服务性人口（包括手工业者）在城中的集聚。因此，除了人口自然增长的因素，我们还看不出手工业、商业等经济因素对中国史前城的出现和发展有什么影响。在中国，筑城活动的发生和早期城的发展，主要应归于军事和政治因素的作用〔176〕，而这些因素，都是农业社会发展到一定程度的自然产物。

第三节　史前城的基本特点

作为农业社会成长的结果，中国史前城主要出现于黄河和长江流域的宜农区域，大多建立在平原或平原的边缘（低山丘陵向平原的过渡带），居民是主要从事农耕的人口。在其起源阶段，中国城就具有以保护农业人口的平原城为主体的特点。然而，辽阔的地域也为多样性提供了可能。在史前时代，中国就出现了山城，内蒙古中南部河套地区发现的史前城址是现知最早的例子。尽管属非主流因素，山城在中国历史上也一直存在，多见于边远地区。

中国先民的筑城活动，从一开始就表现出因地制宜、就近取材的特点：平原城都用土筑，山城均以石砌。后世虽也有一些特殊的情况，但总体上始终沿袭这个传统，因而自然是土城多而石城少。

中国城的这些基本的特点或传统，在距今四五千年前就形成了。但受社会和技术发展水平的限制，中国史前城仍具有显著的幼年期的特征。

一、平原城

在长江中游两岸、华北平原和成都平原发现的史前城址，都属于平原城，尽管一些城的地理大环境属低山丘陵和平原之间的过渡带，但城址所在的周边小地形基本为宜农的平野。承袭新石器时代早期人们选择村落居址的习惯，直至距今5000～4000年期间，人们仍然普遍选择高出周围地平面的近水台地或顶有平坝的丘岗作为建城之所。较高的地势，利于防洪；相对独立的空间，易于据守。其时通常的做法是，围绕台地或平岗地的边缘建造一道土墙，因而城内地面显著高于城外地面，土墙外壁陡峻，内壁平缓，外观高墙耸立，内看呈缓坡状，似一堵矮墙而已。由于内高外低，使得城门门道都呈斜坡形。学界普遍把这种城称为“台城”①。准确地说，在中国史前时期，占主导地位的是平原台城。这种建城方式，充分利用了台地的自然地形，既险峻难攻，又便于防御者登城据守，一旦出现敌情，城中的居民可以顺着缓坡迅速跑上城头，而攻城者要想攀爬上陡峻的外壁，

① 见〔140〕〔171〕〔133〕。

却相当困难。其缺点是容易造成雨水内涝，因为四周隆起，中部低洼，积水难以排泄。河南淮阳平粮台城址的城门道下铺有陶质排水管，不失为解决这个问题的聪明办法。

然而，台地或平岗地一般面积有限，因而史前平原台城的规模普遍不大。从另一角度来看，选择台地或丘岗建城，是与其时其地的人口规模相适应的，因此，平原台城是先民在特定社会发展阶段的创造。随着社会发展程度的提高，人类对自然适应能力的增强，以及人口的增加，石器时代人类的居址呈现出由高到低的变化趋势[177]。其最终的结果是“降丘宅土”①：当人口增加使得丘岗或台地难以容纳时，人们便离开这些丘岗或台地，而在更为广阔的原野上营建居所②。当然，“降丘宅土”与全新世的最高温期过后，约距今5000余年以来海平面的降低，水患的相对减轻（反映为古史传说中的洪水平息）也密切相关③。距今四五千年前的中国史前城址已经表现出这样的发展趋势，这时人们建城的许多台地，高度已经很低，约高出周围地面3～5米，有些甚至仅高出周围地面一二米，如四川温江渔凫村城址，台地高差约1.3米。而且，随地势降低，其时也已经出现了建在较为开阔的平坦地面上，而不是台地边缘，因而城内外地平面基本一致，城墙内外壁均陡峻的平原城，较典型者如河南淮阳平粮台古城、新密古城寨古城、山东寿光边线王古城，代表了未来的发展方向。

中国史前平原城的建造，都为泥土夯筑，普遍采用堆筑法。初时技术非常原始，只是把土直接堆在地面，略加夯实，大概是边堆土边夯打，夯打的程度极其有限，梦溪八十垱的围墙，甚至未见到明显的夯窝痕迹。其后，技术逐渐改进，表现为分层夯筑，但起初夯层厚薄悬殊，层面起伏不定，夯打仍然不充分、不均匀，山东滕州西康留距今5000年左右的城墙仍然如此；之后夯打逐渐趋于充分、均匀，夯层的厚度逐渐变得比较均齐（每层一般厚5～20厘米），层面逐渐变得比较平直。技术的改进还体现于筑基起墙，即先在地面挖出基础槽，由基槽开始逐层往上夯筑，夯土高出基槽后，夯层向内外两侧展宽，形成墙体宽大的底部，然后向上逐层收分筑造。在距今4600～4000年期间，华北平原上已较多见这样的做法。或许因雨水较多，出于排水的考虑，成都平原一些史前土筑城墙的墙脚、墙表或底部铺有排列紧密的卵石层，也是一项合理的改进。

在堆筑法改进的过程中，先民又发明了更进步的版筑法。现知最早的版筑城墙见于距今5300～4800年的河南郑州西山城址，属方块版筑形式，夯土版块一般长1.5～2米，宽1.2米，目前所见最大的版块也只长3.5米，宽1.5米。墙宽由3个版块构成，拐角加宽至5个版块，版高多为0.5米左右，上下层版块交错叠压，两壁逐层呈阶梯状内收。版块较小，说明技术还比较初始。尽管如此，西山古城的建造技术仍具有明显的特殊性，在之后的诸多史前城址中，罕见有单纯的版筑

① 语出《禹贡》。或作“下丘居土”，见《史记·夏本纪》、《汉书·地理志上》。

② 山东五莲丹土古城，有早中晚3个城圈，呈不断扩大之势；山东寿光边线王古城，系先建小城，后于其外建大城，大城建成后，小城被夷平。这种城圈扩大现象，最有可能是因为居民人口增加。类似的现象也见于山东邹平丁公遗址。

③ 参见〔171〕〔178〕。

城垣。

在距今4600～4000年期间，华北平原上出现了一些堆筑、版筑相结合建成的城垣，如山东章丘城子崖古城和阳谷景阳冈古城，其城垣外侧一小部分系版筑，外壁近陡直，内侧（城垣主体）仍为堆筑，呈缓坡状。这时的版筑法版块仍然窄小，或称之为“小版筑法”，采用此法的城墙外壁更加平直、陡峻而耐久；城墙内侧（主体）仍用堆筑法，则修筑较为便捷，二者结合，既提高了城垣的质量，又保证了筑城的效率。这是在技术尚未成熟以及人力还不充足的情况下的一种改良措施，具有过渡性，是由堆筑法向版筑法发展的一种中间形态。河南淮阳平粮台古城的城墙内侧下部用版筑，外侧和顶部用堆筑，较为特殊，但其内壁版筑墙仅宽0.8～0.85米，仍是典型的小版筑法。

在此期间，也出现了几例主要用版筑法建成的城垣，它们的建造技术和城墙结构，在现知中国史前城址中，是最为先进的。江苏连云港市滕花落龙山文化古城，年代约为距今4500～4000年，有内外两重城垣，外城墙宽21～25米，由堆筑和版筑相结合建成；内城墙宽14米，“主要由版筑夯打而成，版筑块大小不一，厚薄不匀，长1.05～3.8米、厚0.2～0.55米。内城墙体夯土中均发现非常密集而又粗壮的木桩，与城墙垂直方向，成排分布，间距约60～70厘米，行距约40厘米，有的大小相依成组，木桩直径多在20～26厘米之间，周长60～70厘米左右，残长0.6～1.2米不等……从木桩下端较圆钝的情况分析，木桩不是在夯土形成后打下去的，而是在夯土开始夯筑之前就栽下去的，然后才在木桩周边层层施打夯土。整个内城墙的建造，耗费的木材数以万计”[147]。

河南新密古城寨龙山文化古城，年代约为距今4200～4000年，其城墙全为版筑直立形式。版块的宽度仍较窄，城墙在宽度上由若干个版块构成，上下层版块互相垂直，从横断面上看，城墙似由并列紧密的几道夯土墙合成。据观察，筑墙时先立夹板的圆形小木柱（棍），然后放夹板填土夯打，筑满后，向内侧或外侧隔一个版块再设夹板夯打，中间空留的这个版块，两侧便可以不设夹板而直接填土夯筑。由于城墙整体都用版筑法建造，所以内外壁面均陡峻直立[127]。

图1－25　河南新密古城寨城墙遗迹剖面

随筑城技术的进步，城墙越筑越高大。在距今5000～4000年期间，中国土筑城墙的底部宽度一般在10～20余米，有的甚至宽达三四十米。一些城墙，现存高度仍有3米多，如淮阳平粮台古城的城墙，残高3米多，底宽约13米，顶宽8～10米，原高度估计至少有6米。新密古城寨的版筑城墙，至今矗立于地面之上，墙高沟深，气势雄伟。

史前平原台城，基本上是在环壕村寨的基础上发展起来的，通常利用挖掘壕沟取土筑城，因而普遍具备了城、壕相配置的体系。但在南方和北方，情况有很大差别。两湖地区的史前台城，均有较宽深的注水壕沟，而且经常与自然河道相通连，许多古城的壕沟，就是部分利用了近边的自然河道，部分经人工开凿而成。因雨水丰沛，水系发达，城内多有明水（池塘、河沟等），一些城的城墙上还辟有水门，沟通城内外水道，具有排涝、水运和解决城内饮水等多种作用，当然也有一定的军事意义。温湿的气候所赋予的得天独厚的水资源，使南方地区较早就形成了发达的护城河系统。不过，成都平原的几座史前城址，城外围尚未发现壕沟。这个地区的史前城址年代相对较晚，这种现象因此也越发不好解释，有待于进一步的考察和发掘。

在华北平原，受气候和自然条件决定，史前台城的壕沟多为干壕，即后世所谓“隍”①。据报道，河南辉县孟庄古城外有深达5.7米的“护城河”，当属少数。经常的情况是，因在台地外围取土筑城而形成一道洼沟（有的相当宽，如丁公古城的外围壕沟宽达30米），它使台城的外壁变得更为高峻（如丁公古城的壕沟，底部距城内地面就有3米的高差），到了雨季，有时因积水较深也能加强防御作用。直至距今4000年，北方城的护壕系统总体上落后于南方。只是到了较晚的时期，建城时通常辅以一系列的引、排水工程，北方地区才普遍出现了护城河。

由于高度依托自然地形，史前台城的平面形状普遍具有不规则性。但在距今4600～4000年期间，华北平原城的形态表现出明显的规则化倾向，河南、山东境内已经发现的20余处这个时期的城址，大多数平面呈方形（长方形或正方形），有的相当规整，如淮阳平粮台城址，其形状之方正划一（见图1－26），令人吃惊。这无疑反映了规划程度的提高。但先民为什么多把城建成方形？较早的仅有护壕的村落居址，平面大多呈圆形和椭圆形，如前文曾述及的兴隆洼遗址、半坡遗址和姜寨遗址。又如安徽蒙城尉迟寺新石器时代村落遗址，外围有椭圆形的护壕；黄河东岸内蒙古清水河县岔河口新石器时代村落遗址，外围有挖筑规整的圆护壕，也都是较典型的例子②。考古学界普遍把这类村落称为“环壕聚落”，它是筑城活动兴起之前村落居址的普遍形态③。城诞生之初，其平面形状就明显地不规则化，但有一些早期的城，显然仍继承了环壕聚落占主体的圆形或椭圆形形态，如湖南澧县城头山古城、河南郑州西山古城。而到新石器时代晚期，人们却倾向于把城建成方形，甚至出现了相当规整的正方形。这里似乎有一个转变。特别是后来的中国城，也一直以方形（尤其是正方形）为基本模式，陈正祥

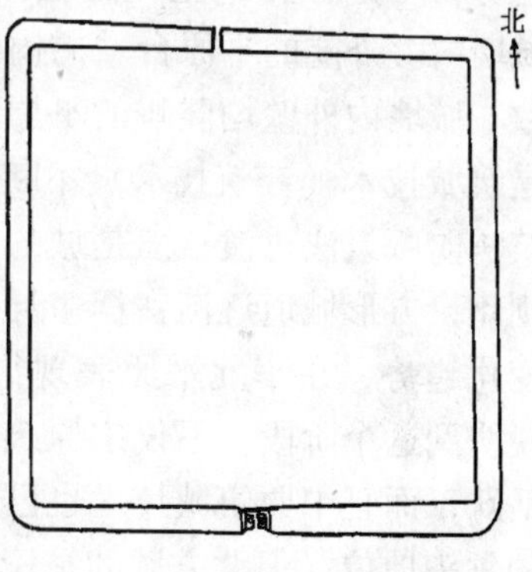

图1－26　河南淮阳平粮台城址平面略图

① 《说文》：“隍，城池也。有水曰池，无水曰隍矣。”

② 见〔174〕〔179〕〔180〕。

③ 见〔181〕〔182〕。

曾指出："中国城市的形态，绝大多数是方形的。在平原地带，特别是较小的城，形状常呈正方形。使用二万五千分之一地形图，可在华北平原找到许多例子。正方形的城，包括的面积最大；中国人筑城，讲究以最低成本，取得较大的面积，于是正方形便成为中国城的传统形制。"① 这是纯功能视角的解释。始于新石器时代晚期的中国城的方形化取向，有无深层的原因？是一个很值得思考的问题。

在中国，一直非常流行"天圆地方"的观念。我们知道，春秋战国之际，有人已对这种观念提出质疑②；而不迟于公元前1世纪成书的《周髀算经》，已经记载了由这种观念发展而成的系统的宇宙理论③。但这种观念究竟始于何时，不得而知，可以肯定，必然十分久远，它应当是以一般人对天空和大地的直观感受为基础的，《敕勒歌》所唱的"天似穹庐，笼罩四野"，就是这种质朴的直观感受的真切描述。李学勤曾指出，1987年安徽含山凌家滩新石器时代晚期墓葬中出土的那件著名的玉版，其图形已经表现了天圆地方及八个方位[186]。新石器时代晚期以来的中国城多建成方形，最初也许与中国人古老的天圆地方观念有某种联系，因为城属于大地，莫非先民把他们所居处的城视为大地的象征或缩影④？

综上所述，可知在距今4600～4000年期间，中国城的发展呈现出了三个新的趋势：一是降丘宅土，由地面内高外低、城墙内缓外陡的平原台城向内外地平面一致、城墙内外壁均陡峻的平原城转变；二是筑城技术（夯筑技术）不断改进，由堆筑法向版筑法过渡；三是城的平面形状规则化，方形城垣逐渐占据主导地位。这些变化趋势，在华北平原表现得最为突出，说明到这个阶段，不仅中原筑城活动最为活跃，而且中原筑城技术也已经处于潮流的领头地位（但北方城的护壕系统落后于南方）。正是这些发展趋势，决定了夏商西周时期筑城的基本面貌。

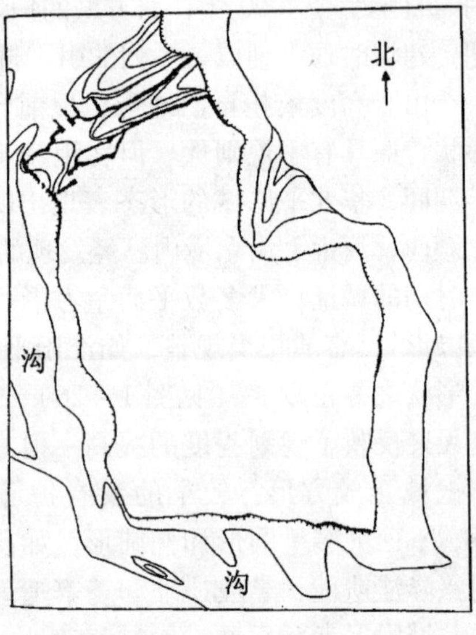

图1－27 内蒙古准格尔旗寨子塔石城址平面图

二、山城

内蒙古中南部河套地区的史前山城，都建造于险要山地或河岸高台地上，充分利用绝崖深壑等天然屏障，与人工砌筑的石围墙相配合（平易处筑设围墙，危崖绝壁处无围墙），形成封闭的防御空间，其面积因而普遍很小，除尚未经正式发掘的清水河县后城嘴遗址外，目前所知最

① 见〔183〕第77页。

② 《大戴礼记·曾子》记曾参（公元前505～前436年）之语："诚如天圆而地方，则是四角之不揜也。"

③ 《晋书·天文志》引。钱宝琮等曾提出中国古代有第一次盖天说、第二次盖天说，见〔184〕〔185〕。

④ 参见〔187〕〔188〕。

大的凉城县老虎山石城只有13万平方米，其他一般只有一两万或数万平方米，甚至不足1万平方米，而且平面形状都不规则。这些山城的军事意义和防御功能，较之平原城更为突出。

山城的石围墙，普遍是用大小不一的石块在地面上直接垒砌，石块交错叠压，相交处用土泥固定，缝间塞以碎石。准格尔旗寨子塔石城的围墙有较高大的土墙基，略为进步。许多石墙已经坍塌散乱，一些基址保存较好的宽0.8～1.2米，墙体很窄。据凉城县老虎山石城遗迹观察，石墙的外侧平齐而内侧不规整，有人因而推测可能原来还有土墙，现存石墙或许只是土墙的外侧包边部分[108]。是否如此，有待于进一步的考察证明。

最近在黄河岸边的准格尔旗窑沟乡寨子圪旦发现一处距今5000年左右的新石器时代遗址，其主体部分有石砌围墙环绕，平面略呈椭圆形，南北长约160米，东西宽约110米，面积约1.5万平方米，中心处有三座主体建筑呈“品”字形分布，此外还发现一些小型房址，发掘者初步认为是一处有石墙环绕的祭坛，集防御与宗教功能于一身，但它似乎也可以视为一处城。最值得注意的是，寨子圪旦遗址的石墙较为宽厚（底宽约4.5米，顶宽约3.5米，残高1～1.5米不等），墙体内、外壁都用不规则石板或石块垒砌而成，略收分倾斜，较为平整，中间用碎石块和泥土填充，填土未发现夯、砸痕迹，但显得十分坚硬[164]。这也是内蒙古中南部河套地区史前山城的重要筑造方法。

图1－28　内蒙古包头阿善西城南墙遗迹

总的来看，山地石城的建造技术比同期的平原土城原始。在以平原农业社会为本的中国，山城一直是非主流因素，主要见于边远地区，及至后世，由于经常成为“寇”、“盗”、“匪”、“贼”等反法统势力的盘据之所，更长期遭受官方的限制而得不到发展，因此，山城的原始性，甚至在秦以后的大一统时代，也长期延续。

第四节　史前城的若干结构形式

今天依靠考古发掘所见到的史前城址，只不过是一些残留于地面或地下的遗迹，史前城的大量或者说大多数细节已经永远无从了解，这使我们对史前城的描述，只能停留在非常概略的水平上。尽管如此，由一些遗存还是能够看出，距今四五千年前先民为强化城的防御功能，已经采取了许多措施。

（一）姊妹城

内蒙古中南部河套地区的一些史前山城，系由2～3个小城组成，如包头阿善和莎木佳山城分别由两个小石城组成，威俊山城由三个小石城组成，每个小城面积一两万平方米，相距很近，如阿善的两个小城，分筑在相距250米的东西两处台地上，这种配置能够形成互为掎角之势，其防御功能比单座孤城要强。

（二）山顶卫城

内蒙古凉城县老虎山和西白玉两处山城，均位于一面山坡上，其石围墙直上山顶，并与山顶的一座小方城相连。如老虎山石城，平面呈扇形，下宽上窄，围墙随山势升高而内收，直至与山顶的小方城相交，小方城边长约 40 米，居高临下，可起瞭望和护卫大城的作用。这种坐落在一面山坡上的城堡，其顶部往往是攻防的要害所在，如果敌人首先攻破顶部，然后自上往下冲击，其势难挡，故需特别加强。

（三）双重城垣

江苏连云港市滕花落龙山文化古城，有内外两重城垣。从种种迹象分析，内外城基本上属于同一时期，可能在建造年代或废弃年代上稍有先后，但两者之间存在着统一的使用年代[147]。这或许是内城外郭结构的滥觞。

另据初步调查，四川都江堰市芒城和崇州双河两处城址都有内外两圈城墙，内外圈城墙的间距，芒城古城约为 20 米，双河古城约为 15 米。两圈城垣的实际关系，有待进一步发掘了解。

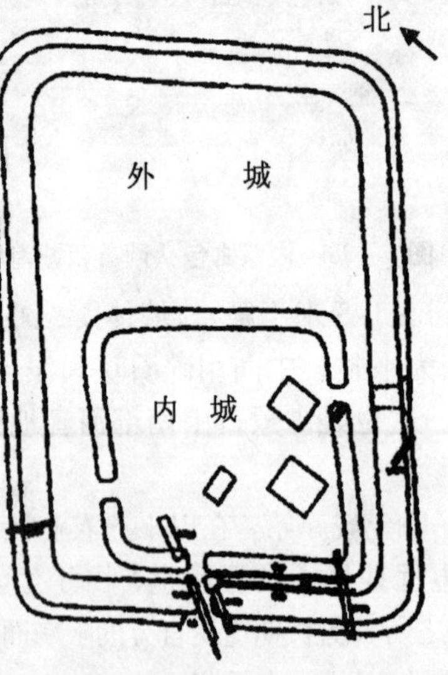

图 1－29　江苏连云港市滕花落城址平面图

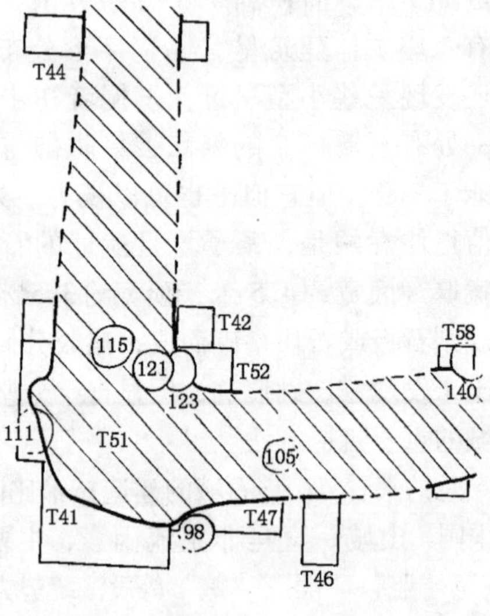

图 1－30　河南登封王城岗东城西南城角平面图

（四）城墙凸角

河南登封王城岗古城的城墙拐角形状明显特殊，其内角为凹弧形，外角为凸圆形，突出于城墙外沿约 2～3.7 米（见图 1－30）。这种构造，加强了对城角两侧城墙的侧射防御，类似于后来的城墙“马面”，或可视为“马面”敌台的萌芽。内蒙古准格尔旗寨子圪旦古城的西北城角，也有类似构造[64]。

（五）城门

河南郑州西山古城的北城门，存宽约 10 米，外侧正中横筑有一道长约 7 米、宽约 1.5 米的护门墙，城门两侧则筑有突出的城台，城台与护门墙相配合，极其有效地控制了城门通道（见图 1－31）。

西山古城的城门很宽（其西门更宽达 17.5 米），两侧城墙不在一条线上，这些都说明其结构是敞开式或缺口式的，两边的城墙不相连属。后来一些城的城门

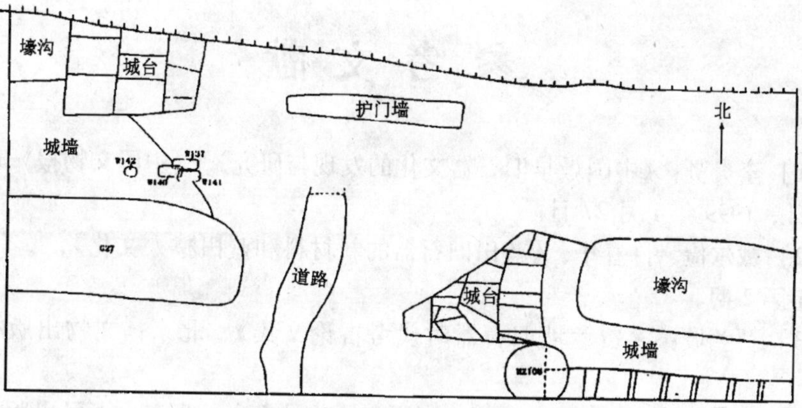

图 1－31　河南郑州西山城址北城门平面图

缺口变窄，但中国史前筑城中是否出现了过洞式城门，还有待今后考察。可能缺口式城门一直是史前筑城的普遍状态。

（六）瓮城的起源

内蒙古准格尔旗寨子塔石城，其北部城门处有两道平行石墙，外墙长 142 米，内墙长 137 米，两墙相距 15～25 米，两墙外侧均深挖成较宽的壕沟，仅在城门处留有平坦地面，外城门位于外墙偏西处，呈弧形外凸，两侧筑多道短墙以加固，内城门位于内墙与外城门相对偏西处，而且，在内墙正对外城门处里侧，砌筑出一个长约 40 米的平台，可俯瞰外城门（见图 1－27）。这样的设计，结构已经相当复杂，入城需要通过两道城门，而一入外城门，便陷入内墙和外墙火力的夹击之中。这种城门构造，可以视为瓮城的雏形，其防御功能显著强于一般城门。

（七）城墙上部建筑

郑州西山古城西城门北侧的城墙上保存有南北向 2 排和东西向 3 排的基槽，槽内密布柱洞，从而将 9 米宽的城墙顶面分隔成数个面积为 3～4.5 平方米的单元。发掘者据此推测，“这里可能有望楼一类的建筑”。是否为“楼”，尚难定论，但这肯定是城墙上部建筑——至少是亭、庐之类建筑的遗迹，而且应当具有哨所的性质。早期一些环壕村寨的边沿就设有哨所（例见姜寨遗址），随着城堡的出现，人们又把哨所搬到了城顶，这大概就是城墙上部建筑的源起。

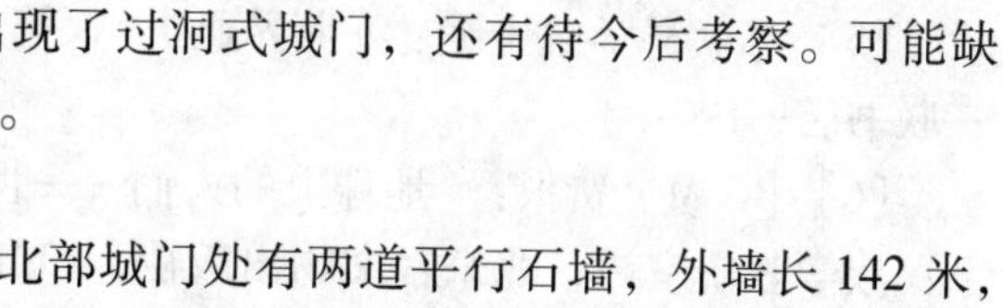

图 1－32　郑州西山古城西城门北侧城墙顶部建筑遗迹

上举诸例说明，在距今四五千年前，先民对于城的防御已经积累了一定的经验，因而对城的结构进行了初步的改进和加强，中国城的一些独特的防御设施，已经初露端倪。

参考文献

〔1〕李炎贤：《中国最早旧石器文化的发现与研究》，《中国文物报》1999年1月20日，1999年1月27日。

〔2〕戴尔俭、许春华：《蓝田旧石器的新材料和蓝田猿人文化》，《考古学报》1973年第2期。

〔3〕贾兰坡：《贾兰坡旧石器时代考古论文集》，北京：文物出版社，1984年。

〔4〕《世界上古史纲》编写组：《世界上古史纲》，北京：人民出版社，1979年。

〔5〕苏联科学院主编：《世界通史》，第一卷上册，北京：生活·读书·新知三联书店，1961年。

〔6〕B·M·费根：《地球上的人们——世界史前史导论》，云南民族学院历史系民族学教研室译，北京：文物出版社，1991年。

〔7〕《中国大百科全书·考古学》，北京·上海：中国大百科全书出版社，1986年。

〔8〕贾兰坡、盖培、尤玉柱：《山西峙峪旧石器时代遗址发掘报告》，《考古学报》1972年第1期。

〔9〕王建、王向前、陈哲英：《下川文化——山西下川遗址调查报告》，《考古学报》1978年第3期。

〔10〕Edward McEwen，Robert L. Miller，Christopher A. Bergman：《早期弓的设计与构造》，《科学》（Scientific American 中译本）1991年第10期。

〔11〕凌纯声：《松花江下游的赫哲族·东北的古代民族与赫哲族》，《国立中央研究院历史语言研究所单刊甲种之十四》，1934年。

〔12〕秋浦：《鄂伦春社会的发展》，上海：上海人民出版社，1980年。

〔13〕满都尔图：《从家庭公社到地域公社——鄂伦春族原始生产方式的解体》，《文物》1976年第7期。

〔14〕《民族问题五种丛书》内蒙古自治区编委会编：《中国少数民族社会历史调查资料丛刊：鄂伦春族社会历史调查》（1），呼和浩特：内蒙古人民出版社，1984年。

〔15〕宋兆麟、何其耀：《从少数民族的木弩看弩的起源》，《考古》1980年第1期。

〔16〕陶云逵：《碧罗雪山之傈僳族》，《国立中央研究院历史语言研究所集刊》（17），1948年。

〔17〕苏秉琦：《关于重建中国史前史的思考》，《考古》1991年第12期。

〔18〕贾兰坡：《远古的食人之风》，《化石》1979年第1期。

〔19〕山东省博物馆、山东省文物考古研究所：《山东汉画像石选集》，济南：

齐鲁书社，1982年。
〔20〕曾昭燏、蒋宝庚、黎忠义：《沂南古画像石墓发掘报告》，北京：文化部文物管理局，1956年。
〔21〕李济：《殷墟有刃石器图说》，《国立中央研究院历史语言研究所集刊》（23），台北，1951年。
〔22〕张宏彦：《东亚地区史前石镞的初步研究》，《考古》1998年第3期。
〔23〕贾兰坡：《中国细石器的特征和它的传统、起源与分布》，《古脊椎动物与古人类》第16卷第2期，1978年。
〔24〕安志敏：《海拉尔的中石器遗存——兼论细石器的起源和传统》，《考古学报》1978年第3期。
〔25〕苏秉琦主编：《中国通史》第二卷《远古时代》，上海：上海人民出版社，1994年。
〔26〕中国社会科学院考古研究所：《新中国的考古发现和研究》，北京：文物出版社，1984年。
〔27〕项春松：《内蒙古赤峰大南沟新石器时代墓地的发掘》，《文物》1997年第4期。
〔28〕云翔：《试论石刃骨器》，《考古》1988年第9期。
〔29〕盖培、卫奇：《虎头梁旧石器时代晚期遗址的发现》，《古脊椎动物与古人类》第15卷第4期，1977年。
〔30〕贾兰坡、尤玉柱：《山西怀仁鹅毛口石器制造场遗址》，《考古学报》1973年第2期。
〔31〕中国社会科学院考古研究所：《宝鸡北首岭》，北京：文物出版社，1983年。
〔32〕中国科学院考古研究所：《庙底沟与三里桥》，北京：科学出版社，1959年。
〔33〕宋兆麟、黎家芳、杜耀西：《中国原始社会史》，北京：文物出版社，1983年。
〔34〕《中华文明史》第一卷，石家庄：河北教育出版社，1989年。
〔35〕牟永抗：《良渚玉器三题》，《文物》1989年第5期。
〔36〕佟柱臣：《仰韶、龙山工具的工艺研究》，《文物》1978年第11期。
〔37〕贾兰坡：《关于中国猿人的骨器问题》，《考古学报》1959年第3期。
〔38〕裴文中：《关于中国猿人骨器问题的说明和意见》，《考古学报》1960年第2期。
〔39〕陈哲英、丁来普：《山西怀仁窑子头的细石器遗存》，《史前研究》1984年第4期。
〔40〕《中国文明起源座谈纪要》，《考古》1989年第12期。
〔41〕河南省文物研究所、周口地区文化局文物科：《河南淮阳平粮台龙山文化城址试掘简报》，《文物》1983年第3期。
〔42〕浙江省文物考古研究所反山考古队：《浙江余杭反山良渚墓地发掘简报》，《文物》1988年第1期。
〔43〕浙江省文物考古研究所：《余杭瑶山良渚文化祭坛遗址发掘简报》，《文

物》1988年第1期。

〔44〕中国科学院古脊椎动物与古人类研究所：《古人类论文集》，北京：科学出版社，1978年。

〔45〕张镇洪、傅仁义等：《辽宁海城小孤山遗址发掘简报》，《人类学学报》第4卷第1期，1985年。

〔46〕钟少异：《手砲考略——兼说宋代抛石机的容弹和释放方式》，载《中国古代火药火器史研究》，北京：中国社会科学出版社，1995年。

〔47〕王仁湘、袁靖：《河姆渡文化“蝶形器”的用途和名称》，《考古与文物》1984年第5期。

〔48〕宋兆麟：《带索标——锋利的渔猎工具》，载《中国考古学会第一次年会论文集（1979）》，北京：文物出版社，1980年。

〔49〕曾骐：《我国新石器时代的生产工具综述》，《考古与文物》1985年第5期。

〔50〕南京博物院：《江苏邳县大墩子遗址第二次发掘》，《考古学集刊》（1），北京：中国社会科学出版社，1981年。

〔51〕青海省文物管理处考古队、中国社会科学院考古研究所：《青海柳湾——乐都柳湾原始社会墓地》，北京：文物出版社，1984年。

〔52〕南京博物院、吴县文管会：《江苏吴县澄湖古井的发掘》，《苏州文物资料选编》，1980年。

〔53〕肖梦龙：《试论石斧石锛的安柄与使用》，《农业考古》1982年第2期。

〔54〕佟柱臣：《中国新石器时代复合工具的研究——为纪念尹达先生诞辰八十周年而作》，载《中国东北地区和新石器时代考古论集》，北京：文物出版社，1989年。

〔55〕牟永抗：《浙江新石器时代文化的初步认识》，载《中国考古学会第三次年会论文集（1981）》，北京：文物出版社，1984年。

〔56〕傅宪国：《试论中国新石器时代的石钺》，《考古》1985年第9期。

〔57〕浙江省文物管理委员会、浙江省博物馆：《河姆渡遗址第一期发掘报告》，《考古学报》1978年第1期。

〔58〕佟柱臣：《中国东北地区和新石器时代考古论集》，北京：文物出版社，1989年。

〔59〕广东省博物馆、曲江县文物局石峡发掘小组：《广东曲江石峡墓葬发掘简报》，《文物》1978年第7期。

〔60〕广东省博物馆、香港中文大学文物馆：《广东出土先秦文物》，1984年。

〔61〕四川省博物馆、广岛县立美术馆：《中华人民共和国四川省文物展》（图录），1985年。

〔62〕杨泓：《考古学与中国古代兵器史研究》，《文物》1985年第8期。

〔63〕张明华：《良渚玉戚研究》，《考古》1989年第7期。

〔64〕林沄：《说“王”》，《考古》1965年第6期。

〔65〕张殿民：《商周铜钺浅深》，《北方论丛》1981年第1期。

〔66〕杜迺松：《青铜钺的初步研究》，《考古与文物》1983 年第 5 期。

〔67〕陈旭、杨新平：《商周青铜钺》，《中原文物》1984 年第 4 期。

〔68〕杨锡璋、杨宝成：《商代的青铜钺》，载《中国考古学研究——夏鼐先生考古五十年纪念论文集》，北京：文物出版社，1986 年。

〔69〕吴汝祚：《太湖地区的原始文化》，《文物集刊》（1），北京：文物出版社，1977 年。

〔70〕甘肃省博物馆：《武威皇娘娘台遗址第四次发掘》，《考古学报》1978 年第 4 期。

〔71〕成东、钟少异：《中国古代兵器图集》，北京：解放军出版社，1990 年。

〔72〕贾兰坡：《吉林西团山古墓之发掘》，《科学通报》第 1 卷第 8 册，1950 年。

〔73〕许玉林：《试谈辽宁出土的环状石器与棍棒头》，《博物馆研究》1984 年第 2 期。

〔74〕王培新：《吉林延边地区出土的环状石器及其用途》，《文物》1985 年第 4 期。

〔75〕《中国博物馆丛书》第 4 卷《南京博物院》，北京：文物出版社，东京：讲谈社，1984 年。

〔76〕钟少异：《试论扁茎剑》，《考古学报》1992 年第 2 期。

〔77〕甘肃省博物馆文物工作队、武威地区文物普查队：《甘肃永昌鸳鸯池新石器时代墓地》，《考古学报》1982 年第 2 期。

〔78〕山东省文物管理处、济南市博物馆：《大汶口——新石器时代墓葬发掘报告》，北京：文物出版社，1974 年。

〔79〕南京博物院：《江苏邳县大墩子遗址第二次发掘》，《考古学集刊》（1），北京：中国社会科学出版社，1981 年。

〔80〕贾兰坡、卫奇、李超荣：《许家窑旧石器时代文化遗址 1976 年发掘报告》，《古脊椎动物与古人类》第 17 卷第 4 期，1979 年。

〔81〕耀西、兆麟：《石球——古老的狩猎工具》，《化石》1977 年第 3 期。

〔82〕《马克思恩格斯选集》第 4 卷，北京：人民出版社，1972 年版。

〔83〕the Diagram Group, Weapons - an International Encyclopedia from 5000 BC to 2000 AD, London, 1982.

〔84〕Tadao kano, An Illustrated Ethnography of Formosan Aborigines, Vol. 1: The yami, 1956.

〔85〕杨泓：《中国古兵器论丛》，北京：文物出版社，1980 年；增订本，1985 年。

〔86〕吕光天：《北方渔猎民族的鱼兽皮加工和应用》，载中国人类学会编《人类学研究》（续集），北京：中国社会科学出版社。

〔87〕黄蕴平：《小孤山骨针的制作和使用研究》，《考古》1993 年第 3 期。

〔88〕陈淳：《中国最早之旧石器之我见》，《中国文物报》1999 年 12 月 29 日。

〔89〕吕遵谔：《关于寻找人类祖先及其文化问题的几点认识》，《中国文物报》2000年1月26日。

〔90〕Heidi Knecht：《晚冰期狩猎技术》，《科学》（Scientific American 中文版）1994年第11期。

〔91〕湖南省文物考古研究所：《湖南澧县梦溪八十垱新石器时代早期遗址发掘简报》，《文物》1996年第12期。

〔92〕中国社会科学院考古研究所内蒙古工作队：《内蒙古敖汉旗兴隆洼遗址发掘简报》，《考古》1985年第10期。

〔93〕朱延平：《敖汉旗兴隆洼新石器时代遗址》，《中国考古学年鉴(1987)》，北京：文物出版社，1988年。

〔94〕中国科学院考古研究所、西安半坡博物馆：《西安半坡（原始氏族公社聚落遗址）》，北京：文物出版社，1963年。

〔95〕西安半坡博物馆：《西安半坡》，北京：文物出版社，1982年。

〔96〕钱耀鹏：《关于半坡遗址的环壕与哨所——半坡聚落形态考察之一》，《考古》1998年第2期。

〔97〕半坡博物馆、陕西省考古研究所、临潼县博物馆：《姜寨——新石器时代遗址发掘报告》，北京：文物出版社，1988年。

〔98〕严文明：《姜寨早期的村落布局》，《考古与文物》1981年第1期，后收入《仰韶文化研究》，北京：文物出版社，1989年。

〔99〕李力：《史前城址与聚落考古学术研讨会综述》，《文物》1996年第11期。

〔100〕中国社会科学院考古研究所考古资料信息中心：《1991年以来中国文明起源研究述评》，《考古》1998年第6期。

〔101〕张学海：《城起源研究的重要突破——读八十垱遗址发掘简报的心得，兼谈半坡遗址是城址》，《考古与文物》1999年第1期。

〔102〕湖南省文物考古研究所：《澧县城头山古城址1997～1998年度发掘简报》，《文物》1999年第6期。

〔103〕湖南省文物考古研究所、湖南澧县文物管理所：《澧县城头山屈家岭文化城址调查与试掘》，《文物》1993年第12期。

〔104〕何介钧：《澧县城头山新石器时代城址》，《中国考古学年鉴（1994）》，北京：文物出版社，1997年。

〔105〕蒋迎春：《城头山为中国已知时代最早城址》，《中国文物报》1997年8月10日。

〔106〕尹检顺：《澧县鸡叫城新石器时代晚期遗址又有新发现》，《中国文物报》1999年6月23日。

〔107〕曹传松：《湘西北楚城调查与探讨》，《楚文化研究论集》（2），武汉：湖北人民出版社，1991年。

〔108〕任式楠：《中国史前城址考察》，《考古》1998年第1期。

〔109〕北京大学考古系等：《石家河遗址群调查报告》，《南方民族考古》（5），

1992年。

〔110〕张绪球：《屈家岭文化古城的发现和初步研究》，《考古》1994年第7期。

〔111〕荆州市博物馆、石首市博物馆、武汉大学历史系考古专业：《湖北石首市走马岭新石器时代遗址发掘简报》，《考古》1998年第4期。

〔112〕张绪球：《石首市走马岭屈家岭文化城址》，《中国考古学年鉴（1993）》，北京：文物出版社，1995年。

〔113〕江陵县文物局：《江陵阴湘城的调查与探索》，《江汉考古》1986年第1期。

〔114〕荆州博物馆、福冈教育委员会：《湖北荆州市阴湘城遗址东城墙发掘简报》，《考古》1997年第5期。

〔115〕荆州博物馆：《湖北荆州市阴湘城遗址1995年发掘简报》，《考古》1998年第1期。

〔116〕贾汉清、张正发：《阴湘城发掘又获重大成果》，《中国文物报》1998年7月1日。

〔117〕湖北荆门市博物馆：《荆门马家院屈家岭文化城址调查》，《文物》1997年第7期。

〔118〕陈树祥、李桃元：《应城门板湾遗址发掘获重要成果》，《中国文物报》1999年4月4日。

〔119〕国家文物局考古领队培训班：《郑州西山仰韶时代城址的发掘》，《文物》1999年第7期。

〔120〕河南省文物研究所、中国历史博物馆考古部：《登封王城岗与阳城》，北京：文物出版社，1992年。

〔121〕袁广阔：《辉县孟庄发现龙山文化城址》，《中国文物报》1992年12月6日。

〔122〕《河南去年田野考古工作成绩斐然》，《中国文物报》1994年5月8日。

〔123〕河南省文物研究所等：《郾城赫家台遗址的发掘》，《华夏考古》1992年第3期。

〔124〕梁思永：《后冈发掘小记》，中央研究院历史语言研究所编《安阳发掘报告》（4），1933年。

〔125〕梁思永：《小屯龙山与仰韶》，《梁思永考古论文集》，北京：科学出版社，1959年。

〔126〕尹达：《新石器时代》，生活·读书·新知三联书店，1979年。

〔127〕蔡全法、马俊才、郭木森：《龙山时代考古的重大收获，河南新密发现中原面积最大保存最好的龙山时代晚期城址》，《中国文物报》2000年5月21日。

〔128〕山东省文物考古研究所鲁中南考古队、滕州市博物馆：《山东滕州市西康留遗址调查、发掘简报》，《考古》1995年第3期。

〔129〕张学海：《浅说中国早期城的发现》，载《长江中游史前文化暨第二届亚洲文明学术讨论会论文集》，长沙：岳麓书社，1996年。

〔130〕山东省文物考古研究所：《城子崖遗址又有重大发现，龙山岳石周代城址重见天日》，《中国文物报》1990年7月26日。

〔131〕张学海：《城子崖与中国文明》，载《纪念城子崖遗址发掘60周年国际学术讨论会文集》，济南：齐鲁书社，1993年。

〔132〕魏成敏：《章丘市城子崖遗址》，《中国考古学年鉴（1994）》，北京：文物出版社，1997年。

〔133〕张学海：《试论山东地区的龙山文化城》，《文物》1996年第12期。

〔134〕山东大学历史系考古教研室：《山东邹平丁公发现龙山文化城址》，《中国文物报》1992年1月12日。

〔135〕山东大学历史系考古专业：《山东邹平丁公遗址第四、五次发掘简报》，《考古》1993年第4期。

〔136〕栾丰实：《邹平县丁公大汶口文化至汉代遗址》，《中国考古学年鉴（1994）》，北京：文物出版社，1997年。

〔137〕杜在忠：《边线王龙山文化城堡的发现及其意义》，《中国文物报》1998年7月15日。

〔138〕文物编辑委员会：《文物考古工作十年（1979～1989）》，北京：文物出版社，1990年。

〔139〕魏成敏：《临淄区田旺龙山文化城址》，《中国考古学年鉴（1993）》，北京：文物出版社，1995年。

〔140〕山东省文物考古研究所薛故城勘探队：《薛故城勘探试掘获重大成果》，《中国文物报》1994年6月26日。

〔141〕王学良：《五莲县史前考古获重大发现》，《日照日报》1995年7月8日。

〔142〕中美两城地区考古队：《山东日照市两城地区的考古调查》，《考古》1997年第4期。

〔143〕山东省文物考古研究所、聊城地区文化局文物研究室：《山东阳谷县景阳冈龙山文化城址调查与试掘》，《考古》1997年第5期。

〔144〕山东省文物考古研究所等：《鲁西发现两组八座龙山文化城址》，《中国文物报》1995年1月22日。

〔145〕张学海：《鲁西两组龙山文化城址的发现及对几个古史问题的思考》，《华夏考古》1995年第4期。

〔146〕贾笑冰：《鲁西龙山文化又添新类型》，《中国文物报》2000年12月17日。

〔147〕林留根、周锦屏、高伟、刘厚学：《滕花落遗址聚落考古取得重大收获》，《中国文物报》2000年6月25日。

〔148〕成都市文物考古工作队、四川联合大学历史系考古教研室、新津县文物所：《四川新津县宝墩遗址调查与试掘》，《考古》1997年第1期。

〔149〕中日联合考古调查队：《四川新津县宝墩遗址1996年发掘简报》，《考古》1998年第1期。

〔150〕成都市文物考古工作队、四川联合大学历史系考古教研室、温江县文管所：《四川省温江县渔凫村遗址调查与试掘》，《文物》1998年第12期。

〔151〕成都市文物考古工作队、郫县博物馆：《四川省郫县古城遗址调查与试掘》，《文物》1999年第1期。

〔152〕《郫县古城发掘取得重大收获》，《中国文物报》1998 年 3 月 18 日。

〔153〕成都市文物考古工作队、都江堰市文物局：《四川都江堰市芒城遗址调查与试掘》，《考古》1999 年第 7 期。

〔154〕《成都平原发现一批史前城址》，《中国文物报》1996 年 8 月 18 日。

〔155〕《成都史前城址发掘又获重大成果》，《中国文物报》1997 年 1 月 19 日。

〔156〕内蒙古社会科学院蒙古史研究所、包头市文物管理所：《内蒙古包头市阿善遗址发掘简报》，《考古》1984 年第 2 期。

〔157〕田广金：《内蒙古长城地带石城聚落遗址及相关问题》，《纪念城子崖遗址发掘 60 周年国际学术讨论会文集》，济南：齐鲁书社，1993 年。

〔158〕刘幻真：《包头威俊新石器时代地面建筑遗址》，《史前研究》1990 年第 5 期。

〔159〕包头市文物管理所：《内蒙古大青山西段新石器时代遗址》，《考古》1986 年第 6 期。

〔160〕田广金：《凉城县老虎山遗址 1982～1983 年发掘简报》，《内蒙古文物考古》（4），1986 年。

〔161〕田广金：《内蒙古中南部龙山时代文化遗存研究》，《内蒙古中南部原始文化研究文集》，北京：海洋出版社，1991 年。

〔162〕内蒙古文物考古研究所：《准格尔旗白草塔遗址》，《内蒙古文物考古文集》（1），北京：中国大百科全书出版社，1994 年。

〔163〕魏坚、曹建恩：《内蒙古中南部新石器时代石城遗址初步研究》，《文物》1999 年第 2 期。

〔164〕王大方、杨泽蒙：《内蒙古中南部史前考古又有新发现》，《中国文物报》1999 年 6 月 6 日。

〔165〕内蒙古文物考古研究所：《准格尔旗寨子塔遗址》，《内蒙古文物考古文集》（2），北京：中国大百科全书出版社，1997 年。

〔166〕内蒙古文物考古研究所：《准格尔旗寨子上遗址发掘简报》，《内蒙古文物考古文集》（1），北京：中国大百科全书出版社，1994 年。

〔167〕内蒙古文物考古研究所：《准格尔旗小沙湾遗址及石棺墓地》，《内蒙古文物考古文集》（1），北京：中国大百科全书出版社，1994 年。

〔168〕胡晓农：《清水河县大沙湾马路塔遗址调查简报》，《乌兰查布文物》（3），1989 年。

〔169〕内蒙古文物考古研究所、清水河县文物管理所：《清水河县后城嘴遗址》，《内蒙古文物考古文集》（2），北京：中国大百科全书出版社，1997 年。

〔170〕严文明：《良渚随笔》，《文物》1996 年第 3 期。

〔171〕高广仁：《说“丘”——城的起源一议》，《考古与文物》1996 年第 3 期。

〔172〕安志敏：《良渚文化及其文明诸因素的剖析——纪念良浪文化发现六十周年》，《考古》1997 年第 9 期。

〔173〕蒋卫东：《余杭良渚遗址群内的良渚文化古城》，《中国文物报》1999

年1月13日。

〔174〕梁中合:《尉迟寺聚落遗址发掘成果累累》,《中国文物报》1995年7月9日。

〔175〕尹检顺:《湖南再度发掘安乡划城岗遗址》,《中国文物报》1999年7月11日。

〔176〕张光直:《关于中国初期“城市”这个概念》,《文物》1985年第2期。

〔177〕史念海:《石器时代人们的居地及其聚落分布》,《河山集》,北京:生活·读书·新知三联书店,1963年。

〔178〕郅田夫、张启龙:《菏泽地区的堌堆遗存》,《考古》1987年第11期。

〔179〕王吉怀:《专家座谈安徽蒙城尉迟寺遗址发掘的收获》,《考古》1995年第4期。

〔180〕王大方、吉平:《岔河口史前环壕聚落发掘获重大发现》,《中国文物报》1998年6月7日。

〔181〕严文明:《中国环壕聚落的演变》,《国学研究》(2),北京大学,1994年。

〔182〕钱耀鹏:《关于环壕聚落的几个问题》,《文物》1997年第8期。

〔183〕陈正祥:《中国文化地理》,北京:生活·读书·新知三联书店,1983年。

〔184〕钱宝琮:《盖天说源流考》,《科学史集刊》(1),1958年。

〔185〕郑文光、席泽宗:《中国历史上的宇宙论》,北京:人民出版社,1975年。

〔186〕李学勤:《论含山凌家滩玉龟、玉版》,《走出疑古时代》,沈阳:辽宁大学出版社,1995年。

〔187〕马世之:《试论我国古代城形制的基本模式》,《中原文物》1984年第4期。

〔188〕钟少异:《中国史前时代的筑城》,饶宗颐主编《华学》(4),北京,紫禁城出版社,2000年。

〔189〕山东省考古研究所:《五莲丹土发现大汶口文化城址》,《中国文物报》2001年1月17日。

〔190〕贾汉清:《湖北公安鸡鸣城遗址的调查》,《文物》1998年第6期。

〔191〕李桃元、夏丰:《湖北应城陶家湖古城址调查》,《文物》2001年第4期。

〔192〕成都市文物考古研究所、郫县博物馆:《四川省郫县古城遗址1997年发掘简报》,《文物》2001年第3期。

〔193〕浙江省文物考古研究所:《余杭莫角山遗址1992~1993年的发掘》,《文物》2001年第12期。

第二编　夏商西周

夏朝的诞生，标志着中国进入了以国家为社会活动主体的历史时期。在此前后，黄河和长江中下游地区的诸多部族先后跨入文明时代，各自建立起邦国和政权，中华大地上呈现出“万邦林立”的局面。夏人以黄河中游晋南豫西一带为中心建立起都邑和政权，征服、控制了周边的一些部族方国，并逐渐向四方拓展其势力，因而成为中国历史上第一个中心王朝。

中心王朝的扩张和周边邦国的壮大，构成了尖锐的矛盾，引发了激烈的对抗，由此导致了夏商更替和商周嬗代。商本是夏朝东部的一个部族方国，灭夏后取代了原先夏的中心王朝地位；周本是商朝西部的一个部族方国，灭商后也取代了商的中心王朝地位。在三代迭兴的过程中，中心王朝的疆域和势力范围不断得到拓展，特别是周灭商后，大量封建诸侯疆域空前广大。在此过程中，中心王朝的国家机器也逐步趋于完善，国家作为社会各项事业，包括战争和军事活动主体的作用日益增强，国家力量业已成为军事技术发展的核心因素。

第一章
铜、石兵器的兴替

第一节 冶铜的初起和铜兵的滥觞

一、早期冶铜制器

从冶金技术发展的一般规律来看，人类最初获得并加以利用的铜应是自然铜，即自然生成的红铜块，它们一般十分纯净，含铜高达98%～99%，具有金属光泽和良好的加工性能，通过反复锤打，便可制作成器。这种红铜块在自然界有广泛的分布，往往混杂于沟谷河滩的砂砾中①，先民最初可能就把它作为石料去打制石器，渐渐地对其性状有了认识，于是开始了有意识的锻制利用。

之后出现了两个重大的技术飞跃。其一是用铜矿石冶炼获得铜。早期炼铜的主要原料是富含铜的氧化铜矿石（含铜10%～20%或更高），如最为常见的孔雀石，可直接用简易的炉子进行熔炼，得到较纯的铜，也即红铜②。孔雀石常与自然铜一起出现，其颜色与铜锈相似，极易被发现。另一是自然铜的熔铸，即将天然铜块熔化后再范铸成器。

铜矿石的冶炼和自然铜的熔铸，孰先孰后，尚难定论，但二者有内在的联系，在一定条件下能够由此及彼③。新石器时代晚期兴盛的制陶业和成熟的烧陶技术，无疑为铜的熔炼、铸造提供了条件，因为铜的熔点是1083℃，当时陶窑的温度已能达到甚至超过这个水平，且具有较好的还原性气氛④。或许可以猜测，在垒砌陶窑内壁的石料中有一块孔雀石或自然铜，烧窑时不知不觉地被熔化，冷却后又在地上凝结成块，一位天才的匠师偶然发现了它，于是诞生了将导致技术史上第一

---

① 中国古代流行水中出铜的说法。《管子·地数》："葛卢之山，发而出水，金从之，蚩尤受而制之，以为剑、铠、矛、戟。"《墨子·耕柱》："昔者夏后开（启）使蜚廉采金于山川，而陶铸于昆吾。"《越绝书·外传记宝剑》："赤堇之山，破而出锡；若耶之溪，涸而出铜。"这些传说就反映了古人对自然铜的利用。因为经过山洪的冲刷，往往能使自然铜块暴露于沟谷河滩。据1943年甘肃矿业公司甘肃矿产测勘总队调查："武威、张掖、酒泉之南……祁连山北麓各沟谷中之砂砾层，含有大块自然铜，普通皆长三寸，宽二寸；所见之最大者，长一尺余，宽六寸，厚三寸，皆无棱角。"（见〔1〕第74～75页，参见〔2〕第244页）湖北大冶铜绿山古矿冶遗址的发掘揭示，直至商周时期，自然铜仍是重要的开采对象（见〔3〕）。

② 铜矿石中通常含有的铁因炉温低而还原极少，因为铁的熔点为1537℃。

③ 从逻辑上分析，似乎铜矿石的冶炼在先，而自然铜的熔铸居后。因为先民对自然铜已有较多认识，当由烧冶铜矿石而获得性状相似的物质后，很容易由此及彼地推广。反之，由熔铸自然铜推及冶炼铜矿石，则较为困难。或许，先民先发现了铜矿石的冶炼，而如此获得的铜料最初仍靠锤锻成形，进而由铜矿石的烧冶和凝结过程获得启发，发明了铜的熔铸，并运用于自然铜。铜矿石可在低于1000度以下还原，而自然铜须在1000度左右才能熔化和铸造，可能也是一个原因。

④ 见〔4〕和〔5〕第12～17页。

场革命的伟大发明①。

在公元前3500年至公元前2000年期间，中国先民已经认识了铜，并能有意识地加以利用：不仅直接利用自然铜，而且用铜矿石冶炼红铜；不仅以红铜锻制器物，而且进行铸造。当然，无论锻器还是铸器，早期都为小件器物。目前所发现的属于这个时期的铜器和冶铜残留物详见表2－1。其中，以1983年山西襄汾陶寺出土的龙山时代晚期的铜铃，最能代表这个时期中国冶铜技术所达到的水平。此铜铃长6.3厘米，宽5.2厘米，系合范铸制，经测定含铜97.86%、铅1.54%、锌0.16%，属纯度较高的红铜，虽非容器，但铸造技术已达到可以铸造容器的高度②。

图2－1 陶寺遗址出土的铜铃

表2－1 中国各地发现的公元前3500～前2000年期间的铜器和冶铜残留物

出土地点	器物名称	数量	考古学文化	年代	鉴定方法	材质	资料出处
山西榆次源涡镇	铜炼渣	1	仰韶文化晚期，类似义井遗存	3000BC上下	化验	红铜	〔7〕〔8〕
甘肃东乡林家	小铜刀	1	马家窑文化	3000BC上下	激光光谱分析	青铜	〔9〕〔10〕〔141〕
甘肃永登蒋家坪	残小铜刀	1	马家窑文化马厂类型	2330BC－2055BC	激光光谱分析	青铜	〔9〕〔10〕〔141〕
河南临汝煤山	炼铜坩埚残片	2	中原龙山文化	龙山时代晚期		红铜	〔11〕
山西襄汾陶寺	铜铃	1	中原龙山文化	龙山时代晚期	化学定量分析	红铜	〔12〕
山东胶县三里河	铜锥（钻）	2（或1断为2）	龙山文化	龙山时代2600－2000BC	金相组织观察	黄铜	〔13〕
山东诸城呈子	铜片	1	龙山文化	龙山时代			〔8〕
山东栖霞杨家圈	残铜锥	1	龙山文化	龙山时代			〔14〕
山东长岛北长山岛	残铜片	1	龙山文化	龙山时代			〔8〕
山东日照安尧王城	铜炼渣	1	龙山文化	龙山时代	`		〔8〕
河南郑州董砦	方铜片	1	中原龙山文化	龙山时代			〔8〕
河南淮阳平粮台	铜炼渣	1	中原龙山文化	龙山时代			〔15〕
河南郑州牛砦	熔铜炉残壁		中原龙山文化	龙山时代晚期		青铜	〔22〕〔16〕

① 或认为铜的熔铸可能导源于锤锻自然铜时的烧烤加热，“要是烧到当时烧陶的最高温度或更高一些，红铜就可能熔化。熔化的铜水可以流动，凝固后又能随容器凝成一定形状，这就是铸造的萌芽”（见〔6〕第14页）。但仅为锻打便利的加热很难达到烧陶的温度。又有人认为，铜的冶炼在中国应是导源于为鉴别绿松石而对孔雀石、硅孔雀石的火试，并举玉料火试为证（见〔5〕第27～28页）。但所谓火试绿松石，缺乏文献和实物证据，而且，这个观点也难以与公认的冶铜术发源于制陶术相统一。持此说者既承认冶铜术的发生与新石器时代的烧陶术密切相关，又主张火试绿松石导致铜的冶炼，却未能在二者之间架起桥梁。

② 或说陶寺铜铃是目前所见中国最早的铜礼器，似不妥。在商代，这种铜铃主要是用作犬铃，系于狗颈之下。

在目前的考古发现中，有一些与早期冶铜术的一般进程似乎矛盾的现象。突出者有二：

其一，在陕西临潼姜寨仰韶文化半坡类型（约公元前4600~前4400年）的一座房址中，曾发现两块黄铜残片，这是现知中国最早的铜制品。黄铜是铜和锌的合金，由于锌的熔点为420℃，沸点约为950℃，比其他任何金属低得多，故在冶炼过程中容易蒸发汽化，因而获取金属锌，进而生产含锌量较高的黄铜，技术上很困难。姜寨黄铜片经检测分析，含锌量分别为25.56%和32%①。难道中国先民一开始冶铜，就掌握了很高的技术？但在大量发掘的仰韶文化前期遗址中，铜制品仅见姜寨的这一孤例；而直至宋元时期，中国一直缺乏高含锌量的黄铜（国外也然）。因此，许多人认为姜寨黄铜片可能是先民偶然烧炼铜锌共生矿石或天然铜锌合金而得到的②；也有人认为如此难以获得高含锌量的黄铜，姜寨黄铜片可能是用天然铜块与锌矿石以“渗合工艺”炼成，同样具有偶发性③；还有人怀疑这些铜片系晚近时代的产物④。

其二，在甘肃地区的马家窑文化遗址中，发现了两件青铜小刀，特别是东乡林家遗址所出者，年代为公元前3000年上下，早于现知的中国大多数早期红铜器。一些人因而认为，中国早期冶铜术可能有其独特的道路，即先冶炼青铜，后冶炼红铜[21]，或红铜、青铜同时并存⑤。有人则认为，甘肃境内有丰富的铜矿，有些矿石中偶尔也含有少量锡石（即氧化锡），马家窑文化的青铜，可能是因矿石不洁而意外获得的，并不标志着掌握了青铜技术⑥。

图2-2　林家遗址出土的青铜小刀

这些分歧，只能等待将来的考古新发现来解决。但不管怎样，直至公元前2000年，我们的祖先看来只是用铜制作一些小件的物品，虽然已有锋刃器，也大多属于工具，基本上还未用铜或很少用铜制造兵器。

二、青铜时代的到来和青铜兵器的出现

从主要冶炼红铜、偶尔意外获得某些铜合金⑦，到有意识地冶炼铜合金，特别是青铜合金，是又一重大进步。只有当先民的矿冶知识有了长足的进步后，才能够有意识地将锡矿石或铅矿石加入铜矿石，甚或直接将铜、锡、铅等金属相混合，由人工配制而冶炼出青铜；也只有当掌握了人工冶炼青铜的技术后，才会出现较多的青铜器；而只有在青铜器物较为多见而不是偶尔一现的时候，才可以说青铜时代来临了。

① 见〔17〕上册第148、544~548页。

② 见〔8〕〔10〕〔18〕〔25〕。

③ 见〔5〕第39~43页。

④ 见〔19〕〔20〕。

⑤ 见〔10〕〔22〕。

⑥ 见〔8〕及〔23〕第432页。

⑦ 人们一旦开始用含铜矿石冶炼铜，那么，意外地获得某些铜合金便是不可避免的，因为矿石不可能完全纯净，或许可以说，铜的合金化就由此发端。

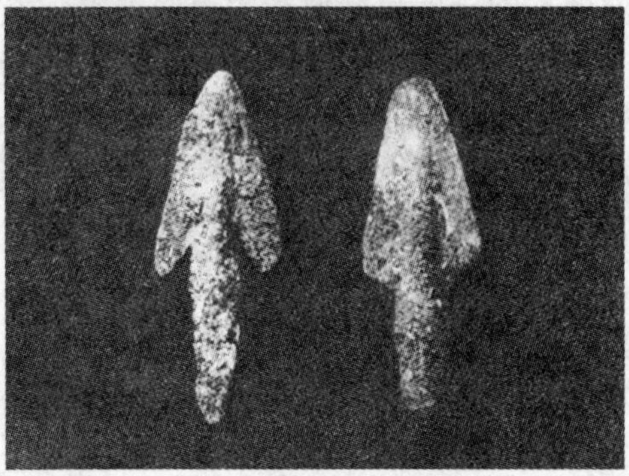

图 2-3 东下冯第 4 期遗址出土的铜镞

跨过公元前 2000 年，中国肯定已经进入夏朝的纪年范围①。目前在中原地区的夏文化遗址中，已经发现了较多的青铜器②，而且，在其周边相当于夏纪年范围的诸考古学文化遗址，如甘青地区的齐家文化遗址、河西走廊西部的四坝文化或火烧沟文化遗址、鄂尔多斯高原的朱开沟文化遗址、燕山一带的夏家店下层文化遗址和山东的岳石文化遗址中，也普遍发现了青铜器③。经鉴定分析，一些青铜器的含锡量或含铅量达到或超过 10%。如山西夏县东下冯第 4 期遗存中出土的两件铜镞，含锡量分别为 9.14% 和 14.13%④；河南偃师二里头第 3 期遗存中出土的一件铜环首刀，含锡量为 15.4%⑤。冶金学上通常将锡或铅的含量在 10% 以上的铜合金称为高锡或高铅青铜，它们无法由偶尔烧冶共生矿石获得。较多出现的青铜器，标志着中国青铜时代的来临。

尤其值得注意者，此时期已用青铜制造兵器，特别是用于制作消耗性的箭镞。在上述诸文化遗址中，都有青铜镞出土。这不仅反映了青铜的应用已较为普及，而且传达了铜、石兵器更迭的最初信息。

三、关于中国冶铜术的渊源

20 世纪二三十年代安阳殷墟的发现，蓦然间在世人面前展现了一个曾经高度发达的青铜文明，由于时人对中国冶金技术的早期历史毫无认识，他们看待商代的青铜文化，难免会有一种“飞来峰”的感觉。特别是西方汉学界，通过个别器种（如铜矛、铜斧）的简单类比，便断言中国的冶铜术系从西方传来，其最直接的源头可能在中亚。

1949 年以后，特别是近 30 年来中国境内早期铜器的频频发现，使人们逐渐扬弃了早期的那种简单论断，而是在众多新材料的基础上，重新对中国冶铜术的渊源问题做深入细致的探讨。

考虑这个问题仍然必须承认，西亚早期冶铜术的发生发展，明显领先于世界其他地区⑥。中国现知年代最早的铜制品，是在西部发现的，甘青地区的齐家文化和火烧沟文化，都有较发达的冶铜术，一些人因而主张，中国的冶铜术可能是由西亚传来，首先到达西部地区，进而波及于中原[31]。

---

① 关于夏朝年代上限的一些新认识，见〔24〕。

② 见〔18〕〔25〕。一些年代在公元前 2000 年内的中原龙山文化晚期青铜器，如河南登封王城岗出土的铜器残片（见〔28〕第 99、327～328 页，及〔22〕），也可包括在内。

③ 见〔10〕〔18〕〔26〕〔141〕，〔27〕第 202～204、353～359 页，〔324〕第 423～425 页。

④ 见〔282〕第 208 页。

⑤ 见〔25〕表一：6。

⑥ 见〔29〕及〔30〕第 16 页表 2-3。两河流域的早期冶铜遗物，年代可以上溯到公元前第 5 千纪。

然而，有许多人认为，中国发现的早期铜器，能够反映出冶铜术由低级而渐趋于高级的演进轨迹，其发生应是独立的，具有本土性①。在西亚、中亚、北非和欧洲，铜、砷合金在早期铜合金中占有很大比例，西方冶金史学界甚至认为，在铜的合金化序列中，铜、砷合金先于铜、锡合金。但中国早期铜器中很少见铜、砷合金，这或许是土著性的一种表现。

中国冶铜术的渊源实际上包括了两个问题：一是人工冶铜术的渊源；一是合金化技术，主要是青铜冶炼技术的渊源。如果说上述双方的观点都还有待于验证的话，那么不妨再提出一种假设：由自然铜的利用起步，以发达的烧陶技术为前提的人工冶铜术的发生，在中国具有独立性；而青铜冶炼技术的掌握，中国可能受到了西方的影响。古代技术发明往往具有多元性，在相隔遥远的地区，由于具备相似的条件，常同时或先后独立地发明同一项技术。中国人工冶铜的起始时间虽然迟于西亚，但中国具备冶铜术发生的一切必要条件：由石器制造引发的对自然铜的利用以及由此获得的对铜的性状的初步认识，丰富的氧化铜矿赋存，登峰造极的烧陶技术等等。同样，也不能不看到，青铜合金的主要元素锡在地球上赋存较少，许多地区相当匮乏，而只能或主要依赖于从外界获取，锡料的流通性决定了青铜技术具有很强的传播性。中国最先出现青铜器的黄河流域正是锡矿匮乏之地②。

第二节　铜兵的发展和石兵的衰亡

一、二里头遗址的铜器和铜兵

自1959年古史学家徐旭生在河南偃师县发现二里头遗址以来，在持续的大规模发掘中出土了数量众多的铜器，器类包括：工具，有刀、锛、凿、锥、鱼钩等；兵器，有戈、戚、镞、环首短刀等；礼器，有爵、斝、鼎、盉等；饰器，有铃③、镶嵌圆铜片、兽面纹铜牌等；此外还有铜条、铜炼渣等物④。这些铜器和冶铜遗物主要见于二里头遗址的第3期和第4期遗存，少数见于第2期遗存，集中反映了夏代后期冶铜技术发展的成果，代表了夏商之际中国冶铜术所达到的水平⑤，因而具有里程碑的意义。

（一）经检测分析⑥和观察鉴定⑦，二里头遗址出土的铜器绝大部分为青铜器⑧，器类丰富，器形较早期铜器明显增大。这标志着中原地区已经实现了由主要

① 见〔5〕第4～5、48～49页。
② 见〔32〕〔33〕。
③ 二里头铜铃常被归于乐器之列（见〔34〕第118页），但安阳殷墟盛见此种铜铃，常与犬骨相伴，或位于狗颈之下（见〔35〕和〔36〕第248页），可见相当一部分系犬狗的饰器。是否还有其他用途？如果参照后世建筑物上的风铃，恐也只能归之于饰器。
④ 见〔37〕〔38〕〔39〕〔40〕〔41〕〔42〕〔43〕。
⑤ 关于二里头遗址的性质和年代，见〔44〕〔45〕〔46〕。
⑥ 见〔10〕〔47〕〔48〕附录Ⅱ〔37〕和〔25〕。
⑦ 见〔34〕第118页，〔49〕第218、323页。
⑧ 人们往往将二里头铜器径称为青铜器，实际上其中也有一些红铜、砷铜制品，见〔25〕。

使用红铜到主要使用青铜的过渡。用铜制造兵器，在中国是随着由红铜到青铜的过渡而发展起来的。由于红铜质软，还不是制作兵器的合适材料，只是当人们掌握了合金化技术，特别是青铜冶炼技术后，铜兵器才逐渐增多。

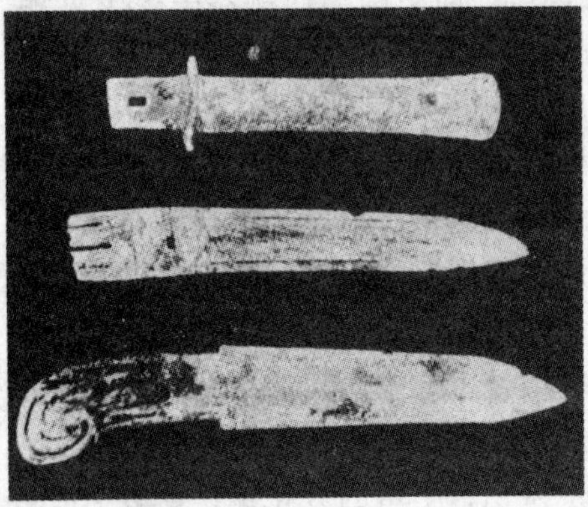

图 2－4　二里头遗址出土的铜戚（上）和铜戈（中、下）

（二）二里头铜器中的工具一类，多用单面范铸成，器身粗糙，一些合范铸成之器，表面遗有范棱，普遍技术较原始，整治较差。但戈、戚、镞等兵器，制造的技术和精细程度明显较高。如 1975 年发现的一件铜戈，合范铸制，器形规整，锋刃锐利，内上且饰以云纹[50]。1980 年发现的一件短刀，柄部饰方格纹和斜线纹，柄首做成镂空环形，也制作较精[38]。礼器之中，虽还未见大型的重器，但也有较为精致之物，如 1975 年出土的一件铜爵，高 22.5 厘米，可能用 5 块范浇铸而成，胎薄而均匀，腰部一侧有乳钉纹凸饰[51]。二里头铜礼器，是现知中国最早的完整铜容器①，其多范合铸技术，代表了当时铜器铸造的最高水平。二里头铜器中的饰器也很值得注意，一件直径 15 厘米、厚 0.5 厘米的圆铜片，其上镶嵌了 200 多块绿松石[50]；另有多件铜牌，在长约 15 厘米、宽约 10 厘米的牌面上用数百块绿松石镶嵌出兽面纹，图案至今完好②。这些现知中国最早的嵌料石铜器，或许也具有礼用的功能。

春秋时人说："国之大事，在祀与戎。"③ 殷周青铜文明，深深打上了这种观念的烙印，其辉煌成就，从铜器本身来说，主要就体现于青铜礼乐器和青铜武器两个方面，因深受重视，故精益求精，以致登峰造极。这个传统，在二里头铜器中已初露端倪。而此前的铜器，还看不出这种迹象。这说明以铜制器在初始阶段并不为人们所重视，早期冶铜术是在先民尚把主要精力倾注于石玉器加工的时候，悄悄地发展起来的，只是当其技术有所进步后，才被运用于时人所看重的器物的制造。

（三）二里头的戈、戚、镞等铜兵器，形制较之先前的兵器，具有明显的进步特征，而且在商周时期都得到继承，是中国青铜时代盛行的同型铜兵器的现知最早之例④。中国青铜兵器，向以独特的面貌、卓异的传统称于世，尤以盛行戈戟类句兵最具代表性，这在二里头也已经有所体现。

（四）在此之前，中原地区冶铜技术的发展，比之周边地区，并无优势。二里头铜兵器和礼器、饰器所体现的技术水平，则明显高于周边地区。殷周时代，中

---

① 河南登封王城岗出土的龙山文化晚期青铜器残片（见〔28〕第 99、327～328 页），据认为可能是容器的残片。

② 见〔40〕〔41〕〔43〕。

③《左传·成公十三年》。

④ 详见本编第二章第一节。

原地区的青铜冶铸技术，包括青铜兵器的冶铸技术，总体上领先于周边地区，技术传播的主导趋势是由中原向周边扩散，这种格局在二里头时期已初步确立。

1928 年开始的安阳殷墟发掘所展现的高度发达的青铜文明，在很长一段时间内都给人一种印象，似乎它是突然在中国大地上出现的。近几十年来中国各地出土的早期铜器表明，殷周青铜文明并非无本之木。二里头铜器的意义就在于，它是早期铜器和殷周青铜文明之间的一个桥梁，其工具类制品仍在一定程度上延续了早期铜器的原始性，其兵器和礼器则开启了独具中国气派的殷周青铜器的先河。

二、商代早中期的铜器和铜兵

步入商代，中国青铜技术有了飞跃性的发展。考古所见商代早中期的铜器遗物具有如下总体特点：

（一）礼器和兵器的种类明显增加。二里头的铜礼器，仅见有爵、斝、鼎、盉，铜兵器仅有戈、戚、镞和环首短刀。至商代早中期，礼器中又出现觚、角、尊、卣、罍、鬲、簋、盘、瓿、甗、盂等[52]，已经基本配套；兵器中新出现了矛、钺和原始的戟，商周时期青铜格斗兵器以戈和矛为主的格局遂得以确立。

（二）礼器显著大型化，出现不少重器。1974 年河南郑州张寨南街出土的两件大方鼎，一高 100 厘米，重 82.4 千克[53]。1982 年郑州向阳回族食品厂内出土的两件类似方鼎和一件饕餮纹圆鼎，分别重约 75、52、33 千克[54]。至于 10 来千克重的礼器，则屡见不鲜。铜器的大型化，突出反映了铸造技术的进步。铜兵器因受性质所限，大型化并不是其发展方向，但在仪仗礼兵中也有所体现，如 1974 年湖北黄陂盘龙城出土的一件铜钺头，高 40.8 厘米，刃宽 25.5 厘米[55]，当是王杖之器。

图 2－5　盘龙城出土的夔纹铜钺

（三）铸作细致，器形规整，装饰日益丰富。礼器普遍施有纹饰，尤以饕餮纹最为常见，商周时期最具特色的这种神秘的图案花纹，已以成熟的面貌呈现。一些铜兵器也有精美的花纹，如盘龙城大铜钺，饰带状的夔纹，线条流畅，于对称中富有变化。一些铜戈上还出现了现知最早的铜器铭文，如河南中牟大庄出土的一件戈，内的两侧皆铭一“臣”字[56]。湖南省博物馆收藏的一件类似铜戈，内部铭一鸟形符号[57]，或为族徽。至商代后期，在铜兵器上铭刻族徽的做法甚为流行。

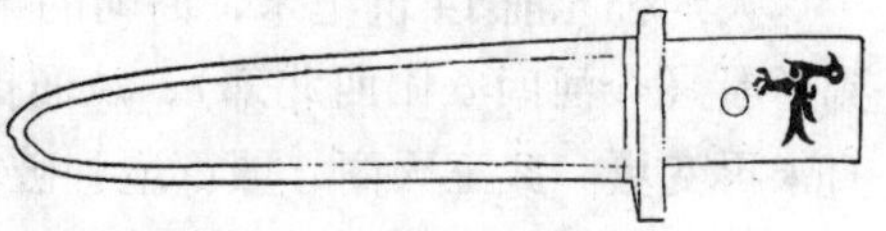

图 2－6　湖南省博物馆藏鸟纹铜戈

（四）商周铜器以中原为中心的辐射式分布特点业已形成。自 1950 年以来，在以郑州商城为核心的地域，频频发现商代前期的铜器。而在此中心区域外围，如北京、山东、山西、陕西、湖北等地，也都发现了具有商文化特征的青铜器，尤以河北藁城台西和湖北黄陂盘龙城的两批出土物最具代表性。

藁城位于石家庄之东，春秋时期白狄别种肥子之国即在藁城县境，其在商代，居国之北境。藁城台西属于商代中期的5座墓（M14、M17、M103、M105、M112）中，出土大小铜器52件，其中有戈、矛、钺、戟、镞等兵器20余件①。在殷商帝国的边缘能有如此发现，当时中原青铜器的发展景况，便可约略推想了。

位于江汉之滨的黄陂盘龙城出土的商中期青铜器，是目前在长江流域成批发现的最早的铜器，数量颇丰，总数达160余件，个别大墓随葬铜器的数量相当惊人，如李家嘴2号墓，出土铜器63件，其中有礼器23件，工具12件，戈、矛、钺、镞、镦等兵器和兵器附件28件，前面提及的夔纹大钺就出于该墓[55]。这些铜器的风格与中原腹地的殷商铜器相当一致，反映出至商代中期，在殷商文明的影响下，长江中游的青铜技术已迅速发展起来②。

近年在长江中游的南岸地区，也先后发现一些铜器遗存。紧邻长江的江西瑞昌铜岭，发现了大规模铜矿遗存，其采掘年代可早到商代中期[61]。赣江两岸的江西清江吴城③和新干大洋洲④，都有年代相当或接近的铜器发现，其中既有典型的殷商铜器，说明该地区已受到中原青铜文化的强烈影响和浸润，又有一些器物，其造型和纹饰不见于中原，而具有较浓厚的地方特色，可能为方国土著造器。长江下游的太湖流域，大致也在这个时候开始受到中原青铜文化的影响⑤。

在中国古代，长江中下游地区是最为主要的铜产地[66]，这个地区青铜技术的发展，受到了殷商帝国开辟铜料来源的推动，反过来又为商周青铜文明注入了新的因素和活力。

三、从殷墟看铜、石兵器的嬗代

二里头遗址中虽然出土了不少青铜器，但同时也出土了大量石器和骨器，品种有斧、锛、凿、铲、刀、镰、镞、匕等，数量远远超出于青铜器，其中尤以镞、斧、刀三者为最多。仅以二里头的发现，当然还无法复原夏商之际军队装备的整体面貌，但无疑能够说明，其时青铜兵器的数量仍然有限，还大量使用石、骨质的原始兵器。

然而，一旦人们认识到了青铜材料之于兵器制造的价值，事情便迅速地发生变化。这时人类的能力已经进展到这样一个水平，一种根本性转变的实现，已不用经历数千年、数万年乃至数十万年，而只需几百年。经过商代早中期的发展，至商代晚期，中国便由主要使用石、骨兵器转变到了主要使用青铜兵器。

大约公元前14世纪末，商朝的第20位王盘庚将都城从奄（今山东曲阜）迁到了殷（今河南安阳西北郊），从而揭开了商代晚期史的序幕，此后商代的都城一直未再变更。武王灭商，殷都遭到破坏，逐渐废弃，遂成“殷虚（墟）”⑥。

① 见〔58〕第161～166页，及该书苏秉琦序。
② 见〔59〕及〔60〕第12～17页。
③ 见〔57〕〔62〕。
④ 见〔63〕〔64〕。
⑤ 见〔65〕，参见〔60〕第27～29页。
⑥《史记·项羽本纪》。

从1928年开始，中国考古学家在这座古都遗址上进行了大规模发掘，后因抗日战争而一度中断，中华人民共和国成立后，又恢复工作，一直持续至今，大体上揭示了这座3000多年前的名城的面貌，而且从遗址中出土了大量的青铜器，包括为数甚巨的青铜兵器，为我们今天了解商代后期兵器的状况提供了可靠的依据。

据截止于1985年的统计，在半个多世纪的殷墟发掘中，共出土青铜兵器约2800件，品种有戈、戳（三角援戈，或称之为戣）、钺、矛、刀、镞、胄，以及镈和盾饰等兵器附件，其中以戈、矛、镞三者为最多，戈有710余件，矛900余件，镞约980枚①。

图2-7　殷墟侯家庄1004号大墓出土铜矛情景

在殷墟的一些大中型墓中，随葬青铜兵器的数量往往甚为惊人。如1934～1935年发掘的侯家庄1004号大墓，可能是一座王陵，曾遭多次盗掘，但在墓道中仍发现大量青铜兵器和防护装具，成堆叠放，据不完全统计，有铜矛731件、铜戈72件，以及不少于141件铜胄[68]。1976年，在小屯村北发现一座中型墓，墓主是武丁时代著名的女将妇好（她也是武丁的配偶），墓中出土铜钺4件、铜戈91件、铜镞37件，另有骨镞29件[69]。1990年，在郭家庄又发现一座中型墓，出土铜钺3件、铜卷头刀2件、铜戈118件、铜矛95件、铜镞906件，墓主人当也是一位高级将领②。为替死去的君王或将军在另一世界组建一支禁卫部队，竟将成百上千的青铜兵器埋入地下，现实中青铜兵器的使用情况，也就可以约略想见了。

图2-8　殷墟妇好墓出土铜钺

在殷墟发掘中，石、骨兵器的出土情况又怎样呢？仍以截止于1985年的统计为据：

石兵器，完整者约有80余件，器类有戈、钺、戚、镞，镞为数最多，有40余件，其次较多的是戈③。另在侯家庄1001号大墓中出土戈残片54片、戚残片198

① 〔67〕第255、308～318页。该统计将青铜短刀（约90余件）归于生产工具，实际上其中有一部分应为兵器；另有一些管銎斧，乃是由北方草原传来的战斧，也被归于工具之斧斤类。

② 见〔67〕第474～475页及〔70〕。

③ 见〔67〕第363页。另有一些石钺被作为穿孔石斧归于生产工具之中，见同书第363～365页。

片〔71〕。许多石戈、石钺和石戚，磨制精细，形体薄脆，没有使用痕迹，性质与玉戈、玉钺、玉戚相同，均为仪仗礼兵，而非实战用器①。在中国古代，玉和美石本无严格区分，夏商周三代承袭史前的传统，既以玉，也以美石制作仪仗礼兵。

骨兵器，仅有戈和镞两种。戈极罕见，北辛庄遗址曾出土1件，长仅4.5厘米，显非实战之器，大概是玩赏品②。骨镞则为数甚巨，约有20400件③。仅侯家庄1001号大墓的翻葬坑中就出土6583件④。

角兵器，仅有箭镞一种，数量很少⑤。1958～1961年发掘的苗圃北地和小屯西地等遗址，共出土铜镞68件、石镞2件、骨镞174件、角镞13件、蚌镞2件⑥。

蚌兵器，仅有极少数镞和戈，镞或可实用，戈显然不是实战用器⑦。1969～1977年发掘的殷墟西区墓葬，共出土铜镞438件、骨镞32件、石镞11件、蚌镞1件〔35〕。

综合上述情况来看，在商代后期殷王的军队中，骨角质格斗兵器已经消亡，石质格斗兵器仅有很少量的使用，但消耗量特别大的箭矢，仍大量使用骨镞，石镞、角镞、蚌镞则甚少使用⑧。可以说，除箭镞以外，其他石骨质原始兵器基本被淘汰。

在殷墟发掘中，曾先后发现若干组成套兵器（见表2－2），所反映的情况，与上文的一般性统计一致。

表2－2　殷墟出土成套兵器和装备

序号	墓　号	类　别	兵　器　装　备	资料出处
1	小屯M20	车马坑	铜戈1　铜镞10　铜短刀1　铜弓形器1　砺石1 石镞10　戈上有盾痕	〔73〕
2	小屯M20	车马坑	铜戈1　铜镞10　铜短刀1　铜弓形器1　砺石1	〔73〕
3	小屯M20	车马坑	石戈1　铜短刀1　砺石1	〔73〕
4	小屯M40	车马坑	铜镞10　铜短刀1　铜弓形器1　砺石1 骨镞10	〔73〕
5	小屯M164	人马犬墓	铜戈1　铜镞5　铜短刀1　铜弓形器1　砺石1	〔73〕
6	小屯M238	人墓	铜戈1　铜镞12　铜短刀1　铜弓形器1　砺石1	〔73〕
7	大司空村M175	车马坑	石戈1　铜镞22　铜弓形器2 骨镞10	〔74〕
8	殷墟西区M43	车马坑	铜戈2　铜镞10　铜弓形器1	〔35〕第59页
9	小屯西地M239	人墓	铜戈2　铜镞15	〔36〕第335页

① 见〔71〕第870～872页。

② 见〔67〕第389页及393页图257：6。

③ 见〔67〕第389页。

④ 见〔71〕上册第205页。

⑤ 1928～1985年，殷墟出土角器总共约有100件，见〔67〕第395页。

⑥ 见〔36〕第168、180、187、193、197、198页。

⑦ 见〔67〕第401页。

⑧ 石镞因制造较难，故急剧减少。夏商时期镞的进化，主要就表现为铜镞和骨镞淘汰石镞。至于角镞，因材料不丰，在石器时代就不如骨镞用得多。蚌镞更是原本就很少。

青铜兵器的大发展，是商代后期的一个突出现象。1928～1985年殷墟出土的各类青铜器中，青铜兵器所占的数量最大，其次是青铜礼器，约有820余件①，件数少于兵器，但礼器的体积一般较大，还有许多大型的重器，其总重量则超过兵器。总的来看，兵器和礼器处于并重的地位。至于生产工具和其他铜器，则发现甚少，如有铜斧6件、铜削5件、铜锛60余件、铜铲15件、铜凿30余件、铜锥20余件、铜镜6件②。相反，石质生产工具的出土数量甚巨，约有4800多件③。显而易见，青铜兵器和礼器，在当时得到优先的发展，故率先实现了由石向铜的转变，二者的这种优势地位，早在二里头时期已有表现，至殷墟时期，则完全确立。

铜、石兵器的兴替，同时伴随着军队和战争规模的不断扩大。据甲骨卜辞反映，商朝于第23代王武丁时，对周边方国展开了大规模的战争，先后交战的方国或部族有40余个，一次征伐常征集数千人，最多一次达13000人④。据考，武丁时建立了三师（自）军队，每师一万人，以后又续有增建⑤。周灭商的牧野之战，周人“戎车三百乘，虎贲三千人，甲士四万五千人”⑥，商军更多于此数，只是“纣师虽众，皆无战心”⑦。对商代晚期战争史的简单一瞥，能使我们对当时铜、石兵器更迭的规模，有一个大体的印象。

当然，历史的进程总是不平衡的。在广袤的中华大地上，殷人不过统治了一个腹心地区，广大周边地区铜、石兵器的更替，不可能完全同步。我们的总体考察，只能追寻代表最高水平的中心文明，但在以后对具体技术问题的讨论中，将渐次反映周边各地区性文明的突出成就。

四、西周时期铜兵器应用的扩大

周原是殷代关中地区的一个部族方国，在商代晚期，国势渐盛，成为西部诸族列国的领袖，势力及于汉水上游和巴蜀地区，同时在发达的殷商文化影响下⑧，周人的冶铜技术也迅速发展起来，在灭商前，已大量制造青铜器，包括兵器和礼器，以及工具和车马器，还创造出了一些独具特色的器种⑨。武王灭商后，周人取代了原先殷帝国中央王朝的地位，大举东进占领了商朝的广大领土，也全面继承了商代青铜冶铸业发展的成果。

西周初期青铜兵器的应用状况，大体上与商代晚期相同。1955～1957年对西安市西南沣河西岸的西周早期遗址进行了一系列发掘，出土兵器除有大量的骨角

---

① 见〔67〕第255页。

② 见〔67〕第302～308页。

③ 见〔67〕第356、363页。关于商周时期生产工具领域石骨蚌器的使用及其变化情况，参见〔75〕。

④ 见〔76〕第269～312页，〔67〕第175～176页。

⑤ 见〔77〕〔78〕。

⑥《史记·周本纪》，第121页。

⑦《史记·周本纪》，第124页。

⑧ 商代晚期，周向商称臣，商王也承认周在西部地区的领袖地位，《史记·殷本纪》记，纣王曾赐西伯（周文王）钺，使得征伐。这种政治架构类似于后世中央朝廷与边地少数民族藩属国的关系，在此基础上，双方建立起密切的关系。

⑨ 见〔79〕第297～356页。

镞外，基本为青铜制品①。在沣河西岸的张家坡居住遗址中，曾发现一处制造骨角器的作坊遗址，其主要产品是镞和笄；居址中共出土310件骨角镞，铜镞只有62件②。但据发掘者观察，不少骨角镞的锋部呈圆头形，射中后不能入肉，又有许多镞做成圆锥形，并不锋利，这些镞可能用于猎取较小的禽兽，以获取皮毛，或用作习射之器。

商末周初仍大量使用骨角镞的情况随着西周时期青铜冶铸业的进一步发展而逐渐发生变化。历年来考古发掘的多处西周时期诸侯国的大型墓地，大多未发现骨角镞，或仅出土很少的骨角镞，如：河南浚县辛村卫国墓地③，山东曲阜鲁国墓地④，陕西宝鸡竹园沟强国墓地⑤，北京房山琉璃河燕国墓地⑥，陕西泾阳高家堡戈国墓地⑦，山西曲沃北赵晋侯墓地⑧，等等。其中，琉璃河燕国墓地在1973～1977年的发掘中出土铜镞25件、骨镞9件，骨角镞所占的比例已算高的了。另外，在陕西长安、扶风等地曾发现几处西周中晚期的制骨作坊遗址，从遗物判断，这些作坊虽也制造骨镞，但都是以骨笄等生活用品的生产为主，如扶风云塘制骨作坊，“产品中骨笄约占百分之九十以上，其次为骨锥、骨针等”⑨。

河南三门峡市上村岭虢国墓地，年代约为西周晚期至春秋初期，在1956～1957年的发掘中，共出土铜镞324件、骨镞16件⑩。这一情况似乎反映出，历经西周300多年的发展之后，原始骨石兵器的最后孑遗——骨角质的箭镞，随着西周王朝的结束，也行将从中原战争的舞台上消失。

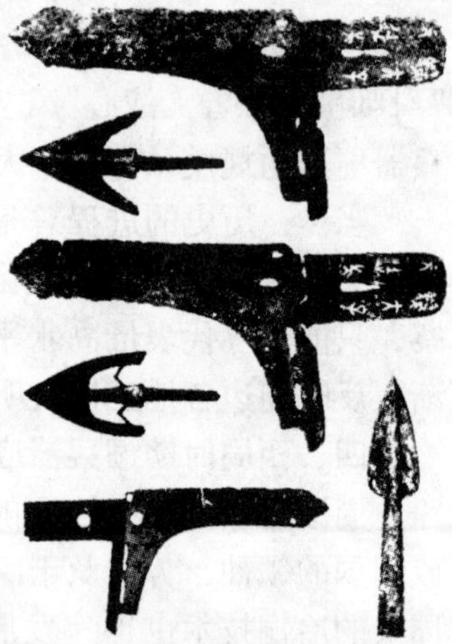

图2-9　上村岭虢国墓地出土铜兵器

需要补充说明的是，在西周时期的墓葬中，往往还出土一些制工精湛的石戈⑪。如同商周时期常见的玉戈一样，它们实际上是仪仗礼兵，而非实战用器。先秦古人对玉和石始终没有严格的区分，他们以为美石即玉。直至东周，类似的玉、石戈还屡屡能够见到。

① 见〔80〕第23、91～94、118～119页。

② 见〔80〕第78～79、91～94页。沣西遗址的骨角镞，大部分用鹿角制成，用兽骨做的只占少数，与殷墟主要出土骨镞有所不同。

③ 见〔81〕第68～69页。

④ 见〔82〕第109～110、181页。

⑤ 见〔83〕上册第45～269页。

⑥ 见〔84〕第209、239页。

⑦ 见〔85〕第13～111页。

⑧ 见〔86〕〔87〕〔88〕〔89〕〔90〕。

⑨ 见〔91〕〔92〕。另有一些西周制骨作坊遗址中常见骨笄、骨镞（参见〔93〕），情况与张家坡周初制骨作坊遗址相似。大致在西周初期，镞、笄同为制骨业的主要产品；到西周晚期，镞已经不是制骨业的主要产品。

⑩ 见〔94〕第19～20页。

⑪ 例见〔82〕第177页及图版109。

第二章
青铜兵器及其制造技术

第一节　青铜兵器的主要品种

当先民最初用自然铜块制造器物时，可能纯粹模仿原先的石器。随着对铜，特别是对青铜性能的认识的深化，以及冶铸、加工技术的进步，逐渐制造出了形制和结构区别于固有石器的铜器，甚至创造出了新的器物。因此，铜、石兵器的兴替，必然同时伴随着兵器形制结构和品种的变化。这种变化基本上又是以现实的作战需要为基础的，其中有实际战斗经验的长期积淀，但总是通过新的技术途径而得以实现。夏商西周时期的青铜兵器，展现了中国青铜兵器家族的第一幅图像①。

一、矛

在冷兵器时代，矛始终是主要的格斗兵器。随着用铜来制造矛头，矛头的结构发生了很大变化。铜矛头包括锋刃和骹两个部分，锋刃是杀伤部位，骹是底部的装柄之处，呈中空的筒形，也称为銎或筩（筒）。原始的石骨矛头因材质过于脆硬，无法做出圆筒形的骹，故一般将基部制作得较细（如同箭镞之铤），插入木柄顶端的裂隙，再用绳索捆扎牢固。这种装柄方式的矛在实战格斗的猛烈撞击中，矛头容易歪偏甚至脱落。直至青铜时代，人们借助于金属材料的良好延展性实现了以骹装柄，才基本解决了矛头装柄不牢固的难题。商代的铜矛头，锋刃一般较为宽大；西周时期，逐渐变得较为狭窄。

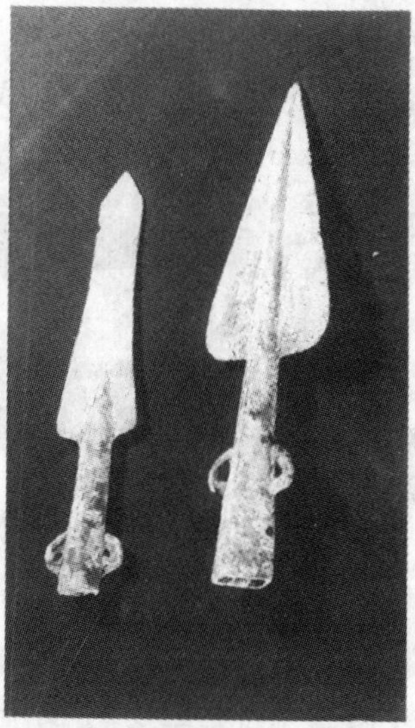

图2－10　商代晚期铜矛头
河南安阳殷墟西区出土，长22.8厘米和26.6厘米。

二、戈

戈是中国青铜时代最具特色的兵器。现知铜戈的最早实例是二里头遗址的两件出土物[50]（见图2－4），这些早期戈头结构上包括两个部分，前部称“援”，后部称“内”。“内”用于装柄（柲），方式是将木柄的顶端劈开，或挖凿出槽孔，将“内”横向插入，然后用绳索交叉绑缚牢固，整个戈头与柄大致呈直角相交。“援”上下有刃，前端收聚成锋，可以啄击，也可以钩割，还可用上刃击之②。

① 关于中国青铜兵器的综合性研究，可参见〔95〕〔96〕〔97〕〔98〕及〔67〕第308～319页。

② 《左传·文公十一年》：“冬十月甲午，败狄于鹹，获长狄侨如，富父终甥摏其喉以戈，杀之。”杜预注：“摏犹冲也。”即以戈的上刃向前推击。李贺的四言诗《猛虎行》有“长戈莫舂”之句（见《全唐诗》卷三九三），即本于此。

关于戈的起源，李济曾作过详细的研究，认为可上溯至“新石器时代的末期”①，但他所引据的几件史前“石戈”标本，或根本看不出“内”，难以与石矛相区分，或年代不明，有可能是青铜时代的模仿铜器之作②。后来，南方一些地区据报道出土了新石器时代的石戈③，也曾为人们所引用，但实际上都是商周时期中原铜戈的仿制品，这在今天已经得到公认④。近年一些研究者对戈的渊起继续有所探讨，认为新石器时代遗址中出土的一些锋端呈三角形的石矛头实为戈[104]，但这些石矛头长者仅约10来厘米，短者只有7厘米，作为横向装柄的钩啄之器，其援锋实在太短，难以发挥作用。所以这种观点也靠不住。至于一些报道说发现了龙山时代的玉戈⑤，其断代皆不很确实，从实物的形制看，更像是模仿铜器之作。商周时期，作为仪仗礼兵的玉戈和玉援铜内戈，甚为流行。可以说，迄今还没有发现确实早于二里头铜戈的真正石戈。因此，戈的起源和早期石戈，仍是一个有待继续探讨的问题，需要继续寻找可靠的实物证据。

尽管如此，从一些间接的现象，还是能够看出戈与新石器时代的工具存在明显的联系。戈的装柄方式与石斧是类似的。啄击的用法，也与斧的劈砍接近。所以很早就有人推测，戈也许是由斧变化而来⑥。新石器时代一些形体窄瘦的石斧头，便与后世的戈形接近[108]。此外，史前的镰刀类工具，也以其形态和钩割为主的使用方式，使人将之与戈的原形产生强烈的联想⑦。

图2-11 商代晚期铜戈

河南安阳殷墟西区出土。上，銎内式戈，长25.3厘米；下，直内式戈，长23.8厘米。

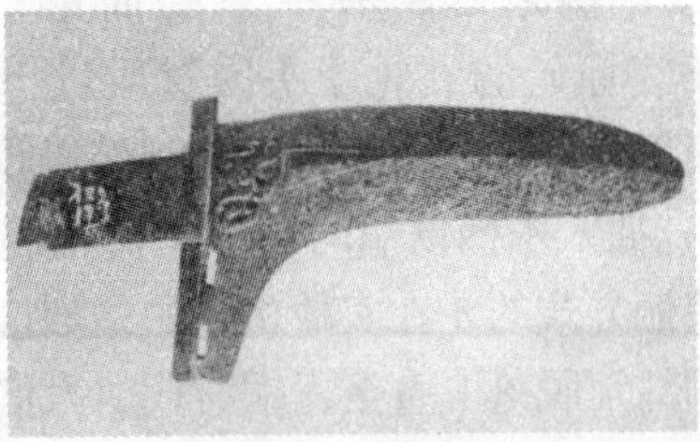

图2-12 西周早期铜戈

河南洛阳北窑出土，长23.8厘米。

商周时期，铜戈成为军队的主要格斗武器，其形制改进，自然成为关注的重点，时人进行了多方面的尝试，主要围绕三个目的：

（一）改善戈的装柄方式，以解决使用中戈头歪斜、松脱等问题。一是在以内

① 见〔99〕〔100〕，参见〔72〕第624~702页。

② 安特生（J·G·Andersson）就曾提出铜戈源于石器时代的石戈，但他所引以为据的“石戈”标本，系搜集所得，李济便指出，其形制甚至较小屯殷墟的一些铜戈更为先进，年代也许可以晚到西周（见〔99〕及〔72〕第651~663页）。

③ 见〔101〕〔102〕。

④ 这些石戈都与几何印纹陶并存。相当长时间内，人们把南方地区含几何印纹陶的遗存视为新石器时代文化，实际上它萌芽于新石器时代晚期，商周时期发展兴盛，到战国时期才趋于衰落。参见〔49〕第160页、〔34〕第210页及〔103〕。

⑤ 见〔105〕〔106〕，参见〔104〕。

⑥ 见〔107〕及〔72〕第258页。

⑦ 见〔109〕。史前镰刀的装柄方式（见〔110〕第185页图2:6）与戈也很相似。

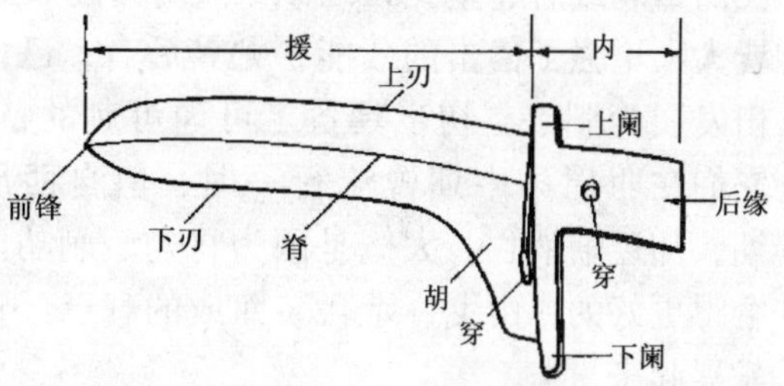

图2-13　戈头各部名称

装柲的基础上改良。最初是在戈头的援、内之间做出上下阑，以为缠绕绳索的支撑点；又于援、内之间做出侧阑，西周时且在侧阑上做出两个向侧后斜伸的翼，以阻止啄击时戈头后陷；进而则将下刃延长为胡，在胡上做出穿绕绳索的孔。这些改进使得戈头缚柲的牢固程度不断得到加强。第二种思路是在戈头的援、内之间做出一个銎，变以内装柲为以銎装柲，这也提高了牢固程度，而且便于装柄，是为銎内式戈。一般认为采用这种方式系受北方草原游牧民族的影响①。殷人也将上述两种固柲技术综合运用：既在援、内之间设銎，又将下刃延长为胡，胡上做出绕绳的穿孔，是为有胡銎内式戈。但普遍仍采用第一种固柲技术，后来周人也主要继承了第一种固柲技术，故在西周时期，銎内戈未得到进一步发展，反而趋于消亡。研究者一般将其原因归于未能根本解决勾杀时戈头前脱的问题[104]，但有胡銎内式戈的出现，已为此找到了出路②，之所以未得到推广和发展，更深层的原因或许是在文化、习惯上。无论如何，正是因为保持了以内装柲的传统，戈才成为独具中国特色的兵器，否则，恐怕就应归入欧亚草原地带盛行的管銎式兵器（如管銎斧、管銎戈）之列了。

（二）增强戈的勾杀效能。商代前期的戈头援部较长，装柄后与柲基本上构成一个直角，甚至呈略小于直角的锐角，其功能主要是啄击[104]。在后来的发展中，戈援略为缩短③，与戈柲的交角则呈扩大的趋势，由直角变为略大于90°的钝角，西周时援柲交角已较普遍地达到95°~100°④。援锋上扬的戈，显然不适于啄击，而更利于钩割。而且，援锋上扬与下刃延长为胡几乎是同时并行的，有胡戈的援柲交角一般都较大，胡上不仅做出穿绳之孔，而且也有刃，它实际上延长了用戈援的下刃进行勾杀时的作用面。戈形的上述变化，导致勾杀成为戈最主要的功能。这与车战的发展密切相关，因为戈用于车战，最有效的方式就是借助马拉战车的前冲之势，以戈援的下刃勾杀敌人⑤。周人称戈为“句兵”，盖缘于此。

（三）增强戈的揰击效能。殷末周初，周人在将戈援的下刃延长为胡的同时，又将戈援的上刃上折延长为突起的锋刺，从而创制出一类独特的十字形戈⑥。这些

---

① 见〔111〕、〔72〕第529~532页及〔112〕。

② 仅就技术而言，以銎装柲要比以内装柲先进，现代的勾、啄类工具，如镰刀、十字镐等，便都是以銎装柲。

③ 见〔57〕〔109〕。二里头遗址出土的两件最早的铜戈，通长为28厘米和32.5厘米；商代前期的铜戈，整体长度常超过30厘米，援长多在20厘米以上；商代晚期殷墟妇好墓出土的铜戈，通长18~24.8厘米，援长12.6~17.7厘米。

④ 见〔81〕第37~43页。

⑤ 见〔113〕第79~93页。

⑥ 此类兵器过去被定名为戟、钩戟、戣、戟刀、十字形戟，等等，然北京琉璃河西周燕国墓地出土的几件实物上有“匽（燕）（侯）舞戈”的铭文，可见仍以定名为戈为宜。见〔114〕。

戈的锋刺或后卷呈钩刀之状①，或尖锐如剑②，皆大大增强了搴击的效能，尤其后者，已由搴击发展为刺杀，初步具备了可勾可刺的特点。它们在西周早中期曾流行一时，但自西周晚期，却逐渐消亡，大概是因为将勾、刺功能结合得更好的，由戈、矛联装而成的戟已经逐渐发展起来。

图 2－14　西周十字形铜戈

河南浚县辛村出土，长 21.2 厘米。

三、三角援戈

商代和西周时期还存在一类援部较为宽短、大致呈等腰三角形的戈。这种戈皆以内装柄，援和柲的交角或为90°，或略小于90°，用法主要是啄击。为与一般戈相区别，许多人借用古籍中提到的“戣”“瞿”来命名它③。在商末周初，这种戈的流行中心是在泾渭、汉中一带；自西周中期以后，基本上只有四川蜀地还继续使用，并形成为新的流行中心④。

泾、渭流域（关中地区）是周人及其主要同盟者姜氏羌人的根据地，周人居东，以周原（位今陕西扶风县）丰镐（位今陕西长安县）为中心，姜羌居西，以宝鸡为中心，两地均有大量三角援戈出土。汉中地区是周人的势力范围，顾颉刚认为牧誓八国中的庸、卢、彭、濮和蜀原都处于汉水流域⑤。因此，三角援戈可能与周人以及与周人休戚相关的西部民族（羌和蜀）有更密切的关系。这种戈在四川的流行，自然是蜀族势力发展的结果。但在西周时期，它却未能随周人和姜羌的进军关东而在中原地区得到更大发展，反而在中原和关中逐渐趋于消亡，其原因恐怕与车战的发展密切相关，因其不适于勾杀，故随中原车战的兴盛而渐被淘汰。四川地区的土著惯于徒步战斗，故在中原已经过时的早期步战兵器，在这里仍继续得到发展。

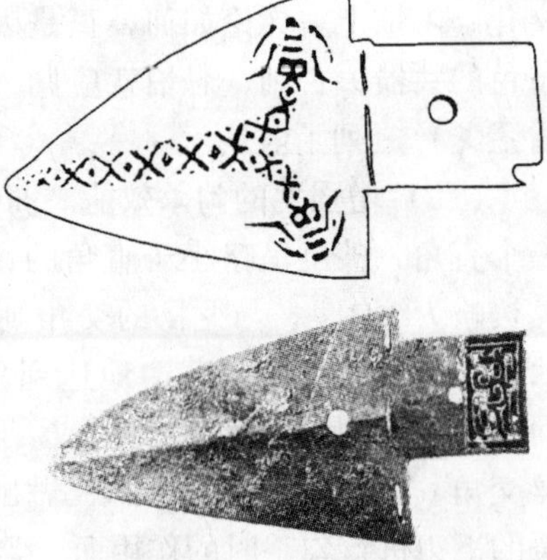

图 2－15　商代铜戣

上，陕西城固出土，长 26 厘米；

下，河南郑州出土，长 22.3 厘米。

① 此种十字形戈的最早之例出土于江西新干大洋洲商代大墓，多认为它与先周文化有关，或是从陕南汉中一带传来。见〔115〕〔116〕。

② 此种十字形戈的典型之例出土于河南浚县辛村周初卫国墓地，见〔81〕。

③《尚书·顾命》：“一人冕执戣，立于东垂；一人冕执瞿（戵），立于西长垂。”戣、戵的确切所指，还可进一步研究。

④ 见〔109〕〔117〕〔118〕。

⑤ 见〔119〕第 26～33 页，参见〔120〕。

四、戟

从商代开始，人们就考虑如何将勾啄和刺杀的功能结合于一件兵器，从出土实物来看，当时主要有三种思路。

一是将戈的上刃上折延长为凸起的锋刺，这是以戈为主体的思路，已如上述。

二是以矛为主体，在矛筩部做出一个向旁侧横伸的钩援，整器呈卜字形，其实例在河南浚县辛村①和山东胶县西庵②西周墓中有发现，皆钩援短小，勾啄的功能并不突出。这种方法当时未得到推广。

三是在一根柄上联装一个戈头和一个矛头，最早的实例见于河北藁城台西村商代中期墓中出土的一件兵器，它在长85厘米的木柄顶端横装一个铜戈头，戈头之上又套装一个铜矛头③。这种方法在商代晚期和西周时期的推广情况怎样，现在不是很清楚④。到春秋时期，已经得到广泛的应用和进一步的发展，时人将如此制成的兵器称为“戟”。

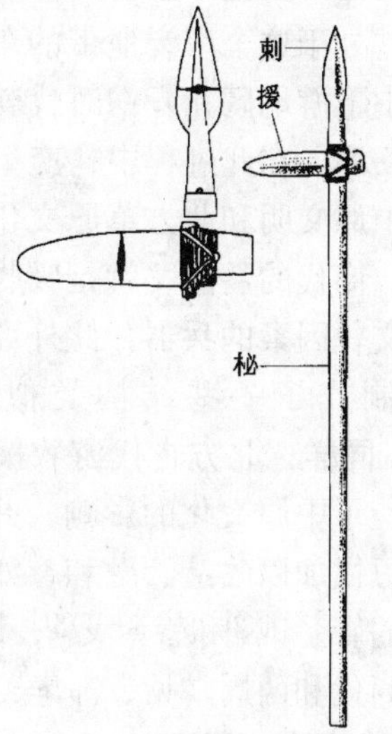

图2－16　河北藁城台西出土商代铜戟及其装柄方式示意

五、钺和戚

青铜钺显然是从新石器时代的石钺和玉钺发展而来。利用金属材料的良好延展性，钺的形制有了进一步变化。一是形成成熟的“内”，与戈一样，采用以“内”装柄的方式；二是钺体制做得更为宽大而扁薄，刃部更加弧曲，刃的两端微向上翘，甚至于向上翻卷⑤。

图2－17　商代晚期铜钺
山东益都苏埠屯出土，高32.7厘米，刃宽34.5厘米。

在古代铜、铁兵器中，纵向装柄的矛，通常采用以銎装柄的方式，全世界皆然。横向装柄的斧钺类兵器，装柄方式则多姿多彩。中国青铜时代的钺，以“内”装柄，与戈具有相同的传统，以其独特的民族形式卓立于世界古兵器之林。而欧亚大陆草原地带的诸古代游牧民族，盛用以銎装柄的管銎斧。

---

① 见〔81〕第43页和图版66:2。

② 见〔121〕所报道之“戟”。

③ 见〔58〕第134页及124页图73:12。

④ 1960年和1980年曾先后在四川彭县竹瓦街发现两批窖藏铜器，年代据认为属西周时期，其中有3件将铜戈头和铜矛头联装于一柄的戟，戈头和矛头的形制与纹饰都具有蜀文化的特色（见〔122〕〔123〕〔124〕）。然1992年在川西北高原的茂县牟托发现这种戟与许多东周时期的典型器物共出于一墓（见〔125〕〔126〕）。那么，彭县竹瓦街铜器窖藏的年代是否晚于西周？川西平原和川西北高原的这种戟是否有早晚之别，抑或同是在东周中原铜戟影响下的产物？这些问题有必要进一步研究。

⑤ 偶有个别铜钺的刃部是平直的，如上海博物馆馆藏卉纹方钺（见〔127〕图26）。

中国北方乃至整个蒙古草原和南西伯利亚，处于这个广袤地带的东端，与黄河中下游地区在青铜时代就有较密切的联系。在此过程中，产生了许多兼有中原文明和北方草原文化特色的器物。商代的銎内戈就是吸收了北方草原文化因素的兵器，此外商人和周人还制作了一些结构类似的銎内钺①；同样，北方古代游牧民族很早也接受了中原文化的影响，并按照自己的习惯加以改造、融和，如他们所制造的管銎钺②和管銎戈③，即是有代表性的器物。

图 2－18　西周早期铜管銎戈

河北昌平白浮出土，长 19.8 厘米。

商代和西周常见装饰华美的大型铜钺，如安阳殷墟妇好墓出土的两件大铜钺，高 39.5 厘米，刃宽 37.5 厘米，重 8.5 千克和 9 千克，饰双虎噬人头纹；山东益都苏埠屯商代大墓出土的亚醜大铜钺，高 32.7 厘米，刃宽 34.5 厘米，饰狰狞的人面纹。这些钺并非一般的实战武器，而是象征军事统帅权的标志物，犹如新石器时代晚期的玉钺。其时帝王出征，钺是随身之器，标志着权力之所在。如《史记·殷本纪》记载："汤自把钺，以伐昆吾，遂伐桀。"《尚书·牧誓》记载，周武王牧野之战誓师，"左杖黄钺，右秉白旄以麾"。《史记·殷本纪》又记载，纣王曾赐西伯钺，使得征伐。西周铜器"虢季子白盘"的铭文记载，周天子赐白"用钺，用征蛮方"，是相似的例子。可见当时帝王命将出征，通常也要赐钺，表示授予征伐杀戮的权力，正如《礼记·王制》所说："赐铁钺，然后杀。"

《诗·大雅·公刘》曰："弓矢斯张，干戈戚扬。"《说文》："戚，戉（钺）也。"戚字从尗，有小的含义，故戚即小钺④。

传世和考古发现的铜钺戚，数量远少于铜戈和铜矛，而装饰往往比戈、矛精美，这似乎说明钺戚在商周时期的实战使用已经衰落，主要是作为有特殊意义的礼兵流行。

在史前时代，无论东、西方，最为重要的格斗武器都是斧（或钺）和矛。进入青铜时代，西方的主要格斗武器仍然是长矛和战斧，保持了连续性；中国则变而为戈和矛，斧钺类劈砍兵器在实战中的重要地位，很快为戈所取代。

六、刀

在夏、商、西周时期，刀类锋刃器仍主要是生产工具，但也产生了一些主要用作武器的刀，在战争中有少量使用⑤。如商代有两种短柄刀。一种刀身狭窄，凸背弧刃，刀身和刀柄合铸而成，柄末端常铸饰动物头像，或做成圆环形或铃形，

---

① 例见〔128〕上册图 119，〔83〕下册彩版 13。

② 例见〔128〕上册图 92、98。

③ 例见〔129〕。

④ 参见段玉裁《说文解字注》"戚"，〔130〕第 106 页，〔96〕第 133～134 页。

⑤ 参见〔131〕。

刀长一般约为20～30厘米。1936年发现的小屯殷墟M20车马坑中埋着一辆战车、3具战士遗骸和3套兵器，有两套兵器各包括一付弓箭、一柄戈和一把兽头短刀，另一套兵器为一戈一兽头短刀①。弓箭用于射远，戈是主要的格斗兵器，短刀用于卫体。另一种短柄刀，刀身宽厚，刀背常有一条镂空的脊棱，刀尖上翘，刀身后部有一个短茎，用以安装刀柄；刀柄由两块木片夹持刀茎而成，柄的末端一般还连接一个方形的刀把头。其大型者，茎、身长约45厘米，装柄后通长可达55厘米左右。

图2－19　商代晚期铜刀（装短柄）
上海博物馆藏，长38.7厘米。

图2－20　西周早期铜刀（装长柄）
河北昌平白浮出土，长24厘米。

商末周初还有一种装长柄的青铜大刀，刀头一般长约30～40厘米，刀尖向后卷曲，刀背有銎或做出穿孔，用以装柄。商代的铜器刻铭中有手执长刀的武士象形符号，刀长大致为人身高的四分之三。

七、短剑

史前的骨石匕首是后世剑的滥觞。大约相当于商代后期，北方地区的游牧民族发展形成了一类柄、身合铸的铜短剑，大体有两种形式，一种柄、身垂直，一种柄部弯曲，二者皆有丰富的动物纹和几何纹装饰。

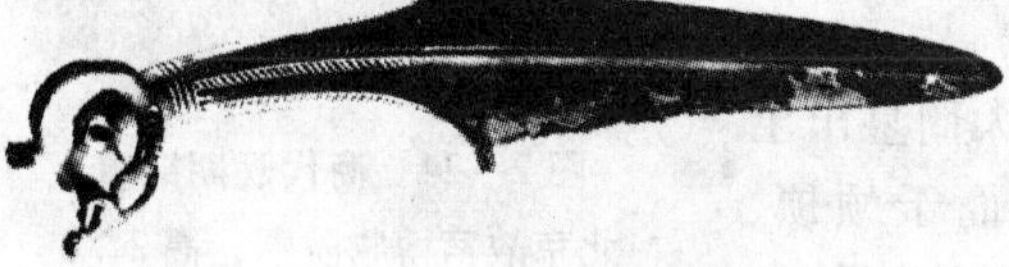

图2－21　商代晚期铜短剑
河北青龙抄道沟出土，长30.2厘米。

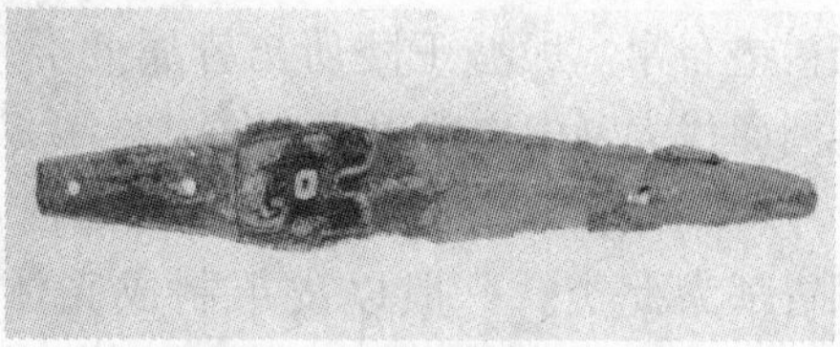

图2－22　西周早期铜短剑
陕西宝鸡竹园沟出土，长25.5厘米。

西周时期，关中和中原地区逐渐流行起剑身呈柳叶形的扁茎铜短剑，它以剑身基部的扁茎安装木柄，即用两个木片夹持剑茎，通过茎上的穿孔钉固，再于其外缠绕细绳。其结构与柄、身一体铸成的北方铜短剑明显不同，而与新石器时代马

① 见〔73〕〔132〕。

家窑文化的石刃骨匕首相类似。

1989年，在江西新干大洋洲商代大墓中出土了3件铜短剑，一件剑身宽肥，另两件剑身窄狭①，都为扁茎式结构，装柄方式当与西周的扁茎柳叶形剑相似，然二者器形有较大差异。它或许意味着，中国铜剑的起源有多个独立的源头。

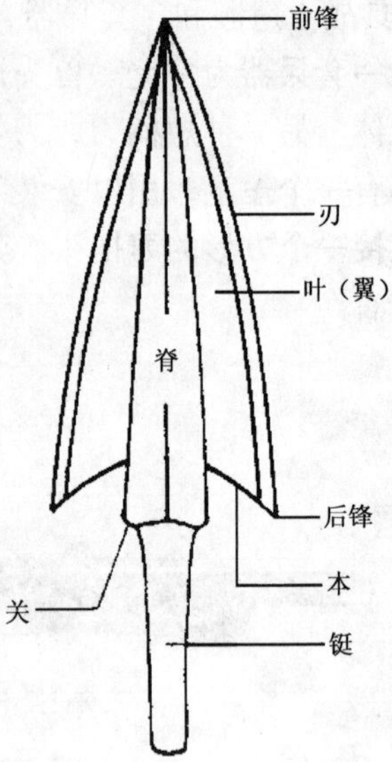

图2－23　商代和西周时期双翼铜镞结构示意（长约7厘米）

八、箭镞

夏商之际，已经出现了双翼式铜镞，实例见于二里头遗址，其特点是翼展较宽，中部有突起的脊，以铤入杆。在商代和西周，这是青铜箭镞的主要式样。其时也有少数其他形式的铜镞，锋部或呈圆锥形，或呈四棱形，应是沿袭了骨镞的形制。由于采用金属材料制作，还出现了以箭纳杆的新结构箭镞，但只有很少的例子②，尚不流行。

九、甲胄

采用金属材料制作防护性装具一般晚于以金属材料制作进攻性兵器。中国在商代晚期已经用青铜来制造甲胄，1934～1935年在安阳殷墟的一座王陵（侯家庄1004号大墓）中曾出土140余件铜胄[68]，1987年和1994年又在山东滕州前掌大商墓中发现39件用青铜和皮革复合制成的胄③。由此可知当时以铜制胄采取了两种方式：

图2－24　商代晚期铜胄　北京故宫博物院藏，高22.8厘米。

（一）整体铸造而成。胄体一般高20余厘米，前有护额，两侧和后部向下延展，以保护面颊和后脑，顶部竖立一根细管，用以插置缨饰。胄体表面铸饰兽面纹、虎纹，打磨光滑，内面粗糙，套戴时当衬垫布帛。殷墟王陵所出皆属此类，江西新干大洋洲商代大墓中也曾出土一件④。

（二）青铜和皮革相复合。滕州前掌大商墓出土铜胄都为此类。一般以皮革制成壳体，而于颅顶、前额和耳颊等要害部位加装青铜件。前额的铜件常铸成兽面纹。一些胄的左右两侧还垂悬兽牙制成的长方形饰片。这类胄既保持了铜胄的刚度，又具有很好的柔性，且重量较轻。其铜护件的形状和花纹与殷墟铜胄的相应部位很接近，当是由之改进而来。

---

① 见〔63〕第107页“宽刃剑”，第110页“匕首”。

② 见〔67〕第315页图175:5。

③ 见〔133〕，参见〔134〕。

④ 见〔63〕第115页。

西周时期继续沿袭这两种制胄方式。北京昌平白浮和房山琉璃河的西周早期墓中有铜胄发现①。铜、皮复合式胄因皮壳体朽烂后，铜护件便散乱，所以很难鉴别。河南浚县辛村卫国墓中曾见一件较大的圆形铜泡覆于人头骨额顶上，可能就是缀于胄顶的铜件②。

在西周时期的墓葬中，还发现有钉缀于皮革或其他质料的甲衣上使用的大型铜质胸甲和圆甲泡（直径10余厘米）③，甲的构造当与铜、皮复合式胄相似。北京房山琉璃河M1 193号西周大墓中曾发现一件铜胄，其北侧有3个直径10余厘米的圆铜泡，压于漆皮之上[135]，推测是铜、皮复合式甲的遗迹，因皮革的表面髹漆，革虽朽烂，仍存有漆皮。

1984年，在陕西长安普渡村的西周墓中还发现一件铜甲，它由42块长方形铜甲片编联而成。甲片宽约4厘米，厚约0.1～0.2厘米，有长短两种，长者10.2～10.79厘米，共有14块，短者7.63～7.82厘米，共有28块，四角皆有小孔眼。如果横向每列编7块甲片，纵向共有6列，遂成一件宽约30厘米、高约55厘米的长方形护甲。推测其内面还应缀附整片的皮革作为衬里，穿着时大概以背带结系，并于腰间用带扎住，可以保护前胸和腹部[137]。洛阳林校西周车马坑中也曾出土6件扇形、长方形和环形的铜甲片，近边处有对称的铜丝穿孔[322]，为了解此类铜甲的缀联方式提供了佐证④。

图2－25　普渡村出土西周铜甲片及铜甲复原示意

十、盾饰和其他

此时期的盾牌普遍用木和皮革制作，表面涂漆，其上往往装有起加固和装饰作用的青铜件，它们或呈圆盘形和圆环形，或做成人面形和兽面形⑤。时人将这些铜盾饰称为“钖”⑥。河南浚县辛村卫国墓中曾出土一件圆盘形铜盾饰，直径17厘米，背面有“卫自（师）易（钖）”的铭文⑦。

---

① 见〔129〕〔135〕。

② 见〔81〕第45页。

③ 见〔121〕及〔113〕第11～12页。据郭宝钧称，河南浚县辛村卫国墓中曾出土铜甲泡105枚，周缘都有缀孔，内面多粘有丝絮或皮革，但他也将一件有“卫自易”铭文的盾饰误认为甲泡（见〔81〕第45页）。在商代和西周墓葬中还经常出土一些圆形的小铜泡，直径一二厘米或略大，可能多是戎服甲衣上的饰件。北京昌平白浮西周墓和沈阳郑家洼子东周墓中曾发现有带铜泡装饰的靴子（见〔129〕〔136〕）。

④ 1985年在陕西长安张家坡西周墓中又出土一组半月形铜泡，长约6.8厘米，宽约4.2厘米，铜片厚约0.1厘米，共有60余枚，每5件一排，贴附于皮质衬里上，构成一长约110厘米、宽约29厘米的带状物，表面涂漆，复原者认为可能是铠甲（见〔138〕）。但铜泡边缘皆无穿孔，其装贴恐难牢固，具体用途还可进一步研究。

⑤ 参见〔139〕〔140〕。

⑥《礼记·郊特性》“朱干设钖”，汉郑玄注：“干，盾也，钖傅其背如龟也。”

⑦ 原报告将之误认为“甲泡”（见〔81〕第45页）。

此外，许多兵器附件，如装于兵器柄末端的镈或镦（习惯上矛末饰称镦，戈戟钺戚之末饰称镈），装于戈柲和钺柄顶端的龠（即柄首的铜帽）等，也以青铜制作。

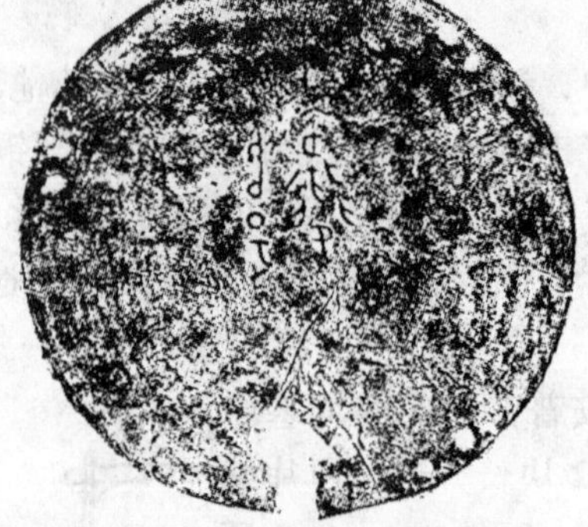

图 2-26　“卫自昜”铜盾饰
河南浚县辛村出土，直径 17 厘米。

第二节　青铜兵器的制造技术

人类加工铜的最初方式是锻打，它发端于对自然铜的利用，而导源于史前的石器制造技术。在早期主要利用红铜的时代，锻打是主要的加工方式。随着冶铜术的进步，铸造工艺逐渐发展起来，及至青铜时代，制造铜器的方式便由锻打为主转变为铸造为主。这是由铜料的性质所决定的。红铜质软，熔点高而流动性差，更适于锻制而不便于铸造；青铜熔点低于红铜①，流动性好，硬度和脆性则高于红铜，故适于铸造而不便于锻制。因此，随着机械性能和铸造性能更优的青铜取代红铜，加工方式自然就由锻打为主转变为铸造为主。而且，青铜器的日益大型化和复杂化，也使锻打越来越难以施为。

在中国青铜时代早期，因受传统的锻造工艺影响，也有一些简单的青铜制品系锻打而成，如甘肃永靖秦魏家出土的一件齐家文化铜锥和甘肃玉门清泉出土的一件火烧沟文化铜匕②。但随着合金成分中锡、铅含量的提高，器形的逐渐大型化、复杂化，铸造工艺愈益普及，自夏末以来，铸造几乎是青铜器成形的唯一工艺③。青铜兵器的制造，也是如此。

一、冶铸青铜兵器的一般工序

以铸造成形为基本工艺的青铜兵器制造技术，其典型工序流程包括以下几个主要步骤：

1. 矿石的开采和冶炼

---

① 铜合金中如含有 10% 的铅，熔点比纯铜降低 43℃；含有 10% 的锡，可使熔点降低 73℃。

② 见〔10〕〔141〕。

③ 欧洲和西亚青铜时代早期曾有一个流行铜、砷合金的阶段，由于铜、砷合金能够很快加工硬化，适合于锻造，所以仍沿袭以锻为主的工艺习惯，影响所及，后来的一些低锡青铜制品，往往也用锻造法加工，因此，在其青铜时代，锻造工艺比中国流行，而铸造工艺则不如中国发达。

早期冶铸铜器，运用的是一步法工艺，即将矿石熔炼后直接便用于铸造。至迟在夏代晚期，已经采用了将冶炼和铸造分开进行的两步法工艺，即先炼冶矿石而获得所需之金属，再运用这些金属原料来铸造铜器。两步法工艺的出现是技术进步和原料来源扩大化的结果，它免去了矿石与燃料的辗转之累，可在矿石产地就近冶炼，而将炼得的金属运往所需之地；也使金属原料的进一步精炼成为可能，古代由于冶炼设备的限制，通常需要通过多次熔炼，才能够获得较纯的金属。在夏末的二里头遗址①、早商的郑州商城遗址②、晚商的安阳殷墟遗址③中，都发现有铸铜作坊的遗迹遗物，但几乎不见炼炉和炼渣，这是冶、铸分地进行的明证。

2. 范型的设计和制作

设计和制作范型系以青铜器的形制设计为基础。范型设计是否合理，制作得是否精细，决定了铜器的结构是否稳妥，形态是否端正，纹饰是否流畅。

当铸造工艺初起时，所用都是单面范，即在一个平面上做出型腔，敞开浇注，制品都是小型简单的平板状或条状器物，如小刀、锥、匕等。进一步则在单面范上加一块平范，如同一个盖，从而变敞开浇注为闭合浇注④。尔后发展出闭合浇铸的两半对开式范，即在两个平面上各做出一半型腔，相合而成铸型，是为复合范（简称合范）之始。进而又在范型中下芯，以铸造器体中空之物。随着所要铸造的器物的日益复杂化、大型化，范、芯的剖分和组合越来越复杂，于是形成了各种各样、丰富多彩的复合式范型，范、芯的数量，少者数块，多至数十块。

中国古代制作范型的材料主要是具有良好的可塑性和耐火性的泥土。泥范的制造大致有以下步骤：

图 2－27　河南安阳苗圃北地出土商代泥质戈范

① 见〔49〕第218页及〔25〕。

② 见〔142〕〔143〕。

③ 见〔67〕第28～58页。

④ 甘肃东乡林家遗址出土马家窑文化的青铜小刀是现知用这种范型铸造的最早铜器（见〔141〕）。直至商代晚期，这种范型仍有孑遗，即李济所谓“一面平法”（见〔99〕第32～34页），它当是由单面范向两半对开式范发展的中间形态。

（一）制模，根据所要制作的器物的形状，用泥塑造出大小相等的模型，并在上面刻镂花纹，干燥后予以修整；

（二）翻范，通常在泥模上涂一层油脂，或用油烟熏染，然后于其外敷泥，并按器形要求用刀分割成若干片，各片之间留有对接的榫、眼或子母口，范块干燥后也予修整；

（三）制芯，若是器体中空之物的范型，则将泥模表面刮去一层，即成内芯，刮去的厚度等于铸成的器物的厚度；

（四）将阴干的范、芯置于窑中焙烧，经此程序，泥范接近于陶质，故又称陶范；

（五）将范、芯组合而成铸型，其外捆绑加固，或再糊上加固泥层，做出浇口。

早期冶铸铜器，除使用泥范外，也使用石质的范型。由于石范不耐高温，且雕凿费事，特别是不便于随意组合以铸造大型、复杂的器物，所以到商代在中原地区就衰落了。但石范也有优点，如可以重复使用，适于铸造小型、简单、批量大的器物，故作为一种次要的形式，后来仍沿用不绝。江西清江吴城商代晚期遗址中曾出土大量石范①，则反映了当时当地的特色。在一些边远地区，由于技术落后，直至东周时期还大量使用石范[146]。

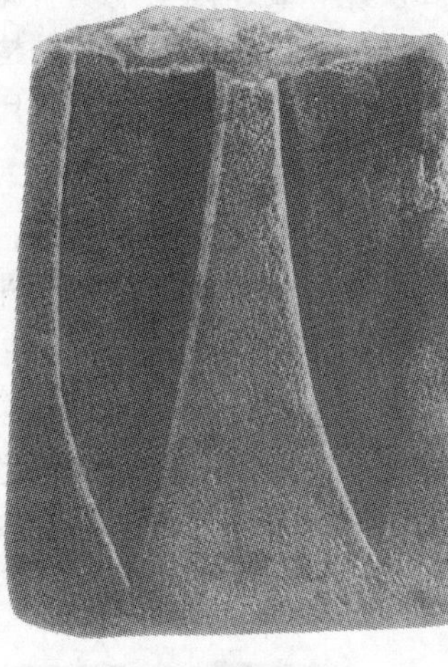

图 2－28　江西清江吴城出土商代石质刀范

3. 合金原料的调配

青铜是铜和锡，或铜和铅，或铜和锡、铅的合金，合金成分中铜、锡、铅的比例，决定了青铜合金的性能。冶铸青铜器的一个关键环节，便是将铜、锡、铅诸原料按比例进行调配混合。早期冶铸青铜器，或是将不同矿石直接混合冶炼，或是在铜料（红铜）中加入锡石等进行冶炼，其比例控制极为粗泛，对诸成分作用关系的认识也甚为模糊。到了夏末，当已经能够以金属锡、金属铅与红铜进行混合冶炼②，从而使较严格而合理地控制合金成分比例成为可能。及至商代晚期，以金属锡、金属铅与红铜混合冶炼遂成为冶铸青铜器的一般方法。安阳殷墟中发现的一些铜器群，如妇好墓铜器，不仅合金性能优良，而且分布较为集中，说明已能较好地控制铜、锡、铅的比例③。

图 2－29　殷墟妇好墓出土嵌绿松石曲内铜戈

① 见〔144〕〔145〕〔154〕。

② 参见〔25〕。在二里头遗址的后期灰坑中曾发现一件铅块，见〔47〕。

③ 见〔69〕第 16、267 ~ 281 页。对 1969 ~ 1977 年殷墟西区墓葬出土铜器的检测分析也说明商代晚期能够冶炼较纯的锡和铅，以之配制青铜合金（见〔148〕）。在殷墟中还曾发现锡锭（见〔150〕第 38 页）。

4. 熔化和浇注

将调配好的合金原料置于熔铜炉中熔化，再将熔融的金属液浇注入铸范的型腔，俟其冷却、凝固，卸去范型，即可成器。殷墟苗圃北地铸铜遗址中曾发现许多熔炉的遗迹和残块①，郑州商代铸铜遗址中发现的陶质大口尊和过去殷墟出土的陶“将军盔”，则是盛装铜液进行浇注的浇包②。

5. 铸后加工

铸造而成的铜器还仅是一个坯件，需要进行一系列的修治，才可供使用。铜兵器铸后加工的内容大致有：

（一）刮削琢磨，以使表面平整光洁。

（二）修整花纹，完成装饰。商代和西周时期的青铜兵器装饰流行镶嵌绿松石的工艺，典型制品如殷墟妇好墓出土的多件曲内戈③，其法是在铸成的阴文图案中镶嵌细小的绿松石块，用黏结剂粘固④。

（三）装配，如安装器柄以及龠、镈（或镦）等附件，甲胄之类则需编联或缀以衬里。河南浚县辛村西周墓中出土的多件铜兵器，器柄尚有残留，经鉴定皆为木质⑤。

（四）砥砺开刃。

除此以外，为进一步提高青铜兵器的性能，往往在刮削琢磨之前或之后，还对铸成的坯件进行一些特殊的处理，如对铸件施以锻打，以提高其硬度；进行退火处理，以增强其韧性；表面涂镀，以抗腐防锈，等等。

上述基本工序，可以概括为如下的方框图：

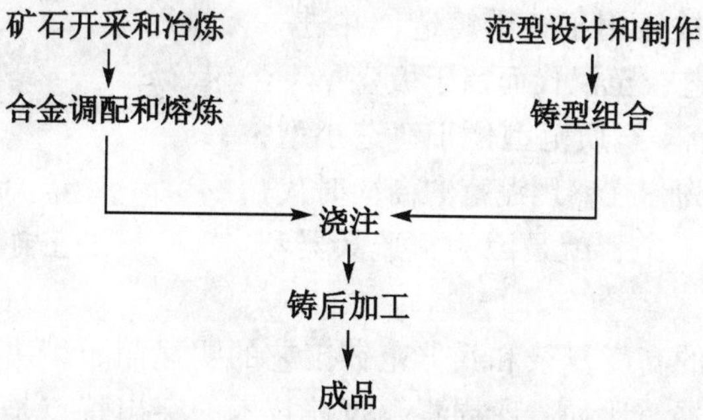

二、青铜兵器范铸工艺的特点

夏、商、西周铜器，主体是青铜礼器和青铜兵器；夏、商、西周时期的青铜技术，也集中体现于礼器和兵器的制造两个方面。由于礼器和兵器具有不同的功能要求和形制构造，故其技术发展必然有不同的特点，但二者均以铸造为基本工艺，其技术发展必然也存在密切的交互影响，比如工艺方法和经验传统的互相渗透和借鉴。

就范铸工艺而言，由于青铜兵器无论形体、结构还是装饰、铭文，其大型化和复杂性都无法与青铜礼器相比拟，所以青铜范铸工艺的成就，主要体现于礼器

① 见〔36〕第28~30页。
② 见〔5〕第94页。
③ 见〔69〕第107~108页，〔149〕图版56、测绘图之30。
④ 二里头遗址出土的兽面纹铜牌饰，据发掘者观察，其镶嵌绿松石的方法是“粘嵌”，见〔40〕。
⑤ 见〔81〕第70页。

方面。古代匠师为了铸制越来越大型、越来越复杂的礼器，设计发展出了极其纷繁复杂而巧妙合理的范型组合，在范型的制作、图案花纹（包括铭文）的刻镂上精益求精，奇构迭出，其技术水平和成就，可谓登峰造极①。青铜兵器形体较小，构造和装饰较为简单，所用范型自然也较简单，其特点是：

（一）主要用两半对开式范，如平板状的戈、钺、刀等，皆如此。一些具有銎和銎的兵器，如矛、銎内戈等，则在双面范中设置一个内芯。整体铸成的铜胄是青铜兵器中结构最为复杂的，它应是像容器一样用多块范合铸，当然，用范的数量也无法与大型的礼器相比。

（二）因器形简单而数量要求很大，故常一范多铸。山西夏县东下冯出土商代早期的石质镞范，上有3个镞型腔②，这是现知中国古代一范多铸的最早实例。另外，郑州南关外商代铸铜遗址出土的泥质镞范，有5个甚至更多的镞型腔③。曲阜鲁国故城西周墓中出土的完整泥范，上有11个镞型腔④。石璋如曾推测，戈可以一次铸4件或更多[153]。目前虽未发现这种戈范，但出土有一范而具两个型腔的石质刀范[154]。商周时期的锥、凿等工具，也常一范多铸。由兵器和工具制造发展起来的一范多铸技术，在东周时期被运用于钱币铸造，并进一步发展出了叠铸工艺，至汉代而臻于极盛⑤。

图2－30　河南郑州南关外出土商代泥质镞范

（三）适用石范。石质范型便于铸造小型、简单、批量大的器物，在盛用泥范的商周时代，石范之所以仍沿用不绝，就是因为铸造兵器和工具或还用它。

礼器范铸工艺的高度复杂和兵器范铸工艺的明显简单，决定了在范铸工艺上必然是礼器影响兵器。比如，商周青铜范铸技术的突出特点是泥范铸造占绝对主导地位，泥范的盛行显然是礼器制造发展的结果，而在此传统影响下，铸造兵器尽管适用石范，却也主要使用泥范。

这方面的又一个事例是分铸法在青铜兵器制造中的运用。所谓分铸法，是指将一件器物分几个步骤来铸造，后铸的部分皆与先铸成的部分相接合。基本上有两种方式：其一，先铸成器物的主体，而在器体的相应部位预铸接榫或预留卯孔，然后将附件的范、芯附着于器体上，浇注铜液，使附件与器体铸接在一起；其二，先铸附件，其上做出供嵌合的接榫或槽孔，将附件嵌入器体范中，然后浇铸铜液，

① 参见〔5〕第87～184页及〔151〕。
② 见〔152〕第167页图148。
③ 见〔143〕第107页。
④ 见〔82〕第110页。
⑤ 见〔155〕〔156〕第247～277页。

使与器体合在一起①。分铸法在商代前期业已成熟，目前所见最早实物有郑州商城出土的大方鼎和小型的簋、盂等物②，水平已经较高，其发端当更早。至商代晚期，由于铸制大型、复杂的精美礼器的需要，分铸法被广为运用。影响所及，一些装饰较繁的兵戎之器，也采用了分铸法。如河南辉县琉璃阁出土的一件商代铜戈，内部两面饰饕餮纹，援和内分铸，援末端有榫，嵌入内中③。当时驭车和骑乘所用的挂缰器——即学界盛称的“铜弓形器”④，更全用分铸法制成。据观察，宝鸡竹园沟西周墓出土的一件铜弓形器（BZM7∶188）系先铸两端的铃饰，后铸器体⑤；泾阳高家堡西周墓出土的一件铜弓形器（M4∶26）则是先铸器体，后铸铃饰⑥。商代晚期流行的兽头或铃首短刀和短剑，李济曾推测系用“内模法”铸制⑦，但未能说明其具体方式，很有可能，这些刀剑柄端的兽头和铃饰，也与弓形器的铃饰一样，是用分铸法制作的。

图2－31　援、内分铸的商代铜戈
河南辉县琉璃阁出土，长20.5厘米。

图2－32　商代晚期铜弓形器
河南安阳武官村出土。

三、青铜兵器的合金技术

冶金学上关于青铜合金有如下的标准：

锡或铅<2%，视为杂质混入，而非合金元素，或称之为类青铜；

锡或铅>2%，<10%，为青铜合金的正常含量；

锡或铅>10%，为高含锡量或高含铅量青铜，简称为高锡青铜、高铅青铜；

锡>2%，铅<2%，为铜、锡二元合金，或称锡青铜；

锡<2%，铅>2%，为铜、铅二元合金，或称铅青铜；

锡>2%，铅>2%，为铜、锡、铅三元合金，或称铅锡青铜。

为具体了解中国古代青铜器的合金技术，自20世纪20年代以来，海内外化学史家、冶金史家运用现代技术手段陆续检测分析了大量先秦铜器实物，总数已逾千件。在此基础上，近年来冶金史学界采用数理统计方法对大量的数据进行处理，以期从宏观上反映先秦青铜合金技术的总体面貌⑧。这对先前的工作是一个总结，但其科学性也受到一系列因素的制约：

---

① 见〔157〕及〔69〕第17页。
② 见〔5〕第105～110页。
③ 见〔327〕第95页图113。
④ 关于“铜弓形器”的用途和定名，见〔158〕第251～261、302～310页，〔159〕第62～68页。
⑤ 见〔83〕上册第616页。
⑥ 见〔85〕第191页。
⑦ 见〔99〕第32～34页。
⑧ 见〔5〕第185～307。参见〔32〕〔160〕〔161〕。

一是未能很好地区分不同地区和系统的青铜器。中国青铜文明的一个显著特征是分布地域广大，区域特点突出，因而形成了多个系统。同一系统内，往往又有若干子系统。将不同系统的器物数据混同处理，必然会模糊技术演进的脉络。

二是未能区别精制品和粗制品、实用器和明器。古代随葬铜器，由于墓主身份地位不同，质量往往有很大差别，而且古人常以质次价廉的明器随葬。只有实用器和精制品，才能够代表一个时代之技术水准，将之与明器和粗制品混同处理，势必难以准确把握技术发展的高度。

三是对铜兵器的检测分析还做得很不够。兵器的功能特点使其对金属的质量有高标准的要求，更甚于礼器，因此，青铜合金技术是青铜兵器制造技术的关键环节。同样，青铜兵器的合金水平是一个时代青铜合金技术最为重要的体现。但历来研究铜器，皆重礼器而轻兵器，对兵器合金成分的检测也远不如礼器多，这不能不限制了对青铜合金技术发展水平的认识。

上述局限性，只有通过加强对典型器群的检测分析，以及扩大对青铜兵器的检测分析，才能够予以弥补。

关于夏、商、西周时期青铜兵器的合金技术，目前有两批材料最为重要，一是殷墟妇好墓铜兵器的检测数据，一是殷墟西区墓葬铜兵器的检测数据。

妇好是殷王武丁的妃子，也是武丁时代著名的女将，曾多次带兵出征，甲骨卜辞中屡有记载①，地位相当显赫。位于安阳小屯村北的妇好墓中随葬了大量青铜器，共有468件，总重量约达1625公斤，其中礼器215件，兵器134件，均为铸制精美的实用之物②。中国社会科学院考古研究所实验室测定了该墓出土的65件青铜礼器、12件青铜兵器和4件青铜工具的合金成分③，现将12件兵器的数据引录于下（见表2-3），由此能够看出：

表2-3 妇好墓出土铜兵器的合金成分

器物		总量（%）			Cu（%）		Sn（%）		Pb（%）		Zn（%）		铭文	维氏硬度	类型
原编号	名称	主成分	微量成分	合计	实测值	校正值	实测值	校正值	实测值	校正值	实测值	校正值			
M5：1156	铜钺	97.43	1.00	98.43	80.42	81.70	14.92	15.16	1.39	1.62	0.50	0.51	亚启		铜锡
无号	铜刀（脊部）	97.17	0.83	98.00	79.69	81.32	16.74	17.08	0.61	0.62	0.13	0.13	无铭文	150	铜锡
	铜刀（刃部）	97.74	1.00	98.97	79.35	80.36	17.62	17.84	0.63	0.64	0.14	0.14	无铭文	146	铜锡
无号	铜戈	93.38	1.00	94.98	81.72	86.04	11.52	12.13	0.66	0.69	0.07	0.07	无铭文		铜锡
无号	铜戈内（内部）	100.58	1.00	101.58	85.59	84.30	13.57	13.37	1.17	1.15	0.20	0.20	无铭文		铜锡
无号	铜戈内（内部）	99.10	1.00	100.10	87.03	86.94	10.93	10.92	0.97	0.97	0.17	0.17	无铭文		铜锡
无号	铜戈援	99.88	0.26	100.14	86.78	86.66	11.72	11.70	1.19	1.19	0.19	0.19	无铭文		铜锡
无号	铜戈援	97.42	0.33	97.75	87.88	89.90	8.59	8.79	0.82	0.84	0.13	0.13	无铭文	110	铜锡
无号	铜戈援	97.30	1.00	98.30	86.68	88.18	10.05	10.22	0.41	0.43	0.16	0.16	无铭文		铜锡
无号	铜镞	96.47	1.00	97.47	77.63	79.64	18.23	18.70	0.55	0.56	0.06	0.06	无铭文		铜锡
M5:1131	铜镞	98.53	1.00	99.53	79.06	79.43	18.61	18.70	0.73	0.73	0.13	0.13	无铭文		铜锡
M5:1129	铜镞	98.73	1.00	99.73	79.23	79.44	18.55	18.60	0.79	0.79	0.16	0.16	无铭文		铜锡
M5:1128	铜镞	96.86	1.00	97.86	82.13	83.93	13.02	13.30	1.48	1.51	0.23	0.24	无铭文		铜锡

（一）12件兵器的含锡量分布相当集中，其中有11件属高锡青铜，含锡量为

---

① 见〔69〕第226~228页。

② 见〔69〕第15~114页。

③ 见〔69〕第267~281页。

10.22%～18.70%，只有一件兵器的含锡量低于10%，但也达8.79%。而且，含锡量最高的几件兵器都是箭镞。由现代冶金学可知，在一定范围内，随着锡含量的增加，合金硬度不断提高，但延展性约在含锡量超过4%时开始下降，脆性相应增大，抗拉强度则大致在含锡量超过18%时开始下降。妇好墓铜兵器的含锡量大多在有较好硬度和强度的区间范围（含锡10%～18%）内，镞因不惧断折，故可突出地追求硬度，含锡量甚至超出18%。这些情况说明殷人清楚地认识到了锡在青铜合金中的作用，并能根据不同兵器的特点较合理地控制合金中的含锡量。

（二）12件兵器的含铅量都不到2%，均属铜、锡二元合金。但经测定的4件工具，含铅量都大于2%，礼器中也有18件含铅量超过2%，最高达7.8%。在铜合金中加入铅，能够增加铜液的流动性，有利于铸出花纹细部，而且铅较之锡价廉易得，加铅可以节省锡料，但加铅会降低合金的硬度、强度和延伸率，影响合金的质量，故铜兵器应少用铅或不用铅。在武丁时代，殷人对此当已有认识。妇好墓铜器不仅兵器用铅少，即便是礼器和工具用铅也控制甚严，含铅2%以上的礼器和工具，都属铜、锡、铅三元合金，而且含锡量（11.96%～19.82%）明显高于含铅量（2.13%～7.8%），可见只是将铅作为起辅助作用的添加剂使用。

妇好墓青铜兵器的合金成分说明，在商代晚期，或者具体地说在武丁时代①，青铜兵器的合金技术已经具有相当高的水平。

1969～1977年发掘的殷墟西区墓葬（共939座，另有5个车马坑），除少数墓较大外，绝大部分为小型墓，墓主多为殷代社会的平民，许多男子当是战士[35]。这批墓葬出土的铜器，包括大量铜兵器，大部分较为粗陋，中国社会科学院考古研究所实验室测定了24件兵器的合金成分[148]，其所体现的水平，明显低于妇好墓铜兵器，如：含锡量的波动很大；许多兵器含锡量很低，而含铅量较高；不仅有较多的铜、铅合金（铅青铜），甚至有少数红铜器（见表2－4）。如果说妇好墓铜兵器代表了商代晚期青铜兵器合金技术所达到的高水平，那么殷墟西区墓葬的这批铜兵器则反映了一般的状况和普通的水准，其中还有不少制作草率的明器。因是普通之器甚或粗劣之器，所以时人往往将铅作为主要的合金元素使用，以节省乃至替代较为昂贵的锡料②。这种现象也见于等级很高的殷墟郭家庄160号大墓出土的铜兵器。该墓发现于1990年，保存完好，随葬品极为丰富，其中有大量铜兵器，包括铜钺3件、铜刀2件、铜戈118件、铜矛95件，还有铜镞9堆，共902枚③。对其中13件兵器（有戈、矛和镞）的化学成分进行检测分析发现，其含锡量普遍很低，而含铅量普遍很高（或达37.82%），因而兵器硬度很低，不适合作为实战兵器使用，可能多为专为陪葬而制造的明器。这说明“由于锡料的匮乏，

---

① 考古学上一般将殷墟文化分为四期，第一期属盘庚、小辛、小乙时代，下限或可晚到武丁时代；第二期为武丁、祖庚、祖甲时代；第三期为廪辛、康丁、武乙、文丁时代；第四期为帝乙、帝辛时代，个别遗存可能晚至西周初年（见〔34〕第611页）。第一、二期被视为商代晚期早段，或称殷墟早期；第三、四期被视为商代晚期后段，或称殷墟晚期。

② 殷墟西区的这批墓葬中还出土了较多的铅戈（共22件），毫无疑问都是明器（见〔35〕〔148〕）。时人用纯铜制兵器，目的或与用纯铅制兵器相似；少数红铜兵器的存在，是早期技术的孑遗。

③ 见〔70〕〔321〕。

即便是等级很高的人，也不得不用铅来代替锡，用以制造随葬器”[321]。

表 2－4　殷墟西区墓葬出土铜兵器的合金成分

器物		总量（%）			Cu（%）		Sn（%）		Pb（%）		Zn（%）		维氏硬度	类型
原编号	名称	主成分	微成分	合计	实测值	校正值	实测值	校正值	实测值	校正值	实测值	校正值		
91:6	戈	95.63	1.84	97.47	89.49	91.81	/	/	5.95	6.10	0.19	0.19		铜　铅
391:10	戈	87.60	2	89.60	68.36	76.29	17.48	19.51	1.55	1.73	0.21	0.23		铜　锡
413:1	戈	92.63	2.16	94.79	77.56	81.82	/	/	14.10	14.87	0.97	1.02	38.9	铜　铅
515:1	戈	85.58	2.93	88.51	84.58	95.56	0.17	0.19	0.58	0.66	0.25	0.28		铜
604:1	戈	91.12	2.24	93.36	80.20	85.90	0.29	0.31	10.07	10.79	0.56	0.60		铜　铅
619:1	戈	88.23	2	90.23	79.20	87.76	0.34	0.38	7.98	8.84	0.19	0.21		铜　铅
627:2	戈	98.99	0.48	99.47	94.36	94.86	3.02	3.04	1.32	1.33	0.29	0.29		铜
918:1	戈	94.07	2.02	96.09	71.63	74.54	/	/	22.13	23.03	0.31	0.32		铜　铅
918:2	戈	95.28	2	97.28	80.93	83.19	0.14	0.17	13.90	14.29	0.31	0.32		铜　铅
271:10	刀	94.94	3.13	98.07	75.01	76.49	4.95	5.05	14.65	14.94	0.33	0.34		铜锡铅
271:12	矛	86.13	3.39	89.52	64.29	71.82	0.62	0.69	20.63	23.05	0.59	0.66	62.6	铜　铅
294:12	戈	97.61	1.58	99.19	85.34	86.04	4.52	4.56	7.48	7.54	0.27	0.27		铜锡铅
777:3	矛	97.61	2	99.61	94.23	94.60	0.49	0.49	2.75	2.76	0.14	0.14		铜
819:4	戈	95.55	1.05	96.6	91.12	94.33	/	/	4.30	4.45	0.13	0.13		铜　铅
976:11	刀	93.38	2	95.38	79.26	83.10	11.59	12.15	2.25	2.36	0.28	0.29		铜锡铅
234:2	矛	93.94	1.87	95.81	86.52	90.30	/	/	6.91	7.21	0.51	0.53		铜　铅
234:5	戈	94.69	1.35	96.04	82.28	85.67	/	/	12.28	12.79	0.13	0.14		铜　铅
621:7	矛	89.31	2.91	92.22	58.88	63.85	/	/	29.92	32.44	0.51	0.55		铜　铅
263:4	戈	96.87	2	98.87	83.47	84.42	12.56	12.70	0.78	0.79	0.06	0.06	89.4	铜　锡
269	戈	97.42	2	99.42	83.15	83.64	13.26	13.34	1.01	1.02	/	/		铜　锡
269:2	戈	93.74	2.46	96.20	83.78	87.09	9.50	9.88	0.40	0.42	0.06	0.06		铜　锡
279:11	刀	87.10	2	89.10	76.68	86.06	6.67	7.49	3.33	3.74	0.42	0.47		铜锡铅
692:12	戈	82.14	2	84.14	75.55	89.79	3.32	3.95	3.12	3.71	0.25	0.30		铜锡铅
1116:3	戈	92.27	2	94.27	80.10	84.97	/	/	11.9	12.63	0.26	0.28		铜　铅

西周时期青铜兵器的合金技术，从现有材料来看①，都未超出妇好墓青铜兵器的水平。值得注意的是，殷人制造铜礼器，常大量添加较昂贵的锡，这在妇好墓出土的铜礼器上有突出的表现，其含锡量多在 16%～18% 之间，甚至高达 20.79%②。《礼记·表记》说：“殷人尊神，率民而事神，先鬼而后礼。”鬼即祖先，殷人的神包括天地、山川、风雨诸神，最重要的是“上帝”，他们的尊神先鬼，几乎达到了事事都要向神灵卜问、天天都要祭祀先祖的地步，这在地下出土的大量甲骨卜辞中有丰富的反映③。用善佳的材料来制作享祀神鬼的礼器，正是“尊神”习尚和“先鬼”意识的体现。西周时期，制造青铜兵器多用锡的情况未变，但青铜礼器含锡量有所减少，用铅量则明显增加（表现为高含铅量的铜礼器大量出现④），这间接反映了“美金以铸剑戟”的实用化趋势的增强。

① 经检测的主要几批材料是：河南浚县辛村卫国墓出土铜兵器（见〔81〕第61页）；北京房山琉璃河燕国墓出土铜兵器（见〔162〕）；陕西宝鸡竹园沟、茹家庄弶国墓出土铜兵器（见〔83〕上册第620～636页）。

② 见〔69〕第270～272页表1。

③ 参见〔163〕第13～14、119～123页，〔76〕第397、561～603页及〔164〕。

④ 参见〔5〕第283～284页。

四、锻打在青铜兵器制造中的运用

夏、商、西周青铜兵器以铸造为基本的成形工艺，但锻打作为铸后加工的手段，仍然得到沿用。早期青铜器由于锡、铅的含量较低，硬度差，往往于铸成后再施以冷锻，这能明显提高硬度。据检测，含锡10%的青铜器，铸成后布氏硬度为88，锻造后布氏硬度可上升到288①。随着青铜合金中锡、铅含量增高，延展性降低，韧性变差，于是在某些情况下，人们又对青铜铸件进行加热锻打，使其充分退火，以增强韧性。山东泗水尹家城出土岳石文化青铜器，经检测有一件小刀（T221⑦：21）于铸成后对刃部做了轻微的冷锻，另有一件小刀（T198⑦：5）铸成后曾经加热锻打②。北京房山琉璃河西周早期燕国墓出土的两件铜戈，金相分析见到其锋刃部位也存在锻打组织[162]。

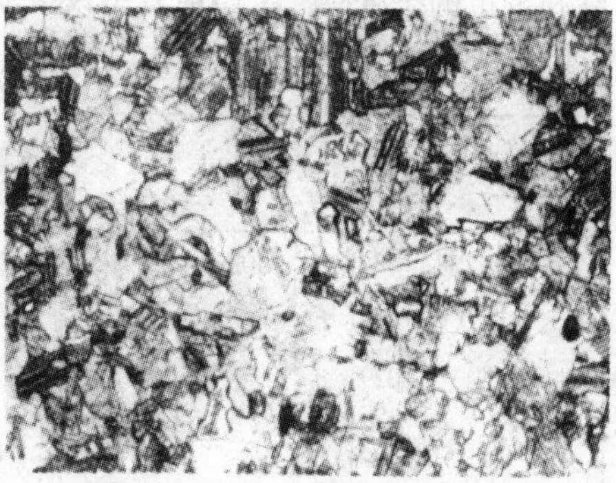

图2－33　琉璃河出土西周早期铜戈的金相组织

制造青铜兵器沿用锻打工艺在其时的文献中也有反映。《尚书·费誓》是周成王（约公元前11世纪）时鲁侯伯禽讨伐淮夷徐戎的誓词，中有“备乃弓矢，锻乃戈矛，砺乃锋刃，无敢不善”的话；《诗·大雅·公刘》是周人歌颂先祖的诗篇，中有“取厉（砺）取锻”之语。都是例子③。当铸造之风盛行之际，锻打主要是作为青铜兵器制造的后加工手段而延续不绝。

五、关于青铜兵器镀锡问题

《诗·秦风·小戎》中三次提到“鋈”字：“游环胁驱，阴靷鋈续”；“龙盾之合，鋈以觼軜”；“厹矛鋈錞（镦）”。张子高认为，“鋈是用锡镀青铜器”，并认为西周已有镀锡工艺[273]。何堂坤对北京房山琉璃河西周早期燕国墓中出土的10件青铜器（包括戈、盾饰、甲衣铜泡等）的表面成分进行了分析，发现其共同特点是含锡或铅较高，而含铜较低（见表2－5），他推测这些器物表面的锡和铅是镀上去的[162]。器物镀锡不仅有较好的色泽，更重要的是镀层能起到阻止、减缓内层金属氧化锈蚀的作用。

周纬曾称南京民国中央研究院历史语言研究所所藏殷墟出土的虎纹铜胄中有一件经过镀锡，表面光耀如新④。但后来万家保对移藏台北“中央研究院”的殷墟铜胄作金相学分析，未发现有镀锡之器[167]。还有几例关于西周镀锡铜兵器的报

---

① 见〔165〕第43页。

② 见〔27〕第353～359页。

③《尚书·费誓》唐孔颖达注（见《十三经注疏》第255页）谓“锻”乃指锻铁，这是后人处铁器时代，不明上古工艺情况的误释。《尚书·费誓》和《诗·大雅·公刘》中的“锻”都应是指锤锻铜器（参见〔165〕第43页和〔166〕）。

④ 见〔130〕第151～152、169页。

导①，也未经检测验证。关于先秦铜器（主要是铜兵器）的镀锡问题，也有人持怀疑和否定的态度②，尚存在着争议③。

表2-5　琉璃河西周铜器的表面成分

器物名称及试样编号		电子束分析点及外观		成　分（%）					
				铜	锡	铅	铁	硅	磷
长方形铜泡	B27	1	外表面，灰黑色，稍带光泽	34.139	39.246	22.594	0.524	1.655	1.838
球形铜泡状物	B28	1	外表面，灰白泛青色，有光泽	23.827	61.243	10.877		3.978	0.072
半球形铜泡	B29	1	外表面，绿玉色，有光泽	16.749	37.962	37.686		7.601	
		2	底口沿外表面，青绿色，无光泽	15.463	32.122	43.938		8.475	
半球形铜泡	B30	1	外表面，乳黄色，无光泽	3.355	66.191	6.117	15.646	7.657	1.031
车軎	B31	1	外表面，乳灰色，稍亮	47.846	44.806	0.344	0.220	6.105	
漆壶铜口	B32	1	外表面，灰黑色，有光泽	54.429	34.566	8.146		2.857	
当卢	B33	1	外表面，青绿泛白色，稍亮	41.825	53.339	0.794		3.157	0.882
盾饰	B34	1	外表面，灰黑色，稍带光泽	40.117	47.472	0	0.350	12.059	
		2	外表面，灰黑色，稍带光泽	44.158	44.647	0.557	0.458	10.178	
戈	B35	1	外表面，青灰色，稍带光泽	16.978	56.041	8.740	1.171	16.373	
戈	B36	1	外表面，黑色，稍带光泽	56.864	31.959	0.759	0.961	9.456	
10件试样12个分析点平均成分				32.979	45.800	11.713	1.611	7.463	0.319

附注：除去表中所列六种元素外，车軎B31、戈B35还显示了其他一些元素，暂略。

① 见〔168〕第47页，〔169〕第115～116页。

② 见〔5〕第335页。

③ 详见本书第三编第二章第三节之七。

第三章 冶铁的初起和铁兵器的滥觞

第一节 陨铁刃兵器

犹如人类最初利用的铜是自然生成的铜块一样，人类最初利用的铁也是天然的铁块，不同的是自然铜出之于地球，天然铁则来之于天外，这就是陨铁。约在公元前5000年，西亚已知道陨铁①。至公元前3500~前3000年，埃及和两河流域已用陨铁制造念珠、匕首等物②。陨铁只能锻打成形，陨铁器的锻造技术，应是源于发端更早的铜的锻造技术。

一、中国的有关发现

现知中国利用陨铁制造器物的最早实例，属于商代，皆为兵器。

1972年，在河北藁城台西商代中期墓中出土一件铁刃铜钺，其刃部已缺失，残存部分包入铜内约1厘米③，经用电子探针、X射线荧光分析等多种技术手段检测，在铁刃中未发现人工冶炼所必然带有的硅酸盐之类夹杂物，而存在高镍和低镍层状分布的特征，这只能产生于冷却极慢的铁镍天体，因而确认它是以含镍较高的陨铁锻制而成[171]。

1977年，北京平谷刘家河商代中期墓中又出土一件铁刃铜钺[172]，检测确认具有典型的高镍与低镍分层，并含有锗、镓两种陨铁的特征元素[173]。

图2-34　商代铁刃铜钺
北京平谷刘家河出土，
残长8.4厘米。

此外，美国华盛顿弗里尔美术馆（Freer Gallery of Art）所藏1931年出土于河南浚县辛村的一组周初青铜兵器，其中有一件铁刃铜钺和一件铁援铜内戈，经检测，铜钺铁刃具有陨铁的特征，铜戈铁援残留含镍甚微的铁晶体，难以作出肯定的判断④。

近年在河南三门峡市上村岭西周晚期虢国墓（M2009）中又出土了3件铜器，分别为戈、锛和削刀（或称之为刻刀），经检测确证系以陨铁制作锋刃⑤。

---

① 见〔170〕第256页。

② 见〔29〕及〔30〕第5页。

③ 见〔58〕第132页。

④ 见〔174〕，参见〔175〕、〔60〕第7~8页及图版1、〔176〕第125~128页。关于这组兵器的年代，见〔177〕第125~128页和〔60〕第310~316页。

⑤ 见〔323〕第1卷第559~573页，参见〔178〕。

二、独特的工艺传统

中国发现的陨铁器均为刃器（主要是兵器），而且都是利用陨铁来制作器物的锋刃，这与埃及、西亚的陨铁器多为念珠、小饰物，即使做刃具（匕首、小刀等）也都单独成器有所差异①，体现了更独到的认识和工艺技术的独特传统。

陨铁具有很好的强度和硬度，但稀少罕见，不易加工成形，难以制作稍大的器物。我们的祖先显然充分认识了陨铁优越的机械性能，故将之制作为兵器的锋刃，以提高兵器的锋利程度，而通过与铜材相复合的方式，克服其难于加工成器的缺陷。

在商代，具有特殊象征意义的仪仗礼兵，或以青铜精铸，或以玉石雕琢，还经常采取铜、玉复合的形式，即以玉石琢制成锋刃，而将之连接于青铜铸成的基体上，典型的实例如杨宁史旧藏之物中的铜骹玉刃矛②和殷墟妇好墓出土的玉援铜内戈③。陨铁刃铜兵的结构形式与这类玉刃铜兵相似，尤其是弗里尔美术馆藏出于浚县辛村的铁援铜内戈，结构与玉援铜内戈相当一致。二者可能存在某种交互的影响。

但陨铁刃铜兵的复合方式并非传统的粘嵌，而是铸接，即将锻打成形的陨铁刃置于铸造铜器的范型中，然后浇铸铜液，实现接合④。铸接的工艺，随分铸法之兴起在商代早中期的礼器制造中已表现得相当成熟，至商代晚期，由于分铸法的流行而日益精进。陨铁刃铜兵的铸接工艺，与铜器分铸法的铸接工艺本质上是相同的，方法上也是相通的。弗里尔美术馆所藏周初的两件铁刃铜兵，据透视观察，钺刃的基部锻出成排的凹坑，戈援的基部做出钥匙形的榫，因而能与浇铸的铜体更牢固地接合，这是铸接工艺进步的体现⑤。

据检测分析，商代的一些玉刃铜兵，如辽宁省旅顺博物馆收藏的一件铜内玉戚，玉刃与铜内的接合也是采用铸造的方法，为使玉刃与铜内接合紧密，并避免铸造过程中玉刃炸裂，采取了一些非常巧妙的措施，如在玉刃基部钻孔、将玉刃和铸范一同预热等，同样体现了高超的铸接技术[320]。这说明陨铁刃铜兵和玉刃铜兵在技术上存在交互影响，二者是基于分铸法的铸接技术在不同材料上的应用。

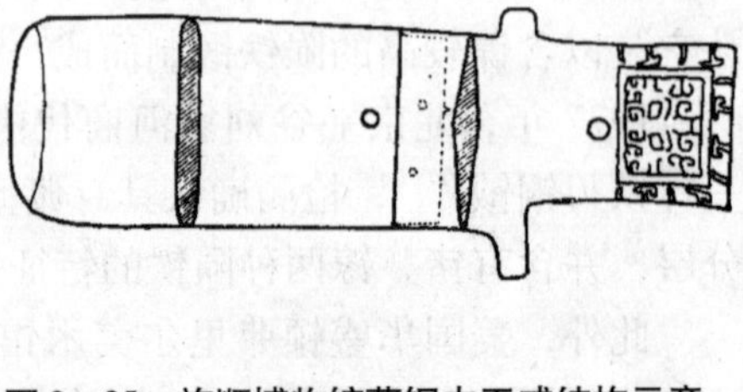

图2－35 旅顺博物馆藏铜内玉戚结构示意

戚通长21.8厘米；铜内长10.2厘米；玉刃长13厘米；玉刃和铜内的接合部长1.4厘米。

借助青铜铸接工艺以实现不同金属材料的复合，这种金属复合技术是古老的

① 参见〔179〕或〔156〕第278～285页。

② 见〔180〕图版14（XIV）第24号，〔128〕上册图130。

③ 见〔69〕第108页及彩版17：3。

④ 格陵兰岛的梅弗尔湾有3块罕见的巨型陨铁，当地的爱斯基摩人从上面剥离下小碎片，加工成细小的刃叶，镶嵌于用海象骨制作的刀体上（见〔179〕）。这当是沿袭了远古的细石叶镶嵌工艺，实际上是将陨铁作为石料来用，与中国的陨铁刃兵器有着截然的区别。

⑤ 见〔174〕〔60〕第7～8页，〔156〕第285页。

复合制器方法的一个飞跃，后来在东周时期的兵器制造中又有进一步的发展，结出了奇妙的果实，这便是青铜复合剑，我们将在下一编中论述。

另外，藁城台西出土的陨铁刃铜钺的铁刃厚仅1毫米，因陨铁的强度和硬度很高，故需较高的锻造技术，才能形成这样薄而规整的叶片。这也是锻打工艺在兵器制造中得到延续、发展的一个例证。

第二节　人工冶铁和铁兵器的发端

已知最早的人工冶铁制品，发现于西亚。在两河流域北部靠近土耳其的叙利亚小镇查加巴扎尔（Chager Bazar）发现的匕首铁柄，年代为公元前2700~前2500年①；在土耳其中部的阿拉卡（Alaca）遗址发现的铁匕首，年代为公元前2500~2300年②。以往学术界普遍认为人工冶铁始于赫梯人（Hittites），但赫梯人进入上述地区是在公元前2300年之后，因此很可能是西亚的土著先民首先发明了冶铁术③。不过后来崛起于西亚的赫梯王国，对于早期冶铁术的控制和发展有重要的作用，直至公元前12世纪，赫梯人在这个领域仍拥有明显的优势。公元前12世纪赫梯王国垮台后，其冶铁技术才迅速地向周边地区扩散。印度河流域也是世界上较早掌握人工冶铁技术的地区之一，其时间大约在公元前15~前13世纪④。

一、新疆的早期铁器

中国现知最早的人工冶铁制品，发现于新疆。1986年在哈密三堡焉不拉克墓地的早期墓中出土数件铁器，品种有小刀、残剑尖、戒指等[185]。该墓地已测出12个^{14}C数据，其中有9个早于公元前1000年，早期墓的数据大多在公元前12~前13世纪的范围内，考虑到该墓地的陶器有稍晚的特征，将出铁器的早期墓的年代定为略早于公元前1000年（相当于中原商末周初）可能是合适的⑤。此外，自20世纪70年代以来，从新疆东部的哈密到中部的和静、轮台再到最西边的帕米尔高原塔什库尔干，都有早期铁器发现，器类有小刀、短剑、镯、指环、锥、镰等，年代大体在公元前1000年上下至前500年⑥。可以看出，在此期间，新疆地区早期铁器的应用渐趋普遍。

新疆发现的这些铁器，目前都还没有进行科学的检测分析。《史记·大宛列传》曾记，西汉时新疆尚“不知铸铁器”，研究者因而推测它们都是以采用较原始的低温固体还原法炼得的块炼铁锻制而成的[187]。

二、中原铁器的出现

1990年，在河南三门峡市上村岭西周晚期的虢国墓（M2001和M2009）中出土6件铜铁合制器物，其中3件：M2001出土的铜茎玉柄铁短剑和铜内铁援戈，

---

① 见〔181〕第304~305页，〔182〕第235~236页。
② 见〔183〕第31页，〔181〕第391页。
③ 参见〔184〕。
④ 参见〔184〕。
⑤ 见〔185〕〔186〕。
⑥ 见〔185〕〔186〕。

M2009出土的铜骹铁叶矛，经检测，其铁质锋刃系人工冶铁制品①。这是中原地区迄今所发现年代最早的人工冶铁制品。它们的形制和装饰具有典型的中国特色，显然是当地造器，而非舶来之物。特别是M2001出土的铜茎玉柄铁短剑，剑身铁质，茎为铜质，外套圆柱形玉管而成握柄，柄端还装有玉质剑首，柄、身相交处镶嵌绿松石，装饰豪华至极。

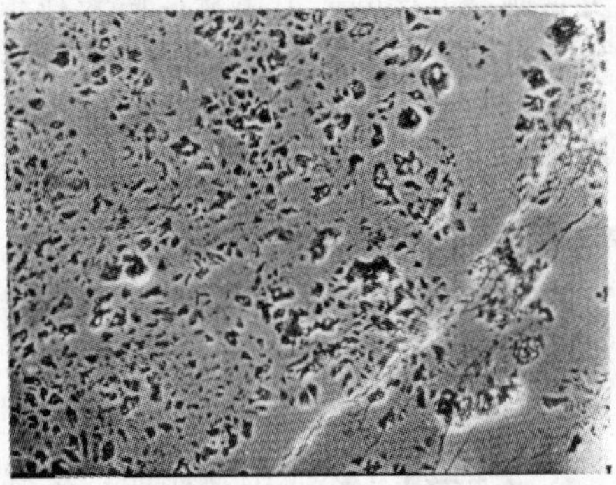

图2－36 三门峡虢国墓出土铜茎玉柄铁短剑锈层中原珠光体组织的痕迹（扫描电镜二次电子像）

以往许多学者曾从文献记载、铜器铭文以及甲骨文中搜寻商代乃至夏代能够冶铁用铁的证据，经多年来的讨论，已被证明是靠不住的②。这当然并不排除中原地区掌握冶铁术的时间仍有提前的可能，但看来只能依赖于新的考古发现。

三、关于中国冶铁术的渊源

中国早期铁器的发现情况说明，新疆地区掌握冶铁术要早于中原。一些人据此认为，中原地区的早期冶铁技术很可能是由新疆沿河西走廊传来的。目前中国内地发现的早期铁器，大多为春秋时期的制品，年代最早的几例，都出于靠西的地区（如陕西、甘肃等地），似乎也反映了早期冶铁术经河西走廊东渐的迹象[187]。有人进而推论，中国冶铁术的发生，可能受到了西亚的影响，其途径是经中亚而至新疆，再及于中原[31]。

然而，也有一些学者持中原冶铁术独立发生的观点，关于其机制，则众说纷纭③。在古代冶铜过程中，有时会碰到铜铁伴生的矿石，或误将一些貌似铜矿石的铁矿石加入冶炉，并偶因炉温合适而产生出少量铁或铜铁混合物④，在商周时期冶铜术高度发达的基础上，一些经验丰富的工匠逐渐辨识出这种新金属，进而有意识地用铁矿石进行冶炼，由此发明了冶铁术，也不是完全没有可能。

四、早期铁兵器的性质

当先民利用陨铁制器的时候，由于这种来自天上的黑色金属罕见难得，故被视为极珍稀之物，多用来制作小巧的饰物和兵刃。古人对陨铁的珍视，往往还带有原始崇拜的神秘性。唐段成式《酉阳杂俎》前集卷十记："南番有毒槊，无刃，状如朽铁，中人无血而死，言从天而下，入地丈余，祭地方撅得之。"这种毒槊所用铁料大概就是陨铁，因是天降异物，故为不开化的土著所畏惧、膜拜。西班牙

① 见〔323〕第1卷第559～573页，参见〔188〕第13页图104和〔178〕。铜骹铁叶矛初曾误定为刀。

② 见〔189〕〔166〕〔190〕〔187〕〔5〕第349～350页。

③ 参见〔5〕第347～348页。

④ 1976年山西灵石旌介村出土一件商代晚期的含铁铜钺，经检测刃部含铁8.02%，阑中部含铁4.5%，内部含铁3.82%（见〔191〕）；1982年安阳殷墟发现一件"父壬"铭铜鼎，腹、足有黑色锈，经检测含铁14%（见〔149〕图版84，第455页）；两例可能都是冶铜时铜铁矿石伴生或混熔所致。

人在墨西哥也见到当地土人将陨铁制成的刀和匕首视为异宝，只有部落中的显赫人物才能佩带。

商代和西周时期的陨铁刃兵器，或许也被赋予了类似的非凡意义。《逸周书·克殷解》记载，武王克商，亲自用“玄钺”击斩纣王的尸体。《史记·周本纪》记作“元钺”，玄、元古相通。晋孔晁说：“玄钺，黑斧。”它很可能就是陨铁刃铜钺。商周时期，钺是非同一般的权力标志物，将天降宝物——陨铁用于制钺，不是偶然的。

人类掌握冶铁术之初，因技术限制，产量极其有限，质量较佳的铁料尤其难得，故非常贵重，价值甚至高于黄金[184]。因此，铁的早期应用仍然沿袭了陨铁器的传统，主要是用以制作小型的兵刃和饰物，这些兵刃，大多是用作佩器的匕首、短剑和小刀，能够佩带它们的，恐怕只有权贵。阿拉卡遗址出土的铁匕首，柄部包覆金箔，配有金鞘；虢国墓出土的铜茎玉柄铁短剑，装以玉料，嵌以美石，先包裹丝织物，再纳入皮鞘：皆可见很受珍视。出铁剑的虢国墓（M2001），同时还出土了大量随葬品，共计3000余件，既有众多的青铜礼器，又有成组的华美玉器和金器，可以肯定墓主是虢国的国君，此剑当是虢君生前所珍爱的佩器。

第四章
非金属兵器及其制造技术

第一节　弓　箭

一、从单体弓到复合弓

自19世纪末以来，弓箭史研究者普遍采纳英国人皮特－里费斯（Pitt－Rivers）于1877年提出的方法，按弓体构造，将世界各民族的弓区分为单体弓、加强弓和复合弓三类①。单体弓（Self－Bow），即整体用单根材料制成之弓；加强弓（Reinforced Bow），又称合成弓（Compound Bow）、叠片弓（Laminated Bow），指用相同或相近的几层材料叠合，或以数段拼接而成的弓，通常已使用了胶，甚或已用动物的肌腱（筋）作弓臂的背衬，故又称背衬弓（Backed Bow）；复合弓（Composite Bow），其弓体由若干部分合成，且采用了性质不同的多种材料，如木和竹、动物的肌腱（筋）和角，以及胶和漆，等等。

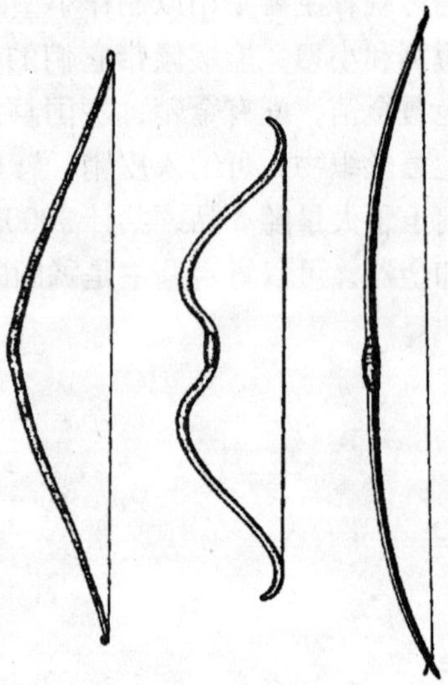

图2－37　古弓举例
左，西亚三角弓；
中，斯基泰人的弓；
右，英格兰紫杉木长弓。

制弓术的一般演进道路是由单体弓而加强弓而复合弓，但不同的地区，往往有不同的传统。在西亚、东亚和欧亚草原地带，都发展产生了复合弓，并得到广泛流行；而在欧洲大部分地区，长期沿用单体弓，其制弓术的发展主要体现于木质弓臂的形态改进及选料、加工的精益求精上，中古时代著名的英国长弓（Long Bow）是杰出的代表。

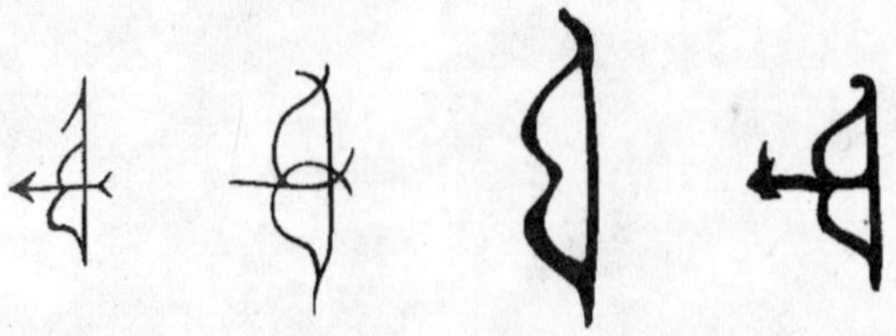

图2－38　甲骨文、金文中的弓形

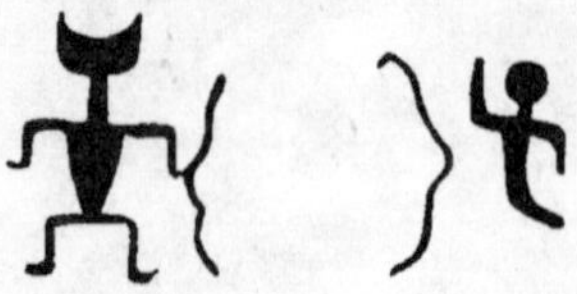

图2－39　金文中的弛弓之形

① 参见〔192〕第102页或〔193〕第77页。

历史上可能有多种文化独立地发展出了复合弓。在公元前第2千年至公元前第3千年期间，美索不达米亚平原已经出现了三角形的复合弓，并影响到周边地区，如古埃及①。这种弓绷上弦后，弓体呈浅腰三角形，拉满时则呈半圆形。它在亚述人手中一直使用到公元前7世纪。其时随斯基泰人的崛起，一种弓体双曲反弯的更为成熟的复合弓在亚洲的西部开始流行起来，逐渐取代了三角弓，并传入古希腊，后来罗马人称之为斯基泰弓（Scythicus Bow）。这一命名长期以来支配着西方人对于双曲复合弓渊源的认识。他们往往简单地把在世界其他地区看到的这种弓视为斯基泰文化影响的产物，而一概称之为"斯基泰式弓"②。然而，双曲反弯的复合弓实际上并非斯基泰人的创造，至少不是他们的独创。在公元前第1千年初，欧亚草原地带的一些民族已经使用这样的弓[194]。中国使用这种弓的历史，则可以追溯到公元前第2千年末，即商代的晚期。

所谓双曲反弯复合弓，其形态有两个基本特点：一是弓体绷上弦后，其握把部分后缩，弓臂上下形成对称的弧曲，弓臂的两个末梢反向弯转③；二是解弦弛弓时，整个弓臂大幅度反向弯转，握把处则向前凸④。商代晚期的甲骨文和铜器铭文中，有大量与弓有关的象形文字或图形符号⑤，其所描绘的弓的形状，几乎全为双曲反弯之形，与后世典型中国复合弓的形态，极其相像。研究者或认为铜器铭文中有一些图形应是弛弓的形态⑥，虽然未必确实，但在河南安阳小屯殷墟的一座车马坑中，确实发现了呈极度反弯之形的弛弓遗迹⑦。可以认为，在商代晚期，中国已经出现了复合弓的成熟形式——双曲反弯复合弓。

西周时期的诗歌，也为此提供了佐证。《诗经·小雅·角弓》写道：

骍骍角弓，翩其反矣。

唐代的孔颖达认为，这种角弓，即"弛则体反"之弓⑧。之所以会如此，是因为弓臂中衬垫了动物的角和筋，特别是制成片状的角的作用尤大。《诗经》的许多注释者都把角弓释为"以角饰弓"，显然是肤浅的。在后世中国，"角弓"是强弓

---

① 见〔194〕及〔192〕第103页注a或〔193〕第77页注⑥。

② 至今西方学者仍习惯于将中国的双曲复合弓称为"斯基泰式弓"，见〔192〕第105页或〔193〕第80页。

③ 对弓的形态学描述，历来极为纷乱。笔者认为，这可以有4个基准：（一）弓体弧曲还是非弧曲（如三角形）；（二）单曲还是双曲，单曲指弓臂主体为单一的弧形，双曲指弓臂主体以把部为界，上下分别形成弧形；（三）弓臂末梢反弯还是不反弯；（四）弓臂上半部和下半部对称还是非对称。据此，能够简明地描述任何形态之弓，如中国的复合弓和所谓"斯基泰式弓"，都是双曲、反弯、上下对称之形；爱斯基摩人的木弓和角弓（见〔195〕第98页图3、4），为双曲、对称之形；英国长弓，为单曲、对称之形；缅甸竹弹弓（见〔195〕第96页图6），为单曲、非对称之形，等等。这样，西方人常用的"半反弯"（semi－reflex）、"四曲"（four－curved）、"B形"（B－shaped）等难以理解且容易混淆的概念，皆可弃置。

④ 判断一件弓是否属于复合弓，必须同时具备这两个条件，因为后世一些雕刻成形的单体弓或迭接而成的加强弓（如东周楚墓中屡屡发现的木弓、竹弓），也具有双曲的形态（很可能是受复合弓的影响而模仿其形状），但它们弛弦后不会反转，或只有很小幅度的反转。

⑤ 见〔196〕第356页"弓"字、第359页"弹"字、第361页"䠶（射）"字，及〔73〕第33～35页。

⑥ 见〔73〕第33～35页。

⑦ 见〔73〕第36～39页。石璋如将同出的铜弓形器定为弓上的附件——弣，则是错误的，它实际上是驭车用的挂缰器，见〔158〕第251～261、302～310页，〔159〕第62～68页。

⑧ 见《十三经注疏》，第490页。

的代名词。如唐王维《观猎》："风劲角弓鸣，将军猎渭城。"岑参《白雪歌送武判官归京》："将军角弓不得控，都护铁衣冷难着。"中国传统医学中还以"角弓反张"一词作为症候之名，用指脑膜炎、破伤风等导致的头颈僵硬后仰、胸部前挺、下肢佝曲之症状。如清郑观应《盛世危言·医道》曰："幼小之童脑气过盛，多有角弓反张之症。"了解了角弓的特点，就知道这是一个非常形象的比喻。

二、"蒙古式射法"的起源

张弓射箭的方式，可以按照勾弦放箭时的手法区分为若干类型。在古代和中世纪，最为重要的是两种方式，西方学者分别将之命名为"地中海式射法（Mediterranean release）"和"蒙古式射法（Mongolian release）"①。前者流行于主要使用单体弓的欧洲大部分地区，其特点是：将食指、中指和无名指相并勾弦，箭杆置于弓弣左侧（以右手勾弦为准）。后者流行于普遍使用复合弓的东方世界，之所以以"蒙古"为名，可能是因为19世纪末莫尔斯（E. S. Morse）最初对射箭方式进行分类时主要是依据了蒙古草原地区的材料。诚如李约瑟（Joseph Needham）博士所指出，它也完全可以命名为"土耳其、满族、藏族、朝鲜或中国射法"②。其特点是：以拇指勾弦，并在拇指上套戴护指的拇指环，拉弦时用食指和中指压住拇指，箭杆置于弓弣右侧（以右手勾弦为准）。

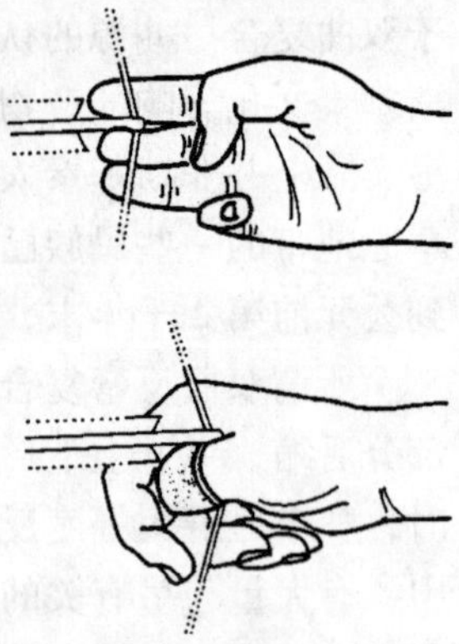

图2-40 古代射法示意图
上，地中海式射法；
下，蒙古式射法。

不同的张弦方式主要根源于弓的不同特性。将亚洲复合弓与欧洲单体弓相比，前者弓体较短，但弓的弹性好，弦可以拉得很长，拉弓长度与弓体长度之比甚高；后者恰相反，弓体长而弹性差，拉弓长度与弓体长度之比较低。因此，亚洲复合弓张满时，手指勾拉处的弓弦形成锐角，如果采用"地中海式射法"，弓弦便会挤压手指，故适于用单个拇指勾弦；而欧洲单体弓张满时，弓弦的角度要大得多，适合用多个手指勾弦。

20世纪50年代，在河南洛阳中州路东周时期的墓葬中出土了若干弓箭手使用的玉质和骨质的拇指环③，曾被西方学者认为是世界上使用"蒙古式射法"的最早证据④。但1976年在河南安阳殷墟发现的妇好墓中，出土了一件玉质的拇指环，年代为公元前13世纪末至公元前12世纪初⑤，从而证明中国早在商代晚期已经运用所谓的"蒙古式射法"，这也可以间接地佐证其时殷人已经使用了复合弓。

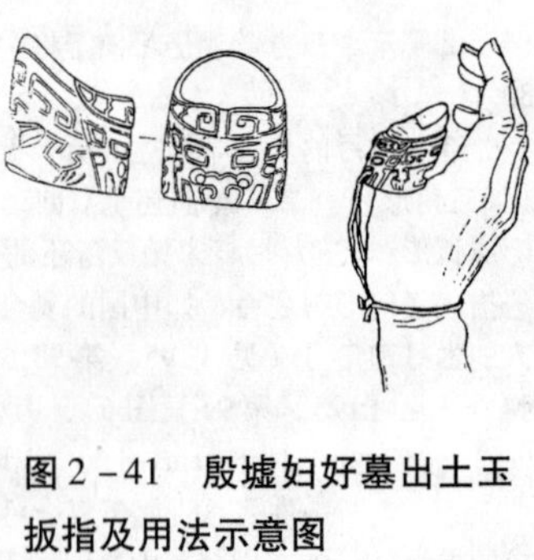

图2-41 殷墟妇好墓出土玉扳指及用法示意图

---

① 参见〔195〕第95页，〔192〕第117~118页或〔193〕第89页。

② 见〔192〕第117页或〔193〕第89页。

③ 见〔197〕图版8图10、图版72图4。

④ 见〔192〕第118页或〔193〕第89~90页。

⑤ 见〔69〕第194~195、228页。

实际上，中国文献中关于射箭使用拇指环的记载也是很早的。古时称拇指环为“韘”或“抉”（又作玦、决）。《诗经·卫风·芄兰》有“童子佩韘”之句，《诗经·小雅·车攻》有“抉拾既次”之句，均是指此。《说文》：“韘，射决也，所以拘弦，以象、骨、韦，系著右巨指。”可见拇指环也以象牙或皮革（韦）制作①。

三、箭矢的制造

在商代和西周时期的墓葬和遗址中发现了一些箭矢遗迹和残箭实物，由此可知，当时制箭杆多用木，也用藤、竹和苇。制作箭矢的方法通常是将箭杆顶端劈开，在箭镞的铤部缠绕细绳，然后纳入杆端的裂隙，再于杆外缠绕细绳缚紧。少数以銎装杆之镞，则直接将箭杆顶端（或缠绳后）纳入镞底部的銎内。安阳殷墟、河北藁城台西商代遗址和江西新干大洋洲商代大墓等处出土的许多铜镞，其铤部有麻类缠绕的痕迹，或有箭杆朽木残存，甚至杆外缠缚的麻绳也有遗存②。洛阳林校西周车马坑出土铜镞的铤部有竹质箭杆的朽痕[322]。甘肃灵台白草坡西周墓中发现了苇类箭杆残迹，残长18厘米，杆径0.7～0.8厘米，铜镞铤部缠绕一些细绳后插入杆端，再在外面用丝绳缠紧，杆的表面髹黑漆[169]。

藁城台西商代遗址中还发现了一件完整的箭矢遗痕，全长85厘米，箭杆的纤维特点很像是藤质③。石璋如曾据殷墟车马坑中的一些迹象复原商代箭长约为87厘米[73]，因论据不够严谨，遭到了一些学者的怀疑和否定④。藁城台西的这支箭，提供了确实的标本。

第二节　甲胄和盾牌

一、皮甲胄

这个时期的皮甲遗物，迄今发现甚少，最值得注意的材料是安阳殷墟侯家庄第1004号大墓的南墓道中发现的皮甲残迹。这些皮甲仅剩下皮革腐烂后留在泥土上的纹理，有黑、红、白、黄四色的图案花纹，发现的两处残迹，最大径都在40厘米左右⑤。皮甲材料的稀见，乃是因为材质易于朽烂，实际上这个时期的中国军队，主要是穿用皮甲，也使用铜、皮复合式甲；胄或以青铜铸制，或采用铜、皮复合式⑥，也不排除使用了纯皮质的胄。

由陕西长安普渡村西周墓中发现的用42块长方形铜甲片编联成的铜甲，可以推知当时或已出现用类似的皮甲片编联而成的皮甲，很有可能普渡村铜甲实是模仿了皮甲。

---

① 晚世多俗称射箭用的拇指环为扳指、搬指。清代八旗崇尚弓马骑射，盛用搬指，后来承平日久，武功荒废，却仍喜爱以玉搬指为饰物，于是女人用镯戒，男士著搬指，成为旗人的一个特色，尤以翡翠扳指为贵。

② 见〔74〕第66页，〔35〕第59页，〔58〕第82～83页及第132页图79:3，〔63〕第105～107页。

③ 见〔58〕第82～83页。

④ 见〔198〕第172～173页，〔96〕第359～361页。

⑤ 见〔68〕第31页，图16，图版24。

⑥ 关于铜、皮复合式甲胄，在本编第二章第一节（九）论述青铜甲胄时已一并论及。

原始的皮甲，最初可能只是用整张皮革制成，继而演变为用若干大块皮革缝缀而成。随着制作技术进步，人们逐渐按照身体部位的不同形状，将皮革裁制成许多甲片，再连缀成甲：初时在前胸和后背，仍用较大的整片皮革，而在肩臂、腰腹等处，用较小的甲片，采取活动编缀，可以随躯体动转、伸缩；进而又将胸、背部分的皮革也分割为若干甲片。前者的典型标本，见于民族学材料，如近代四川凉山彝族所用的皮甲①；后者的代表性遗物，是湖北随县曾侯乙墓出土的战国早期皮札甲②。夏、商、西周时期的皮甲，正处于甲片化或札甲化的过程之中。

图 2－42　安阳殷墟发现的皮甲残迹

二、漆盾

夏、商、西周时期的盾牌，普遍以木料和皮革制成盾体，表面髹漆，或还加装有青铜盾饰，盾形多为长梯形或长方形，也有椭圆形之盾。

安阳小屯殷墟 M167 号墓中曾发现一件盾的遗迹，高 80 厘米、上边宽 65 厘米、底边宽 70 厘米，系用木料制成框架，再蒙上皮革或编织物，盾面髹漆，并绘有虎纹〔73〕。在安阳侯家庄的殷代王陵（M1003）中，曾见许多这种长梯形之盾叠放在一起，盾面皆涂有颜色，绘出花纹〔200〕。近年还在山东滕州前掌大商墓中发现了表面髹饰红色和黑色漆的椭圆形盾牌〔134〕。

西周时期的盾，在陕西宝鸡竹园沟弜国墓地发现 12 件，皆呈长梯形，以木板制成，残留的木痕上见有极细的砂粒涂抹（似为泥子，便于上漆），其上有黑褐色漆皮，盾体的上半部装有铜饰③。北京房山琉璃河 1193 号西周大墓中发现的多件盾，有的作长方形，有的上部有山形脊，盾面髹朱、黑或褐色漆，并加装铜盾饰〔135〕。陕西长安张家坡 183 号西周墓中发现的 3 件盾，木胎髹朱漆，铜盾饰以铜钉固定于木胎上〔201〕。

三、髹漆在兵器制造中的运用

所谓髹漆，简单讲就是在器物的表面涂漆，以形成一个或薄或厚的保护层。制造非金属兵器广泛运用髹漆工艺，是中国古代兵器制造技术的传统。

生漆是从漆树割取的天然液汁，主要由漆酚、漆酶、树胶质和水分构成，用它做涂料，有耐潮、耐高温、耐腐蚀等特殊功能，又可以配制出不同颜色，进行彩绘，光泽润亮，具有优良的装饰效果。中国先民在新石器时代就已经认识了漆并加以利用。1978 年在浙江余姚河姆渡遗址第 3 文化层中发现的一件朱漆木碗，是现知最早的漆器，距今约有六七千年④。在中国新石器时代晚期，漆器可能在贵

① 见〔199〕第 41～46 页，〔113〕第 2～3 页及图版 2∶3、4。
② 见本书第三编第四章第五节。
③ 见〔83〕上册第 194～196 页。
④ 见〔202〕第 229 页。该碗内外有薄层朱红色涂料，微有光泽，用微量容积进行热裂收集试验，确认为生漆。参见〔49〕第 147 页。

族生活中已有较多使用。以玉器著称的良渚文化，往往于较大的墓葬中也出有彩绘木器，能辨器形的有盘、觯、杯等，一般为黑色底，画朱红色花纹，有的还镶嵌玉粒。山西襄汾陶寺龙山文化晚期大墓，出土了为数颇多的朱绘或彩绘木器，品种有案、俎、盘、豆、斗、勺、觚、杯、鼍鼓等，器表一般涂以赭红或淡红色，少数精品在红色底上用白、绿、黄、蓝等色绘出由边框、条带、几何形纹、云气纹构成的美丽图案。这些木器上的彩皮剥落时或呈卷状，其物理形态与漆皮相似①。夏商时期，漆器在贵族生活中的使用更为广泛。二里头遗址中，出土有漆棺、漆钵、漆觚、漆鼓、漆盒、漆豆等的残漆皮②。商代中期的河北藁城台西遗址和湖北黄陂盘龙城遗址，也都有漆器发现。藁城台西出土的漆器残片，大小不一，或属盘，或属盒，木胎，朱地黑纹，饰饕餮纹、夔纹、雷纹、蕉叶纹等图案，一些花纹上镶嵌经过磨制的圆形和三角形绿松石，或贴金箔③。其漆工艺已具相当高的水平。在安阳殷墟，曾发现华美的雕花髹漆木椁[203]。安阳侯家庄的商代王陵中，还出土了成组的彩绘雕花木器，所施之彩很可能也是漆④。

中国古代发达甚早的漆工艺，使人们自然而然地采用漆作为不耐潮湿和腐蚀的非金属兵器的保护涂料。1997 年在湖北荆州阴湘城遗址第 4 次发掘中，出土一件木质钺柄，表面涂饰褐、黑、红漆，另有一物可能是竹质箭杆，髹红漆，它们的年代约为距今 5000 年[204]。这是现知最早的漆饰兵器。商周时期，在生活用具领域发展起来的髹漆工艺被广泛地运用于兵器制造，不仅皮、木质的甲胄和盾牌普遍髹漆，弓箭和兵器的木柄，也常髹漆。如周天子用以赏赐诸侯的“彤弓”和“旅（玈）弓”⑤，前者是涂饰朱漆的弓，后者是涂饰黑漆的弓。北京房山琉璃河1193号西周大墓中曾发现 10 件长矛，矛柄遗痕完整，皆涂黑漆[135]。

---

① 见〔23〕第 308～309 页，〔202〕第 541～542 页。

② 见〔38〕〔40〕。

③ 见〔58〕第 145、174～175 页。

④ 见〔71〕，参见〔67〕第 404～410 页。

⑤ 见《宜侯夨毁》铭文（〔205〕第 165、167 页），《诗·小雅·彤弓》，《书·文侯之命》；参见《左传·僖公二十八年》及晋杜预注。

第五章
战车及其技术

第一节　马车的起源

一、西亚地区的早期畜力车

畜力车是先民在轮转机械和动物驯化两个方面发展成果相结合的产物。从新石器时代的陶轮、纺轮等最初的轮转工具到车的出现，从先民最初驯养动物到用牛、驴和马挽车，经历了数千年的演进。从世界范围来看，最先出现车子的地区是欧亚大陆的中部。在西亚的美索不达米亚，在公元前第4千年的刻石上就有车的象形图纹；在高加索地区，曾发现^{14}C测年为公元前第5千年的牛车模型。

图2－43　“乌尔旗标”上的战车形象

至公元前第3千年，畜力车在两河流域日益流行，其构造均为独辕，或四轮，或双轮，用牛或驴牵引。至迟在苏美尔王朝时期（约始于公元前2900年），人们已将畜力车用于作战：伊拉克泰勒阿格拉布（Tell Agrab）遗址曾发现一辆青铜质的四驴曳引独辕双轮战车模型，年代约为公元前2800年；乌尔（Uruk）遗址出土的被称为“乌尔旗标（Standard of Uruk）”的木板镶嵌画上，描绘有多辆独辕四轮驴车，其方形车舆上载着驭手和持矛的战士，年代约为公元前2700～前2600年。在公元前第3千年的后半叶，苏美尔人可能已用马挽车。进入公元前第2千年，马拉的独辕双轮战车在古巴比伦和亚述得到了突出的发展，其影响波及埃及、米诺斯、迈锡尼、中亚和其他一些地区①。

二、中国马车的起源

关于车子的发明，中国古代传说很多。《汉书·地理志》说“黄帝作舟车以济不通”；《释名》说“黄帝造车，故号轩辕氏”②。《孙膑兵法·势备》说“禹作舟

① 参见〔206〕〔207〕。
② 《太平御览》卷七七二引，参见王先谦《释名疏证补》卷七释车。

车”。《世本·作篇》、《墨子·非儒》、《荀子·解蔽》、《吕氏春秋·君守》以及《说文》则说“奚仲作车”①。据《左传·定公元年》薛宰之言，奚仲是薛国的先祖，为夏朝的“车正”（掌车之官）。《吕氏春秋》高诱注又说奚仲是黄帝的后裔。此外，《世本·作篇》说，商的第三世祖相土“作乘马”，第十世祖王亥“作服牛”，后人也把乘马服牛理解为车驾②。

文献中也有夏代用车作战的材料。收录于《尚书》的《甘誓》据传是夏朝的第二位君主启讨伐有扈氏时的出兵誓词，中有“左不攻于左，汝不恭命；右不攻于右，汝不恭命；御非其马之正，汝不恭命”的话，“御”应是指战车驭手。《吕氏春秋·简选》说，夏末，商汤讨伐桀，战于郕（即鸣条之战），使用了70辆战车，《墨子·明鬼下》则说只有9辆。

这些分歧的传述一直使人半信半疑。

1996年中国社会科学院考古研究所在发掘河南偃师尸乡沟商代早期城址时，于一段城墙的根部发现了两道顺城而行的车辙印，轨距约120厘米，初步判定为双轮车印③。这是现知中国车子的最早实例。但其牵引动力不明④，而且轨距很小，舆宽必不足100厘米，因此肯定不是后来在中原战场上扮演了重要角色的那种可以并立3名甲士的大型马车。这种马车的最早实例，现仍只见于安阳殷墟的商代晚期遗址和墓葬，年代为公元前第2千年末叶。

安阳殷墟发现的马车，都是独辕双轮车。其形象在同时的甲骨文中也有表现。直至汉初，独辕双轮马车是中国畜力车的最主要类型，是战车的唯一形式，其双轮、独辕、单衡的基本结构和以轭套马的系驾方式，与古代西亚马车相当一致。这引发了学术界关于中国马车渊源的热烈讨论：它是在外界影响下发展起来的，还是独立起源的？大多数人持前一种观点⑤。

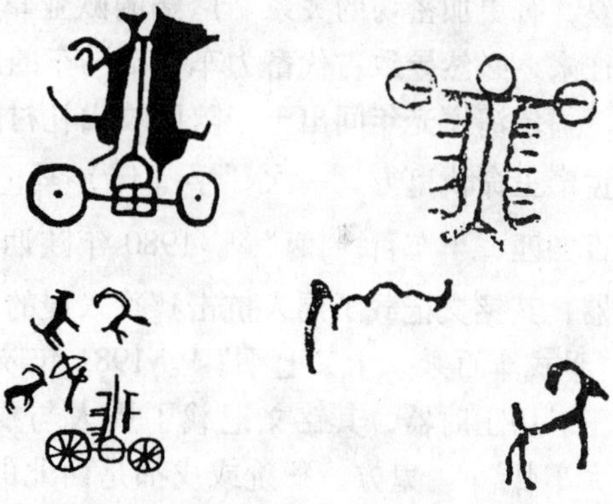

图2-44　北方岩画上的独辕双轮车图形
左，内蒙古岩画（见〔226〕）；
右，贺兰山岩画（见〔328〕第338页）。

先秦时期唯一详细记载了古车制的文献《考工记》说：

胡无弓车。……胡之无弓车

① 《说文》：“车，舆轮之总名也，夏后时奚仲所造。”这是对战国秦汉时期流行说法的概括。

② 参见《荀子·解蔽》唐杨倞注。

③ 见〔208〕，参见〔209〕〔210〕。

④ 发掘者称：两道车辙之间与车辙附近的路土面明显凹凸不平，布满不规则小坑，“这可能是驾车动物踩踏所致，我们曾试着剔剥清理一部分小坑，试图弄清留下蹄印的动物的属性，未果”（见〔208〕）。

⑤ 有关讨论见〔211〕〔212〕第308~314页〔213〕〔214〕〔215〕〔216〕〔207〕〔217〕〔218〕。一些人专门从系驾和驭车方式角度进行了讨论（见〔213〕或〔159〕第51~61页，〔219〕，〔158〕第251~261、302~310页）；一些人还将马车的起源与家马的起源问题相结合讨论（见〔220〕〔221〕〔222〕〔223〕〔224〕〔225〕），证据也不利于独立起源说。

也，非无弓车也，夫人而能为弓车也。①

作者将弓与车并视为北方游牧民族中最普及的事物。在中国北方，从阿尔泰山而东，至阴山、贺兰山，散布着从事畜牧狩猎或游牧的古代部族遗留于岩间崖头的许多岩画，其上常有车的图形。实际上，这种岩画广泛分布于横贯欧亚大陆的广阔草原地带，不独见于中国北方，也见于高加索、南西伯利亚、中亚和蒙古，车子的岩刻图像，同样普遍出现在这些地区。岩画上的车子，许多为独辕双轮车，其结构基本相同，唯舆、轮的表现手法较为多样：舆或呈半圆形，或呈圆形，或呈方形；轮辐 4～8 条不等，有的未刻画辐条。大部分驾双马，少数驾四马。这类带有独辕双轮车形象的岩画的年代，大体相当于商周至西汉前期②。它表明，在中原地区流行独辕双轮马车的同时，这种车也流行于欧亚草原地带。

1956 年，苏联考古学家曾在亚美尼亚塞凡湖畔的鲁查森遗址发掘出土了几辆车子，其中 11 号墓的一辆双轮车，轮径约 100 厘米，辐条 28 根，轴长 225 厘米，轨距 165 厘米，车舆宽 110 厘米，进深 50 厘米，高 50 厘米，经复原，其结构与商代晚期的马车惊人的相似，细部如车辐与轮牙和车毂的接合方式如出一辙。另在 9 号墓中也有一辆相似的双轮车。这几座墓的年代，或定为公元前 13～前 12 世纪，或认为在公元前 1500 年左右〔207〕。

从某种意义上说，畜力车对于逐水草而居的游牧民族较之于农耕民族更为重要，有更加密切的关系。广阔的欧亚草原地带诸多游牧或半游牧部族频繁的迁徙往来，必然导致古代畜力车包括马车的广泛散播。

传清道光年间出土于陕西岐山礼村的西周康王时铜器小盂鼎的长篇铭文记载，盂奉王命伐鬼方，一次“孚（俘）马□□匹，孚车十两（辆）”，又一次“孚马百四匹，孚车百□两”③。1980 年陕西长安下泉村出土的多友鼎，为西周厉王时器，其铭文记载了周人抗击猃狁入侵的一次经过，说多友奉武公之命率公车出战，“孚戎车百乘一十又七乘”④。1981 年陕西扶风下务子村出土的师同鼎，为西周夷王、历王时器，其铭文记载了周人与戎人之间的一场战事，提到“孚车马五乘、大车廿”⑤。鬼方、猃狁或戎都是西北的部族方国，在商代就频频袭扰中土。王国维认为猃狁、戎都是鬼方的别名⑥；陈梦家认为鬼方和猃狁为不同姓的方国，戎即猃狁⑦。不管怎样，这些稍晚的材料提供了一些间接的信息，商人或者夏人，最初可能就是通过战争俘获的方式，从其西北部或北部的游牧或半游牧部族手中获得

---

① 见《考工记·叙》。

② 见〔226〕〔216〕。

③ 见〔227〕。

④ 见〔60〕第 126～133 页。铭文中的“戎”是猃狁的又一名称。王国维曰：猃狁，“入春秋后则始谓之戎”（《观堂集林》卷十三《鬼方昆夷猃狁考》）。据铜器铭文所见，猃狁在西周时已被称为“戎”（参见〔76〕第 283 页）。

⑤ 见〔60〕第 115～121 页及〔228〕。

⑥ 见《观堂集林》卷十三《鬼方昆夷猃狁考》。

⑦ 见〔76〕第 274～275、283 页。

了畜力车，包括最为重要的马车①。

第二节 乘车作战的兴起

畜力车最初必然是用于运输，所谓“引重致远”、“以济不通”；其次可能是用于狩猎；而后才用于作战，这是指以车子为作战平台，在运动的车辆上用弓箭射击或用格斗兵器攻击敌人，简而言之，即乘车作战。在人类战争史上，徒步格斗是最古老的作战方式，也具有最悠久的历史，在漫长的岁月里，它一直是陆上战斗的唯一形式。乘车作战的出现，改变了这种状况。

在商代晚期，马车显然已经被用于作战。安阳殷墟历年来发现的多辆马车遗迹，有的随葬有武器，可确知是战车②。特别是1936年发现的小屯M20车马坑，不仅埋有一辆马车，而且埋入了3名战士和3套兵器③。在甲骨卜辞中，也发现了一些可能与车战有关的内容。据胡厚宣所见，有一条卜辞在验辞里记载着用车打了胜仗④。另外，卜辞中常有“致射”、“登射”之语，一些人更将它解释为征集战车，“‘射’就是以战车一辆之射士为单位的编制”，每辆战车一名射手，卜辞所见最多为“三百射”，即300辆战车⑤。罗振玉《殷墟书契前编》（3，31，2）收录的一条卜辞还有“贞戎马，左右中人三百”的话，或认为“戎马”即驾战车之马，“左右中人”之左人即车左持弓者，右人即车右持矛者，中人即御者，三百人正是一百辆车的兵员⑥。还有人甚至认为，甲骨文里就是用“马”指称车，凡与战争或田猎有关的卜辞中出现的“马”，大多是指战车，其意相当于后世的“乘”⑦。这些意见有一定的道理，但不无武断之处，如“登射”之射，为什么就不能仅指弓箭手而已呢?

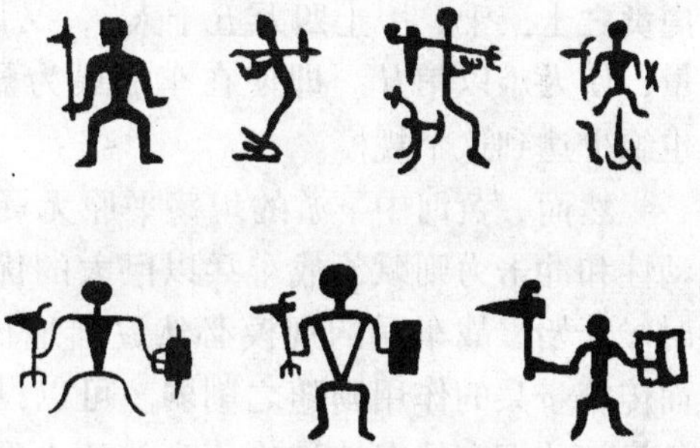

图2－45 商代铜器铭文中的执兵刃图形

关于中国军事史或战争史的论著，往往把商周时代甚至夏商周三代称为“车战时代”。种种武断的推论，就都基于这种先入为主的设定。所谓“车战时代”，

① 卜辞所见商代西北方国中有“御方”，陈梦家认为系狎狁之一支（见〔76〕第283页）。而“御”在商周时期乃专指驭车，所以王国维说：“其人善御，故称御方。”

② 据截止1986年的统计，自殷墟发掘以来，共发现车马坑18座，出土商代晚期车子20辆，有7座坑内随葬有武器，多放在车舆内及其附近（见〔67〕第138～147页）。实际上，出武器的车马坑应为6座，孝民屯南地2号车马坑仅出铜弓形器（即驭手的挂缰器），不是兵器。

③ 见〔132〕〔73〕〔229〕及〔67〕第139页。

④ 见〔230〕附图7之说明。这条卜辞后被张秉权收入《殷墟文字丙编》，编号为1。参见〔67〕第176页。

⑤ 见〔231〕第465页及〔78〕。

⑥ 见〔232〕〔78〕。

⑦ 见〔233〕。商代田猎确实用车，而且具有习战的性质，见〔76〕第558页及〔234〕。

至少应当具备这样的条件，即战车兵成为军队的主力，且在大部分战斗中起决定性的作用。从今天所拥有的材料来看，商代晚期恐怕尚未达到这个水平。

在大量关于战事的甲骨卜辞中，还经常能够见到“步伐”一语，如“步伐𢀛方”、“步伐夷”，等等。诚如胡厚宣所言：“步伐者，不驾车，不骑马，以步卒征伐之也。”① 另据殷墟发掘可知，青铜戈和矛是商代晚期最重要的兵器，在一些墓中还遗存有戈柲和矛柄的朽迹，前者的长度均为1米左右，后者约为1.4米，这无疑最适用于徒步战斗②。在商代晚期的铜器铭文中，也屡见一些手执兵刃和盾牌的武士图形，所持兵器皆短于身高，应是反映了当时步兵的形象③。这些材料表明，直至商代晚期，步战仍为主要的作战方式。

有关商代最后一役——牧野之战的史料也值得注意。《尚书》中收录的《牧誓》是周武王的战前誓词，历来被视为信史，其中训示兵士前进时“不衍于六步七步，乃止，齐焉”，刺杀时“不衍于四伐五伐六伐七伐，乃止，齐焉”，这显然是指步兵以整齐的阵形缓慢推进。《史记·周本纪》载此战周人有“戎车三百乘，虎贲之士三千，甲士四万五千人”，又说“诸侯兵会者，车四千乘”，所述战车数量，使人难以信从。即使在车战最为鼎盛的春秋时期，一战所萃集的兵车数量，也绝少达到这个规模。

然而，黄河中下游的坦荡平原无疑为战车驰骋提供了绝好的疆场，马车的机动性和冲击力则赋予战车兵以巨大的优势，因此，从商人或夏人最初驾车作战的时候开始，战车兵的规模必然逐渐地扩大，并在战斗中发挥越来越重要的作用，而传统步兵的作用则随之削弱。可以设想，在最初的时候，大概只有君王和高级的贵族才拥有战车这种价值高昂的大型、复杂装备，且数量很有限，作战时只有将帅和极少数亲兵卫士能够乘用。之后，战车的数量逐渐增加，以至于出现乘车作战的近卫集团，成为军队的核心，且往往在战斗中承担冲坚决锐的任务。殷周之际，可能仍处于这样的阶段。进入西周时期后，战车进一步得到推广，战车兵因而逐渐成为整个军队构成中的支配性因素，步兵则沦为战车的附庸，乘车作战遂成为主流。西周中后期的铜器铭文和诗歌，传达出了有关的信息。

前文已经提到历王时的铜器多友鼎，其铭文记载，多友率战车部队抵御玁狁入侵，进行了多次战斗，斩获甚丰。

又，年代与多友鼎接近的不其簋（毁）的铭文记载：伯氏命令不其，“汝以我车宕伐玁狁于高陵……弗以我车函（陷）于艰”。

又，历王时的铜器禹鼎的铭文记载：武公派遣禹率“戎车百乘，斯（厮）驭二百，徒千”，与西六师、殷八师一起，去讨伐鄂侯。在禹所率领的这支部队中，战车兵显然是主力，厮驭二百为后勤杂役，步兵千人应是附属于战车，起辅助协同的作用④。这篇铭文接着又将如此构成的这支部队统称为“徒驭（御）”，这个词还常见于涉及戎事的其他西周铜器铭文，如历王时的师寰簋，穆王时的班簋。

---

① 见〔235〕，参见〔78〕。

② 见〔109〕〔236〕。

③ 见〔73〕第61~62页，参见〔236〕。

④ 见〔237〕第37~83页。

图 2－46 装饰车徒狩猎纹的东周铜鉴
美国华盛顿弗利尔美术馆藏

《诗经》中也频频出现“徒御”一词，如《大雅·崧高》“徒御啴啴”，《小雅·黍苗》“我徒我御，我师我旅”，二者都是宣王时代的作品。此外，如描写周王田猎的《小雅·车攻》，先写备车：“我车既攻，我马既同。四牡庞庞，驾言徂东”；次写选徒：“之子于苗，选徒嚣嚣。建旐设旄，搏兽于敖”；然后写行猎：“萧萧马鸣，悠悠旆旌。徒御不驚（警），大庖不盈。”周代素以田狩习战阵①，此诗当可以佐证，所谓“徒御”，就是由战车及其附属步兵所组成的军队②。至于构词的先徒后御，那不过是考虑声气谐和而已。

还值得注意的是，《诗经》中描写战事的西周晚期诗篇，几乎无不言及备车备马，而且诗人对集中体现了他们那个时代军队战斗力的战车的描述，总是洋溢着赞美。

《诗·小雅·六月》：

织文鸟章，
白旆央央。
元戎十乘，
以先启行。
戎车既安，
如轾如轩。
四牡既佶，
既佶且闲。
薄伐猃狁，
至于大原……

《诗·小雅·采芑》：

方叔涖止，
其车三千，
旂旐央央。
…………
戎车啴啴，
啴啴焞焞，
如霆如雷。
显允方叔，
征伐猃狁，
蛮荆来威。

这些至今仍富于感染力的诗句，标志着中原地区已经进入了一个以乘车作战为主的时代。

第三节　商周战车（马车）技术

一、车的构造和改进

殷周车的材料，首先见于商代晚期的甲骨文和西周金文，其中一些表现车的象形文字，基本上是车子结构的抽象描摹，即：两轮、独辕、单衡，轮间或画出车舆，许多字还表现出了套马的双轭③。

① 见〔168〕第159～163页。以田狩习战阵在商代已然，甲骨文中见有乘车田猎的记载，见〔76〕第558页及〔234〕。

② 描写春秋初期鲁僖公征淮夷的《诗·鲁颂·泮水》有“戎车孔博，徒御无斁（败）”之句，也是一证。

③ 见〔132〕第16页，〔196〕第337页，〔237〕第258～259页。

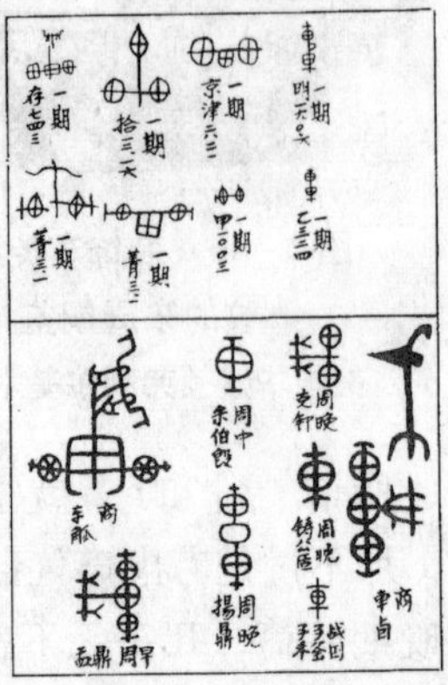

图 2 – 47 甲骨文、金文中的“车”字（采自〔196〕）

图 2 – 48 安阳殷墟发现的车马坑

安阳殷墟发掘之初，曾发现了一些车马器，可能是殉葬车马的残迹。1935 年，在殷墟王陵区首次发现一座车马坑（编号 1136 ~ 1137）。1936 年，在小屯东北地宫殿区首次发现了埋有武器的战车遗迹，这就是 M20、M40、M45 三座车马坑。1950 年，在河南辉县琉璃阁战国墓地的发掘中首次剥剔出已化为泥土的马车的木构遗存〔238〕。其清理技术迅速得到推广，1953 年，在安阳大司空村发现的一座车马坑中首次成功地清理出商代车子的残迹〔74〕。之后，在安阳殷墟又发现多处车马坑，大多成功地进行了清理。据截止于 1986 年的统计，自殷墟发掘以来，共发现车马坑 18 座，出土车子 20 辆①。此外，1995 年、1998 ~ 1999 年在山东滕州前掌大商代晚期墓地中发现了 5 座车马坑，出土车子 5 辆②。

自 20 世纪 50 年代以来，西周时期的车马遗迹也多有发现，而且分布地域相当广泛，不独见于丰镐王畿，也见于各诸侯国故地，较为重要者有河南浚县辛村卫国墓地车马坑〔81〕、陕西长安张家坡西周车马坑〔80〕、宝鸡茹家庄强国墓地车马坑〔83〕、北京琉璃河燕国墓地车马坑〔84〕、山东胶县西庵西周车马坑〔121〕、甘肃灵台白草坡西周车马坑〔169〕、洛阳林校西周车马坑〔322〕、河南三门峡市上村岭虢国墓地车马坑〔94〕等等，大多成功地进行了清理。

上述商周车的遗迹，大多伴存有挽畜的遗骇，迄今所见都是马。一些车随葬有武器，如殷墟发现的车马坑中，有 6 座埋有弓、矢、戈、刀等兵器；滕州前掌大 4 号车马坑埋有戈和箭矢〔325〕；胶县西庵车马坑埋有戈、戟、箭矢和青铜铠甲；北京琉璃河 IM52CH2 车马坑埋有戈和铜盾饰③；洛阳林校车马坑埋有钺、戈、矛、刀、短剑、箭矢和铜甲，可知有相当一部分为战车。但从现有材料，还看不出当时的战车在结构上和一般乘行马车有什么明显的区别。

① 见〔67〕第 138 ~ 147 页。
② 见〔134〕〔319〕〔325〕。
③ 见〔84〕第 27 页。

许多学者对商周马车进行了复原，1950 年以来古车遗迹的成功剥剔，为复原工作提供了科学的基础，特别是随着资料的积累，认识逐渐深化，复原日益合理。1984 年杨宝成对殷墟车子的发现和复原工作进行了总结〔229〕；1986 年张长寿、张孝光对商周车的构造作了综合分析，提出了新的复原方案〔240〕。在这些工作的基础上，今天已经能够比较清楚地了解商代晚期和西周时期马车（包括战车）的基本构造①。

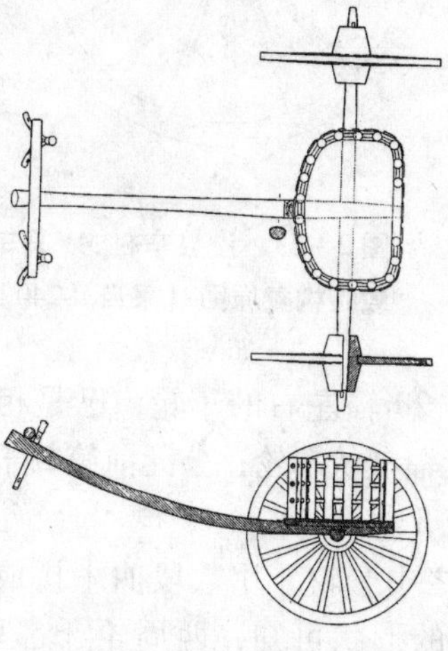

图 2－49　安阳殷墟小屯 M40 发现商代晚期马车结构复原图（采自〔240〕）

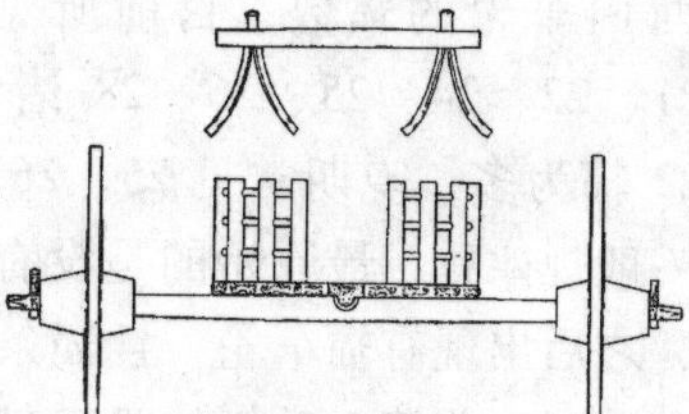

图 2－50　安阳殷墟小屯 M40 马车的车衡正视图和车体后视图（采自〔240〕）

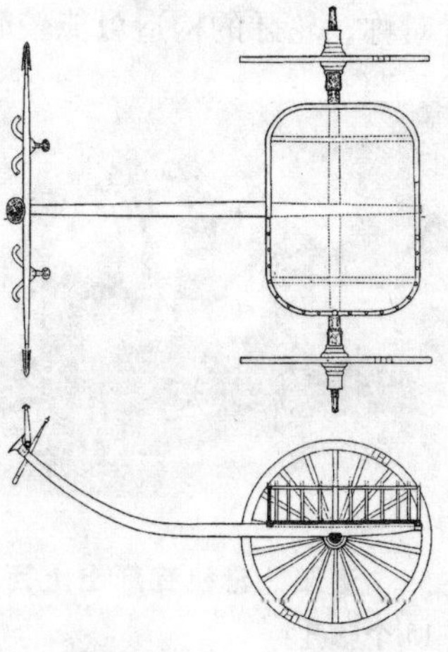

图 2－51　浚县辛村 M1 发现西周早期马车结构复原图（采自〔240〕）

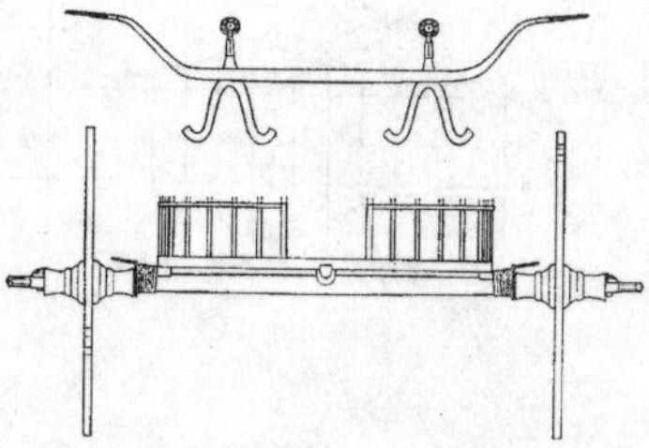

图 2－52　浚县辛村 M1 马车的车衡正视图和车体后视图（采自〔240〕）

1. 轮、毂

① 孙机对商周马车各部位及其构件的名称作了详细考订（见〔241〕），可资参考。有关古车的名物考订，还可见〔211〕〔242〕第 297～349 页〔159〕〔243〕第 90～115 页〔244〕〔245〕。

考古所见这个时期的马车都是独辕双轮车，车轮直径一般在 125～145 厘米之间，全为有辐车轮。滕州前掌大 4 号车马坑所出马车的轮径达 160 厘米〔325〕，是罕见之例。商代晚期车轮的辐条数普遍为 18 根，个别达到 26 根，有人觉得后者似不可靠〔240〕，但亚美尼亚塞凡湖畔鲁查森遗址 11 号墓所出之同时代的双轮车，辐条数为 28 根，因此似无怀疑的必要。西周车轮的辐数，目前所见有 15、18、20、21、22、24、25、26、28 诸种，早期以 18～22 辐为多，晚期常见 25、26 辐。从古车发展一般规律看，最原始的是没有辐条的盘状车轮，之后出现有辐车轮，且辐条数逐渐增加，20 辐左右的车轮，已是相当高级的形态。公元前第 3 千年的西亚车子，普遍用无辐盘状车轮；公元前第 2 千年期间的巴比伦、亚述和埃及古车，轮辐常见为 4 根或 8 根。

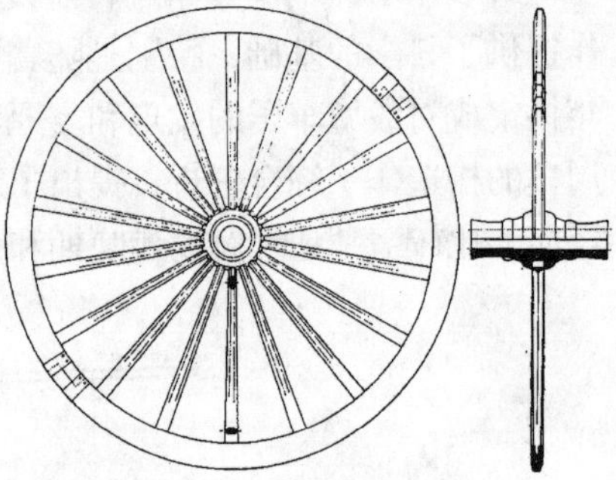

图 2－53　浚县辛村 M1 马车的轮毂结构复原图（采自〔240〕）

辐条两端分别插于轮缘（牙、辋）和车毂之中。轮牙用数段曲木拼成，西周时常在轮牙的接缝处钉装铜件，由这些铜牙饰的形状可知，西周轮牙都呈梯形：承辐一面略宽，有较高强度；着地一面稍窄，以减少摩擦力。辛村卫国墓地所出铜牙饰每轮 4 件，位置对称而两两相邻，表明轮牙为双层结构，每层皆由两个半圆形木圈拼成，里外层的接缝错开，造成每一轮牙有 4 处接缝，用 4 个牙饰予以紧固。上村岭虢国墓地所出铜牙饰每轮 2 件，位置对称，轮牙的构造可能较简单。

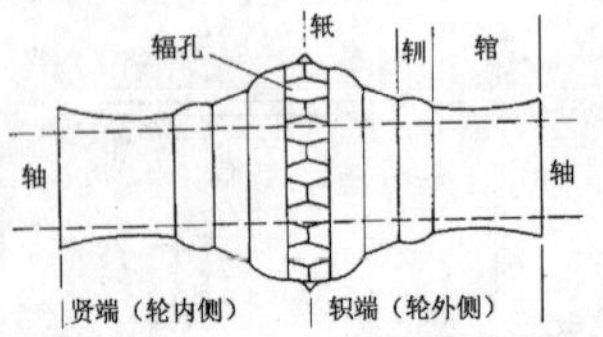

图 2－54　辛村 M1 马车的车毂结构示意图

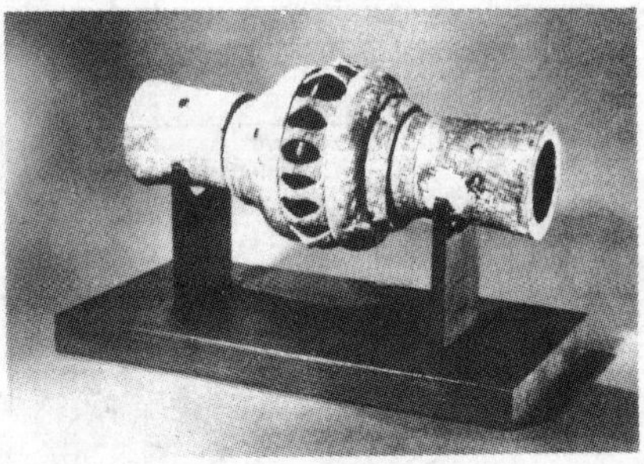

图 2－55　洛阳北窑机瓦厂出土西周铜毂饰（上有 15 个辐孔）

车毂是轮轴穿合部，又是车轮载辐之处，承力大，是车子最要害的部位之一，也是战斗中最易受碰撞损坏之处。迄今所见商代晚期的车毂都是木质的，呈枣核形。可能已有一些车毂的两端安装了简单的管状铜件〔240〕。西周时期普遍在车毂上装设青铜加固件，而且出现了非常完整的成套铜毂饰，它由辖、轫、軝诸部分构成。辖和轫状如圆管（或合铸成一件长毂饰），套于毂的两端，軝包于毂中央的载辐之处，互相接合，遂将整个车毂都纳入铜件的保护之中，起到了有效的加强作用。这种铜毂饰在浚县辛村、宝鸡茹家庄和洛阳北窑①等地的西周车马坑中均有发现。

2. 轴

这个时期马车的车轴一般长300厘米左右，轨距普遍为220厘米左右。西周晚期，轴长和轨宽有减小的趋势。如上村岭虢国墓地发现的西周晚期至春秋初期的马车，轴长多小于250厘米，轨宽多小于185厘米（普遍为164～184厘米）。车轴是一根完整的圆木，位于车舆底下的中央部分较粗，直径约为8～10厘米，出舆后两端渐细，穿过轮毂，末端套以铜軎，用辖（即平头销钉）与车轴相连，从而锁扣住车轮。商代軎长约为14～19厘米，都用木辖；西周时期出现长10厘米左右的短型軎，多用铜辖。

3. 辕

独辕车的车辕是车的纵向中心。这个时期车辕的长度一般在260～300厘米之间，少数达到320厘米，辕木直径8～10厘米左右，为一根完整的杆件。辕、轴垂直相交于舆底，辕上轴下，各凿有凹槽，互相嵌合，再用绳索绑缚牢固。车辕伸出舆前的一段逐渐上曲，辕前端高115～130厘米左右。

4. 衡、轭

辕的前端横置车衡，衡的两侧对称的各装有一个轭。车衡或为一根直木，或两端上翘，西周时常在衡两端安装矛形铜饰。轭是套马之具，呈“人”字形，轭脚向外翻卷，状如弯钩。轭一般高50～60厘米，脚距40厘米左右。辕与衡，衡与轭，分别垂直相交，当皆以绳索绑缚紧固。

殷墟发现的一些车的遗迹，衡木的位置大大高于辕木，如殷墟西区M7车马坑，衡高于辕40厘米[247]，M1 613车马坑，衡高于辕20厘米[248]，一些人因而认为，商代马车的衡和辕是不直接相交的，“推测当日衡和辕可能用皮带或绳索相连，绳带的长度视马的高度而定，以达到保持车辕及车舆平衡的目的”[229]。然而我们知道，马匹的奔跑总是有起有落，当马跃起时，其肩胛紧抵住轭，车体承受最大的拉力，如果衡和辕之间有一条柔性的连接绳，则此时这条绳会绷紧，与车辕成一线，因而牵拉车辕向上；而当马下落时，拉力衰减，但车体仍凭惯性前冲，此时连接绳会松弛，辕木在整个车体的惯性作用下前冲下坠。辕的如此一仰一俯，势必使车舆难以平稳载物，特别在刹车时，颠簸尤为剧烈。因此，辕、衡不直接相交而以绳带相连的方式是极不合理的，起不到保持车辕和车舆平衡的作用。西亚发现的一些铜制古车模型（年代最早为公元前2800年），其辕、衡都是直接相交的，较晚的古埃及、希腊和波斯战车，也是如此。它们与商代晚期的马车都属于独辕车系统，从整个古代世界独辕车的状况来看，没有理由认为中国商代晚期的马车曾采取了那样不合理的结构。

而且，殷人通常是将马匹杀死后放入墓坑，然后再放进车子（M1613车马坑即如此），如果辕和衡确是以绳相连，衡就会垂压在辕上，而不会高于辕那样多。也就是说，车马坑中的辕、衡位置，当别有原因。

① 1966年洛阳北窑机瓦厂M451出土，见〔246〕图16。

5. 舆（车厢）

车厢装于辕、轴十字形相交之处，这里是全车的重心所在。这个时期马车的车厢大致为横宽竖短的长方形，宽度的变化范围为 94～164 厘米，普遍在 120～150 厘米之间，进深一般为 75～100 厘米，少数达到 110 厘米。车厢的前壁或稍向前弧曲，门都开在后面中央。从遗迹观察，商代车舆的安装方式是，在辕木相当于前、后轸（车厢底部的边木）处挖出等深的槽，使前、后轸均嵌入槽内，左、右轸遂平稳地落在轴上。西周时期开始在车轴相当于左、右轸处设置垫木，即所谓“伏兔”[249]。

据秦始皇陵陪葬坑出土的著名的铜车马①可知，古独辕马车的衡、轭，辕、衡，以及辕、轴、舆的结合都是借助于绳条极其紧密繁复的捆绑，商周时期当也如此。从后世车马行当的经验来看，最佳的绑缚物是皮条或皮绳。皮革具有很好的柔性和较高的强度，适于捆扎；又具有一定的刚性，不易被拉伸；而且遇水后会收缩，使捆绑越变越紧。因此，自古以来皮革一直是车马业中广为运用的材料。

综上所述可见，商周马车的轭、衡、辕、轴、舆是全部固定联结在一起的一个连续的刚体，只有车轮凭借毂而能够绕车轴转动，所以《考工记・轮人》说：“毂也者，以为利转也。”因此，只要套在轭上的马向前运动，由轭、衡、辕、轴、舆所构成的这个刚体就会自然地带动车轮旋转，于是车、马一体前行。

从商代晚期到西周时期，马车车体的改进有三点最值得注意：

其一，商周马车均为木质结构，但西周时期在车体上安装的铜构件的数量显著增加，从而使车体更为坚实牢固。特别是西周时出现了完善的铜毂饰，在军事上尤具有重要的意义。因为古代战车和战车的对抗，战士们除在远距离用弓箭射击外，唯一的方式就是在两车相错时互相攻击、格斗，这时候车毂的碰撞势所难免，所以古人很形象地用“车错毂兮短兵接”来描写车战②，而车毂恰是车体最要害的部位之一，一旦损坏，车子立刻倾覆，这就促使人们不断地加固这个部位，直至用成组的铜件将它完全包裹起来。为了牢固，商代的木车毂都做得粗大笨重，而采用了铜件保护的西周车毂，就变得细瘦轻灵了。

其二，古独辕马车的衡、辕、轴构成了车体的梁架，舆装于辕、轴十字形相交之处，这个部位因直接载物承重，故既要接合紧固，又须坚强耐压。商代车子辕、轴、舆的接合采取挖槽嵌合的方式，能够确保紧固，但损害了辕和轴的强度，于是增粗辕、轴来弥补。西周时在轴、舆之间增设伏兔（垫木），可以减小辕与前后轸相交处以及辕、轴相交处挖槽的深度，从而保证辕、轴杆件的强度。西周车子辕和轴的直径总体上略小于商代晚期的车子，可能就是这一改进所带来的结果。

其三，西周晚期，车子的轴长和轨宽有缩小的趋势，但舆的宽度无明显的变化，似乎反映了车子更趋灵便而承载量依然不减。

二、系驾方式

1978 年在陕西临潼秦始皇陵的一座陪葬坑中发现的铜铸马车模型，为了解古

① 见〔250〕〔251〕〔252〕〔331〕。

② 《楚辞・国殇》。

代独辕马车的系驾方式提供了确凿的证据①。现在我们清楚地知道，自商代晚期以来，中国的独辕马车都是以对称地装于车衡两侧的轭来套束马匹，其方法是将人字形的轭叉于马肩胛之前的颈部，再用一条颈带绕过马脖子，其两端勾挂于人字形轭向外翻卷的脚钩上，这样就将马匹套束在车上，马匹前行，即带动车子前进②。

然而，从更早的西亚的材料来看，独辕车套束挽畜的方式，最初并不用轭，而是用一整条颈带绕过马或驴的脖子，直接系结于车衡的两侧。泰勒阿格拉布遗址出土的驴车模型，是典型的一例。在“乌尔旗标”的战车图形上，也能见到环绕挽畜脖子的整条颈带（见图2－43）。后来虽然出现了轭，但这种系驾方式在西方仍长期存在，并在颈带之外，增设了一条绕过马胁下的腹带，也直接系结于衡上，如古埃及新王国时代和古希腊及罗马共和国时代的马车，常见有这样的系驾方式。李约瑟博士在其著作中采用“颈带和腹带式挽具（Throat and Girth Harness)”的概念来概举这种系驾方式③，一些学者又由此导出了“颈带式系驾法”一词④。需要指出的是，李约瑟博士认为，古代东西方的独辕马车都是采用颈带和腹带式挽具，中国商周时代也不例外。这种观点乃是根源于他对古独辕马车上轭这个重要部件作用的严重误解，如他说：

> 位于居中之辕两侧的轭……虽为牛所适用，对马则很不适宜，颈带与腹带式挽具遂成为替代的缚系物。在商代以及显然其后数世纪间，腹带和颈带的接点系以皮条系结于居中固定于上曲之辕的衡上，如此而传送曳力。但由于某种原因，或为象征之义，或为装饰目的，无用之“轭”（或称“軥”）仍以退化的形式而长期持续存在。⑤

秦陵铜车马已经确定无疑地证明这个认识是错误的。在中国商周独辕马车上，并不存在轭的退化问题，轭也根本不是无用之物。

综观东西方的材料，古代独辕马车的系驾方式显然经历了一个改进过程。最初没有轭，而用缚系于衡上的整条颈带套束马匹，因柔性体具有伸缩性，其即时效应和牵引效率较差，比如马匹启动时，颈带自身首先被拉长，然后才引动车子前进，最严重的是，当马匹奔跑时，颈带的下部受到拉张而压迫马的喉管，会使马呼吸不畅，难以充分发挥力量。增设腹带可以部分缓解这个问题。腹带并非受力之处，但它能使车衡紧贴于马的颈带上，防止因辕、衡的上扬而导致颈带更加压迫马的喉管。后来引入了刚性的轭⑥，因刚体不会伸缩，一旦受力，即带动车子，即时效应和牵引效率随之提高；更重要的是，颈带大为缩短，其作用是将马

① 见〔250〕〔251〕〔252〕。

② 参见〔219〕。

③ 见〔253〕第304～308页。

④ 见〔213〕或〔159〕第51～61页。

⑤ 见〔253〕第306页。

⑥ 许多人认为，轭最初只用于套牛，后经改进才用于套马（参见〔217〕）。不管怎样，马车用轭都是较高级的形态，要比只使用颈带和腹带先进。

匹套束于轭上，并非主要受力之处①，而顶于马肩胛上、承受主要力量的刚性轭不会拉张颈带，以致严重压迫马的喉管，这就使奔马呼吸不畅的问题基本得到了解决。

以轭套马之后，已不存在绕过马脖子直接系结于车衡的整条颈带，但腹带依然存在，在秦陵铜车马上，就有这样的带子，它绕过服马胁下，两端分别系结于轭两侧的衡上②，其作用仍是使衡紧贴于马的颈背，从而把衡、轭和马连成一体，防止因衡、轭上扬而造成轭钩间的颈带压迫马的喉管。中国古代将这条腹带称为“韅”③。

综上所论可知，“颈带和腹带式挽具”的概念，难以涵括以轭套马的方式，后者按其主要受力的挽具，应当命名为“轭式系驾法”，中国商周时代的马车，就是普遍采用这种系驾方式。这种系驾方式并非中国独有，但在中国商周时代使用得最为普及，这说明古代独辕马车系驾方式的改进，在中国得到了最彻底的实现。

据殷墟发现的材料，商代晚期的马车大多驾双马，只有少数驾四马，即在系束于轭上的两匹服马的外侧，又各增一匹骖马。《诗·郑风·大叔于田》“两服上襄，两骖雁行”，郑玄笺曰：“两服，中间夹辕者，在旁曰骖。”到西周时期，一车而驾四马日趋普遍，特别是战车。《诗经》中的西周篇什凡写到战车，挽马均为四匹，如：《小雅·采薇》“戎车既驾，四牡业业”；《小雅·六月》“戎车既饬，四牡骙骙”；《小雅·车攻》“田车既好，四牡孔阜”，“驾彼四牡，四牡奕奕”……时人对于一辆车的四匹驾马，又合称之为“驷”，如《诗·大雅·大明》“檀车煌煌，驷騵彭彭”。驾马数的增加，大大增强了牵引力，因而提高了战车的速度，增强了战车的机动性和冲击力。但当时一般的乘车，仍常驾双马。考古发现的西周车马坑，既有诸多一车四马者，也有不少一车二马之例，就反映了这种状况。

驷马之车的两匹骖马，以皮质的靷绳系束于车上。《释名·释车》：“靷，所以引车也。”《说文》：“靷，所以引轴也。”在秦陵铜车马上，骖马靷绳为单股，位于马体内侧，其末端系于车舆底部的纵桄（梁木）上，前端连接一椭圆形的套环，上有带扣，可以开合，套于骖马颈、胸交界处④。《诗·郑风·大叔于田》曾用“两服齐首，两骖如手”来描写驷马的奔跑之状，非常形象。因为服马套在轭上，不能自由活动，马首平齐，而靠靷绳系束的骖马则较为自由，奔跑时就像两只手向左右伸张。但骖马的活动自由度也是有限的，从秦陵铜车马来看，一方面在服马腹带的外侧装有一个铜锥刺，以防止骖马奔跑时内靠；另一方面又在骖马的颈部套有一索，另一端系于轭首和车衡上，以防止骖马奔跑时过于外逸。

三、控驭方式

戎车既饬，四马既驾，熟练的驭手就可以凭借由络头、衔、镳和辔绳所构成

① 秦陵铜车马的复原者指出：轭上的颈带，“其作用并非用于曳车承力，而是用以束约马轭，防止因路的轩轾而辕衡上仰或因马用力曳车，而造成轭脱离马颈”（见〔250〕第17页）。

② 见〔250〕第38页。

③ 《释名·释车》：“韅，经也，横经其腹下也。”《说文》：“韅，箸亦鞥也。”段玉裁注：“箸亦鞥，谓箸（著）于马两亦（腋）之革也。”《史记·礼书》“鲛韅弥龙”集解：“徐广曰：韅者，当马腋之革。”索隐：“韅，马腹带也。”从秦陵铜车马来看，这条腹带正位于马的前腋处。

④ 见〔250〕第36页。

的控制系统以及驱马之策（或鞭）来操纵战车旋转进退了。

在陕西长安张家坡的西周早期车马坑中，曾发现较为完整的皮质马络头的遗迹，皮条已腐朽，但保留了串、缀于皮条上的铜饰和贝饰，据此复原的马络头，包括有额带、鼻带、颊带、咽带等，与后世的常见形式很接近①。

衔是横在马口中的勒马器，俗称马嚼子。商代可能较多用皮条作马衔②，自然都腐朽不见。商代晚期的少数车马坑中也发现了铜衔，如殷墟西区M1 613号车马坑[248]。西周时期较普遍使用了铜衔。铜衔的形式均为互扣的两节“8”字形短棍，通长20厘米左右，与马嘴的宽度相适应，其两端之环用以拴系辔绳。

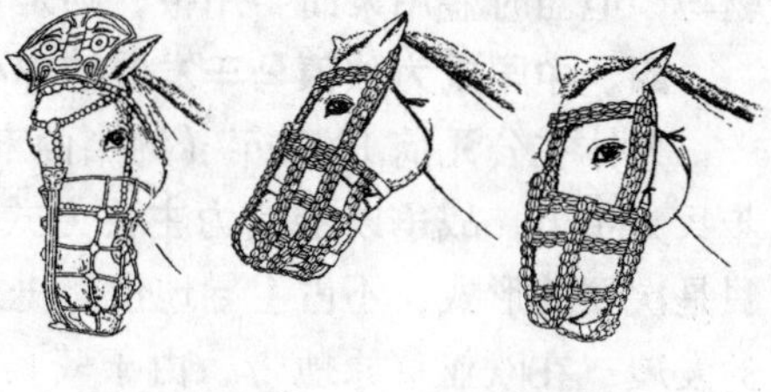

1　　2

图2－56　西周早期马勒具

陕西长安张家坡出土

1. 铜饰马络头复原；2. 贝饰马笼嘴复原（采自〔80〕第147、149页）。

镳是固定衔的颊片，置于马嘴角两侧，用以卡扣住衔，使衔不致从马口的一侧滑出或被马吞咽入肚。早期镳呈方形或圆形，中有孔以贯衔，最初可能多与皮衔相配套，殷墟车马坑中常出土此种铜镳而无衔，大概即因皮衔已腐烂无存。西周时期出现了角形和S形镳，前者常以鹿角制作，逐渐趋于流行；后者均为铜质，尽管西周时已出现，但到秦汉时期才流行起来③。二者的装置方式都是将之贯于衔两端的环内，这遂成为后世镳、衔装配的通行方法。

古人将衔、镳和络头齐备的马具称为“勒”。《说文》：“勒，马头落（络）衔也。”《释名·释车》：“勒，络也，络其头而引之。”在长安张家坡西周早期车马坑中，还发现一种用皮条纵横交织成方格网状的“笼嘴”，也加有铜饰和贝饰。笼嘴的形状与络头相似，但戴贝饰笼嘴的马，都不见衔、镳④，这或许就是文献所谓“羁”。《急就篇》颜师古注：“羁，络头也，勒之无衔者也。”它应是原始马具的孑遗。

辔绳前端系于马衔两头之环上，后端握于御者之手中。一马二辔，驷马共八辔，秦陵铜车马正是这样。但《诗经》中写到马车，都只言“六辔”，如：《小雅·皇皇者华》“我马维驹，六辔如濡”，“我马维骐，六辔如丝”；《小雅·车索》“四牡骓骓，六辔如琴”；《小雅·裳裳者华》“乘其四骆，六辔沃若”；《秦风·小戎》“四牡孔阜，六辔在手”。对此，较为合理的解释是，由于两服马有刚性的辕、衡、轭约束，其内侧辔绳作用不大，通常系于轼前不用，御者但执其他之六辔，故时人多言六辔⑤。

上述马具，皆起控制的作用，如控制马的运动方向，制约马的行进速度直至立定停止。驱马则用策或鞭。在秦陵铜车马上，伴出了一件策，通长74.6厘米，

① 见〔80〕第147～148页。
② 见〔241〕〔254〕。
③ 见〔81〕第56页及〔241〕。
④ 见〔80〕第148页。
⑤ 见〔250〕第37页。

呈竹节形，前细后粗，顶端有一长0.9厘米的尖锥，后端有握把。秦陵铜车马大约是按实物的二分之一制作的，实用之策大约长150厘米。策的用法是箠击或锥刺马的臀部。《说文》："策，马箠也"；"箠，所以击马也"。《淮南子·道应训》许慎注："策马捶端有针谓之錣。"此外，商周时期可能也已用装于木质鞭杆上的皮鞭驱马，但当时盛用策而罕用鞭，则是肯定的①。

四、中国成为独辕马车发展的中心

大体在公元前1000年（约当商末周初）之前，欧亚大陆诸种文明的军队都以步兵为主力，战争以步战为主要方式，乘车作战在一些地区逐渐得到发展，但还只是次要的形式，不占主导地位。进入公元前1000年后，乘车作战在西方未有大的发展；在欧亚草原地带，由于骑马之风逐渐兴起，骑马作战的新趋势使得乘车作战未充分发展就走向衰落；唯有在东方的周王朝，乘车出行和乘车作战都得到了强劲的发展，乃至进入了一个以乘车作战为主的时代，而骑马和骑战的发展则较为迟滞。因此，周人对马车尤其是战车极为重视和推崇，这在他们的诗歌中有充分的表现。

《诗·大雅·烝民》

四牡彭彭，
八鸾锵锵。
王命仲山甫，
城彼东方。

《诗·小雅·车攻》

我车既攻，
我马既同。
四牡庞庞，
驾言徂东。
…………
驾彼四牡，
四牡奕奕。
赤芾金舄，
会同有绎。

《诗·秦风·小戎》②

小戎俴收（兵车儿短小真灵巧），
五楘梁辀（花皮条五处把车辕绞）。
游环胁驱（缰绳穿过活环控制住骖马），
阴靷鋈续（银圈儿把行车的皮条来扣牢）。
文茵畅毂（虎皮毯铺在长毂的车儿上），

① 见〔255〕。石璋如曾按后世鞭制来复原商代的策（见〔73〕），显然是不妥当的。
② 今译采自〔256〕第222页。

驾我骐异（驾的骐纹白腿的马儿多俊爽）。

前引《诗·小雅·采芑》曾用“如霆如雷”来形容战车。周人不仅仅只是歌颂战车的威力，而且对马匹的壮健协同，对战车的高大轩昂或轻便灵巧，对车器马具的精致，甚至对战车行进的独特节奏，无不表现出强烈的审美的欣赏①。

乘车的普及和车战的兴盛导致了对马车尤其是战车的重视和推崇，进而导致了对制车技术和工匠以及对驾车技术和驭手的重视。《考工记·叙》说：“周人上舆。”意谓周人尊崇制车的工匠。也正是在西周时期，将控马驭车之术——御，与礼（礼仪）、乐（音乐）、书（书写）、数（算术）和射（射箭）一道列为“六艺”，即贵族必须掌握的六种技艺，这也是当时学校（皆为培养贵族子弟的官学）教育的基本内容，而且规定，“年十五学射御”②，从小习练。直至东周时期，整个社会都认为“射御足力则贤”③。

这样的社会风气导致制车技术和驭车制术，特别是贵族出行和军队作战通常使用的独辕双轮马车的制造技术和控驭技术，不断精进。因此，尽管中国不是最早出现和使用畜力车包括马车的地区，但在公元前1000年后，也即进入西周时期后，古典时代畜力车最基本、最重要的类型——独辕双轮马车，却在中国得到了最突出的发展，并在东周时期达到了登峰造极的地步，其水平一直保持到了秦代。

① 参见本章第二节所引《诗经》。
② 《礼记·内则》。
③ 《国语·晋语》。

第六章
军事手工业的发轫

第一节 官手工业的确立

在新石器时代晚期，当手工业逐渐脱离农业而独立之时，它也开始被纳入权力掌控的体系。这个进程随国家的诞生而有了重大的进展。在夏、商、西周时期，手工业基本上成为独立的生产部门，同时在这个领域形成了以国家政权直接控制的官手工业为主体的局面，尤其是与军事有关的手工业部门，更几乎完全为国家所控制。从这时候开始，手工业的这种状况便成为中国古代长期延续的传统。古代国家通过对手工业的直接控制，有效地实现了对具有战略意义的物资的控制，并使手工业生产首先服务于统治阶层和统治机器的需要。这种体制与以小农经济为基础的早期社会一直非常谐和，因为广大的人民对手工产品的需求极低，而国家政权的各种事务和权贵阶层的奢侈生活的需要始终非常强劲。

夏、商、西周时期的手工业以青铜冶铸业最为丰富。这个时期的城邑遗址，几乎都发现有铸铜作坊的遗迹。如二里头遗址中，共发现了3处铸铜遗迹，其中一处面积超过1万平方米，出土有坩埚和熔炉的残片，以及铸造铜礼器和工具所用的陶范①。河南偃师商城是早期商朝重要城邑，遗址内发现了木炭、浇铸铜器时溅撒的铜液凝块和陶范残块②。郑州商城是商代前期都城，附近发现了两处铸铜作坊遗迹，一处在城北的紫荆山北，一处在城南的南关外，这两个地点都发现了房基、坩埚和不少陶范碎块、铜渣及木炭③。商代后期都城遗址河南安阳殷墟中，至少有4处铸铜作坊遗址，即：苗圃北地、孝民屯西地、薛家庄南地和小屯东北地④。苗圃北地铸铜作坊遗址位于小屯村南约1公里处，范围超过1万平方米，规模最大。在1959～1964年的发掘中，发现了许多房屋基址、窖穴、烧土硬面和料姜石粉硬面，还发现一座为铸造大型铜器而搭建的工棚遗迹，系一东西长3.3米、南北宽3.5米、深0.4米的半地穴式房子，房底有一层厚约3～6厘米的硬面，中央安放一套长方形或方形的陶范。遗址内出土的铸铜遗物达数万件，种类齐全，计有：熔炉和坩埚等熔铜工具的残块，陶范和陶模等铸铜工具的残块，用于修治范、模的多种铜质和骨质工具，用于修磨铜器的磨石，以及熔铜时的燃料木炭，等等⑤。

在这些城邑遗址中，同时还发现了制骨和制陶等作坊遗迹，有的规模也较大，如郑州铭功路的制陶作坊遗址，在1 250平方米的范围内密集地排列着14座陶窑

① 见〔49〕第218页及〔209〕。
② 见〔208〕〔209〕。
③ 见〔142〕〔143〕〔332〕。
④ 见〔67〕第83～93页。
⑤ 见〔36〕第11～60页，〔67〕第83～91页。

和10余座房基①；安阳大司空村的制骨作坊址，范围约有1 380平方米，出土骨料、半成品、废料等3.5万多块②。

夏、商城邑里的这些作坊，大多应为国家政权所控制，其生产者世代相袭，聚族而居。据《左传·定公四年》的记载，周灭商后，封建诸侯，分鲁公以“殷民六族”：条氏、徐氏、萧氏、索氏、长勺氏、尾勺氏；分康叔以“殷民七族”：陶氏、施氏、繁氏、锜氏、樊氏、饥氏、终葵氏。其中有一些就是手工业氏族，如索氏可能为绳工，陶氏可能为陶工③。他们世代从事手工制造，故即以所操之业为姓氏。商灭亡后，殷人的手工业氏族便被纳入了周人的政权体系。

1973年，在洛阳北窑村外发现一处规模庞大的西周前期铸铜作坊遗址，面积约有14万平方米[258]。洛阳是成周雒邑之所在，西周的这个东方战略重镇营建于周成王平定殷遗民叛乱之后，一直有重臣和劲兵驻守，具有“东都”的性质，在这里出现这样大规模的铸铜作坊，实不足为奇。值得注意的是，种种迹象表明，这处作坊很可能是周人迁徙殷人的手工业氏族兴建的。比如人殉、人祭在安阳殷墟屡见不鲜，西周时则不多见，而在北窑铸铜遗址中却发现较多的人殉、人祭现象。又如遗址西部有一座较大的拐道墓，周围还有3个祭祀坑和10余座小墓，大墓的主人很可能是作坊的掌管者，周围小墓所埋则是其氏族中成员。这些墓多有腰坑，葬俗皆头南脚北，与洛阳地区大量无腰坑、葬俗头北脚南的周人墓有别，而具有殷人墓的特点。遗址中出土的大量陶范，其造型、纹饰与洛阳庞家沟和北窑西周贵族墓地发现的铜器十分相符，可以认为这些铜器基本是在这个作坊里生产的，而这个作坊是在成周雒邑直接控制之下，其生产者主要为殷遗民。

在商代的甲骨文中，已有表示工匠的“工”字④，又有“司工”、“多工”等官名⑤。胡厚宣《甲骨续存》（1·70）所收卜辞有“壬辰卜，贞：叀（惟）吕令司工……”的记载。“司工”之名，更屡见于西周金文，在散盘和盠尊的铭文里，且与“司马”、“司土”并列。清吴大澂《字说·工字说》谓：“三代设官皆质言之，司土、司马、司工为三卿，司土掌土地人民，司马掌戎事，司工掌营造工作。”在《周礼》中，“司工”作“司空”。郭沫若《金文丛考·周官质疑》指出：“凡司空之职，彝铭均作司工。”

郭若愚《殷契拾掇》（431）又收有一条甲骨卜辞：“己酉，贞：王其令山司我工，工甾（载）王史（事）？”陈梦家说：“‘司我工’与西周金文的官名司工（即司空），已极相近。”⑥ 据《周礼·考工记》郑玄注：“司空，掌营城郭，建都邑，立社稷宗庙，造宫室车服器械，监百工者。”这种代表国王掌管全国手工业的最高职官，至迟在商朝已经出现。

---

① 见〔49〕第221页。

② 见〔36〕第79～85页。

③ 注者或曰：长勺氏、尾勺氏皆为酒器之工，施氏为旌旗之工，繁氏为马缨之工，锜氏为锉刀工或釜工，樊氏为篱笆工，终葵氏为椎工（见〔168〕第45页，〔257〕第1536～1538页）。不免有许多推测、牵强之处。

④ 见〔259〕及〔237〕第349～353页。

⑤ 见〔76〕第519页，〔237〕第351页。

⑥ 见〔76〕第519页。

至于“多工”，据卜辞常见“多臣”、“多射”、“多尹”、“多卜”等官名，推测也应是管理工匠的职官。

西周铜器伊毁的铭文记载：“王呼命尹封册，命伊□官司康宫王臣妾、百工。”这是工匠隶属王官的明确之例。

第二节　手工业的分工状况

在夏、商、西周时代，已经形成了诸多的手工行业①，也有诸多的行业与军事有关，如冶铜、制骨、制车、木工、皮工、髹漆、建筑，等等。那么，在这些行业中，是否已经出现专门的军工生产部门呢？

由材料最为丰富、且最具代表性的青铜冶铸业来看，在商代前期已有初步的分工迹象。比如郑州商城的两个铸铜作坊遗址中出土的陶范：南关外所出能够辨别器形的有斨、镈、斧、刀、凿、锥等生产工具范，占60%；镞、戈等武器范，占13%；鬲、斝、觚、罍等礼器范，占26%。若以单件论，则镞范最多，斨范次之。紫荆山北（或称河南饭店铸铜遗址）所出能辨别器形的有刀、锥等工具范，占54%；镞、戈等武器范，占5%；礼器范，占41%②。这两处作坊的生产侧重点似乎有些差别。

商代晚期和西周时期，分工的趋势进一步加强。安阳苗圃北地铸铜作坊遗址和洛阳北窑铸铜作坊遗址分别是目前所发现商代和西周时期规模最大的铸铜遗迹，两地所出陶范均以礼器范为主。如苗圃北地遗址在1959～1961年的发掘中共出土陶范残块1.9万余件，其中仅有镞、戈等武器范10多块，工具类的刀范1块，其余几乎全为礼器范③。北窑遗址在1974～1979年的发掘中共出土陶范残块2万余件，能分辨器形者有千块左右，也以礼器范居多，兵器、生产工具和车马器范较少见④。迄今没有发现此时期主要生产武器的大规模铸铜作坊遗址，仅见有一些小作坊遗址，如面积不超过150平方米的殷墟孝民屯西地铸铜遗址，所出陶范以武器类和工具类为多，礼器类较少⑤。这是一个有待继续探索的问题。

不过，即使是以制造礼器为主的苗圃北地和洛阳北窑的铸铜作坊，也兼事武器、工具和车马器的生产。因此，当时的铸铜作坊可能都是综合性的，而或多或少有所侧重。青铜冶铸业如此，其他大多数行业当也相似。比如骨角器制造业，迄今所发现的商代和西周时期的制骨作坊遗址，其遗物所反映的生产状况，都是既制造骨笄，也制造骨镞。考古发现的商周马车，既有战车，也有一般乘车，二者在结构上看不出明显的区别，这说明在制车业中，战车和一般乘车的生产，恐怕也没有截然分开。可能只有像制弓那样技术高度专门化的少数行当，有了独立的生产部门。

---

① 商代就有“百工”一词。《小屯南地甲骨》2552：“癸未卜：又（有）𡆥（咎）百工？”以“百”与“工”相属，反映了手工业门类的繁多。参见〔259〕，〔237〕第351～352页。关于商代的手工业门类，可参见〔168〕第44～92页，〔260〕第4页，〔237〕第349～388页。

② 见〔261〕第45页。

③ 见〔36〕第31～53页。

④ 见〔262〕，参见〔263〕第144～146页。

⑤ 见〔36〕第91～92页。

第七章
筑城和道路建设

第一节 对夏朝筑城的认识

夏朝的城，至今还没有得到揭示或确认。河南登封王城岗龙山文化古城，或以为就是禹都的阳城①，但许多人认为其年代稍早，而仅把它看作新石器时代晚期的一座小城堡②。著名的偃师二里头遗址，经近年的发掘和研究，基本确认为是一处以夏文化为主体的遗址③。遗址中存在的大规模宫殿区和气势恢宏的宫殿台基（1号宫殿基址面积1万余平方米，2号宫殿基址面积4千余平方米），使人有理由认为这是夏朝晚期的一处都邑④，只是还没有发现城墙，整个城的构造有待进一步的发掘揭示。

然而，关于夏朝的筑城，仍可以由间接的材料得出三个基本的认识：

（一）中原地区新石器时代晚期的城，有许多必然沿用到夏朝，其中有一些可能就是夏人的先辈所筑⑤。与“禹都阳城”⑥地望密合的王城岗古城，很可能属于这种性质。因此，夏初的城，当承袭了新石器时代晚期中原地区筑城的基本状况。

（二）在新石器时代晚期，中原筑城表现出三个发展趋势，即降丘宅土、方形城制兴起和建造技术由堆筑法向版筑法过渡。这些仍然是夏朝筑城发展的基本方向，而且到夏朝的晚期，取得了很大的进展。比如城垣的夯筑技术，目前虽然没有直接的材料，但二里头遗址中发现的大型宫殿夯土基址（1号），夯层薄而均匀，一般厚约4.5厘米，夯窝小而紧密，直径在3~5厘米之间，整个台基的质地相当坚硬⑦，说明夯筑技术较新石器时代晚期有显著的进步，工艺更为精细，城垣的筑造当也如此。《考工记·叙》说“夏后氏上匠”，“匠”在这里乃是专指从事筑城、建房、开渠等土木工程的工匠，所谓“匠人营国”、“匠人为沟洫”。夏人尊崇土木工匠，其建筑技术，包括筑城技术，必然可观。

（三）作为中国历史上有明确记载的第一个国家和第一个中心王朝，夏朝的都城建设有重大发展，至迟在夏朝的晚期，出现了规模庞大的都邑。初步被认定为夏朝晚期国都所在的二里头遗址，总面积约有3平方公里，内有宏大的宫殿区，还

---

① 见〔264〕及〔265〕第321~322、1~2页。

② 见〔23〕第318页及〔266〕。

③ 见〔44〕〔45〕〔46〕及〔267〕〔268〕〔269〕。

④ 见〔270〕，参见〔271〕〔272〕。

⑤ 中国古代流行“鲧作城郭”的传说（《世本·作篇》、《淮南子·原道训》、《初学记》卷二十四引《吴越春秋》），虽不可信，但反映了禹的先人曾筑城。

⑥ 《汉书·地理志》颍川郡阳翟条臣瓒注引《世本》。又，古本《竹书纪年》载：“夏后氏，禹都阳城。”

⑦ 〔274〕，关于宫殿基址的年代问题，见〔269〕〔270〕及〔44〕〔45〕〔46〕。

有一般居住址和作坊遗址①，仅1号宫殿基址的面积（1万多平方米）就相当于新石器时代晚期的一座小城堡。城邑规模的扩大，由此可见一斑。而这种扩大，主要是建立在权力中心强化的基础之上，宏大的宫殿区的出现，是一个标志。

第二节　夏家店下层文化的筑城

进入青铜时代，周边地区的筑城活动也有新的发展。目前已经在横跨内蒙古东南部、辽宁西南部和河北北部的燕山山地发现了众多相当于夏朝至早期商朝纪年范围的城址，属于这个地区青铜时代早期的夏家店下层文化（约公元前2000～前1500年）。

这些城址都沿溪谷河流分布，在这个地区的滦河上游、阴河、英金河、老哈河、大凌河、教来河沿线均有发现，在一些河流如阴河、英金河两岸，呈现密集分布的态势。考察发现，夏家店下层文化的城通常建在河旁山丘和河谷台地上，充分利用险峻地形，筑墙建城。在有陡峭岩壁或临深壑危崖之处，一般没有围墙；只是在缓坡和较为平坦的地方，才建造围墙。为增加防御功能，一些地方筑有平行的两道墙，并在墙外或两墙之间挖掘壕沟。因地形变化，围墙曲直不一，城的形状普遍不规则，面积较小，一般只有一两万或数万平方米，大者不过十余万平方米②。这些特点与内蒙古中南部河套地区的史前山城基本一致，普遍仍属于小规模的寨堡或堡寨性质。

夏家店下层文化城堡的围墙或用石砌，或用土筑：位于山丘上的城堡多为石砌，位于河谷台地上的城堡多为土筑。石墙的砌法是：内外壁用不规则大石块或石板垒砌，中间以碎石块和泥土填实。一些石城墙的中心用泥土夯成，也可以说是土、石结合结构。辽宁北票康家屯遗址是首次进行了大规模发掘的夏家店下层文化石城址，位于大凌河南岸，面积约1.5万多平方米，其早期城墙宽2～2.2米，残存高度1～1.5米，墙面垒砌规整，晚期又将一些石墙加宽0.4米左右。最值得注意的是，康家屯石城出现了较多的“马面”设施，其平面呈马蹄形，或为墙体直接外凸，或附建于城墙外

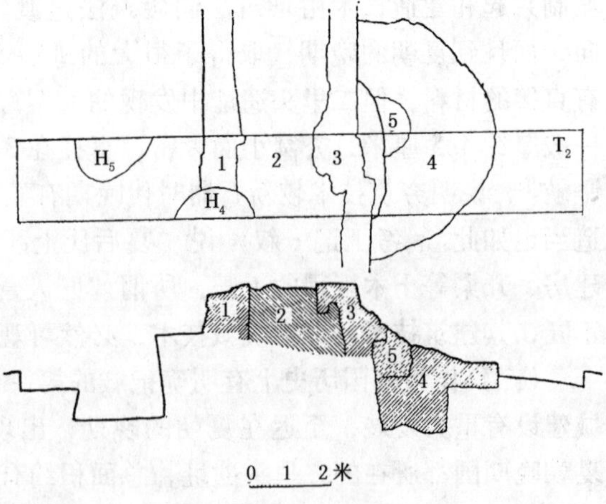

图2－57　内蒙古赤峰新店石城址东墙平、剖面图
1. 墙外侧砌石；2. 夯土；3. 墙内侧砌石；4. 半圆形石建筑；5. 半圆形石建筑的空间。

① 见〔34〕第118～119页及〔274〕〔39〕〔333〕。
② 见〔275〕〔276〕第52页〔277〕。

侧。南墙已清理出的3个“马面”，间距15~20米[278]。辽宁北票西大川发现的夏家店下层文化石城址，其石墙拐角也有类似“马面”的外凸角台[279]。此外，许多石城址城墙的外侧或内侧，有凸出的用石块垒砌的半圆形中空建筑，每座长宽数米，间距几米至几十米不等，空心处长宽1~2米左右。或认为这也属于“马面”结构[275]。但“马面”不筑于城墙内侧，这些半圆形空心建筑的具体功用还需进一步研究。

位于牤牛河上源的内蒙古敖汉旗大甸子遗址，在一南北约350米、东西不足200米的台地边缘建有夯筑的土围墙，系在经过平整的地面上起建，台地东北侧边缘的夯土墙底部宽6.5米，残高2.25米，内外皆有收分。台地西南部边缘有一门道豁口，底宽2.25米，中有碎石路面，宽1.25米，门道两侧垒砌石块壁面①。这是夏家店下层文化土城有代表性的例子。其年代约为公元前1600年左右，相当于夏末商初。

第三节　商朝筑城的总体状况

经过夏代的发展，及至商朝，中国筑城以平原夯土城为代表达到了一个新高度。目前已经发现7座商代城址，它们是：河南偃师商城②，河南郑州商城③，山西夏县东下冯商城④，山西垣曲商城⑤，湖北黄陂盘龙城商城⑥，河南焦作府城商城⑦，河南安阳洹北商城⑧。这为了解这个时期筑城的状况提供了第一手资料。

一、典型平原城的推广

在商代前期，建立在开阔的平坦地面上，城内外地平面基本一致，城墙内外壁均陡峻的平原城已经是筑城的基本样式。这个时期的两座都城——偃师商城和郑州商城，都是这样子的平原城，也即典型的中国平原城。其时人们也继续在台地或丘岗上建城，但主要限于小规模的军事性城堡或卫城，如面积13.3万多平方米的山西垣曲商城，位于垣曲盆地中心的南关台地上，南依黄河，北临亳清河，东面是两河的冲积扇，三面危崖，相对高度50~60米，仅西面与鸡笼山等丘陵相连，地势险要，易守难攻，可以俯视和控制整个盆地，但生活空间狭小，取水不便，选择这样的城址，军事方面的考虑显然大于生活方面⑨。正是主要基于军事的原因，中国平原地区在台地或丘岗上建城的做法此后仍然长期存在，但已经是非

① 见〔334〕第1、7、222页。
② 见〔280〕〔208〕〔281〕。
③ 见〔142〕〔288〕。
④ 见〔282〕第148~150页。
⑤ 见〔283〕第14~27页及〔284〕。
⑥ 见〔285〕及〔34〕第361~362页。
⑦ 见〔318〕〔326〕。
⑧ 洹北商城位于今安阳市西北郊之洹河北岸，在著名的殷墟遗址的东北外缘，1999年底发现。据钻探，城址平面近方形，城墙系夯筑而成，四面城墙的长度都在2 000米以上，城的总面积超过400万平方米，其年代晚于郑州商城，其与安阳殷墟的关系，尚有待探讨（见〔330〕）。
⑨ 见〔286〕。

主流形式。而且，在商代前期，即使是建立在台地上的小规模城堡，其城墙也已经普遍演变为内外壁均陡峻的形式。现知只有湖北黄陂盘龙城一例，其城墙外壁陡峻，而内侧呈缓坡状，仍具有早期台城的特征①。

二、版筑法的普及和进步

在商代前期，版筑已经是建造城墙的主要方法。其时城墙版筑法的版块已经相当宽大，版宽可及于墙宽，因此城墙在宽度上只需一个版块。

偃师商城的城墙由墙基和墙体两部分构成。墙基的筑法是，先挖基槽，而后逐层填土夯实。基础夯筑坚实后，采用版筑法建造墙体。据偃师商城东北隅发掘所见，商城大城北墙的基槽口大底小，口宽约 19 米，底宽 17 米多，深约 1.2 ~ 1.3 米；版筑墙体存高 1.5 ~ 1.8 米，底宽 16.5 米，顶宽 13.7 米（以城墙内侧基槽口为水平线测量）；版高约 0.3 ~ 0.7 米，每夯筑一版内收约 0.1 米；每版之内，分若干层填土夯筑，夯层一般厚 10 厘米左右②。

郑州商城的城墙构造大体相同。其南墙的基槽口宽 2.5 米，底宽 2.3 米，深 0.55 米，版筑墙体底宽 16.25 米；东墙版筑墙体底宽约 10.6 米。据东墙遗留痕迹显示，城墙主体系分段版筑而成，其法是将两侧壁和一个横头用木板（模型板）相堵，筑好这一段后，拆除模型板，前移续筑，逐段增长。郑州商城城墙的夯层厚度一般为 8 ~ 10 厘米，与偃师商城相当，少数或薄至 3 厘米，或厚达 20 厘米。

图 2－58 偃师商城东北隅城墙剖面

图 2－59 郑州商城东北墙夯层

无论偃师商城还是郑州商城，其夯筑均分层清晰，厚度比较均匀，层面基本平直，夯窝密集，夯土质地坚硬，特别是墙体边缘部分，质量最佳。此后，先挖基槽，筑基起墙，墙体分段分层版筑一直是中国平原城的标准建造方法。偃师商城的基槽宽于版筑墙体（垣曲商城和焦作府城商城的情况也大体如此），郑州商城的基槽窄于版筑墙体，可能代表了当时流行的两种做法。此外，不挖基槽而在经过平整的地面上直接起筑的做法也一直存在，近年的发掘揭示，郑州商城有些地

① 城墙外陡内缓的台城，主要在边远地区有较长时间的存留。浙江湖州“下菰城”，可能为西周或春秋时期土著越人所筑，其城墙仍是外壁陡峻，内侧呈缓坡状（见〔287〕）。

② 见〔208〕；关于基槽底宽和夯层厚度，参见〔280〕；关于大城和小城的关系，见〔281〕及本章第四节（一）。

段的城墙，就是这样①。

版筑法适宜于建造陡峻直立的城墙，因此，内外壁均陡直的城垣形式的流行，也与版筑法的成熟和推广密切相关。但在版筑法普及后，堆筑法作为一种辅助的手段，仍然被运用。比如城墙基础的夯筑，就属于堆筑法的范畴，自新石器时代晚期已然。又如商代前期城墙近乎直立的版筑主墙体内侧或内外两侧的根部，有所谓“护城坡”的倾斜夯土结构：偃师商城北墙内侧的护城坡，最高达0.7米；垣曲商城南墙的护城坡，高0.15～0.6米，宽0.6米；郑州商城南墙内侧的护城坡，高近1.5米，底宽3.65米，东墙内外两侧都有护城坡。这种护城坡，均为堆筑而成，能起到加固版筑主墙体的作用，或与版筑城墙时支撑模型板也有关系。

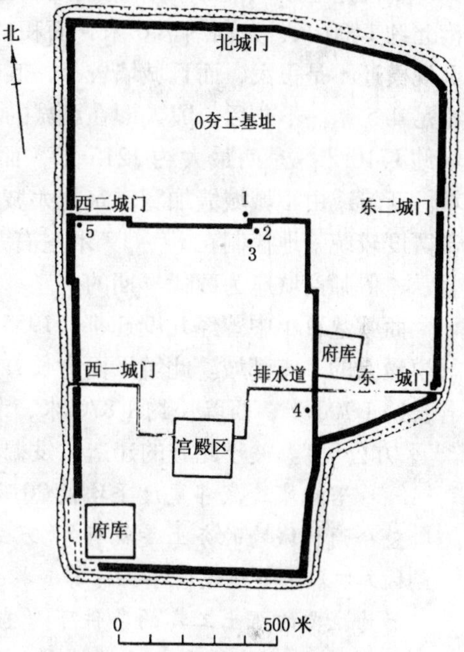

图2－60　偃师商城平面图

在新石器时代晚期，一些城墙以堆筑和版筑相结合的方式建造，其内壁或外壁有一小部分为直立的版筑墙，城垣主体则为堆筑而成的倾斜夯土结构。到商代前期，城墙的主体已发展为版筑，仅城墙根部存在低矮的堆筑出来的护城坡。由这一变化可见这段时间内城墙建造技术进步的大致情况。值得注意的是，盘龙城商城的城墙，其主体部分为版筑而成，内侧有堆筑出来的“层层斜行夯土”，体积明显比偃师商城和郑州商城的护城坡大，而具有史前台城内侧缓坡的特点。盘龙城的建造技术，似乎可以视为上述发展过程的中间一例。

三、方形城制的确立

在新石器时代晚期，华北平原城的形态多数已为方形（正方形或长方形），目前发现的几座商代前期的城址，其平面形状也都为方形或近方形，墙角多呈直角。特别是商朝立国之初建造的偃师商城小城，呈规整的长方形，正中略偏南建有正方形的宫城；后来城圈增筑扩大，受自然河流和湖泊影响，城的形态变得不太规整，但人体上仍保持了城墙的直线走向和直角或折角转弯②。新近发现的河南焦作府城早期商朝城址，呈规整的正方形，也是有代表性的例子③。

综上可见，始于新石器时代晚期的中国筑城的若干发展趋势，到商代已经基本实现，从而确立了中国城的三大特点：以城内外地平面基本一致、城墙内外壁均直立的平原城为主；以版筑为主要的建造技术；以方形为基本的形态。

① 见〔288〕第51页。
② 见〔281〕〔289〕〔290〕。
③ 见〔318〕〔326〕。

第四节 城的规模和结构的发展

除了前一节所论述的内容，商代筑城还在诸多方面表现出新的发展水平。

一、筑城规模的扩大

城的规模的扩大，突出地体现于都城建设上。商人甫一灭夏，就在今河南偃师尸乡沟建立了一座城池，这就是新近发现的偃师商城小城，其平面呈长方形，南北约1100米，东西约740米，面积约81.4万平方米。由于立国之初仓促建城，其规模还不是很大，而且城墙较窄，底部一般仅宽6~7米，基础槽较浅，深度多不足0.5米。不久后，殷人即在小城的基础上进行增筑扩建，从而形成一座南北最大约1710米，东西最大约1215米，面积约190万平方米（1.9平方公里）的大城。新筑或由小城城墙加宽增筑的大城城墙，基槽深度普遍在1.2米左右，墙体底部宽度较统一地控制在17~19米左右①。这在当时是一座罕见的大城。种种迹象显示，偃师商城应为商代早期的一座都邑②。

商朝数百年中曾经几度迁都。1955年发现的郑州商城可能是商代前期营建的规模最大的一座都城。此城平面为长方形，城垣周长约6 960米，其中东墙和南墙各长约1 700米，西墙长约1 870米，北墙长约1 690米，面积约为300万平方米（3平方公里）。关于此城的建造，发掘者曾有这样的估计：

> 若把城墙底部宽度平均按20米③、顶宽按5米、高度按10米计算，那么整个商代城墙的夯土量就有87万立方米。如果按就地起土2立方米，夯筑成1立方米的坚硬城墙夯土计算，挖土量就有174万立方米。在商代前期以木石器为主要的掘土工具的条件下（当然也可能使用了少部分的青铜镬等进步生产工具），若每人每天平均挖土0.2立方米，五个人一天才能挖出1立方米和夯筑出0.5立方米的城墙夯土。在筑城过程中，有人进行挖土，还得有人向城墙上运土和在城墙上进行夯打，而且还得有人进行工具加工、修理等工作。如果每天按1万奴隶④参加筑城劳动，3 000人挖土，3 000人运土，3 500人进行夯打和500人进行勤杂工作，建筑成这座规模巨大的商代夯土城垣，至少也需要8年左右的时间。如果参加筑城的奴隶人数增加一倍按2万人计算，也需要4年之久才能完成。[142]

历史上，作为国家和王朝权力中心以及宗庙社稷之所在的都城，其建设总是受到特殊的重视；都城的规模，则总是与国家的实力、王权的强弱成正比。因此，都城的不断扩大，突出反映了政治因素对筑城发展的重大影响。

二、宫城的出现

偃师商城有内外两重城垣。在偃师商城小城正中略偏南的位置，建有一座接近正方形的内城，其北墙长200米，东墙长180米，南墙长190米，西墙长185

① 见〔281〕〔289〕〔290〕，参见〔280〕。
② 参见〔210〕〔291〕〔268〕〔269〕，及〔292〕〔293〕。
③ 引者注：底部宽度20米应为版筑主墙体的底宽加护城坡的底宽。
④ 引者注：劳动者身份并不一定全是奴隶。

米，面积约3500平方米，内有大型宫殿建筑基址①。这是现知中国最早的“真正意义上的宫城”[294]。最初的报道和一些文章曾称偃师商城存在三重城垣，即大城、小城和宫城[295]。这是一个误解。偃师商城扩建后，暴露在外的小城城墙便被夷毁了，所以在大城阶段，偃师商城仍只有外城和宫城两道城墙，当然宫城也曾经扩建和改建②。后来，人们通常把外城称为“郭”，而把宫城或内城称为“城”③。偃师商城是内城外郭结构的早期确实之例。

偃师商城宫城的夯土围墙仅宽3米左右，高度当也有限。这种城中之城的主要作用与其说是对外，不如说是对内，因为更为高大的起主要防御作用的外城一旦为外敌攻破，则较为低矮的内城势必难以阻挡敌军的强大攻势。后世有不少类似结构的城池，其外城一破，内城即也不守，甚至外城将破之际，内城的防守已经溃散，明末李自成大顺军攻克北京城时，情况就是这样④。因此，偃师商城宫城的对外防御作用非常有限，其主要作用是隔离民众和王宫，防范内部的敌对势力。这道“藩篱”虽然挡不住外部的大军，却可以防御发自城内的叛乱和小规模的袭击、暗杀，也能够有效地使民众与王室保持距离，增强王权的神秘性和崇高性。

双重城垣结构的起源不外两种形式：一是先有一较大之城，后在其内筑一小城；二是先有一较小之城，后在其外筑一大城。而当这种结构确立之后，往往便外城、内城同时并筑，或按统一的规划次第而筑。不管怎样⑤，只要最终形成以外城为主的配置，就会不可避免地出现上述效应，即内城基本上只能对内起防御和隔离的作用。中国古代的城、郭结构或宫、郭配置后来发展形成了多种形式，功能、作用互有不同，但初见于偃师商城的这种双重城垣、以外城为主的结构或配置，一直是最基本的形式。

在商代后来的王都建设中，宫城的设置情况如何，还有待今后的考古发掘揭示。郑州商城的东北部有大规模的宫殿区，在这个地带已经发现了一道长80米左右，宽约7米的夯土墙，或认为可能是宫墙的一部分⑥，但需进一步验证，因为其走向、范围、与大城的关系等，目前都还不清楚。

三、中轴对称结构的萌芽

偃师商城小城的平面呈长方形，其正中略偏南处建有宫城，宫城中部有一条大道直通城南，东西城门和部分宫殿建筑等依中线大致呈对称分布。尽管由于大城建成后，暴露在外的小城东城墙被夷毁，因而增加了寻找小城东城门遗迹的难度，但多种迹象显示，小城东城门正处于与西城门相对的位置上，而且二者恰位于小城的横向中心线上⑦。如果沿宫城中部大道和东、西城门画两条直线，偃师商

---

① 见〔289〕〔281〕，参见〔280〕。

② 见〔289〕〔268〕。

③ 《孟子·公孙丑下》：“三里之城，七里之郭。”《管子·度地》：“内为之城，城外为之郭。”《初学记》卷二十四引《吴越春秋》：“鲧作城以卫君，造郭以守民，此城郭之始。”

④ 见《明史·李自成传》，第7964～7965页。

⑤ 一些人认为，有迹象显示，商人在偃师建都可能始自宫城，即先筑宫城，次筑其外的小城，后扩建大城（见〔290〕）。

⑥ 见〔288〕第53～54页。

⑦ 见〔289〕〔290〕。

城小城的平面便呈规整的“田”字形。这些现象表明在商代早期，建城规划就有了中轴对称的思想。

四、城、壕配置的完善

在商代前期，中原地区建城已经普遍辅以引排水工程，从而形成护城河系统，使城、壕配置趋于完善。

偃师商城在初建的小城外围，就存在壕沟[281]，而且很可能与城东南的湖泊（其东西和南北均宽约1.5公里）相连通①。后扩建而成的大城，则具备了完善的护城河系统。整个大城的外围环绕有宽而深的护城河，其上口宽20米，深6米，护城河与城墙之间有宽约12米的平坦空地②。北城墙外的护城河，很可能利用了自然河道，至少是与城北部的河流相沟通[289]。同时，在宫城的北部，建有一座帝王池苑，其主体是一座经人工挖掘、用石块砌成的长方形水池。水池东西长约130米，南北宽约20米，深约1.5米。池岸距离宫城的东、西、北墙均有20多米，系用大小不等的自然石块砌成缓坡状，现虽有塌落现象，但整体保存状况尚好。在水池的东、西两端，各有一条渠道与水池相连通，根据测量数据推断，西渠为注水渠道，东渠是排水渠道，二渠均用石块砌筑而成。西渠从宫城西墙下穿出，经两次直角拐折从大城的“西一”城门下通过，与城外护城河连接；东渠从宫城东墙下穿过，经两次直角拐折通过大城的“东一”城门与城外护城河相通。渠道基槽宽度为3米左右，现存石砌水腔一般宽约0.4米，高约0.5米。池、渠总长度约为1 430米[298]。遗迹显示，排水道的顶面原铺有木盖板，压放在两侧的石壁上，盖板上铺30～50厘米厚的草泥土，再填筑路土③；排水道穿越城墙处，顶面覆盖石板④。这个水利系统，无疑是以护城河为主体，而且护城河在整个城市的引、排水工程中，居于核心的地位。

图2-61 偃师商城排水道进入护城河处

郑州商城外围的局部地段，如东城墙外，也存在城壕⑤。更重要的是，郑州商城宫殿区的中心附近，也有一个平面呈长方形，东西约100米，南北约20米的石砌水池⑥。其情况与偃师商城宫城中的池苑很相像，应当也有配套的引、排水设施。位于宫城或宫殿区中的这种水池，显然兼有蓄水和赏娱的功能。

---

① 见〔289〕〔280〕。
② 见〔296〕及〔297〕第186～187页。
③ 见〔299〕第164页。
④ 见〔209〕图版3:1。
⑤ 见〔288〕第51～52页。
⑥ 见〔288〕第55、99～100、138页。

此外，规模不大的山西垣曲商城、湖北黄陂盘龙城等，其外围都有城壕。垣曲商城的城壕见于西城墙外，宽 10.45 米，深 3.55 米。盘龙城的城壕宽约 14 米，深约 4 米，城南壕沟底部曾发现桥桩的柱穴，可知当时是架桥通过的①。

五、过洞式城门的采用

偃师商城已经发现并经确证的几座城门，门道都很窄，其宽度仅 2.3 ~ 3 米②。这样狭窄的城门，理当是过洞式城门。门道变窄，有利于解决门洞顶部的支撑。该城西城墙北部的一座城门，门道两侧紧贴城墙两端各有一道夯土筑成的窄墙，墙内有排列密集的木柱洞，柱洞直径一般约 20 ~ 25 厘米，最大达 32 厘米，柱洞下距路面深约 1 米处埋有础石，柱洞之间的距离约 20 ~ 40 厘米[300]。在门道两侧设置如此密集的深埋木柱，只能是为了解决门洞顶部的支撑。这时城门洞的顶部支撑方式，应当是两侧立柱加顶梁，即所谓大过梁式。

然而，偃师商城的城门，不仅大大窄于史前的缺口式城门，而且比后世一般的过洞式城门也窄。城门狭窄，当然有利于防守，但如此狭窄，又不便车马通行。偃师商城的城门设计，除了防御的考虑外，可能也有技术上的原因，比如早期对于解决过洞式城门的顶部支撑，技术还不成熟，门道较宽，便有困难。

六、瓮城的起源

垣曲商城的西城墙南部和南城墙西部，于主城墙之外，还建有两段较窄的外墙，它们与主城墙之间形成狭长的夹道，从而将主城墙上的城门包含在夹道之内。两段外墙在西南城角相会并留有缺口，于是，要想入城，就必须走此缺口，再通过狭长的夹道（直至其尽头），而一入外墙缺口，势必就陷入夹道两侧火力的夹击。这种结构，与内蒙古准格尔旗寨子塔新石器时代晚期山城的内外两道城门有异曲同工之妙，都可以视为独具中国特色的城门构造——瓮城的雏形③。垣曲商城的这一设计，又与郑州西山新石器时代古城北城门外的护门墙有某种联系④——如果将那种护门墙延长，自然就形成了城门外夹道。

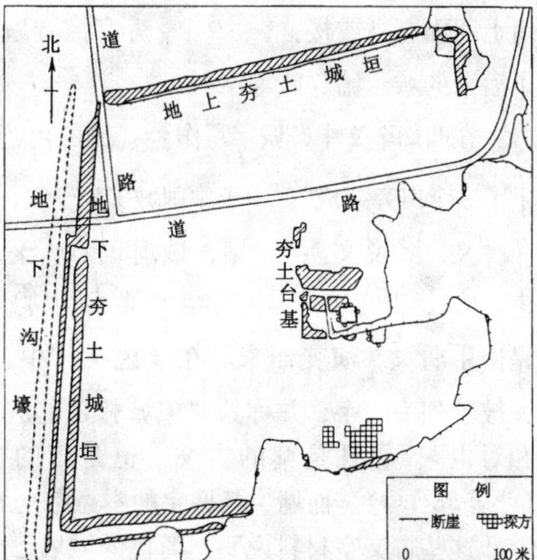

图 2-62　垣曲商城平面图

① 见〔34〕第 361 ~ 362 页。

② 见〔300〕〔299〕第 163 ~ 165 页〔301〕〔302〕。

③ 参见〔303〕。

④ 见本书第一编第二章第四节（五）。

七、外围前沿防御设施

现知郑州商城为一座面积约300万平方米的长方形城池，这是主城，其内可能建有宫城。而在主城的南墙和西墙外侧600～1 100多米处，还曾先后发现了三段夯土墙的遗迹，断断续续长达5 000余米①。郑州商城外围夯土墙的总体范围及其结构，现在还不清楚。或认为在郑州商城之外，可能仅南、西两面筑有外墙，构成前沿防线，以加强对主城南面和西面的防御，而东、北两面没有修筑过类似的外墙②。或认为这些外墙是郑州商城外郭城的组成部分，郑州商城系由外郭城、内城（主城）、宫城三部分构成③。无论怎样，可以肯定郑州商城存在外围前沿防御设施。

八、曲尺形城墙

偃师商城小城的城墙并不是笔直的，而是沿直线方向，在一些段落有Z字形的小转折，从而使北、西、东三面城墙呈现为曲尺形。这种设计显然是为了加强城墙的侧射防御，但与新石器时代晚期就有萌芽的城墙“马面”的台形突出又有所不同④，很有特色。可见为加强城墙的侧射防御，古人很早就采取了多种方式。

九、城墙上部建筑

甲骨文中有、、、等字⑤，古文字学界普遍认为是城的象形：字像城垣上四面有亭或楼，、、等字像城垣上两面有亭或楼。正是由这些字演化出了后来的城、墉、郭等字。

在西周金文中，城字写作（班毁）、（散盘）⑥，显然是以字表意，而附加上了一个声旁“成”。由于中国城多为土筑，所以后来就把简化成了“土”字偏旁。

又，《说文》：“墉，城垣也。从土，庸声。，古文墉。”小篆（隶写为）应是由甲骨文演变而来。在《说文》中，又被单列为一字，并称其“象城郭之重，两亭相对也”。它既是墉的古文，也是郭的古文（小篆郭作）。而墉、郭两字的本意都是城⑦。

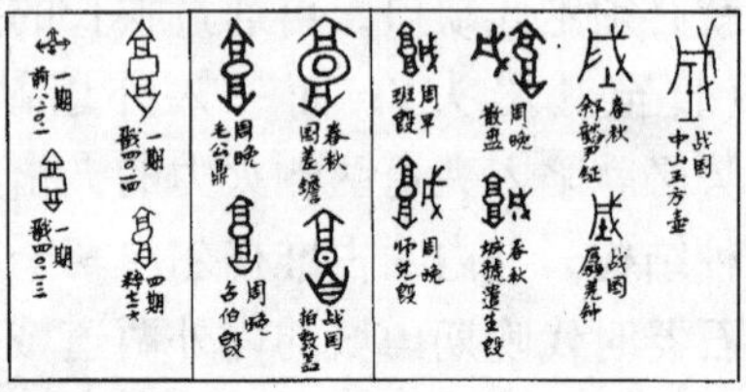

图2－63　甲骨文、金文中的“郭”、“墉”、“城”诸字（采自〔196〕）

这些古文字材料说明，商代的城墙已经普遍有上层建筑，而且城墙上部建筑往往是对称

① 见〔288〕第1～6页。

② 见〔288〕第1～6页。

③ 见〔288〕第52～54页。

④ 一些人将偃师商城小城的曲尺形城墙视为城墙“马面”的滥觞（见〔281〕〔290〕），不很妥当，因为新石器时代晚期的河南登封王城岗古城和夏纪年范围内的辽宁北票康家屯夏家店下层文化古城已有更接近于“马面”的城墙构造出现。

⑤ 见〔196〕第406页。

⑥ 见〔196〕第422页。

⑦ 有学者对甲骨文字提出了不同解释（见〔304〕），但从文字前后演变的诸多证据来看，此字还是以释为城的象形为确当。考释象形文字，除了字形揣摩，更重要的是需有后世派生字的佐证。

布局的，即使是小规模的城堡，也可能在两面城墙上建有亭庐。而且，商代已有重屋或楼房建筑①，其时城墙的上部建筑中，当也有楼。

第五节　西周筑城

一、发展大势

西周时期，筑城活动的发展有三个突出的表现。

其一，武王灭商后，分封诸侯，以为屏藩，以后的历代周王，续有分封。据称，至康王时，在周王畿之外的"四土"② 先后分封七十余个诸侯国，其中同姓之国五十三个③。这些封君一般以武装殖民的方式率其宗族进入封地，立即置身于被征服部族的包围之中，因此就国后首要的大事就是筑城自卫，震慑一方，继而开疆拓土，筑城以守，这也就是《诗·大雅·韩奕》中描写的"实墉实壑"（筑城掘壕），从而使筑城活动在广大的区域逐渐掀起一个高潮。

目前在北京房山琉璃河已经发现了西周重要封国燕国的都城遗址④，还有一些周代重要诸侯国的都城遗址，如曲阜鲁国故城遗址⑤、临淄齐国故城遗址⑥、三门峡虢都上阳城遗址[329]等，其历史都能够追溯到西周时期。《诗经》中有一些篇什还赞扬了诸侯国城池的宏伟和美盛，如《大雅·韩奕》："溥彼韩城，燕师所完。"《大雅·崧高》："申伯之功，召伯是营。有俶其城，寝庙既成，既成藐藐。"

其二，成王时周公平定殷遗民叛乱（管、蔡之乱）后，营建成周雒邑（位今河南洛阳以东约 15 公里，洛河之北，邙山之南），以为东都⑦。为镇守广大的东方，在成周驻有重兵，即所谓"成周八自（师）"，成周城的规模当不会小，故有"大邑成周"之称⑧。

《国语·郑语》记周幽王时史伯之言："当成周者，南有荆、蛮、申、吕、应、邓、陈、蔡、随、唐；北有卫、燕、狄、鲜虞、潞、洛、泉、徐、蒲；西有虞、虢、晋、隗、霍、杨、魏、芮；东有齐、鲁、曹、宋、滕、薛、邹、莒。"其中大多数为周王分封的"支子母弟甥舅之国"。随西周之分封和经营东土而兴起的这一轮筑城活动，奠定了后来中国城市地理分布的基本格局。

其三，宣王中兴时期，为抗击四邻戎狄蛮夷的入侵，加强了周边地区的筑城，如"城彼朔方"⑨，"城彼东方"⑩ 等。

---

① 见〔305〕及〔237〕第 381 ~ 382 页。
② 《左传·昭公九年》。
③ 《荀子·儒效》。
④ 见〔84〕〔307〕。
⑤ 见〔82〕第 28 ~ 36、211 ~ 214 页。
⑥ 见〔308〕〔309〕。
⑦ 见《左传·昭公三十二年》及何尊铭文，参见〔310〕〔311〕。
⑧ 《逸周书·作雒》。
⑨ 《诗·小雅·出车》。
⑩ 《诗·大雅·烝民》。

二、筑城的等级化和制度化

周初制礼作乐，礼乐制度趋于完善。礼制的核心就是等级制，其本质是维护通过分封建立起来的天子—诸侯—卿大夫这个权力金字塔结构，确保周天子作为天下共主的地位。在私有制、阶级和国家诞生后，城几乎成为统治阶级的必然居所，《礼记·礼运》有精当的表述：

大道既隐，天下为家，各亲其亲，各子其子，货力为己，大人世及以为礼，城郭沟池以为固。

在权力基于武力的社会，城是实力的物化，权力的象征，也是维护权力的必要工具①。因此，筑城也被纳入了礼制的范畴，这就是从制度上规定了天子王城、诸侯都城和卿大夫封邑筑城的规模，乃至城垣的高度，道路和城门的数量及宽度，等等，从而使诸侯和卿大夫的筑城活动有序化，以防失控，以致枝壮干弱，危及根本。这个制度被称为“营国”制度。

《左传·隐公元年》记郑大夫祭仲之语：

都城过百雉，国之害也。先王之制：大都不过叁国之一；中，五之一；小，九之一。

在这段文字中，第一个“国”字意为国家，其他几个“国”字都指国都；“都”字均指国中的大邑，属于宗室或卿大夫一级的筑城②。春秋初年之人所说的“先王之制”，自然是西周时期的制度。

又，《考工记·匠人》说：“匠人营国，方九里，旁三门。”方即见方。汉代以来的经学家普遍认为：“方九里”就是天子王城的规模，进而认为诸侯都城的规模为：公，方七里；侯伯，方五里；子男，方三里。或说：公之城方九里，侯伯七里，子男五里，天子王城当十二里。二说皆倡于郑玄，后人多倾向于第一说③。唐孔颖达又结合“大都不过叁国之一，中五之一，小九之一”的规制，推定了天子及公侯伯子男各级诸侯之宗室和卿大夫筑城（“都”）的规模：

定以王城方九里，依此数计之，则王城长五百四十雉；其大都方三里，长一百八十雉；中都方一里又二百四十步，长一百八雉也；小都方一里，长六十雉也。

公城方七里，长四百二十雉；其大都方二里又一百步，长一百四十雉也；中都方一里又一百二十步，长八十四雉也；小都方二百三十三步二尺，长四十六雉又二丈也。

侯伯城方五里，长三百雉；其大都方一里又二百步，长百雉也；中都比王之小都；其小都方一百六十六步四尺，长三十三雉又丈也。

子男城比王之大都；其大都比侯伯之中都；其中都方一百八十步，长三

① 参见〔312〕第95页及〔313〕。

② 参见〔314〕第177～180页。

③ 见《周礼注疏》卷四十一（《十三经注疏》第927页），《春秋左传正义》卷二（《十三经注疏》第1716页），孙诒让《周礼正义》卷八十四（〔315〕第14册第3423～3425页）。

十六雉也；小都方百步，长二十雉也。①

这个推定有一定的道理，比如郑是伯爵，其大都应长百雉，故祭仲说“都城过百雉，国之害也”。但西周制度的具体内容是否如此规范，以及这个制度在实际中贯彻到什么程度，都还有待于今后发现更多更有力的材料来验证。

三、筑城技术的一般状况

西周筑城技术，承继了商代的传统。业经局部发掘的北京琉璃河西周燕国都城城墙，主体系分段分层版筑而成，现存痕迹显示，有的段落所用模板长约2.3米，有的段落所用模板长约1.8米，模板高均为0.2米。沿城墙走向，模板自西向东依次排列，相邻两块板的接头重叠放置，东边的模板头压于西边的模板头的外侧。夯层厚度约为0.2米，大概是以一块模板的高度为单位一层层向上夯筑的。城墙底部未发现基础槽，系在修理平整的地面上起建[307]。郑州商城的一些段落，也是不挖基槽就直接在地面上建造②。但偃师商城已普遍采用先挖基槽、筑基起墙的方法。这种现象并不说明技术在退步，而是反映了这样一个事实，即使技术的发展已经达到某个高度，由于种种原因，并不是所有工程都能够具有最高水平。也就是说，技术的时代高度和具体工程（或产品）的技术水平，二者并不等同。在只能见到有限实例的古代技术史研究中，尤其需要注意这一点。

第六节　商周之际的边地山城

商代和西周时期边远地区的山城，现发现有陕西清涧县李家崖古城一例，年代约为商代晚期至西周早期，可能是当时活动于陕北、晋西北地区的部族方国（如鬼方、玁狁或土方、𢀛方等）的筑城。该城位于无定河岸边的高台地上，其南、西、北三面环水，南、北两面直接利用河水切割出来的深达百米的悬崖峭壁以为屏障，东、西两面筑有城墙，古城平面呈不规则的狭长形，东西495米，南北122～213米，城内面积6.7万平方米。

城墙为土石结构，先筑外壁，后筑内壁。外壁是在略经平整的地面上起建，筑法是一层石块上敷一层土，土层经过乱夯，如此层层往上砌，砌墙用的石块经过加工，大小基本相同，一般有较平的上、下面或上、下、侧三个面，砌成的外墙面紧密平整，内侧凹凸不平。外壁砌成后，紧依外壁内侧，先从平地修筑夯土基础，然后在其上筑墙，内壁墙主要为夯土结构，外有石砌包壁，筑法是一边用石块层层砌壁面，一边层层夯土，夯层厚薄不一，质量不好。城墙的外侧还有土石结构的护城坡，筑法或与外壁相同，或与内壁相同。外壁加内壁加护城坡，其底部总宽7.4～8.95米，城墙现存高3.1米，顶宽1.25～1.45米。晚期又在城墙外侧下部修筑有加固墙，以防城墙向外倒塌，筑法与外壁相同[316]。

尽管李家崖古城采用了石砌和土筑相结合的方法，石块较为规则平整，但仍

---

① 《春秋左传正义》卷二（《十三经注疏》第1716页）。雉作为长度单位，一雉等于三丈。一丈合十尺，一步合六尺。周时一尺一般以约合23厘米计之。

② 见〔288〕第51页。

有显著的原始性。

第七节　西周的道路建设

西周时期，为确保西部的镐京（位今陕西长安）和东部的成周（位今河南洛阳），以及东西两都与散布“四土”的诸侯国的联系，保障以战车兵为主体的军队的调动，便利信使的往来和军情的传递，以镐京和成周两座王城为中心，向四面八方构筑了许多条交通干道，时人称之为“周道”或“周行”①。从而使道路建设达到了空前未有的水平。

《诗·小雅·大东》说：“周道如砥，其直如矢。”可见周道平而直。《诗·小雅·小弁》和《左传·襄公五年》所引逸诗也赞扬：“踧踧周道”，“周道挺挺”。踧踧，平坦貌；挺挺，笔直貌。

《诗·小雅·四牡》说：“四牡騑騑，周道倭迟。”騑騑，马行不停；倭迟，遥远貌。可见周道适于驷马战车行驰。《诗·鲁颂·泮水》描写春秋前期鲁僖公征服淮夷：“顺彼长道，屈此群醜”；“戎车孔博，徒御无斁（败）。”其军队和宽大的战车就是凭借这些干道出征。

《诗·大雅·绵》说：“柞棫拨矣（柞树和棫树生叶了），行道兑矣（道路通达了）。”《国语·周语》说：“周制有之曰：列树以表道。”可见周道两侧种有树木。平直的道路和沿路种植的整齐树木，在关中和中原的土地上纵横延伸，连接起了一座座城池，展现出大国的气象。

---

① 《诗·桧风·匪风》,《诗·周南·卷耳》。

参考文献

〔1〕甘肃矿业公司甘肃矿产测勘总队：《甘肃地质矿产调查报告书》，1943年。

〔2〕夏湘蓉、李仲均、王根元：《中国古代矿业开发史》，北京：地质出版社，1980年。

〔3〕铜绿山考古发掘队：《湖北铜绿山春秋战国古矿井遗址发掘简报》，《文物》1975年第12期。

〔4〕周嘉华：《试论中国古代陶窑与冶金术的发生和早期发展的关系》，《科技史文集》（15），上海：上海科学技术出版社，1989年。

〔5〕苏荣誉、华觉明、李克敏、卢本珊：《中国上古金属技术》，济南：山东科学技术出版社，1995年。

〔6〕北京钢铁学院《中国古代冶金》编写组：《中国古代冶金》，北京：文物出版社，1978年。

〔7〕和岛城一：《山西省源涡鎮遺迹出土の銅渣しこついて》，《资源科学研究所汇报》58～59号，1962年。

〔8〕严文明：《论中国的铜石并用时代》，《史前研究》1984年第1期。

〔9〕文物编辑委员会编：《文物考古工作三十年（1949—1979）》，北京：文物出版社，1979年。

〔10〕北京钢铁学院冶金史组：《中国早期铜器的初步研究》，《考古学报》1981年第3期。

〔11〕中国社会科学院考古研究所河南二队：《河南临汝煤山遗址发掘报告》，《考古学报》1982年第4期。

〔12〕中国社会科学院考古研究所山西工作队：《山西襄汾陶寺首次发现铜器》，《考古》1984年第12期。

〔13〕中国社会科学院考古研究所：《胶县三里河》，北京：文物出版社，1988年。

〔14〕山东省文物考古研究所等：《山东栖霞杨家圈遗址发掘简报》，《史前研究》1984年第3期。

〔15〕河南省文物研究所、周口地区文化局文物科：《河南淮阳平粮台龙山文化城址试掘简报》，《文物》1983年第3期。

〔16〕安金槐：《试论河南地区龙山文化的社会性质》，《中原文物》1989年第1期。

〔17〕半坡博物馆、陕西省考古研究所、临潼县博物馆：《姜寨——新石器时代遗址发掘报告》，北京：文物出版社，1988年。

〔18〕张忠培（华泉）：《中国早期铜器的发现与研究》，《史学集刊》1985年第3期，又载《中国北方考古文集》，北京：文物出版社，1986年。

〔19〕安志敏：《中国早期铜器的几个问题》，《考古学报》1981年第3期。

〔20〕安志敏:《试论中国的早期铜器》,《考古》1993 年第 12 期。

〔21〕唐兰:《中国青铜器的起源与发展》,《故宫博物院院刊》1979 年第 1 期。

〔22〕李京华:《关于中原地区早期冶铜技术及相关问题的几点看法》,《文物》1985 年第 12 期。

〔23〕苏秉琦主编:《中国通史》第二卷《远古时代》,上海:上海人民出版社,1994 年。

〔24〕邹衡:《关于夏文化的上限问题——与李伯谦先生商讨》,《考古与文物》1999 年第 5 期。

〔25〕金正耀:《二里头青铜器的自然科学研究与夏文明探索》,《文物》2000 年第 1 期。

〔26〕李虎侯:《齐家文化铜镜的非破坏鉴定——快中子放射化学分析法》,《考古》1980 年第 4 期。

〔27〕山东大学历史系考古专业教研室:《泗水尹家城》,北京:文物出版社,1990 年。

〔28〕河南省文物研究所、中国历史博物馆考古部:《登封王城岗与阳城》,北京:文物出版社,1992 年。

〔29〕R. F. Tylecote, *A History of Metallurgy*, *The Metals Society*, London, 1976.

〔30〕华觉明等编译:《世界冶金发展史》,北京:科学技术文献出版社,1985 年。

〔31〕安志敏:《塔里木盆地及其周围的青铜文化遗存》,《考古》1996 年第 12 期。

〔32〕闻广:《中国古代铜矿与锡矿》,《地质评论》第 28 卷第 4 期,1980 年。

〔33〕金正耀:《晚商中原青铜的锡料问题》,《自然辩证法通讯》第 9 卷第 4 期,1987 年。

〔34〕《中国大百科全书·考古学》,北京·上海:中国大百科全书出版社,1986 年。

〔35〕中国社会科学院考古研究所安阳工作队:《1969—1977 年殷墟西区墓葬发掘报告》,《考古学报》1979 年第 1 期。

〔36〕中国社会科学院考古研究所:《殷墟发掘报告(1958—1961)》,北京:文物出版社,1987 年。

〔37〕中国社会科学院考古研究所:《偃师二里头》,北京:中国大百科全书出版社,1998 年。

〔38〕中国社会科学院考古研究所二里头队:《1980 年秋河南偃师二里头遗址发掘简报》,《考古》1983 年第 3 期。

〔39〕中国社会科学院考古研究所二里头队:《河南偃师二里头二号宫殿遗址》,《考古》1983 年第 3 期。

〔40〕中国社会科学院考古研究所二里头工作队:《1981 年河南偃师二里头墓葬发掘简报》,《考古》1984 年第 1 期。

〔41〕中国社会科学院考古研究所二里头工作队:《1984 年秋河南偃师二里头遗址发现的几座墓葬》,《考古》1986 年第 4 期。

〔42〕中国社会科学院考古研究所二里头工作队:《河南偃师二里头遗址发现新的铜器》,《考古》1991 年第 12 期。

〔43〕中国社会科学院考古研究所二里头工作队:《1987 年偃师二里头遗址墓葬发掘简报》,《考古》1992 年第 4 期。

〔44〕李学勤:《多学科相结合的"夏商周断代工程"及其新进展》,《中国史研究》1998 年第 4 期。

〔45〕李伯谦:《夏商周断代工程考古课题的新进展》,《文物》1999 年第 3 期。

〔46〕徐昭峰:《"夏商周断代工程"启动以来有关夏商分界研究概述》,《中国文物报》1999 年 6 月 16 日。

〔47〕李敏生:《先秦用铅的历史概况》,《文物》1984 年第 10 期。

〔48〕冯富根、王振江、华觉明、白荣金:《殷墟出土商代青铜觚铸造工艺的复原研究》,《考古》1982 年第 5 期。

〔49〕中国社会科学院考古研究所:《新中国的考古发现和研究》,北京:文物出版社,1984 年。

〔50〕中国社会科学院考古研究所二里头工作队:《偃师二里头遗址新发现的铜器和玉器》,《考古》1976 年第 4 期。

〔51〕偃师县文化馆:《二里头遗址出土的铜器和玉器》,《考古》1978 年第 4 期。

〔52〕金岳:《中国商代前期青铜容器分期》,《考古学集刊》(6),北京:科学出版社,1989 年。

〔53〕河南省博物馆:《郑州新出土的商代前期大铜鼎》,《文物》1975 年第 6 期。

〔54〕河南省文物研究所、郑州市博物馆:《郑州新发现商代窖藏青铜器》,《文物》1983 年第 3 期。

〔55〕湖北省博物馆:《盘龙城商代二里岗期的青铜器》,《文物》1976 年第 2 期。

〔56〕赵新来:《中牟县黄店大庄发现商代铜器》,《文物》1980 年第 12 期。

〔57〕曹淑琴:《商代中期有铭铜器初探》,《考古》1988 年第 3 期。

〔58〕河北省文物研究所:《藁城台西商代遗址》,北京:文物出版社,1985 年。

〔59〕李学勤:《盘龙城与商朝的南土》,《文物》1976 年第 2 期。

〔60〕李学勤:《新出青铜器研究》,北京:文物出版社,1990 年。

〔61〕江西省文物考古研究所铜岭遗址发掘队:《江西瑞昌铜岭商周矿冶遗址第一期发掘简报》,《江西文物》1990 年第 3 期。

〔62〕江西省清江县博物馆:《吴城商代遗址新发现的青铜兵器》,《文物》1980 年第 8 期。

〔63〕江西省文物考古研究所、江西省博物馆、新干县博物馆：《新干商代大墓》，北京：文物出版社，1997年。

〔64〕彭适凡、刘林、詹开逊：《关于新干大洋洲商墓年代问题的再探讨》，《文物》1991年第10期。

〔65〕曾昭燏、尹焕章：《江苏古代史上的两个问题》，载南京博物院编《江苏省出土文物选集》，北京：文物出版社，1963年。

〔66〕华觉明、卢本珊：《长江中下游铜矿带的早期开发和中国青铜文明》，《自然科学史研究》第15卷第1期，1996年。

〔67〕中国社会科学院考古研究所：《殷墟的发现与研究》，北京：科学出版社，1994年。

〔68〕梁思永、高志寻：《侯家庄（安阳侯家庄殷代墓地）》第五本《1004号大墓》，台北：中央研究院历史语言研究所，1970年。

〔69〕中国社会科学院考古研究所：《殷墟妇好墓》，北京：文物出版社，1980年。

〔70〕中国社会科学院考古研究所安阳工作队：《安阳郭家庄160号墓》，《考古》1991年第5期。

〔71〕梁思永、高去寻：《侯家庄（安阳侯家庄殷代墓地）》第二本《1001号大墓》，台北：中央研究院历史语言研究所，1962年。

〔72〕张光直、李光谟编：《李济考古学论文选集》，北京：文物出版社，1990年。

〔73〕石璋如：《小屯殷代的成套兵器》，《中央研究院历史语言研究所集刊》(22)，台北，1950年。

〔74〕马得志、周永珍、张云鹏：《1953年安阳大司空村发掘报告》，《考古学报》(9)，1955年。

〔75〕佟柱臣：《二里头文化和商周时代金属器代替石骨蚌器的过程》，《中原文物》1983年第2期。

〔76〕陈梦家：《殷墟卜辞综述》，北京：科学出版社，1956年。

〔77〕肖楠：《试论卜辞中的师和旅》，《古文字研究》(6)，1981年。

〔78〕杨升南：《略论商代的军队》，载《甲骨探史录》，北京：生活·读书·新知三联书店，1982年。

〔79〕邹衡：《夏商周考古学论文集》，北京：文物出版社，1980年。

〔80〕中国科学院考古研究所：《沣西发掘报告（1955—1957年陕西长安县沣西乡考古发掘资料）》，北京：文物出版社，1962年。

〔81〕郭宝钧：《浚县辛村》，北京：科学出版社，1964年。

〔82〕山东省文物考古研究所、山东省博物馆、济宁地区文物组、曲阜县文管会：《曲阜鲁国故城》，济南：齐鲁书社，1982年。

〔83〕卢连成、胡智生：《宝鸡強国墓地》，北京：文物出版社，1988年。

〔84〕北京市文物研究所：《琉璃河西周燕国墓地（1973—1977）》，北京：文物出版社，1995年。

〔85〕陕西省考古研究所：《高家堡戈国墓地》，西安：三秦出版社，1995 年。

〔86〕北京大学考古系、山西省考古研究所：《1992 年春天马—曲村遗址墓葬发掘报告》，《文物》1993 年第 3 期。

〔87〕北京大学考古学系、山西省考古研究所：《天马—曲村遗址北赵晋侯墓地第二次发掘》，《文物》1994 年第 1 期。

〔88〕山西省考古研究所、北京大学考古学系：《天马—曲村遗址北赵晋侯墓地第三次发掘》，《文物》1994 年第 8 期。

〔89〕山西省考古研究所、北京大学考古学系：《天马—曲村遗址北赵晋侯墓地第四次发掘》，《文物》1994 年第 8 期。

〔90〕北京大学考古学系、山西省考古研究所：《天马—曲村遗址北赵晋侯墓地第五次发掘》，《文物》1995 年第 7 期。

〔91〕陕西周原考古队：《陕西云塘西周骨器制造作坊遗址试掘简报》，《文物》1980 年第 4 期。

〔92〕中国社会科学院考古研究所沣镐工作队：《陕西长安县沣西新旺村西周制骨作坊遗址》，《考古》1992 年第 11 期。

〔93〕北京大学考古学系、山西省考古研究所：《天马—曲村遗址 J6、J7 区周代居址发掘简报》，《文物》1998 年第 11 期。

〔94〕中国科学院考古研究所：《上村岭虢国墓地》，北京：科学出版社，1959 年。

〔95〕郭宝钧：《殷周的青铜武器》，《考古》1961 年第 2 期。

〔96〕林巳奈夫：《中国殷周时代の武器》，京都：京都大学人文科学研究所，1972 年。

〔97〕杨新平、陈旭：《试论商代青铜武器的分期》，《中原文物》1983 年特刊。

〔98〕成东、钟少异：《中国古代兵器图集》，北京：解放军出版社，1990 年。

〔99〕李济：《记小屯出土之青铜器·中篇·锋刃器》，《中国考古学报》（4），1949 年。

〔100〕李济：《豫北出土青铜句兵分类图解》，《中央研究院历史语言研究所集刊》（22），台北，1950 年。

〔101〕曾凡：《福建漳浦新石器时代遗址调查》，《考古》1959 年第 6 期。

〔102〕广东省博物馆：《广东东部地区新石器时代遗存》，《考古》1961 年第 12 期。

〔103〕林钊：《福建新石器文化与青铜文化概述》，《考古》1994 年第 5 期。

〔104〕沈融：《试论三角援青铜戈》，《文物》1993 年第 3 期。

〔105〕戴应新：《神木石峁龙山文化玉器》，《考古与文化》1988 年第 5、6 期合刊。

〔106〕戴应新：《陕西神木县石峁龙山文化遗址调查》，《考古》1973 年第 3 期。

〔107〕李济：《俯身葬》，《国立中央研究院历史语言研究所专刊之一：安阳发

掘报告》(3)，1931 年。

〔108〕苏秉琦：《关于重建中国史前史的思考》，《考古》1991 年第 12 期。

〔109〕杨锡璋：《关于商代青铜戈矛的一些问题》，《考古与文物》1986 年第 3 期。

〔110〕佟柱臣：《中国新石器时代复合工具的研究——为纪念尹达先生诞辰八十周年而作》，载《中国东北地区和新石器时代考古论集》，北京：文物出版社，1989 年。

〔111〕李济：《殷墟铜器五种及其相关问题》，载《中央研究院历史语言研究所集刊外编第一种：庆祝蔡元培先生六十五岁论文集》，1933 年。

〔112〕乌恩：《殷末周初的北方青铜器》，《考古学报》1985 年第 2 期。

〔113〕杨泓：《中国古兵器论丛》，北京：文物出版社，1980 年；增订本，1985 年。

〔114〕钟少异：《试论戟的几个问题》，《文物》1995 年第 11 期。

〔115〕彭适凡、杨日新：《江西新干商代大墓文化性质刍议》，《文物》1993 年第 7 期。

〔116〕詹开逊：《谈新干大洋洲商墓出土的青铜兵器》，《文物》1994 年第 12 期。

〔117〕霍巍、黄伟：《试论无胡蜀式戈的几个问题》，《考古》1989 年第 3 期。

〔118〕李学勤、艾兰：《针刻纹三角援戈及相关问题》，《文物》1991 年第 1 期。

〔119〕顾颉刚：《史林杂识（初编）》，北京：中华书局，1963 年。

〔120〕李伯谦：《城固铜器群与早期蜀文化》，《考古与文物》1983 年第 2 期。

〔121〕山东省昌潍地区文物管理组：《胶县西庵遗址调查试掘简报》，《文物》1977 年第 4 期。

〔122〕王家祐：《记四川彭县竹瓦街出土的铜器》，《文物》1961 年第 11 期。

〔123〕冯汉骥：《四川彭县出土的铜器》，《文物》1980 年第 12 期。

〔124〕四川省博物馆：《四川彭县西周窖藏铜器》，《考古》1981 年第 6 期。

〔125〕茂县羌族博物馆、阿坝藏族羌族自治州文物管理所：《四川茂县牟托一号石棺墓及陪葬坑清理简报》，《文物》1994 年第 3 期。

〔126〕施劲松：《关于四川牟托一号石棺墓及器物坑的两个问题》，《考古》1996 年第 5 期。

〔127〕上海博物馆编：《上海博物馆馆藏青铜器》，上海：上海人民出版社，1964 年。

〔128〕李学勤主编：《中国美术全集·工艺美术编 4·青铜器》，北京：文物出版社，1985 年。

〔129〕北京市文物管理处：《北京地区的又一重要考古收获——昌平白浮西周木椁墓的新启示》，《考古》1976 年第 4 期。

〔130〕周纬：《中国兵器史稿》，北京：生活·读书·新知三联书店，1957 年；台北：明文书局，1981 年（翻印本）。

〔131〕刘一曼：《殷墟青铜刀》，《考古》1993 年第 2 期。

〔132〕石璋如：《殷墟最近之重要发现，附论小屯地层》，《中国考古学报》（2），1947 年。

〔133〕胡秉华、白荣金：《商周青铜胄之研究》，台北：中央研究院历史语言研究所《古今论衡》，第 12 期，2005 年 3 月。

〔134〕《滕州前掌大遗址有重要发现》，《中国文物报》1995 年 1 月 8 日。

〔135〕中国社会科学院考古研究所、北京市文物研究所琉璃河考古队：《北京琉璃河 1193 号大墓发掘简报》，《考古》1990 年第 1 期。

〔136〕沈阳故宫博物馆、沈阳市文物管理办公室：《沈阳郑家洼子的两座青铜时代墓葬》，《考古学报》1975 年第 1 期。

〔137〕白荣金：《西周铜甲组合复原》，《考古》1988 年第 9 期。

〔138〕白荣金：《长安张家坡 M170 号西周墓出土一组半月形铜件的组合复原》，《考古》1990 年第 6 期。

〔139〕成东：《先秦时期的盾》，《考古》1989 年第 1 期。

〔140〕柴晓明：《论商周时期的青铜面饰》，《考古》1992 年第 12 期。

〔141〕孙淑云、韩汝玢：《甘肃早期铜器的发现与冶炼、制造技术的研究》，《文物》1997 年第 7 期。

〔142〕河南省博物馆、郑州市博物馆：《郑州商代城遗址发掘报告》，《文物资料丛刊》（1），北京：文物出版社，1977 年。

〔143〕河南省文物研究所：《郑州商代二里岗期铸铜基址》，《考古学集刊》（6），北京：科学出版社，1989 年。

〔144〕江西省博物馆、清江县博物馆、北京大学历史系考古专业：《江西清江吴城商代遗址发掘简报》，《文物》1975 年第 7 期。

〔145〕彭适凡：《江西商周青铜器铸造技术》，《科技史文集》（9），上海：上海科学技术出版社，1982 年。

〔146〕杨耀林：《深圳及邻近地区先秦青铜器铸造技术的考察》，《考古》1997 年第 6 期。

〔147〕孙淑云：《深圳大梅沙遗址出土铜器的技术研究》，《考古》1997 年第 7 期。

〔148〕李敏生、黄素英、季连琪：《殷墟金属器物成分的测定报告（二）——殷墟西区铜器和铅器测定》，《考古学集刊》（4），北京：中国社会科学出版社，1984 年。

〔149〕中国社会科学院考古研究所：《殷墟青铜器》，北京：文物出版社，1985 年。

〔150〕李济：《中国文明的开始》，台北：台湾商务印书馆，1960 年（原著为英文，该中文版系万家保翻译）。

〔151〕谭德睿：《商周陶范铸造科技内涵的揭示》，《中国文物报》1998 年 5 月 6 日。

〔152〕中国社会科学院考古研究所、中国历史博物馆、山西省文物考古研究

所:《夏县东下冯》,北京:文物出版社,1989 年。

〔153〕石璋如:《殷代的铸铜工艺》,《中央研究院历史语言研究所集刊》(26),台北,1955 年。

〔154〕江西省博物馆、清江县博物馆:《江西清江吴城商代遗址第四次发掘的主要收获》,《文物资料丛刊》(2),北京:文物出版社,1978 年。

〔155〕河南省博物馆、《中国冶金史》编写组:《汉代叠铸——温县烘范窑的发掘和研究》,北京:文物出版社,1978 年。

〔156〕华觉明等著:《中国冶铸史论集》,北京:文物出版社,1986 年。

〔157〕华觉明、冯富根、王振江:《妇好墓青铜器群铸造技术的研究》,《考古学集刊》(1),北京:科学出版社,1981 年;又载《中国冶铸史论集》,北京:文物出版社,1986 年。

〔158〕林沄:《林沄学术文集》,北京:中国大百科全书出版社,1998 年。

〔159〕孙机:《中国古舆服论丛》,北京:文物出版社,1993 年;增订本,2001 年。

〔160〕吴来明:《"六齐"、商周青铜器化学成分及其演变的研究》,《文物》1986 年第 11 期。

〔161〕华觉明、王玉柱、朱迎善:《商周青铜合金配制和"六齐"论释》,载《第三届中国科学史讨论会论文集》,北京:科学出版社,1990 年。

〔162〕何堂坤:《几件琉璃河西周早期青铜器的科学分析》,《文物》1988 年第 3 期。

〔163〕李亚农:《殷代社会生活》,上海:上海人民出版社,1955 年。

〔164〕胡厚宣:《殷卜辞中的上帝和王帝》,《历史研究》1959 年第 9、10 期。

〔165〕北京钢铁学院、《中国冶金简史》编写小组:《中国冶金简史》,北京:科学出版社,1978 年。

〔166〕黄展岳:《关于中国开始冶铁和使用铁器的问题》,《文物》1976 年第 8 期。

〔167〕万家保:《殷商青铜盔的金相学研究》,中央研究院历史语言研究所,台北,1972 年。

〔168〕郭宝钧:《中国青铜器时代》,北京:生活·读书·新知三联书店,1963 年。

〔169〕甘肃省博物馆文物队:《甘肃灵台白草坡西周墓》,《考古学报》1977 年第 2 期。

〔170〕T. Champion, C. Gamble, *Prehistory Europe*, Academic Press, 1984.

〔171〕李众:《关于藁城商代铜钺铁刃的分析》,《考古学报》1976 年第 2 期。

〔172〕北京市文物管理处:《北京市平谷县刘家河发现商代墓葬》,《文物》1977 年第 11 期。

〔173〕张先得、张先禄:《北京平谷刘家河商代铜钺铁刃的分析鉴定》,《文物》1990 年第 7 期。

〔174〕R. J. Gettens, R. S. Clarke Jr., W. T. Chase, *Two Early Chinese Bronze*

Weapons with Meteoritic Iron Blades, Freer Gallery of Art, Occasional Papers, Vol. 4, No. 1, Washington D. C., 1971.

〔175〕夏鼐：《〈河北藁城台西村的商代遗址〉读后记》，《考古》1973 年第 5 期。

〔176〕李学勤：《比较考古学随笔》，南宁：广西师范大学出版社，1997 年。

〔177〕冯蒸：《关于西周初期太保氏的一件青铜器》，《文物》1977 年第 6 期。

〔178〕韩汝玢：《中国早期铁器（公元前 5 世纪以前）的金相学研究》，《文物》1998 年第 2 期。

〔179〕华觉明：《陨铁、陨铁器和冶铁术的发生》，《科技史文集》（9），上海：上海科学技术出版社，1982 年。

〔180〕Max Loehr, *Chinese Bronze Age Weapons*, Ann Arbor: The University of Michigan Press; London: Geoffrey Cumberlege, Oxford University Press, 1956.

〔181〕M. E. L. Mallowan, *The Cambridge Ancient History*, Vol. 1, part Ⅱ, Cambridge University Press, Cambridge, 1971.

〔182〕L. Cottrell, *The Concise Encyclopaeday of Archaeology*, 1960.

〔183〕J. Collis, *The Eurpean Iron Age*, *London*, 1980.

〔184〕孔令平、冯国正：《铁器的起源问题》，《考古》1988 年第 6 期。

〔185〕新疆维吾尔自治区文化厅文物处：《新疆哈密焉不拉克墓地》，《考古学报》1989 年第 3 期。

〔186〕陈戈：《新疆出土的早期铁器——兼谈我国开始使用铁器的时间问题》，载《庆祝苏秉琦考古五十五年论文集》，北京：文物出版社，1989 年。

〔187〕唐际根：《中国冶铁术的起源问题》，《考古》1993 年第 6 期。

〔188〕《中国文物精华》编辑委员会：《中国文物精华（1992）》，北京：文物出版社，1992 年。

〔189〕李学勤：《关于东周铁器问题》，《文物》1959 年第 2 期。

〔190〕夏夷陵：《殷代能用铁吗》，《史学月刊》1986 年第 2 期。

〔191〕戴尊德：《山西灵石县旌介村商代墓和青铜器》，《文物资料丛刊》（3），北京：文物出版社，1980 年。

〔192〕Joseph NeedHam, Robin D. S. Yates, with the collaboration of Krzysztof Gawlikowski, Edward McEwen, Wang Ling, *Science and Civilisation in China*, Vol. 5, Part Ⅵ, *Military Technology*: *Missiles and Sieges*, Cambridge University Press, Cambridge, 1994.

〔193〕李约瑟、叶山著，石施道（高利考夫斯基）、麦克尤恩、王铃协助：《中国科学技术史》第 5 卷第 6 分册《军事技术：抛射武器和攻守城技术》，钟少异等译，北京：科学出版社；上海：古籍出版社，2002 年。

〔194〕Edward McEwen, Robert L. Miller, Christopher A. Bergman：《早期弓的设计与构造》，《科学》（Scientific American 中译本）1991 年第 10 期。

〔195〕the Diagram Group, *Weapons—an International Encyclopedia from* 5000 *BC* to 2000 AD, London, 1982.

〔196〕高明：《古文字类编》，北京：中华书局，1980 年。

〔197〕中国社会科学院考古研究所:《洛阳中州路（西工段）》，北京：科学出版社，1959年。

〔198〕吉田光邦:《殷代技术小记》,《东方学报》(23)，京都，1953年。

〔199〕凉山彝族自治州博物馆:《凉山彝族文物图谱·漆器》，成都：四川民族出版社，1982年。

〔200〕梁思永、高志寻:《侯家庄（安阳侯家庄殷代墓地）》第四本《1003号大墓》，台北：中央研究院历史语言研究所，1967年。

〔201〕中国社会科学院考古研究所沣西发掘队:《长安张家坡M183西周洞室墓发掘简报》,《考古》1989年第6期。

〔202〕《中国大百科全书·文物、博物馆》，北京：中国大百科全书出版社，1993年。

〔203〕中国社会科学院考古研究所安阳工作队:《安阳小屯村北的两座殷代墓》,《考古学报》1981年第4期。

〔204〕费汉清、张正发:《阴湘城发掘又获重大成果》，《中国文物报》1998年7月1日。

〔205〕陈梦家:《西周铜器断代（一)》,《考古学报》(9)，1955年。

〔206〕史四维:《木轮形式和作用的演变》，载李国豪、张孟闻、曹天钦主编《中国科技史探索》，香港：中华书局香港分局，1986年。

〔207〕王巍:《商代马车渊源蠡测》，载中国社会科学院考古研究所编《中国商文化国际学术讨论会论文集》，北京：中国大百科全书出版社，1998年。

〔208〕中国社会科学院考古研究所河南第二工作队:《河南偃师商城东北隅发掘简报》,《考古》1998年第6期。

〔209〕中国社会科学院考古研究所夏商周考古研究室:《考古研究所夏商周考古二十年》,《考古》1997年第8期。

〔210〕杜金鹏、王学荣、张良仁、谷飞:《试论偃师商城东北隅考古新收获》,《考古》1998年第6期。

〔211〕林巳奈夫:《中国先秦时代の马车》,《东方学报》(29)，京都，1959年。

〔212〕列·谢·瓦西里耶夫:《中国文明的起源问题》，赫镇华等译，北京：文物出版社，1989年。

〔213〕孙机:《中国古代马车的系驾法》,《自然科学史研究》第3卷第2期，1984年。

〔214〕翟德芳:《商周时期马车起源初探》,《华夏考古》1988年第1期。

〔215〕Edward L. Shaughnessy, *Historical Perspetives on the Introduction of the Chariot into China*, Harvard Journal of Asiatic Studies, Vol. 48. 1, June 1988.

〔216〕乌恩:《论古代战车及其相关问题》，载《内蒙古文物考古文集》(1)，北京：中国大百科全书出版社，1994年。

〔217〕爱玛·邦克（Emma C. Bunker):《商文化晚期马车的引进》，载《中国商文化国际学术讨论会论文集》，北京：中国大百科全书出版社，1998年。

〔218〕李学勤：《中国和中亚的马车》，载《比较考古学随笔》，桂林：广西师范大学出版社，1997 年。

〔219〕钟少异、钟锡华：《论商周独辕马车的系驾方式——古独辕马车平衡保护装置的发现》，载《机械技术史——第一届中日机械技术史国际学术会议论文集》，北京：机械工业出版社，1998 年，1999 年。

〔220〕孔令平：《马车的起源和进化》，《中国文物报》1994 年 6 月 12 日。

〔221〕郭晓晖：《骑马术与印欧语系的兴起》，《中国文物报》1995 年 3 月 12 日。

〔222〕袁靖、安家媛：《中国动物考古学研究的两个问题》，《中国文物报》1997 年 4 月 27 日。

〔223〕水涛：《驯马、马车与骑马民族文化》，《中国文物报》1997 年 6 月 15 日。

〔224〕王宜涛：《也谈中国马类动物历史及相关问题》，《中国文物报》1998 年 8 月 12 日。

〔225〕韩东：《也谈家马的起源及其他》，《中国文物报》1999 年 6 月 23 日。

〔226〕乌恩：《试论贺兰山岩画的年代》，《文物》1994 年第 7 期。

〔227〕中国社会科学院考古研究所：《殷周金文集成》（1～18），北京：中华书局，1984～1994 年。

〔228〕李零：《“车马”与“大车”（跋师同鼎）》，《考古与文物》1992 年第 2 期。

〔229〕杨宝成：《殷代车子的发现与复原》，《考古》1984 年第 6 期。

〔230〕胡厚宣：《甲骨续存》，上海：群联出版社，1955 年。

〔231〕岛邦男：《殷墟卜辞研究》，1958 年。

〔232〕顾颉刚、杨向奎：《中国古代的战车考略》，《东方杂志》第 34 卷第 1 号，1937 年。

〔233〕王贵民：《就殷墟甲骨文所见试说“司马”职名的起源》，载胡厚宣主编《甲骨文与殷商史》，上海：上海古籍出版社，1983 年。

〔234〕孟世凯：《商代田猎性质初探》，载胡厚宣主编《甲骨文与殷商史》，上海：上海古籍出版社，1983 年。

〔235〕胡厚宣：《殷代𢀛方考》，《甲骨学商史论丛》（初集），成都华西坝：齐鲁大学国学研究所，1944 年。

〔236〕杨泓：《商代的兵器与战车》，载《中国商文化国际学术讨论会论文集》，北京：中国大百科全书出版社，1998 年。

〔237〕温少峰、袁庭栋：《殷墟卜辞研究——科学技术篇》，成都：四川省社会科学院出版社，1983 年。

〔238〕中国科学院考古研究所：《辉县发掘报告》，北京：科学出版社，1956 年。

〔239〕中国社会科学院考古研究所：《安阳殷墟郭家庄商代墓葬》，北京：中国大百科全书出版社，1998 年。

〔240〕张长寿、张孝光：《殷周车制略说》，载《中国考古学研究——夏鼐先生考古五十年纪念论文集》，北京：文物出版社，1986 年。

〔241〕孙机：《中国古独辀马车的结构》，《文物》1985 年第 8 期。

〔242〕林巳奈夫：《汉代の文物》，京都：京都大学人文科学研究所，1976 年。

〔243〕孙机：《汉代物质文化资料图说》，北京：文物出版社，1991 年。

〔244〕杨英杰：《先秦古车挽马部分鞁具与马饰考辨》，《文物》1988 年第 2 期。

〔245〕袁仲一：《秦陵铜车马有关几个器名的考释》，《考古与文物》1997 年第 5 期。

〔246〕《古都洛阳秘宝展》（图录），冈山：冈山市立オリエソト美术馆，1983 年。

〔247〕中国科学院考古研究所安阳工作队：《安阳新发现的殷代车马坑》，《考古》1972 年第 4 期。

〔248〕中国社会科学院考古研究所安阳工作队：《殷墟西区发现一座车马坑》，《考古》1984 年第 6 期。

〔249〕张长寿、张孝光：《说伏兔与画辑》，《考古》1980 年第 4 期。

〔250〕陕西省秦俑考古队、秦始皇兵马俑博物馆：《秦陵二号铜车马》（《考古与文物》丛刊第一号），西安：《考古与文物》编辑部，1983 年。

〔251〕秦俑考古队：《秦始皇陵二号铜车马清理简报》，《文物》1983 年第 7 期。

〔252〕陕西省秦俑考古队：《秦始皇陵一号铜车马清理简报》，《文物》1991 年第 1 期。

〔253〕Joseph Needham, *Science and Civilisation in China*, Vol. 4, Part Ⅱ, Mechanical Engineering, Cambridge University Press, Cambridge, 1961.

〔254〕杨泓：《骑兵和甲骑具装二论》，载饶宗颐主编《华学》（3），北京：紫禁城出版社，1998 年。

〔255〕孙机：《始皇陵二号铜车马对车制研究的新启示》，《文物》1983 年第 7 期。

〔256〕金启华：《国风今译》，南京：江苏人民出版社，1963 年。

〔257〕杨伯峻：《春秋左传注》，北京：中华书局，1981 年。

〔258〕洛阳博物馆：《洛阳北窑村西周遗址 1974 年度发掘简报》，《文物》1981 年第 7 期。

〔259〕肖楠：《试论卜辞中的“工”与“百工”》，《考古》1981 年第 3 期。

〔260〕童书业：《中国手工业商业发展史》，济南：齐鲁书社，1981 年。

〔261〕北京大学历史系考古教研室商周组：《商周考古》，北京：文物出版社，1979 年。

〔262〕洛阳市文物工作队：《1975—1979 年洛阳北窑西周铸铜遗址的发掘》，《考古》1983 年第 5 期。

〔263〕杨育彬：《河南考古》，郑州：中州古籍出版社，1985 年。

〔264〕安金槐：《试论登封王城岗龙山文化城址与夏代阳城》，载《中国考古学会第四次年会论文集（1983）》，北京：文物出版社，1985 年。

〔265〕河南省文物研究所、中国历史博物馆考古部：《登封王城岗与阳城》，北京：文物出版社，1992 年。

〔266〕任式楠：《中国史前城址考察》，《考古》1998 年第 1 期。

〔267〕杜金鹏、王学荣：《偃师商城考古新成果与夏商年代学研究》，《光明日报》1998 年 5 月 15 日。

〔268〕高炜、杨锡璋、王巍、杜金鹏：《偃师商城与夏商文化分界》，《考古》1998 年第 10 期。

〔269〕袁广阔：《试论夏商文化分界》，《考古》1998 年第 10 期。

〔270〕赵芝荃：《论二里头遗址为夏代晚期都邑》，《华夏考古》1987 年第 2 期。

〔271〕方酉生：《论二里头遗址的文化性质——兼论夏代国家的形成》，《华夏考古》1984 年第 1 期。

〔272〕方酉生：《偃师二里头遗址第三期遗存与桀都斟鄩》，《考古》1995 年第 2 期。

〔273〕张子高：《从镀锡铜器谈到"鋈"字本义》，《考古学报》1958 年第 3 期。

〔274〕中国科学院考古研究所二里头工作队：《河南偃师二里头早商宫殿遗址发掘简报》，《考古》1974 年第 4 期。

〔275〕徐光冀：《赤峰英金河、阴河流域石城遗址》，载《中国考古学研究——夏鼐先生考古五十年论文集》，北京：文物出版社，1986 年。

〔276〕文物编辑委员会：《文物考古工作十年》，北京：文物出版社，1990 年。

〔277〕刘晋祥、董新林：《燕山南北长城地带史前聚落形态的初步研究》，《文物》1997 年第 8 期。

〔278〕辛岩、李维宇：《康家屯城址考古获重大突破》，《中国文物报》1999 年 1 月 10 日。

〔279〕武家昌、王来柱、李维宇：《北票西大川遗址发掘获新成果》，《中国文物报》1999 年 4 月 25 日。

〔280〕中国社会科学院考古研究所洛阳汉魏故城工作队：《偃师商城的初步勘探和发掘》，《考古》1984 年第 6 期。

〔281〕中国社会科学院考古研究所河南第二工作队：《河南偃师商城小城发掘简报》，《考古》1999 年第 2 期。

〔282〕中国社会科学院考古研究所、中国历史博物馆、山西省考古研究所：《夏县东下冯》，北京：文物出版社，1988 年。

〔283〕中国历史博物馆考古部、山西省考古研究所、垣曲县博物馆：《垣曲商城（1985—1986 年度勘查报告）》，北京：科学出版社，1996 年。

〔284〕戴向明：《垣曲商城发掘获重要成果》，《中国文物报》1998 年 9 月

6 日。

〔285〕湖北省博物馆、北京大学历史系考古专业盘龙城发掘队：《盘龙城一九七四年度田野考古纪要》，《文物》1976 年第 2 期。

〔286〕王睿：《垣曲商城的年代及其相关问题》，《考古》1998 年第 8 期。

〔287〕劳伯敏：《湖州下菰城初探》，载《中国考古学会第五次年会论文集(1985)》，北京：文物出版社，1988 年。

〔288〕河南省文物研究所：《郑州商城考古新发现与研究（1985—1992）》，郑州：中州古籍出版社，1993 年。

〔289〕王学荣：《偃师商城布局的探索和思考》，《考古》1999 年第 2 期。

〔290〕杜金鹏、王学荣、张良仁：《试论偃师商城小城的几个问题》，《考古》1999 年第 2 期。

〔291〕安金槐、杨育彬：《偃师商城若干问题的再探讨》，《考古》1998 年第 6 期。

〔292〕邹衡：《偃师商城即太甲桐宫说》，《北京大学学报（哲学社会科学版)》1984 年第 4 期。

〔293〕邹衡：《西亳与桐宫考辨》，载《纪念北京大学考古专业三十周年论文集》，北京：文物出版社，1990 年。

〔294〕刘庆柱：《中国古代宫城考古学研究的几个问题》，《文物》1998 年第 3 期。

〔295〕《偃师商城考古再获新突破》，《中国文物报》1998 年 1 月 11 日。

〔296〕中国社会科学院考古研究所河南第二工作队：《偃师商城获重大考古新成果》，《中国文物报》1996 年 12 月 8 日。

〔297〕中国考古学会编：《中国考古学年鉴（1988）》，北京：文物出版社，1989 年。

〔298〕杜金鹏、张良仁：《偃师商城发现商早期帝王池苑》，《中国文物报》1999 年 6 月 9 日。

〔299〕中国考古学会编：《中国考古学年鉴（1985）》，北京：文物出版社，1985 年。

〔300〕中国社会科学院考古研究所河南第二工作队：《1983 年秋季河南偃师商城发掘简报》，《考古》1984 年第 10 期。

〔301〕刘忠伏、徐殿魁：《偃师商城的发掘和文化分期》，载《中国商文化国际学术讨论会论文集》，北京：中国大百科全书出版社，1998 年。

〔302〕赵芝荃、徐殿魁：《偃师尸乡沟商代早期城址》，载《中国考古学会第五次年会论文集（1985）》，北京：文物出版社，1988 年。

〔303〕董琦：《瓮城溯源——垣曲商城遗址研究之一》，《文物季刊》1994 年第 4 期。

〔304〕杨鸿勋：《论古文字㐭、[illegible]、[illegible]、井的形和义》，《考古》1994 年第 7 期。

〔305〕杨鸿勋：《从盘龙城商代宫殿遗址谈中国宫廷建筑发展的几个问题》，

《考古》1976 年第 2 期。
〔306〕中国科学院考古研究所：《甲骨文编》，北京：中华书局，1965 年。
〔307〕琉璃河考古队：《琉璃河遗址 1996 年度发掘简报》，《文物》1997 年第 6 期。
〔308〕群力：《临淄齐国故城勘探纪要》，《文物》1972 年第 5 期。
〔309〕侯仁之：《淄博市主要城镇的起源和发展》，《历史地理学的理论与实践》，上海：上海人民出版社，1979 年。
〔310〕马承源：《何尊铭文初释》，《文物》1976 年第 1 期。
〔311〕马承源：《何尊铭文和周初史实》，载《王国维学术研究论集》（1），上海：华东师范大学出版社，1983 年。
〔312〕Hsiao-t 'ung Fei（费孝通），China ´s Gentry，Chicago University Press，1953.
〔313〕张光直：《关于中国初期“城市”这个概念》，《文物》1985 年第 2 期。
〔314〕童书业：《春秋左传研究》，上海：上海人民出版社，1980 年。
〔315〕孙诒让：《周礼正义》，王文锦、陈玉霞点校，北京：中华书局，1987 年。
〔316〕张映文、吕智荣：《陕西清涧县李家崖古城址发掘简报》，《考古与文物》1988 年第 1 期。
〔317〕杨升南：《说“周行”、“周道”——西周时期的交通初探》，《人文杂志丛刊》（2）《西周史研究》。
〔318〕《焦作府城发现商代早期城址》，《中国文物报》1999 年 12 月 19 日。
〔319〕贾笑冰：《滕州前掌大商墓发掘获新成果》，《中国文物报》1999 年 3 月 14 日。
〔320〕王琳：《从几件铜柄玉兵看商代金属与非金属的结合铸造技术》，《考古》1987 年第 4 期。
〔321〕季连琪：《河南安阳郭家庄 160 号墓出土铜器的成分分析研究》，《考古》1997 年第 2 期。
〔322〕洛阳市文物工作队：《洛阳林校西周车马坑》，《文物》1999 年第 3 期。
〔323〕河南省文物考古研究所、三门峡市文物工作队：《三门峡虢国墓》，北京：文物出版社，1999 年。
〔324〕内蒙古自治区文物考古研究所、鄂尔多斯博物馆：《朱开沟——青铜时代早期遗址》，北京：文物出版社，2000 年。
〔325〕中国社会科学院考古研究所山东工作队：《山东滕州前掌大商周墓地 1998 年发掘简报》，《考古》2000 年第 7 期。
〔326〕袁广阔、秦小丽：《河南焦作府城遗址发掘报告》，《考古学报》2000 年第 4 期。
〔327〕《河南出土商周青铜器》编辑组：《河南出土商周青铜器》（一），北京：文物出版社，1981 年。
〔328〕许成、卫忠：《贺兰山岩画》，北京：文物出版社，1993 年。

〔329〕李家窑遗址考古发掘队：《三门峡发现虢都上阳城》，《中国文物报》2001 年 1 月 10 日。

〔330〕唐际根、刘忠伏：《安阳殷墟保护区外缘发现大型商代城址》，《中国文物报》2000 年 2 月 20 日。

〔331〕秦始皇陵兵马俑博物馆：《秦始皇陵铜车马修复报告》，北京：文物出版社，1998 年。

〔332〕河南省文物考古研究所：《郑州商城——1985 年考古发掘报告》，北京：文物出版社，2001 年。

〔333〕中国社会科学院考古研究所：《偃师二里头——1959—1978 年考古发掘报告》，北京：中国大百科全书出版社，1999 年。

〔334〕中国社会科学院考古研究所：《大甸子——夏家店下层文化遗址与墓地发掘报告》，北京：科学出版社，1996 年。

〔335〕湖北省文物考古研究所：《盘龙城——1963—1994 年考古发掘报告》，北京：文物出版社，2001 年。

〔336〕洛阳市文物工作队：《洛阳北窑西周墓》，北京：文物出版社，1999 年。

第三编　东　周

公元前771年，位于渭水之滨的周朝的都城为犬戎所攻破，昏庸的周幽王死难。公元前770年，周平王继位，迁都于东部的洛水之畔，中国历史由此进入了东周——春秋战国时代。

在这个时期，铁质生产工具，特别是铁农具逐渐普及，大量的荒地得到垦辟，人口大幅度增加，集聚了大量人口和财富的城市大量涌现，社会经济有了飞跃发展。经过各诸侯国长期的艰苦开拓和经营，黄河和长江中下游地区成为连成一片的发达的农耕区域。

周朝建立之初，周天子通过大量分封子弟姻亲为诸侯，为王朝建立起了一道对抗周边部族方国的屏藩。及至东周时期，周王室日益衰弱，丧失了对诸侯国的控制力，诸侯大国为扩张领土和势力范围，展开了激烈的角逐。从春秋五霸到战国七雄，诸侯国之间的兼并杀伐愈演愈烈，列国都倾全力扩军备战，以至国家机器几乎完全成为战争的机器。统治者的高度重视和资源的大量投入，使得武器装备的生产制造和军事工程建设有了巨大发展。

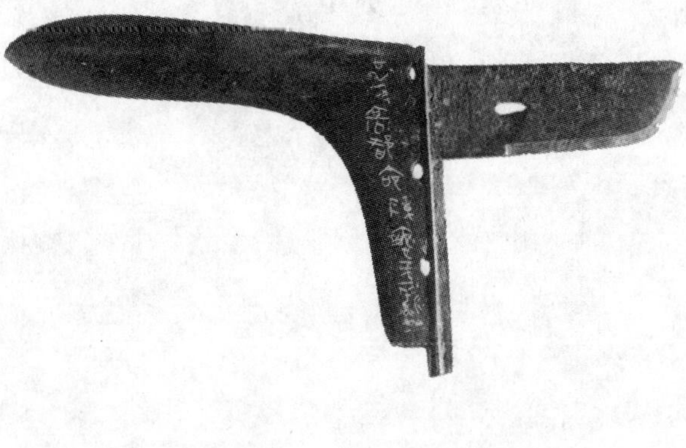

第一章
军事手工业的确立和发展

第一节　早期官手工业的特点

春秋时期的一些文献材料，反映出了早期官手工业的基本特点。

《国语·齐语》载春秋初期管仲的话说："处工就官府，处商就市井。"又，《国语·晋语四》记晋文公时代晋国的状况："公食贡，大夫食邑，士食田，庶人食力，工商食官，皂隶食职，官宰食加。政平民阜，财用不匮。"《论语·子张》中孔子的话说："百工居肆以成其事。"《正义》注曰："肆谓官府造作之处也。"这些材料反映出，官手工业体系中的工匠，是在官府的直接管理之下，在官府设立的作坊中从事生产，由官府供其衣食的。此为其一。

《左传·哀公九年》记楚国子囊的话说："商工皂隶，不知迁业。"又，《左传·昭公二十六年》载晏子之语："民不迁，农不移，工贾不变，士不滥，官不滔，大夫不收公利。"《国语·齐语》载管仲之言："令夫工，群萃而州处，审其四时，辨其功苦，权节其用，论比协材，旦暮从事，施于四方，以饬其子弟，相语以事，相示以巧，相陈以功。少而习焉，其心安焉，不见异物而迁焉。是故其父兄之教不肃而成，其子弟之学不劳而得。夫是，故工之子恒为工。"这些材料反映出，官手工业体系中的工匠，一般是世袭其职，世代传承的。此为其二。

《国语·齐语》记管仲治齐："制国以为二十一乡，工商之乡六，士乡十五。"①联系"处工就官府"、"群萃而州处"等话，可知官手工业体系中的工匠是聚居的。此为其三。

《左传·桓公二年》记晋师服之言："故天子建国，诸侯立家，卿置侧室，大夫有贰宗，士有隶子弟，庶人工商，各有分亲，皆有等衰。是以民服事其上，而下无觊觎。"又，《左传·襄公十四年》记晋师旷之言："是故天子有公，诸侯有卿，卿置侧室，大夫有贰宗，士有朋友，庶人工商，皂隶牧圉，皆有亲啃，以相辅佐也。"这些材料反映出，在早期等级制社会里，手工业者的地位是介乎庶人（广大的农民）和皂隶牧圉（奴隶贱民）之间的。此为其四。

文献中还有一些材料，能够具体说明官手工业工匠的独特地位。

《左传·成公二年》记载，楚人伐鲁，鲁国以手工业者作贿赂品，藉求退兵："孟孙请往赂之，以执斫（木工）、执针（女缝工）、织纴（织布帛工），皆百人。"类似的例子也见于《国语·晋语七》，晋人伐郑，郑"纳女工妾三十人"以求和。由于官手工业工人役属、仰食于官府，所以官家可将其作为贿赠品馈送转让。从这点来看，他们的地位近于皂隶牧圉。在西周金文中，常将百工与仆驭、臣妾并

① 注引唐尚书云："士与农共十五乡。"

列，也是一个表现①。

另一方面，《左传·哀公二年》记赵简子誓师之词曰："克敌者，上大夫受县，下大夫受郡，士田十万，庶人工商遂（得遂仕进），人臣隶圉免（得获自由）。"可见手工业者与庶人一样，如有战功，即可做官，其地位又高于奴隶。正因为如此，统治者对工匠的使用，还不能够无所忌惮，而必须适当地顾及其利益。《左传》中记载了两次卫国工匠造反事件，分别发生于鲁哀公十七年和二十五年，原因是卫公"使匠久"、"使三匠（三种工匠）久"。所谓"久"，大概都指疲民以逞。童书业认为，周代的"国人"，应包括手工业者在内②，是有道理的。国人的主体是国都及其近郊的庶人，官手工业工匠也居住在这个范围，而且地位与庶人相近。

以上所论是就具有专门技能的世袭工匠而言。在早期官手工业作坊中，也必然或多或少使用奴隶贱民来承担力役劳作。

第二节 东周官手工业发展大势

东周时期官手工业的总体发展趋势，主要表现在三个方面。

一、分工日益专细

编成于春秋战国之际的《考工记》③ 说：

> 凡攻木之工七，攻金之工六，攻皮之工五，设色之工五，刮摩之工五，抟埴之工二。攻木之工：轮、舆、弓、庐、匠、车、梓；攻金之工：筑、冶、凫、㮚、段、桃；攻皮之工：函、鲍、韗、韦、裘；设色之工：画、缋、钟、筐、㡛；刮摩之工：玉、楖、雕、矢、磬；抟埴之工：陶、旊。

这是今天所能够见到的关于古代手工业分工情况的最早资料。由于《考工记》是一部官书④，它所概括的自然是官手工业的情况，所以该书开篇就说："国有六职，百工与居一焉。"又因它成书于春秋时期之际，所以自然主要反映了春秋时期的状况。它使我们了解到，春秋时期的手工业，分工已经相当精细，如攻金中的筑氏，专门制造削刀，凫氏专门铸钟，桃氏专门铸剑；单单制车，就分为轮、舆、车诸工种，而据该书下文所述，制车的专门工种中，实际上还有一个辀人。但书中所列6大类30个工种，却绝非当时官手工业的全貌。比如：攻金的6个工种，全为铜器铸造之工，并没有把金属采冶业包括在内。早在商代，铜矿石的开采和冶炼与铜器铸造已经分地进行，江西瑞昌铜岭、湖北大冶铜绿山、内蒙古林西大井等商周矿冶遗址的发现证明了独立的矿冶业的存在。又如：《左传·成公二年》曾提到"执针"、"织纴"等工种，说明有独立的织造业；酿酒业在商周时代一直

---

① 师䚄毁铭文："余命女死我家，耤嗣我西隔、东隔仆驭、百工、牧、臣妾。"伊毁铭文："王呼命尹封册，命伊□官司康宫王臣妾、百工。"

② 见〔1〕第28页。

③ 关于《考工记》的成书年代，见〔2〕〔3〕及〔4〕第123~138页。

④ 参见〔2〕。

很兴盛①；一些国家还有发达的煮盐业②。这些在《考工记》中都未被提及。而且，攻木之工详举了与造车有关的诸工种，却没有提到造船。凡此都说明，春秋时期官手工业的门类和工种，实际上要比《考工记》所概括的繁复得多。诚如汉代郑玄所说，《考工记》的三十工，“略记其事耳”③。

及至战国时期，生产和技术更呈现大发展的局面，因而又产生了新的手工业工种甚至门类。比如冶铁，可能就是在战国时期成为独立的行业，并分化出诸多工种。《考工记》也无法把这些新情况概括进去。

二、管理渐趋严密

《吕氏春秋》说：

季春之月……命工师，令百工，审五库之量：金铁、皮革、筋角、齿羽、箭干、脂胶、丹漆，无或不良。百工咸理，监工日号。无悖于时；无或作为淫巧，以荡上心。④

孟冬之月……工师效功。陈祭器，按度程；无或作为淫巧，以荡上心；必功致为上。物勒工名，以考其诚；工有不当，必行其罪，以穷其情。⑤

同样的内容也见于《礼记·月令》。据今所知，以“工师”名官和在器物上铭刻工匠的名字，均始于战国；至于“工师”官名的盛行和物勒工名制度的形成，则都在战国中晚期⑥。因此，《吕氏春秋》所言实是战国时期的官手工业制度。但它必然是逐步地完善起来的，商代的甲骨卜辞中已有“省工”之文，或以为即指对手工业生产进行省视⑦。

在《吕氏春秋》的这两段话中，最值得重视的是“按度程”一语。按同案，稽核、查考也；度者，法度、制度也；程者，法式、规章也⑧。例如《商君书·定分》：“为之程式，使日数而知法令之所谓。”《吕氏春秋·慎行》：“始而相与，久而相信，卒而相亲，后世以为法程。”既然工师考核工效时要“案度程”，说明当时的官手工业生产必定是依据法式、规章和制度来进行的。《考工记》中有关工艺规范和产品规格的大量内容，可能就来源于官手工业的法式或程式。

战国时期，官手工业的管理还逐渐趋于法制化。1975 年在湖北云梦睡虎地发现的大批秦代竹简，包括有多种法律文书，其中一些律文应为秦孝公时商鞅所立，大部分则为秦昭王至始皇初年所修订⑨，含有不少关于手工业的内容，从中可以窥见战国中晚期秦国官手工业管理法制化的若干情况。

---

① 见〔5〕第363~371页，〔6〕第78页。

② 《管子·地数》：“齐有渠展之盐，燕有辽东之煮。”据《左传·成公六年》所记，春秋时晋国已煮造池盐，时人将“盬”（盐池）与山、泽、林并视为国之宝。

③ 《周礼注疏》卷三十九（《十三经注疏》第906页）。《墨子·节用中》说：“凡天下群百工，轮车鞼匏，陶冶梓匠，使各从事其所能。”也是概举而已。

④ 《吕氏春秋·季春纪》。

⑤ 《吕氏春秋·孟冬纪》。

⑥ 见本章第四节。

⑦ 见〔5〕第350页。

⑧ 《礼记·月令》郑玄注：“度，谓制大小也；程，谓器所容也。”（见《十三经注疏》第1381页）不当。《吕氏春秋·孟冬纪》高诱注：“程，法也。”正确。

⑨ 见〔7〕〔8〕。

（一）官手工业的法式、规章和制度被立为国家的法律。云梦秦简中见有秦律29种①，其中有3种：工律、工人程、均工，是专门关于手工业的立法，内容大多是官手工业的法式或规章制度。如《工人程》的律名，说明它就是手工业生产的法式或规章，从现存之简来看，其内容主要为劳动力计工的标准。又如《工律》中有一条律文：

为器同物者，其小大、短长、广亦必等。

这应属器物规格的法式。《均工》中有一条律文：

新工初工事，一岁半功，其后岁赋功与故等。工师善教之，故工一岁而成，新工二岁而成。能先期成学者谒上，上且有以赏之；盈期不成学者，籍书而上内史。

这是有关工徒学艺的规章。

（二）以法律手段来管理生产。云梦秦简中保存了若干官手工业从业人员失职处罚的律条：

省殿，赀②工师一甲，丞及曹长一盾，徒络组廿给。（《秦律杂抄》）

省三岁比殿，赀工师二甲，丞、曹长一甲，徒络组五十给。（《秦律杂抄》）

非岁红（功）及毋命书，敢为它器，工师及丞赀各二甲。（《秦律杂抄》）

工择榦，榦可用而久以为不可用，赀二甲。（《秦律杂抄》）

工稟漆它县，到官试之，饮水，水减二百斗以上，赀工及吏将者各二甲。（《效律》）

工盗以出，赃不盈一钱，曹人当答不当答？不当答。（《法律答问》）

可见管理官员和工匠失职，都要按律处罚。《吕氏春秋》所谓"工有不当，必行其罪，以穷其情"，就是指此。"物勒工名"，为的是标明职责，以便检核，《吕氏春秋》高诱注说："勒铭工姓名著于器，使不得巧诈，故曰以考其诚"。作为一项制度，它显然是与法制化管理相适应的。因此，战国晚期秦和韩、赵、魏等国的兵器，不仅铭刻工匠的名字，而且铭刻主持制造吏员之名，以承担各自的责任。

（三）通过立法来保护官手工业生产。云梦秦简中有这样的律文：

隶臣有巧可以为工者，勿以为人仆养。（《均工》）

工隶臣斩首及人为斩首以免者，皆令为工；其不完者，以为隐官工。（《军爵》）

这两条律文都关涉官府奴隶——隶臣妾③。前者规定不允许将有技艺、能够从事手工制造的官奴用作家内仆役；后者规定官府作坊中的奴隶立斩首之功，或别人替他立斩首之功而获得人身自由者，仍不能脱离官府作坊，"皆令为工"，即成为地位与庶人相当的工匠，如果功劳尚不完满，则在管理刑徒役作的机构（"隐官"）中从事手工业劳动。对官手工业的保护，在仅存的这些律文中就有强烈的表

① 整理者将云梦秦简中的法律文书分为《秦律十八种》、《效律》、《秦律杂抄》、《法律答问》和《封珍式》。前三者实为一类，共600余简，含有29种律名（见〔9〕）。

② 《说文》："赀，小罚以财自赎也。"

③ 男曰隶臣，女曰隶妾，通称隶臣妾。参见〔10〕〔11〕第102~121页及〔9〕。

现，当时的有关立法，涉及面必然相当广泛。

在战国时期的官手工业管理系统中，工师是相当关键的角色。《荀子·王制》论序工之法说："论百工，审时事，辨功苦，尚完利，便备用，使雕琢文采不敢专造于家，工师之事也。"① 秦律对官手工业从业人员的失职处罚，也以工师最为突出。从有关材料来看，工师应是官手工业生产机构的掌管者，其主要职责：一是管理所属之工场和作坊。《吕氏春秋》所说"审五库之量"、"百工咸理"、"效功"，《荀子》所说"论百工，审时事，辨功苦"，是其管理职能的体现。据秦律，他要对所辖机构的落后状况（"殿"）负首要责任；二是按照年度任务（即秦律所谓"岁功"）和上方命令（即秦律所谓"命书"）组织生产，是生产的直接主持者，所以要对私自生产负首要责任。由秦律可知，工师的下属吏员有丞和曹长，他们都是工徒之上的生产管理者。丞的职位似乎颇为重要，可以视为工师的副手或助手。

《礼记·月令篇》郑玄注说："工师，司空之属官也。"② 这是从《周礼》模式出发的解释③。具有严重复古倾向的《周礼》官制，一定程度上体现了西周的简率古风。但在战国时期，随着国家职能的复杂化和旧制度的崩坏，官手工业的管理体制发生了很大变化，远比早期复杂，各国还有不同的情况，简单套用《周礼》官制，恐怕难以反映当时的实际。

郑玄又说："工师，工官之长也。"④ 工官是汉代对官手工业生产机构的专门名称。汉承秦制，汉代工官制度的渊源无疑可追溯到战国，如汉代工官设令（长）、丞，而战国工师之下也有丞，但汉代之工官，有其不同于战国官手工业生产机构的特点，这是不能忽视的。

三、生产规模不断扩大

关于东周时期官手工业工场和作坊所曾达到的规模，可由两处著名的遗址略见一斑。

一是1973年以来发掘的湖北大冶铜绿山东周矿冶遗址，夏鼐对它曾有一个简要的描述：

> 铜绿山古矿区的范围，南北约二公里，东西约一公里。古矿井的附近还有古炼炉遗存，因被炉渣掩埋而保存下来。许多地点的表面，覆盖有一米多厚的古代炉渣，总重量估计达40万吨左右。……就炼渣40万吨来计算，估计古代提炼的红铜当在4万吨左右。我们可以设想，这么多的红铜，可以铸造出多少件青铜器！[12]

二是1959年以来发掘的山西侯马东周铸铜遗址。侯马是晋国晚期都城新田之所在，铸铜遗址位于晋城遗址牛村古城之南，年代为春秋中期至战国早期，约公元前6世纪初至公元前4世纪初，面积约20万平方米，其中可能包含多个分工有所不同的作坊。在已发掘的5 000余平方米中，出土陶范5万多块，完整或能配套

① 审时事，盖为"无悖于时"；功苦，指产品质量好坏。相似的内容也见于《管子·立政》。
② 见《十三经注疏》第1364页。
③ 郑玄精研三礼（《周礼》、《仪礼》、《礼记》），他把三礼作为一个体系来注释，而以《周礼》为本。
④ 见《十三经注疏》第1381页。

的近千件，熔炉和鼓风管残块2万多件①。在迄今所发现的先秦时代的铸铜遗迹中，侯马铸铜遗址的规模是空前的，而它原不过是东周列国都城普遍存在的大规模手工业工场之一。

随着生产规模的扩大，官手工业对劳动力的需求相应增加。战国秦律规定有技艺的官奴——隶臣都必须送到官府作坊去做工，即使荣立战功而获得人身自由也不能离开官府作坊，就是为了保障官手工业的劳动力资源。战国晚期秦国铜兵器刻铭中所见的工匠身份常为“隶臣”，正与秦律相合。如北京故宫博物院收藏的一件秦昭王四十年铜戈，铭：

卌年上郡守起〔造〕，高工师遣，丞秦，〔工〕隶臣庚。②

由云梦秦简律文可知，隶臣的来源很广泛，有：本人犯罪，沦为隶臣；因家属、伍人犯罪而被籍没为隶臣；临阵脱逃，沦为隶臣；战争俘虏，以为隶臣③；没收私家奴隶入官；隶臣之子仍为隶臣，等等④，其中相当多的人，成为官手工业的劳动力。

除此之外，秦国的官手工业还使用刑徒和服更役的庶人从事生产，以满足对劳动力的大量需求。下面是3件战国晚期秦国铜戈的铭文：

三年，上郡守冰造，桼工师□，丞□，工城旦□。⑤

廿五年，上郡守厝造，高奴工师窑，丞申，工鬼薪诎。⑥

□□年，上郡守□造，桼垣工师□，工更长骑⑦。

“城旦”、“鬼薪”都是秦的刑徒名称。“更”为服役守边、轮番更换的戍卒。《后汉书·明帝纪》注：“更，谓戍卒更相代也。”即服役满一定期限便以他人更替之，故有此名，他们也被变相地派用于官府作坊。

上述做法，在列国的官手工业中都存在。如河北易县燕下都的作坊遗址中，往往出土有钳、脚镣等刑具⑧，说明燕国的官手工业也较多用刑徒进行生产。

第三节 兵器制造的专门化

东周时期官手工业的上述发展趋势，在武器装备的生产制造上表现得最为突出，其结果是形成了相对独立的军事手工业。

在《考工记》所列举的30个工种中，有6个工种是专门制造兵器的，即：

冶氏为杀矢、戈、戟

桃氏为剑

弓人为弓

① 见〔13〕上册第441、450～451页，参见〔14〕第202～203页。

② 见〔15〕，参见〔16〕〔17〕第556页及〔18〕。另外一些例子见本章第四节（二）表3-3。

③ 云梦秦简佚名律：“寇降，以为隶臣。”

④ 参见〔9〕〔10〕〔11〕。

⑤ 于省吾《商周金文录遗》（1957年）583。

⑥ 原田淑人《周汉遗宝》（1932年）55，1。

⑦ 见〔19〕〔20〕。铭文相近的戈还有1件，见本章第四节（二）表3-3：2。

⑧ 见〔21〕上册第154、279、404页。

庐人为庐器

函人为甲

矢人为矢

由此可见，至迟在春秋晚期，主要的武器种类，包括青铜格斗兵器中的戈、戟、剑，射击兵器弓箭和防护装具甲胄，已由专门的工种负责制造，甚至兵器柄（庐器）的制造，也有专门的工种。关于冶氏的生产范围，《考工记》虽然只举了箭镞（杀矢）和戈、戟，实际上要更为广泛。春秋时期发展成熟的剑，在各种青铜兵器中，制造技术最为复杂，故形成专门的工种，而其他青铜兵器的制造，可能皆归于冶氏。

关于“冶氏”、“弓人”等名称，郑玄注说：

其曰某人者，以其事名官也。其曰某氏者，官有世功，若族有世业，以氏名官者也。①

郑玄是把《考工记》作为《周礼》的一部分来注释的，他的解释也是从周官体系出发的，而实际上，《考工记》本是一部关于手工业的独立的书，汉代人为补《周礼》冬官之缺，才把它编入《周礼》②。从《考工记》自身内容来看，没有任何迹象表明“冶氏”、“弓人”等名称为工种之官名，它们都仅只是工种的名称而已③。《韩非子·亡征》说：“舆人成舆，则欲人之富贵；匠人成棺，则欲人之夭死也。”舆人、匠人皆指工匠，其例相类。

既有专门的工种，必有独立的生产部门，它们或为专门的作坊，或为综合性作坊中专门的工房或工场。后一种情况，可能更为普遍，因为迄今发现的东周铸铜作坊遗址，包括规模最大的侯马铸铜遗址，其遗迹所反映的生产情况大多仍是综合性的，产品既有礼器和各种民用器，也有兵器。在河北易县燕下都第21号遗址东部的发掘中，在属于战国时期的地层里，出土了大量碎铁块、铁渣、铜渣和陶范，还有铁质和铜质的兵器，可以认定这里曾是制造兵器的作坊或工场④。据新公布的资料，燕下都中还有另外两处主要制造兵器的作坊遗址（13号作坊遗址和18号作坊遗址）⑤。

《考工记》所述的一些非军事工种，也承担军用品的生产，如梓人除制造简虡和饮器外，又制造侯（箭靶），它既用于射礼，也用于军事训练；制车虽细分为4个工种，却无军用、民用之别。在这些生产作坊中，也不排除有专门的军事或半军事性工房的可能性。

---

① 见《十三经注疏》第906页。

② 参见〔2〕及〔4〕第123～144页。

③ 郑玄将《考工记》中的“百工”解释为“司空事官之属”（见《十三经注疏》第905页），也是以周官体系为本削足适履所致。《考工记·叙》说：“国有六职，百工与居一焉。”接着就列举六职为王公、士大夫、百工、商旅、农夫和妇功，显然，百工乃泛指工匠或工匠之事。

④ 见〔22〕及〔21〕上册第129～163页。

⑤ 见〔21〕上册第127～129、191页。

第四节 兵器刻铭反映的战国造兵体制

一、兵器刻铭溯源

在兵器上铭刻文字，约始于商代，最初的铜兵器铭文，都为族徽或有特定含义的单个字符[23]。商代晚期，开始在兵器上铭刻尊贵的所有者或使用者的名字，最著名的例子是殷墟妇好墓中出土的妇好大铜钺，它是这位出色的商军女统帅的权力标志物，钺身上铭有“妇好”两字①。

图 3-1 西周早期“成周”铭铜戈 河南浚县辛村出土。

西周时期，物勒主名的兵器渐渐多见，如洛阳庞家沟出土的“丰伯”剑[25]，洛阳北窑出土的“太保”戈②，北京琉璃河出土的“匽（燕）侯舞戈”③，上村岭虢国墓地出土的“虢太子元徒戈”④，等等。此时期也开始在兵器上铭刻使用军队之名，如浚县辛村卫国墓地出土的“卫自（师）昜”铜盾饰⑤，北京中国军事博物馆收藏的“薛自”戟（山东滕县姜屯庄出土）⑥。辛村卫墓还曾出土一件有“成周”铭文的西周铜戈⑦，类似的传世品也有多件⑧，它或许是铜兵器铭刻置用或铸造地名的最早之例。但这种做法在当时及其后较长一段时间里没有得到推广。

兵器物勒主名在春秋时期越来越流行，更在春秋晚期至战国初期的南方地区发展到了极致，其时江汉、江淮区域的列国权贵竞相在自用兵器上铭刻自己的名字，国君们甚至将装备其亲兵仪卫的武器也铭刻上自己的名字，或者铸作许多铭刻着自己名字的武器（如剑），用于礼赠、赏赐。而且，这些兵器的铭文大多装饰华丽，美轮美奂，鸟虫书和金银嵌错成为一时的风尚。如山西万荣庙前村出土吴“王子于之用戈”[36]，河南淅川下寺出土楚“王孙诰之

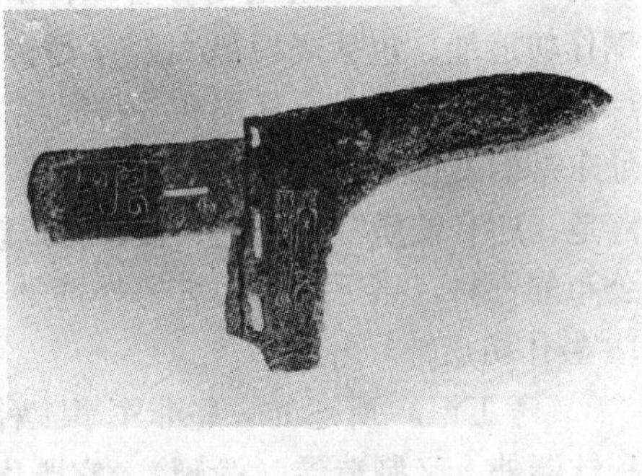

图 3-2 春秋晚期宋公緿之造戈 上海博物馆藏。正面铭“宋公緿之”四字，背面铭“造戈”二字，皆鸟篆体。

① 见〔24〕第 105~106 页。
② 见〔26〕上册图 165。
③ 见〔27〕〔28〕。
④ 见〔29〕及〔31〕图 4-3。
⑤ 见〔30〕第 45 页及图版 69，原报告将之误定为甲泡。参见〔31〕第 61 页。
⑥ 见〔32〕。所谓“戟”，实是十字形戈，见〔33〕及本书第二编第二章第一节（二）。
⑦ 见〔30〕第 40~41 页及图版 63:2。
⑧ 见〔34〕第 388 页；〔35〕第 17 册 10882、10883、10884。

行戟”①，安徽淮南蔡家岗出土“蔡侯产之用剑”[38]，铭文皆鸟书错金。这方面的例子不胜枚举②，最令人诧异的是湖北随县曾侯乙墓中一次出土了80余件有“曾侯乙”、“曾侯遇”或“曾侯邸”铭文的铜兵器（品种有戈、戟和殳）③；以及晚清就多有著录，历年来南北各地又频频发现、为数甚丰的吴越王铭铜剑④。特别是后者，不仅铭文精工华美，而且往往冠以“自作”之语，如湖北江陵望山出土著名的越王勾践剑，铭“越王鸠浅　自乍用剑”[44]。相似的例子也屡见于其他诸侯国的兵器，如上海博物馆收藏的一件春秋晚期铜戈，铭“宋公緣之赔（造）戈”⑤；山西长治分水岭出土的一件战国早期铜戈，铭“□公之造戈”[46]。这类铭文将工匠的业绩抹杀殆尽，也完全掩盖了实际的生产情况，唯有显贵者自我夸饰的意义。至于当时广泛装备军队的大量兵器，则几乎都无铭文。

在战国初期，也开始出现一些新的迹象。1994年台北古越阁购藏的一件传出于浙江的越王州句铜剑，剑格上的铭文李学勤释为：

越王州句之唯用剑　余邗工利

李氏并指出，余邗即后之余干（今属江西）；“余邗工利”就是余干地方的工匠，名字叫利。他认为这是目前所见在兵器上铭刻工匠名字的最早一例⑥

图3－3　河北易县燕下都出土战国晚期铜戈的铭文

到了战国中晚期，风气迅速地发生变化，尽管贵族用器物勒主名的传统仍延续不绝，但明显趋于衰落，而在大量生产、广泛装备军队的武器上铭刻产地名、工匠名的新做法则越来越流行。有必要指出的是，古越阁藏越王州句剑仍为王公宝器，与之相比，在普通兵士使用的平凡之器上铭刻产地名和工匠名，无疑又进了一大步。从现有材料来看，这可能肇始于秦和韩、赵、魏诸国，正是在这几个国家，物勒工名逐渐成为定制，并发展形成了完备的铭刻体例，其内容包括制造武器的时间、地点，及与生产有关的各级人员的名字。传统铭文均为模铸而成，镌刻工作是预先在范型上完成的，普遍刻镂谨严，字体工整。战国中晚期的新风格铭文则大多是器物铸成后直接在铜体上刻画而成，铭文毫无文采可言，普遍刻画粗疏，没有任何装饰意义，而只有纯粹实际的功用，即作为检查产品质量和生产情况的依据。

上述变化体现了在兼并战争愈演愈烈的现实压力下，统

---

① 见〔37〕第186页及图版64:44。

② 见〔39〕,〔40〕第87～149、200～247页,〔41〕第77～183页。

③ 见〔42〕上册第253～294页。其中有35件铭“曾侯乙之走戈”。这批兵器可能主要是供亲兵仪卫使用的。

④ 吴越王铭铜剑，多同名之器，如传世和考古发现的吴王夫差剑和越王州句剑，都有10余件。一王多剑，当是备礼赠和赏赐之用，见〔43〕第52～54页。

⑤ 见〔45〕图86。

⑥ 对此剑铭文最后两字的释读，马承源、曹锦炎、李家浩有不同意见。俱见〔47〕第124～129、16页，及〔48〕〔49〕〔250〕〔251〕。

治者对军队实战武器质量的日益重视和生产管理的日益严密。而那些实用化的新风格铭文，则为我们提供了关于战国造兵体制的丰富信息。

二、秦国兵器铭刻与造兵体制

1. 秦孝公至秦昭王时期（公元前361～前251年）

传世和近年出土的题刻有商鞅名字的几件秦孝公时代（公元前361～前338年）的铜兵器（见表3－1），传递出了秦国兵器铭刻变化的最初信息。

表3－1

序号	时代	器名	刻辞内容	著录和考释
1	秦孝公	商鞅镦	十六年，大良造鞅之造。雍，矛	《双剑誃吉金图录》下50〔15〕
2	秦孝公	商鞅戟	……年，大良造鞅之造戟	《三代吉金文存》20,21,1〔15〕
3	秦孝公	商鞅殳镈	十九年，大良造庶长鞅之造殳。犛郑	〔50〕〔51〕
4	秦孝公	商鞅殳镈	□□□□□□造庶长鞅之造殳。雍，骄□	北京中国历史博物馆藏〔51〕

据《史记·商君列传》，公孙鞅在秦孝公六年被拜为左庶长，十年至二十四年任大良造。商鞅诸器题刻乍看与传统的物勒主名很相似，实则有重大的区别：一是铭文皆为铸后刻画，不甚规整，没有装饰的意义；二是标明了制造时间；三是商鞅镦附刻置用地名“雍”和置用器“矛”，说明该镦用于雍城，配于矛上。两件商鞅殳镈也分别附刻置用地名“犛郑”、“雍，骄□”。正如李学勤所指出，商鞅并非用器者[15]。大概这些器物是按照大良造商鞅的命令生产的军队装备，后来的秦军武器，铭文起首皆作“某年相邦某造”或“某年郡守某造”，可以认为系发端于商鞅诸器。

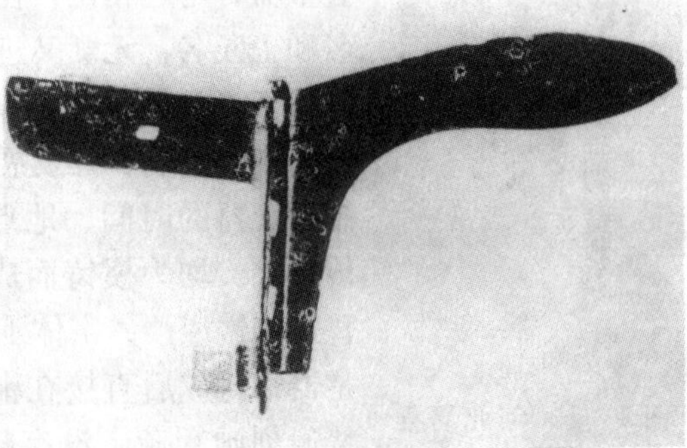

图3－4 传世“商鞅”戟 其一面铭“……年，大良造”；另一面铭“鞅之造戟”。

如果说秦国兵器铭刻的新形式始于秦孝公时代，那么到秦惠文王时（公元前337～前307年）便形成了完备的体例。表3－2所举是秦惠文王和秦昭王时（公元前306～前251年）若干秦兵器的刻辞，其起首句式皆承自商鞅诸器，唯秦昭王时器省去了“造”之前的“之”字；比商鞅诸器复杂的是又增加了若干职衔和人名，正是这些新内容，为我们提供了关于造兵体制的宝贵信息。

表 3－2

序号	时代	器名	刻辞内容	著录和考释
1	秦惠文王	相邦樛斿戈	四年，相邦樛斿之造，栎阳工上造间。吾	《三代吉金文存》20，26，2〔15〕〔52〕〔17〕第553页
2	秦惠文王	相邦义戈	十三年，相邦义之造，咸阳工师田，工大人耆，工穨	《商周金文录遗》584〔15〕〔53〕〔52〕
3	秦昭王	相邦冉戈	十四年，相邦冉造，乐工师□，工禺	《双剑誃古器物图录》上48〔15〕〔52〕
4	秦昭王	相邦冉戈	二十一年，相邦冉造，雍工师叶、雍，傢德	《双剑誃古金图录》下32〔15〕〔52〕
5	秦昭王	丞相触戈	……年，丞相触造，咸〔阳工〕师叶，工武	《贞松堂集古遗文》续下22，2〔53〕〔52〕〔17〕第553页

表3－2之2、3、4、5四器的刻辞内容更为丰富，格式也相当一致，它所反映的造兵体制有三个级别或层次：

一级是“工”，即工匠，为武器的实际制造者。所见工匠名有穨、禺、武等。

一级是“工师”，前已论及，他是官手工业生产机构的掌管者，生产的直接主持者，这些武器便是在他的主持和管理下制造的。所见工师名有田、叶等。惠文王十三年之相邦义戈，于工师和工之间又刻有“工大人耆”。工大人的职名，也见于秦昭王二十九年漆卮①，他应是工师的下属吏员，或相当于云梦秦律中提到的丞或曹长，在生产中，工大人负有协助工师管理的责任，可与工师归于同一级。

一级是“相邦”，或作“丞相”，他们分别为惠文王和昭王时的秦相张仪（“义”）、魏冉（“冉”）、寿烛（“触”）。对于这一级，前人比照汉代官造铜器铭文中或有“省”者，即监作者，而认为他们也是督造者或监造者，有监督、检查与最后验收之权②。但汉代官手工业生产的监省者仅为主造器物的考工令、尚方令等少府属官，其身份、地位与一人之下万人之上的相邦相差甚远。由一国之最高行政长官去监督一个个生产机构的生产，检查并验收其产品，似不可想像。大概考虑到这一点，一些研究者便将这一级称为“名义监造者”③。但这一修正却使督察之责落空，与物勒工名的宗旨不符。实际上，据云梦秦律，工师掌管的官手工业生产机构是按照年度任务（“岁功”）和临时性命令（“命书”）进行生产的，而年度任务和临时性命令都是由上方下达的，上举秦兵器刻辞中的“相邦”或“丞相”，应当就是生产任务或生产命令的下达者。秦律中规定得很清楚，非岁功及毋命书而为它器，工师及其副手丞要受处罚。所以须在兵器上刻上命令制造者，说明生产是有依据的，以备查核。

因此，可以将上述三级分别名为命者、主者、造者。命者下达生产任务或生

① 见〔54〕图版9，〔55〕〔56〕〔57〕。
② 见〔15〕〔58〕。
③ 见〔41〕第158页。

产命令，主者主持制造和管理生产，造者具体承担制造。在此体制中，督察的方式包括两个方面，一是对工人的监督、考核，这属于工师及其下属吏员的职能范围，《吕氏春秋》所说“监工日号”、“工师效功”，即其体现；二是对工师及其所辖之生产机构的督察、考评，这是上级官署的职能，云梦秦律中有“省殿”之制，在评比中落后的官手工业生产机构，从工师到工徒的各级人员都要受处罚。秦律《均工》又有“新工初工事……工师善教之……盈期不成学者，籍书而上内史”的条文，这似乎反映了，在秦国，工师所掌管的生产机构系由内史统辖。秦内史的详情，现在还不甚明晰。在云梦秦简中，“内史”一名出现14处，都与财物、钱货等经济问题有关，是个掌握财权的机构。

目前，命、主、造三级具备的秦兵器刻辞始见于惠文王十三年的相邦义戈。与之相比，秦孝公时代的商鞅诸器刻辞仅有命者一级，惠文王四年的相邦樛斿戈①仅有命者、造者二级②，只比商鞅诸器多了造者一级。从商鞅诸器到四年相邦樛斿戈，再到十三年相邦义戈，构成了秦兵器刻辞体例渐趋完备的演变序列，其实质是官手工业管理的日益严密和物勒工名制度的日益完善。在秦昭王时期，三级题刻已成通例，唯有时或采用简省的二级形式（例见表3－2之4二十一年相邦冉戈）。至于商鞅诸器附刻置用地名的做法，在惠文王和昭王时期都得到了沿袭，所见置用地名有“吾”、“雍”、“懐德”。

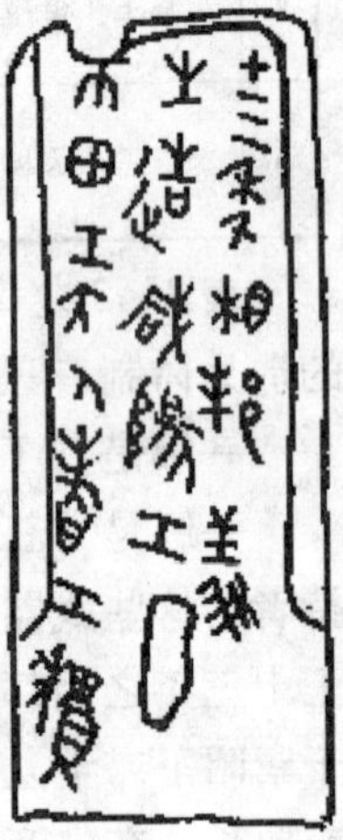

图3－5　“十三年相邦义”戈铭文摹本

以上所举之秦兵器题刻，命者都是中枢大臣，说明系中央政府所造。而惠文王和昭王时期的5件戈的刻辞，于工师或工之前分别冠有地名：咸阳、雍、栎阳（简作“乐”）。咸阳是当时的秦都，雍和栎阳都是秦的故都（秦献公时由雍徒都栎阳，孝公十二年由栎阳迁都咸阳），在这些地方，当都设有直属中央、能够生产武器的官手工业生产机构。

除此而外，秦朝的一些郡也生产武器，表3－3是惠文王和昭王时期上郡所造戈的刻辞，它反映出：

（一）秦的一些郡设有能够制造武器的官手工业生产机构，其掌管者也称工师。铭文中冠于工师之前的地名“漆垣”（或省作漆、桼）和“高奴”（或省作高）皆见于《汉书·地理志》，是当时上郡的属县，可知战国晚期秦上郡有多处能够制造武器的官属生产机构。

（二）地方造兵也实行物勒工名制度，铭刻体例的演变当与中央造兵大体同

① 秦惠文王纪年以公元前324年为界分为前后两个14年，四年相邦樛斿戈和十三年相邦义戈属于前元还是后元，尚难确定，但研究者都倾向于把樛斿戈置于义戈之前，或认为樛斿戈当造于惠文王前元四年（见〔17〕第553页。）

② 樛斿戈刻辞中的“栎阳工上造间”，栎阳是地名，工即工匠，上造是秦二十等爵之第二级，间为人名。或认为戈铭中的间是工师（见〔52〕），不妥。自商鞅变法以来，秦实行军功爵制，秦民受爵者多如牛毛，工匠有个低级爵位，实不罕见。1959年西安曾出土一件战国末年的秦国铜车軎，刻铭“二十一年，寺工献，工上造但”（见〔59〕），是又一个例子。

步。惠文王十年上郡戈的刻辞，与前述惠文王四年相邦樛斿戈很接近，都只有命者、造者二级，均代表了尚未完备的形式。

（三）地方造兵也有三级体制，命者是郡的最高长官——守。昭王十五年及其后的上郡戈铭，主者一级增加了工师副手丞，性质应与惠文王十三年之相邦义戈加刻工大体相同。约在昭王十五年后，主者一级同时题刻工师及其副手丞的做法逐渐流行。

（四）许多戈附刻置用地名。十二年上郡戈附刻的置用地名“洛都”、“广衍”，据观察是在三级题刻之后分两次刻画上去的，当是发用于洛都和广衍时依次所刻。二十五年上郡戈附刻“上郡武库”、“洛都”，说明先入藏于武库，后发用于洛都。见于上郡戈铭的置用地名除洛都、广衍外，还有中阳、西都、平周，它们都是战国晚期秦上郡的属县，看来地方造兵主要是供本郡的军队使用。

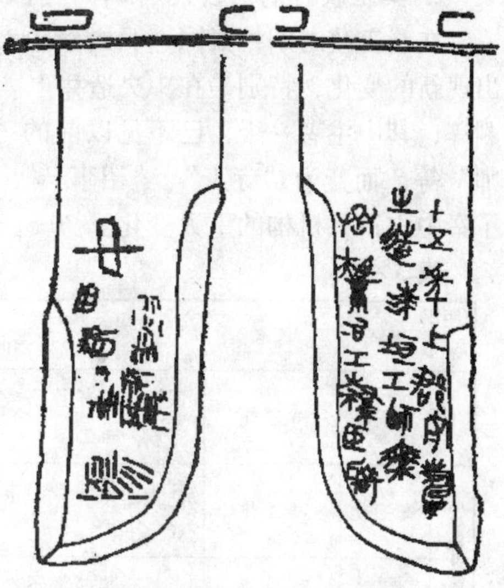

图3－6　内蒙古伊克昭盟出土“十五年上郡守寿”戈铭文摹本　右，戈内正面；左，戈内背面。

表3－3

序号	年代	器名	刻辞内容	著录和考释
1	秦惠文王	上郡守疾戈	王十年，上郡守疾之造，〔工〕豊	《贞松堂吉金图》中66〔60〕〔17〕第555页
2	秦昭王	上郡守寿戈	十二年，上郡守寿造，桼垣工师乘，工更长猗。洛都，广衍	〔61〕〔18〕
3	秦昭王	上郡守寿戈	十五年，上郡守寿造，漆垣工师乘，丞鬗，冶工隶臣猗。中阳，西都	〔20〕
4	秦昭王	上郡守厝戈	廿五年，上郡守厝造，高奴工师窑，丞申，工鬼薪诎。上郡武库，洛都	《周汉遗宝》55，1〔17〕第555～556页〔18〕
5	秦昭王	上郡守趞戈	廿七年，上郡守趞造，桼工师遬，丞抾，工隶臣積。□阳	〔15〕〔16〕〔17〕第555～556页〔18〕
6	秦昭王	上郡守起戈	卌年，上郡守起〔造〕，高工师遬，丞秦，〔工〕隶臣庚。□阳	〔15〕〔16〕〔17〕第556页〔18〕
7	秦昭王	上郡守起戈	卌年，上郡守起造，漆工师□，丞絽，工隶臣穷。平周□	〔62〕〔63〕

战国时期的郡都设于国之边境。边地设郡，目的是巩固边防，所以郡守由武官充任，常受命征发本郡壮丁出征。《韩非子·亡征篇》因而将“出军命将”与“边地任守”相提并论。《史记·秦本纪》记，公元前280年，秦派司马错征发陇西郡的兵卒，带同蜀郡的兵卒攻楚之黔中郡。《秦始皇本纪》记，公元前229年，秦大举攻赵，“王翦将上地，下井径”，所谓“将上地”就是统率上党郡的边卒。

秦陆续兼并各国土地，每得新地，必定设郡，以利攻防①。因此，战国晚期秦国的郡实是军事的重镇，这些地方设机构造兵是合乎情理的。

2. 秦王政时期（公元前246～前222年）

在秦王政时期，秦国造兵继续沿袭前代物勒工名的制度，但刻辞内容和格式出现新的变化，特别是在中央造兵上。表3-4所举是此时期中央造兵的若干典型刻辞，其中主者一级，已不见以前的“咸阳工师”、“雍工师”、“栎阳（乐）工师”等，而变为“寺工”、“诏事”②、“少府工室”和“属邦工室”，这无疑反映了秦中央造兵机构的重大变化。

表3-4

序号	时代	器名	刻辞内容	著录和考释
1	秦王政	寺工戟	四年，相邦吕不韦造，寺工聋，丞我，工可戟。寺工，文	〔64〕上册第259页 $T_{10}G_6$:0576
2	秦王政	寺工戟	五年，相邦吕不韦造，寺工聋，丞义，工成。寺工，午	〔64〕上册第259页 $T_{20}G_{10}$:01392
3	秦王政	寺工戟	七年，相邦吕不韦造，寺工周，丞义，工竞。寺工，壬	〔64〕上册第259页 $T_{19}G_8$:0710
4	秦王政	寺工铍	十五年，寺工敃造，工黑。寺工，丙，左，戊六，寺工	〔64〕上册第265页 T_2G_3 :0450
5	秦王政	寺工铍	十五年，寺工敃，工窵。寺工，十六，子，寺工	〔64〕上册第265页 T_2G_3 :0463
6	秦王政	寺工铍	十九年，寺工邦，工目。左，八，寺工	〔64〕上册第265页 T_2G_3 :0445
7	秦王政	诏事戈	五年，相邦吕不韦造，诏事图，丞蕺，工寅。诏事，属邦	《三代吉金文存》20，28，2〔15〕
8	秦王政	诏事戈	八年，相邦吕不韦造，诏事图，丞蕺，工奭。诏事，属邦	〔65〕
9	秦王政	属邦工室戈	十四年，属邦工〔室〕蕺，丞□，〔工〕□	〔66〕
10	秦王政	少府工室戈	五年，相邦吕不韦造，少府工室邻，丞冉，工九。武库，少府	〔67〕〔52〕

少府是当时“掌山海池泽之税”以供王室开支的财政机构。汉承秦制，也置有少府，其下属机构中有“考工室”，设令、丞，“主作兵器弓弩刀铠之属”，也兼事制造其他器物，汉武帝太初元年，将考工室令更名为考工令③。秦少府工室当是类似汉代考工室的机构。

① 参见〔6〕第209～213页。

② 或释作“诏吏”，见〔52〕。

③《汉书·百官公卿表上》，第731～732页；《续汉书·百官志》，见《后汉书》第3581页。

“寺工”不见于文献记载。《三仓》说：“寺，官舍也。”《汉书·元帝纪》“城郭宫寺”唐颜师古注：“凡府廷所在皆谓之寺。”寺工为中央直辖的官手工业生产机构，应无疑义①。一些人认为，《汉书·百官公卿表》中提到的“寺互”即“寺工”之误②，汉代“寺互”设令、丞，初属少府，以汉承秦制推之，秦寺工当也隶属少府③。今所见有“寺工”铭文的秦器，绝大部分为兵器，另有铜车軎、铜壶等④，可见秦寺工也是主要生产武器。1995～1996年。西安北郊相家巷村出土一批秦代封泥，中有“寺工之印”、“寺工丞印”⑤，与兵器题刻“寺工”、“丞”正相符合。

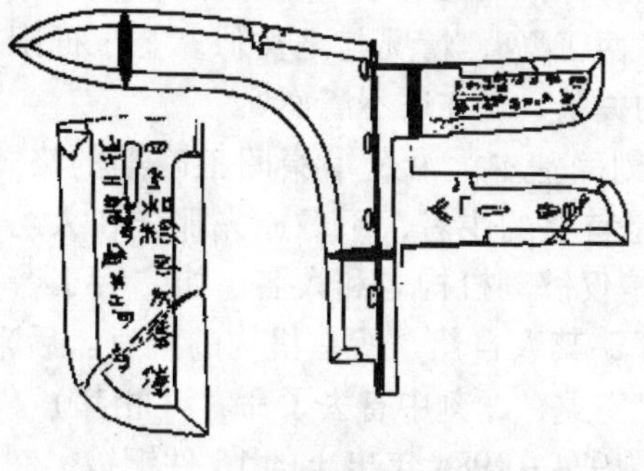

图3－7　秦俑坑出土“四年”寺工戟铭文摹本

图3－8　河北易县燕下都出土“少府”铜矛　其一面铭“少府”二字，另一面铭“武库受属邦”五字。

“属邦”是秦管理少数民族地区的中央官署，云梦秦律中专有“属邦律”。以兵器刻辞来看，属邦之下也设有能够制造武器的官手工业生产机构。这可能与战国末年秦不断开疆拓土，边远少数民族地区逐渐纳入版图，急需加强控制有关。河北易县燕下都曾出土一件战国末年的秦国铜矛头，铭“少府　武库受属邦”⑥。“少府”，表明它是少府所属生产机构（或即少府工室）所造；“武库受属邦”，受同授，说明它先入藏武库，而由武库发放给属邦。1988年北京又收集到一件同时期的铜矛头，铭“寺工　武库受属邦　咸阳”[79]，说明它为寺工制造，也曾发给属邦。由这两例可见战国末年秦的属邦对武器的需要量很大，可能正是在这种情况下，获准自置机构造兵。西安北郊出土的秦封泥中见有“属邦工室”，可与兵器

① 见〔70〕〔71〕第115页〔72〕。

② 汉代铜器铭文和简牍中皆见有“寺工”，说明汉代确有主造器物的寺工之机构。有关例证详见〔73〕。

③ 见〔73〕，参见〔74〕〔52〕。

④ 见〔73〕〔52〕。

⑤ 见〔75〕图51、52，参见〔76〕。

⑥ 见〔77〕图147，参见〔78〕。

题刻互证，应就是属邦的造兵机构；又有“属邦工丞”，当为工室的吏员①。

“诏事”也不见于文献记载。主造者为诏事的兵器②，往往背面附刻“属邦”，它或者表示这些武器系发用于属邦，或者表示诏事乃属邦的下属机构，尚难确定。西安北郊出土秦封泥中有“诏事之印”和“诏事丞印”③。

秦王政时期的这些造兵机构，应当是在原来秦中央直属的官手工业生产机构的基础上调整、增设而成。但原来的生产机构，有一些仍然保存了下来，并续有发展。辽宁宽甸曾发现一件秦二世元年所造的铜戈[80]，铭：

元年，丞相斯造，栎阳左工去疾，工上。武库，石邑。

文中的“栎阳左工”，大概是由早先的“栎阳工师”分置而来，有“左工”必有“右工”，西安北郊出土秦封泥中见有“栎阳右工室丞”④。战国末年和秦代蜀郡的官手工业生产机构分为“东工”、“西工”⑤，情况与之类似。至于栎阳左工、栎阳右工室和少府工室或寺工等部门的关系，现在还不清楚⑥。

从刻辞体例来看，秦王政早期的兵器刻辞基本上沿袭了秦昭王晚期的格式：三级题刻，主者一级通常附刻副手丞。只是首要的主者，不像原先那样在人名前冠以地名、职名（如“咸阳工师田”），而是仅镌刻机构名和人名，如“寺工詟”、“少府工室邻”、“属邦工室蔇”、“诏事图”，其人自然是所在机构的主官。后来，铭文体例趋于简化。秦王政十四年的属邦工室戈，题刻中省去了命者（相邦）（见表3－4:9）。临潼秦始皇陵兵马俑坑一号坑1974～1984年出土的16件铜铍，制造于秦王政十五年至十九年，都只铭刻首要的主者（寺工）和造者（工）两级人名（例见表3－4:4、5、6）。另有一些兵器，与生产情况有关的铭文仅有“少府”、“寺工”等字，更为简省⑦。

秦王政时期地方造兵的刻辞目前所见不多，但也有新的内容。1987年四川青川出土的一件铜戈铭：

九年，相邦吕不韦造，蜀守宣，东工守文，丞武，工极，成都。蜀东工⑧。

此戈铭文，主者一级变为“东工守”，大概类于汉代工官之长称为“令”；更值得注意的是同时刻上了相邦和郡守，它或许反映了，蜀郡的生产机构辖属于地方，造兵的命令则来自中央，作为地方最高长官的郡守，是上命的秉受和下达者，也是直接对中央负责的人。在中央集权制度下，地方不能私造武器，汉代的郡、

① 见〔75〕图70、71。

② 参见〔15〕〔17〕第553页〔41〕第157页。

③ 见〔75〕图68、69。

④ 见〔516〕图40。

⑤ 见〔81〕〔82〕〔83〕〔84〕。

⑥ 西安北郊出土秦封泥中还见有“咸阳工室丞”（见〔516〕图38），咸阳工室与少府工室、寺工等部门是何关系，是否只是少府工室或寺工的前身或又一名称，也有待探究。

⑦ 见〔64〕上册第254～256页，〔77〕图147，〔79〕。

⑧ 见〔84〕。同年，青川又出土一件铜戈，铭：“九年，相邦吕不韦造，蜀守金，东工守文，居戈三，成都。蜀东工”（见〔83〕）。两戈为同年同一机构所造，而且刻辞字体极为相像，很可能出自同一人之手。蜀守之名，一戈释为“宣”，一戈释为“金”，实为同字一人。后者铭文中之“居戈三”，则是“丞武”的误释。两相对照，可知后者唯省去了造者一级。

国即如此，而中央集权的制度，发端于战国，当时尤以秦国施行最厉，因此有理由认为，战国晚期秦地方造兵，必定经由中央批准，或是执行中央的命令。

江西遂川还曾发现一件秦王政时期的铜戈，铭：

廿二年，临汾守曋，库系，工欯造[85]。

它似乎反映出，临汾郡的生产机构隶属于当地官设的府库。临汾为秦攻掠韩、魏之地，可能其造兵体制，仍沿袭了三晋的传统（详见下文）。

三、赵国兵器铭刻与造兵体制

据战国中晚期的兵器铭文，可知三晋地区的武器也有中央制造和地方制造两大类①。赵国中央造兵的刻辞如表3－5所举，皆包含三个级别：

表3－5

序号	时代	器名	刻辞内容	著录和考释
1	赵孝成王（前258年）	相邦建郫君铍①	八年，相邦建郫（信）君，邦左库工师邯郸，冶尹明执齐	《三代吉金文存》20，46，3〔58〕，参见〔252〕
2	赵惠文王或孝成王（前284或前251年）	守相杢波铍②	十五年，守相杢波，邦右库工师韩亥，冶巡执齐。大攻尹公孙桴	《三代吉金文存》20，47，4、5《贞松堂集古遗文》10，24，3〔58〕，参见〔78〕
3	赵悼襄王（前244年）	相邦春平侯矛	元年，相邦春平侯，邦右库工师肖（赵）瘁，冶韩开执齐	《周金文存》6，80，1〔58〕
4	赵悼襄王（前241年）	相邦春平侯铍③	四年，相邦者平侯，邦左库工师身，冶陶□执齐。大攻尹肖（赵）闲	〔86〕〔58〕

注：表中1．2．3旧著都将“铍”误为“剑”，下引前人旧著所著录之同类器物，皆径改称之为“铍”，不复注出。

（一）造者，均作“冶”或“冶尹”。冶即铸铜之工，《庄子·大宗师》有“大冶铸金”之语，《考工记》所举“冶氏”主造戈、戟、箭镞等铜兵器，为“攻金之工”之一。《广雅·释诂》说：“尹，官也。”先秦官职，往往缀以“尹”字②，它实是表示官长的一个泛称。作为直接制造者的冶尹，应是一定数量冶匠的头目。

赵国兵器通常在造者一级刻上“执齐”一语，齐同剂，指青铜合金的成分配比，执齐意谓掌管合金原料的调配，类似于《考工记·攻金之工》所说的“筑氏执下齐，冶氏执上齐”③。青铜兵器的批量生产，需有诸多工匠协同，经多道工序，

① 黄盛璋于1974年对战国时期韩、赵、魏三国的兵器铭刻和造兵制度作了系统研究（见〔58〕），其观点为人们广为引用。以后黄氏对其观点又续有补充和订正（见〔87〕〔88〕〔89〕〔90〕）。

② 如楚国有“令尹”（相当于相邦）、“左尹”（见《左传·昭公二十七年》）等官名。

③ 于省吾《商周金文录遗》序：“《考工记》的上齐下齐之齐应读作剂，即今之所谓调剂调和，就冶金时参兑金与锡的成分言之。古兵器铭末每言某执齐者，是说某掌握兑剂之事。”参见〔91〕。

但列国铜兵器刻辞中，都只有一名造者，他可能是在实际生产中起最关键作用的人物。就铜器铸造而言，合金调配是最为关键而复杂的技术，负责此一环节者，就是最为关键的角色①。

（二）主者，均为工师。“工师”职名之前通常冠以“邦左库”或“邦右库”之语②，说明制造武器的工场、作坊等生产机构，隶属于国家所设立的武库，所生产的兵器，应当直接入藏于武库，再根据需要发放军队使用③。

（三）命者，有“相邦”和“守相”。《战国策·秦策五》“文信侯出走，与司空马之赵，赵以为守相”高诱注：“守相，假官也。”另据《史记·廉颇蔺相如列传》，赵国确曾有“假相国”之职。守相的地位略次于相邦，他们都是国家的最高执政者。

赵国的一些铜兵器，其一面题刻上述三级人名，另一面又镌刻“大攻尹某某”。“大攻尹”当作“大工尹”，楚国、曾国也有这个官职。1957年安徽寿县出土的楚鄂君启节铭文曰：

> 大攻尹脽㠯（以）王命，命集尹悳𥴨、𢦏敀（令）阢，为鄂君启之𤔲（府）赓铸金节。④

很有可能，大攻（工）尹乃是掌管手工业的国卿，类似于古之司工。

赵国地方造兵的刻辞如表3－6所举，其铭文体例全同于中央造兵，唯地方造兵由县、郡或封君负责，命者为当地的掌政者“令”或“相”，令是县之首长，相是郡或封君（如代）之次官；生产机构皆隶属于当地官设的府库。

表3－6

序号	时代	器名	刻辞内容	著录和考释
1	赵孝成王（前249年）	邢令戈	十七年，坓（邢）倫（令）蒙，上库工师宋艮，冶厔执齐	〔94〕〔88〕〔41〕第112页
2		代相剑①	六年，㡯（代）相史微，左库工师孙涅，冶史息执齐	〔88〕〔41〕第111页

注：①“剑”疑为“铍”之误。

战国中晚期的赵国兵器上亦见有一些较简单的刻辞，如中国历史博物馆藏传出于河北易县的一件矛镦铭“上党武库”[58]；河北邯郸百家村出土的一件铜戈铭“甘丹（邯郸）上”[95]，传世战国铜戈有铭“甘丹（邯郸）上库”者⑤，可知前者

---

① 黄盛璋将“冶尹”归于主者一级（见〔58〕），似不妥。刻辞中有冶尹则无冶，有冶则无冶尹，说明他们在生产中起类似作用。又，何琳仪认为，“冶”也不可能是直接参加体力劳动的工匠，而应是有技术的工头，因而并非直接制器者（见〔41〕第112～113页）。这种说法更容易引起混淆。无论工、冶还是冶尹，都应属于实际的生产者之例，重要的是须了解兵器上刻出的这些生产制造者，是在生产中起最关键作用的角色，而不应拘泥于是否参加体力劳动，否则，恐怕难以说得清楚。

② 另有一些赵国兵器刻辞在“工师”职名之前冠以“邦左伐器”或“邦右伐器”之语，相当于“邦左库”或“邦右库”（见〔90〕）。

③ 传统上总以为府、库、仓、廪等是储藏器物之所，其实在战国时也是造器之所（见〔92〕）。需指出的是，战国时有一些“府”，如“少府”，已不是原本意义上的储物之所，而是一个财政机构。少府之“府”字，只有引申的象征意义。至于三晋兵器刻辞中的“库”，则都还是本意上的府库。

④ 见〔93〕。曾国大攻尹的材料，见〔42〕上册第525页。

⑤ 李泰棻《痴盦藏金》（1940年）59。

即后者之省。因赵国造兵机构隶属于府库，故这些刻辞都是标示制造之所，它们代表了尚不完备或较为简省的铭刻形式。

四、魏国兵器铭刻与造兵体制

魏国中央造兵的刻辞如表3－7所举，其造者为冶，偶见附刻“执齐”一语；主者为工师，职名之前冠以库名，说明魏国的武器生产机构也附属于国家的府库（或为专储武器装备的“武库”）；命者为“邦司寇”。司寇主刑狱，邦司寇即管理刑狱的国之大臣，古时常将兵、刑视为同类，一些国家可能因此也以司寇掌管兵器制造。

图3－9　中国历史博物馆藏“高都令”戈

表3－7

序号	时代	器名	刻辞内容	著录和考释
1	不早于魏惠王（前324年）	邦司寇野茀矛	十二年，邦司寇野茀，上库工师司马癳，冶贤	《三代吉金文存》20，41，1〔58〕〔41〕第121页
2	不早于魏襄王（前307年）	邦司寇赵新铍	十二年，邦司寇肖（赵）新，〔邦〕武库工师□孙，冶巡执齐	〔58〕

魏国地方造兵刻辞如表3－8所举，体例一如中央造兵，唯命者变为地方行政长官“令”。

表3－8

序号	时代	器名	刻辞内容	著录和考释
1	魏惠王（前337年）	邨丘令戈	卅四年，邨丘命（令）燮，左工师哲，冶梦	〔96〕〔58〕
2	不早于魏昭王（前286年）	盲令戈	□年，盲命（令）司马伐，右库工师高反，冶□	《商周金文录遗》580〔17〕第550页
3		启封令戈	廿一年，启封竛（令）癰，工师铪，冶者。启封	〔97〕 〔17〕第546页
4		高都令戈	廿九年，高都命（令）陈憮，工师□，冶□	《小校经阁金文拓本》10，52〔17〕第548页

魏国兵器的刻辞也有一些比较简单，如：“阴晋左库冶□”①，“朝诃（歌）右库工师戠”②，“卅三年大梁左库工师丑，冶刃”③，等等，当为尚不完备或较为简省的形式。

五、韩国兵器刻铭与造兵体制

由目前所见的材料，可知战国中晚期的韩国造兵有两大类，一类为国都“郑”

① 传世铜戈，见刘体智《小校经阁金文拓本》（1935年）10，43，1。
② 传世铜戈，见罗振玉《三代吉金文存》（1937年）19，46，1。
③ 湖南衡阳发现铜戈，见〔98〕。

（位今河南新郑）所造①，一类为国都以外的各地所造。国都所造兵器的刻辞如表3－9所举，其中表中6、7、8三例代表了最为完备的形式：造者为尹或冶尹，或于此一级直接刻出“造”字；主者为工师，职名之前冠库名，说明工场、作坊等生产机构隶属于官设的府库，由铭文可知，郑地至少没有左、右、武、生四库，武库当是专储武器装备之库，生库唯见于韩国兵器刻辞；命者为国都“郑”的最高长官“令”，此一级往往附刻“司寇”，可能他是协助令而具体负责兵器制造者。

表3－9

序号	时代	器名	刻辞内容	著录和考释
1		郑右库戈	奠（郑）右库	〔99〕
2		郑左库矛	奠（郑）左库	〔99〕
3		郑武库戈	奠（郑）武库	〔99〕
4		郑生库矛	奠（郑）生库。族（戟）朿（刺）	〔99〕
5		郑武库铍	奠（郑）武库，冶□	《陶斋吉金录》5，30 《小校经阁金文拓本》10，38，1〔58〕
6	不早于韩襄王（前309年）	郑令戈	王三年，奠（郑）命（令）韩熙，右库工师史狄，冶□	〔99〕
7	韩桓惠王（前264年）	郑令矛	九年，奠（郑）命（令）向弫，司寇雩商，武库工师铸章，冶狷	〔99〕
8	韩桓惠王（前240年）	郑令铍	卅三年，奠（郑）命（令）椁涵，司寇赵它，生库工师皮耴，冶尹启造	〔99〕

韩国各地造兵的刻辞体例一如国都造兵，见表3－10。

表3－10

序号	时代	器名	刻辞内容	著录和考释
1		脩余令戈	三年，脩余命（令）韩谯，工师𨳌瘐，冶竈	《小校经阁金文拓本》10，54，4〔58〕
2	韩桓惠王	�阴令戈	廿四年，郚阴命（令）韩□，右库工师夏，冶竖	《三代吉金文存》20，26，1〔58〕
3		彘令戈	十七年，彘命（令）解胡，司寇郑害，左库工师□较，冶□造	《小校经阁金文拓本》10，59，5〔58〕

与秦、赵、魏诸国不同的是，韩国兵器中迄今未见有相邦、守相、邦司寇等中央大员命造之器，这是否反映了其造兵体制有自己的特色，国都“郑”所造武器即为中央造兵？抑或真正的中央造兵尚未发现？这些问题，只能留待将来解决。

① “郑”本为郑国之都，公元前375年韩灭郑后即迁都于此。战国晚期，韩国的兵器制造业甚为发达，《战国策·韩策一》记苏秦之语曰：“天下之强弓劲弩皆自韩出”。而当时韩国最主要的武器产地就是国都郑，以至有“强楚劲郑”之称（《盐铁论》）。

六、燕国、齐国和楚国的情况

与秦、赵、魏、韩诸国形成鲜明对比的是在燕国、齐国和楚国，物勒工名的做法一直没有得到流行。传世和考古发现的带有铭文的战国时期的燕国兵器，数量极多，但绝大多数燕国兵器铭文冠以“燕王某作（或燕王某造）”，它们都是战国晚期之器，稍早的或作“燕侯某作”，如表3－11所举①。

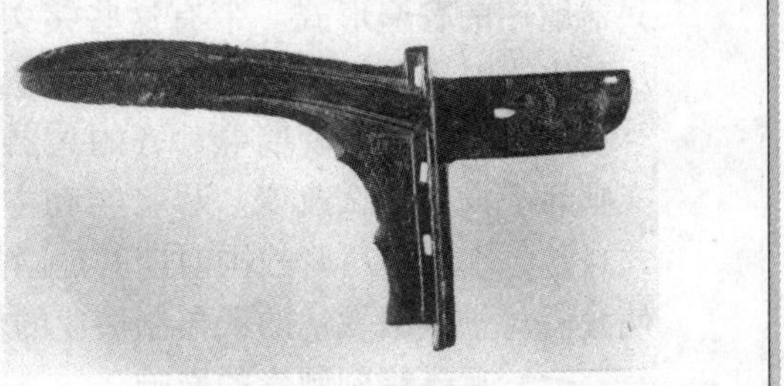

图3－10　辽宁北票东官营子发现“燕王职”戈

表3－11

序号	器名	刻辞内容	著录和考释
1	燕侯载戈	郾（燕）侯载乍（作）巾萃锯	〔101〕
2	燕王职戈	郾（燕）王职乍（作）御司马	〔102〕
3	燕王詈戈	郾（燕）王詈造巨攸锯	〔103〕
4	燕王喜戈	郾（燕）王喜造御司马鍨	〔103〕

这些铭文中的“锯”、“鍨”，皆当时燕地对戈的习称；“御司马”、“巨攸”、“巾萃”等，内涵都与武器的使用者有关，李学勤认为，这些武器大多为“燕王的侍卫徒御”所用[100]。这种铭文形式，基本上是早期物勒主名传统的延续。

不过，也有极少数战国晚期的燕国兵器，刻上了制造者的名字，且初具三级题刻的形式。如《三代吉金文存》（19，52，3）著录的一件铜戈，铭：

> 郾王詈怍（作）行议鍨，右攻（工）尹青，亓（其）攻（工）昱。

既刻上了造者“工”；也刻上了主者“工尹”，他应是生产机构的掌管者②，类于“工师”；至于“郾王詈”，或可视之为命者。铭文首句中的“行议”，议同仪，说明此戈当为燕王的仪卫所用。但这种铭文格式没有得到推广。

图3－11　平阿左造铜戟铭文

战国时期，齐国兵器一方面继续沿袭物勒主名的传统，另一方面也出现了新的铭刻形式，即在兵器上铭刻制造地名，其铭文极为简单，如“平险（阴）”③，“城阳左”④，“高密铠（造）戈”⑤，“平堕

① 参见〔100〕〔78〕〔17〕第559～561页〔41〕第94～97页。
② 《管子·问》：“工尹伐材用，毋于三时。”唐尹知章注：“工官之长。”
③ 传世铜剑，《小校经阁金文拓本》10，95，3。
④ 传世铜戈，《周金文存》6，46。
⑤ 传世铜戈，《三代吉金文存》19，35，1。

（阿）左钱（戈）”①，“平阿左造徒戟（戟）”②，等等。在战国晚期，这成为齐国兵器题铭的普遍形式。带有这些铭文的兵器，大概多为装备军队的普通之器，它反映出当时齐国的许多地方设有制造武器的官手工业生产机构③。

如果说战国中晚期燕、齐的兵器铭文还有一些新的变化，那么楚国的兵器铭文则几乎没有什么改变。尽管物勒主名走向衰落，但在楚国似乎没有新的铭刻形式兴起，因此，尽管战国时期的楚国兵器大量出土，却极少见有铭文的武器④，这使我们对于楚国发达的武器制造业的体制，几乎毫无了解⑤。

七、兵器铭刻制度的影响

物勒工名作为战国时期官手工业的一项制度，三级题刻是其最完备的形式。大量的实物材料说明，物勒工名、三级题刻主要是见于战国中晚期秦和韩、赵、魏四国的兵器。有理由认为，作为制度，它首先是在这四个国家的武器制造领域得到确立，最初而且主要地就是一项造兵制度。目前也见有少数战国晚期秦和三晋地区的其他铜器和漆器，其上有与兵器相似的分级题铭（见表3－12），当是受造兵制度影响的产物。

表3－12

序号	时代	器名	刻辞内容	著录和考释
1	秦昭王	秦私官鼎	十三年，工师瘨，工疑，一斗半正，十三斤八两十四朱	〔111〕〔52〕
2	秦昭王	秦漆卮	廿九年，大（太）后詹事丞向，右工师象，工大人台	〔57〕，参见〔55〕〔56〕
3	秦王政	秦寺工軎	二十一年，寺工献，工上造但	〔59〕
4	约赵孝成王	赵昌国鼎	四年，昌国，导工师翟伐，冶更所为	〔112〕第7卷图版14〔87〕
5	魏惠王	魏虒令釜	卅年，虒竛（令）癰，眂（视）事□，治巡针（铸），赓（容）四分	《商周金文录遗》522〔41〕第119～120页

① 传世铜戈，《小校经阁金文拓本》10，31，，1。

② 山东蒙阴唐家峪出土铜戟，见〔104〕，参见〔41〕第82页。

③ 〔41〕第80～81页列举了战国齐国兵器铭文中涉及的地名。

④ 刻记工匠之名的楚国兵器，现只见有武汉市文物商店收集的战国晚期莱陵公戈一件，铭：“献鼎之岁，莱陵公伺（司）圛所造，冶巳毋。”黄盛璋认为，“莱陵公”是楚国的封君，为兵器的监造者；“司圛”是莱陵公的属官（职名），为兵器的主造者；名为巳毋的“冶”是兵器的制造者。这种题铭方式当是受三晋制度的影响（见〔105〕）。不过，许多人以“司圛”（或释作别的字）为莱陵公之名（见〔106〕第40页），如此，则基本上仍是物勒主名形式的继续。而且，即便把“司圛”解释为莱陵公属官的职名，此戈铭文也难以与三晋的三级题刻形式相比拟，因为戈铭中的“莱陵公”三字，可能只是“司圛”一词的定语，而并不表示独立的一级。类似的例子还有江苏连云港出土的楚境尹戈，铭：“都寿之岁，襄城公境尹所造。”（见〔105〕〔107〕）

⑤ 近年来一些研究者依据非常有限、极其零散的资料，对东周时期楚国的手工业体系作了初步的探讨（见〔108〕〔109〕〔110〕），但这方面的知识还有很大的不确定性。

第五节 私手工业的发展和民间工匠参与造兵

战国时期，在旧的社会秩序遭到破坏，同时社会生产和城市经济迅速发展的局面下，原先一直极其孱弱的私手工业，开始逐渐的兴起。所谓私手工业，包括两类，一类是个体经营的小手工业，即师傅带同几个学徒经营的小作坊；一类是豪民经营的大手工业，由财力雄厚的富户巨室，雇用工匠进行生产，通常大量使用家奴性质的“僮”。

《吕氏春秋·召类》载有一个故事，宋国司城子罕的府第南面住着一家制作“鞔”的工人①，已经传了三代，他家的墙突出到子罕的府内，子罕想请他搬家。他说：如果搬了家，宋国需要鞔的人就不知道我的住处，我将没有饭吃。这是一位典型的城市个体手工业者。《孟子·滕文公上》说：农夫“以粟易械器”，陶冶“以其械器易粟”。这应是指个体手工业者和农民之间的交换。

豪民经营的大手工业，在《史记·货殖列传》中有不少反映：

猗顿用盬盐起，而邯郸郭纵以铁冶成业，与王者埒富。

蜀卓氏之先，赵人也，用铁冶富。

宛孔氏之先，梁人也，用铁冶为业。

随着私手工业的兴起，社会上出现了一批有自由身份的工匠，这些人凭自己的才艺安身立命，往往在技术上精益求精，有独到之处。因此，各国的统治者经常招聘民间的能工巧匠为之服务。《韩非子·外储说左上》曰：“客有为周君画筴（篋）者，三年而成。”此处的“客”，即外来的漆画工。在楚国的铜器铭文中，常见有“铸客”一词，如一些鼎铭：

盘（铸）客为大句（太后）脰（厨）官为之②

盘（铸）客为王句（后）七賡（府）为之③

所谓“铸客”，当指外来的铸工，杨宽认为应是被官府雇用的个体手工业者④。

官府聘用民间工匠，也见于武器装备的制造。《管子·小问》中有一段假托齐桓公和管仲的对话：

公曰：“请问战胜之器。”管子对曰：“选天下之豪杰，致天下之精材，来天下之良工，则有战胜之器矣。”……公曰：“来工若何?”管子对曰：“三倍，不远千里。”（注曰：“酬工匠之庸直常三倍他处，则工人不以千里为远，皆至矣。”）

这应是战国时人的思想。《墨子》称春秋末年鲁人公输般为楚国制造云梯等攻械和水战之器钩拒⑤，是民间工匠参与兵器制造见于记载的最初之例。这些来自民间的良工巧匠，为军事技术的发展，注入了新的灵气。

---

① 高诱注：“鞔，履也。作履之工也。一曰：鞔，鞁也，作车鞁之工也。”

②《三代吉金文存》3，19，5。

③《三代吉金文存》3，19，6

④ 见〔6〕第84页。

⑤ 分别见《墨子·公输》和《墨子·鲁问》。

第六节　时代思潮和军事手工业的发展

一、军事成为社会关注的中心问题

东周时期军事手工业的发展，得力于国家机器的强大作用。体现这种作用的列国的军事手工业制度或政策，则有其深刻的历史背景。

在这个时代，由于诸侯国之间的兼并战争愈演愈烈，杀伐空前频繁而惨烈，人们更广泛也更强烈地体会到军事问题的重要性。因此，自春秋晚期私学发轫后，社会上很快就形成了言兵议兵的风气，二三百年中，不仅有诸多专家致力于军事问题的研究、著述，撰写出大量兵书，像《孙子兵法》、《吴子》、《孙膑兵法》、《尉缭子》、《六韬》等，皆彪炳于世，而且其他各派学者也纷纷参与军事问题的讨论，发表了许多真知灼见，其中专门的名篇就有《老子》，《荀子·议兵》，《墨子》城守诸篇，《商君书》"战法"、"立本"、"兵守"、"境内"诸篇，《管子》"七法"、"幼官"、"兵法"、"地图"、"制分"、"参患"诸篇，《吕氏春秋》"荡兵"、"决胜"诸篇，等等。诸子百家，尽管身份阅历人各不同，思想渊源纷繁复杂，学说取向互异其趣，理论主张常相径庭，但对兵机戎事的重要性的认识却相当接近。

《论语·颜渊》记："子贡问政。子曰：'足食，足兵，民信之矣。'"

《孙子·计篇》曰："兵者，国之大事，死生之地，存亡之道，不可不察也。"

《墨子·七患》曰："备者，国之重也：食者，国之宝也；兵者，国之爪也；城者，所以自守也。此三者，国之具也。"

《商君书·农战》曰："国之所以兴者，农战也。""国待农战而安，主待农战而尊。"

《管子·参患》曰："君之所以卑尊，国之所以安危者，莫要于兵。……故兵者，尊主安国之经也。"

即使是认为"兵者不详之器"、"有道者不处"的老子，也对战争问题作了许多论述，其激烈的反战态度正体现了对这个问题的高度重视。

可见，关注军事、重视军事是当时社会的普遍倾向，乃大势所趋。因此，尽管列国的传统互有差异，对各派主张的取舍不尽相同，但都一致地大力加强武备。处此情势，军事手工业自然成为官手工业体系中最受关注和重视的部门。物勒工名、三级题刻的制度之所以首先出现且主要施行于武器制造，根本的原因就在于此。

二、诸子论武器装备

战国时人谈兵论兵，不仅关注于谋略战术、治军任将，而且也非常重视武器装备，以及武器装备的制造。

《司马法·定爵》说：

> 顺天，阜财，怿众，利地，右兵，是谓五虑。顺天奉时；阜财因敌；怿众勉若；利地，守隘险阻；右兵，弓矢御，殳矛守，戈戟助。凡五兵五当，长以卫短，短以救长，迭战则久，皆战则强。见物与侔，是谓两之。

这段话可以意译如下：

顺应天时，广殖财富，取悦人心，利用地利，重视武器，这是作战用兵所必须关注考虑的五件事情。顺应天时，就要遵循天候等自然规律；广殖资财，就要善于利用敌人方面的资源财富；取悦人心，就要努力顺应大众的意志愿望；利用地形，就要占据狭隘险要的地形；重视兵器，作战中用弓箭御敌，用殳矛守阵，戈和戟互相辅助。各种兵器各有不同的用途，用长兵器掩护短兵器，用短兵器救助长兵器，各种兵器轮番使用可以持久，一齐使用就能发挥强大的威力。发现敌人使用新兵器，就要仿效制造，从而与敌人保持平衡。

在作者看来，武器装备是影响战事的五个主要因素之一，尤其值得注意的是，作者提出了与敌人保持武器装备的平衡思想（“两之”），因而要求积极地仿造敌人的新式武器装备（“见物与侔”）。

《墨子·七患》说：

仓无备粟，不可以待凶饥；库无备兵，虽有义不能征无义。

可见粮食和武器的储备是墨子所主张的“国之备”的基本内容。孔子所谓“足食，足兵”，也有这层意思，自然，“兵”也可引申为广义的军备，因而包括了人和物两个方面的内容。

三、《管子》的“工无敌”、“器无敌”思想

在诸子百家论兵中，以战国杂家的代表《管子》对武器装备和军事手工业最为重视，论述也最为丰富。

《管子·七法》说：

为兵之数：存乎聚财（材），而财（材）无敌；存乎论工，而工无敌；存乎制器，而器无敌；存乎选士，而士无敌；存乎政教，而政教无敌；存乎服习，而服习无敌；存乎遍知天下，而遍知天下无敌；存乎明于机数，而明于机数无敌。故兵未出境，而无敌者八。

《管子·参患》说：

得众而不得其心，则与独行者同实；兵不完利，与无操者同实；甲不坚密，与俴者同实①；弩不可以及远，与短兵同实；射而不能中，与无矢者同实；中而不能入，与无镞者同实；将徒人②，与残者同实；短兵待远矢③，与坐而待死者同实。故凡兵有大论，必先论其器，论其士，论其将，论其主。故曰器滥恶不利者，以其士予人也；士不可用者，以其将予人也；将不知兵者，以其主予人也；主不积务于兵者，以其国予人也。

作者不仅认为武器装备是决定战争胜负的主要因素之一，而且把这个因素放在极为突出的位置加以强调。《管子·幼官》说：“备具，胜之原。”即武备齐全，乃胜利的根源。《管子·兵法》说：“教器备利，则有制也。”即训练充分，武器精

① 俴者，单衣无甲之人。
② 徒人，未经训练之人。
③ 用短兵器抵御远射的弓箭。

良，就有控制力量。“器械巧，则伐而不费（拂）。”即武器精巧，才能征战顺利。“制适（敌），器之至也；用适（敌），教之尽也。不能致器者，不能制适（敌）；不能尽教者，不能用适（敌）。”意为：能控制敌人，是武器最精的结果；使敌为我用，是教练最好的结果。不能使武器最精的，不能制敌；不能使教练最好的，不能使敌为我用。《参患》篇甚至说：

故一器成，往夫具，而天下无战心；二器成，惊夫具，而天下无守城；三器成，游夫具，而天下无聚众。所谓无战心者，知战必不胜，故曰无战心；所谓无守城者，知城必拔，故曰无守城；所谓无聚众者，知众必散，故曰无聚众。

这段话可以意译为：

有一种武器足以威胁敌人，再有敢于出征的战士，则可使天下没有战心；有两种武器足以威胁敌人，再有智勇惊众的战士，则可使天下无可守之城；有三种武器足以威胁敌人，再有才辩游说之士，则可使天下都不敢聚集兵众了。所谓没有战心，是因为知道战争必不能获胜，所以说无战心；所谓无可守之城，是因为知道城必被攻破，所以说无可守之城；所谓不敢聚集兵众，是因为知道兵众必作鸟兽散，所以说无人敢于聚集兵众。

如果说这些话有一定程度的唯武器论的倾向，也是不为过的。

《管子》思想中最有意义的是，它不仅强调武器装备的充足（“备具”），而且极为重视武器装备的精良（“器无敌”），因而极强调讲求工艺技术（“工无敌”），极重视工匠的作用。《管子·问》说：

工之巧，出足以利军伍，处可以修城郭补守备者，几何人？

在工匠地位甚为低下的古代社会，能有这样的认识殊为可贵。

由这些认识出发，《管子》主张以重金招徕天下良工，聚集天下英才，以为战胜之器①。此外，《管子》也很强调武器生产的严格管理，主张“成器不课不用，不试不藏”②，即武器生产出来后，都要经过检验和试用。

四、“美金以铸剑戟”的社会意识

《管子》一书是齐国稷下之学中祖述管仲的庞杂学派的集大成之作，它还明确表述了我们在导言中已经提及的一个重要观念。

《管子·小匡》称：

桓公曰：“卒伍定矣，事已成矣，吾欲从事于诸侯其可乎？”管子对曰：“未可。若军令则吾既寄诸内政矣，夫齐国寡甲兵，吾欲轻重罪而移之于甲兵。”公曰：“为之奈何？”管子对曰：“制重罪入以兵甲犀胁、二戟，轻罪入兰、盾、鞈革、二戟，小罪入以金钧分，宥薄罪入以半钧，无坐抑而讼狱者，正三禁之而不直，则入一束矢以罚之。美金以铸戈、剑、矛、戟，试诸狗马；恶金以铸斤、斧、钼、夷、锯、欘，试诸木土。”

类似的内容又见于《国语·齐语》：

桓公问曰：“夫军令则寄诸内政矣，齐国寡甲兵，为之若何？”管子对曰：

① 《管子·小问》，又见《七法》、《幼官》二篇。

② 《管子·七法》。

“轻过而移诸甲兵。”桓公曰：“为之若何?”管子对曰：“制重罪赎以犀甲一戟，轻罪赎以鞼盾一戟，小罪谪以金分，宥闲罪。索讼者三禁而不可上下，坐成以束矢。美金以铸剑戟，试诸狗马；恶金以铸鉏、夷、斤、斸，试诸壤土。”甲兵大足。

关于“轻重罪而移之于甲兵”的政策，将在下文讨论，这里着重谈谈“美金”、“恶金”之说。

图3－12　战国“繁阳之金”铜剑及铭文细部　河南洛阳出土。配象牙鞘，剑身铭“繁阳之金”四字。“繁阳”是楚国著名的铜产地，在今河南新蔡县北。此剑当以繁阳出产精铜所铸。

在先秦时期，“金”字的一般意义是指铜或青铜，“美金”即优良之铜，“恶金”即差劣之铜。但“美金”、“恶金”之说，完全可以在更广大的意义上来理解，比如把“金”看作泛指金属，甚至看作泛指材料，实质上，这句话反映了一种观念，即武器的生产制造优先于生产工具。这与其说是某个人或某个学派的思想，不如说是古代社会的普遍意识。它与古人“国之大事，在祀与戎”① 的观念是紧密联系在一起的。在商代的铜器遗存中，我们已经明显地看到这样的意识的支配作用，而这种意识的形成，更在此之前，恐怕是与国家的孕生相伴相随的。当然，管子或管子学派之所以能够明确地表述这种意识或观念，与他们对武器装备及其生产制造的格外重视不无关联。

“美金以铸剑戟”，这样一种普通的意识，比任何学说理论都更加深入统治者的心灵，因此它对古代军事手工业和军事技术的发展的促进作用，绝不可低估。许多君王，也许并不真正了解那些显赫之学，但绝少不重视军队和武器的。

五、法家对军事手工业发展的贡献

战国诸子百家，对当时列国政策影响最大的是法家，基于法家思想的现实政策，对军事手工业的发展起了巨大的推动作用。

法家的基本主张之一是奖励耕战，富国强兵，因而极重视武备②。《管子·小匡》和《国语·齐语》都讲到管仲提出了“轻重罪而移之于甲兵”的政策，春秋

① 见《左传·成公十三年》。

② 见《商君书·农战》、《韩非子·五蠹》。战国法家和兵家相互影响甚大，思想极为接近。《荀子·议兵》说，“齐之田单，楚之庄跻，秦之卫鞅，燕之缪虮，是皆世俗之所谓善用兵者也”；《汉书·刑法志》称，“吴有孙武，齐有孙膑，魏有吴起，秦有商鞅，皆禽敌立胜，垂诸篇籍”；《汉书·艺文志》兵家类著录有“《公孙鞅》二十七篇”。可见商鞅又是大兵家。而大兵家吴起则是楚国变法的推行者。身为法家的韩非也主张“战阵之间，不厌诈伪”（《韩非子·外储说右上》）；许多兵家同样力倡富国强兵，如吴起认为“要在强兵”（《史记·孙子吴起列传》），孙膑认为强兵之要在于富国（《孙膑兵法·强兵》）。自孙武以来，兵家对现实政策就一直具有影响力。

时期的齐国是否曾这样做不得而知，但秦国自商鞅变法后，却完全实行了这样的政策。云梦睡虎地出土秦法律文书中有大量的赀赎条文，《说文》曰："赀，小罪以财自赎也。"因此赀赎就是罚款。秦律众多的赀赎条文，对象主要是官吏、将校和庶人，赀罚计值绝大部分为盾和甲，如：

甲盗不盈一钱，乙见智（知）之而弗捕，当赀一盾。（《法律答问》）

公器不久刻者，官啬夫赀一盾。（《效律》）

不当禀军中而禀者，皆赀二甲。（《佚名律》）

秦律中也见有赀布，如：

邦客与主人斗，以兵刃、投（殳）梃、拳指伤人，擎以布。何谓擎？擎布入公，如赀布，入赍钱如律。（《法律答问》）

意思是说，六国人与秦人斗殴，打伤秦人，六国人应缴纳布作为慰抚，就和赀布一样，依布价折钱缴纳于官府。显然，赀盾、赀甲也是依盾、甲之价折钱缴纳。那么，同是赀赎，计值为什么会有盾甲和布的区别呢？这恐怕是因为罚金的用途有异。赀盾、赀甲，所得之罚金大概皆用于采办武器装备。法家的强兵措施，由此可见一斑。它大大支持和加强了军工生产。

法家的又一个基本主张是以法治国，所谓"内行刀锯"、"明其法禁，必其赏罚"①。战国时期官手工业管理的法制化正是厉行法治政策的体现，而武器制造中所实行的物勒工名、三级题刻制度，与法制化管理是互为表里的。战国七雄，以三晋的法家传统最为浓厚②，以秦国贯彻法家学说最彻底，在这几个国家建立起完备的物勒工名、三级题刻制度，不是偶然的。

---

① 见《商君书·画策》、《韩非子·五蠹》。

② 黄盛璋指出：战国法家的起源地与最初实践皆在三晋，最早一个法家是著《李子》的李悝，"相魏文侯，富国强兵"；其次还有著《申子》的申不害，相韩昭侯，"国治兵强，无侵韩者"。《汉书·艺文志》著录的战国法家，除《游棣子》不详国籍外，其余全部出自三晋。商鞅是卫人，卫国当时实际是魏国的附庸，而商鞅最先就是仕魏相公叔痤的。早于商鞅，先在魏国，后来相楚推行法治的吴起也是卫人。申不害是京人，京本郑邑，韩灭郑并迁都郑，所以申不害就是韩人。其余著《慎子》的慎到是赵人，韩非是韩之诸公子，著《处子》者也是赵人。名为儒家，实与法家接近，并且是韩非、李斯的老师的荀子也是赵人（见〔58〕）。

第三章
青铜兵器及其制造技术

第一节 青铜兵器的鼎盛

东周是中国青铜兵器使用最兴盛的时代。在这个历史时期，原始骨石兵器的最后孑遗——骨角质的箭镞，在列国地区被彻底淘汰了。

1956～1958 年，中国科学院考古研究所在河南陕县后川和李家窑（今属三门峡市）发掘了 105 座东周墓葬①，年代跨度为春秋中期至战国中期，共出土剑、戈、矛、戟、鉇、镈、镦、镞等青铜兵器或附件 331 件，其中有铜镞 206 件，但未发现一件骨角镞，其他石骨质的兵器更是不见踪影②。

1973～1976 年，湖北荆州地区博物馆在江陵雨台山发掘了 558 座东周楚墓，年代跨度为春秋中期至战国晚期，共出土剑、戈、矛、戟、匕首、镞等铜兵器 516 件（镈、镦等附件未统计在内），其中有铜镞 185 件，也未发现一件骨角镞或其他石骨质兵器③。

一南一北这两批考古资料，具有无可置疑的代表性。

时代的进步在《国语·鲁语下》关于孔子的一个故事中也有反映：

> 仲尼在陈，有隼集于陈侯之庭而死，楛矢贯之，石砮，其长尺有咫。陈惠公使人以隼如仲尼之馆，问之。仲尼曰："隼之来也，远矣！此肃慎氏之矢也。昔武王克商，通道于九夷、百蛮，使各以其方贿来贡，使无忘职业。于是，肃慎氏贡楛矢、石砮，其长尺有咫。先王欲昭其令德之致远也，以示后人，使永监焉，故铭其楛曰'此肃慎氏之贡矢'，以分大姬，配虞胡公而封诸陈。古者，分同姓以珍玉，展亲也；分异姓以远方之职贡，使无忘服也，故分陈以肃慎氏之贡。君若使有司求诸故府，其可得也。"使求，得之金椟，如之。（韦昭注："楛，木名。砮，镞也，以石为之。"）

在中原地区，石镞早已先于骨角镞而消亡，所以春秋末年的陈国人见到奇怪的石镞箭，就只能向博学的孔夫子请教了。

在东周列国，原始骨石兵器的消亡纯粹是因为青铜兵器的盛行。而铜、石兵器的更代实是动态环境中的动态过程，这一点对于了解东周青铜兵器的盛行状况尤为重要。

西周时期，在国力鼎盛的时候，周王曾拥有 14 师军队，即西六𠂤（师）和成

---

① 这一带原为虢国都城上阳之所在，春秋时晋灭虢，战国初年此地为韩、魏共有，战国中期尽入于魏。

② 见〔113〕第 71～79、91～106 页。

③ 见〔114〕第 75～85、114～116 页。

周八自（师）。当时，“礼乐征伐自天子出”①，为有效控制诸侯，对各封国的军力有严格的限制。《周礼·夏官·叙官》称：“凡制军，万有二千五百人为军。王六军，大国三军，次国二军，小国一军。”古师、军相当。《公羊传·隐公五年》何休注则说“天子六师，方伯二师，诸侯一师”，意谓像齐、鲁等“元侯”能组建两个师（或军），次等的诸侯国只能组建一个师（或军）。

东周时期，周室衰微，诸侯力征，周王的军力日益衰减，而诸侯大国的军力则逐渐膨胀，它们纷纷突破了原先的限制，不断地扩大军队的规模。如晋国原只有一军②，献公十六年（前661年）作二军③，文公四年（前633年）作三军④，八年（前629年）作五军⑤，景公十二年（前588年）作六军⑥。成书于春秋晚期的《孙子兵法》中常提到“带甲十万”、“兴师十万”、“十万之师”等，这大体上反映了其时大国军队的规模。战国时期，诸侯大国的扩军规模更加惊人。及至战国晚期，秦、楚皆拥兵百万，韩、魏、燕、赵、齐各数十万。列国之间的战争，各方投入兵力常在二三十万以上，杀戮动辄数万、十数万乃至数十万，如秦白起攻韩、魏于伊阙，斩首二十四万；长平之战，前后斩首虏四十五万；王翦伐楚，非起兵60万不可。正如时人所言：常“具数十万之兵，旷日持久数岁”⑦。

如此大规模的军队，在战国初期以前，都是以青铜兵器武装起来的；战国中晚期，一些国家（如楚和燕）开始以铁兵器装备军队，但列国军队仍然主要使用青铜兵器。由此可以想象到这个时代中国青铜兵器用量之巨！

1978年，湖北省博物馆在随县擂鼓墩发掘了战国初期的曾侯乙墓。曾（随）不过是江汉间的一个弹丸小国，受制于楚，不久后即被楚国所吞灭。就在这样一个小国之君的墓中，居然出土了数量惊人的青铜礼器、乐器和兵器，总重量达10吨左右，其中有青铜兵器4673件，包括铜镞4507件，戈、戟、矛、殳等166件，绝大多数为实用器⑧。一个小国为了替一位死去的君主陪葬，就将这么多的实用武器埋入地下，东周时期青铜兵器的繁盛，由此可见一斑。

在世界上，像中国这样源源不断地从地下出土大量青铜兵器的国家是绝无仅有的。如果把海内外公私收藏的东周列国的青铜兵器集中起来，恐怕足以重新武装一支“十万之师”。

第二节　青铜兵器形制和结构的改进

东周既是中国青铜兵器使用最盛的时代，也是中国青铜兵器最为优良的时代。此时期青铜武器的进步，首先体现于形制的改进和新兵器的创造上，尤以锋刃器

① 《论语·季氏》。
② 《左传·庄公十六年》。
③ 《左传·闵公元年》。
④ 《左传·僖公二十七年》。
⑤ 《左传·僖公三十一年》。
⑥ 《左传·成公三年》。
⑦ 《战国策·赵策三》记名将赵奢之语。
⑧ 见〔42〕上册第252~306页，〔115〕第301页。

的变化为著，这也是我们从博物馆的陈列和铜器图录的展示中就可以明显体会到的。

综合观之，东周时期通过不断地改进青铜锋刃器的形状和构造，从而日益提高其杀伤效能，增强其装柄的牢度，同时使器体越来越趋于灵巧轻便。历经长期的发展，中国青铜武器在战国晚期达到了最为成熟完善的形态，其特点可以概括为：器形规整，锋刃锐利，灵巧轻便。

在冷兵器时代，武器形制的改进与战斗经验的积累和战斗方式的变化有更为直接而密切的关系，它既是无数战士的鲜血和诸多匠师的智慧的结晶，也是新的战斗方式、新的战斗需求所引发的结果。在此基础上，人们进而又创造出新的武器品种，它们总是与传统兵器有“血缘”的联系，而在某些方面则得到了突出的强化。

同时，古代冷兵器的形制还受到民族和文化因素的强烈影响。比如同为矛或短剑，在不同的地区和民族中，其造型各不相同，更遑论纹饰的千差万别。这种差别，难以从实用的角度追究其根源，而只能归因于际遇异彩纷呈、智慧各具秉性的不同人们的独特创造。一些地区某些独特器类的产生和流行，也必须归因于文化的多样性。比如新、旧大陆的草原猎人都广泛使用飞石索，而澳洲土著却盛用飞去来器；旧大陆的大部分地区在青铜时代和早期铁器时代盛用战斧，中国自进入青铜时代后，却流行起独特的戈类句兵（包括戟）、斧类辟兵（包括钺），在战斗中的使用则转趋式微，这些现象，以纯粹实用的观点去看难免使人不得要领。以戈为例，当你用戈钩割敌人的时候，便把自己的胸腹暴露在敌人面前了，而且你是把敌人拉向自己，一旦不能杀死或者重创敌人，自己便很容易受到致命的打击。用戈来啄击，其威力也明显要弱于劈砍式的斧钺。然而，中国商周古人却偏偏选择戈而不是斧钺作为主要的格斗兵器①。

在中国，还有一个现象极其引人注目，即冷兵器的品种、形制和纹饰的发展变化始终具有连续性和继承性，这无疑与其文明的独立性和连续性密切相关，或者说，它就是文明的独立性和连续性的一个表现。

上述作用关系，业已见之于夏、商、西周时期，在东周时期又有进一步的体现。

一、矛

东周时期，青铜矛沿着矛体渐窄的方向继续演变。约在春秋晚期至战国初期，出现了成熟的窄体矛头，其特点是窄体、直刃、筒身，即形体窄瘦，两个侧刃近乎平直，装柄的骹一直延伸到矛叶的中部，矛身上常有血槽。

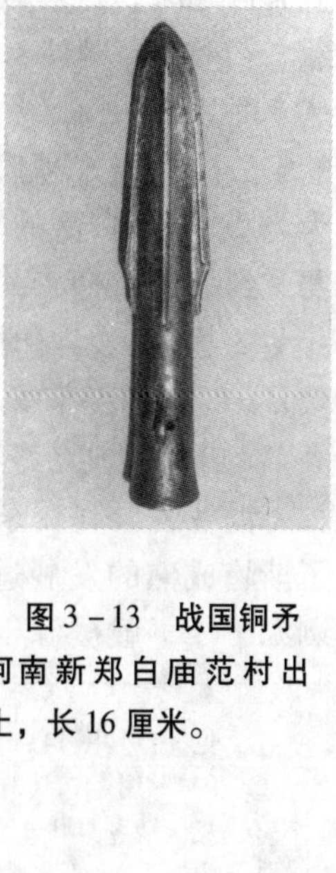

图3－13　战国铜矛
河南新郑白庙范村出土，长16厘米。

战国晚期，日益流行短矛头，其长度通常为16厘米左右，典型之例如河南新郑郑韩故城出土的“郑令矛”②、

① 见〔116〕第20～21页。
② 见〔99〕及〔31〕图4～35。

河北保定发现的“燕王喜”矛①、河北易县出土的秦“少府”矛②。这种短矛头，有许多是用以装配戟的，如郑韩故城出土的一些矛上就铭有“戟刺”两字。

二、戈

东周时期青铜戈形制的改进紧紧围绕着增强装柄牢度和提高杀伤效能两个目标。

增强装柄牢度主要是靠延长胡，从而增加胡上绕绳的穿孔。胡的长度可以区分为短、中、长三个规格，短胡通常只有一个穿孔，中胡一般有两个穿孔，长胡有三或四个穿孔。商代以无胡戈为主，西周以短胡和中胡戈为主，东周时期则盛行中长胡的戈：春秋以中胡为主，战国中胡、长胡并重。东周铜戈还普遍在援基部的上方再作一个小穿孔，以代替上阑的作用。由于胡长穿多，就使得戈头能够更加牢固地绑缚在柄上。

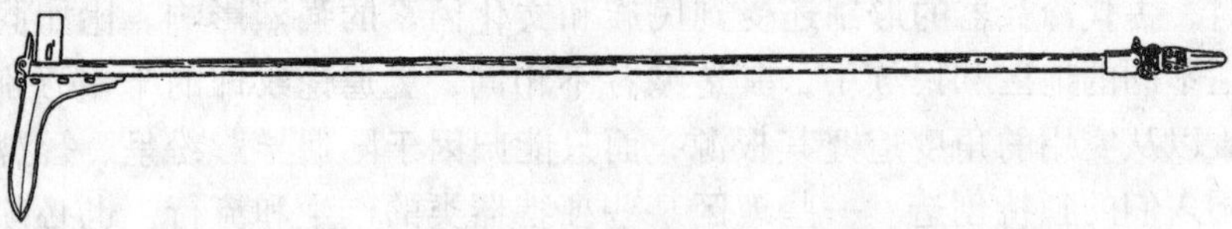

图 3-14 战国木柄铜戈 湖南长沙出土，通长 1.44 米。

戈头的形状在战国中晚期发生了显著的变化，一是援部由平直变得略为弧曲，有时还在下刃和胡上作出孑刺，大大提高了勾杀的效能；二是内部略上翘，并作出锐利的边刃，于是主要用以缚柲的内也可用来击敌了；三是形体渐瘦，更为轻灵。

三、戟、多戈戟

春秋时期，将青铜戈头和矛头联装于一根柄上而构成的戟日益流行起来，这种较为晚出的兵器之被称为“戟”，最初就见于这个时期的文献③。此时期，戟的实战应用越来越广泛，逐渐成为与戈、矛并重的主要长柄武器。到战国时期，甚至呈现出取代戈的趋势，因而时人或用“持戟百万”来形容一国军队的强大④，可见用戟之盛。

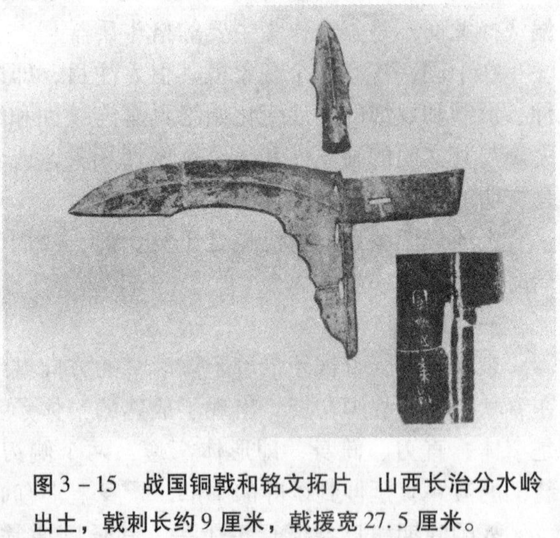

图 3-15 战国铜戟和铭文拓片 山西长治分水岭出土，戟刺长约 9 厘米，戟援宽 27.5 厘米。

铜戟的形制在东周时期经历了渐趋成熟的发展过程。由于戟刺源于矛，戟援源于戈，所以戟

① 见〔77〕图 141,〔31〕图 4~34。

② 〔77〕图 147,〔31〕图 4~36。

③ 见《诗·秦风·无衣》、《左传·隐公十一年》、《左传·庄公四年》，参见〔33〕。

④ 《史记·平原君列传》记名士毛遂之语。

的形制演变与戈、矛形制的发展是相联系的。春秋时期，戟援平直，戟刺较长；战国时期，戟刺渐趋短小，戟援由平直变得略为弧曲，有的还在胡上作出孑刺和刺距，或将内部作成弯钩之形，灵巧且更利于勾杀。

春秋晚期，在南方江淮区域的楚、随（曾）、蔡等国还出现一种装有多重戟援的青铜“多果（戈）戟”。这种戟有的装有戟刺，有的不装戟刺，但均在一根柄上联装三个或两个戟援，前者称“三果（戈）戟”，后者称“二果（戈）戟”，柄长皆为3米左右，是一种以勾杀为主要功能的车战兵器①。湖北随县曾侯乙墓中出土了许多件保存相当完整的实用戟②。这种具有地域特色的新式兵器大概只流行到战国初期，随车战衰落而消亡。

四、殳、锐殳

殳是一种渊源很古老的兵器。《考工记》称殳为“击兵”；《释名·释兵》说殳“无刃”；《说文》解释：“殳，以杖殊人也。”都说明它是一种棍棒。据《考工记·庐人》记载，殳杖的两端都装有铜件，著名的“商鞅殳镡”，就属于这种铜件。曾侯乙墓出土的完整殳杖，长3.21米，上端装圆筒形铜首，顶有一小纽，可能用以系缨饰，下端装八棱形铜镦③。

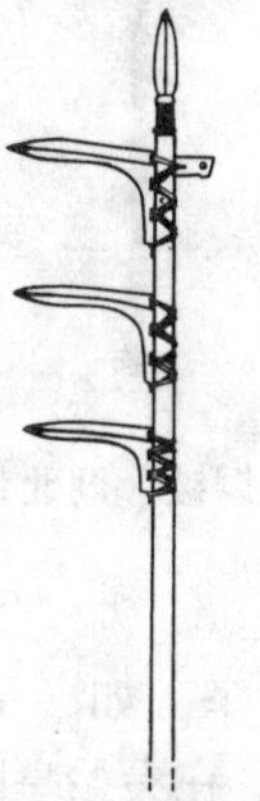

图3-16　战国早期三戈戟　湖北随县曾侯乙墓出土，通长3米余。

图3-17　战国铜殳头（锐殳）　湖北随县曾侯乙墓出土，长15.2厘米。

春秋晚期，南方江淮区域的楚、随（曾）、蔡等国出现了一种兼有刺杀和砸击功能的有刃铜殳。这种殳在3米多长的柄的顶端装有一个长约12~18厘米的青铜殳头，殳头的刃部呈三棱矛状，可以刺杀，骹部厚重，饰以浮雕花纹，或作出蒺藜形尖刺，可以砸击，殳头稍往下，还套装一个铜箍或铜刺球，以增强砸击的威力。曾侯乙墓出土7件完整的有刃铜殳，有3件殳头上铭“曾侯郕之用殳”④。晋

① 见〔33〕〔117〕。或主张将无戟刺的多戈戟称为“多援戈”，认为它是步兵武器（见〔118〕），似不妥。因为曾侯乙墓所出无戟刺的多戈戟，也自铭为“戟”，而且柄长都在3.1~3.4米之间（见〔42〕上册第260~287页）。

② 见〔42〕上册第260~287页。

③ 见〔42〕上册第294~295页“晋殳”。

④ 见〔42〕上册第293页。

夏侯湛《猎兔赋》有"拟以锐殳，规以良弓"之语，所谓锐殳，或即有刃铜殳。

五、铍

铍是东周时期新出现的青铜兵器，时人又称之为"铩"。文献中对这种兵器的最早记载见于《左传·襄公十七年》。铍头形状为尖锋、直刃、扁茎，茎上一般有穿孔，类似于扁茎短剑，但以茎接续长柄，因而就构成了一种穿透力很强的长柄刺兵。铍的装柄方式也类于扁茎短剑：将茎部插入柄端的裂隙，再用销钉钉合，然后用绳条将接合部位缠紧，刃、柄之间往往还装有格。它极有可能是由扁茎短剑发展而来。

图 3－18　战国铜铍头

图 3－19　战国铜铍　湖北荆门包山出土，通长 1.68 米。

战国时期，铍应用较广，时人甚至将之与弩、戈并举，如《史记·苏秦张仪列传》称秦军"强弩在前，铩戈在后"。1974～1984 年，在秦始皇陵兵马俑坑一号坑发掘中出土了众多战国末年的铜铍，铍头一般长约 35 厘米，据遗迹判断，装柄后最长达 3.74 米①。1986 年，湖北荆门包山战国楚墓还出土了一件制工精致的完整铜铍，装柄依然牢固，通长 1.68 米，铍头上套有木胎皮鞘②。目前战国七雄制造的铜铍头都有发现，但前人著录往往将之误为剑。这是需要注意的③。

六、钺、斧

中国青铜时代句兵（戈、戟）日盛而辟兵（钺、斧）日衰的趋势在东周时期达到了顶点，当时列国军队的实战兵器中已基本没有钺、戚和斧。

在商代和西周，一直将青铜钺作为象征杀伐之权的邦国和军旅重器，这时因礼坏乐崩，这个传统亦趋于式微。因此，传世和考古发现的东周铜钺极少。河北平山战国初期中山王墓出土的铭有"天子建邦，中山侯恷，作兹军钎（钺），以敬

① 见〔64〕上册第 260～275 页。

② 见〔119〕上册第 206 页"剑形矛"。

③ 关于铍的辨正，见〔120〕第 120～123、127～129 页，及〔121〕〔122〕〔123〕。

（警）厥众”的铜钺，是罕见的一例①。

在东周列国，斧主要是生产工具。其形制构造与钺有很大差异。《左传·哀公二十五年》记，卫国工匠暴动，“皆执利兵，无者执斤”。可见斧斤只在兵器匮乏时被作为替代品。

七、剑

铜剑的成熟，是东周青铜兵器发展的最主要成果之一。这与步战的复兴、骑战的兴起几乎是同步的。

在春秋早中期，中国仍只有短剑，南北方都有一些独特的剑型，北方的典型之例如洛阳中州路出土的象牙柄鞘铜短剑②，南方有太湖周边早期土墩墓中出土的一些铜短剑③。春秋晚期，列国地区的青铜剑步入了成熟期，剑身普遍加长，达 50 ~ 60 厘米，南北铜剑的形制趋于统一，形成了三种主要剑型：

A 型：茎作扁条形，折肩，又称扁茎剑，此型剑一般还于剑茎上装置剑格和剑首；

B 型：茎作全空或半空的圆筒形，首呈圆环形，剑格窄薄，剑首、剑格和剑身一体铸成；

C 型：茎作实心圆柱形，茎上常有两周或三周凸起的圆箍，首呈圆盘形，剑格宽厚，剑首、剑格和剑身一体铸成。

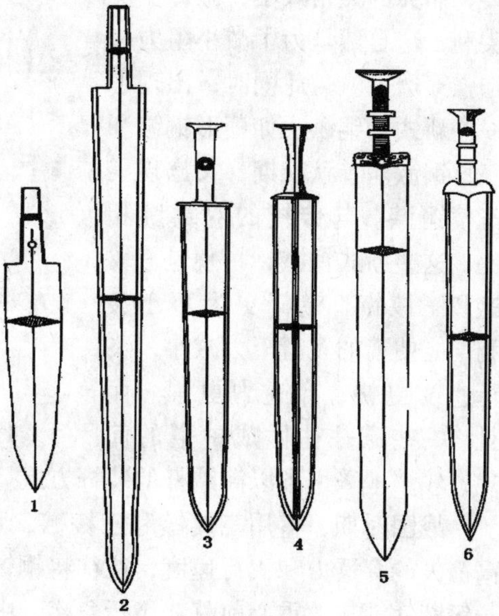

图 3 – 20　春秋晚期至战国时期的铜剑
1、2，A 型；3、4，B 型；5、6，C 型。

三型铜剑的剑刃前部均略为向内侧收束弧曲，线条优美流畅，极富特色④。

进入战国，列国铜剑的长度继续增加。战国中晚期，长 70 厘米左右的铜剑已不罕见。战国末年，更出现了长达 80 ~ 90 余厘米的青铜剑，其实物已在秦始皇陵兵马俑坑中成批发现⑤。北京故宫博物院收藏的一件长 93.6 厘米的错金嵌松石铜剑⑥，与秦俑坑所出最长之剑相当，应也是战国末年之物。

如果说车战适用长柄兵器，剑难以发挥作用的话，步、骑战则完全不同：步战讲究长短兵互相救助，剑、盾相配，攻守兼具；骑战因需执缰控马，尤重单手握持的刀剑类短兵器。因此，随着铜剑由短剑发展为长剑，它也由近身卫体之器

① 见〔124〕上册第 294 ~ 295 页，〔31〕第 82 页图 4 – 61。
② 见〔125〕第 97 页。
③ 见〔126〕，〔43〕第 35 ~ 38 页。
④ 见〔127〕，〔43〕第 76 ~ 85 页。
⑤ 见〔64〕上册第 249 ~ 254 页。
⑥ 此剑系杨宁史旧藏，见〔128〕第 102 号。

变而为主要的格斗兵器，更成为步、骑兵手中的利器，在战争中得到大量的使用①。

然而，东周时期短兵器用剑而不用刀。早期的杂形短刀此时大多消亡，而当时盛行的“长尺博寸”的削刀，皆为工具。

八、箭镞

到春秋时，商代以来流行的双翼铜镞的形体逐渐变得比较窄瘦，而翼的夹角减小，镞锋更加尖利，这自然是为了减小阻力和增强穿透力。与此同时，出现了一些新式的铜镞，如菱形铜镞和三翼铜镞。春秋晚期，又出现了三棱铜镞。与传统的双翼镞相比，这些新式铜镞，特别是三翼镞和三棱镞，镞锋更为短小尖利，能使箭的飞行阻力减小，飞行速度更快，穿透力更强。而且，一些镞往往做成中空的筒式，较多地采用了以筒纳杆的装杆方式。

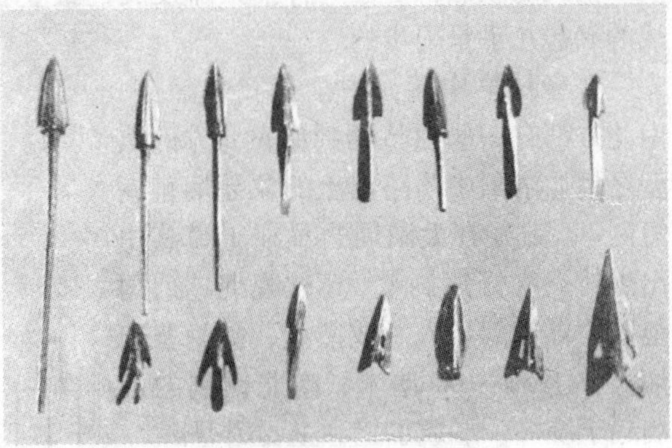

图 3-21　战国至汉代铜镞

内蒙古伊克昭盟收集，长 3.5～15.6 厘米。

战国时期，盛用三翼镞和三棱镞，双翼镞基本上被淘汰。当时，为进一步提高箭矢的穿透力和飞行速度，往往将铜镞的铤部做得很长，达 30～40 厘米。这种长铤镞使箭矢的重心前移，飞行急疾，中物深入。

九、其他

东周时期，兵器附件如镈、镦、龠以及一些剑上附装的首和格等，仍以青铜铸制，甚至铁兵器上的这些附件，也是如此。

此时期流行起来的射击兵器弩的最重要部件——弩机，也以青铜铸造，我们将在本编第四章中予以详论。

可能着力于发展皮甲胄，青铜甲胄在这个时期没有什么发展，而且，由于皮甲胄的成熟完备和防护力的增强，人们甚至不再往甲胄上加装铜件。

迄今也没有发现此时期盾牌上安装的青铜加固件，也许田野发掘中已有出土而人们尚未能辨识出来，但无论如何都可以说，这种做法在东周时期已不流行。关于东周时期甲胄和盾牌的发展方向及其制造技术，也将在本编第四章中详论。

十、周边少数民族的青铜兵器

东周时期，不仅黄河中下游和长江中下游列国地区的青铜兵器趋于成熟鼎盛，而且，这个中心区域周边的少数民族地区的青铜兵器也大多达到了其发展的高峰。所谓周边地区的少数民族，在这个时期主要是北方草原的游牧民族、四川盆地的巴蜀民族、川西和云贵高原的西南夷，以及两广一带的南越、骆越人，由于生活

① 见〔43〕第90～95页及〔129〕。

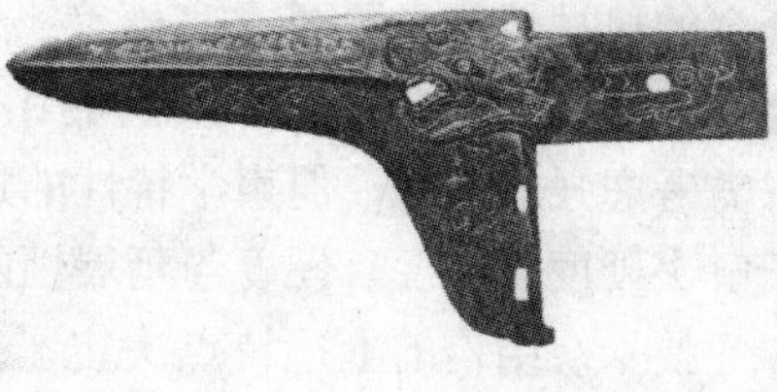

图 3－22　战国巴蜀虎纹铜戈　四川郫县出土，长 25.2 厘米，其上有神密的图纹符号。

环境、民族习性、文化和军事传统的差异，他们的青铜兵器与东周列国大不一样。

进入东周时期，斧钺类劈砍兵器在中原战场上迅速退隐，而在周边地区的少数族中仍然流行，如北方草原游牧民族有管銎斧、鹤嘴斧等，巴蜀有窄体弧刃的空首钺，西南夷有空首斧和靴形钺，两广越人也有靴形钺，它们都属于战斧一类①。在东周列国，铜剑渐由短剑发展为长剑，而周边少数民族地区仍一直盛行铜短剑，如北方草原有动物纹和几何纹铜短剑，巴蜀有装饰神秘图纹符号的柳叶形铜短剑，西南夷、两广也有多种多样的铜短剑②。在一些地区，砸击类兵器比中原更为丰富，如北方草原见有多种铜棍棒头，西南夷中有独特的狼牙棒；草原骑士还惯用流星锤，西南夷又有非常奇特的“丁”字形啄③；北方草原一直流行整体铸造的青铜胄，西南夷甚好用青铜制作铠甲，他们既用完整的薄铜片制成颈铠、臂护、胫甲、背甲等，也用小型的铜片编联成甲④。

这些地区的青铜兵器的形制和纹饰各具其貌，极其丰富多彩，即使是源于商周文明的兵器品种，经过各地土著的改造，也具有浓郁的地方特色，如巴蜀和西南夷的多种多样的铜戈，就是很有代表性的例子⑤。

第三节　青铜兵器制造技术的发展

从总体上看，中国古代青铜器制造技术的发展有两个主导的方面，一是礼器的制造，一是武器的制造。这两个方面在制造技术上无疑有显著的共性，比如都以泥范铸造为成型的基本方式，都以铜和锡为合金的基本元素，正因如此，才形成了独具面貌的中国青铜文化和青铜技术体系。但同时，这两个方面在工艺上又各有侧重点，礼器制造着重于范铸技术的改进，以适应器物造型的日益复杂化，武器制造尤其重视合金配比以及对兵器的热处理和表面处理，以获得高质量的材料和提高兵器的机械性能。前者导致发展形成了巧夺天工的青铜器范铸工艺，后者极大地推动了青铜合金技术的精进以及铜器热处理和表面处理领域一系列的创新、发明。在中国青铜技术体系中，礼器制造和武器制造又存在着相互影响和互相渗透。自然，在范铸技术上，主要是礼器影响兵器；在合金技术上，热处理和表面处理技术等方面，则是兵器起着更大的主导作用。

青铜乐器，特别是钟的制造，既要求精妙的范铸工艺，又要求超卓的合金技

① 参见〔31〕第 103～116 页，〔130〕第 3～63 页，〔131〕。
② 参见〔43〕第 133～187 页及〔129〕。
③ 参见〔31〕第 103～116 页。
④ 参见〔132〕第 32～36、10～11 页。
⑤ 参见〔133〕及〔31〕第 103～116 页。

术。但钟的合金成分受钟体强度和声学特性两方面考虑的影响，兵器则突出追求合金的机械性能，既要求高硬度，又要求高强度和良好的延展性。因此，二者合金技术的发展方向还是有差别的：铸钟在机械性能上对合金技术的要求较单纯，只需考虑强度问题，但声学特性的追求却使合金配比微妙化①；兵器合金技术专注于解决硬度与强度、硬度与延展性的矛盾，以提高合金的综合机械性能。

技术、结构的上述特点决定了对中国古代青铜技术的探讨，必须将礼乐器和武器兼顾并重。然而长期以来，冶金史领域犹如旧金石学一样，也存在着重礼器、乐器而轻戎器的倾向，研究者大多把青铜礼乐器作为检测分析的主要对象，虽然有时也对铜兵器做些工作，那不过是触角的偶一涉及而已，因此，迄今的中国冶金史著作，其青铜技术的篇章，无一例外几乎全由礼乐器的内容所组成，至多只以极有限的篇幅，略一提及武器。这种状况，显然不能说对中国青铜技术已有全面的把握。

所幸者，随着冶金史研究工作的深入，近年有越来越多的学者日益认识到了青铜兵器的重要性，逐渐加强了这方面的检测分析工作，从而使我们有可能在这里对中国青铜兵器制造技术进行初步的讨论。

一、范铸技术的发展

东周时期青铜器范铸技术的发展突出体现于礼乐器的制造上。大约从春秋中期开始，青铜礼乐器的造型和装饰出现新的风尚，愈来愈趋向于繁缛富丽，这既表现于纹饰上日益流行极为细密而灵动的蟠螭纹②，也体现于结构上更加灵动多变③，承接、组合越来越复杂。凡此皆反映了对精品的极端化追求。这就促使范型的制作日趋精细，组合愈益繁复精妙，战国初期的曾侯乙鼓跌和中山王嚳龙凤方案座的范铸工艺，是这种倾向的典型代表，可谓达到了出神入化、鬼斧神工之境④。受武器发展内在动力的驱使，在登峰造极的礼乐器范铸工艺的影响下，远为简单的兵器范铸工艺也不断精进。

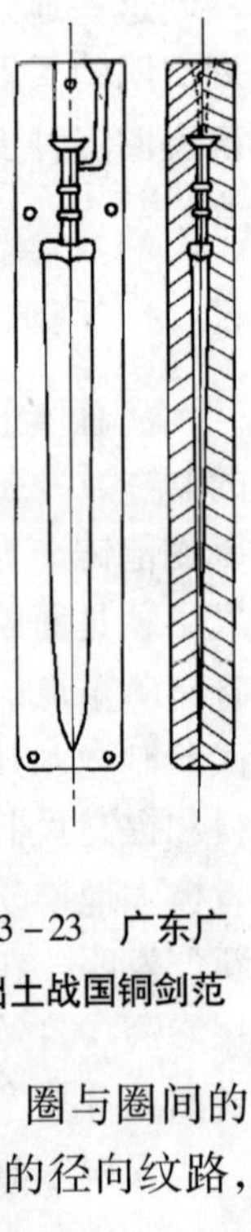

图3－23　广东广宁出土战国铜剑范

兵器范铸工艺的发展主要体现于范型制作的日益精细上。从春秋晚期到战国时期，列国地区的青铜剑，其两刃的前部都向内侧略微收束弧曲，不仅线条流畅优美，而且两刃的曲率相当一致，非常对称，如果没有精细制作的范型，这是无法做到的。人们经常提到的一个例子是湖北江陵望山出土著名的越王勾践剑的剑首，其圆盘形端面上的同心圆纹饰，由11道极为规整的窄圈组成，最窄的圈仅厚0.2～0.3毫米，最厚者也不足1毫米，圈与圈间的槽仅宽0.3～1毫米，而槽深却有0.5～3毫米不等，槽底还有窄而密的径向纹路，

① 参见〔134〕〔135〕或〔136〕第196～207页。

② 见〔26〕上册第11页。

③ 纹饰和结构的灵动性体现于大量的镂空、透空、浮雕、圆雕和卷曲。

④ 见〔137〕第174～179页。

经仔细观察，确证无切削加工迹象，当是在范铸上阴刻然后铸造而成①。类似的圆圈纹还见于江陵等地出土和海内外公私收藏的许多同类型铜剑②。无论其范型是用何种材料，刻镂的精细程度都是惊人的。

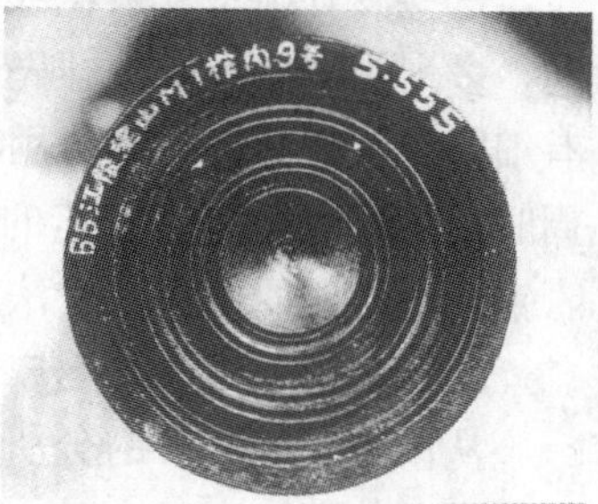

图 3－24　越王勾践剑的剑首端面同心圆纹饰

这个时期的青铜剑，其柄部的首、格甚至箍上往往都有细密的纹饰或铭文，尤以春秋战国之际的吴越铜剑和战国时期的楚国铜剑最为突出。其范型的制作和组合一直令今人颇费猜测，一些人认为，这些剑的柄部可能是采用失蜡法或其前身焚失法铸成的。1995 年浙江省博物馆购藏的战国前期越王者旨於睗剑，铭于剑格，剑茎上的两个凸箍饰变形兽面纹，谭德睿对它作了初步的观察分析：

> 两个剑箍满布各向均有突起的纤细纹饰，却只在沿剑茎水平分范的方向有一极细的连贯范线。若按当时通行的组合块范法成形，对分的块范是无法从剑箍模上脱出的。这就引出一个问题，剑箍范是如何制作的？一种可能是剑箍范先从不带纹饰的剑箍模上脱出以后，再用特制的工具在范腔上刻出细窄的凹槽，合范后浇注铜液，铸成突起的纤细纹饰。然而工匠必须有十分高超娴熟类似内雕的技艺。同时范料必须具备良好的雕刻性能，以及良好的铸造充型性能方可实现。另一种可能是应用了焚失法铸造技术，即先用木材一类可焚烧的材料雕刻出对半分范的、各向均有突起纤细纹饰的剑箍木模（若与剑格、剑茎和剑首一体铸出，则木模也制出这些部分），在模上制对分外范，外范干燥后，将外范连同木模入窑烘焙，木模燃成灰烬，吹去灰烬可得各向均有纤细纹饰的外范（若用蜡模，则外范不需对分，因为蜡料受热后可自行由浇口流出）。木模的灰烬须依靠人工除去，所以必须分范。这柄剑的剑箍究竟应用了上述何种技术，有待详细考察。[142]

图 3－25　台北古越阁藏越王者旨於睗剑的柄部装饰

失蜡铸造是在春秋战国之际随礼乐器纹饰、结构的繁复和灵动化而流行起来的③，战国初期的曾侯乙墓中出土的曾侯遡尊和曾侯遡盘是采用这种工艺的最为出色的制品，李学勤评价它“达到了中国青铜器的极旨”④。失蜡法的前身焚失法的渊起则可以追溯到晚商的铜礼器⑤。兵器应用焚失法或失蜡法，显然是受礼器的影响。

① 见〔138〕〔139〕，参见〔140〕。

② 见〔114〕第 77～78 页图 60，〔141〕第 78、80、81、84、93、94、98 号诸剑。

③ 参见〔143〕〔144〕〔145〕〔146〕〔147〕及〔137〕第 308～317 页。

④ 见〔148〕第 225 页。

⑤ 见〔149〕〔150〕。

这些具有细密复杂花纹或铭文的剑首、剑格和剑箍，不管采用了什么特殊工艺，多半是分铸而成，即先铸成带有细茎的剑身，然后接铸包含首、格、箍，具有细密花纹或铭文，须运用特殊工艺的剑柄①。这种分铸法也是借鉴了礼乐器。东周时期青铜兵器范铸工艺的另一个重要发展就是借鉴礼乐器的分铸法，创造出了青铜复合兵器的两次铸造法，我们将在下文述及复合剑时一并讨论。

二、合金技术的普遍成熟

从冶金史研究者的分析检测来看，东周时期列国地区青铜兵器的合金成分具有如下总体特点：

（一）锡含量普遍高于10%，最集中的分布范围约为14%～20%，这正是青铜兵器能够获得优良机械性能的含锡量的合理区间，兵器含锡量的最佳值（综合机械性能最优）就处于这个范围之中；

（二）铅含量普遍低于10%，最集中的分布范围为6%以下，其中有不少低于2%，可视为无意识的混入；

（三）未见像殷墟那样不同墓葬出土的青铜兵器，其锡、铅含量大幅波动、相差悬殊的现象②。

上述情况说明，这个时期列国铜兵器普遍以铜和锡为合金的主要元素，适度添加一定量的铅；与前代相比，锡、铅含量更为集中、合理；合金技术普遍趋于成熟，兵器质量普遍提高。

图3-26　春秋晚期吴国青铜矛的金相组织

先秦时期，铜器用铅总体上是由不普遍趋向于普遍③。商周时代，青铜礼器不仅广泛用铅，而且出现大量含铅量大于10%的高铅器物，一些器物含铅量甚至超过30%。礼器用铅，尤以西周为甚；东周时期高铅礼器有所减少，但从目前的分析统计来看，所占比例仍在20%以上④。铅含量的增加，会降低铜器的强度、硬度和延展性，使机械性能变差。礼器用铅的目的，一是作为添加剂，改善铸造性能，即增强铜液的流动性和充型能力，降低浇不足缺陷的生成，减少合金的气孔，尤利于铸造花

① 或认为东周时期的宽格、圆茎实心的有箍或无箍剑（即本章第二节所举C型铜剑），都是分铸而成（见〔47〕第40～44、204～215页）。不确。广东广宁曾出土一件此型剑的剑范，就是整体铸造之范（见〔136〕第167、171页）。一般来说，剑柄无细密花纹或铭文，就无需分铸，因为分铸既增加了工序，也在一定程度上降低了剑的结构强度。

② 有关检测数据见〔137〕第244～259页，〔151〕〔152〕〔153〕第533页及〔139〕，一些统计略有重复。

③ 见〔154〕及〔137〕第283～284页。

④ 见〔137〕第283～284页。这在吴国尤有突出的表现（见〔155〕）。

纹细腻复杂之器；二是作为替代品，以取代或部分取代较为稀少昂贵的锡料，含铅量超过10%的高铅青铜，这种意味尤为突出，而那些含铅量特高之器，多半是非实用的明器。

与礼器的情况截然不同，铜兵器用铅虽然也呈普遍化的趋势，但对用铅量的控制却越来越严，东周铜兵器的含铅量一般不超过10%，说明这时制造兵器，基本上只是把铅作为添加剂来用①。对用铅量的限制，目的是确保合金质量，因而使武器具有较高的硬度和强度。这是“美金以铸剑戟”的表现，也是合金技术进步的表现。有必要指出的是，对于东周铜礼器仍较多用铅也不能孤立地看待，而必须将它与铜兵器的限制用铅相联系，因为这是中国青铜技术统一体系中有关联的两个方面，是有目的控制的结果。控制产生差别。这正体现了合金技术的高水平和“美金以铸剑戟”意识的强烈作用。

三、独特的合金技术思想

在东周时期的文献中，出现了有关青铜合金技术的总结性文字。其最重要者，自然是春秋战国之际成书的《考工记》中所记载的“六齐”法则：

金有六齐：六分其金而锡居一，谓之钟鼎之齐；五分其金而锡居一，谓之斧斤之齐；四分其金而锡居一，谓之戈戟之齐；三分其金而锡居一，谓之大刃之齐；五分其金而锡居二，谓之削杀矢之齐；金锡半，谓之鉴燧之齐。

此外，还有一些材料也很值得注意，如《吕氏春秋·别类》说：

金柔锡柔，合两柔则为刚。

又如《吴越春秋》记相剑术士薛烛说：

夫宝剑金锡和同，气如云烟。②

这些文字，体现了对合金配比关系的独特认识。商周时期，铜器用铅甚为普遍，但关于合金技术的这些论述，却都是只论金（铜）、锡，而不提铅。不独如此，凡言及铜器铸造的东周文字，除笼统地说“攻金”、“铸金”以外，全都是只举金、锡，如《荀子·强国》“刑范正，金锡美，工冶巧，火齐得，剖刑而莫邪已”；《考工记·㮚氏》“㮚氏为量，改煎金锡则不耗”。前人讨论“六齐”法则，曾有先秦时期锡、铅不分的说法③。但1969～1977年在殷墟西区墓葬中出土了许多明器性质的铅器，经测定的4件铅礼器，含铅量均在99%左右④。西周时期的铅器、铅料，更屡见不鲜[154]。再者，东周时期铜礼器和铜兵器用铅量的差别，证明时人能够有意识地控制用铅。凡此说明，至迟商代晚期以来，铅、锡已被明确地区分开来⑤。对铅有普遍应用和充分认识而关于青铜合金技术或铜器铸造的文字中

---

① 这在吴国也表现得很突出。春秋晚期吴国铜礼器仍较多用铅，但铜兵器，比如剑的用铅量却得到较严格的控制（见〔139〕）。铜兵器少量用铅，不仅能改善铸造性能，也能改善加工性能，陈梦家曾指出：“铅不熔解于铜内，因而在铜液中均匀地分布作滴状；此种悬浮于铜液上的铅滴具有柔软油渍性，使合金易于琢磨或錾凿。”（见〔156〕）有人认为铜兵器中弥散分布的铅点使兵器具有较高的强度和硬度（见〔157〕），则似乎对其作用评价过高。

② 《太平御览》卷三四三引《吴越春秋》，今本《吴越春秋》中已佚。

③ 见〔158〕或〔159〕第52～66页，参见〔160〕第34页。

④ 见〔161〕〔162〕。

⑤ 参见〔136〕第161页及〔154〕。

却不提铅，显然是有意义的。它似乎反映了，在时人的认识（或潜意识）中，青铜合金的基本元素只有铜和锡，铅充其量只是一种添加剂或替代品。在秦汉及以后的时代，中国人言及铸铜，仍普遍只提铜、锡，而很少提铅①，这当是形成于先秦时期的这种认识或观念的继续，而不能说秦汉以后中国人仍铅、锡不分②。

中国古人用语言文字概括认识对象，能够非常精到地把握"主要矛盾"，但对细微的作用和关系往往大而化之地予以省略。中国古代的技术著作，内容多为一般性的原则，而缺乏精确的细节描述，与这种思维特点是有关系的。在中国，大量的技术细节（其中包含着工艺诀窍）永远只以经验形式存在于匠师的手中和脑中。这种现象是由于手工行业中根深蒂固的基于商业利益的保密传统而更趋严重。尽管如此，在近代科学兴起之前，中国人有关科学技术的论述和描述，仍是世界各民族中最丰富的。问题是，当15世纪后西方人以越来越浓厚的兴趣、越来越细微的方法对事物进行解剖、分析时，中国人却一如既往地大而化之。

用"和同"的概念来形容铜与锡的化合，也很有意思。在中国，"和"（和谐）与"同"（一致）一直是政治思想、军事思想和自然哲学中极受推崇的两个范畴。公元前701年，楚国名将斗廉提出："师克在和，不在众。"③ 公元前575年，申叔时论战胜克敌之道："民生厚而德正，用利而事节，时顺而物成，上下和睦，周旋不逆，求无不具，各知其极。故诗曰：'立我烝民，莫匪尔极。'是以神降之福，时无灾害，民生敦厖，和同以听，莫不尽力以从上命，致死以补其缺，此战之所由克也。"④ 这种观念后来经儒家的发扬光大——孟子精辟地将之概括为"天时不如地利，地利不如人和"⑤，而成为全民族的意识。与此相应，中国人在自然哲学中极强调阴阳和合，而把一切自然的灾难和怪异归因于阴阳力量的悖逆。古人关于青铜合金技术的认识，也体现了人文思想和技术思想的互相渗透。

四、合金配比的"六齐"法则

东周时期对青铜合金技术的总结，最引人入胜的是对合金成分进行了量的概括，这就是众所熟知的"六齐"法则，其原文已经在前面引出。"齐"古通"剂"，意指"多少之量"⑥，即今人所说的"剂量"。这段不长的文字，概括了六类青铜器的合金成分比例。

1. "六齐"的诠释

在东周文献中，"金"字主要有四种意义：（一）泛指青铜；（二）特指纯铜；（三）泛指金属；（四）特指黄金。六齐法则中的"金"，不可能是黄金或笼统的金属，但究竟是青铜还是纯铜，学界认识不一致，由此导致了对六齐法则的两种解释。

① 何堂坤详细收集了有关铜镜合金的文献材料，是很好的例证（见〔163〕第49~56页）。

② 《说文解字》云："铅，青金也。"《淮南子·墬形训》云："青金，锡也。"《玉篇》又说："铅为黑锡。"章鸿钊因而认为古时铅、锡二字没有分别（见〔164〕）。正如何堂坤所指出：人们把铅与锡都称作青金，把铅称作黑锡，原是看到了铅之与锡在颜色上的共同性之故，绝不是铅锡不分（见〔163〕第67页）。

③ 《左传·桓公十一年》。

④ 《左传·成公十六年》。

⑤ 《孟子·公孙丑下》。

⑥ 孙诒让《周礼正义》卷七十八，见〔165〕第13册第3240页。

一种观点认为六齐之“金”应作青铜解，那么“六分其金而锡居一”意为锡在整个合金中占六分之一，依此类推，六种合金的成分比例如下：

钟鼎之齐：	六分其金而锡居一	铜83.33%	锡16.67%
斧斤之齐：	五分其金而锡居一	铜80.00%	锡20.00%
戈戟之齐：	四分其金而锡居一	铜75.00%	锡25.00%
大刃之齐：	三分其金而锡居一	铜66.67%	锡33.33%
削杀矢之齐：	五分其金而锡居二	铜60.00%	锡40.00%
鉴燧之齐：	金锡半	铜50.00%	锡50.00%

此说源于明代陈仁锡、孙攀、郎兆玉、徐昭庆等人对《考工记》的注说①，早期研究中国冶金史的学者，大多持此说，或倾向于这种解释②。

另一种观点认为，六齐之“金”应作纯铜解，那么“六分其金而锡居一”意为六份铜加一份锡，依此类推，六种合金的成分比例如下：

钟鼎之齐：	六分其金而锡居一	铜85.71%	锡14.29%
斧斤之齐：	五分其金而锡居一	铜83.33%	锡16.67%
戈戟之齐：	四分其金而锡居一	铜80.00%	锡20.00%
大刃之齐：	三分其金而锡居一	铜75.00%	锡25.00%
削杀矢之齐：	五分其金而锡居二	铜71.43%	锡28.57%
鉴燧之齐：	金锡半	铜50.00%	锡50.00%

现代研究者中最初倡言此说的是日人近重真澄，而近重氏恰恰又是最先提出六齐之金应作青铜解的现代学人，当许多研究者赞同青铜说的时候，他本人却改变了看法③。中国学者陈梦家、杨宽持有与近重氏相同的观点④，张子高则对此说作了进一步的论证和重要的修订：他通过对文献的考察，指出《考工记》中凡是金、锡对举之处，金都指赤铜（纯铜）；而“金锡半”一语，语气不足，当有衍文，原话似应为“金一锡半”，即锡量为铜量的二分之一。郭宝钧采纳了张氏的意见，他将“金锡半”断句为“金，锡半”，意同于“金一锡半”⑤。经此修订的六种合金成分比例如下：

钟鼎之齐：	六分其金而锡居一	铜85.71%	锡14.29%
斧斤之齐：	五分其金而锡居一	铜83.33%	锡16.67%
戈戟之齐：	四分其金而锡居一	铜80.00%	锡20.00%
大刃之齐：	三分其金而锡居一	铜75.00%	锡25.00%
削杀矢之齐：	五分其金而锡居二	铜71.43%	锡28.57%

① 陈仁锡《重校古周礼》、孙攀《古周礼释评》、郎兆玉《注释古周礼》、徐昭庆《考工记通》。

② 见〔166〕，〔167〕〔158〕〔164〕（或〔159〕第1~9、52~66、21~28页），〔168〕第25、34~35页，〔169〕第55~56页，〔170〕〔171〕〔172〕第7~12页〔173〕〔174〕第162~163页。后来仍有一些研究者沿用此说，见〔175〕〔176〕第293~334页。

③ 见〔177〕第69~75页。巴纳（N·Barnard）指出，清儒戴震已释六齐之“金”为纯铜（见〔172〕第7~12页）。

④ 见〔156〕〔178〕。

⑤ 见〔179〕〔180〕第12页。张子高自己后来放弃了“金一锡半”说，复采“金锡各半”之说（见〔181〕第54~57页），但并未影响“金一锡半”或“金，锡半”之说的流行。

鉴燧之齐：　金，锡半　　　　　　　铜 66.67%　锡 33.33%

现在，大多数研究者认为，这是对六齐法则最合理的解释①。我们即以此为据。

2. 科学性和不合理性

《考工记》所述“六齐”是中国、也是世界上第一个关于青铜合金成分配比的法则。它的科学性首先体现于法则本身所反映出来的以不同成分配比的合金制造不同功能的器物这样一种思想，说明东周时人们已清楚地认识到了不同功能的器物应分别采用适当性能的合金，合金的性能决定于它的成分配比。

其次，从钟鼎到鉴燧，六种合金的含锡量不断升高，而这六类器物对硬度的要求也是不断增高的，这说明东周时人已清楚地把握住了决定青铜合金硬度的主导因素是锡，一定程度上含锡量的增加，能够提高合金的硬度②。这也合乎科学原理。从冶金史研究者所检测的东周铜器实物的合金成分来看，钟鼎、戈戟、大刃(剑)③、矢镞、鉴燧的含锡量，总体上确呈逐渐升高之势④。

许多人将六齐法则称为“六齐规律”，这个法则所体现的规律性，也主要应从以上两方面来理解。

然而，六齐法则也存在一些不合理性。其一是戈戟以下四齐的含锡量明显偏高。依据现代科学知识，铸造锡青铜还能保证一定机械性能的最高含锡量是20%。如果说戈戟之齐还处于临界点上，那么大刃、削杀矢和鉴燧三齐则大大超出，其合金必然极脆，因而不可能是制造这些器物的合适材料。目前所检测的东周时期的同类实物，实际的含锡量明显要低，基本处于合理的范围之内⑤。

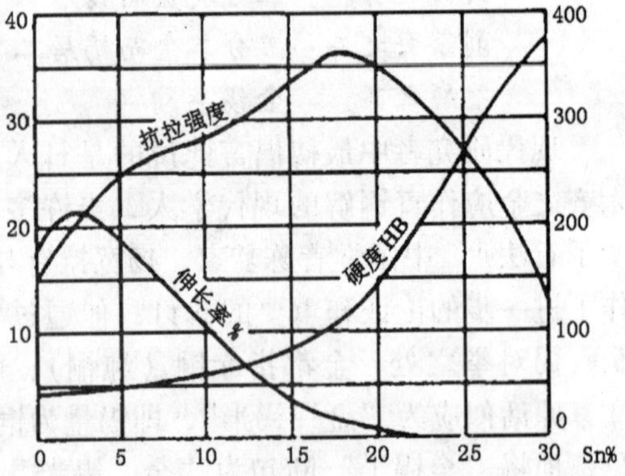

图 3－27　含锡量对青铜合金性能的影响

其二，对东周铜器实物的检测分析说明，乐器特别是钟镈与容器类礼器（以鼎为主）的合金成分明显有别，这主要表现于含铅量上：前者含铅量普遍甚低，对铅的使用控制极严，这与钟体强度尤

① 见〔182〕或〔183〕第334~343页，〔184〕〔151〕〔185〕，〔137〕第296页。关于“六齐”法则的研究情况，参见〔186〕及〔137〕第293~296页。

② 鉴燧（铜镜）的高含锡量不仅为了坚硬耐磨，也为了获得银白色的光泽，以利映照，即郑玄所说的凡金多锡则“白且明”（《周礼·考工记·攻金之工》注，见〔165〕第13册第3240页。

③ 《考工记》即说“桃氏为刃”，又说“桃氏为剑”，故“大刃”即指剑。《周礼·考工记·攻金之工》郑玄注：“刃，大刃，刀剑之属。”（见〔165〕第13册第3239页）实际上东周只有削之类短刀（六齐法则将削和矢镞归于一类，即削杀矢之齐），到汉代始有与剑并称的长刀，郑玄下意识地受了汉代惯用语的影响。

④ 见〔151〕〔137〕第296~307页〔186〕。迄今对斧斤一类铜工具的检测分析做得很少，故其情况还不甚明了。

⑤ 见〔151〕〔137〕第296~307页〔186〕。

其是声学特性上的要求密切相关，至为重要①；后者则较多用铅，含铅量经常超过10%②。六齐法则笼统地将它们概括为“钟鼎之齐”，抹杀了差别，也就掩盖了合金技术上的特殊追求。

3. 若干认识

综上所述不难看出，东周铜器实物的合金成分配比总体上是科学合理的，体现了很高的合金技术水平，而六齐法则所概括的配比却有较严重的不合理性。一些研究者所做的大范围比较分析显示，戈戟以下四齐的高含锡量，与商周时期铜器实物的成分配比都不符，只有极少数器物，偶尔接近或达到这个量值③。

理论与实际为什么会出现这种反差或脱节现象？恐怕主要应归因于合金技术思想上的大而化之倾向及由此而对铅的省略。实际操作中普遍用铅，理论概括上却只举铜和锡，必然导致成分比例的误差，结果不是增大了含铜量，就是增大了含锡量。如果换一个角度，把六齐的含铜量与东周铜器实物的含铜量进行比较，会发现二者是相接近的。因此，一定程度上似乎可以认为，六齐中的锡，实际上涵括了合金中的另一个非铜元素铅。六齐的不合理性，与其说是锡含量过高，不如说是没有明确剖析锡和铅，但这并非因为实际技术没有达到这个水平（前已言及，早在商代晚期，人们就已能明确区分铅、锡），而是技术思想的缺陷使得理论概括不准确。

还值得注意的是，六齐中有三项（戈戟之齐、大刃之齐、削杀矢之齐）是关于武器的，涵盖了青铜兵器的主要种类（戈戟为长兵器，大刃为短兵器，杀矢为射击兵器），而礼乐器只有钟鼎之齐一项，这与“国之大事在祀与戎”的古代社会特点以及商周青铜技术体系的实际情况很不相称。也许，这个法则系出于制造铜兵器的匠师之手，故对其他铜器只是概举而已，甚至将合金成分有重要差别的钟和鼎归于一类。

如果把六齐之锡看作一般性的代表合金中的非铜元素，那么根据东周铜兵器实物常有6%左右的含铅量，则从戈戟之齐到削杀矢之齐的真正含锡量，便与铜兵器含锡量的合理区间（1%～20%）大体相符。但这种合理性或科学性，需靠经验丰富的匠师的掌握来实现，诀窍在匠师的手中和脑中——这也许正是“六齐”法则的秘密所在。

五、青铜复合兵器技术

1. 青铜复合兵器的特点

商周时代，青铜匠师提高兵器性能和质量的努力长期为一个关键的问题所困扰，即青铜材料的硬度和韧性难以两全，这是由青铜合金的固有特性所决定的，为了获得高硬度，就必须增加含锡量，而含锡量超过一定的界线却会降低合金的强度和延展性，使材料变脆。东周时期有一些铜兵器的含锡量超过20%④，反映了

---

① 见〔134〕〔135〕或〔136〕第203～204页。

② 见〔151〕〔186〕及〔137〕第283～284页。

③ 见〔137〕第296～307页。

④ 见〔136〕第176～177页，〔191〕第247～249页，〔37〕第389～390页，〔192〕。参见〔137〕第244～259页。

时人为提高兵器硬度所作的尝试，但这种含锡量特高的青铜兵器，脆性太大，很容易断折，所以未能推广。为解决这个两难的问题，东周青铜匠师创造了巧妙的青铜复合工艺，这种工艺最常见被用于铸剑，其制品即人们所习称的“复合剑”。

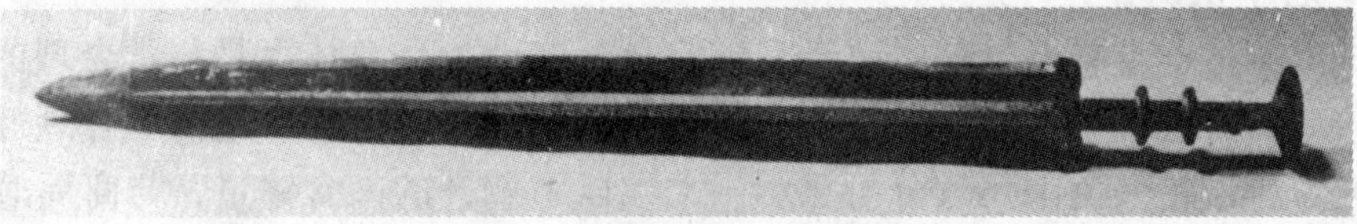

图3－28 战国复合剑
湖南长沙出土，长66厘米。

“复合剑”一词，现已是一个专门术语，特指东周时期，剑脊和剑刃采用不同配比的青铜合金，以分铸法制成之剑。其剑脊含锡量低而含铜量较高，故性柔韧，不易断折；剑刃含锡量高而含铜量较低，故性刚硬，尤为锋利（见表3－13）。如果单以剑脊或剑刃的材料制作整剑，就会过于柔软不锋利，或过于刚脆易断折；而分别以之制作剑脊和剑刃，便收到了刚柔相济之效。这是中国古代青铜冶铸技术的一项卓越成就。

表3－13 战国复合剑合金成分举例

序号	标本来源	分析部位	合金成分			资料出处
			铜 Cu（%）	锡 Sn（%）	铅 Pb（%）	
1	湖南长沙出土	脊	78.16	10.276	6.440	〔187〕第7页
		刃	73.79	18.416	1.025	〔188〕
2	上海博物馆藏品	脊	84.58	11.79	2.13	〔189〕
		刃	80.33	17.73	0.25	
3	湖北鄂城出土	脊	88.265	11.734		〔152〕
		刃	82.785	17.214		

东汉郑玄说：“凡金多锡，则刃白且明。”① 复合剑的剑刃含锡量高，故泛白色，剑脊含铜量高，故呈黄色，剑脊、剑刃判然异色，因此俗称“双色剑”或“两色剑”；而从剑体表面看，剑脊似镶嵌而成，故又俗称“铜镶剑”、“插心剑”，或称之为“嵌合铜剑”。《吕氏春秋·别类》记：

相剑者曰：“白所以为坚也，黄所以为牣（韧）也，黄白杂则坚且牣，良剑也。”

就是指复合剑而言②。战国时期随复合剑之流行，“坚白之论”也成为诡辩家的一个命题，《吕氏春秋·别类》接着又说：

难者曰：“白所以为不牣也，黄所以为不坚也，黄白杂则不坚且不牣也。又柔则卷，坚则折，剑折且卷，焉得为利焉？”

① 《周礼·考工记·攻金之工》注，见〔165〕第13册第3240页。

② 见〔193〕及〔43〕第123页。前人都以为这段文字系指铜和锡的化合，见〔180〕第10页。

这虽是诡辩，却同样体现了对合金特性的了解①。

2. 技术渊源

采用不同性能的材料以合成制造更为有效的工具的思想，在人类历史上有悠久的历史，早在石器时代，这已是先民的自觉意识，它既对工具的进化起推动作用，又在实践中不断发展、丰富，反过来对工具的改良产生更大的作用。旧石器时代晚期和新石器时代工具制造技术的一系列重要进步，如细石器镶嵌工艺的出现，锋刃器锋部和茎部区分的成熟，钻孔技术的运用等等，都与复合制器的思想密切相关，同时也体现了复合制器技术的发展。

进入青铜时代，人们不仅在非金属质的柲柄上安装金属端头以取代原先的石骨质端头，而且通过铸造的方法，实现了不同金属材料的复合，即在金属锋刃器的刃缘部分，接合上更为强硬的金属材料，从而进一步提高其性能，由此产生了金属复合技术。其早期实例，便是陨铁刃青铜兵器，它既标志着工艺技术的重大进步，也体现了技术思想的质的飞跃，因为复合制器的意识业已渗透入金属材料领域。东周青铜复合剑，就是在此技术思想的作用下，长期探索的成果。

然而，青铜复合兵器技术产生的直接基础则是分铸法的盛行和合金技术的纯熟。

制作复合剑系采用剑脊和剑刃分两次铸造的方法，即先铸成带榫头的剑脊，再置于另外的范型中浇铸上剑刃。剑刃、剑脊紧密接合。早在商代的礼器制造中，分铸法已经相当成熟，而且一度非常流行；西周时期盛行整体浑铸，分铸法较少采用②；从春秋中期开始，随青铜礼器结构、纹饰的日益繁复灵动，特别适用于复杂构件的分铸法再度流行起来。在春秋晚期到战国晚期的三百多年中，分铸法的应用达于极致，成为青铜礼器的基本成型方式，除非器形简单到无须或无可分铸；技术水平更登峰造极，像前文提到的中山王䁖龙凤方案座，分铸铸接多达十几道工序。这为兵器之采用分铸法，创造了更成熟的条件。春秋战国之际，匠师们已经采用分铸法来解决铜剑柄部的细密装饰问题。剑脊和剑刃的分铸，是兵器制造运用分铸法的又一种形式。

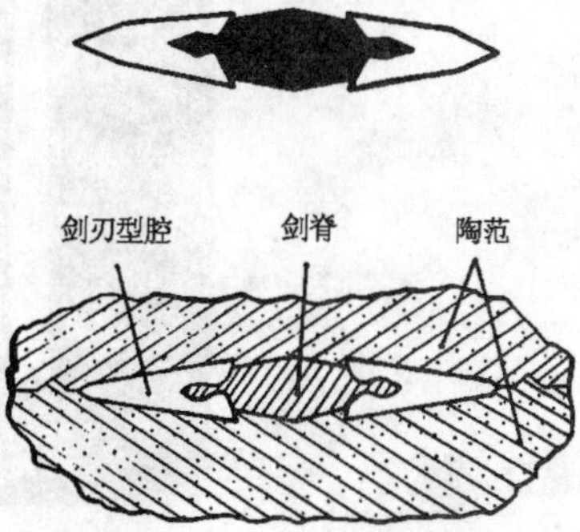

图 3-29　复合剑剑身断面结构及合范示意

相比较而言，更关键的是控制分次铸造的剑脊和剑刃的合金成分。这既要有高超的技术，能够准确控制不同的含锡量；更需有独到的认识：不仅不同功能的器物采用不同配比的合金（如六齐法则所体现的），而且同一器物的不同部分，也据其功能特点，采用不同配比的合金。这是对青铜合金配比规律极其高明的运用。从这个

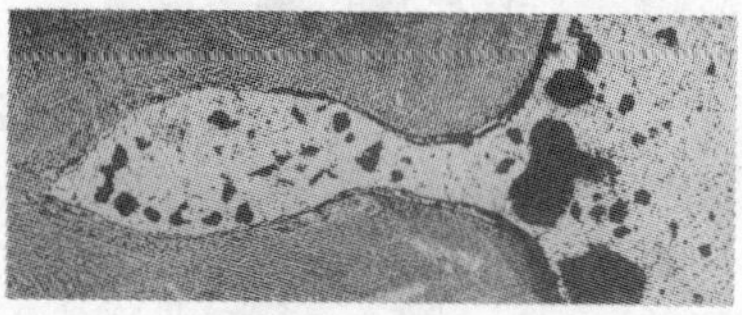

图 3-30　上海博物馆藏复合剑残段截面低倍金相组织（30 倍）

① 参见《史记·苏秦列传》（第 2252 页）索隐引晋《太康地记》，所述不如《吕氏春秋》准确。
② 参见〔194〕。

意义上说，复合剑代表了东周青铜合金技术的最高水平。

当匠师们用分铸法解决青铜剑柄部的装饰时，已经将剑柄和剑身分别采用不同配比的合金，其比值甚至相差很大，因而使剑柄和剑身呈现明显不同的颜色，如江陵望山出土著名的越王勾践剑，就是这样[195]。剑脊和剑刃用不同含锡量的合金分次铸造，也可以说是这种做法的进一步延伸。

3. 实物的发现情况

现知青铜复合兵器的最早实物是传山西浑源李峪村出土的少虡剑。此剑今见有三件，一件藏美国华盛顿弗里尔美术馆（Freer Glaaery of Art）①，一件曾为法国巴黎韦尼克氏（Wannieck）收藏②，一件现藏北京故宫博物院③。三剑均铭："吉日壬午，乍（作）为元用，玄镠铺吕，朕余名之，胃（谓）之少虡。"故又被称为"吉日剑"。前两剑形制相同，锈蚀严重，刃部有脱落，显是复合剑；后一剑形制略有差别，保存状态良好。浑源铜器是1923年被盗掘流散的，其年代大致为春秋晚期至战国早期，或为燕代之器，或为晋赵之器④。

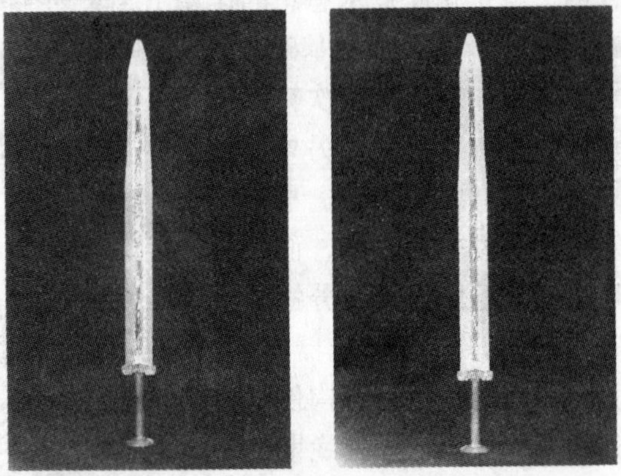

图3-31 北京故宫博物院藏少虡剑

传山西浑源李峪村出土，长53.5厘米。

台北王氏古越阁1994年购藏的传出于浙江的越王州句剑，也是现在能够确定年代的较早一件青铜复合兵器（州句在位时间：公元前448～前412年）⑤。

但迄今出土青铜复合兵器最多的地区，是战国时期的楚国故地。不仅在湖南、湖北、江西等楚国的中心区域屡有复合剑发现⑥，而且在楚国势力所及的边缘地

① 见〔196〕第26～28页及图版25。

② 见〔196〕第26～28页及图版25。

③ 见〔197〕。关于少虡剑，前人多有著录，参见罗振玉《贞松堂集古遗文》（1930年）12，20；郭沫若《西周金文辞大系》（1935年）图录279，考释240；黄濬《尊古斋所见吉金图（初集）》（1936年）4，43；于省吾《商周金文录遗》（1957年）601。

④ 参见〔14〕第216～217页，〔148〕第59～60页，及〔198〕〔199〕。

⑤ 见〔47〕第124～129页。

⑥ 见〔187〕第7页〔188〕〔152〕，〔153〕第221～222、533页及图版5:6，〔190〕。

区，比如广东，也有复合剑出土①。湖南长沙楚墓中还出土了用此法制造的戈②。据此，说青铜复合兵器技术以楚国最为发达，恐怕是不会错的。而这项技术的发明者，多半也是南方国家：楚或吴越。

六、青铜兵器的热处理技术

东周时期青铜兵器热处理技术的最大进展是出现了淬火工艺。

湖北江陵战国楚墓出土的一件青铜剑，经何堂坤作金相分析，观察到淬火β相经回火转变后的组织，推测其工艺是：先加热，经保温后淬火，再在一个不太高的温度下回火③。另有研究者在江苏镇江谏壁王家山春秋晚期吴国墓出土的两件铜戈上，也观察到类似的淬火组织形态④。青铜锋刃器淬火能够提高其强度和塑性，而降低其硬度，因而一定程度上改善综合机械性能。东周时期青铜兵器含锡量普遍增加（江陵之剑含锡18.674%，含铅5.872%），硬度提高，脆性也增大，铸后淬火是改善性能的有效辅助手段⑤。《汉书·王褒传》称："巧冶铸干将之朴，清水淬其锋。"就是指铜剑淬火，其渊起至少可以上溯到春秋晚期。

东周时期也沿用加热锻打以增强青铜兵器韧性的做法，这种铸后加工方式还见于南越、巴蜀和西南夷地区⑥。深圳大梅沙遗址出土的东周青铜兵器，经检测，有一件矛的刃在浇铸成形后趁热进行了锻打；另有几件矛和钺是在再结晶温度以上对刃部进行锻打，加工量较大，取自矛刃的一块样品，心部为铸造组织，而缘部为锻造组织，为制作工艺提供了很好的证明，即铸造成形后，刃部经热锻。钺的刃部除热锻外还进行了冷加工，冷锻可使锡青铜制品产生加工硬化，进一步改善机械性能⑦。此外，加工量较大的锻打，还有一个重要作用，即使刃部变薄。

七、青铜兵器的表面处理技术

1. 由"黑漆古"产生的联想

所谓"黑漆古"，本是古董行和古玩家中流行的一个习语，用以形容古铜器表面黑亮不锈、有如涂漆的那种质感，主要用于铜镜⑧。冶金史研究者检测的这种古铜镜（始见于东周），表面往往有一个耐腐蚀力和硬度都较高的保护层，所以今天在冶金史研究领域，这个名词就被借用来指称这个保护层⑨。在传世和考古发现的东周青铜兵器中，有许多表面黑亮不锈的标本，近年来一些研究者也将具有这种特征的铜兵器与黑漆古铜镜相提并论⑩，因此有必要先对这个问题作些讨论。

关于铜镜黑漆古的成因，一直有两种对立的观点，一认为系人工有意识处理

---

① 见〔200〕〔201〕，参见〔136〕第168～169页表1:23。在吴越地区楚灭越后具有明显楚文化特点的墓葬中，也出有复合剑，见〔202〕。

② 见〔203〕图84"两色铜镶戈"。

③ 见〔204〕〔205〕。

④ 见〔206〕，发掘报告见〔207〕。

⑤ 战国时期铜镜淬火相当普遍（见〔204〕及〔163〕第142～174页），这当与铜镜含锡量特高，尤需降低脆性有关。明李时珍《本草纲目·金石·镜》说："铜锡相和，得水浇之极坚，故铸镜用之。"

⑥ 见〔208〕或〔136〕第182页，〔209〕〔210〕。

⑦ 见〔211〕〔212〕。

⑧ "黑漆古"一词始见于宋赵希鹄《洞天清录集》，见《古今图书集成·考工典·镜部》引。

⑨ 参见〔213〕〔214〕。

⑩ 见〔215〕，〔213〕注㉑，〔142〕柯俊发言。

所致，一认为系埋藏环境（主要是土壤）长期腐蚀生成。主张人工处理所致者，关于具体的工艺方法，又有多种不同的意见。但无论持何种观点者，似乎都抱非此即彼的态度，致力于寻求唯一的解释。就古镜研究来说，也许有其道理，但如果用这种态度对待兵器，肯定是不合适的。

目前，关于中国古代青铜兵器表面处理技术的研究可以说刚刚起步，在这种情况下，将“黑漆古”一词回复到古董行业的本意上，可能更为有益。即仅仅视之为铜器的一种表面特征，而对具有类似表面特征的青铜兵器作具体的个案研究，尤其需要对同一件器物作反复细致的检测分析。也许表面特征相同，内在的原因却不一致。

而且，至今不锈的东周铜兵器为数甚多，其表面色泽、质感更是多种多样，绝非“黑漆古”一词所能够概括①。表面色泽、质感有异，而内在原因却相同，也是有可能的。

总之，当前最为重要的是对表面至今不锈的大量东周铜兵器作广泛深入的检测，具体地揭示其奥秘。既要避免对单个器物的检测差误，更要防止总体上的以偏概全。

2. 铜兵器表面富锡的原因

东周时期的青铜兵器，虽在地下沉埋两千多年，有许多却至今不锈，其表面或呈黑色，或呈深绿色，或呈灰黑色，或呈银白色或灰白色，微有亮泽，甚或光亮如新。冶金史研究者所检测的具有这种特征的一些铜兵器，其基体的合金成分正常，而表层含锡极高，常还含较多的铅，并含有一定量的铁、铅、硅等元素（见表 3－14），正是这个特殊的表面层，保护了青铜基体不受腐蚀，且使铜兵器表面变得更为坚硬。

那么，这个富锡的表层是怎么形成的呢？目前主要有三种意见。

其一，人工镀锡所致。持此说者认为：表层组织中的锡、铅主要来自镀料，铜主要来自金属基体，硅、铁、铝等夹杂主要与土壤污染有关；新镀锡器表面原为白色，今见的诸般颜色是在使用特别是在埋藏过程中长期腐蚀自然形成的②。

表 3－14　鄂州青铜兵刃器表面成分扫描电镜分析

器名及编号	电子束取样情况		成　分（%）							
	序号	位　置	铜	锡	铅	铁	硅	铝	磷	氯
镞　E69	1	外表面，灰黑泛绿	23.607	45.684	13.684	1.384	11.720	4.596		
镞　E70	1	外表面，黑漆色	19.956	30.815	19.070		21.657	8.500		
镞　E72	1	外表面，灰黑色	36.960	37.37	9.200	2.310	9.520	3.790	0.860	
剑　E67	1	外表面，灰黑色	44.888	39.932	9.583	0.789	4.805			

① 就在古董行和古玩家中，也还有“水银古”、“绿漆古”等习称。参见〔216〕。

② 见〔217〕〔209〕〔205〕〔152〕。

（续表）

剑　E79	1	外表面，灰黑色而泛青	29.090	46.720	8.870	1.160	6.940	2.440	1.960	2.810
	2	断口，腐蚀层最外侧	43.480	40.070	6.600		4.460	2.960	0.770	1.650
	3	断口，由“2”往里移 10 微米	55.420	37.680	2.960		2.880			1.060
剑　E80	1	外表面，灰黑色	42.477	40.481	5.586	3.848	5.622	1.164	0.979	
剑　E82	1	外表面，灰黑色	35.965	35.976	12.307	1.335	9.579	4.337		
剑　E83	1	外表面，灰黑色	19.640	46.670	12.570	2.110	11.090	3.150	1.440	3.310
复合剑刃部 E85	1	外表面，青黑色	10.548	54.250	17.680	3.502	9.749	2.999		
九试样表面平均成分			29.237	41.989	12.061	1.826	10.076	3.442		

注：此表采自〔152〕，**参见**〔205〕〔209〕。

张子高、杨根首先在云南晋宁石寨山滇人墓出土的铜兵器中发现表面富锡的标本，认定为经过镀锡处理①。何堂坤通过更广泛的实物检测分析，认为对铜兵器进行镀锡处理是东周时期较普遍的工艺，不独见于西南夷，也见于巴蜀，更广泛见于列国地区（尤其是楚国）②。他们都认为，镀锡工艺在中原地区的渊起，至少可以上溯到西周时期③。

铜兵器镀锡处理的工艺方法据分析可能有二：一是热浸镀，即把制品浸入熔融的纯锡或锡铅合金中，这是简便的传统方法，至今仍在工业中应用④。也可能把熔化了的锡浇淋在器物的表面⑤，这是更为原始的方式。二是汞齐涂附法，或叫鎏锡法，操作方式类于鎏金：先化锡（或锡铅合金），将之与水银融和制成锡（或锡铅）汞剂；把汞剂涂敷于器物表面；烘烤加热使水银蒸发，锡（或锡铅合金）则附着于器物表面⑥。战国时期，铜器装饰已有鎏金工艺，还出现了鎏银⑦。鎏锡也不是没有可能。

韩汝玢和埃玛·邦克检测的一些北方草原地区的青铜饰品有单面富锡的现象，她们认为是用热擦镀锡方法处理的[221]，但铜兵器上还没有发现类似情况。

其二，曹献民反对表面富锡的滇族铜兵器系经镀锡处理的说法，而认为是铸造过程中发生的锡的反偏析所致：

> 青铜合金在凝固时锡和铜形成固溶体，固溶体中锡的最大溶解度理论上可达百分之十几。当锡含量超过所允许的溶解值时，则以化合状分布在青铜

① 见〔218〕〔219〕。
② 见〔210〕〔217〕〔209〕〔205〕〔152〕〔119〕上册第 422 ~ 423、427 ~ 429 页。
③ 见〔218〕〔220〕。
④ 见〔137〕第 335 页，〔221〕。
⑤ 见〔218〕〔205〕。
⑥ 见〔217〕〔119〕上册第 427 页。
⑦ 见〔222〕及〔137〕第 335 页。

合金中。铸造时如果用高锡合金浇铸，熔液铸满型腔后采取保暖缓冷的措施，则会出现铸件表面含锡高，内部含锡低的反偏析现象。这是由于铜的熔点比锡高，浇铸后由于范壁的导热作用，含铜高的化合物首先沿范壁凝固。但是锡青铜组织有树枝状结晶的多孔性，在保暖缓冷的时间里结晶过程延长、晶粒粗化，这时熔点低的锡通过组织中的微孔向外渗透，造成了铸件表面锡成分密集的结果。我们对表面发白的青铜器残片进行金相试验，发现高锡层与低锡层中间不存在分界面，锡的含量由表及里逐渐递减，直到基体时才趋于平衡，这更进一步证明器物表面的锡层并非用热镀方法镀上去的，而是采取保暖缓冷措施，使青铜在铸态时负偏析所致。

他似乎认为，这种反偏析也是有意识控制的结果①。另有一些研究者认为，由于商周铜器含锡高，加之预热铸模导致合金凝固较慢，锡的反偏析现象（俗称“锡汗”）很容易发生②，似认为非人工控制结果。

其三，在埋藏环境中经长期自然腐蚀生成。柯俊、孙淑云等认为：铜器埋藏环境（土壤）中富含某些复杂有机物，特别是腐烂物质，腐殖酸是其最典型的组分，它可能引起有一定含锡量的青铜器表面发生缓慢氧化，铜的氧化产物被土壤中的有机酸溶解而随地下水流失，锡的氧化产物难以被有机酸溶解而保留在器物表面，导致表层含锡量相对增高。表层组织中高于基体的铁、铝、硅等杂质，是因为土壤中与腐殖酸络合或溶解于其中的矿物质跟青铜长期发生作用的结果。铜器表面的颜色则与受腐殖酸腐蚀的厚度有关③。

上述三说，实际上反映了都有存在的可能。似乎可以认为，东周铜兵器表面富锡的成因是多样的，完全归结于这一种原因或那一种原因，恐怕都失之武断，难免片面。至于对具体某一件或某一类器物表面富锡原因的争论，恐怕只能通过对同一标本进行反复细致地检测分析来解决，这样的工作，至今阙如，在这个问题上，似乎有必要借鉴医学的“会诊”方式。

3. 涂漆问题

早年有学者曾推测表面黑亮不锈的铜镜是涂漆的结果[228]。1983 年，李树贞检测分析了若干黑亮不锈的铜镜和铜剑的表层组织，发现试样中含有大量的铜、锡和铅，又有大含量的硅和铝，红外光谱与土漆甚为相似，因而认为其表面是一层土漆和二氧化硅所形成的高聚物涂层，即生漆漆膜，其配制是在生漆中加入瓷粉，瓷粉主要为二氧化硅和三氧化二铝组成，这便是试样中硅、铝的来源[215]。但此说难以合理地解释表层富锡的问题。

4. 镀铅问题

何堂坤检测的山东招远出土的一件东周铜剑，表面呈灰黑色，表层组织中含铅极高，达 57.596%，他认为可能是镀铅的结果④。这件标本基体中含锡量（13.326%）略高于含铅量（12.585%），表层组织中含锡量（12.876%）还低于基体，而含铅量却极

① 见〔223〕，参见〔224〕。

② 见〔173〕第 335 页。

③ 见〔213〕〔225〕〔226〕及〔142〕中柯俊的发言。参见〔150〕〔227〕〔47〕第 206～210 页。

④ 见〔205〕表一、表二 LZ5，参见〔119〕上册第 428～429 页。

高，它既无法解释为锡的反偏析，也无法解释为腐殖酸的作用。

5. 铬化问题

1974 年发现的秦始皇陵兵马俑坑中出土的一些铜镞和铜剑，黑而不锈，亮泽如新。1975 年北京钢铁学院冶金史组对一件铜镞作了初步的检测分析，发现其表面有一个致密的含铬氧化层，厚度约 10 微米，平均含铬量约为 2%（见表 3－15），正是这个氧化层起了保护作用，提高了青铜镞的抗腐蚀能力①。他们在河北满城西汉中山靖王刘胜墓中出土的一件不锈铜镞的表面，也发现了相同的情况，于是指出：

> 在近代技术中，为了增加青铜和某些其他有色合金的抗腐蚀能力，用铬酸盐或重铬酸盐处理表面，使表面生成一层浅灰色或深灰色的薄层。这种技术在德国（1937 年）和美国（1957 年）曾先后列为专利。铬酸盐和重铬酸盐也可用铬矿和火焰焙烧后浸出制备，表面处理的温度为 100℃，这在古代是完全可以办到的。②

表 3－15　秦俑坑铜镞化学成分电子探针分析

分析部位	化学成分含量				
	铜		锡	铅	铬
表面	铜最高点	59.5			
		51.9	35.76	7.92	0.87
		58.2	28.77	9.20	
	铜最低点	17.00			
		18.15			2.03
		29.50			2.23
		19.57		12.30	1.20
内部	铜最高点	69.90		5.90	0.002～0.05
	铜最低点	34.50		4.50	0.002～0.04

这个发现一公布，立刻引起轰动。同时也有人对铜镞表面的含铬氧化层是否人工有意识处理所致，对两千多年前是否就有铬化技术，表示了怀疑。北京钢铁学院冶金史研究室又作了进一步的调查分析，认为基本可以排除土壤腐蚀和陶俑着色颜料玷污的可能性，坚持铜镞的含铬氧化层系人工处理的结果③。他们通过模拟实验认为，中国古代具备将铬铁矿、自然碱、消石等物混合加热来制备铬酸盐、重铬酸盐的条件，将这些原料混溶加热或用制备得到的铬酸盐溶液浸泡处理铜兵器，都能够生成黑色致密的含铬氧化层。

之后，一些研究者又先后在战国时期一些表面深绿或黑亮而不锈的铜剑和铜镞上发现了类似的含铬氧化层，而且经检测得知，这些兵器的表层硬度明显高于

① 见〔64〕上册第 343～346 页。此件铜镞后又经中国有色金属研究院、地质科学研究院、洛阳武警某部队等单位分别鉴定，均验证了表层组织中含微量铬；1977 年，中国有色金属研究院、地质科学研究院又分别对一件铜剑残段进行了检测，也发现表面有一个含铬氧化层（见〔64〕上册第 347～348 页）。

② 见〔64〕上册第 346 页，参见〔229〕上册第 374 页。

③ 见〔230〕〔231〕。

心部（见表3－16），因而认为青铜兵器的表面铬化技术能够追溯到战国时期，其作用一是防腐蚀，二是强化表面，使兵器更加坚硬锋利①。

表3－16　一件表层含铬战国铜剑的显微硬度值

检测部位 / 硬度	表层			剑身
	最外层	中心	靠近剑身	
Hv	321	254	220	185

注：此表采自〔136〕第186页。

值得注意的是，秦俑坑青铜镞和青铜剑具有明显的表面富锡现象，其表层组织中铬的含量，并不高于铜兵器富锡表层中通常有的铁、铝、硅等杂质的含量（见表3－14），人们几乎都把后者视为土壤腐蚀的结果，却把同样含量甚微的铬解释为人工处理所致，这似乎是矛盾的。因此，目前还不能完全排除土壤腐蚀导致铜兵器表层含微量铬的可能性，所谓“铬化”的这类铜兵器，也许主要应当从表面富锡的角度探究其奥秘②。

6. 菱形纹饰技术

在春秋晚期和战国时期，吴、越和楚国的青铜兵器常常装饰一类菱形花纹，所见实例有剑、戈、矛，尤以剑为多，矛次之。这种花纹施于整个器身的表面，以一段段平行双线交叉构成匀称规整的菱形网格状图案，在每个线段的交叉处，还饰以梭形图案或短横线。有这种纹饰的一些兵器，出土时仍亮洁不锈，表面平整，晶光熠熠，花纹图案绝非错镶而成，而似从剑体内透出，因此，许多人将这种纹饰称为“暗花纹”或“暗格纹”。湖北江陵望山和马山先后出土的越王勾践剑和吴王夫差矛，是最著名的例子③。此外，还有一些铜兵器的花纹图案不同，但纹饰总体上有类似效果，也被归于“暗花纹”之列，如山西原平峙峪出土剑身通体装饰火焰状花纹的吴王夫差剑，是著名的一例④。

图3－32　吴王夫差矛纹饰细部
由这幅局部放大照片能够看出，吴王夫差矛的菱形纹稍有凹凸起伏。

1977～1978年，复旦大学静电加速器实验室、中国科学院上海原子核研究所活化分析组和北京钢铁学院冶金史研究室合作，对望山越王勾践剑及同墓所出的另一件

① 见〔157〕〔232〕〔136〕第182～186页。

② 何堂坤认为，目前所谓的铬化古铜器，实际上都是镀锡器，其表面所含的微量铬，是使用、埋藏过程中偶然渗入的（见〔233〕）。

③ 见〔44〕〔234〕〔26〕下册图46～48。

④ 见〔235〕〔43〕第51页。

菱形花纹剑以质子 X 荧光非真空分析（PIXE）方法进行无损检测，发现表面的黑色纹饰处含硫，因而推测可能使用了硫化物处理，或表面氧化层受到硫化物的污染[195]。北京钢铁学院冶金史研究室的马肇曾和韩汝玢通过进一步的研究认为，勾践剑的黑色菱形花纹是经硫化处理形成的，其方法可能是：预先在剑身表面铸出略显凹凸的菱形格，再对铜剑进行硫化处理，最后对剑身、剑刃进行砥砺、抛光，使其显露青铜本色，而菱形花纹的内凹处未经抛光，仍保持硫化后的黑色[236]。

美国弗利尔美术馆的蔡思（W. T. Chase）与加拿大多伦多大学冶金和材料科学系的弗兰克林（U. M. Franklin）也曾合作对弗利尔美术馆收藏的一件东周菱形纹铜兵器做了研究，他们认为这种花纹是用天然的腐殖酸或酸性盐蚀刻器物表面，然后运用某种浸取或渗透工艺处理形成的①。

近年来的一些研究则表明，一些东周铜兵器的菱形纹饰可能是用某种特殊膏剂涂覆处理形成的。

贾莹、苏荣誉、林留根检测分析了江苏镇江谏壁出土的一件春秋晚期菱形纹矛，判断花纹应是将矛通体磨光之后施加的，花纹区遮住了基体上的磨砺条纹；断面观察表明暗花纹没有明显的厚度，可推测为涂层，很可能是用某种颜料或釉状、凝胶状物刷涂而成；样品断面的腐蚀深度，非暗花纹区要深于具有暗花纹的区域，说明涂剂具有一定的抗腐蚀功能[239]。

上海博物馆（谭德睿、廉海萍）和上海材料研究所（吴则嘉、苏立民）合作对上海博物馆收藏的一件菱形纹剑残块作了深入研究。这个残块的表面有呈亮黑色的区域和呈灰黄色的区域，衬显出图案花纹。检测发现，灰黄色区域的表层有一个细晶区，其含锡量高于基体，能阻止氧化和腐蚀介质向基体渗入，保护基体组织不受氧化腐蚀。他们经模拟实验认为，这个细晶区是用一种富锡的金属膏剂进行涂覆，高含锡量的组分在加热熔融状态与基体相互扩散而生成的。涂层原为白色，青铜基体原为黄色，菱形纹剑的本色是黄白相间，现在的色泽是在土壤中经腐殖酸长期作用所致。也就是说，花纹区因有富锡涂层保护，受土壤腐蚀较轻，由白色变成灰黄色；非花纹区因无富锡涂层保护，受腐殖酸作用较重，由黄色变成亮黑色②。关于亮黑色区域的形成机理，他们赞同柯俊、孙淑云等的观点（参见本节前述铜兵器表面富锡的原因）。

根据这些研究结果，这些青铜兵器的菱形花纹，实际上是在抛光后的器体表面描画而成，唯所用乃特殊的金属膏剂，它在加热熔融状态与青铜基体相互扩散而合金化，故永不剥落。这种工艺方法纯粹是出于装饰目的，因为器体的相当部分未经膏剂涂覆，不连贯的有限涂层起不了抗腐蚀的保护作用③。但它实际上所具有的抗腐蚀功能，却完全可以推广应用，比如整器涂覆。技术的发展路线也很可能是先有整器涂覆，而后出现局部涂覆。这又不禁使人联想起以前许多研究者提出的铜兵器表面镀锡问题（从广义上是否也可以视之为一种富锡金属膏剂涂覆?），

① 见〔237〕〔238〕。

② 见〔227〕〔47〕第 206 ~ 210 页，参见〔150〕。

③ 一些东周菱形纹铜兵器，出土时已锈蚀，甚至锈蚀得相当严重（参见〔141〕第 79 号剑）。未锈蚀的菱形纹铜兵器，主要是因为埋藏环境的作用，参见〔240〕及〔241〕第 29 ~ 32 页。

这两种工艺必然有内在的联系。

有必要指出的是，见于东周铜兵器的所谓“菱形暗花纹”，其图案结构、表面色泽和质地并不一致，即使人们最熟悉的望山越王勾践剑和马山吴王夫差矛的菱形花纹，也有很大差别。它们是否采用同一处理工艺，抑或存在多种工艺方法（这种可能性极大），还有待继续探讨。

7. 硫化问题

除望山越王勾践剑和同墓伴出的一件菱形纹剑发现表面含硫外，湖北荆门包山战国楚墓出土的一件剑形矛（实为铍）、一件铜削和一件铜车辖，表面均黑亮有光泽。经何堂坤检测，含硫量较高，除去铜外，硫是表层组织中含量最多的，而含铅、锡量较低，三器八个表面分析点，无一显示有铅，七个分析点的含锡量都较基体为低（见表3-17）。埋这些器物的墓中并未发现硫黄一类矿物的痕迹，同墓出土的其他铜器经检测表面也均未显示出含有硫，因此他认为，这三器经过了硫化处理，表面分析中显示出来的铜、锡应主要来自青铜基体，铁、硅、铝、钙则主要是土壤污染所致。他认为硫化的具体方法最有可能是在高温下使硫黄与铜直接作用而生成 Cu_2S，其矿物学名称是辉铜矿，颜色从铅灰到黑色，有金属光泽。① 但后德俊曾指出：“长沙马王堆汉墓出土女尸与江陵凤凰山168号汉墓出土男尸的分析测试表明，墓葬内的一些有机物（包括尸体在内），在腐烂分解时都有一定量的硫或硫化物出现，勾践剑部分表面硫的存在就是这些含硫物质与该剑表面相互作用的结果。”②

表3-17 包山楚墓青铜器表面分析

名称	分析点	部位	成分（%）							
			铜	锡	铅	铁	硅	铝	硫	钙
剑形矛 M2:386	1	内表，黑色，有光泽	70.454	2.399		1.039	4.162	3.365	16.107	2.181
	2	外表，黑漆色，有光泽	79.932	1.664			3.489	6.260	7.670	0.982
	3	外表，黑漆色，有光泽	74.880	0.881		0.734	4.549	7.061	10.717	1.167
铜削 M2:203	1	外表，黑漆色，有光泽	72.961	7.915			3.968	1.891	13.241	
	2	外表，黑漆色，有光泽	84.952			0.554	3.293		11.200	
	3	外表，黑漆色，有光泽	69.219	10.352		1.091	3.415	1.719	14.299	
车辖 M2:366	1	外表，黑漆色	68.020	12.219		1.227	1.423		17.109	
	2	外表，黑漆色	67.653	9.123		1.309	1.688	2.737	17.487	

8. 平面斑纹问题

战国时期还有一些青铜兵器，装饰规则或不规则的斑纹，斑纹形状多种多样，或为圆形，或为椭圆形，或为虎斑状，或为蝌蚪状，或为散点状，颜色有深有浅，或银白，或灰黑，或漆黑，器表平滑或稍有起伏。多见于楚国和巴蜀地区。何堂

① 见〔119〕上册第428~429页。

② 见〔241〕第31~32页。

坤曾分析过若干实物，发现器体的表面和斑纹处含锡量都较高，一些器物的斑纹上还含硫①。具体工艺有待探讨。或认为这些纹饰可与菱形暗纹归于一类[239]。

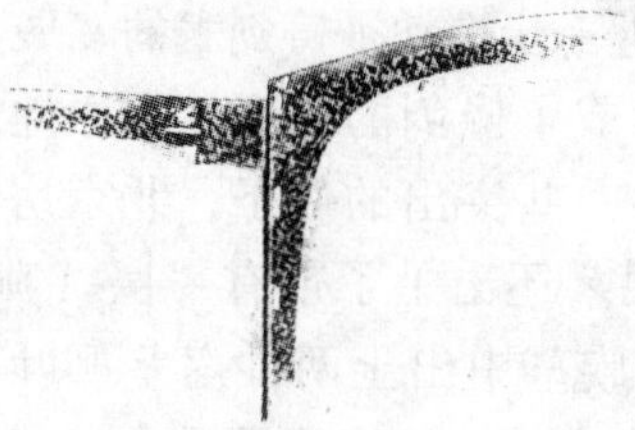

图 3－33　战国银斑纹铜戈
湖南长沙魏家堆出土，长 25.5 厘米。

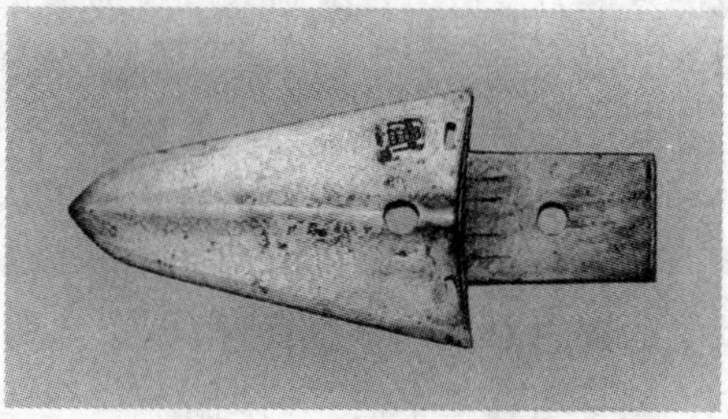

图 3－34　战国巴蜀银斑纹铜戈
四川新都马家乡出土，长 24.6 厘米。

9. 糙面斑纹问题

战国时期巴蜀地区的柳叶形铜剑，表面常有铸造形成的粗糙斑纹，遍布全体，从形状看有虎皮形、半圆形、斜菱形和三瓣花形等，触之坑洼不平，多呈黝黑色或油绿色而不锈蚀②。以前，一些研究古兵器的学者已经注意到，世界上某些古代民族的名剑，器表常有粗糙的花纹，坚硬并具有良好的防锈作用，或称之为“糙面花纹”③。巴蜀铜剑之糙面斑纹，可能也有这种作用。台北王氏古越阁收藏的一件东周铜剑，器身满布圆形的凹坑，黑而不锈④，或许有异曲同工之妙。这些剑的表面是否还经过其他工艺处理，是今后值得探讨的一个问题。

图 3－35　战国巴蜀糙面斑纹铜剑　四川巴县冬笋坝出土，长 62 厘米。

八、集大成的铸剑术

东周时期青铜兵器制造技术的大发展，出现于春秋晚期至战国晚期这个时间段，在铸剑术上得到了最集中的体现。不难看出，前文所述东周青铜兵器制造技术的一系列成就，大多产生于春秋晚期和战国时期，它们几乎在铜剑制作中都有应用，而且往往是在铜剑上得到了最突出的表现。

春秋晚期至战国晚期是中国历史上的一个伟大时代，社会在动荡中前进，文化在变革中飞跃。青铜兵器制造技术的大发展，既因为技术自身的内在逻辑，也与这个时代的特点息息相关。当我们对这个时代军事技术的各个主要方面都进行了回顾之后，对这一点就能够看得更清楚了。

这个时代超卓的铸剑术，是青铜兵器制造技术总体发展基础上的一种精进。有两个方面的因素不容忽视。

① 见〔209〕〔119〕上册第 428～429 页及〔242〕。
② 见〔243〕。
③ 见〔244〕第 155 页。
④ 见〔141〕第 86 号剑。

其一，中国古剑历经长期演变，在这个时期臻于成熟，由短剑发展出了长剑，格斗效能得到提高。同时，发端于春秋晚期的作战方式的变化：步战的复兴和骑战的兴起，使得适合步骑兵战斗需要的短兵器剑，迅速成为大量装备军队的主要格斗兵器①。剑作为实战武器的地位空前提高，进一步推动了铸剑术的发展。

其二，早在西周时期，贵族阶层中就已经形成了佩剑的风气。中原地区发现的早期铜短剑，绝大多数出自贵族的大墓，试举一些突出的例子：北京房山琉璃河西周初期贵族墓中出有扁茎柳叶形铜短剑，同墓还出土了带有“匽（燕）侯”铭文的铜盾饰[245]；河南洛阳庞家沟西周初期贵族墓中出土两件扁茎柳叶形铜短剑，剑身均有“丰伯”的刻铭[25]；陕西宝鸡茹家庄、竹园沟西周早中期弶国贵族墓地出土多件扁茎柳叶形铜短剑，伴出铜礼器上常有“弶伯”之铭[246]；甘肃灵台白草坡西周初期潶伯墓和㒟伯墓中各出土两件扁茎柳叶形铜短剑[247]……

贵族带剑，除防身卫体外，更突出的是其佩饰意义：他们不仅以带剑来体现尚武的精神，更以带剑来显示威仪，以珍美的剑器来标示富贵，故而竞相追逐精良华美的宝剑。1990年在河南三门峡市上村岭西周晚期虢国大墓中出土的铜茎玉柄铁短剑，是现知中原地区最早的人工冶铁制品。以当时极为珍罕的金属制剑，且以中国古人最为看重的宝石——玉来装饰，而这把剑又是虢国国君的随身佩器，凡此，都体现了上述的风尚[248]。

东周时期，贵族带剑好剑之风愈益滋盛。《老子》称贵族“服文彩，带利剑”（第五十三章）。《吕氏春秋·侈乐》谓：“世之人主，皆以珠玉戈剑为宝。”《楚辞·涉江》描述贵人装束为“带长铗（剑）之陆离兮，冠切云之崔嵬”。高冠长剑的贵族形象，在长沙子弹库出土战国帛画上也能看到[249]。由于贵族带剑之风极盛，故带剑在贵族中又被视为成年的重要标志，与成年加冠具有相似的意义。《史记·秦始皇本纪》当记叙秦王政成年亲政时，即用“己酉，王冠，带剑”六个字来表示。

图3-36 长沙子弹库出土战国帛画贵人驭龙图

春秋时期，因贵族的追求宝剑竟在虞国引发了一场政治动乱。《左传·桓公十年》记：虞国的国君性贪婪，其弟虞叔有美玉，虞公就向他索求。虞叔起初不给，转而想：谚语说“匹夫无罪，怀璧其罪”，我何必以此招祸呢？于是将玉献给了虞公。不久，虞公又向虞叔索取宝剑。虞叔想，如此贪得无厌，必将危及我，便兴兵讨伐虞公，将其驱逐出国。

而在春秋晚期，由于贵族的追求宝剑又给后人留下了一段佳话。《史记·吴太伯世家》记：吴国的王弟季札出使齐、鲁、晋诸国，当他北上途经徐国时，徐君非常喜欢他的佩剑，而口中不好意思说。季札内心知道，但由于要出使上国，不

① 见〔43〕第76~80、90~95页。

能少了佩剑，故未将剑献给徐君。后来，季札完成使命返国，再次路过徐国，这时徐君已死，季札便解下佩剑，将它挂到了徐君墓旁的树上。随从说：徐君已死，你又把剑送给谁呢？季札答：不然。当初我内心默许了徐君，岂能因他故去而违背自己的心愿！

到了战国末年，秦国的客卿李斯则以秦王“服太阿之剑”为譬，劝谏嬴政要像追求宝物那样广纳天下贤士①。

王公贵族的这种风尚和取向，极大地促进了铸剑术的发展。为满足他们的需求，匠师们精益求精，在工艺方法上不断求索，因而硕果累累。这方面的因素对铸剑术的精进起了至关重要的作用。为什么这种精进主要见之于剑，而不是戈和矛，恐怕只能由此求得解释。古代武器技术的总体发展，必须从军事和技术的时代大势上把握，但一些具体的进步，往往也有其微妙的因由。

① 李斯《谏逐客书》，见《史记·李斯列传》。

第三章
铁兵器及其制造技术

东周是中国青铜文化的鼎盛期，也是以铁器为标志的新文明的孕生期。在青铜兵器的一统天下中，前一个时代崭露头角的铁兵器，也在逐渐地发展，趋向成熟。当然，这个过程主要是发生在黄河中下游和长江中下游地区，在此中心区域的周边，有一些地区，比如新疆，虽然较早就出现了铁器，但却未能进一步发展壮大①。实际上，包括新疆在内的诸周边地区，其冶铁技术的发展和铁器的普及，都是较晚时期受中原影响的结果。

第一节　中原冶铁用铁的发轫期

一、中原早期铁器和铁兵

据目前的考古发现，中原地区人工冶铁的第一个篇章始于西周晚期，而延至战国早期，这个阶段是中原地区铁器、铁兵的发轫期。

我们试将考古发现西周晚期至战国早期的铁器列表于此（见表3－18），这个概略的表格能够反映出如下情况：

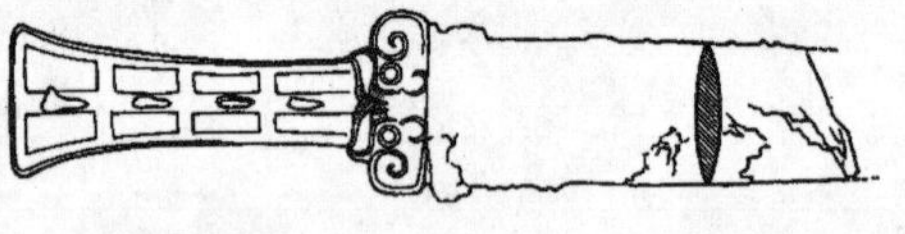

图3－37　春秋早期铜柄铁短剑　甘肃灵台景家庄出土，残长37厘米。

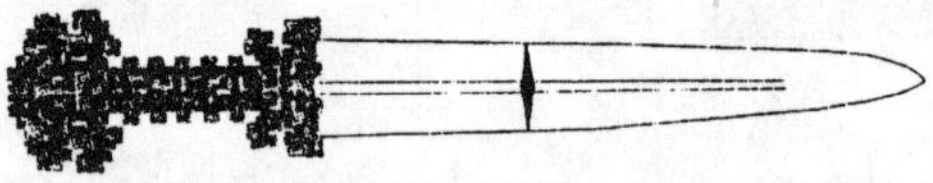

图3－38　春秋晚期金柄铁短剑　陕西宝鸡益门村出土，长35.2厘米。

（一）战国早期以前的人工冶铁制品，发现的数量很有限，现只见有一百来件，而且大多是在某一处墓地或遗址中偶见有一两件或数件铁器，材料极为零散，且普遍是小型器物。这些都体现了发生期的特点。

（二）年代较早的出土物偏于西北。在长江流域，中游（楚地）发现的铁器远比下游（吴越）多。这对于中国早期冶铁术的渊源和传播不无启示。

（三）由于资料局限，前人曾将中国开始冶铁用铁的时间定在春秋战国之际②。新的考古发现已将这个时间大为推前（也许将来还会提前），但春秋晚期至战国早期仍是中国冶铁术发生史上最为重要的一个阶段。目前发现的早期铁器，大多属于这个时期；正是在这个阶段，许多地方，特别是长江流域第一次出现了铁器。似乎可以说，到春秋战国之际，东方的两河流域才普遍闪现早期铁器的星星之火。

---

① 参见〔282〕。

② 20世纪20年代，章鸿钊通过对文献材料的分析，最初提出此说（见〔283〕）。1976年，黄展岳根据当时的考古发现，将中国开始冶铁用铁的时间略为提前，定在春秋后半叶，大约公元前六七世纪之间（见〔284〕）。

（四）在早期铁器中，兵器占有相当的比重，而早期铁兵器，绝大多数是剑。这种现象，也须归因于周代贵族的佩剑好剑之风。各地出土的西周晚期至战国早期的铁剑，基本上是短剑或匕首，往往饰以金玉，豪华至极，如宝鸡益门出土的金柄铁短剑，金柄通体镂空，饰繁缛的变体蟠螭纹，且镶嵌勾云形或圆珠形的绿松石和料器。如此珍美的剑具，必定是贵族的佩饰，而不可能是装备兵士的实战武器。益门出土的多件金饰铁刀，当也属这种性质。一般来说，用于制作武器的铁料都是较佳的。由于冶铁初起，铁料尚少，好铁尤为珍罕，故多被贵族用以制作其喜好的佩剑。前人或说，东周时人“目铁为‘恶金’，非贵族所愿用”①。实际情况并不是这样简单，直到战国早期，这种黑色的新材料仍然是人们心目中的“美金”②。

不过，人们对铁的态度也逐渐趋向实际，这可由用铁制造生产工具得到反映。随着人工冶铁的发展和对铁的性能的认识的加深，这种变化也在加剧。

表3-18　中国早期铁器（西周晚期至战国早期，约公元前8~前5世纪）出土情况简表

出土地点	铁器和数量	时　代	资料来源
河南三门峡上村岭虢国墓M2001、M2009	铜茎玉柄铁短剑1件、铜内铁援戈1件、铜骹铁叶矛1件	西周晚期	〔507〕第1卷第559~573页参见〔253〕〔254〕
甘肃灵台景家庄	铜柄铁短剑1件	春秋早期	〔255〕
甘肃永昌三角城	残铁臿1件	春秋早期	〔256〕
陕西长武	铁匕首1件	春秋早期	〔257〕〔347〕第208页表9
陕西陇县边家庄	铜柄铁短剑1件	春秋早期	〔258〕第24~25页图1:1
陕西凤翔南指挥村秦公1号大墓	铁铲、铁臿、铁环、铁削等	春秋晚期	〔259〕
陕西宝鸡益门村M2	金柄铁短剑3件、金环首铁刀13件、金方首铁刀2件、金环首料背铁刃刀2件	春秋晚期	〔260〕
山西天马曲村	残铁片2件、条形铁1件	春秋中期	〔254〕表3
河南登封王城岗	铁器残片1件	春秋晚期	〔261〕第199页
河南新郑南岗M7	铁片1件	春秋晚期	〔262〕
河南洛阳水泥制品厂	铁锛1件、铁镈1件	春秋战国之际	〔263〕第5页

① 见〔285〕第167页。

② 河南信阳长台关战国早期大型楚墓中先后出土的6件铁带钩，饰错金银花纹，并镶嵌玉石，极华美。带钩是与服装配套的饰物，其质料的优劣，装饰的华素，体现了佩者身份地位的高低贵贱，很为贵族看重。

（续表）

出土地点	铁器和数量	时代	资料来源
河南陕县后川 M204	金质腊首铁短剑 1 件	春秋战国之际	〔264〕〔265〕第 61 页
河南洛阳中州路（西工段）M2717	铜环首铁削 1 件（原报告作铁刀）	战国早期	〔125〕第 111 页
河南登封王城岗东周阳城遗址	铁镰 1 件、铁锄 1 件、铁锥 1 件	战国早期	〔261〕第 216 页
河南登封王城岗阳城铸铁遗址	铁䦆 6 件、铁锄 6 件、铁削 1 件	战国早期	〔261〕第 272～273 页
河北邯郸齐村 M24	小铁锄 1 件	战国早期	〔265〕第 61 页
河南淅川下寺楚墓 M10	玉柄铁匕首 1 件	春秋晚期	〔37〕第 292 页
河南信阳长台关楚墓 M1	错金银铁带钩 5 件	战国早期	〔266〕〔267〕第 63 页
河南信阳长台关楚墓 M2	错金银铁带钩 1 件	战国早期	〔267〕第 112 页
山东临淄郎家庄 M1	铁削 1 件	春秋晚期	〔508〕
山东新泰郭家泉 M8	铁箍 2 件	春秋战国之际	〔509〕
湖北大冶铜绿山	铁斧 1 件	战国早期	〔268〕〔269〕
湖北江陵纪南城南垣水门第 4 层	铁锄 1 件	战国早期	〔270〕上
湖南长沙龙洞坡 M52·826	铁刮刀 1 件（原作匕首）	春秋晚期	〔271〕
湖南长沙识字岭 M314	铁锄 1 件（原作铁锛）	春秋晚期	〔272〕第 66 页〔265〕第 61 页〔273〕第 30 页
湖南常德德山 M12	铁刮刀 1 件（原作削）	春秋晚期	〔274〕〔275〕
湖南长沙杨家山 M65	钢短剑 1 件、铁鼎形器 1 件、铁刮刀 1 件（原作削）	春秋晚期	〔276〕
湖南长沙窑岭 M15	铁鼎 1 件	春秋战国之际	〔276〕
湖南益阳赫山庙 M11	铁剑 1 件	春秋战国之际	〔366〕
湖南资兴旧市	铁锄 6 件、铁锛 1 件、铁削 3 件、铁刮刀 1 件	战国早期	〔277〕
湖南古丈白鹤湾 M9、M22、M24、M43	铁剑 4 件	战国早期	〔278〕
江苏六合程桥 M1	铁丸 1 件	春秋晚期	〔279〕
江苏六合程桥 M2	铁条 1 件	春秋晚期	〔280〕
四川荥经曾家沟 M13	铁斧 1 件	战国早期	〔281〕

二、关于“吴越铁兵”

东汉人的著作中记述了吴越故地的两个铸剑传说。其一见于《吴越春秋》卷四《阖闾内传》：

干将者，吴人也，与欧冶子同师，俱能为剑。越前来献三枚，阖闾得而宝之，以故使剑匠作为二枚，一曰干将，二曰莫耶。莫耶，干将之妻也。干将作剑，采五山之铁精、六合之金英，候天伺地，阴阳同光，百神临观，天气下降，而金铁之精不销沦流，于是干将不知其由。莫耶曰：“子以善为剑闻于王，使子作剑，三月不成，其有意乎？”干将曰：“吾不知其理也。”莫耶曰：“夫神物之化，须人而成。今夫子作剑，得无得其人而后成乎？”干将曰：“昔吾师作冶，金铁之类不销，夫妻俱入冶炉中，然后成物。至今后世即山作冶，麻绖葌服，然后敢铸金于山。今吾作剑不变化者，其若斯耶？”莫耶曰：“师知烁身以成物，吾何难哉。”于是干将妻乃断发剪爪，投于炉中，使童女童男三百人，鼓橐装炭，金铁乃濡，遂以成剑，阳曰干将，阴曰莫耶，阳作龟文，阴作漫理。干将匿其阳，出其阴而献之，阖闾甚重。①

其二见于《越绝书》卷十一《外传记宝剑》：

楚王召风胡子而问之曰：“寡人闻吴有干将，越有欧冶子，此二人甲世而生，天下未尝有，精诚上通天，下为烈士。寡人愿赍邦之重宝，皆以奉子，因吴王请此二人作铁剑，可乎？”风胡子曰：“善。”于是乃令风胡子之吴，见欧冶子、干将，使人作铁剑。欧冶子、干将凿茨山，泄其溪，取铁英，作为铁剑三枚：一曰龙渊；二曰泰阿；三曰工布。毕成，风胡子奏之楚王。楚王见此三剑之精神，大悦风胡子，问之曰：“此三剑何物所象，其名为何？”风胡子对曰：“一曰龙渊，二曰泰阿，三曰工布。”楚王曰：“何为龙渊、泰阿、工布？”风胡子对曰：“欲知龙渊，观其状，如登高山，临深渊；欲知泰阿，观其釽，巍巍翼翼，如流水之波；欲知工布，釽从文起，至脊而止，如珠不可衽，文若流水不绝。”

由这些故事来看，在春秋晚期，吴越地区似已精于制造铁剑，并且声名远播。章鸿钊首先依据这些材料，提出吴楚等国最先制作铁兵器，时在春秋战国之际，是为中国用铁之始②。1928 年，朱希祖发表《中国古代铁制兵器先行于南方考》，也主要依据这些材料，主张“越、吴、楚三国始作铁兵”，认为“铁兵先行于南方”，其炼铁之术必先发达〔286〕。朱氏接着又在报章上发起了关于这个问题的讨论，章鸿钊也积极参与，并得到翁文灏的支持③，其说因而广为人知，影响深远。

---

① 唐陆广微《吴地记》（《古今逸史》本）也录有这个传说，情节略异，当系后人改造：“匠门又名干将门。吴王使干将于此铸剑，材五山之精，合五精之英，使童女三百人祭炉神。鼓橐，金银不销，铁汁不下。其妻莫邪曰：‘铁汁不下，□有计？’干将曰：‘先师欧冶铸之，颖不销，亲铄耳。以□□成物□□，可女人聘炉神，当得之。’莫邪闻语，□人炉中，铁汁遂出。成二剑，雄号干将，作龟文；雌号莫邪，鳗文。余铸得三千，并号□□文剑。干将进雄剑于吴王而藏雌剑，时时悲鸣忆其雄也。”

② 见〔283〕。除了这个论点，章氏此文甚具卓越之见，如认为中国铁器的渐盛时代在战国至西汉，已为田野考古所确证。

③ 有关讨论文章见〔287〕〔288〕〔289〕〔290〕〔291〕〔292〕〔293〕〔294〕〔295〕〔296〕〔297〕〔298〕〔299〕。

时至今日，由于田野考古的若干重要发现，铁兵乃至冶铁是否先行于南方的问题，应该说已经不言自明。但许多人对上述传说材料仍信而不疑，并据以评价春秋战国之际吴越两国的兵器技术①。那么，吴越铁兵的实际情况又如何呢？

台北王氏古越阁收藏的一件战国早期越王州句铜剑格，銎孔内有铁锈痕迹，剑身（已失）似为铁质②；上海博物馆收藏的一件铜格铁剑残段，据铜格式样，似为战国越式器③。这是迄今所知道的东周吴越铁兵器的仅有实例。此外，在江苏六合程桥春秋晚期的吴国墓中，曾发现两件小铁器（铁丸和铁条）。应该说，春秋战国之际吴越地区是有可能制作铁剑或其他铁兵的，但其水平必然与其他地区相仿佛，尚处于发生期，属偶一为之，不可能蔚成风气，声名远播。而且，从考古资料来看，吴越地区冶铁用铁的发生，似乎受到楚国的影响，而不是反之。

至于《吴越春秋》和《越绝书》所载的铸剑故事，由种种线索分析，应是产生于汉代，或是在汉代人的口口相传中发生了衍变，因为到那个时候，铁兵器已经淘汰了铜兵器，世人熟知以铁为剑，而对以铜为剑却日益陌生，传说旧事，常不自觉地以今概古，以铁代铜（详见下附“干将、莫邪考”）。

附：干将、莫邪考

之一

现在，人们都以东汉人所撰《吴越春秋》和《越绝书》中记述的铸剑故事来解释干将、莫邪，如《辞源》（修订版）“干将”一词的解释是：

> 干将，古剑名。相传春秋时吴人干将与妻莫邪善铸剑。铸有二剑，锋利无比，一名干将，一名莫邪，献给吴王阖闾。事见《吴越春秋·阖闾内传四》。后来因以干将为利剑的代称。《战国策·齐五》：“今虽干将莫邪，非得人力，则不能割刿矣。”

由于《吴越春秋》和《越绝书》中的铸剑故事历来被视为传说，于是干将、莫邪剑也就自然成为传说之物了。

然而，最初提到干将、莫邪的文字并非《吴越春秋》和《越绝书》，而是战国时期的诸子著作。兹就所见，予以引录，以供比较。

（1）《墨子》：“良剑期乎利，不期乎莫邪。”（《太平御览》卷三四四引，今本《墨子》佚）。

（2）《庄子·大宗师》：“今之大冶铸金，金踊跃曰：‘我必且为镆铘。’大冶必以为不祥之金。”又《达生》：“复仇者不折镆、干，虽有忮心者不怨飘瓦，是以天下平均。”镆、干，即镆铘、干将。

（3）《荀子·议兵》：“故仁人之兵，聚则成卒，散则成列，延则若莫邪之长刃，婴之者断，兑则若莫邪之利锋，当之者溃。”又《强国》：“刑范正，金锡美，工冶巧，火齐得，剖刑而莫邪已。然而不剥脱，不砥厉，则不可以断绳；剥脱之，砥厉之，则劙盘盂、刎牛马忽然耳。”又《性恶》：“恒公之葱，太公之阙，文王之

① 见〔273〕第198～203、19、33页，〔148〕第262页。

② 见〔47〕第130～131页。

③ 见〔300〕或〔47〕第16页。

录，庄君之曶，阖闾之干将、莫邪、巨阙、辟闾，此皆古之良剑也。”

（4）《韩非子·有度》：“镆铘傅体，不敢弗搏。”

（5）《尉缭子·兵令下》：“赏如日月，信如四时，令如斧钺，制如干将，士卒不用命者，未之有也。”

（6）《吕氏春秋·当务》：“辨而不当论，信而不当理，勇而不当义，法而不当务：惑而乘骥也，狂而操吴干将也，大乱天下者，必此四者也。”又《疑似》：“使人大迷惑者，必物之相似也。玉人之所患，患石之似玉者；相剑者之所患，患剑之似吴干者。”高诱注：“吴干，吴之干将者也。”

（7）《战国策·齐策五》：“今虽干将、莫邪，非得人力，则不能割刿矣。”又《赵策三》记赵奢之言：“夫吴干之剑，肉试则断牛马，金试则截盘匜。”

以上战国诸子言及干将、莫邪，有两个显著特点：其一，仅举其名，这与后来《吴越春秋》和《越绝书》中情节完整、夸诞的故事不同；其二，均以为器物之名。其中，《墨子》明确说莫邪是剑，《战国策》、《吕氏春秋》明确说干将是吴国的名剑，《荀子》更明确说干将、莫邪是吴王阖闾之名剑。诚如清王念孙《广雅疏证》所说：“自西汉以前，未有以干将、莫邪为人名者。”（卷八上）

显然，战国诸子书中关于干将、莫邪的文字与《吴越春秋》和《越绝书》所记铸剑故事有很大差异。基于此，我们将前者称为干将、莫邪典故，而将后者称为干将、莫邪铸剑传说，从文献记载的角度看，前者先见，后者晚出，二者不能简单地混同。现在人们普遍以铸剑传说来解释干将、莫邪典故，因而视干将、莫邪剑为传说之物，恐怕是不妥当的。

之二

东周时期，吴越地区出产精良的宝剑，当时文献中屡有提及。《考工记·叙》：“郑之刀，宋之斤，鲁之削，吴粤（越）之剑，迁乎其地而弗能为良，地气然也。”又《庄子·刻意》：“夫有干越（即吴越，见《荀子·劝学》杨倞注）之剑者，柙而藏之，不敢用也，宝之至也。”联系这个情况来看，战国诸子频频言及的干将、莫邪，很可能确有其物，它们本是吴国的两件精良宝剑，为世所重，蜚声列国，故时人屡屡称引，以至成为利剑、宝剑的代名词。

《庄子·大宗师》说：“今之大冶铸金，金踊跃曰：‘我必且为镆铘。’大冶必以为不祥之金。”又《荀子·强国》：“刑范正，金锡美，工冶巧，火齐得，剖刑而莫邪已。”两例均以莫邪与铜剑铸造相提并论，反映出莫邪可能是铜剑，与之密切关联的干将自也相同。而这一点，与考古发现所揭示的东周吴越铸剑术的实际情况是相吻合的。

1949 年以来，在湖北、湖南、安徽、山东、山西、河南等省，陆续出土了一些带有吴王或越王铭文的青铜剑，总数达 19 件①。此外，海内外公私还收藏有一批传世的吴越王铭铜剑（包括盗掘品和征集品），许多学者进行过著录研究，其数

① 见〔38〕，〔44〕，〔235〕，〔301〕，〔302〕，〔304〕第 301 页及〔305〕，〔304〕第 314 页及〔306〕〔307〕，〔308〕〔309〕，〔310〕第 218 页图 7 及〔311〕第 271 页，〔312〕，〔313〕，〔314〕，〔317〕，〔318〕，〔319〕，〔320〕，〔321〕图 108，〔322〕，〔323〕。

量不下于1949年以后的出土物①。

在这些吴越王剑中，年代最早的是1959年安徽淮南蔡家岗出土的吴太子“姑发閅反”剑。“閅反”据考即吴王诸樊②，于公元前560至前548年在位，时当春秋中晚期之交，此剑是他为太子时所铸，应略早于公元前560年。又山东沂水1983年出土的吴王剑，年代也与之接近③。

年代最晚的是河南淮阳发现的3件越王剑（2件征集所得，1件出于平粮台战国墓），据考可能属于诸咎（公元前376年即位）以后的晚期越王④，其时已在战国中期。

数量最多的是属于春秋晚期至战国初期的诸位吴王和越王之剑，计有吴王阖闾（光）、吴王夫差、越王勾践、越王鹿郢（者旨於睗）⑤、越王不寿（盲姑）⑥、越王朱（州）句。这几位吴王和越王之剑，不仅所占的数量多，而且器形最为成熟，铸作最为精细，装饰最为典美，在出土和传世的东周列国铜剑实物中都是最突出的。如1964年山西原平峙峪出土吴王光剑[235]、1965年湖北江陵望山出土越王勾践剑[44]、1973年湖北江陵滕店出土越王州句剑[301]和浙江省博物馆1995年入藏的越王者旨於睗剑[142]，堪称代表。与之相较，早期的诸樊剑和吴王剑器形短小，尚不成熟；晚期越王之剑则铸工平平，铭文字体简省，有衰颓之势。这一现象反映出，吴越铸剑术的盛期应在春秋晚期至战国初期，大体相当于阖闾（或稍早）至朱句（或稍后）的一百余年间（约公元前6世纪末至公元前5世纪末）。在此之前，吴越铸剑术尚未发展成熟。在此之后，则转趋衰落，当时越已灭吴，而越的国力也日益孱弱，公元前333年，终为楚所灭，铸剑术的衰落，也是“一项曲折的反映”。

我们以吴越王铭铜剑所提供的信息来勾画吴越铸剑术的轨迹，应是合适的。迄今所见传世和出土的东周吴越之剑，几乎全是铜剑，具铭的王剑如此，无铭之剑也然⑦。既然其时其地盛行的是铜剑，那么王铭铜剑（类于后世的御制器）自是代表了工艺技术的最高水平。

从前述吴越铸剑术的情况看，文献中所谓吴越出宝剑，当是指春秋晚期至战国前期的吴越地区，而所谓吴越宝剑，必是铜剑无疑。固然春秋晚期吴地已能生产铁器，江苏六合程桥1号东周墓中曾出土一个生铁铸造的铁丸[279]，程桥2号东周墓中曾出土一根以块炼铁锻制的铁条[280]，而且相邻的楚国在春秋晚期已出现钢剑[276]，但在战国初期以前，我国的冶铁炼钢技术尚处于发生期，以铁制剑极为稀

① 见〔40〕〔35〕第18册〔324〕〔325〕〔47〕，并见〔303〕，〔308〕，〔309〕，〔315〕图版及〔316〕，〔142〕。

② 见〔38〕〔327〕〔328〕。

③ 见〔313〕〔329〕。

④ 见〔308〕〔309〕及〔148〕第155页。

⑤ 越王鹿郢（《竹书纪年》）即《史记·越王勾践世家》之鼫與，《越绝书·外传记地传》之與夷，其器铭多作“者旨於睗”，前人考释常将之隶写为“者旨於赐”（见〔330〕〔331〕〔332〕〔45〕图92〔333〕，又见〔142〕）。

⑥ 其剑铭“越王丌北古”，“丌北古”即“盲姑”音转，见〔330〕及〔321〕图108。

⑦ 参见〔279〕〔334〕。

见，不可能蔚成风气、声名远播。因此，春秋战国之际即具广泛影响的吴越宝剑，只能是铜剑。

之三

如上所说，战国诸子书中有关干将、莫邪的文字与东周吴越铸剑术的实际情况是符契的，这从一个方面印证了干将、莫邪剑当实有其物，而非虚泛的传说。然而《吴越春秋》和《越绝书》中的铸剑传说与东周吴越铸剑术的实际情况不合，也与战国诸子书中的干将、莫邪典故完全矛盾。《吴越春秋》称，干将作剑，“采五山之铁精”；《越绝书》称，干将、欧冶子“作铁剑”。这种矛盾现象恐怕只能说明，铸剑传说当是以吴越名剑为依据演变出来的，产生时代甚晚，其时铁剑已经盛行，铜剑已被淘汰，干将、莫邪等剑或已失传，世人不知其本来面目，却熟知以铁为剑，因而所编故事便成了造铁剑。从考古发现和目前的研究成果来看，东周时期中原地区始终盛行铜剑，战国晚期，楚、燕等少数国家虽较多使用了铁剑，但仍无法与铜剑的普遍流行相匹敌；直至汉代，铁剑才淘汰了铜剑①。因此，铸剑传说当是汉代才产生的。

晋王嘉《拾遗记》“昆吾山”条，载有关于干将、莫邪剑的另一种传说：

> 其山有兽，大如兔，毛色如金，食土，下之丹石深穴地以为窟，亦食铜铁，胆肾皆如铁。其雌者色白如银。昔吴国武库之中兵刃铁器俱被食尽，而封署依然。王令检其库穴，猎得双兔，一白一黄，杀之开其腹而有铁胆肾，方知兵刃之铁为兔所食。王乃召其剑工，令铸其胆肾以为剑，一雌一雄，号干将者为雄，号镆铘者为雌。其剑可以切玉断犀，王深宝之，遂霸其国。

这则传说能够进一步说明两个问题：其一，汉晋时期民间流传的干将、莫邪传说不止一种②，应该都是从战国诸子即已提及的干将、莫邪剑演绎而成；其二，由于这些传说都是生成于普遍使用铁器的时代，所以故事中的干将、莫邪剑皆被说成为铁剑。从单纯的文献学角度来说，以这些传说的任何一种反过来诠释战国诸子书中的干将、莫邪典故，都是不合适的。

清王念孙《广雅疏证》曾指出：“自西汉以前，未有以干将、莫邪为人名者。自《吴越春秋》始以干将为吴人，莫邪为干将之妻，其他说虽不同，而同以为人名，总由误以干、莫二字为姓，遂致纷纷之说。”言外之意，铸剑故事产生甚晚。遗憾的是，王氏之说一直不被人们所重视，以至长期以来，人们普遍以铸剑传说来解释干将、莫邪典故，而治冶金史者也经常援引干将、莫邪铸剑传说以为东周时期冶铁炼钢技术的依据或旁证材料，这显然是不恰当的。

之四

王念孙所谓“其他说”，包括了《越绝书·外传记宝剑》中的故事，也包括了汉末魏晋时期一些注经学者的说法。如汉末应劭说：“干将，吴善冶者姓。”③ 又

---

① 见〔335〕〔336〕〔337〕及〔43〕。

② 因这些传说原是在民间口口相传，所以面目颇多，而且不断演变。由《吴越春秋》和《越绝书》中记录下来的铸剑故事，后来又演变出了眉间尺复仇的故事，被晋人干宝采进了《搜神记》。参见〔338〕。

③ 《史记·司马相如列传》索隐引。

说："莫邪，吴大夫也，作宝剑，因以冠名。"① 魏张揖则说："干将，韩王剑师也。"这些说法在先秦文献中都找不到依据，可能是受到干将、莫邪铸剑传说的影响，但又不愿直接采用民间传说，便杜撰他说。

在这个时期的学者中，也有人并不受上述纷纭说法的影响，而直接前承战国诸子之说。如晋灼说："阖闾铸干将剑。"② 这与《荀子》所说一致。遗世的吴越王铭铜剑，全是匠师所为，但铭文大多写作某王作或某王自作，如山西原平峙峪出土吴王光（阖闾）剑铭"攻敔王光自作用剑"，即是其例。这说明当时在吴越地区，剑师不受重视，王者之器一般即称王作。"阖闾铸"之说，正与这个情况相符。

之五

由于铸剑传说系后人衍说，故传说中以干将、莫邪本为人名自不足信。那么，作为剑名的"干将"、"莫邪"两词，究竟是何意义呢？

王念孙《广雅疏证》谓：干将、莫邪皆连语，本是状写锋刃之利的形容词，后来才演变为利剑之名。所举之例为汉王褒《九怀》："舒余佩兮綝纚，竦余剑兮干将。"干将与綝纚并举，皆形容词。这个说法也不妥当，因为最早言及干将、莫邪的战国诸子著作，都是将之作为名词使用，如果干将、莫邪本为锋利之状，那么《墨子》"良剑期乎利，不期乎莫邪"的说法就不通了。笔者认为干将、莫邪本是良剑之名，后来才被作为状写锋利的形容词用，意为"如干将（莫邪）般锋利"、"竦余剑兮干将"即可作如此解释。又司马相如《子虚赋》："曳明月之珠旗，建干将之雄戟。"此亦较典型，"明月"、"干将"皆名词而形容词化，意为"如明月般亮丽"、"如干将般锋锐"。这种词例均初见于汉代的辞赋作品。

实际上，干将、莫邪既是吴剑之名，本应是吴地的古方言。《左传·哀公十一年》载，吴王夫差有剑名"属镂"，或写作"属娄"、"属鹿"、"獨鹿"、"属卢"③，当也是吴语，各种写法反映了汉字对音的细微差别。如同原为方言的东周吴越王名今天大多不解其意一样，这些用方言表述的剑名，其含义也已不可解，重要的是我们须知道它们本为剑名。

之六

从东汉开始，一些经学家或说干将、莫邪是戟。如许慎《说文》（小徐本）："镆，镆釾，大戟也。"④《史记·商君列传》集解引晋徐广之言："屈卢之劲矛，干将之雄戟。"亦然。以干将、莫邪为戟，在东周文献中找不到任何根据，或许是对辞赋作品中形容词化用法的误解所致。如《子虚赋》"建干将之雄戟"，"干将"应是形容词，后人误解，便以为是戟。晋徐广引"干将之雄戟"以与"屈卢之劲矛"对举，说明他就是如此误解的。"屈卢"是越国良矛之名，见于《史记·仲尼弟子列传》，以"干将"与之相对，"干将"就变成戟名了。总之，以干将、莫邪

---

① 《汉书·贾谊传》颜师古注引。

② 《文选·子虚赋》唐李善注引。

③ 见《史记·吴太伯世家》、《荀子·成相》、《吴越春秋·勾践伐吴外传》、《广雅·释器》、扬雄《太玄赋》。

④ 《说文》大徐本无"大戟"二字，但唐以前人引《说文》多有"大戟"二字，如《史记·屈原贾生列传》集解引臣瓒说、《文选·羽猎赋》唐李善注，故段玉裁《说文解字注》认为大徐本佚此二字。

为戟，是东汉以后少数人的说法，不足为据。

之七

还有必要提一下风胡子关于兵器演进的著名论述，它被包含在干将、欧冶子为楚王作剑的传说中，辞云：

> 轩辕、神农、赫胥之时，以石为兵……至黄帝之时，以玉为兵……禹穴之时，以铜为兵……当此之时，作铁兵，威服三军，天下闻之，莫敢不服。此亦铁兵之神，大王有圣德。①

这段话当也是汉代人总结的。在铁兵器还没有多少实战应用的时候，恐怕难有这样的认识。值得注意的是，汉代人借风胡子之口，将始作铁兵的时间定在春秋战国之际，这可以间接印证我们由考古资料所得之结论：春秋战国之际是中国铁器铁兵发生史至关重要的一个阶段。

第二节　铁兵器应用的初步发展

一、战国中晚期铁兵器的使用状况

战国中晚期，中国冶铁业有了长足发展②，铁兵器的使用逐渐增加。在此时期的文献中，已经能够见到实战应用铁兵的记载。如：

《史记·范雎蔡泽列传》记秦昭王（公元前306～前251年在位）之言：“吾闻楚之铁剑利而倡优拙。夫铁剑利则士勇，倡优拙则思虑远。”

《荀子·议兵》曰：“宛钜铁弛，惨如蜂虿。”③ 宛即今河南南阳，当时为楚国之地。钜即钢；弛同鍦，即矛；虿是蝎类毒虫。

图3－39　战国铁戟　湖南长沙小林子冲出土，长30余厘米。

《战国策·韩策一》记苏秦之言：韩国军队装备有“甲盾、鞮鍪、铁幕”。《史记·苏秦列传》记作“坚甲铁幕”，司马贞索隐引刘云：铁幕，“谓以铁为臂胫之衣”。所谓“臂胫之衣”，即臂甲和胫甲。

《韩非子·内储说上》：“夫矢来有向，则积铁以备一向；矢来无向，则为铁室以尽备之。备之则体不伤。”注曰：积铁，“谓聚铁于身以备一处，即甲之不全者也”；铁室，“谓甲之全者，自首至足无不有铁，故曰铁室”④。

① 见《越绝书》卷十一《外传记宝剑》。

② 关于这个时期冶铁业的发展情况，请见〔265〕第60～65页、〔273〕第38～42页、〔115〕第332～334页、〔137〕第367～370页。

③ 《史记·礼书》也有类似的话，作：“宛之钜铁施（鍦），钻如蜂虿。”

④ 陈奇猷认为旧注不对，他说：“积铁，谓以铁聚为屏蔽，所以备一方来之矢。非谓不全之甲。”“铁室，谓以铁为室，如此，则四面皆有屏蔽。”见〔339〕上册第536页。不管怎样，《韩非子》的话反映了用铁制造防御设施。

《韩非子·南面》还提到了“铁殳”；《八说》、《五蠹》两篇又提到了“铁铦”，即铁铍①。

《墨子·备城门》曰：守城用木弩，“益求齐铁矢，播以射冲及栊枞”。岑仲勉注：“齐铁指齐地所产铁，《史记·货殖列传》言鲁人曹邴氏以冶铁富；则战国时代齐、鲁为出铁地方。”②《墨子·备穴》又说“穴矛以铁”，即用于坑道中作战的矛，以铁制作。

《吕氏春秋·贵卒》曰：“赵氏之人攻中山，中山之人多力者曰吾丘鸠，衣铁甲操铁杖以战。”在河北平山县战国时期的中山王墓中，出土有铁杖的实物③。

《六韬·虎韬·军用》列举“三军器用，攻守之具”，中有“铁棓（棒）”、“铁鎚（锤）”、“铁蒺藜”、“铁杷”、“铁叉”等。

又，《史记·魏公子列传》记：战国末年，秦军围攻赵都邯郸，赵求救于魏，魏王不愿出兵，魏公子信陵君盗取了魏王用以调兵的虎符，闯入军营，矫旨发兵救赵。领军的魏将晋鄙有疑，信陵君带来的勇士朱亥就从袖中取出暗藏的40斤重铁椎（锤），击杀晋鄙。

考古资料也反映出，这个阶段列国已用铁兵器装备军队。在战国中晚期的墓葬和遗址中，出土铁兵器的数量和品种明显增加，特别是在楚国和燕国故地，发现了较多的铁兵器，而且有若干成批发现。如1953～1955年，在湖南长沙、衡阳发掘的一批楚墓中，出土23件铁兵器，品种有剑、戟、矛、匕首和铁铤铜镞④。大约同时在长沙发掘的另一批楚墓中，出土铁剑7件〔188〕；1956年又在长沙沙湖桥楚墓中出土铁剑3件〔342〕。湖北、湖南等地的战国中晚期楚墓中还零星发现了一些铁兵器，以剑最为常见，且主要是长70厘米以上的长剑⑤。而自1960年以来，在河北易县的战国燕下都遗址中，更出土了数以千计的铁兵器，品种有剑、矛、戟、镞、铁甲片和镈、镦等兵器附件，大多数为战国晚期制品，少数为战国中期制品（见表3－19）。

图3－40　战国晚期铁剑

河北易县燕下都出土，长81厘米。

图3－41　战国晚期铁矛

河北易县燕下都出土，长37.9厘米。

---

① 《韩非子·八说》：“搢笏干戚，不适（敌）有方铁铦。”《韩非子·五蠹》：“铁铦短者及乎敌。”两处提到的铁铦当都是专门的兵器。战国秦汉时期，人们也将铍称为“锬”，如《方言·杂释》说：“锬，谓之铍。”而锬、铦两字当时是通用的，特别是用作表示锋利的形容词的时候，如《史记·秦始皇本纪》“非锬于句戟长铩”，集解引徐广：“锬，一作铦。”由此观之，以铦为名的兵器，很可能就是锬，也即铍。

② 见〔340〕第9～10页。

③ 见〔124〕上册第296页。

④ 见〔341〕。原报告将工具类的10件铁削刀也列为兵器，现予排除。

⑤ 参见〔275〕〔336〕。

表3－19　燕下都遗址出土铁兵器统计

遗址和发掘时间	遗址时代	出土铁兵器数量和品种	资料来源
1929～1930年老姆台	战国中晚期	37:铁铤铜镞37件	〔343〕〔21〕上册第4～6页
1965年M44丛葬坑	战国晚期	81:铁胄1件、铁剑15件、铁矛19件、铁戟12件、铁镈11件、铁匕首4件、铁铤铜镞19件	〔344〕
1967、1976年老爷庙台V号建筑遗迹	战国中期 战国晚期	9:铁甲片8件、铁铤铜镞1件 4:铁剑1件、铁铤铜镞3件	〔21〕上册第52页〔21〕上册第57页
1972年老爷庙台西南27号建筑遗址	战国晚期	1:铁镞1件	〔21〕上册第82页
1965年郎井村西南13号作坊遗址	战国晚期	1:铁甲片1件	〔21〕上册第125页
1966、1978年武阳台村西北21号作坊遗址	战国晚期	1494:铁矛22件、铁剑7件、铁镈45件、铁镦118件、铁镞3件、铁镞铤808件、铁甲片491件	〔21〕上册第148～154页
1972～1978年郎井村西北10号作坊遗址	战国中期 战国晚期	3:铁剑3件 18:铁剑1件、铁矛2件、铁镈3件、铁镞2件、铁镞铤10件、铁甲片1件	〔21〕上册第279页 〔21〕上册第402～404页
1973～1979年西贯城村北9号居住址	战国晚期	4:铁镞2件、铁甲片2件	〔21〕上册第597页
1976、1977年高陌村东北2号遗址	战国晚期	3:铁铤铜镞3件	〔21〕上册第642页
1976年虚粮冢M8	战国晚期	1:铁铤铜镞1件	〔21〕上册第677页
1977～1978年辛庄头M30	战国晚期	4:铁剑1件、铁剑首1件、金柄铁剑2件	〔21〕上册第705～709页
1972年老姆台西南28号建筑遗址	战国晚期	2:铁铤铜镞2件	〔21〕上册第746～747页
1974年解村村东北M1	战国中期	3:铁镈1件、铁铤铜镞2件	〔21〕上册第753页
1974年解村村东M2	战国中期	21:铁铤铜镞21件	〔21〕上册第763页
1963～1982年燕下都遗址中采集	战国中晚期	301:铁剑12件、铁矛8件、铁镦11件、铁镈22件、铁镞5件、铁铤铜镞243件	〔21〕上册第814～816、837页

与早期铁兵器多为短剑不同，战国中晚期的铁兵器既有短剑，更多长剑，还有矛、戟等长柄格斗兵器和射击兵器类的箭镞、防护装具类的甲片。尤其值得注意的是，早期铁短剑大多装金饰玉，战国中晚期的这些铁兵器则风格简素，普遍无纹饰。很显然，它们已主要是装备军队的实战武器。1965 年在易县燕下都的一座战国末年丛葬坑（M44）中曾出土众多铁兵器，品种有剑、矛、戟、镞等，坑内有大批断首离肢的尸体，当是阵亡将士，或为坑杀的降卒，那些铁兵器无疑是他们的装备[344]。

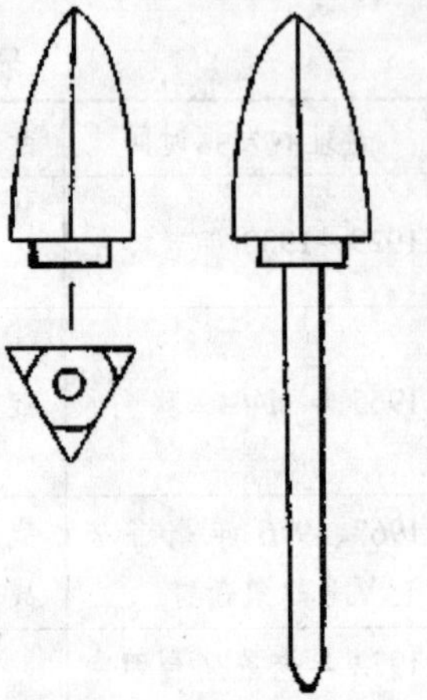

图 3－42 铁铤铜镞结构示意图 铜质镞锋的底部有孔，以插置铁铤。

考古资料也反映出，战国中晚期列国使用铁兵器的情况并不平衡。目前出土铁兵器最多的是楚国和燕国故地。与之相比，其他诸侯国地区的发现较为稀少①。大概当时楚国和燕国军队中铁兵器的装备比例是最高的。联系秦昭王和荀子关于楚国铁兵器的议论，可知在战国中晚期，楚国的铁兵器制造技术也是最突出的。

然而，无论哪个国家和地区，就总体而言，直到战国末年，其铁兵器的装备数量都还无法与青铜兵器的普遍盛行相比。战国中晚期铁兵器应用的发展，还只是表现出了一种趋势，即新兴的铁兵器正逐渐地成熟、推广。

在这里，有必要对燕下都遗址中出土铁兵器的情况作一具体分析。燕下都出土的铁兵器，乍看为数甚巨，但若细加分析，不难发现：其中数量最多的是铁铤铜镞（包括其半成品铁镞铤）。严格来说，铁铤铜镞应算作铜兵器。用铜制作起杀伤作用的镞锋而用铁制作供装杆的镞铤，说明铁尚难当大用；其次，铁甲片占了相当数量。一套铁甲胄，需用数百铁甲片，因此甲胄的数量实际有限。而且，东周时期燕国盛用皮甲，《考工记·叙》甚至说燕地人人能制皮甲②。《战国策·燕策一》记苏代之言称，战国晚期燕王哙和夫人还亲自制作皮甲（“身自削甲札”，“妻自组甲絣”）③。燕下都的铁甲资料，并不能说明铁甲已占主要地位；再次，镈、镦等兵器附件占了相当数量，它们全为生铁铸造，质量甚差，可见时人是以质次价低的材料制作这些无关紧要之物，它们对于说明铁兵器的普及程度，意义不大。如果考虑上述因素，而对最为关键的戈矛戟剑镞等铜、铁兵器在燕下都战国中晚期遗址和墓葬中的出土情况进行比较，其数据如下：

戈矛剑戟等兵刃，铜质 177 件，铁质 109 件；铜镞 357 件，铁铤铜镞（含铁镞

---

① 参见〔345〕〔346〕、〔347〕第 206～208 页（顺便指出，该文统计了历年来秦地发现的战国铁兵器，共得 13 件，而其中有 4 件铁刀，实是工具类的铁削刀）。

② 《考工记·叙》：“燕无函……燕之无函也，非无函也，夫人而能为函也。”东周时期将制皮甲的工匠称为“函人”。

③ 参见本编第四章。

铤）1150件，铁镞13件①。

二、战国中晚期的重要铁兵器产地

战国中晚期，列国都有冶铁手工业，各有主要的冶铁业地点。山东临淄齐国都城遗址内，先后发现了4处冶铁作坊遗址，最大的一处面积达40余万平方米②。河北易县燕下都遗址内，发现有5处冶铁作坊遗址，总面积逾50万平方米③。1953年，河北兴隆寿王坟曾出土87件铁范，说明当地也有铸铁作坊④。韩国境内，已发现两处重要的冶铁遗址，一在河南登封告成镇，即古之阳城⑤；一在河南新郑郑韩故城外的仓城⑥。赵国的都城邯郸也有冶铁业，《史记·货殖列传》记，邯郸人郭纵凭冶铁致富。

大多数战国冶铁遗址，其遗物所反映的生产状况，主要是制造生产工具，特别是农具，同时也从事兵器制造，典型者如登封阳城韩国冶铁遗址。但在易县燕下都遗址中，也发现了一处主要生产铁兵器的战国晚期作坊遗址（武阳台村西北18号作坊遗址），面积约有14万平方米⑦。

列国的铁器产地，有的还以出产铁兵精良而闻名。如颇具名声的齐国铁矢，可能就是临淄生产的。近年在山东淄博市临淄区商王村的战国晚期墓中曾出土钢针和铁剑⑧，一定程度上印证了当时齐国能够制造较坚硬锋利的铁镞。

从有关材料来看，今河南南部楚、韩交界之处是战国中晚期冶铁业最发达的一个地区，有若干著名的铁兵产地，楚国的宛（今河南南阳）即为其一，名声尤大⑨。

又，《战国策·韩策一》记苏秦之语：

> 韩卒之剑戟，皆出于冥山、棠谿、墨阳、合伯膊⑩，邓师、宛冯、龙渊、太阿，皆陆断马牛，水击鹄雁，当敌即斩坚。

这段话又见于《史记·苏秦列传》，其中提到的冥山、棠谿、墨阳、合伯（膊）皆是地名，因出产利剑，或也直接用作剑名⑪。而邓师、宛冯、龙渊、太阿，

---

① 铁兵器和铁铤铜镞的资料来源见表3-19；铜兵器的资料来源为：〔344〕及〔21〕上册第53、68、76、83、125、156、167、279~281、409、508、541、568、599、642、674~677、712~713、746、755、768、827页。

② 见〔348〕〔349〕。

③ 见〔21〕上册第84~435页：高陌村西北5号作坊遗址、郎井村西南13号作坊遗址、武阳台村西北21号作坊遗址、武阳台村西北18号作坊遗址、郎井村西北10号作坊遗址。一些作坊（如21号、10号遗址所见）兼有冶铁和冶铜。

④ 见〔350〕〔351〕。

⑤ 见〔261〕第256~326页。

⑥ 见〔352〕〔353〕。

⑦ 见〔21〕上册第191页。

⑧ 见〔354〕第44、134页。

⑨ 见前引《荀子·议兵》。

⑩ 合伯膊，《史记·苏秦列传》作合膊，唐司马贞索隐引《战国策》作合伯，引《春秋后语》作合相；宗鲍彪新注本《战国策》作合伯。清黄丕烈《战国策札记》谓，应以合伯或合膊为是，伯、膊通用；《战国策》通行本之合伯膊，膊字盖由注文衍入；合相，相应为柏字误写，柏与伯通。

⑪《楚辞·九叹》"执棠谿以刜蓬兮"，王逸注："棠谿，利剑也。"《淮南子·修务训》"服剑者期于铦利，不期于墨阳、莫邪"，高诱注："墨阳、莫邪，美剑名。"

应是剑名，然也多与地名有关。

据考，冥山在河南信阳南，棠谿、墨阳、合伯（膊）在河南西平、舞阳一带①。

邓师，唐司马贞说："邓国有工铸剑，而师名焉。"② 据此，邓师应是邓国剑师所铸之名剑。古邓国位今湖北襄樊至河南邓县一带，春秋前期已为楚所吞灭。所谓邓国剑师，实是楚人。

宛冯，晋徐广说："荥阳有冯池。"唐司马贞说："宛人于冯池铸剑，故号宛冯。"③荥阳在河南北部，是韩国之地；宛在河南南部，是楚国之地。据司马贞的说法，宛冯应是楚人在韩地制作的名剑。宛是楚国著名的铁冶中心，所产铁兵器尤精良。宛人所制利剑，多半是铁剑。

龙渊，或作龙泉，晋《太康地记》说："汝南西平（今河南西平）有龙泉水，可以淬刀剑，特坚利，故有龙泉之剑，楚之宝剑也。"④ 唐司马贞说："西平县，今有铁官令一，别领户，是古铸剑之地也。"⑤ 近年在西平县酒店村发现了一处较大型的冶铁遗址，南北长 2 500 米，东西宽 1 500 米，它的南边就是传为古人制剑时取水淬火的龙泉河⑥。

集中于河南南部楚、韩交界处的这些地点，或多或少出产铁兵器。

三、铁兵器和铁农具普及程度的差异

1927 年，章鸿钊通过对文献资料的分析，提出中国铁器的渐盛时代在战国到西汉，铁农具比铁兵器先普遍应用[283]。这个观点已为田野考古所确证。从考古资料来看，铁兵器和铁农具应用上的这种差异是在战国中晚期出现的，有两点体现：

其一，这个时期的铁农具在列国都有大量发现，已呈普及之势，但铁兵器只在少数国家有较多发现，而且即使在这些国家（楚和燕），出土铁农具也远多于铁兵器⑦。

其二，迄今所发现的战国冶铁遗址，如临淄齐故城冶铁作坊址，易县燕下都冶铁作坊址，登封阳城韩国冶铁遗址，新郑仓城冶铁遗址等，其遗物主要都与工具特别是农具的生产有关，而很少见制造铁兵器的遗迹，说明其时冶铁业主要是从事生产工具的生产⑧。

评价战国时期铁器的应用状况，绝不能忽视兵器和农具的差异。

为什么会有这种差异？主要原因当是技术发展程度的限制。兵器对材料质量、性能要求较高，而在当时的技术条件下，优良的铁料尚难以大量生产（详见下节

① 见〔355〕第 1 册第 35～36 页及〔356〕。晋徐广曾说："汝南吴房有棠谿亭。"（《史记·苏秦列传》宋裴骃集解引，参见《汉书·地理志上》唐颜师古注）吴房为今河南遂平，也不出楚、韩壤接的这个地域。

② 《史记·苏秦列传》索隐。

③ 《史记·苏秦列传》索隐。

④ 《水经注·潕水》，《史记·苏秦列传》索隐。

⑤ 《史记·苏秦列传》索隐。

⑥ 见〔357〕第 183 页。

⑦ 见〔265〕第 60～65 页〔345〕〔358〕〔6〕第 34～36 页〔275〕〔346〕。

⑧ 一些人由遗址中没有发现铁兵器和制造铁兵器的遗迹，而认为许多规模宏大的冶铁作坊根本不生产铁兵器（见〔346〕），则可能是偏颇之见。

所论）。我们可以注意一个现象，战国中晚期往往用铁制作箭镞的铤部，而仍以铜制作箭镞的锋部，完全的铁镞很少见（见表3-19）。这主要是因为铁料质量不佳。

第三节　东周铁兵器的制造技术

一、从块炼铁到块炼渗碳钢

东周时期制造铁兵器的主要材料是块炼铁和块炼渗碳钢，基本的成型工艺是锻打。

与世界上其他地区冶铁术的发生相类似，中国的人工冶铁也是从块炼法起步①。以块炼法所获得的熟铁（或称块炼铁，或称海绵铁），含碳极低（< 0.06%），具有优良的锻造性能，但也唯其如此，质地过于柔软，且因矿石未熔化而直接固态还原成铁，许多未还原的氧化物和杂质不能除去，故含有大量夹杂物。因此，块炼铁的质量低劣，须经反复锻打，才适宜作兵器。1990年河南三门峡市上村岭西周晚期虢国大墓（M2001）中出土的铜内铁援戈，经检测，戈援的材质即为块炼铁②。

将块炼铁在炭火中长时间加热，表面渗碳硬化，并经反复锤煅，挤去杂质，遂成为钢材。这就是块炼渗碳钢。用块炼渗碳钢制作的器物，其性能才能赶上乃至超过青铜。

以往普遍认为，中国最早的钢制品是1976年长沙杨家山春秋晚期楚墓中出土的一件短剑③。1990年河南三门峡市上村岭西周晚期虢国大墓（M2001）中出土的铜茎玉柄铁短剑，据最初公布的检测结果，剑身材质为块炼铁④，但韩汝玢最近发表了有关金相照片，指出其材质系块炼渗碳钢。而且，据最新公布的资料，虢国墓地另一座墓（M2009）中出土的一件铜骹铁叶矛（初被误为铜柄铁刀），以及过去曾经检测而未获结果的甘肃灵台景家庄春秋早期秦墓出土的一件铜柄铁短剑，均为块炼渗碳钢制品⑤。这几件铁器是现知中国最早的人工冶铁制品，也是现知中国最早的钢制品。

根据冶金史的规律性，从冶炼海绵铁到产生块炼渗碳钢，需要经历一定的时间⑥。现知中国最早的人工冶铁制品即有钢器，可以有两种解释：

其一，把中国冶铁术的发生作为欧亚大陆冶铁术传播过程中的一环看待，那么中国刚开始冶铁就能够制造钢器，便不足为怪，因为从块炼铁到块炼渗碳钢的

---

① 关于中国冶铁术的发生特点，一直有争论：或认为先有块炼铁的冶煅，后有生铁的冶铸（见〔178〕〔170〕〔273〕第34~37页）；或认为先有生铁冶铸，后有块炼铁冶煅（见〔359〕）；或认为二者可能同时产生，平行发展（见〔360〕）。目前考古发现的中国最早铁器，系块炼铁的煅制品。中国冶铁术的发生特点，并不表现为生铁冶铸先于块炼铁冶煅，而是表现为很快就发展出了生铁冶铸。

② 见〔507〕第1卷第559~573页。

③ 见〔276〕。此剑材质经北京科技大学冶金史研究室鉴定为块炼渗碳钢（见〔254〕）。以前或认为它“也许是由铸造成形后再经脱碳处理而成为钢质的”（见〔137〕第366页）。

④ 见〔321〕图104说明。

⑤ 见〔254〕及〔507〕第1卷第559~573页。

⑥ 见〔170〕〔273〕第34~36页。

探索过程，已在其他较先行的地区完成了。

其二，认为中国冶铁术系独立起源，那么其发生时间，必然还要早于西周晚期。但这并不等于说，将来发现了早于西周晚期的块炼铁制品，就能够证明中国冶铁术的原生性。

不管怎样，由于块炼渗碳钢性能较佳，适于制造兵器，所以在东周时期，已成为制造铁兵器的主要材料。

目前经过金相鉴定的东周铁兵器（锋刃器）实物，其材质大多数为块炼渗碳钢或块炼铁①。块炼法由于冶炼温度不高，化学反应较慢，加之取出固体产品需要扒炉，所以费工费时而产量甚低。块炼渗碳钢的生产，更加费工费时，效率更低。试想，将一块块海绵铁在炭火中长时间加热，再反复锻打，简直是事倍功半。而且，钢件的碳分高低，质量优劣，全视操作者的熟练程度和用功多寡，要获得高质量的产品相当不易。这种状况，极大地限制了铁兵器的推广。在青铜冶铸技术正登峰造极的时候，好铁不济，人们宁愿仍用青铜来制造兵器，特别是锋刃器。东周时期铁兵器的推广之所以迟滞，根本原因就在于此。

二、铁兵器的锻造技术

在古代技术条件下，锻造是钢和熟铁制品的主要加工方法。锻打不仅起加工成型的作用，而且反复锻打能使组织致密、成分均匀、夹杂物减少并细化，因而提高钢铁的质量。加热锻打还能使材料渗碳，提高其刚性，或使熟铁刚化（成为渗碳钢）。

图 3－43　战国晚期铁戟　河北易县燕下都出土，长约 45 厘米。

图 3－44　燕下都出土钢戟的金相组织照片

战国时期，已由材料的单层延展式锻打发展出多层叠折锻打。1965 年河北易县燕下都战国末年丛葬坑（M44）中出土的一些铁兵器，就是以块炼渗碳钢反复叠打而成，其品种有剑、戟和矛。以剑、戟为例，加工的方法是：将块炼铁锻打成

① 见〔254〕〔361〕〔362〕〔21〕上册第 882、884～885、886～887 页〔366〕第 108 页。

薄片，加热渗碳后把数层叠在一起，或先对折后再叠在一起锻打成形；有的则是将铁片叠好后渗碳锻打成形。金相观察，钢件断面上高碳（含碳0.5%～0.6%）和低碳（含碳约0.1%～0.2%）分层较显著，可以看出叠折的层次，尚有较大的夹杂物。若干标本经过淬火处理①。

图3－45　春秋晚期钢短剑　湖南长沙杨家山出土，长38.4厘米。

以上述方法制成的兵器，其基体的层叠组织具有良好的韧性和强度，淬火的高碳钢表面和刃部坚硬锋利。它们代表了东周时期铁兵器制造技术所达到的最高水平。

三、铁兵器的热处理技术

燕下都出土钢剑和钢戟，整体经过淬火。晋《太康地记》说："汝南西平有龙泉水，可以淬刀剑，特坚利，故有龙泉之剑，楚之宝剑也。"战国时人对于淬火介质（水）可能已有所甄别。

钢铁淬火与青铜淬火的作用恰恰相反，青铜淬火能够降低硬度而提高强度和韧性，钢铁淬火则降低韧性而提高硬度和强度，所以铜器以铜镜淬火为多，铁器则以刃器应用淬火最多。

1976年长沙杨家山出土的钢短剑，取样检测，为相当于含碳0.5%左右的钢"经高温回火的处理状态"[276]。所谓回火，俗称"配火"，是将淬火后的制件加热，保温，然后缓慢或快速冷却，以降低硬度和强度，提高韧性或塑性。长沙钢剑体现了很高的热处理技术：不仅以淬火提高硬度和强度，且进一步以回火改善综合机械性能。铁器的淬火、回火，就现在所见，以此为最早。铜器（包括铜兵器）淬火的早期实例，目前所见也是春秋晚期的。这两个方面的尝试应当能够互相启发。

四、生铁冶铸与铁兵器制造

东周时期中国冶铁技术的最大成就是生铁冶铸方面的一系列发明创造。大约在春秋中期，约公元前7世纪，中国已经冶炼液态生铁（白口铁）并铸成实用器物②；至春秋战国之际，约公元前5世纪，便出现了铸铁柔化技术，有了韧性铸铁（也称展性铸铁、可锻铸铁）和脱碳铸铁；战国中晚期（公元前4～前3世纪），铸铁柔化技术进一步发展并得到推广，出现了灰口铸铁，同时已能用铸铁模批量生产铁器。所有这些都远远领先于世界其他地区③。正是这一系列发明创造，开辟

---

① 见〔362〕〔263〕。

② 现知中国也是世界上最早的生铁铸件是山西天马曲村遗址出土的两件铁器残片，其年代为春秋早期偏晚至春秋中期，约当公元前7世纪，或可早至公元前8世纪末（见〔254〕）。

③ 见〔263〕〔137〕第354～362页〔254〕。关于韧性铸铁和脱碳铸铁的界定，参见〔261〕第329～336页。

了独具特色的中国冶铁术发展道路①；也正是这一系列发明创造，导致了铁质生产工具特别是铁农具在战国中晚期的普及。

然而，生铁质脆，极易碎裂，无法锻造加工，只能铸造成型，且制品容易折损，很不耐用。尽管战国时期已能对生铁铸件进行退火柔化处理，从而使生铁得以广泛用于铸造农具，但性能的改善毕竟有限②，所以在对材料性能要求更高的兵器制造领域，一直很少采用生铁，自然也很少铸造成型。就今所见，直至战国晚期，人们只是较多地用生铁铸造镞铤和矛、戟等长兵器柄末端的附件镈和镦③，皆无关紧要之物；至于戈矛剑戟等锋刃器和铁甲片，仅有很少的例子，如燕下都遗址中出土的 4 件矛④和 1 件剑⑤，系用生铁铸成，另在登封阳城韩国冶铁遗址中曾发现两件戈范和一件匕首范⑥，有可能是用于铸造铁兵器⑦。

综上所论，可知在战国中晚期，铁兵器和铁农具的制造形成了不同的技术道路，前者以块炼渗碳钢和块炼铁的锻造为主，后者主要采用生铁冶铸。技术路径的不同决定了二者推广普及的迟速差异。考古发现的战国冶铁遗址，其遗物所反映的生产面貌，大多是以生铁冶铸和生产工具特别是铁农具的制造为主，可见当时的冶铁业，重点是发展生铁冶铸以扩大生产工具特别是铁农具的生产，而不是发展块炼铁的冶煅和扩大铁兵器生产。在青铜兵器高度发达的情况下，发展铁兵器的动力在较长时间里并不强劲。

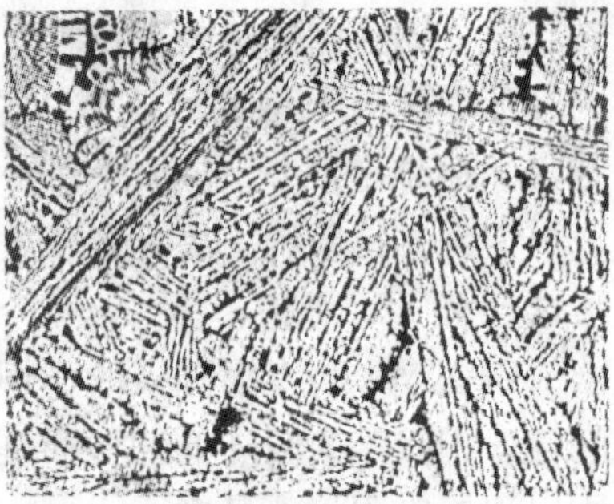

图 3-46　燕下都出土铁矛的金相组织

值得注意的是，战国时期已经发明了铸铁脱碳成钢的生铁炼钢法，目前所见最早的铸铁脱碳钢制品出土于登封阳城韩国冶铁遗址，都是农具，为战国早期之物⑧。在战国晚期，铸铁脱碳钢已被用于制造兵器，易县燕下都遗址出土的铁兵器中，可能有这类制品⑨。生铁炼钢技术的出现揭开了炼钢效率提高的序幕，这将为铁兵器的普及创造重要的条件，并将使铁兵器和铁农具的制造技术一定程度上趋于融和。我们将在第四编予以详论。

---

① 见〔363〕第 46～50 页及〔364〕。

② 何堂坤曾指出，所谓"可锻铸铁"，其实并不可锻，只是韧性稍高而已（见〔365〕）。

③ 见〔21〕上册第 148～150、191、815、881～895 页，参见〔362〕。

④ 见〔21〕上册第 148 页标本 W21T78②：1，标本 W21T82②H67：26；第 815 页标本 77LJ：021；第 887 页标本 W21T80②H84：3。

⑤ 见〔21〕上册第 148 页标本 W21T73②：9。

⑥ 见〔261〕第 269～270 页。

⑦ 或说："生铁在我国古代也很重要，广泛用于铸造农具、工具和兵器"（见〔363〕第 49 页）；可锻铸铁"到战国中晚期，在楚、魏、赵、燕等国广大地区，已被广泛用于制作农具和武器"（见〔273〕第 60 页），皆不符合事实。

⑧ 见〔261〕第 329～336 页。

⑨ 标本 W21T80②H79：2 矛，检测报告对其材质未能完全确定，既认为可能是块炼铁（见〔21〕上册第 884 页），又认为可能是铸铁脱碳钢（见〔21〕上册第 892～893 页），有待继续探讨。

五、对铁的认识的变化

见于《国语·齐语》和《管子·小匡》的“美金以铸剑戟”、“恶金以铸钽夷斤斸”之说，许多诠释者认为“美金”指铜，“恶金”指铁。这种看法与实物资料所反映出来的中国早期冶铁术的演进过程和先秦时期人们对铁的认识的发展是不相符的。当冶铁初起之时，由于铁料难得，实被视为珍物，其时只有块炼铁和块炼渗碳钢，多用于制造人们重视的兵器。到战国中晚期，生铁冶铸已经盛行，而世人对铁的认识也已非常实际，只适于制造生产工具（也用于制造车器和一些生活用器）的生铁，自然被视为较劣的材料，而适于、事实上也被用于制造武器的钢材（主要是块炼渗碳钢），恐怕不会被视为“恶金”。因此，对于“美金”、“恶金”之说，首先应从“金”字的本意上理解。“金”字的本意就是铜，美、恶乃形容铜材的优劣。其次，也可从更广大的引申意义上理解，即将“金”理解为金属甚或更广义的材料。

古人对铁的态度，在两类器物上得到了突出的反映。一类是铜柄（或金柄、玉柄）铁剑，一类是铁铤铜镞。在战国初期以前的早期铁器中，铜柄铁剑是常见的品种；而到战国中晚期，却较多出现了铁铤铜镞。前者以铁为主，以铜为辅；后者以铜为主，以铁为辅。前者之剑身主要用块炼铁或渗碳钢锻造，后者之镞铤大多以生铁铸造。前者体现了早期对铁的珍视，后者反映了后来对生铁的轻视。在中国古代，生铁冶铸技术的发展对于人们对铁的态度的变化——由初时的理想化（稀罕、珍视）转变为后来的实际化（美者美之，恶者恶之），起了巨大的作用。

第四节　冷兵器的新面貌

制造技术的革新，总是导致兵器的形制结构乃至品种发生变化。当最初用钢铁制造兵器的时候，基本上仿照了青铜兵器的样式，如各地发现的战国早期以前的铁短剑，形式都与当地流行的铜剑相似[336]。随着冶铁技术的发展，适应材料特性和加工工艺的特点，铁兵器的形制结构便逐渐发生变化而形成区别于青铜兵器的新面貌。

这种新面貌，是在战国中晚期初步确立的，主要表现为形制结构的简化。众所周知，青铜兵器都是铸造成型，造型工作是在制范时完成的，相对复杂的形状结构都能够轻易实现。铁兵器则以锻造为基本的加工方法，要求锻件尽可能平面化、直线化，也即简单化，兵器的形状结构因而趋于简化。比如，战国时期的青铜剑形式较繁，轮廓曲线流动，而战国中晚期的铁剑基本上都是扁茎剑，这种剑型最为简单，最适于锻造[336]。又比如，东周时期盛行刺、援分铸的青铜联装戟，而战国晚期出现的铁戟却刺、援连锻成一体，呈“卜”字形，形状结构明显比铜戟简单。

然而，铁兵器的形制结构虽比青铜兵器简单，但因以锻造成形为主，其规范化或标准化的程度，与铸造成形的青铜兵器相比，却不可避免地降低了。

以钢铁制造兵器所引起的新变化还有其他的表现。商周时期，铸剑术一直为青铜合金的内在矛盾所困扰，即刚柔难以两全，长剑不易铸造。因此，铜剑长度的增加十分缓慢：春秋早中期，仍然只有短剑；春秋晚期至战国时期，铜剑的长度一般为50~60厘米；战国晚期出现一些较长之剑，约70厘米左右，极少数达到了80~90厘米[129]。用钢材制剑，采取折叠锻造的工艺，就解决了这个长期困扰铸剑匠师的难题，所以战国铁剑的长度大为增加。湖南益阳赫山庙春秋战国之际楚墓中曾出土一件铁剑，系块炼渗碳钢制品，长78厘米[366]。战国中晚期，铁剑的长度一般为80厘米左右，较长者约100厘米，个别甚至长达140厘米[341]。

东周时期，尽管青铜技术登峰造极，青铜兵器臻于极盛，防护装具甲胄却普遍以皮革制造。然而，战国时人不大用铜却用铁来制甲，这大约始于战国中晚期，《战国策》、《韩非子》、《吕氏春秋》等书都有关于铁甲的记载。在燕下都遗址中，频频发现了当时的铁甲实物：1965年，在燕下都战国末年丛葬坑（M44）中出土一件用89片铁甲片编成的铁胄；后来又在燕下都第21号作坊遗址中出土491片战国晚期的铁甲片，其中既有胄片，也有身甲片；类似的甲片在燕下都遗址的其他地点也有发现，有的年代为战国中期（见表3-19）。以铁制甲，揭开了中国铠甲史的新篇章①。

图3-47　战国晚期"卜"字形铁戟　据河北易县燕下都出土戟复原。

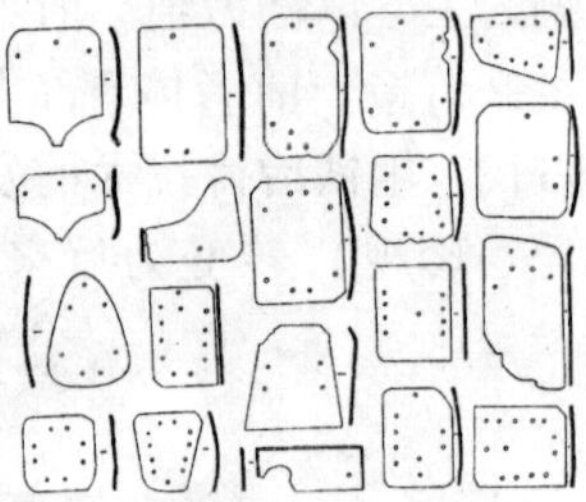

图3-48　战国晚期铁甲片　河北易县燕下都出土，长6~7.8厘米，宽5.3~6.9厘米。

① 战国铁甲的制作方法与传统皮甲密切相关，将在下一章中一起论述。

第四章
非金属兵器及其制造技术

第一节　庐器：独特的复合式兵器柄

在冷兵器时代，格斗兵器的效能取决于三个基本的因素，一是锋刃是否锐利，二是器柄是否坚固，三是装柄是否牢靠。再锋利的武器，如果没有坚固、便利的柄，也无济于事。东周时期，人们不仅努力改进兵器的锋刃和装柄方式，而且非常重视兵器柄的制造，创造出了工艺独特、性能优异的复合式柄。在《考工记》中，有专门的篇节（“庐人”）对此进行了论述。

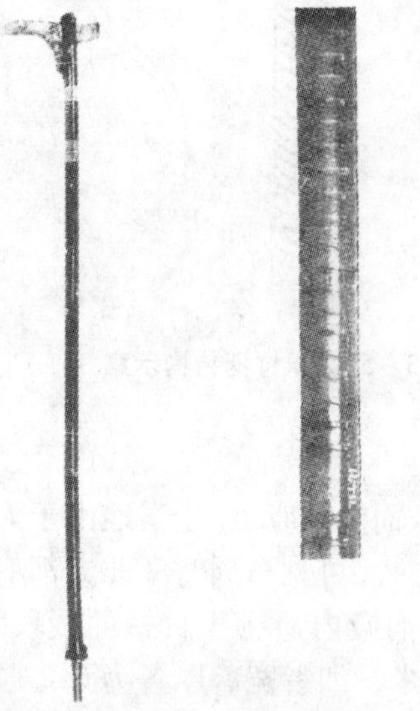

图3－49　积竹柄铜戈和积竹柄　春秋晚期，湖南长沙浏城桥出土。

这种复合式柄，古人称为“庐”、“欑”、“积竹”。《考工记·叙》“秦无庐”郑玄注：“庐读为纑，谓矛戟柄，竹欑柲。”《说文》：“欑，积竹杖也。”段玉裁曰：“欑，聚也。竹欑者，积竹也，合细竹梃为之，《昌邑王传》所谓积竹杖。”① 庐又写作笟、卢。《说文》：“笟，积竹矛戟矜也。”《国语·晋语四》有“侏儒扶卢”② 之言，注曰：“卢，矛戟之柲。”

近年来，南方地区的东周墓中屡屡出土积竹柲，从而使我们能够具体地了解其工艺方法。南方的这些标本，系以木杆为芯，其外密密地贴裹一层或二层窄细的竹片，用丝线紧密地缠束，然后将表面通体涂漆。如湖南长沙浏城桥春秋晚期楚墓出土的积竹矛柄，木芯外贴裹0.3厘米宽的细竹篾18根，再用丝线缠紧，髹黑漆[367]。湖北江陵雨台山东周楚墓出土的积竹戈柄和矛柄，木芯外包贴一层细竹片，约10～12根，然后缠丝涂漆③。湖北荆门包山战国楚墓出土的积竹柄，有的于木芯外贴裹两层细竹片，竹片少者19根，多者达32根[368]。古人为什么把这种复合式柄称为“庐”或“庐器”，已不得而知④；“欑竹”，“积竹”之名，则都是就聚合众多竹片而言。

① 孙诒让《周礼正义》卷七十四引（见〔165〕第3112页）。

② 《说文》“笟”引《国语》作“朱儒扶笟”。

③ 见〔114〕第81、83页。

④ 《考工记》曰：“庐人为庐器。”或认为庐器之庐本作笟，庐、卢都是笟的假借字（段玉裁《说文解字注》“笟”）。笟又是竹名。《广韵·模韵》：“笟，笟西竹，出会稽。”元李衎《竹谱详录·竹品谱》：“笟竹生卢州”；“笟篾竹，一名芦栖竹，出扬州东垂诸郡及江浙间”。

以木为芯，取其较高的刚性和强度；以竹为皮，取其良好的韧性；约之以丝，既紧且固①；涂之以漆，美观而耐潮。如此制成的兵器柄，既坚且韧，不易断折，有很高的使用寿命。考古发现的积竹柄实物，虽在地下沉埋两千多年，有些仍相当完整，缠绕紧固，漆色亮泽。湖北随县曾侯乙墓中出土的许多积竹柄，即是如此②。积竹柄工艺，体现了与中国制弓术相同的传统，利用独特的物产（竹、丝、漆），采取复合的方式；特别是对丝和漆的运用，与制弓术完全一致（见本章第二节）。

制造积竹柄的一个关键，是根据各类兵器的不同要求，形成不同的剖面形状。《考工记·庐人》说："凡兵，句兵欲无弹，刺兵欲无蜎，是故句兵椑，刺兵抟。"意谓：钩杀的兵器要没有易转动的弊病，刺击的兵器要没有易弯曲的弊病，所以前者的柄的截面是椭圆形的，后者的柄的截面是圆形的。出土实物证明，戈、戟等句兵的柄的截面都是前窄后宽的椭圆形（窄端向着戈锋）。这种设计利于横向着力。我们今天使用的刨土工具十字镐，使用动作与戈相似，柄的截面也如此。为形成这样的剖面形状，戈、戟等的积竹柄的木芯，其截面往往即做成椭圆形，如包山楚墓出土的戟柄和曾侯乙墓出土的三戈戟柄。矛柄的截面呈圆形，利于径向着力，所以这类积竹柄的木芯截面大多也为圆形，如包山楚墓和雨台山楚墓山土之例。

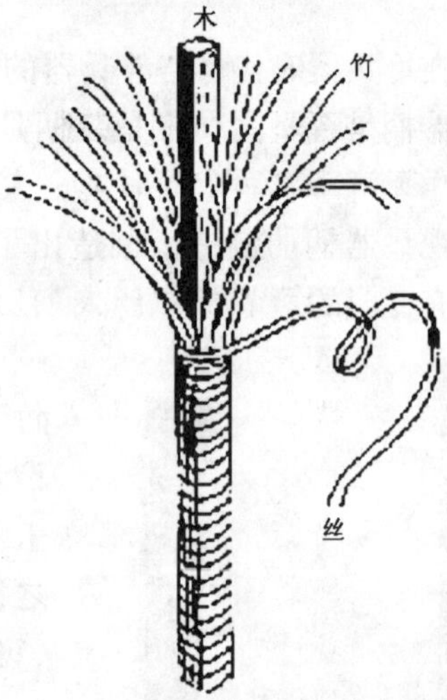

图 3－50　积竹柄结构示意

《考工记·叙》说："秦之无庐也，非无庐也，夫人而能为庐也。"秦地由于人人能够制作庐器，所以没有专门制庐器的工匠——庐人③。可见东周时南北方都盛用积竹柄。陕西临潼秦始皇陵兵马俑坑中出土的一些铜镦内遗有积竹柄的残段，或有竹片 33 根，粗细不一，粗者宽 1 厘米，厚 0.6 厘米，细者宽、厚各为 0.2 厘米，粗者居里，细者居表，中无木芯④。制法与南方的标本有所差别。

然而，年代稍晚的出土物却有一种有趣的现象：河北满城西汉中山靖王刘胜墓里发现的积竹柄，制法与南方战国楚墓中出土的标本相同⑤；而广州西汉南越王墓中出土的积竹柄，制法却与秦始皇陵兵马俑坑中发现的标本相同⑥。这似乎反映出积竹工艺的两种形式，在南、北方都流行。

① 郭沫若说："庐器以积竹为之。揣其制当取竹之青皮而去其黄，细撕而再加以胶合，则较木强韧而有弹性。"（见〔369〕）郭氏因未及见出土实物，故不知积竹柄系以木为芯。另外，据迄今的发现，未见有胶粘之例。

② 见〔42〕上册第 291 页、293～294 页、264 页。

③ 《汉书·地理志》云，秦有鄠、杜竹林，南山檀柘，号称陆海。

④ 见〔64〕上册第 270 页。

⑤ 见〔229〕上册第 84 页、108～109 页。

⑥ 见〔370〕上册第 175 页。

第二节　东周制弓术：复合弓的成熟

中国人也许不是世界上最早制造复合弓的民族，但却最先对复合弓技术进行了总结。成书于春秋战国之际（约公元前5世纪）的《考工记》中的“弓人为弓”篇，是中国也是世界上留传至今的关于制弓术或者准确地说关于复合弓制造技术的最早一份总结性文献，由此我们能够对东周时期中国制弓术的情况有一个大体的了解。

一、制弓的材料

《考工记·弓人》将制弓所需的基本材料概括为六类，即干、角、筋、胶、丝、漆，总称之为“六材”。

（一）干，指构成弓臂主骨的木材和竹材，《考工记》中列举了七种：柘为上，檍次之，檿桑次之，橘次之，木瓜次之，荆次之，竹为下。对弓用竹木材的这种认识或选择有明显的中国特色，突出体现于重桑属木料和用竹。

柘木和檿桑都是桑属，东周以来普遍被视为制弓的良材。《太平御览》卷九五八引《风俗通》说：“柘材为弓，弹而放快。”《淮南子·原道训》高诱注称，古之名弓“乌号之弓”以柘桑为干。《尔雅·释木》说：“檿桑，山桑。”郭璞注：“材中作弓及车辕。”《国语·郑语》有“檿弧箕服（箙）”之语，檿弧就是檿桑之弓。制弓多用桑属木料，是中国的一个传统。

尽管《考工记》对竹评价很低，中国南方制弓却较多用竹，后世尤盛。如南宋华岳《翠微北征录》卷七述制弓之法，仅说以竹为胎①。明代宋应星《天工开物·佳兵·弧矢》更说：“凡造弓以竹与牛角为正中干质，桑枝木为两梢。”华岳是安徽贵池人，宋应星是江西奉新人，他们都长期生活于南方，所述自然主要是南方的情况。1942年谭旦冏调查弓箭制造业，南方如成都，干材以竹为主，辅以桑木、檀木；北方如北平（今北京），以木为干[371]。南方制弓较多用竹，可能是取材和加工的便利所致。《考工记》总结制弓匠人对各种干材的长期经验，提出了一个很高的标准。它所体现的技术水平，明显超出于现实的一般状况。

桑属和竹都是中国盛产的温带植物，下面我们还将看到，中国制弓术如何充分利用了独特的物产。

（二）角，即动物之角。中国制弓普遍用牛角，主要是水牛角，北方或用羊角②。

---

① 《翠微北征录》今见存世有两种版本，一为元抄本，题《翠微先生北征录》，见于《宋史·艺文志补》著录，曾为江苏常熟瞿氏铁琴铜剑楼收藏，现藏北京图书馆善本部；一为清刻本，题《翠微北征录》，系光绪二十六年（1900年）贵池刘氏据浙江钱塘丁氏八千卷楼所藏元抄本《翠微先生北征录》付梓，八千卷楼原本今不知去向。《北征录》卷七《弓制》述制弓之法共有九条：一、总论（起首云“用竹胎”）；二、马蝗面弓；三、泥鳅面弓；四、披背（肶）筋法；五、漆弓背面法；六、裹弓之法；七、弰弓之法；八、步射弓；九、马射弓。北京图书馆现藏元抄本只存第2~9条；贵池刘氏刻本存第4条后半部分和第5~9条；明茅元仪《武备志》卷一〇二录载了第1~7条，未言出处，但其2~7条的文字与《北征录》全同，可知原出于《北征录》。综合三书，可见华岳所述制弓法的全貌。

② 参见《天工开物·佳兵·弧矢》。

（三）筋，即动物的肌腱。中国制弓普遍用牛筋①，也用麋鹿之筋②。

（四）胶，即动物胶，由动物的皮、肌腱或鱼脬等煮炼而得，尤以鱼脬煎成的鱼胶为优。《考工记》中列举了鹿胶、马胶、牛胶、鼠胶、鱼胶、犀胶等六种，认为其他黏合物不能与之相比。《考工记》虽然没有特别突出鱼胶，但《列女传·辩通篇》称工人为晋平公制弓，“糊以河鱼之胶”，极天下之选。可见中国很早就认识到了鱼胶的优越特性。后来中国制弓，主用鱼胶③，一些无关紧要之处则用牛胶等④。

（五）丝，即蚕丝，这是中国独特的物产。

（六）漆，这也是中国独特的物产。

二、材料的采备

《考工记》说：“取六材必以其时。”制弓的诸种材料都是有机物，各有其独特的节候，只有在最适宜的季节采选或制备，才能物尽其美。

汉代郑玄综合《考工记·弓人》的文义说：“取干以冬，取角以秋，丝漆以夏。筋胶未闻。”⑤

冬天取干材，因为其时树木的津液下流，体质坚实。一立春，则津液上行，其材濡软，且易生蠹⑥。

秋天取角，因为其时动物的角长得厚实。

夏日丝熟，夏漆尤佳。

《考工记》没有言煮胶的时令，北魏贾思勰《齐民要术》卷九说：“煮胶要用二月、三月、十月，余月则不成。热则不凝无饼，寒则冻瘃白胶不粘。”

关于材料的选取，《考工记》也概括了一些物理的标准。如：干材要颜色深暗（“赤黑”）而声音清越（“阳声”）。颜色深暗必近于木心，木质坚实；声音清越则远于根部，木理平直。角要根部白，中段青，尖端丰满，长而光泽。筋，小者欲成条而长，大者欲圆匀润泽。胶欲干旧而有光泽，因为陈胶燥劲，粘物尤其坚牢。漆要清。丝的颜色要像在水中那样，等等。

时人认为，楚地的干材（柘）⑦ 和麋筋⑧，燕地的牛角⑨，为天下之美材。

三、制弓的程序

“六材既聚，巧者和之。”关于制弓的程序，《考工记》概括为：冬析干而春液角，夏治筋，秋合三材，寒奠体，冰析灂，春被弦。

（一）冬析干，即在冬天剖析干材，制备构成弓臂主骨的坯件。其理与冬取干

---

① 参见《天工开物·佳兵·弧矢》。
② 参见《列女传·辩通篇》，或《太平御览》卷三四七引《列女传》关于晋平公制弓的故事。
③ 参见《天工开物·佳兵·弧矢》。
④ 参见〔371〕。
⑤《周礼·考工记》注，见《十三经注疏》第934页。
⑥ 孙诒让《周礼正义》卷八十六引江永之说，见〔165〕第3542页。
⑦《考工记·叙》及郑玄注，见《十三经注疏》第906页。
⑧《列女传·辩通篇》。
⑨《考工记·叙》、《列女传·辩通篇》、《尔雅·释地》。

一样，都是趁木质干燥坚实时进行。或认为“盖于初冬取干，至盛寒而副析之”①。复合弓的弓臂主骨系由多段竹木叠合拼接而成，干材须按各段的要求剖析、修削成坯。“析干必伦”，即顺其理，如果邪迤失理，则弓必枉戾，这是大忌。“斲挚必中”，即削治须精致而均匀。“斲目必荼”，即修削节目须徐缓仔细。

（二）春液角，即在春天处治角。其基本内容是将角削治成不同形状的角片，以适于贴傅于弓骨的特定部位。特别是角片的长短须合乎所贴之部位。“析角无邪”，犹如析干之顺理而正析之。

关于“液”字，存在两种解释。其一，汉儒郑众、郑玄都认为“液读为醳”，释之为醳（绎）治，即处治②。清儒段玉裁、孙诒让从其说③。其二，认为液读如本字，义为浸渍，如唐孔颖达说：“春时先浸液其角，豫和濡。”④ 唐贾公彦也持此说⑤。据谭旦冏 1942 年在成都的调查，汉族制弓并不浸角，而是在贴时用火烤角，使之变软[371]。西方的研究者调查发现，蒙古弓匠为增加角的挠性和柔软性，使之更便于粘贴，用水浸泡角⑥。然而，《考工记》特别强调角和干材的干燥，指出：“因角干之湿以为之柔，善者在外，动者在内，虽善于外，必动于内，虽善亦弗可以为良也。”《考工记》还明确提到用火烤角，说“挢角欲孰于火而无燂”，意为用火揉角要恰到好处，不要烤烂。如此看来，所谓“春液角”，当如二郑所释。中原制弓，似不流行浸角。

（三）夏治筋，即在夏天处治筋。治筋的方法是椎打。据谭旦冏 1942 年调查，生筋先予晒干或风干，然后喷水润湿，以木槌舂打，直打至撕开如麻的纤维[371]。《天工开物·佳兵·弧矢》说：牛筋，“杀取晒干，复浸水中，析破如苎麻丝。”正相吻合。《考工记》谓“筋欲敝之敝”，又说“引筋欲尽”，郑众解释说：“嚼之当熟。”⑦ 就是指将筋椎打劳敝，如同嚼啮使烂，不复伸弛⑧，也就是说，去除其伸缩性。大凡柔性体都有一定的伸缩性，受力时便被拉长，因而减缓力的作用，去掉其伸缩性，力的作用就迅而疾。

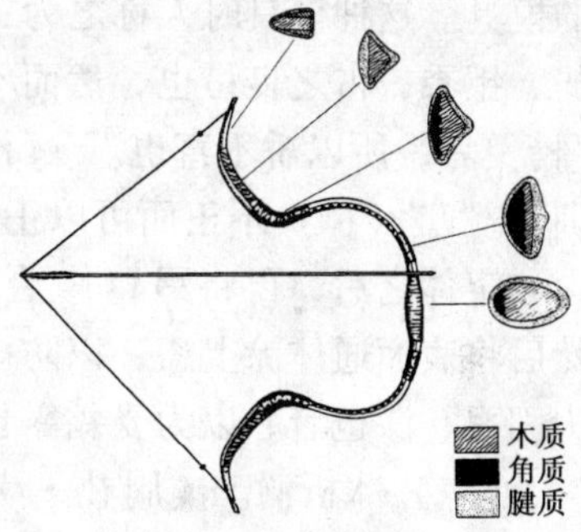

图 3－51　复合弓的一般结构

① 孙诒让《周礼正义》卷八十六，见〔165〕第 3542 页。

②《周礼·考工记》注，见《十三经注疏》第 935 页。或将醳治解释为浸渍（见〔4〕第 267、271 页），大误。

③《周礼正义》卷八十六，见〔165〕第 3542、3546 页。

④《礼记·月令》孔颖达疏，见《十三经注疏》第 1364 页。

⑤《周礼·考工记》贾公彦疏，见《十三经注疏》第 935 页。

⑥ 见〔372〕第 109 页注释 d。

⑦《周礼·考工记》郑玄注引，见《十三经注疏》第 935 页。

⑧ 参见《梦溪笔谈》卷十八《造弓》。

（四）秋合三材，即在秋天合拢干、角、筋而成弓臂①。秋高气爽，物料干燥，物性稳定，故于此时进行合成弓臂的工作。结合后世的材料可知，这个工作内容相当丰富，可以细分为三项：

第一，叠接弓干。将分段削成的木或竹质坯件叠合拼接起来，其接合完全依靠胶粘。在刷胶之前，坯件需经火烤揉弯，火烤也能进一步去除湿气，但不可过度以致焦烂，所谓"挢干欲孰于火而无赢"。黏合好后，为使粘接紧固，需用绳紧密缠扎。待胶干后，再解开绳子，进行修整。修整的关键是纠正歪偏，需要火烤矫揉，可能还要借助于一些专门的器具。

第二，贴角。将预制好的角片粘贴于弓干的内侧，即上弦后内凹，张弓时朝着射手的一侧。复合弓解弦时，弓体反向弯曲，角面便外向，即《礼记·曲礼》所说的"弛弓尚角"②。同理，角片刷胶前，要用火烤软；粘接时，需用绳紧扎；胶干后，解绳修整。

第三，铺筋。将处治好的筋贴傅于弓干的外侧，即上弦后外凸，张弓时朝着前方的一侧，即《礼记·曲礼》所说"张弓尚筋"③。铺筋也完全依靠胶粘，铺筋时，需预先将筋在胶中浸透。

（五）寒奠体。完成弓臂的合成后，在气候更加干爽的冬天，最终来确定弓臂的体形，即纠正歪偏，端正弓身。端弓的方法仍是火烤矫揉，同时也借助于专门的模具。这种模具时人称之为：檠（檄）、榜、榜檠、排檠。《荀子·性恶》："繁弱、钜黍，古之良弓也，然而不得排檠，则不能自正。"《韩非子·外储说右下》："榜檠者，所以矫不直也。"《淮南子·修务训》："弓待檄而后能调。"又《说山训》："檠（檄）不正而可以正弓。"

定体之后，再将弓臂修治光洁，便用丝线将弓臂紧密缠绕，使其更为牢固，然后将表面通体涂上漆，以防雨水湿气的侵蚀，所以《考工记》说："丝也者，以为固也；漆也者，以为受霜露也。"

（六）冰析灂。《周礼·考工记·辀人》郑玄注引郑司农：灂谓"漆沂鄂"。据清儒程瑶田、孙诒让的阐发，就是漆的纹理④。冰析灂大概指寒冬之时，漆皮干透，略加修治。长城以北不产漆，草原游牧民族的弓一般不加漆饰，如《盐铁论·论功》说，匈奴"素弧骨镞"，素弧即不涂漆、无彩饰之弓。

（七）春被弦。开春之后，装上弓弦。早期以动物筋、皮条或麻绳为弦，考古发现证明，东周制弓已用丝弦⑤。后来，以丝为弦一直是中原制弓术的一个特点。北方草原的游牧民族无蚕丝，仍长期以动物筋为弦，受潮后易松脱；明时北人从中原获取大量丝绸，于是丝弦亦广有之⑥。《天工开物·佳兵·弧矢》说，丝弦可

① 旧注都认为，"三材"指胶、丝、漆，"秋合三材"谓秋天用胶、丝、漆合拢干、角、筋（见《十三经注疏》第935页及〔165〕第3542页、〔4〕第298页）。皆误。因为弓臂的合成主要依靠胶粘，缠丝涂漆当在弓奠体之后，奠体时要火烤矫揉，并借助模具端正弓身，如果弓臂已经缠丝涂漆，就会碍事。

② 见《十三经注疏》第1244页。

③ 见《十三经注疏》第1244页。

④《周礼正义》卷七十七，见〔165〕第3230～3231页。

⑤ 见〔272〕第59～60页。

⑥《天工开物·佳兵·弧矢》。

涂抹蜂蜡防潮，不涂亦无碍。可见丝弦有良好的抗潮性。而且，丝也有较高的抗拉强度。

上述过程，至少需要跨越3个年头①。作坊制弓，通常是成批制造，不同批次的工作可交错进行，流水作业，因此每年都会有成批的成品，但以一张弓而论，其制作的时间是无法缩短的。《列女传·辩通篇》也说，工人为晋平公制弓，三年乃成。如此制成之弓，已经是非常成熟的复合弓。

《考工记》所概括的制弓程序，在以后两千多年中没有根本性的变化。

四、制弓的原则及所体现的思想

《考工记·弓人》总结中国制弓术的基本内容，提出制弓的根本原则是“材美，工巧，为之时”。

材美，即材料优良。《考工记·弓人》说：“得此六材之全，然后可以为良。”全，即完，意为无瑕疵。

工巧，即工匠的技术高超，或者说工艺精巧。《考工记·弓人》特别指出：“六材既聚，巧者和之。”合成弓臂的工作，必须由巧熟的工匠承担。

为之时，即各项工作均适应天时节候。

三者具备，“谓之叁均”。唯其如此，方能造出质量上乘的良弓。此论精辟至极。

实际上，“材美，工巧，为之时”乃是《考工记》这部古代手工技术的集成性著作的基本思想，在该书的总叙中就有表述，作：“天有时，地有气，材有美，工有巧。合此四者，然后可以为良。”唯多一项“地有气”，意谓特定的地域有特定的物产或特别适于某些手工制作，这是受“地气”所决定的。如说：“橘逾淮而北为枳，鸜鹆不逾济，貉逾汶则死，此地气然也。郑之刀，宋之斤，鲁之削，吴粤之剑，迁乎其地而弗能为良，此地气然也。”在古代技术条件下，“地气”不以人的意志为转移，其他三项则都是人所能够主动控制的，因此，“叁均”的提法，更加突出人的能动性。

而“叁均”之中，最有价值的思想无疑是“为之时”。在中国古代，很早就形成了人类活动须顺应天时的思想，它至少包括两个基本的方面：

其一，相对于人而言，不废民生。比如春天是播种的季节，如于此时习武练兵，就会怠误农时，荒芜田园。因此，春天应让农民呆在田间，秋冬收获之后，再把他们召集起来讲求戎事。所谓顺时而动，民生敦厖②。

其二，相对于物而言，合理利用。“天有时以生，有时以杀；草木有时以生，有时以死；石有时以泐；水有时以凝，有时以泽”：对自然物的利用，必须依循其生长的规律和季节的特点。这又有三种情况：

一是为了不破坏自然物的生长环境，达到永续利用。比如秋冬肃杀时伐木，春夏滋生时封山，所谓“斧斤以时入山林，材木不可胜用也”③。

① 据谭旦冏1942年调查成都制弓业，迭接弓干、贴角、铺筋的工作不是在一个秋天完成，而是分在两年进行，故整个过程的时间更长，前后跨越4个年头，实需3整年（见〔371〕）。

② 见《左传·成公十六年》记申叔时之言。

③ 《孟子·梁惠王上》。

二是为了利用自然物的季节特点，达到物尽其美。比如经过春夏的生长，动物的角在秋天最为丰实，故宜于此时采取。

三是利用不同季节的气候特点，兴工动事，以保证手工产品的质量。比如秋冬干爽之时，适于处理木材；二三月、十月不寒不热之际，宜于煮胶，等等。

基于上述认识，我们的祖先很早就对一年四季十二个月的活动作了精细的安排，这在《吕氏春秋》十二纪和《礼记·月令》中有详细的记述。制弓强调“为之时”，主要属于第二个方面的后两种情况。

五、考古发现东周时代的弓

1951 年，湖南长沙五里牌战国楚墓中出土一件弓，其弓臂主骨为多段竹片叠接而成，中央的弣部有 4 层竹片相叠；竹股外缠以胶质薄片，应为角和筋；再外，用丝线紧密缠绕；再外，涂漆。弓作黑褐色。全长 140 厘米，最宽处 4.5 厘米，厚 5 厘米。弓两端装有角质的弭，长 5 厘米，上刻有挂弦的凹口（弧）。弦长 80 厘米，径 0.7 厘米，丝质，黄褐色，完整无缺①。由弦长可以推知，此弓上弦时的弓高应为 80 余厘米。

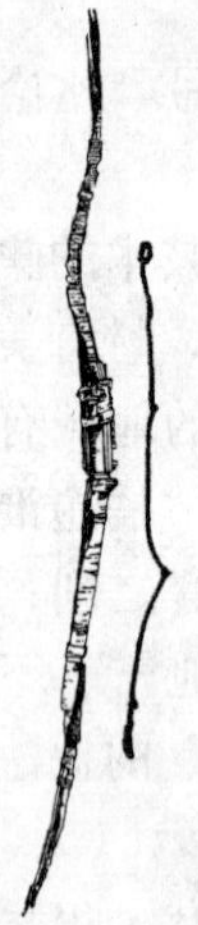

图 3－52　战国复合弓
湖南长沙五里牌出土，弓长 140 厘米，弦长 80 厘米。

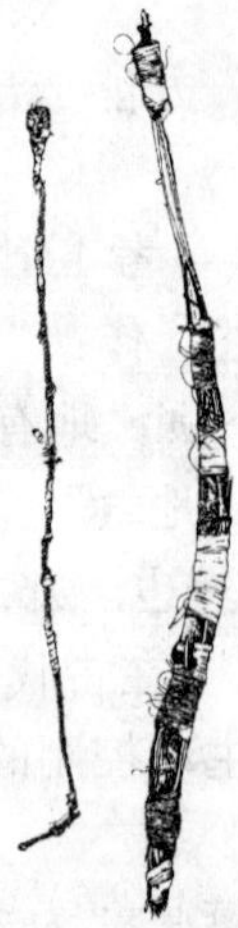

图 3－53　战国复合弓
湖南长沙出土，弓残长 84.9 厘米，弦残长 70 余厘米。

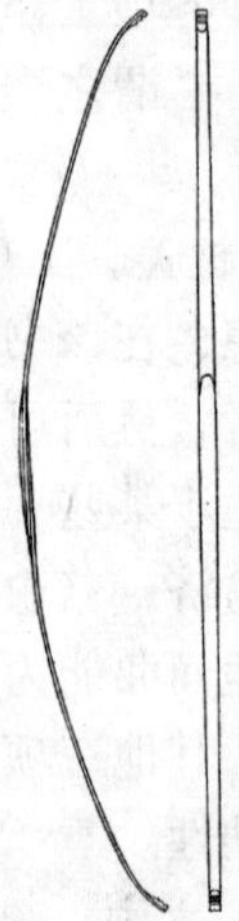

图 3－54　战国木质加强弓
曾侯乙墓出土

类似的复合弓在战国楚墓中还有发现。1953 年北京历史博物馆举办的楚文物展览中曾展出湖南省文物管理委员会所藏，也是长沙地区出土的一件复合弓，其弓臂仅残余半截；弓弦略残，长 70 余厘米②，弓高似与前述之弓接近。

在东周时期的墓葬中，还大量发现制作较为简易的加强弓（或称“合成弓”、“迭片弓”），其干材或用木，或用竹，或木、竹合用。

① 见〔272〕第 59 ~60 页，图版 27:4。东周楚墓中出土的一些弓，原报告为竹弓，后核查发现，其实是木弓，由于木料削成片状，很容易致误（参见〔42〕上册第 295 页），但因此说楚墓中出土的弓“全部为木质”（见〔374〕），则似乎武断。如江陵九店东周楚墓共出土 28 件弓，据新近发表的报告，其中 21 件为木弓；7 件为竹弓（见〔153〕第 308 页）。对于未经核查推翻的材料，恐怕仍应遵循。

② 见〔203〕图 88。

木质加强弓，1978 年在湖北随县战国初期的曾侯乙墓中出土 54 件。其制法是把木料削成竹片状，每张弓均由三块木片拼成。其中两块木片特别长，有一定弧度，一端较厚，另一端较薄，较薄的一端相互错叠，在叠合处弧度的外侧贴附一块短木片，是为弓弣，其外用丝线缠绕，再髹黑漆。弓的两末梢装有角质的弭，弦皆不存，从挂弦的凹口的方向判断，它们都是反向弯曲的弛弓，但反张的幅度很小，难以与复合弓匹比。这些弓一般长 112 ~ 117 厘米，宽 2. 5 ~ 3 厘米，木片厚 0. 3 ~ 0. 6 厘米；最大的弓长 125 ~ 130 厘米。其中编号为 N. 79 的一张弓，长 128 厘米，宽 2. 8 厘米，弣部厚 1. 6 厘米，两侧弓片厚 0. 4 厘米。经鉴定，这些弓的木材为刺槐①，这是《考工记》所未提到的。

竹质加强弓，1971 年在湖南长沙浏城桥春秋晚期墓中出土 3 件。制法与木质加强弓相同，先用两块竹片以较薄的一端上下相叠，再于相叠部分加上一块竹片，然后用丝线缠紧髹漆。弓长 125 ~ 130 厘米，弓中部宽 2. 7 厘米，厚 2 厘米[367]。

类似的木质或竹质加强弓在湖北江陵雨台山和江陵九店东周楚墓中也有成批发现。雨台山的一件弓长 111 厘米，通身用麻布缠紧，再用麻线捆扎，外髹黑漆，这是用较为廉价的麻替代较为昂贵的丝的一个例子。而且，此弓不是弛弓，其弣部内缩，弓臂上下对称弧曲，整体呈马鞍之形②。湖北荆门包山楚墓出土的一件木质加强弓，长 127. 2 厘米，也呈马鞍形③。这类加强弓上弦后的形状，大体皆如此④。

干材兼用木、竹的加强弓，在山东临沂凤凰岭东周墓中出土 4 件，据描述为“木质，弓内侧缚一竹皮，以便加大弓的弹张力”；弓中间一段即弣，用细丝绳缠绕，以便抓握；通体髹漆；弓两端刻有挂弦的凹口。其中一件标本残长 168 厘米⑤。

这些加强弓虽然未傅角被筋，但对干、胶、丝、漆四材的运用，其工艺与复合弓是相同的。据报道，长沙浏城桥出土的竹弓脱水后仍不变形，而其他竹器稍一脱水就变形干缩[367]。《考工记 · 弓人》曾说：“挢（矫）干欲孰于火而无赢，挢角欲孰于火而无燂，引筋欲尽而无伤其力，鬻（煮）胶欲孰而水火相得，然则居旱亦不动，居湿亦不动。”脱水而不变形，或许与原已“孰于火”有关。

就制弓术发展的一般进程来说，加强弓要先于复合弓，但在复合弓已高度成熟的时候，加强弓依然流行，其工艺必定受到复合弓技术的强烈影响，而与原初的加强弓有很大的不同。在一定意义上，可以把东周时期的加强弓视为复合弓的简化：弓干叠接少，且不傅角被筋⑥。

综上所述，我们可以对东周时期中国弓的情况得出如下结论：制弓术已高度成熟，能够制造极其复杂精良的复合弓，同时也大量制造并使用构造较为简单、弓力较弱的加强弓。在这个时期的墓葬中，也发现有单体弓，但数量很少⑦。

---

① 见〔42〕上册第 295 ~ 296 页。

② 见〔114〕第 85 页，图版 44:1。

③ 见〔119〕上册第 213 页，图版 65:2。

④ 有一些弛弓只是弓臂两端略微反转，幅度很小，整体也呈马鞍形，如江陵九店楚墓出土的一件木质加强弓（见〔153〕第 312 页图 210:3），因此，判断是否弛弓，还需根据弦弬的方向细加辨别。

⑤ 见〔375〕第 24 ~ 25 页。

⑥ 其中可能也有为陪葬而制作的简易的明器。

⑦ 例见〔187〕第 9 ~ 10 页，〔376〕〔377〕〔153〕第 308 页及 312 页图 210:1，皆为木弓。

第三节　弩的武器化

弩是装有托柄和释放装置（即扳机机构）的弓。中国古人将弩的托柄形象地称为“臂”①。弩臂均为木质，呈长条形，其前端与弓的中部相结合，犹如人手握住弓弣，不同的是，人张弓时，弓是竖着的，弩弓则为横姿，与弩臂呈水平之态。在弩臂的后部设有释放装置，可以扣住张开的弓弦，并控制弦的回弹，中国古人称之为“机”②。弩臂的顶面上刻有矢道，这是与箭杆形状相似的长条形浅槽，用以搁放箭矢，这就是弩的基本结构。古人精辟地将之概括为：“横弓着臂，施机设枢。”③ 其通常的用法是：先将弓弦张开，用弩机扣住；然后用左手托住弩臂，将箭矢搁在矢道上；然后左手托弩臂，右手扣弩机，瞄准，发射。可以看出，弩与弓的最大区别在于：弓完全凭人手操纵，张满即发，无法久持；弩则依靠一套机械装置，实现了张弦和发射的分离，可以长时间地保持住张开的弓弦，延时发射。

一、弩的起源

如果说弓是世界性的，弩则具有浓厚的东方色彩。关于弩的最早记载，只能从中国的古籍中找到④，而且中国无疑是世界上用弩最为广泛而持久的地区，因此，人们探讨弩的起源，多把目光投注于中国或东亚地区⑤。

弩的发明时间现在还是一个谜，但借助于民族学材料，可以了解到弩的较原始的形态。

中国东北外兴安岭一带的鄂伦春人，直至20世纪中期仍然使用下地弓（或称地箭）的方法狩猎，土语称作“阿兰阿”，意为地上的弓箭。其法是将一根木臂固定在地上，木臂前端顶住弓弣，木臂后部设一短小的别棍，卡住张开的弓弦；箭矢平置于木臂的顶面，尾端抵于弓弦；别棍上套一根长绳，沿着箭头射击的方向引去，然后拴在较远的树枝上，离地约1米左右。当在林中行走的野兽绊到引绳时，触动别棍，导致弦收矢发，正好射在野兽身上⑥。

图3－55　傈僳人射弩

类似的狩猎方法，也见于中国边远地区长期保持着原始状态的许多其他民族，如东北的鄂温克人，西南地区的苗族、瑶族、傣族、拉祜族、纳西族、独龙族，等等，但

① 《说文》：“弩，弓有臂者。”又见《释名·释兵》。
② 《释名·释兵》、《吴越春秋·勾践阴谋外传》。
③ 《吴越春秋·勾践阴谋外传》。
④ 不迟于公元前5世纪，例如春秋晚期的《孙子兵法》中已明确提到弩。
⑤ 见〔378〕〔379〕〔380〕〔381〕第27页〔382〕〔372〕第135～146、170～178页。
⑥ 见〔382〕及〔383〕第78页。

在许多民族中，地弓已发展为地弩，其撑弦置箭的木臂已与弓固定联结在一起①。

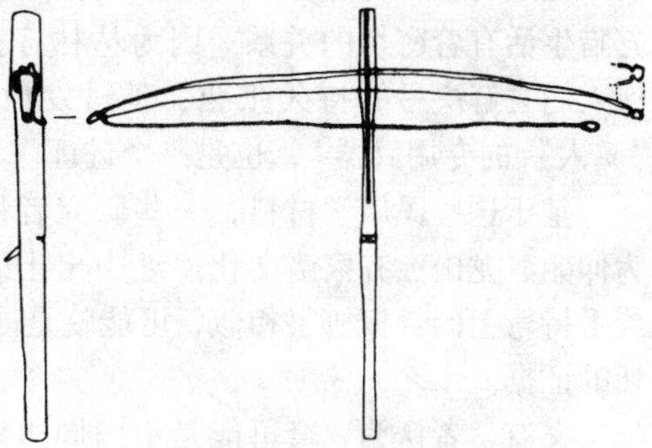

图 3－56　哈尼族的竹弩

中国西南地区（云南、贵州、四川、广西）的少数民族，如哈尼族、独龙族、景颇族、怒族、苦聪族、佤族、傣族、黎族、阿昌族、布朗族、基诺族、拉祜族、崩龙族、傈僳族、彝族、苗族等，还广泛使用手持弩狩猎。他们的弩的制法大同小异，皆以木为臂，木臂前端安装竹质或木质单体弓，臂面上刻出矢道，并在矢道之后的臂面上挖出横向的槽口，用以卡弦。弩机大体有两种形式。一为上翘式：将弦槽下挖空，用竹质轴销安装一个很短的活动杠杆，多为骨质；弓弦卡入弦槽时，这个小骨片的前端被压在弦下，后端翘起于臂面之上，只要用手压下后端，前端便自然抬起，将弦挤出弦槽，弦收矢发。一些弩的木臂较狭窄，弦槽处不挖孔，而将活动杠杆装于木臂的一侧。二为下垂式：将弦槽下整个挖透，将活动杠杆垂直安装在槽孔内，其末端垂于臂下，将之往后扳，弓弦就被挤出弦槽。这些通常采用单体弓、只有简易扳机机构的手持弩，人们习惯上依弩弓的材质而称之为“木弩”或“竹弩”②。以独龙族的手持弩为例，有大中小之分，大者臂长 110 厘米，射程 150 米；中型臂长 90 厘米，射程 100 米；小型臂长 65 厘米。箭长 30～40 厘米③。

草木荫掩，张弩待发，可奏奇功。为更有效地杀伤猎物，西南少数民族还普遍将弩箭醮涂毒药。他们的用弩习惯，自古而然，早在两千年前已见于记载④，后来历朝历代的文献中屡有记述⑤，近代的旅行家游记和人类学（民族学）调查报告中也多有反映⑥。直至今天，射弩的风习在这个地区的少数民族中依然存在，但狩猎应用越来越少⑦，而普遍衍变为一种体育竞赛活动，成为定期举行的少数民族运

---

① 见〔382〕及〔384〕第 85、87、107 页。

② 一些研究者统称之为“木弩”（见〔382〕〔132〕第 207～209 页），但“木弩”一名古已有之，都指以木为弓之弩（见《太白阴经》卷四、《武备志》卷一〇三），西南少数民族的手持弩，或以木为弓，或以竹为弓，统称为“木弩”，容易误解。

③ 见〔382〕及〔384〕第 24 页。

④《史记·苏秦列传》索隐引《淮南子》许慎注：“南方蛮出柘弩及竹弩。”又，《汉书·地理志》记：儋耳、珠厓郡（今海南岛）之民，用“木弓弩，竹矢，或骨为镞”。《后汉书·南蛮传》记：巴郡阆中的板楯蛮“能作白竹之弩”。唐高仲武《中兴间气集·苏涣》云：“涣本不平者，善放白弩，巴中号曰白跖。”所谓“白弩”，盖即白竹之弩的省称。

⑤ 最著名的记述当推宋代周去非的《岭外代答》和范成大的《桂海虞衡志》。《武备志》卷一〇三图示了苗人的“木弩”（以木为弓）和“竹弩”（以竹为弓）。这类材料在云桂川黔四省的方志中更是数不胜数。

⑥ 见〔386〕〔387〕〔382〕〔384〕第 24、57 页，〔385〕第 29、30 页，〔388〕第 280～285 页。

⑦ 其主要原因是生活方式和生态环境的变化。1950 年以来，在政府倡导下，这些民族都致力于发展农业，引进先进的农耕技术，狩猎变得越来越不重要了（参见〔384〕第 57 页）。近几十年的生态巨变，也使许多地区变得无猎可打。而且，即使打猎，人们也越来越多地使用火器。

动会的固定项目。

上述材料，为探讨弩的起源提供了某种启示。也许，这种武器与远古的丛林狩猎生活有着密切的关系。因为丛林狩猎，尤需张弦设伏，待机而发，这必然促使人们去解决弓的持久张弦、延时发射问题。中国古人曾把弩视为掌管山林的“虞人”的专用武器①，也是一个佐证。

基于这些民族学材料，一些研究者将中国弩的出现上溯到了新石器时代，认为仰韶、龙山、齐家诸文化遗址中出土的一些长条形小骨片，形状与西南少数民族手持弩上的骨扳机很相似，可能就是同样的物件〔382〕。这种推论还需要寻找更确切的证据。

又有学者认为，弩可能是中国周边地区的少数民族发明的，在东亚，早期弩的传播可能是自周边而向心②。这种推论完全依赖今天的民族学材料，显然忽略了数千年前长江中下游地区甚至黄河中下游地区也是丛林密布、野兽出没、部族错杂、狩猎盛行的地区。原始形态的弩今天之所以仍然存在于边远地区的少数民族中，只不过是因为他们的生活环境和生存方式长期停留在较为原始的状态。

《吴越春秋·勾践阴谋外传》说：弩是楚地的琴氏创造的，琴氏曾学射于羿的弟子逢蒙。这是中国古代非常流行的传说。徐中舒因而认为：“中国之南方或即弩之产生地，其在中国发展之途径，当由江淮流域而渐次传布于黄河南北诸地。”③这是把长江中下游地区作为弩的起源的中心，若然，则弩的传播除北向之外，应还有南渐一途，前者导致了弩的改进和发展，后者为我们保留下了早期弩的许许多多活化石。

然而，我们也许更应当把长江流域及其以南地区作为一个整体来考虑弩的起源，并把东南亚也包括在范围之内。因为历史上这个广大区域的生态和人文环境非常接近，其土著皆有用弩的习惯④，只不过一些地区（如长江中下游）开发较快，土著用弩习惯逐渐消失，一些地区（如中国西南）开发较迟，土著用弩习惯至今犹存而已。

二、弩的改进

大约公元前5世纪，弩在东周列国地区已经得到了改进。改进体现在三个方面：一是弩机，二是弩弓，三是弩臂。

1. 弩机的改进

东周人对弩的最重大改进是创造性地发明了高效率的青铜弩机。这是一种多部件转轴连动式的释放装置。它由牙、悬刀、牛和枢等部件构成。牙用以扣弦，前有二齿，左右对称，一个齿的后部连铸凸起的望山，它为操纵弩机提供了一个

① 《礼记·缁衣》引《太甲》：“若虞机张，往省括于厥度则释。”（也见《尚书·太甲上》）汉郑玄注：“虞主田猎之地者也，机弩牙也，度谓所拟射也。虞人之射禽，弩已张，从机间视括，与所射参相得，乃后释弦发矢。”（见《十三经注疏》第1649页）太甲是商汤的孙子，但徐中舒已指出，题为《太甲》的这篇文字远没有那样古老，难以作为商代的材料使用（见〔378〕〔379〕）。

② 见〔372〕第135页。

③ 见〔378〕〔379〕。

④ 《史记·苏秦列传》索隐引《淮南子》许慎注：“南方蛮出柘弩及竹弩。”《隋书·林邑传》：“以竹为弩，傅毒于矢。”

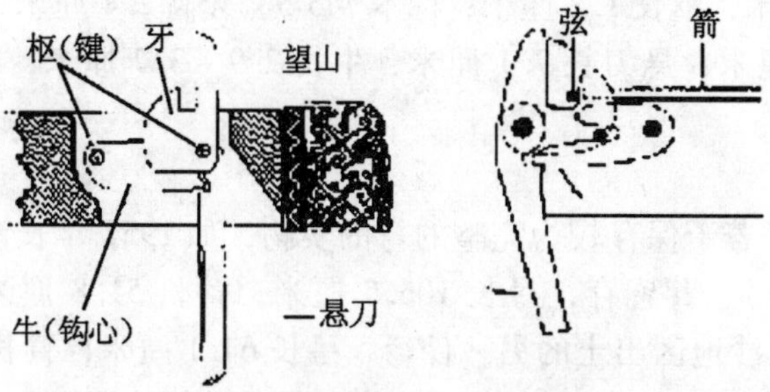

图3－57　战国铜弩机示意图　据河南洛阳中州路和四川成都羊子山出土弩机

图3－58　战国晚期铜弩机　河北易县燕下都出土，带有铁质扳机护圈，其装置方式参见图3－59。

触柄，还可用以瞄准。悬刀即扳机。牛是中间杠杆，又被称为钩心，其弧形缺口啮合于两牙之间，下尖头可以卡入悬刀上部的凹坎。枢又称键，即轴销，共有两个，它将各部件组成一个整体并固定于弩臂后端的空槽内，同时又构成了各部件活动的枢轴①。两个枢轴一前一后，牙和悬刀均绕后轴活动，牛绕前轴活动。使用时，手拉弓弦，当张满之际，弓弦碰触望山，牙即上升，牛随着被带起，其下尖头卡入悬刀的凹坎，弩机便处于闭锁状态。这样，牙的两齿就能够扣住张开的弓弦，然后将箭置于弩臂上的矢道内，使箭尾顶在两齿之间的弦上。发射时，往后扳动悬刀，牛的下尖头脱离悬刀凹坎，牙失去支承，便在弓弦巨大拉力的作用下滚转，其两齿缩入臂槽，箭即随弦的回弹射出。与原始弩的简易扳机相比，这实在是一个复杂而精妙的装置。如果说早期的骨机弩实际上是用一根杠杆硬性撬起被卡住的弓弦，东周青铜弩机则是借助于中间杠杆（牛）和滚子（牙），利用张满的弓弦的巨大拉力实现脱扣。弓弦的拉力在前一种情况下纯粹是扣发的障碍，而在后一种情况下则成为脱扣的动力。因此，只要用食指轻轻一扣铜弩机的悬刀，立刻就能将箭矢发射出去，从而避免了扣发时用力过大，导致弩臂不稳，影响射击的准确性。

现知这种铜弩机的最早实物，出土于山东曲阜鲁国故城，为战国早期之器，约当公元前5世纪后半叶②。战国时期，列国之弩普遍安装了铜弩机，在山东、河北、河南、湖北、湖南、江苏、四川等地的战国墓中，都有类似的铜弩机发现③，其结构完全相同，只是各部件的形状、大小略有差别，组合后的整体高度一般为10～16厘米。各部件的尺寸，可以湖北江陵九店出土的两件弩机为例：标本217:1，牙高1.6厘米，两牙间距0.6厘米，望山高3厘米，悬刀长6.7厘米，牛

① 弩机各部的名称，牙、悬刀，见《释名·释兵》；枢、牛，见《吴越春秋·句践阴谋外传》；望山，见《梦溪笔谈》卷十九；键，见《武备志》卷八十五。牛，后人或称之为“垫机”（《武备志》卷八十五），或称之为“钩心”（见〔389〕）。

② 见〔390〕第154～155页。

③ 见〔390〕第154～155页〔354〕第26～27页，〔344〕〔124〕上册第305页，〔21〕上册第676～677页，〔391〕，〔153〕第241页，〔203〕图85，〔187〕第10～11页〔392〕，〔202〕，〔393〕〔394〕〔395〕。

长2.5~3.5厘米，宽1.4厘米，枢长1.8厘米；标本745:5，牙高2.4厘米，两牙间距0.7厘米，望山高5.3厘米，悬刀长7.1厘米，牛长2.9~3.7厘米，宽1.7厘米，枢长2厘米①。

2. 弩弓的改进

在战国墓葬中，还发现了若干保存较为完整的弩的实物，如1952年长沙南郊扫把塘138号墓出土之弩，弓、臂皆存，弓长106.5厘米，臂长51.8厘米[392]；《楚文物展览图录》著录的长沙地区出土的另一件弩，弓长64.1厘米，臂长50.4厘米②；1992年湖北老河口出土一件完整的战国弩臂，铜弩机仍装置如初③；此外，在河南洛阳战国车马坑中曾发现一件弩臂遗迹，长约50余厘米[391]。这些材料，传达出了弩弓和弩臂改进的信息。

东周制弓术已经非常成熟，列国普遍将弩装上了更为强劲的加强弓和复合弓，长沙楚墓出土之弩即是如此。今天西南少数民族的手持弩，其单体弓的张弦幅度很小，故其弓弣至弩机的距离很短，一般只有二三十厘米，因此弩机通常装于弩臂的中段，弩箭也甚短，一般长仅三四十厘米。东周列国之弩由于采用了加强弓和复合弓，张弦幅度显著增大，所以弩机都装于弩臂的末端，弓弣至弩机的距离较大，普遍超过45厘米，所用箭相应也较长。长沙扫把塘138号墓出土的弩箭长63厘米，《楚文物展览图录》所载长沙出土的两支弩箭长51厘米和52.8厘米④。列国弩用箭的长度，大致就在50~65厘米⑤。

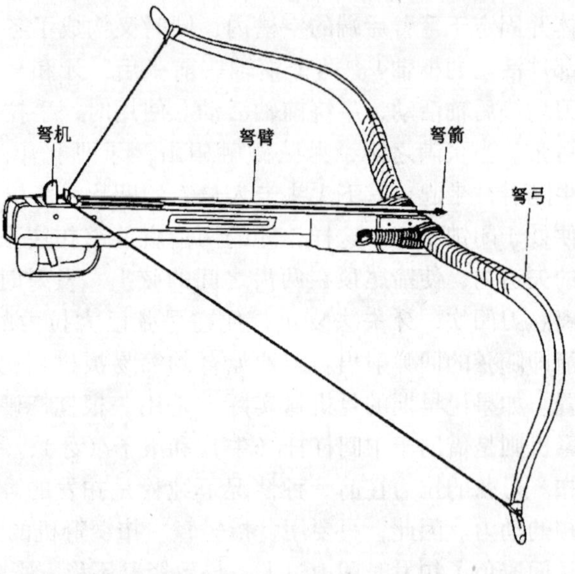

图3-59 战国弩复原图 据湖南长沙扫把塘出土弩

弩的张弦，可以有多种方式，除了单纯用手，也可手脚并用，还可借助于机械装置，因此弩用弓的强度，可比手射弓大，弩的射程，能比弓远。战国时期的手持弩，可依据张弦方式区分为两类。一类弓力较弱，能以手开张，古人称之为

① 见〔153〕第241页。
② 见〔203〕图85。
③ 老河口市博物馆藏，曾在“1997全国考古新发现精品展”（北京，中国历史博物馆）”展出。
④ 见〔203〕图86、87。
⑤ 陕西临潼秦始皇陵兵马俑坑中有大量弩和弩箭的遗迹，其弩臂长70~76厘米，弩箭长68~72厘米，二者大致相当，弩箭一般还略短于弩臂（见〔64〕上册第275~293页）。据此来看，战国楚墓中出有63厘米长的弩箭，弩臂的长度当也有达60余厘米的。

“擘张弩”①。其射程自然较短。《墨子·备城门》说：城上“二步一木弩，必射五十步以上”。《孙膑兵法·势备》说：“何以知弓弩之为势也？发于肩膺之间，杀人百步之外，不识其所道至。故曰，弓弩势也。”擘张弩的射程大致与弓相当，约为百步以内。另一类弓力较强，单用手难以张开，而需手脚并用，其法是将弩倒竖于地，双脚踩踏住弓，然后用手向上提拉弓弦。这种以手足合力来开张的弩，古人称之为“蹶张弩”②。其射程自然较远。《战国策·韩策一》记纵横家苏秦的话说：“天下之强弓劲弩，皆自韩出。谿子、少府、时力、距来，皆射六百步之外。韩卒超足而射，百发不暇止，远者达胸，近者掩心。……以韩卒之勇，被坚甲，蹠劲弩，带利剑，一人当百，不足言也。”③ 所谓“超足”、“蹠”，都是指足踏张弦；谿子、少府、时力、距来，皆强弩之名。其时强弩的射程已相当惊人，“六百步”也许有所夸张，但苏秦的话反映出，强弩的射程要远大于弓。没有优良而强劲的复合弓，是难以想象的。

3. 弩臂的改进

战国墓葬中发现的弩臂，普遍装有青铜加固件，木质表面通体涂漆，既牢固又美观。而且，弩臂的末端往往设有小手柄和保护扳机（悬刀）的护圈，构造颇类于今天的手枪，很便于操持、射击。

三、弩在战争中的应用

关于弩在战争中的使用情况，在春秋中期以前，没有任何资料。但春秋晚期的《孙子兵法》反映出，其时东周列国已用弩装备军队。

《孙子·作战篇》谈到战争旷日持久对国家的危害时说：“公家之费，破车罢马，甲胄矢弩，戟楯矛橹，丘牛大车，十去其六。”这里把弩列为主要的武器装备。

《孙子·势篇》还讲：“是故善战者，其势险，其节短，势如彍弩，节如发机。”意思说：善于用兵的将帅，他所造成的态势是险峻的，他的行动节奏是短促的。这种态势，就像张满的弩（蓄劲待发，时刻保持着巨大的威力）；这种节奏，犹如触发了弩机（迅雷不及掩耳）。这个比喻非常形象生动，也是对弩的特性的精辟概括。

从战术角度来看，弩的特点是威力大而张发迟，适于预设而难以应急，尤其是强弩，需足踏张弦，非常费事。因此，弩很适合步兵在有掩护或预设阵地的情况下使用，而不便于骑兵或战车兵使用，特别是张弦困难的强弩，骑于马背或乘在车上，基本无法使用。春秋晚期以来，弩在列国军队中主要就是装备步兵，有五种基本的战术运用。

（一）野战布阵。借助于配备各种格斗兵器的其他战士的掩护和有效组织，弩手阵中张，阵外射，能以密集的射击阻挡敌军的冲击。《孙膑兵法·威王问》论述阵法，有一种阵名为“劲弩趋发”，其特点是“甘战持久”，应当就是凭借弩手的

---

① 《汉书·申屠嘉传》唐颜师古注：“今之弩以手张者曰擘张，以足踏者曰蹶张。”

② 《汉书·申屠嘉传》唐颜师古注。

③ 又见《史记·苏秦列传》。

威力。

（二）野战设垒。当军队扎营或野战中进行防御时，往往通过人工布设障碍物或借助天然障碍而形成临时性的壁垒。《孙膑兵法·陈忌问垒》对其方法作了较详的论述，并把弩作为壁垒武器配系中的重要一元，提出以车当垒，以蒺藜当沟池，“以弩次蒺藜”（将弩布置于蒺藜之后），“垒上弩戟分”（壁垒上弩和戟各占一半）。

（三）野战设伏。借助于隐蔽而险峻的地形，暗伏兵士，张弩蓄箭，以逸待劳，突然袭击，可收奇效。公元前342年，孙膑就是用这种战法在马陵之战中大败魏军。《史记·孙子吴起列传》描写当时马陵险道两侧的齐军伏兵“万弩俱发”，仓促而至的魏军“大乱相失”。

图3－60 河南郑州出土汉画像砖山间伏弩图

（四）野战救应。《孙膑兵法·威王问》论述敌强我弱情况下的战术时说：“必臧其尾，令之能归。长兵在前，短兵在□，为之流弩，以助其急者。”所谓“流弩”，当是游动的弩手，有如汉代晁错所说的“游弩往来”①，他们用强弩狙杀敌将，可以解危救急。汉代与匈奴的战争中，曾有类似的例子②。

（五）守城或守御险要。居高凭险，张弩待发，尤足制敌，所以《孙膑兵法·八阵》说：“厄则多其弩。”关于守城用弩，《墨子》城守诸篇多有论述，如《备城门》说：“城上九尺一弩、一戟、一椎、一斧、一艾。”《号令》说：“诸男子有守城上者，什，六弩四兵。”意为十人中六人持弩，四人操其他兵器。守城还专用一种短弩，用于坑道中战斗。如《墨子·备穴》说：“为短矛、短戟、短弩、虻矢，穴彻以斗。”

综上可知，战国时期，军中已大量用弩。荀子曾举说魏国的精锐步兵“武卒”的武器装备，其射远兵器不是弓，而是强弩③。弩在战场上的崛起，与东周人对弩的改进，几乎是同步发生的。春秋晚期以来，中原地区的战争方式发生巨大的变化，车战由盛而衰，古老的步兵逐渐复兴，步兵野战和攻守城作战日益盛行。战争方式的发展与弩的大发展，存在着密切的互动关系：步战的日益盛行，为弩开辟了用武之地，促进了弩的改进；经过改进的弩成为更有威力的武器，被大量装备军队，提高了步兵的战斗力，加速了步战取代车战的进程。与北方游牧民族专重弓马骑射不同，从这时候开始，中原军队的射击武器出现了弓、弩并重的局面。

① 见《汉书·袁盎晁错传》。
② 见《史记·李将军列传》。
③ 《荀子·议兵》称，武卒所用强弩的弩力达“十二石”。

有必要指出，战国时期，人们也用弩装备战车。考古发现的铜弩机，有的就是出土于车马坑①。过去曾被误为弩臂构件的铜承弓器，现被证明是战车上用以置放弩的装置②。这种铜承弓器在战国墓葬中屡有发现，皆饰错金或错银的美丽花纹③，安装如此豪华的器具的马车，只能是显贵人物或将帅的乘车，其上配备的弩，当都是近卫性质的轻型弩。战车用弩，大抵如此。

四、连弩之车

提高弩的射程、增强弩的威力的最有效办法是大型化，战国时期已经在这方面取得重大的成果。

《墨子·备高临》记：

> 禽子再拜再拜曰：敢问敌人积土为高，以临吾城，薪、土俱上，以为羊黔，蒙橹俱前，遂属之城，兵弩俱上，为之奈何？
>
> 子墨子曰：……备高临以连弩之车，材大方一尺，长称城之薄厚。两轴三轮，轮居筐中，重上下筐。左右旁二植，左右有横植，横植左右皆圜内，内径四寸。左右缚弩皆于植，以弦钩弦，至于大弦。弩臂前后与筐齐，筐高八尺，弩轴去下筐三尺五寸。连弩机郭用铜一石三十斤。引弦鹿卢收。筐大三围半，左右有钩拒，方三寸，轮厚尺二寸，钩距臂博尺四寸，厚七寸，长六尺。横臂齐筐外，蚤尺五寸，有距，博六寸，厚三寸，长如筐。有仪，有诎胜，可上下。为武，重一石，以材大围五寸。矢长十尺，以绳□□矢端，如弋射，以磿鹿卷收。矢高弩臂三尺，用弩无数，出入六十枚，用小矢无留。十人主此车。

《墨子》由于简编错乱、传写讹误严重，向以文意难通而称著，这段文字也是如此，今天要依据它精确地复原“连弩之车”已不可能，但由此能够大略看出，所谓“连弩之车”，就是安装在架座上施放的巨型弩，也即弩砲。

这种弩砲的架座装有轴和轮，可以机动，故称为“车”；一车需10人操纵；其弩臂的长度，据“矢长十尺”推算，也将近十尺（按当时的度制④，约为2.3米）；装有较大的铜弩机；“有仪”，大概指瞄准装置而言；用鹿卢（辘轳）即绞车张弦；能够发射一支“长十尺”的巨箭和众多小箭；巨箭系以绳，可用磿鹿（即辘轳）卷收，如同弋射⑤，“连弩”之名，即缘于此——连者，连属也。这种威力巨大的武器，主要用于攻城和守城，《六韬·军用》称之为“绞车连弩”。

五、双矢并射连发弩

1986年，在湖北江陵秦家嘴的一座战国晚期墓中出土了一件非常奇特的

---

① 见〔391〕〔124〕第305页。

② 见〔396〕〔397〕第142页。

③ 见〔398〕图版72~76〔391〕〔399〕图112。

④ 参见〔400〕之《中国历代度制演变测算简表》。

⑤ 《汉书·司马相如传》唐颜师古注：“以缴系矰，仰射高鸟，谓之弋射。”关于“辘轳”，古书中又写作“䡘辘”（《方言》卷五）、“磿鹿”（玄应《一切经音义》卷十四引《方言》）、“磿录”（《诗经·秦风·小戎》毛传）、“麻鹿”（《广雅·释器》）、“缕鹿”（《续汉书·舆服志》注引《独断》），皆音、形相近而通假。

弩[401]，由于保存较为完整，复原起来并无多大困难①。

此弩由木臂、手柄、滑杆、弩机、矢匣、木弓等部分构成。

木臂长24.2厘米，宽3~5.4厘米，高2.7~3.8厘米，其前端的下部装有手柄，连柄高12.1厘米。木臂顶面中间低、两头高，正中有一长20.2厘米，宽1.2厘米，深2厘米的槽，前端封闭，后端敞口，内置滑杆。

图3-61 湖北江陵秦家嘴出土 战国连发弩

滑杆②为硬木制成，长24.9厘米，宽1.2厘米，高2厘米，恰与木臂相嵌合，其后端超出于木臂，可供手握操纵。这是此弩的核心部件，其前部凿有竖槽，长6.6厘米，宽0.5厘米，深2厘米，内装弩机；其侧面中段凿有透空的横槽，长13.3厘米，前端与机槽相透。滑杆嵌入木臂，前推到头，在横槽的最末端处，穿过木臂，设一铜质的横轴，由此使滑杆与木臂相套连，并限定了滑杆只能向后拉引13.3厘米。而滑杆轴③除了这个作用外，还有另一重要功能，容待后述。

弩机铜质，由牙、牛和枢（键）构成。牙高2.8厘米，有前后两齿，前齿短，后齿长，中间的缺口用以卡弦；牙的底部有一凹坎。牛是一个鱼形的活动杠杆④，长5厘米。二者以枢（键）装于滑杆前部的机槽内，凸出于滑杆顶面之上，牙居前，牛居后，皆能绕枢轴活动；当牛的尖头卡住牙底部的凹坎时，弩机便处于闭锁状态。

矢匣木质，长21.9厘米，宽3.8厘米，高5厘米。其后部的上方有进矢孔（下为一虎头形装饰），前部两侧有两个纵向竖槽，用以储矢，每槽可容10矢，一匣共贮20支箭，下无底托。出土时，匣内遗有18支箭，各长14.3厘米。矢匣装于木臂之上，矢匣正前方的下缘开有两个并列的半圆孔，恰与木臂前端的两条半圆形槽扣合而成圆孔，是为箭的发射孔。

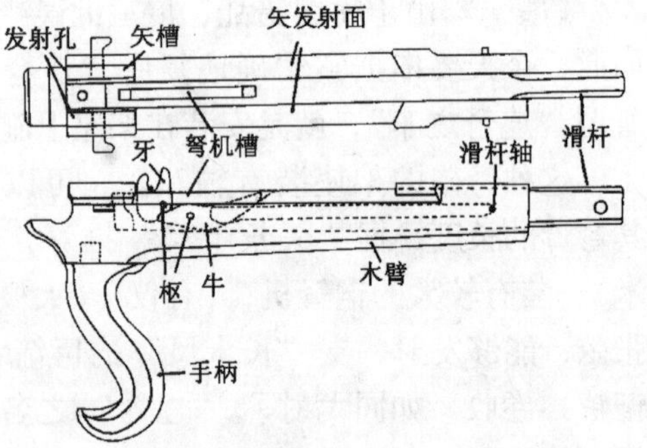

图3-62 战国连发弩的木臂、滑杆和弩机结构示意

矢匣和木臂相合后，之间形成一个水平狭槽，可容弓弦在其间活动，是为弦路，其后端略超出于矢匣的储箭槽。

弓为硬木质，呈月牙形，长7厘米，中间宽1厘米，厚1.2厘米，两端各凿一

① 复原报告见〔374〕，一些描述不够准确，我们将在下文中予以修正。

② 复原报告称之为“活动木臂”。

③ 复原报告称之为“启动栓”。

④ 复原报告称之为“悬刀”，不妥。《释名·释兵》说：“下曰悬刀，其形然也。”悬垂于弩臂之下的扳机，才能这样称呼。这个鱼形部件，与普通铜弩机中的“牛”的作用相当，明代人将“牛”称为“垫机”（《武备志》卷八十五），用在这里也很贴切。

小孔，供系弦之用。弦分左右两段，中间连接一根小圆木棍，是为弦杆，恰置于弦路之中，上托箭矢，下贴木臂和滑杆。

其用法是：一手执手柄，一手操滑杆，将滑杆前推到头，这时弦杆抵触机牙的后齿，使牙竖起，牛的尖头自动卡入牙底部的凹坎，弩机即呈闭锁状态，牙的前齿便能扣住弦杆；然后将滑杆往后拉，由于弦杆被机牙卡住，弓弦遂随之开张；当滑杆快拉到尽头时，弦杆脱离矢匣前部的储箭槽，箭矢失去承托，两个储箭槽的最下面一支箭便同时落于木臂的顶面上，挡住了弦路；几乎同时，滑杆被拉到尽头，受阻于装于木臂后部的滑杆轴，同时，弩机之牛也碰触于滑杆轴，其后部受挤压上翘，前端下坠，脱离牙的凹坎，牙失去支承，便在弓弦拉力的作用下滚转，弓弦随即回收，弦杆恰将挡住弦路的两支箭弹射出去。这个过程可以反复进行10次，直到将矢匣中的20支箭全部发射出去；也就是说，将矢匣储满箭后，一次发射两支箭，可以连续发射10次。

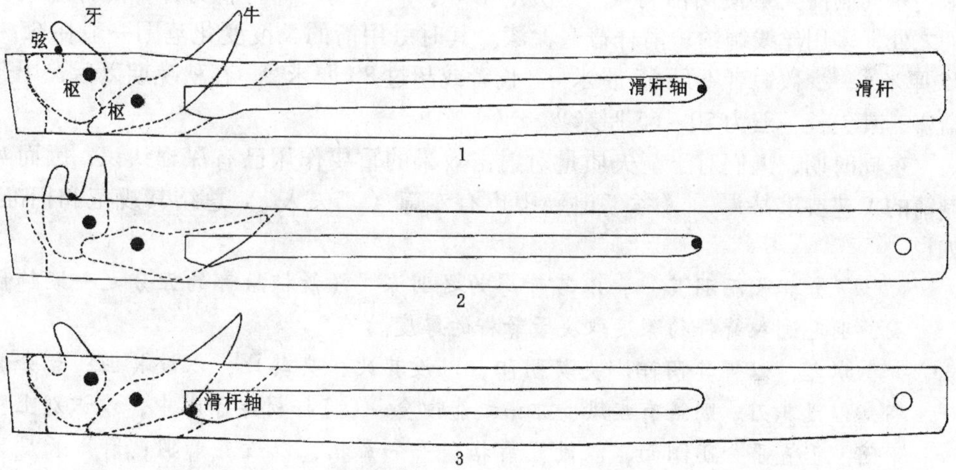

图3－63　战国连发弩的弩机作用方式示意

1. **上弦状态（滑杆前推到头）**；2. **张弦状态（滑杆开始后拉）**；3. **发射状态（滑杆后拉到头）**。

复原者恰当地将此弩称为双矢并射连发弩。由于弩弓很短，难以弯曲，几无弹性，所以发射动力主要是来自于弓弦的弹力。复原者用橡皮筋作弦，射程可达20～25米。未能按古代的条件复原弓弦，是最大的不足。但由于结构和整体尺寸的限制，其射程必然是很有限的，即使换用较大、弹力较好的弓（这完全可能），也是如此。因此，这件弩的实战意义不大，多半是用作近卫武器或用来射鸟取乐。然而从技术史角度看，此弩却有重大的价值。

以往人们只知道明清时期有一种俗称“诸葛弩”的连发弩①，其精巧的结构令现代机械专家深为赞叹，研究者曾努力想将其起源追溯到诸葛亮②。战国晚期双矢并射连发弩的发现，说明中国人早在公元前3世纪就致力于提高射击武器的射

① 见《武备志》卷一〇三。

② 参见〔372〕第157～163页或〔373〕。

速，有了连发的构想，并已凭借独特的思路和巧妙的设计予以实现。后来，连发的思想还不时出现于中国军事技师的头脑中，继续结出了一些奇妙的果实。

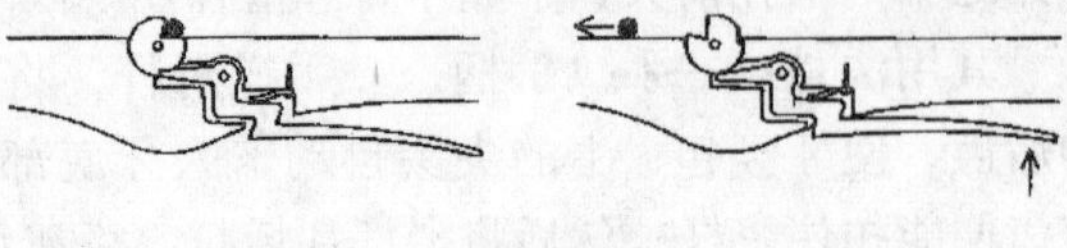

图 3－64　欧洲中古弩机示意

又一令人惊讶的事实是，1000多年后在中世纪欧洲流行起来的手持弩的弩机①，其作用方式与双矢并射连发弩的弩机相当一致，甚至扣弦的滚子（牙）的形状也相似，只是鱼形杠杆变而为下置的鸭嘴式杠杆。看来，弩机的这一类型在中国很早就出现过。

第四节　制箭技术的提高

东周制箭大量使用箭竹②，其次用苇③、木④、藤⑤等材料为杆；箭杆纳镞设羽之处，多用丝线缠约；箭杆普遍髹漆。其时弓用箭的长度变化范围一般在65～75厘米⑥，少数短者不足65厘米⑦，长者或超过80厘米⑧。春秋晚期以后，用弩渐盛，其矢长一般为50～65厘米⑨。

东周时期，人们对于箭矢质量对射击效果的重要作用已有深刻认识，因而对制箭的工艺要求甚严，《考工记》中也有专篇（“矢人”）总结其规范和标准，如说：

> 五分其长而羽其一，以其笴厚为之羽深。（箭杆后部的五分之一装饰箭羽，羽毛进入箭杆的深度取决于箭杆的厚度。）
>
> 水之，以辨其阴阳。夹其阴阳，以设其比；夹其比，以设其羽；叁分其羽，以设其刃。则虽有疾风，亦弗之能惮矣。（将杆材浮于水中，以识别上阳下阴。垂直平分阴阳面，以设置箭括；平分箭括，以设置箭羽；箭镞长度为羽长的三分之一。如此，即使有强风，也不会受影响。）
>
> 凡相笴，欲生而抟。同抟，欲重；同重，节欲疏；同疏，欲栗。（凡选择箭杆之材，其形状要天生浑圆。同是浑圆的，以致密较重者为佳；同是致密较重的，以节间长、节目疏少者为佳；同是节目疏少的，以颜色深暗如栗者为佳。）

这些规范或标准，体现了对箭矢结构特性的合理把握。

---

① 参见〔372〕第170～178页及〔402〕。

② 例见〔42〕上册第297、649页，〔367〕〔114〕第83页，〔153〕第241页。

③ 例见〔119〕上册第212～213页。

④ 例见〔153〕第241页，〔124〕上册第300页。

⑤ 例见〔124〕上册第300～303页。

⑥ 湖南长沙浏城桥1号墓出土8支完整之箭，长75.5厘米（见〔367〕）；长沙左家公山15号墓出土完整之箭，长70厘米（见〔44〕）；湖北随县曾侯乙墓出土590支完整之箭，长67～71厘米（见〔42〕上册第297页）。

⑦ 湖北江陵秦家嘴47号墓出土一件木质加强弓和16支箭，箭长约60厘米，竹竿（见〔374〕）。

⑧ 河北平山战国中山王墓出土之箭，最长达86.5厘米（见〔124〕上册第301页）。该墓中发现的一些箭，长度只有50余厘米，应多为弩用箭。

⑨ 见本章第三节（二）。

按现代弹道学知识，质量对称均匀是弹体飞行稳定的重要因素。杆材入水，沉而在下者为阴，浮而在上者为阳，平分阴阳面以设置箭括，就是求其质量对称，“不偏重也”①。

箭杆材料的选择欲浑圆而节长目疏，则是求其粗细强弱匀称。对箭杆偏强偏弱所导致的弊病，《考工记·矢人》指出：“前弱则俛，后弱则翔，中弱则纡，中强则扬。”意谓：箭杆前部偏弱，箭行偏低；箭杆后部偏弱，箭行偏高；箭杆中部偏弱，箭行纡曲；箭杆中部偏强，箭行倾斜。据今人借助高速摄影对箭矢飞行状态的研究，由于弓弦压力和箭杆的弹性作用，箭矢离弦后，会有一定程度的反复拱曲，因而呈蛇行式地前进，然后逐渐趋于平直飞行。如果箭杆的强弱不均衡，飞行时的挠曲就不规则，弹道就会歪偏②。东周制箭匠人不可能知道箭矢飞行的蛇形轨迹，但已经认识到了箭杆强度对箭矢弹道的重要作用，所以《考工记·矢人》说，检验箭矢要“桡之，以眡其鸿杀之称”，即桡曲箭杆，看它的粗细强弱是否匀称。在古代，这完全靠经验把握。

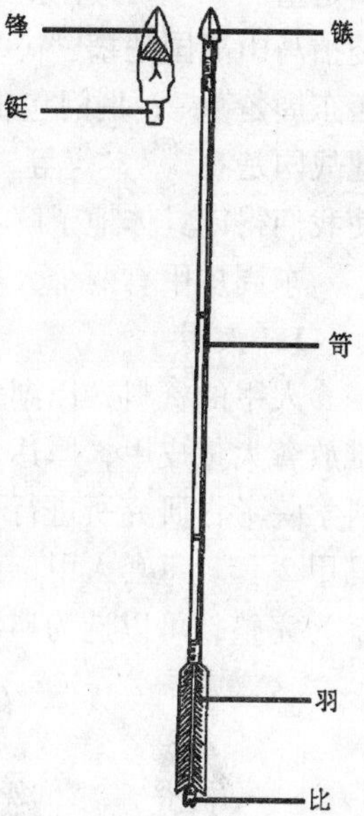

图3－65　东周箭矢示意图

第五节　皮甲的成熟

主要采用动物皮而不是金属制甲，是中国青铜时代武器技术的一个特点。这个特点在东周时期表现得尤为突出。此时期，皮甲更趋兴盛，文献和考古材料中有大量皮甲的资料，却几乎见不到东周列国采用铜甲的事例；皮甲的制造技术臻于成熟，甲胄的结构和工艺远较前代复杂而细致。当时，人们又称甲为介、函，而将制甲的工匠称为函人。《考工记·函人》是一篇专讲制甲的文字，内容全部是关于皮甲。

一、东周皮甲的种类和形式

由《考工记·函人》和《左传》、《国语》、《战国策》等书中的有关记载可以大略知道，东周时期的皮甲肯定已经不是简单的整片皮甲，而普遍是用许多甲片以丝带编联而成，但其具体的形式和结构，不得而知。近几十年来，南方地区（主要是楚国故地）经常发现东周时期的皮甲遗物，如湖南长沙浏城桥春秋晚

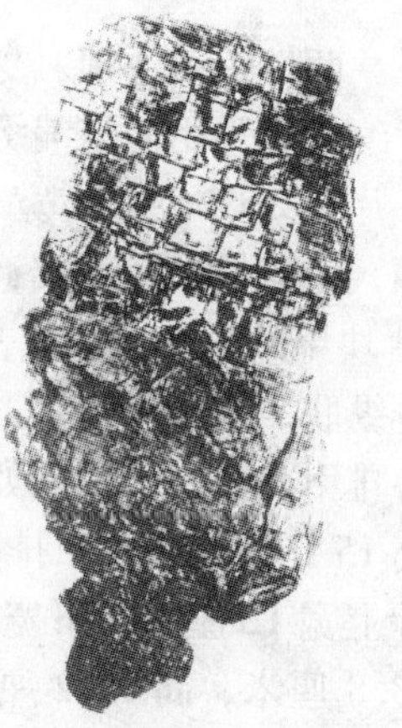

图3－66　湖南长沙左家公山出土战国皮甲

① 孙诒让《周礼正义》卷八十一，见〔165〕第3361～3362页。
② 参见〔4〕第44～46页。

期楚墓[367]、长沙左家公山战国楚墓[403]、湖北随县战国早期曾侯乙墓①、湖北江陵拍马山战国楚墓[96]、江陵滕店战国楚墓[301]、江陵天星观战国楚墓[377]、江陵九店东周楚墓②、荆门包山战国楚墓③、河南淅川下寺春秋晚期楚墓④、固始白狮子地战国楚墓[405]，等等，先后出土有零散的皮甲片或整套的皮甲，这些实物资料，使我们得以具体地了解当时皮甲的形式和结构。

东周皮甲有两个大类：一是人甲，二是马甲。

1. 人甲

人甲的资料，以湖北随县曾侯乙墓的发现最为丰富。在该墓的北室中，重叠堆放着大量皮甲，厚达1米左右，其中较完整的一部分，起取到北京，在中国社会科学院考古研究所进行了清理和复原，清出完整程度不同的人甲13套，不完整的马甲2套。每套人甲，由胄和甲两部分构成，其中以Ⅲ号和Ⅶ号甲、Ⅰ号和Ⅶ号胄最为完整，可以选为典型的标本。

图3－67　湖北随县曾侯乙墓出土战国皮甲胄复原穿着示意图

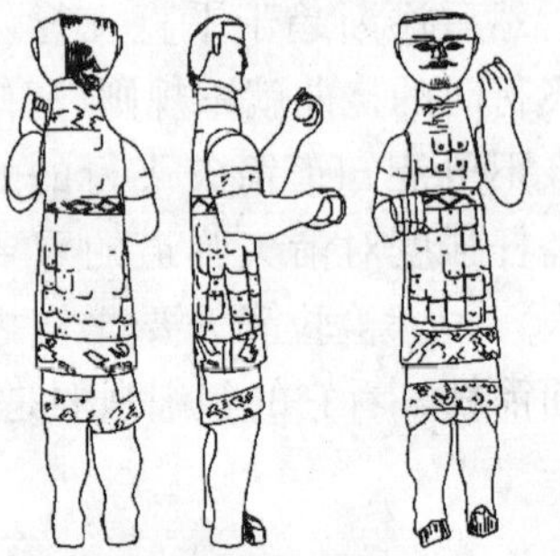

图3－68　传湖南长沙出土战国着甲武士木俑

两件甲都由领、身、摆、袖四个部分组成。身指保护胸背的部分，由20块甲片编成，采用固定编缀，其主体是当胸和当背各3块最大的甲片，Ⅲ号甲胸前居中一片长26.5厘米，宽8厘米，边缘有13个穿绳的孔眼。身的上缘接缀竖立的高领，由3块甲片编成；下缘接缀摆；左右缀联袖。摆指保护腰和臀腹的部分⑤，由54块甲片分4排编成，每排14块，自左向右依次叠压，作固定编缀，然后再上下排纵联，下排压上排，作活动编缀。摆的甲片呈上窄下宽的梯形，而且自上而下，各排甲片依次增大。如Ⅲ号甲之摆，第一排甲片上宽10.5厘米，下宽11.2厘米，高15.5厘米；第二排甲片上宽11.2厘米，下宽12厘米，高15.5厘米；第三排甲片上宽12厘米，下宽12.7厘米，高15厘米；第四排甲片上宽12.7厘米，下宽13.8厘米，高15.2厘米。合成的整体自然也上窄下宽。身和摆均在右侧开口，穿好后用丝带结扣系合。两只袖各用52块甲片分13排编成，甲片均有一定弧度，宽

① 见〔404〕及〔42〕上册第332～352页。
② 见〔153〕第308～310页。
③ 见〔119〕上册第216～223、458～465页。
④ 见〔37〕第207～208、437～459页。
⑤ 原报告定名为“甲裙”，后一直被沿用。见〔404〕〔132〕第5页，〔42〕上册第338页。

度自上而下递减，每排横联4片，固定编缀，构成下不封口的环形，然后下排依次叠压上排，作活动编缀，形成上大下小、可以伸缩的袖筒。复原后，Ⅲ号甲通高84厘米，肩宽48厘米，胸围119厘米，底围156厘米，袖长40厘米，身、摆共有5排甲片，全甲由181片甲片组成。

与甲配用的胄，也用甲片编缀而成，中有护顶的脊梁，下有护颈的垂缘。以Ⅰ号和Ⅶ号胄为例，各用甲片18块，形状比较多样，垂缘活动编缀，其他部分为固定编缀。

江陵天星观和荆门包山楚墓出土的人甲也比较完整，复原后，其形式和结构与曾侯乙墓的标本是一致的。天星观之甲没有袖部，也未发现胄，似为筒式。包山楚墓皮甲的身、摆共有6排甲片。还有一件传为长沙地区楚墓出土的彩绘木俑，模拟着一个披甲的战士，上身着甲，涂黑色，用黄线画出一排排的甲片，自上而下约有七八排，形式与出土实物相似，但甲的身、摆之间有一条宽带，下缘有一条彩绘的宽边，其花纹像是模仿纺织品[406]。

2. 马甲

东周马甲，是用于保护战车驾马的铠甲。其时骑兵的战马，皆不着甲。马甲的历史，应能够追溯到西周或商代。至春秋时期，战车的驾马已经普遍用铠甲来保护。《诗·郑风·清人》有“驷介旁旁”、“驷介麃麃”、“驷介陶陶”等句，都是形容披着铠甲的四匹战车驾马的孔武有力之貌。其时，战车驾马不着甲而参战，反成罕事，如公元前589年齐晋鞍之战，齐顷公“不介马而驰之”，即马不披甲而冲锋陷阵，一直被视为轻敌的表现①。

马甲的资料，以曾侯乙墓②和包山楚墓③的发现最为丰富。经复原，一套完整的马甲包括胄、胸颈甲和身甲三部分。两批标本，大同小异。

马胄，曾侯乙墓Ⅳ号标本是用整张皮革制成，形状近似马面，眼、耳、鼻等部位留有孔眼；XIX号标本则是用7块甲片编联而成，形状与Ⅳ号标本相似。包山楚墓的马胄（标本2:381）用6块甲片编成。

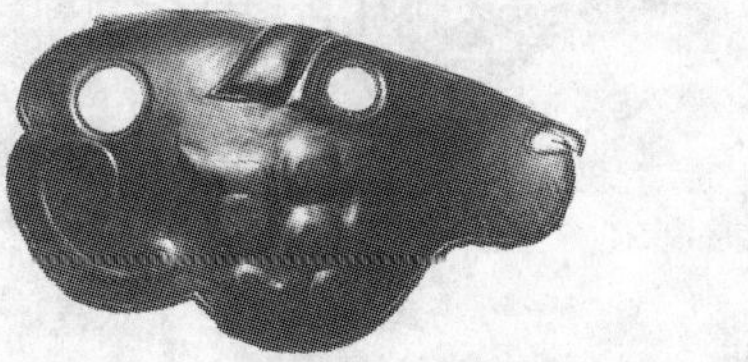

图3－69　湖北随县曾侯乙墓出土战国皮马胄复原图

图3－70　湖北荆门包山出土战国马甲胄复原示意图

① 《左传·成公二年》。

② 见〔42〕上册第342～349页。

③ 见〔407〕及〔119〕上册第219～223页。

胸颈甲，曾侯乙墓和包山楚墓的标本都是用25块甲片分5排编成，每排5片，横向固定编缀（中间一片在上，依次向两边叠压），然后上排压下排，纵向作活动编缀。包山楚墓的标本长70厘米，宽约60厘米。

身甲，皆由形状、大小相同的两片构成。曾侯乙墓的标本每片用27块甲片编成，近于长方形，长115厘米，宽65厘米。包山楚墓的标本每片用24块甲片编成，长130厘米，宽约60厘米。两片分别挂于马体的两侧，中间可能用带拴连。

在曾侯乙墓中，还出土了一些形状较怪异的马甲片，尚不知其确切的归属部位。

3．东周皮甲的基本形式

考古发现有助于我们确切地理解文献中的有关术语。东周时期，人们将皮甲片称为“札”，显然因为甲片大多呈长条形，类似于简札；将横向编联的一排甲片称为“旅”，这个字本有行、列的意义；一件人甲的旅数，则专用“属”表示，大概取其一排排相次连属的意思①。这种札、旅相续式的皮甲，可以名之为“札甲”。

目前还没有发现北方诸国皮甲的实物资料，但据《考工记·函人》，当时人甲的通常形式是“七属”、“六属”和“五属”。这与南方发现的实物和图像资料一致。《考工记·叙》说：“燕无函……燕之无函也，非无函也，夫人而能为函也。”《战国策·燕策》记：燕王哙“身自削甲札，妻自组甲絣”。絣是编甲的丝带。可见燕国的皮甲是札、旅相续式，而且燕国的皮甲技术非常普及。陕西临潼秦始皇陵兵马俑坑中出土的大量披甲陶俑，虽是秦统一后烧制的，其所模拟的铠甲，仍与战国晚期的相同，主要应当是皮甲。它们也都是用众多甲片编联而成，甲的式样和甲片的形状、大小与前述标本有所差异，札、旅相续的形式则相同。

概而言之，东周列国皮甲当普遍是札甲。

二、制甲的皮料

东周制甲主要用牛皮，其次用犀兕之皮。《左传·宣公二年》记，宋国的华元打了败仗做了俘虏，被赎回后去主持筑城，民工们唱歌讽刺他“弃甲而复”，华元的随从对歌辩解：

> 牛则有皮，犀兕尚多，弃甲则那？

清楚地道出了制甲的几种皮料。其中，兕是什么动物，一直有歧见。《尔雅·释兽》说：“犀似豕，兕似牛。”晋郭璞注：

图3－71　陕西兴平豆马村出土战国铜犀尊

> 犀形似水牛，猪头，大腹，庳脚，脚有三蹏，黑色。三角，一在顶上，一在额上，一在鼻上。鼻上者，即食角也，小而不椭。好食棘。亦有一角者。

① 见《考工记·函人》、《战国策·燕策》。

兕一角，青色，重千斤。

据此来看，兕应也是犀牛一类①。

古时，犀牛在中国南方有广泛的分布。中国犀牛有三个品种：独角犀、小独角犀、双角犀。汉语中的“犀”字，似乎本指双角犀②，后来才演变为犀牛的通称。兕一角，当为独角犀或小独角犀③。

犀皮甲和兕皮甲主要出产于南方。《荀子·议兵》说：“楚人鲛革犀兕以为甲，鞈如金石。”《史记·礼书》说：“楚人鲛革犀兕，所以为甲，坚如金石。”但在先秦时期，中国犀牛的分布越过了淮河一线，所以中原也有猎犀猎兕制甲的例子，如《国语·晋语八》载晋国叔向之言：“昔吾先君唐叔射兕于徒林，殪，以为大甲，以封于晋。”在这个时代，“犀兕尚多”，所以犀皮甲和兕皮甲颇为流行④。

据天津市皮革技术研究所对曾侯乙墓出土皮甲片样品的鉴定，“无有机与无机可鞣物质，故拟定为生皮”，“尚未加工成革”，“但是否经过简单酸、盐加工则无法确定”⑤。中国社会科学院考古研究所技术室通过对曾侯乙墓皮甲胄的复原仿制，认为：“生皮受气候环境、干湿度的影响很大，容易收缩变形。熟皮比较稳定，但坚实程度较差。根据皮甲片要具备较好的强度和不易变形的基本要求，推测甲片皮料的鞣制以介于生革与熟革之间的半熟革为宜。”[409]

在《考工记·函人》中，对甲胄皮料的要求首先是“坚”，即坚硬、牢固；其次是“里欲易”，即革里的肉去除干净，滑致而无败秽。必须是脱水的干生皮，才具有良好的硬度和强度。只要将肉刮削干净，干生皮的内里因干燥板结便能非常滑致，鞣制后的熟革不板结，内里反而不光滑。因此，《考工记》所言更像是生皮。而且，后世制作牛皮甲一直是用生皮⑥，先秦时代应也如此。生皮固然有易受潮变形的缺陷，但中国很早就用涂漆来保护皮甲，商周以来，中国的皮甲几乎都是漆皮甲，考古发现的东周皮甲胄实物，无一不是漆膜很厚的皮胎漆器。皮甲涂漆，正是为了防潮，确实也成功地解决了这个问题。

生皮的脱水处理传统上有淡干、盐干和烘干等法。淡干法，将鲜皮张挂于干燥、通风之处，慢慢晾干。为防干后打卷，须将皮张的四角撑紧。盐干法，将鲜皮用盐腌后再铺开阴干，如此反复二三次。烘干法，清田雯《黔书》述西南少数民族用水牛皮制作皮胎漆器：“以水浸之，燔毛刺肉，取其泽且平也；以火烘之，

---

① 参见〔408〕第895页。或说兕是野牛，这可能是出于对《说文》“兕如野牛”的误解。《诗·小雅·何草不黄》唐孔颖达疏引《说文》，即将“兕如野牛”误省为“兕，野牛”（见《十三经注疏》第501页）。又，段玉裁《说文解字注》指出，许慎所说的“野牛”就是水牛，《说文》“兕如野牛”与《尔雅》“兕似牛”是一个意思。古人常将兕与虎并举，视之为猛兽。如《老子》第五十章：“盖闻善摄生者，陆行不遇兕虎，入军不被甲兵。”《论语·季氏》：“虎兕出于柙。”《盐铁论·险固》：“虎兕所以执熊罴、服群兽者，爪牙利而攫便也。”这种堪与虎匹比的猛兽，不可能是水牛。

② 《说文》：“犀，南徼外牛，一角在鼻，一角在顶，似豕。”与《尔雅》“三角”的描述有所不同，实皆指双角犀。

③ 或说兕是雌犀，见《集韵》、《本草纲目》卷五十一。

④ 中国犀牛是在20世纪初最终灭绝的，这既有气候变迁的影响，更有人为因素的作用：先是用犀牛皮制甲，后是以犀牛角入药。

⑤ 见〔42〕上册第655页。

⑥ 参见《武备志》卷一〇五“广西造皮甲法”，及〔410〕第41页。

龟纹缦理，取其干且厚也；以木张之，以啮定之，以刀削之，而后膏以偪鬃焉。”① 这些方法，在东周时期都有可能被采用。

三、制甲的工序

对曾侯乙墓皮甲胄的清理复原发现，这些甲胄所用的皮甲片具有明显的模压成形的特点：甲片的周缘普遍有压边；一些甲片形状较复杂，不借助模具压制，难以加工成形，有的甚至没有可能加工出来；马胄上的许多凸起纹饰，背面有内模相衬压合的迹象。因此可以断定，模压是这些甲片的基本成形工艺〔409〕。

结合《考工记》关于制甲工艺的论述，可以将采用了模压法的完整制甲程序复原如下：

1. 设计

《考工记·函人》说：“凡为甲，必先为容。”郑众注：“容谓象式。”② 如同裁制衣服一样，制甲也须先作设计，其内容包括结构、样式、大小和各部位甲片的形状、尺寸及组编关系，并具体化为图形，如同人的形容一样。

2. 制模具

根据设计，制作出供压制不同甲片的模具。曾侯乙墓的一套人甲胄，共用201块甲片，形状不同的甲片有93种，需要93副模具：胄片模18副，身片模19副、摆片模4副、袖片模52副。马甲胄约需二三十副模具。

将皮料压制成特定形状的甲片，不需要很高的温度（一般60℃～70℃为宜），但模具应有一定的强度和较好的耐用性，可以重复使用，很可能是以当时最盛行的铜、锡、铅等材料铸成。凭当时高度发达的铜器范铸技术，甲片模具所需的形状和结构能够轻易实现。

3. 压甲片

将皮料裁成甲片形状，尺寸略大，浸水使之潮软，然后入模压合，同时用火进行烘烤。

4. 修整和钻孔

待甲片在模具内干燥定形后取出，用刀修削其边使之规整合度。然后在甲片上钻出穿绳贯带的孔。《考工记·函人》说：“眡其钻空（孔），欲其窸也。”窸，孔小貌。孔小则革坚。曾侯乙墓皮甲片的孔眼一般为0.3厘米左右，都很圆。

大多数楚墓出土的甲片是以一层皮革制成，但江陵藤店〔301〕和安徽六安城西窑厂〔412〕战国楚墓出土的甲片，以两层皮革合成；江陵天星观战国楚墓出土的甲片，皮革内里衬有木胎〔377〕。双层复合或皮木复合，能够增强甲片。采取这种方式，则在钻孔之前，先进行黏合。

5. 鬃漆

将甲片的表里两面均涂漆。曾侯乙墓皮甲片的漆膜厚度一般为0.3毫米左右〔409〕，需要涂刷多层才能形成。该墓的马甲片不仅涂漆，还在外表面用漆绘出繁丽的花纹。甲片漆色主要为黑和红，彩绘一般是黑地红花。《左传·宣公二年》记

① 参见〔411〕第98页。

② 见《十三经注疏》第917页。

宋国的筑城民工与华元的随从以甲为题的对歌，民工们唱道："从其有皮，丹漆若何？"说明其时皮甲都要涂漆，这已为大量出土物所证实。《吴子·图国》描述制甲：

斩离皮革，掩以朱漆，画以丹青，烁以犀象。

出土实物正是涂漆、彩绘，或还有模压花纹①。漆膜组织致密，坚硬而光泽，既有效地保护了皮甲免受雨水湿气的侵蚀，又使甲胄鲜亮美观，还能提高甲胄表面的硬度②。

图3－72　曾侯乙墓出土战国髹漆皮马甲残片

6. 编组

编联甲片普遍采用丝带。曾侯乙墓皮甲片上残存的丝带，宽0.6～0.8厘米。据记载，编甲的丝带有"组"和"帛"③，以"组"为佳④，这是一种经线交叉编织的绦带，用它缀联的皮甲，时人称之为"组甲"。缀甲的丝组，都饰成彩色。曾侯乙墓人甲的丝带，用朱砂染成红色。该墓出土的竹简遣册里讲到编缀甲片的丝带，还有"紫组之滕"、"黄纺之滕"、"玄组之滕"等⑤，当是根据甲片的漆色而选用颜色相配的丝组。曾侯乙墓的皮甲片为黑色，正合用红色丝组。可见甲片的髹漆和编组，还体现了浓厚的审美意识。此外，江陵藤店战国楚墓出土的皮甲，用皮条编串，曾侯乙墓中也有少量甲片系以革条编联⑥，说明编甲也非全用丝带。

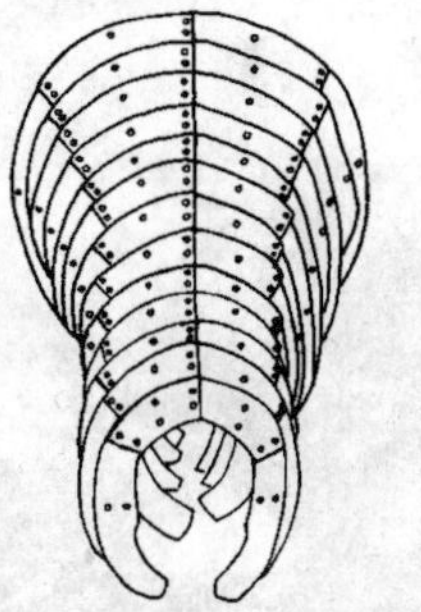

图3－73　曾侯乙墓出土皮甲的袖部结构

甲片的编缀基本是先横编后纵联。编法有二：一为固定式，甲片与甲片之间不能活动；一为活动式，绳带留有一定的余量，甲片可适当活动。甲片的横向编联全为固定式，活动式编法都用于肢体活动幅度较大部位的上下排甲片，如人甲的袖、摆，胄的垂缘，马甲的胸颈甲等，以利伸缩俯仰。

上述程序中，包括了三项主要的工艺：模压甲片、甲片髹漆和甲片编联，都具有明显的中国特色。髹漆技术到东周时代已经有较悠久的历史，被广泛应用于非金属材料的保护和装饰；以丝带作甲片的串联材料，如同制弓和制庐器用丝线作弦和捆扎材料一样，都是利用丝的良好抗拉性；甲片采用模压法，则与商周时

① "烁以犀象"，烁是烙印，当指模具热压。曾侯乙墓的Ⅳ号皮马胄上有模压的圆涡纹和云纹。河南淅川下寺春秋楚墓中出土的皮马甲，不仅有彩绘和模压花纹，而且还贴饰金片（见〔37〕第453～455页）。

② 关于东周漆工艺，参见〔413〕。目前对楚国的用漆情况研究得更深入一些，参见〔414〕和〔415〕第194～250页。

③ 《左传·襄公三年》："组甲三百，被练三千。"孔颖达疏引贾逵："组甲，以组缀甲；被练，帛也，以帛缀甲。"（见《十二经注疏》第1930页）参见孙诒让《周礼正义》卷七十九、杨伯峻《春秋左传注》。

④ 见《吕氏春秋·去尤》。

⑤ 见〔42〕上册第455、496、497页。

⑥ 见〔42〕上册第334页。

期发达的青铜范铸技术有某种联系，铜器的范型对于皮甲的模具是一个启发。

在这些工艺中，尤以甲片模压最能代表制甲技术的新水平。用模具压制甲片，能够保证甲片形状的规整，更为重要的是，这种方法解决了复杂甲片的成形问题和皮甲的批量生产问题。一套甲胄的模具虽然繁复，但当模具制成后，操作却非常便利，其效率和加工质量是手工裁削甲片所无法比拟的。

从简单的整片皮甲发展到用模压的小型甲片编成的皮札甲，有一个不短的过程，其间应存在一些中间的制甲方式，比如：虽然采取了多甲片编联的形式，但甲的结构较简单，甲片系裁削而成①；或者稍为进步，部分形状复杂的甲片采用了模压法。即使在东周时期，制皮甲也未必完全采用模压甲片的工艺。在现实中，新旧技术往往同时并存。

四、对中国早期制甲技术的评价

一些研究者认为，中国商周时期主要用皮革而不是金属制甲，是防护装备落后的表现②。这个论点过于简单化。综观这个时期的甲胄资料，商代和西周就有青铜甲胄，但到东周，铜甲不仅没有发展，反而几近绝迹。我们青铜时代的先人似乎主动放弃发展铜甲而选择发展皮甲。在了解了东周皮甲制造技术的详情后，不妨设问：在青铜技术高度发达之时，人们为什么不较为简易地用青铜铸造甲胄或甲片，却发展出了这么一套复杂的造皮甲法？如果考虑到青铜并不是强度和硬度很好的造甲材料（胎壁较薄的商周青铜容器都非常容易破裂，是一个参证），而且铜甲肯定要比皮甲笨重，对于中国古人的这种选择，就不会轻易否定了。

图3－74　东周时期北方草原民族的铜胄　内蒙古昭乌达盟出土，高23厘米。

东周时期，倒是周边的少数民族较多用青铜制甲。北方草原的游牧民族仍使用整体铸成的铜胄，为便于头项转动，他们缩小了胄的防护面积，一般仅能保护头顶和两颊③。铜胄对打击兵器的防护效果并不好，而曾侯乙墓出土的那种皮胄，有凸起的中空脊梁，加之皮革的弹性，能对钝器的打击起缓冲作用，其效果很像现代的工程防护头盔。

西南夷中的滇人也曾用青铜制甲，有两种类型。一类是整片的铜甲，有用薄铜片锤打成形的盆领状颈铠、护腕的管状臂护、护腿的胫甲，还有整片铸成的背甲；另一类是用长方形小甲片编缀成的铜甲，其形式明显是受中原札甲的影响④。

① 这种制甲法后世仍长期存在。《武备志》卷一〇五记：“广西造皮甲法，生牛皮裁成甲片，用刀刮毛，以破碗舂碎，筛取米大屑调生漆傅上，油浸透，则利刃不能入。”

② 见〔372〕第180页。

③ 见〔132〕第10页。

④ 见〔416〕及〔132〕第32～36页。

五、皮甲对铁甲的影响

东周皮甲的形式对战国晚期发展起来的铁甲产生了直接的影响。目前在河北易县战国晚期燕下都遗址中出土了大量铁甲片，其形状与东周皮甲片相仿，多呈长方形、梯形或方形，甲片上都有穿绳贯带的孔眼，可知也是按札、旅相续的方式编联成甲。燕下都44号丛葬坑中出土的一件铁胄，保存较完整，现已复原，系用89块铁甲片编成，高26厘米。甲片大多为长方形，一般高约5厘米，宽4厘米左右。编法是：先用两块半圆形甲片合缀成圆形平顶，然后往下一排排依次编续，共编6排[344]。中国铁甲的这批早期资料说明，中国铁甲是在继承传统皮甲的形式的基础上起步的。

第六节　漆盾和武器髹漆

东周时期，盾牌也很少用金属制作，而普遍用木和皮制成，表面涂漆，一些盾上或装有铜盾饰①。

就东周时期髹漆技术在武器制造中的应用而言，以盾牌的髹漆最为精细华美，犹在甲胄之上。战国大型楚墓出土的一些漆盾，漆膜光亮滑致，彩绘繁丽华美，色彩缤纷鲜艳，简直是美轮美奂的艺术品。如湖南长沙五里牌战国墓出土的两件漆皮盾，高约60余厘米，宽约45厘米，里外涂黑漆，极亮，上用赭石和藤黄两色绘成龙凤花纹②。湖北江陵李家台战国墓出土的一件漆木盾，高94.2厘米，宽60厘米，盾体涂漆，用红、黄、蓝、绿、青等色绘出树木、孔雀、小鸟、人物和虬龙纹、几何纹图案，整个画面仅孔雀就有20只，描绘得真实细致③。曾侯乙墓和包山楚墓中，也出有类似的漆皮盾或漆木盾④。这些精美漆盾，多半是仪饰性质的武器，或用于王公的仪卫，或用于武舞。普通战士使用的盾牌，根本不可能制作得如此精美。贵族的趣味和追求，是古代工艺技术精细化的重要因素。无论民用领域还是军事领域，精妙的技术或工艺总是更多地见之于贵族用器。军事技术的发展，其根本动力自然是战争的需要，但像这种非军事因素所起的精细化作用，也不能忽视。

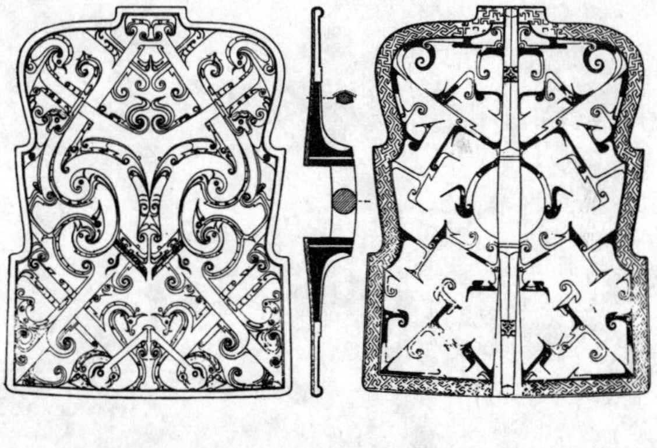

图3－75　战国漆皮盾　湖北荆门包山出土，高46.8厘米。左，正面；右，背面；中，盾把。

① 例见〔119〕上册第213页标本2:240。
② 见〔272〕第57～58页。
③ 见〔417〕〔418〕。
④ 见〔42〕上册第303～306页，〔119〕上册第213～216页。

从有关材料来看，战国时期对髹漆的不同工序，如上漆、描花、阴干等，有较严格的区分，往往有专门的工种分别负责。武器的髹漆，也是如此。湖北云梦睡虎地出土秦简《效律》中有一条律文：

殳、戟、弩，髹、洞相易殴（也），勿以为赢不备，以职耳（而）不当之律论之。

据考，此处“髹”指上漆，“洞”为阴干。简文意为：在武器的髹漆过程中，如果把上漆和阴干的工序搞乱了，使产品出现质量问题，不能视为工匠贪污漆料（赢）或漆料不足（不备），而应以职守不当的法律论处①。器物的髹漆大多需涂刷多次，如果没有严格的规范和职责，不待前一次所上之漆干燥，即涂刷下一遍，质量就无法保证。这条律文，当为此而设，反映了时人对武器髹漆的重视。这种重视，以及漆在武器制造中应用的广泛性，还体现于时人总是把漆列为重要的军备物资之一。如《孙子·作战篇》说：

凡用兵之法，驰车千驷，革车千乘，带甲十万，千里馈粮，则内外之费，宾客之用，胶漆之材，车甲之奉，日费千金，然后十万之师举矣。

又如《吕氏春秋·季春纪》述及国家府库的物资储备，举例了“金铁、皮革、筋角、齿羽、箭干、脂胶、丹漆”七项，皆与军事有关，漆便是其中之一。

① 参见〔241〕第172~180页及〔419〕。

第五章
战车和战船

第一节　战车的改进

一、制车业和制车术的进步

中国古代车战，启于夏商，盛于西周和春秋，尤其是在春秋时期，发展到了顶峰。由于车战和贵族出入乘车的盛行，周人极重视马车制造。《考工记·叙》说“周人上舆”，意为周朝人尊尚制车的匠师。这种风气，促进了制车业和制车技术的发展。及至春秋时期，马车的制造技术已经非常精细。

（一）在这个时期，用于作战的“兵车”、用于习战阵之田猎的“田车”和用于贵族乘行的“乘车”①，都是独辕马车，其制造已与载物负重、以牛牵挽的“大车”② 相分离，成为独立的行业。据《考工记》，从事马车制造的工种有“轮人”、“舆人”和“辀人”，从事牛车制造的工种为“车人”。受到社会普遍重视的是马车诸工。

（二）马车制造业内部，又形成了细密的分工，其最主要的工种是轮人、舆人和辀人。轮人制车轮和车伞③，舆人制车厢，辀人制车辕、车轴和车衡。这实际上是把一辆马车分为梁架、车轮和车厢三大部分，由不同的工种分别制造，然后合成整车，具有相当的科学性。与之相比，从事牛车制造的只有车人一个工种，正如孙诒让所指出：“其制粗略，故轮、舆及辕以一工为之。”④《考工记·叙》说：“一器而工聚焉者，车为多。”就指马车而言。

（三）经长期的经验积累，对马车的结构特性、材料的选择和加工，都有了科学的认识，并进行了较系统的总结，形成了一系列规范。这些内容，主要见于《考工记》的“轮人”、“舆人”、“辀人”三篇之中。如：

关于车轮，有“三材”之说，即轮毂宜用榆木，轮辐宜用檀木，轮牙宜用橿木（一名橿）⑤。又说：“凡为轮，行泽者欲杼，行山者欲侔。”意谓：行于泽地的车子，轮缘要削薄；行于山地的车子，轮牙要上下同厚。轮缘削薄，在泽地中行驶，就像刀子割泥一样，可减小摩擦力；牙厚上下相等，更耐山石磕碰，辐条不易松动。

关于车舆，有“叁称”之说，即车轮的高度、车厢的宽度、车衡的长度，三

---

① 见《考工记·叙》。

② 又有“柏车”、“羊车”等名目。见《考工记》“辀人”、“车人”，孙诒让《周礼正义》卷七十七、八十六。

③《考工记》“轮人为轮”、“轮人为盖”。“盖”即车伞，轮、伞结构相似，故以一工为之。参见〔368〕。

④ 孙诒让《周礼正义》卷八十六（见〔165〕第3516页）。

⑤《考工记·轮人》郑玄注，《太平御览·木部》引崔寔《政论》述晋师旷语。参见孙诒让《周礼正义》卷七十五（〔165〕第3141～3142页）。

者相均称①。

关于车轴，有“三理”之说，即木理均匀没有节目、木质坚韧、与轮毂配合得既滑且密。

关于车辕，有“三度”之说，即基于马的不同高度，车辕应有三种不同的曲度。

两端分别与轴和衡的中心点垂直相交的辕，是先秦独辕马车的核心传力部件，两匹服马的拉力，都萃集于辕，车的重力，也通过辕而作用于马，所以对辕的结构和强度要求极高。春秋时人对此有深刻的认识。《考工记·辀人》说，马车须用曲辕，曲辕的牵引性能优于直辕，上下坡时尤其显著。通过与直辕大车的比较，《考工记》对曲辕之利作了反复强调，这为今天运用现代力学知识而作的分析所证明[420]。《考工记·辀人》又说，辕要坚韧，桡曲适度，不伤木理。对此也反复申述，体现了对辕的强度的高度重视。

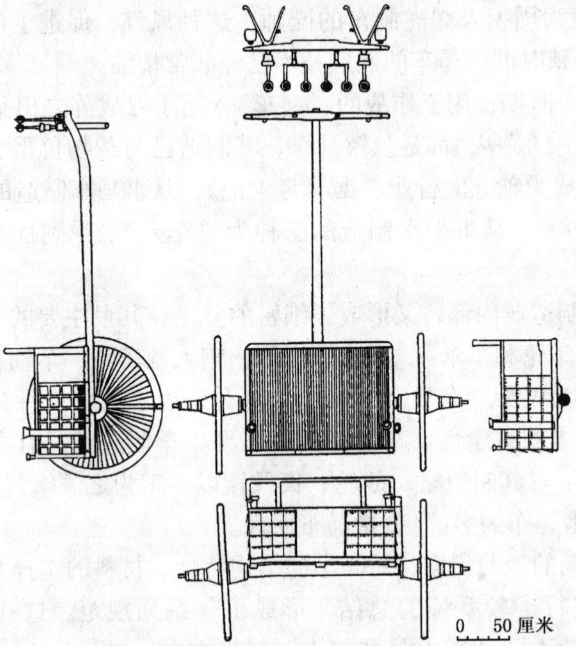

图3－76　河南淮阳马鞍冢二号车马坑4号战车结构复原图

（四）树立起了很高的标准，且有一套有效的检验手段。如《考工记·轮人》说：制成的轮子，要用圆规检验，看轮圈是否圆；用萬蒌②检验，看外廓是否规整；悬绳检验上下辐，看是否垂直；置于水中，看浮沉是否均等（求质量均匀，否则就不水平）；毂中装黍，测量一对轮子的毂的中空是否相同；称量轮子，看一对轮子的重量是否相等。如果制出的轮子圆中规、平中萬、直中绳、浮沉深浅同、

① 《考工记·舆人》：“轮崇、车广、衡长，叁如一，谓之叁称。”如一者，相近而不等同也。郑玄注：“称犹等也。”（见《十三经注疏》第910页）不妥。商周马车遗迹的这三个数据，都相近而不等同。

② 《考工记·轮人》“萬之以眡其匡也”，郑玄注：“等为萬蒌，以运轮上，轮中萬蒌，则不匡刺也。”孙诒让《周礼正义》卷七十五引江永云：“凑合诸木成牙，恐其匡枉不平正，故须以萬蒌运之，视其稍有枉处，则削而正之耳。后郑言等为萬蒌，是当时有其名物。余见造车者用木架作一圆，与轮同大，轮与之并立而运之，此正古人用萬蒌之法也。”（见〔165〕第3176、3177页）

黍米容量同、权衡轻重同，可以称之为“国工”，即国之名工。《考工记·舆人》关于车厢的制造，也要求“圆者中规，方者中矩，立者中悬，衡者中水”。

在《考工记》中，从事马车制造的轮人、舆人和辀人被列为百工之首，这是中国古代制车业曾享有的最高荣誉。《考工记》所总结的制车规范和标准，正体现了车战鼎盛时代的要求。从春秋晚期开始，中国古代车战逐渐由盛转衰，但制车技术在战国时期仍保持着高水平，并继续有所发展。

二、中原战车的改进

东周时期中原地区的战车，继承了商代和西周时期中原独辕马车的形制结构特点而有所改进。以河南洛阳中州路和淮阳马鞍冢发现的战国战车（见表3－20）为代表，与商代晚期和西周时期的独辕马车相比较，变化主要体现于六点：

表3－20　战国战车各部数据举例　　单位：厘米

出土地点	车号	轮径	毂长	辐数（根）	轨距	车厢（舆）广深高	辕（辀）长　径	轴长径	衡长	资料来源
河南洛阳中州路车马坑		169			200	160　150	340⁺　12	277　10	141	〔391〕
河南淮阳马鞍冢二号车马坑	4号车	136	65	32	208	148　110　34.5	340　8～10	294　11	146	〔421〕
	7号车	146	59		195	160　98	310　8.3～12.2	274	125	

（一）轮辐增多。西周马车的辐条普遍为20多根，东周马车则以30辐最为常见，如《老子》说：“三十幅，共一毂，当其无，有车之用。”《考工记·辀人》说：“轮辐三十，以象日月也。”遗迹所见东周战车的轮辐有的还超过30根①。

（二）车毂增长。《考工记·车人》说：“短毂则利，长毂则安。”长毂能够提高车的稳定性。西周马车的毂，总体上要比商代马车的毂长，而遗迹所见战国战车之毂，更长于西周马车。东周时人往往将战车称为“长毂”，如《司马法》说“长毂一乘”②，《穀梁传·文公十四年》说“长毂五百乘”。可见车毂较长是其时战车的突出特点③

（三）西周晚期，人们开始通过缩小车轴的长度和轮轨的宽度来提高战车的灵活性。车毂的增长与这种改进趋势是矛盾的。东周时人似乎最终采取了折衷的办法，因此，遗迹所见战国战车的轴长（274～294厘米）和轨宽（195～208厘米），总体上要小于商末周初的马车（轴长多大于300厘米，轨距多大于215厘米），而大于两周之际的马车（轴长多小于250厘米，轨距多小于185厘米）。

李约瑟博士曾总结：“战车的轨距，商代为7.07英尺（约215厘米），西周平均约为6.55英尺（约200厘米），春秋为5.71英尺（约174厘米），战国为5.41英尺（约

① 山西侯马上马村春秋晋国墓地发现的车马坑中，有多辆马车的轮辐为32根，一号车马坑之1号车，轮辐更达35根（见〔422〕第238～265页）。

② 《左传·成公元年》孔颖达疏引《司马法》。《周礼·小司徒》郑玄注、《孙子兵法·作战篇》杜牧注引用了相似的内容，而“长毂”被易为“革车”、“兵车”。

③ 《诗·秦风·小戎》“文茵畅毂”，畅通长，畅毂即长毂（见《毛诗正义》卷六，《十三经注疏》第370页）。

165 厘米)乃至 4.59 英尺(约 140 厘米)。"①杨泓也曾说,殷周时代车子的发展趋势是"轨宽逐渐减小"②。新的资料表明,先秦战车轨距的变化并非一条递减的直线,战国战车的轨距,基本稳定在 200 厘米左右③。

(四)商代和西周的马车,舆的进深一般小于 100 厘米。而淮阳马鞍冢二号战国车马坑中的 4 号战车,舆深 110 厘米;洛阳中州路发现的战国战车,舆深 150 厘米。舆深增大,扩大了战车甲士的活动空间。

(五)商代和西周的马车,辕的长度通常不超过 300 厘米,春秋初期仍然如此。而淮阳马鞍冢二号战国车马坑中的 4 号战车,辕长 340 厘米;7 号战车,辕长 310 厘米;洛阳中州路发现的战国战车,辕长甚至大于 340 厘米。据今人运用现代力学知识所作的分析,在曲度相同的条件下,车辕越长,牵引力的利用率越高,但转向的灵活性降低〔420〕。

如果具体分析,车辕的加长实际存在两种情况。一是随车厢进深的扩大而增长,增长的主要是位于舆下的部分。这种情况在洛阳中州路发现的战国战车上表现得尤其明显,主要应归因于扩大车厢的进深,即扩大战车甲士的活动空间。二是位于舆前的部分增长,如淮阳马鞍冢二号战国车马坑中的 4 号和 7 号战车。这种情况一定程度上也反映了马的改良。牵引战车须用强壮健硕之马,马体较大,辕的舆前部分理应较长。山东胶县西庵车马坑的西周战车,辕长 284 厘米,舆深 97 厘米,辕的舆前长度(约等于辕长减舆深)不足 190 厘米〔425〕;淮阳马鞍冢二号车马坑的两辆战车,辕的舆前长度分别约为 230 厘米和 210 厘米。后者自然能容更大之马。

综合来看,东周时期对战车的改进,综合考虑了多种因素,如稳定性、灵活性、甲士活动空间、牵引功效等,而不是单纯追求某一种性能,如灵活性,或稳定性。

(六)战国时期,人们开始在战车的轴、毂之间装置金属轴瓦,以减小摩擦力,提高轮的灵活性。古人将车子的轴瓦称为锏和釭。《说文》:"锏,车轴铁也。""釭,车毂中铁也。"《释名·释车》:"锏,间也,间釭、轴之间使不相摩也。"可见锏装于轴上,釭装于毂内,正相配合。洛阳中州路发现的战国战车上伴随出土了 4 件半筒形瓦状的铁器,两件一对,四角施铁钉固定于当毂处的轴木上。这应当就是文献中所说的"锏"。在河北易县燕下都遗址中,则发现了不少战国时期的铁釭④。大概起初只是单设锏或釭,后来才发展为釭、锏相配。《吴子·治兵》说:"膏锏有余,则车轻人。"意思是经常用油脂涂抹润滑轴锏,就能使战车载人轻便。

东周时期的马车资料,还传达出了其他一些值得注意的信息:

(一)车辆的木件,普遍以涂漆的方法加以保护并装饰。各地发现的马车遗迹上,常留有漆皮漆痕。《考工记·辀人》曾讲到车辕髹漆。湖北荆门包山战国楚墓出

---

① 见〔423〕第 5~6 页注释 d,参见〔424〕第 77、246 页。

② 见〔132〕第 81 页。

③ 需要注意的是,先秦马车既有乘车也有战车,考古发现的马车遗迹,规格尺寸相当纷乱,探讨战车形制结构的变化,应尽量以确实的战车标本为依据。

④ 见〔21〕上册第 148、165、279、402、494、816 页。原报告皆名之为"辖",误。因其外表面有凸榫,故应是装于车毂内的釭。参见〔426〕第 102~103 页。

土的一件保存较好的梓木车衡，通体涂黑漆①。在淮阳马鞍冢二号车马坑的 7 号 战车上，还发现轮牙的外侧近辐处有带状朱绘。

（二）其时对最易受碰撞的车毂的保护，主要有三种方式。一是在木质毂体上套装环形铜件。淮阳马鞍冢二号车马坑之 4 号战车，毂上套 6 个环形铜件，每个都较窄细，状如 6 道铜箍。西周时期那种把木毂整个包覆起来的铜毂饰已不流行；二是在木毂外缠约皮条并涂漆。湖北江陵九店发现的一辆战国马车，据观察，其毂的加固方法是先在毂上涂一层漆液，未干时用皮条或麻线作螺旋式缠绕，绕一层后涂一层漆，如此循环缠绕二三层后再在表面髹漆②；三是施胶被筋。《考工记·轮人》说：制毂“施胶必厚，施筋必数”。孙诒让注：“毂外周帀施以膠筋，使之黏合缠绕，则任力不至拆裂。”③其法类于涂漆缠革。“数”当指反复缠绕。

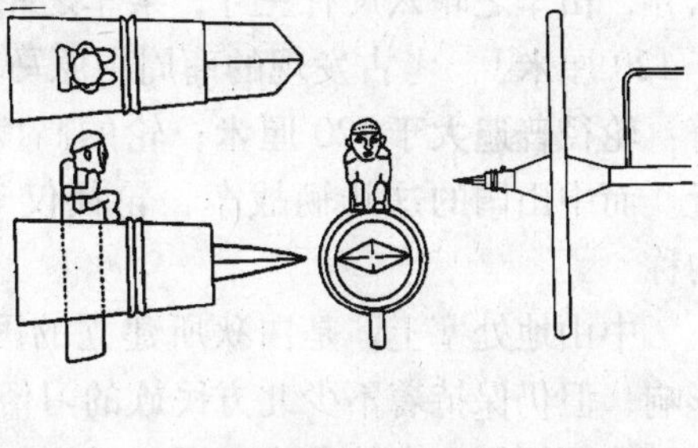

图 3－77　春秋矛状铜车軎及装置示意

陕西户县宋村出土，车軎长 16.2 厘米。

（三）东周时期，往往在战车的车轴两端安装带尖刃的铜轴头——軎，以增强对步兵的杀伤力。这种矛状铜车軎，在陕西户县宋村春秋秦墓和湖北随县战国初期的曾侯乙墓中都有发现④。《淮南子·氾论训》说：“销车以斗。”高诱注：销车“以刃著左右”。当即指此。

（四）淮阳马鞍冢二号车马坑之 4 号战车，其车厢的后半部装设 80 块铜甲板，甲板每块长 13.6 厘米，宽约 12 厘米，厚 0.2 厘米。这在一定程度上增强了车舆对甲士下半身的防护能力。

三、中山国的小轮战车

1978 年在河北平山战国中山王譻墓二号车马坑中发现的 4 辆战车（见表 3－21），虽也是独辕双轮结构，但形制与中原常见战车明显有异，其突出特点是车轮卑小。

表 3－21　中山国小轮战车各部数据　　单位：厘米

出土地点	东号	轮径	毂长	辐数（根）	轨距	车厢（舆）广	深	高	辕（辀）长	径	轴长	径	衡长	资料来源
河北平山中山王譻墓二号车马坑	1 号车	76	38	22		168	156	53	356	6～10	260	9	160	［124］上册第 305～310 页、514～523 页、86～93 页
	2 号车	80				170	180	49	356	4.5～12	268	11	160	
	3 号车	80	38			130	130		290	7～4.5	206	9		
	4 号车	78		22		140	132	34	292		215	10		

① 见［119］上册第 324 页。

② 见［153］第 138～141 页。

③ 孙诒让《周礼正义》卷七十五（见［165］第 3159～3160 页）。

④ 见［427］和［42］上册第 322～325 页。

《考工记》对于独辕马车的结构，曾总结出“叁称”的规范，即车轮的高度、车厢的宽度、车衡的长度，三者相均称。《考工记·叙》又说：“兵车之轮六尺有六寸，田车之轮六尺有三寸，乘车之轮六尺有六寸。”按此标准，车轮的直径应大于120厘米①。考古发现的商周中原马车，包括战车，与《考工记》的概括基本相符：轮径普遍大于120厘米；轮的高度、舆的宽度、衡的长度，三者也总是相接近。而中山国的这几辆战车，轮径仅76～80厘米，与舆的宽度和衡的长度很不匀称。

中山地处塞上，是白狄所建立的国家，春秋战国时虽广泛接受了中原文化的影响，但仍保持着不少北方民族的习俗②。他们的这种小轮战车，或许本为北方游牧民族所惯用。车轮卑小，适于丘峦起伏之地。

第二节　战船及其建造技术

一、水战的兴起和水军的建立

先民的水上活动和舟船的发明，可以追溯到新石器时代。在中国南北各地，已经发现了一些新石器时代舟船的图像资料和木桨实物③，特别值得提起的是1977年浙江余姚河姆渡新石器时代遗址中出土的木桨，其年代约为距今7千年前[432]。结合文献记载和民族志资料，可知新石器时代的水上活动工具主要是桴筏和独木舟。在水系发达、河湖密布的南方地区和东部绵长的海岸沿线，可能很早就发生了水上战斗。

夏、商和西周时期，中国的军事活动以黄河中下游平原为中心，文献中只有利用舟船济运军马的事例，如商末周军于盟津济渡黄河④，又如周昭王南征楚国时济渡汉水⑤，都是靠舟楫渡运军队和车马。目前还没有发现这个时期曾进行水战的记载。

在中国，水战之成为战争的一种重要方式，以及作为军队兵种之一的水军之登上历史舞台，是在春秋时期，首先发生于长江中下游的荆楚吴越地区。这一带，江河纵横交错，湖泊星罗棋布，居民习于“以船为车，以楫为马”。春秋中晚期，位处长江中游的楚国日益强盛，而长江下游的吴国和越国又先后崛起，为拓展疆域、争夺霸权，楚、吴、越三国之间爆发了激烈的战争，它们都组建了专事水战的部队，并在战争中发挥了重要作用。

公元前549年夏，“楚子为舟师以伐吴”⑥；

公元前523年夏，“楚子为舟师以伐濮”⑦；

---

① 东周一尺一般相当于23厘米（见〔400〕第3页《中国历代度制演变测算简表》）；或认为《考工记》是齐国官书，其尺为齐尺，较小，但一尺也不短于19.5厘米（见〔428〕）。

② 参见〔429〕〔430〕〔124〕上册第3～5页。

③ 参见〔431〕第4～5页及图版1、24～27。

④ 《史记·周本纪》、《史记·齐太公世家》。

⑤ 《史记·周本纪》唐张守节正义引《帝王世纪》。

⑥ 《左传·襄公二十四年》。

⑦ 《左传·昭公十九年》。

公元前518年冬，“楚子为舟师以略吴疆”①；

公元前515年春，吴楚相抗，楚“令尹子常以舟师及沙汭而还”②；

公元前504年夏，“吴大子终纍败楚舟师”③；

公元前485年春，吴“徐承帅舟师将自海入齐，齐人败之，吴师乃还”④；

公元前482年，越“发习流二千人，教士四万人，君子六千人，诸御千人，伐吴”⑤，其中“习流”即“习水战之兵”⑥ ……

从公元前549年舟师水军第一次见于文献记载开始，几十年间，在长江中下游发生了多次水战。由于水军成为专门的兵种，楚、吴、越之用兵往往水陆并举，故此时期又出现了与“舟师”相对的“陵师”一词，用以指称传统的陆军⑦。

战国时期，水战依然局限于南方，中原列国基本上只是利用水道、依靠舟船运送军队和粮草。如《华阳国志》卷三记：秦惠王时，“司马错率巴、蜀众十万，大舫船万艘，米六百万斛，浮江伐楚，取商於之地，为黔中郡。”这个材料对船队的规模可能有夸大，但秦国用“大船”、“舫船”载运军队和粮食，亦见于《史记·张仪列传》，应是事实。又如《史记·苏秦列传》引述秦王的话说：秦军“乘夏水，浮轻舟，彊弩在前，锬戈在后，决荥口，魏无大梁”。这仍属于以舟船运兵，其制胜手段是决河灌城。此外，在《孙膑兵法》下篇《十阵》中有专论“水战之法”的一节，但并不是讲水上战斗，而是阐述当车兵、徒兵组成的部队遇到江湖障碍时，应如何了解敌情、攻击敌船、控制渡口，以保障车、徒顺利通过。至于《墨子·备水》所论之“以船为轒辒”，则是讲守城时如何防御敌人以河水淹灌城池。

二、东周战船

关于东周时期的战船，现主要有两类材料，一是文献记述的春秋晚期南方诸国的战船，一是战国铜器图纹上的战船形象。

见于文献记载的吴国的战船有大翼、中翼、小翼、突冒、楼舡（船）、桥舡、余皇诸种⑧，越国的战船有戈船和楼船⑨。

三翼是吴国的主力战船，据《伍子胥水战兵法》讲：“大翼一艘长十丈，中翼

---

① 《左传·昭公二十四年》。

② 《左传·昭公二十七年》。

③ 《左传·定公六年》。

④ 《左传·哀公十年》。《史记·吴太伯世家》亦记此事，作：吴“乃从海上攻齐，齐人败吴，吴王乃引兵归”。似乎黄海之滨的齐国也建有水军，而且吴、齐之间曾进行了海战。

⑤ 《史记·越王勾践世家》。亦见《吴越春秋》卷十，文字略有出入。

⑥ 《吴越春秋》卷十徐天祐注。《史记·越王勾践世家》唐司马贞索隐、张守节正义对“习流”有不同的解释，徐天祐已指出其误（参见〔132〕第105页）。据《越绝书》卷八记，越国又有“楼船卒”，也是水军。

⑦ 《左传·定公六年》。《太平御览》卷七七〇引《越绝书》所述伍子胥之言，则将水军称为“舡（船）军”，将陆军称为“陵军”。

⑧ 《文选》张华《七命》唐李善注引《伍子胥水战兵法》、《太平御览》卷三一五和卷七七〇引《越绝书》。

⑨ 《吴越春秋》卷十、《越绝书》卷八。

一艘长九丈六尺，小翼一艘长九丈。”① 据《越绝书》所转述的《伍子胥水战兵法》，大翼的尺寸还更大一些：

> 大翼一艘广丈六尺，长十二丈，容战士二十六人，櫂五十人，舳舻三人，操长钩矛斧者四，吏仆躲长各一人，凡九十一人。当用长钩矛长斧各四，弩各三十二，矢三千三百，甲兜鍪各三十二。②

可见这是一种桨手众多的较大型战船。中翼和小翼的乘员分别为86人和80人，其中战士与桨手的比例，大致与大翼相同，约为1:2。

突冒，顾名思义，当船速很快，利于冲突。汉代至南北朝时有战船名“冒突”③，或即突冒。《后汉书·岑彭传》唐李贤注：“冒突，取其触冒而唐突也。”这或许是一种船首有前突的坚硬冲角的战船，能快速行驶，用冲角撞毁敌船。《伍子胥水战兵法》将突冒与冲车（攻城槌）相比附④，也是一个佐证。

楼船，这是一种大型战船，因于船上建楼，故名。水战中通常作为统帅的座船。公元前525年吴楚长岸之战中，吴王的乘舟“余皇”成为双方争夺的目标，它应当就是楼船。

戈船，历来有两种解释：一谓船上建戈矛，因而得名⑤；一谓船下安戈戟等利刃，以御蛟鼍水虫及潜水凿船之人，因而得名⑥。

《墨子·鲁问》记载：

> 昔者，楚人与越人舟战于江。楚人顺流而进，迎流而退，见利而进，见不利则其退难；越人迎流而进，顺流而退，见利而进，见不利则其退速。越人因此若执，亟败楚人。公输子自鲁南游楚焉，始为舟战之器，作为钩强之备，退者钩之，进者强之。量其钩强之长，而制为之兵。楚之兵节，越之兵不节，楚人因此若执，亟败越人。

图3－78 河南汲县三彪镇出土战国铜鉴上的水战图纹

① 《文选》引华《七命》唐李善注引。
② 《太平御览》卷三一五引。
③ 《后汉书·岑彭传》，第660~661页；《陈书·侯瑱传》，第156页。
④ 《太平御览》卷七七〇引《越绝书》引。
⑤ 《西京杂记》卷六、《汉书·武帝纪》唐颜师古注引臣瓒。
⑥ 《文选·吴都赋》唐刘良注、《汉书·武帝纪》唐颜师古注及注引臣瓒。

又，《太平御览》卷七六〇引蒋子《万机论》曰：

吴日争于五湖，用舟楫而相触，怯勇共覆，钝相俱倾。

由这些记述可知春秋晚期已有专门的水战武器，水战的基本方式是接舷战和撞击战。

据《越绝书》所述，伍子胥向吴王阖闾讲论“船运之备”时，曾将各种战船和各种战车相比附，以说明其作用：

大翼者，当陵军之车；小翼者，当陵军之轻车；突冒者，当陵军之冲车；楼舡者，当陵军之行楼车也；桥舡者，当陵军之轻足剽定骑也。①

反映了水战中已将多种战船综合运用，相互配合。然而，文献的记述还是过于笼统和简略，因而难以具体地了解这些战船的形制和结构。

战国铜器图纹上的战船形象，提供了弥足珍贵的资料。在青铜器上刻画现实的水陆攻战场面，是战国时期铜器装饰的新风格。有这种图纹的铜器，现共发现4件：1935年河南汲县山彪镇出土两件铜鉴②；杨宁史（Werner Jannings）旧藏一件铜壶（现藏北京故宫博物院）③；1965年四川成都百花潭出土一件铜壶④。其年代皆为战国早期[436]。其图纹极其相似，特别是关于水战场面的刻画，构图几乎相同，似有统一的图样或底本为据。其上之战船，无帆无舵，以桨推进，分上下两层，下层容纳桨手击櫂，上层搭载兵士作战。几件铜器上的水战画面，均为两船相抵，战士隔船相斗，所用武器有戈、矛、戟、剑、弓矢和盾牌。尽管图案化的战船图像上，每船仅绘出四五名战士、三四名桨手⑤，但从其双层结构可以推知，这是一种较大型的战船，因为有底层舱室，其船舷必然升高，而为了保证稳定性，就必须有较大的长度和宽度。这种图纹，多半是以春秋战国之际长江中下游地区的水战为依据而绘成。在杨宁史壶的水战图纹上，能够看到战士们所用的武器中有多戈戟，这正是其时流行于这一带的独特兵器。我们或许可以把这些图纹上的战船形象与文献记述的三翼联系起来⑥。

三、中国早期造船技术

由于舟师水战的需要，春秋晚期，楚、吴、越等国可能都建立了官府辖属的造船工场。《越绝书》卷二记：“欐溪城者，阖闾所置船宫也。”同书卷八记：“舟室者，句践船宫也，去县五十里。”所谓船宫、舟室，可能就是造船工场。

关于早期战船的建造技术，现在所知甚少。《史记·周本纪》载：周昭王“南巡狩不返，卒于江上”。唐张守节正义引《帝王世纪》云：

昭王德衰，南征，济于汉，船人恶之，以胶船进王，王御船至中流，胶液船解，王及祭公俱没于水中而崩。

这个材料反映出，西周时期木板船已经普及。木板拼接或木料组合是古代造船的

① 《太平御览》卷七七〇引。这段内容可能本也出自《伍子胥水战兵法》。
② 见〔433〕图版19、20。
③ 见〔434〕图1001。
④ 见〔435〕及〔434〕图1006。
⑤ 桨手必左右对称，其实际数量应多于战士。
⑥ 三翼的桨手多于战士，桨手与战士必分层而处。

基本方式，也是舟船大型化的基础。但先秦时期人们通常采用什么方法拼接船板，文献中却缺乏记载。一些民族学材料，为了解早期木板船的制造方法提供了重要启示。比如，西双版纳的傣族至今沿用古老的传统方法制造泼水节供男子进行比赛的龙舟，龙舟一般用一整棵树制作，由三大块拼成，底板和船身成梭状，中部宽约1.2米，两头渐窄，并向上翘起，长约20余米。造船的木料通常选用高大挺拔且材质坚硬的椿树或番龙眼树，组成船身的三块巨形木板由村寨的能工巧匠用手锯和斧头劈出，用木楔拼合，用竹篾条捆扎联结在一起，再将树皮舂细、晒干后，用竹签将之紧紧塞入板与板之间的缝隙，干燥的树皮遇水膨胀，板与板就变得严丝合缝，滴水不漏了。

考古发现提供了进一步的信息。1978年，在河北平山县战国时期的中山王墓边上发现了一个葬船坑，其北室的葬船已无法辨别（估计是一条饰有彩画的大木船），南室葬有三条木船，尚存较多遗迹①。经清理复原得知，南室的三条船都是木板船，大小相若，长约13.2米，中宽约2.2米；有龙骨、肋骨、仓间隔板，顺向底板的前端上部有横木加固；船板厚约9厘米左右，上涂黑褐色漆，漆皮下有麻布和油灰；船板的拼接除可能采用榫卯结构和木制枣核钉（实即小木楔）外，还使用了金属件加固。在这几艘木船遗迹上，残存着许多铁箍，系由宽1.6~1.8厘米，厚0.15厘米的铁条盘绕而成，一般均绕四周，铁箍上往往还附有铅片，它们应当是连接船板、加固船体的构件，分析其用法当是：先在相邻的船板边缘各凿出穿孔，然后将铁条穿贯绕扎三四道，再用木片将孔隙填实，浇注铅水，于是船板就牢固地联结在一起了。由于船板腐朽无存，葬船坑中便散落下一个个铁箍，但并非当初造船时系用现成的铁箍去拼接，这是阅读发掘报告时需要辨别的。

中山国木板船的结构说明：至迟在战国时期，已使用铁条绕扎的方式连接船板。另据考古发现，战国时已有铁钉，常与棺木一起出土。既然制棺材用铁钉，那么造船时将铁钉作为连接手段也是很可能的②。至于中国造船技术中惯用的涂抹油灰防渗和髹漆防潮的方法，战国时期当已普及。

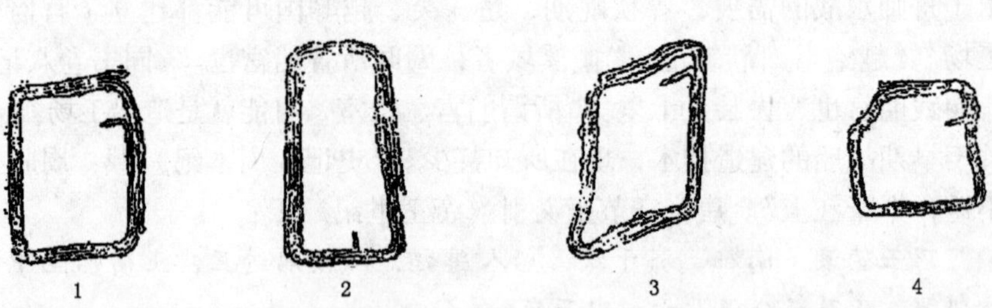

图3-79　中山国木板船遗迹上存留的铁箍

1、2. 船底铁箍；3. 船侧壁铁箍；4. 舷边铁箍（内径高9.5厘米，宽9.8厘米）。

① 见〔124〕上册第95、327~332、516~525页。

② 参见〔431〕第12页。

第六章
城池筑城的发展

第一节 筑城的基本方式

自新石器时代筑城活动兴起以来，中国城一直以平原夯土城为主，以致在古人的意识中，往往只有聚土筑城的概念。如《尉缭子·守权》说："故为城郭者，非妄费于民聚土壤也，诚为守也。"

经过夏、商、西周时期的发展，到东周时期，夯土城的建造技术已经成熟。而且，这个时期留下了较多的文献和实物资料，使我们能够较为全面和具体地了解其时筑城的情况。

一、筑城的程序和施工组织

关于筑城的程序和施工的组织管理，《左传》中有两段珍贵的记录。

一见于《左传·宣公十一年》：

（楚）令尹蒍艾猎城沂，使封人虑事，以授司徒。量功命日，分财（材）用，平板榦，称畚筑，程土物，议远迩，略基趾，具餱粮，度有司。事三旬而成，不愆于素。

一见于《左传·昭公三十二年》：

冬十一月，晋魏舒、韩不信如京师，合诸侯之大夫于狄泉，寻盟，且令城成周。……士弥牟营成周，计丈数，揣高卑，度厚薄，仞沟洫，物土方，议远迩，计徒庸，虑材用，书餱粮，以令役于诸侯。属役赋丈，书以授帅，而效诸刘子。韩简子临之，以为成命。

综合这两段文字的内容，可知当时筑城的基本程序是：

考察基址，即所谓"略基址"，"略"意为巡略，案行。

设计城池，确定城墙的长度、高度、厚度和护壕的宽度、深度，即所谓"计丈数，揣高卑，度厚薄，仞沟洫"。

估算用功量和工程所需时间，即所谓"量功命日"，"命日"就是"量事期"的意思①。其依据是：土方量、运土距离和施工人数。需要逐项估算，即所谓"物土方，议远迩，计徒庸"。"计徒庸"，不是简单确定一个总人数，而是要具体估算挖土、运土和夯筑的人工数，使其比例合理，不致窝工，即所谓"称畚筑"。

估算所需的材料（主要是木材）和器械，即所谓"虑材用"。"程土物"之"物"，也是指此。

估算所需的粮食，即所谓"书餱粮"②。

---

① 吕祖谦《春秋左氏传说》云："量功是量用功之多寡，命日是度其日子多少。"

② 杜预注："知用几粮食。"

考虑工程各方面的主持、监督人选，即所谓“度有司”。

在上述工作的基础上，制定工程规划或方案。楚国营建沂城时，是由掌土地、役政的司徒的属官封人具体负责这件事，即所谓“使封人虑事”，杜预注：“封人，其时主筑城者。”晋合诸侯营成周，担当这个角色的是士弥牟。

将规划或方案上呈主管役政的官员，即所谓“以授司徒”。规划或方案被批准后，便付诸实施。

工程的施行，首先是征发民工，备具材料、器械和粮食。晋合诸侯营成周，是让各国按大小出役若干，承担工程若干丈，即所谓“令役于诸侯”、“属役赋丈”。“役”不只是一个人工数，同时也包括完成其工程任务所需之材料、器械和粮食。一国之筑城，通常也是采取这种“包干法”，让地方按大小和实力承担一定长度段落的修筑任务，包括出工、出物、出粮。

其次，将工程方案中的有关内容和要求抄发给各段工程和各方面的负责人，即所谓“书以授帅”。

然后，由各段工程的负责人主持分配材料（“分材用”），修理器械（“平板榦”），而后开工。在开工前和施工过程中，都有专门的技术人员用规、矩、准、绳、标杆等器械测量方向、水平、垂直度和角度。这就是《考工记》所说的：“匠人建国。水地以县，置槷以县，眡以景。为规，识日出之景与日入之景。昼参诸日中之景，夜考之极星，以正朝夕。”①

楚国城沂，按期完工（“不愆于素”）。这说明当时工程规划中的各种计算，方案的制订和实施，都是比较周密的。

二、版筑法：通常的形态

夯土城的建造技术，经历了由堆筑法到版筑法的发展。版筑法发端于新石器时代，在夏、商时期趋于成熟，并日益普及。到东周时期，夯土城几乎都采用版筑法建造：或先挖基槽，筑基起墙；或在经过平整的地面上直接起建。除了挖槽筑基无须设模型板外，其时城墙几乎没有不采用版筑之处。

所谓版筑，就是在木板框架内填土夯实。“版”和“筑”本意都是指夯筑土墙的工具。“版”是构成框架的木板，即模型板，或称之为夹板；“筑”是夯杵。《孟子·告子下》：“傅说举于版筑之间。”所言版、筑，就是此意。又如《汉书·英布传》称：“项王伐齐，身负版筑。”颜师古注引李奇曰：“版，墙版也；筑，杵也。”二字连用，其意引申，便成为特定筑墙法的名称。杜甫《泥功山》诗有云：“朝行青泥上，暮在青泥中。泥泞非一时，版筑劳人功。”

版筑城墙的方法是，将一定长度和宽度的段落用一定高度的木板堵住两侧和一个横头（起始段落须堵两头），然后在版框内逐层填土夯实，筑满版框后，或升高或侧移或前移版框继续夯筑。高大、绵长的城墙就是这样一版一版累加筑成。

模型板的固定，普遍采用在两侧施夹棍式木柱并加绳索约束的方法。固定模板的木柱，称为桢、榦。《急就篇》列举筑墙有关用语“榦桢筑板”，颜师古注说：“榦桢，筑墙之植木。”正是由此引申出泛指支柱、骨干的“桢榦”一词。用绳约

① 参见孙诒让《周礼正义》卷八十二（〔165〕第3415～3422页）。

束模型板称为“缩”。《诗·大雅·绵》描写版筑：“缩版以载，作庙翼翼。”唐孔颖达疏：“以绳缩束其板，板满筑讫，则升下于上以相承载，作此宗庙翼翼然而严正。”①

当模板框架升得较高时，木柱难以着地，便在墙面上施横向插杆，用以承托模型板，并为纵向的夹棍式木柱提供支点。这样就形成了脚手架式结构。许多东周古城，如河南洛阳东周王城、河北易县战国燕下都、山东滕县薛故城和山西太原西南的晋阳城等，其城墙的上部还留有一排排的插杆洞眼，其内或有木料朽迹②。《左传·襄公二十三年》记：“陈人城，版队（坠）而杀人。”这是模型板没有固定好，从高处掉下来砸死了人。

直至近世，中国农村中版筑土墙的夹板固定方法仍大体如此，当然，具体形式不同地区或有差别，丰富而多彩③。

基于夯土版筑这种筑墙和筑城的方式，先秦时期产生了三个计量墙和城的长度和高度的独特术语：版、堵、雉。东周时期，这些术语已经普及。成书于春秋战国之际的《考工记·匠人》便以“雉”计城高；《左传》、《战国策》和诸子著作中，都不乏用这些术语计城或墙的长度和高度的例子④。汉代以来的经学家多认为：一版为长一丈、高二尺；五版上下相累为堵（“五版为堵”⑤），因此，一堵为长一丈、高一丈，即“方丈曰堵”⑥；三堵相接为雉（“三堵曰雉”⑦），因此，一雉为长三丈、高一丈⑧。这三个计量单位的使用原则是“度高

图 3-80　近世关中地区版筑土墙（“椽打墙”）的版框（采自〔438〕）

① 《毛诗正义》卷十六（见《十三经注疏》第510页）。孔颖达又说：《释名·释器》云“绳谓之缩”，孙焱曰“绳束筑板谓之缩”，郭璞曰“缩者缚束之也”，然则缩者，束物之名，用绳束板，故谓之缩。

② 见〔437〕〔438〕第30页图2-2-7，〔21〕上册第19~20页，〔439〕〔438〕第403页，〔440〕图6。一些东周古城墙的墙体内也遗留有纵向的夹棍洞眼，如河南鄢陵东周古城（见〔441〕）。有些报告将纵向夹棍洞眼称为“穿杆孔”（见〔442〕〔443〕）；而另一些报告则将横向插杆洞眼称为“夹棍洞眼”（见〔439〕），造成了混乱。

③ 参见〔444〕〔445〕〔438〕第48、55页，〔446〕第294页及图6-91。

④ 《左传·隐公元年》，“都城过百雉”；《战国策·赵策一》，“城不没者三板（版）”；《史记·赵世家》，“城不浸者三版”；《韩非子·外储说左上》，“十版之墙，八尺之牖”；《诗·小雅·鸿雁》，“百堵皆作”，毛传：“五版为堵。”

⑤ 《诗·小雅·鸿雁》毛传、《说文》“堵”。

⑥ 《左传·隐公元年》晋杜预注。

⑦ 《左传·隐公元年》晋杜预注。

⑧ 见孔颖达《春秋左传》正义卷二，“都城过百雉”注、疏（《十三经注疏》第1716页）；孙诒让《周礼正义》卷八十四，“城隅之制九雉”注、疏（〔165〕第3473~3475页）；段玉裁《说文解字注》，“堵”。或说一版长八尺，或说一版长六尺，但这两说有明显的不合理性，孔颖达、段玉裁、孙诒让等已辨之甚明。

以高，度广以广”①，比如以版计墙高，则一版为高二尺；以版计墙长，则一版为长一丈②。其他依此类推。

在这个计量体系中，“版”是基准单位，它的长度和高度，应是根源于筑墙或筑城实际所用版框的长度和高度，或者说是根源于一个版框筑出的墙体的实际长度和高度。但古城墙上所见实际的版长和版高并不统一，如：洛阳东周王城城墙壁面上遗留的模型板痕迹，长130~170厘米，这就是其版框的长度；其版框高度应与城墙上遗留的上下两排横向插竿洞眼的间距相当，约为30~40厘米③。易县燕下都城墙壁面上遗留的模型板痕迹，长约160~235厘米④；城墙上遗留的横向插竿洞眼，上下排间距为50厘米⑤。临淄齐故城之筑墙版框，据遗迹显示，为2~3块高8~15厘米的木板上下相累而成，其版高大致为30厘米左右至45厘米⑥。按周代一尺约相当于23厘米⑦，因此在“版堵雉”计量法中，一版的长度约合230厘米，高度约合46厘米。古城墙上所见实际的版长和版高，只是与此相近却不相同。这说明古人在创造“版堵雉”计量法时，对作为基准单位的“版”的长度和高度进行了标准化，尽管它并不等于古代版筑法的实际版长和版高，但对于我们今天了解古代版筑法的实际版长和版高，仍是一个有价值的参照系，二者不会相差太远，有时也一致。如同中国古代的计量单位“步”和“轨”一样，它们分别来源于对人的步幅和车的轨距的标准化。

图3-81 河北易县战国燕下都城墙的夯层

图3-82 郑州商城城墙夯层上的夯窝

商周城墙都是分段分层版筑，通常一版的长度就是一段的长度，一版的高度就是一个大层的高度，一版的宽度就是城墙或城墙主体的宽度。在一版之内，又

① 《周礼·考工记·匠人》“城隅之制九雉”汉郑玄注，见《十三经注疏》第928页。

② 一版为高二尺，历代注家均无异议。但人们往往忽视了“版”作为计量单位有长和高两种性质，因而导致了尺度的混淆。如《史记·赵世家》说“城不浸者三版”，此处“版”指墙高，应为二尺，然张守节正义引何休云“八尺曰版”，何休是主张版长为八尺的，张守节则混淆了版长和版高。

③ 见〔437〕及〔438〕第30页。

④ 据〔21〕上册第19页实测图估算。

⑤ 见〔21〕上册第19页。

⑥ 见〔438〕第407页。

⑦ 参见〔400〕第3页《中国历代度制演变测算简表》。

分若干小层填土夯筑，这种小层，就是现在人们习称的“夯层”。保留下来的商周城墙残段，无不夯层清晰，层面平直，类似于中国糕点中的“九层糕”、“千层糕”之类。夯层的厚度，以10厘米左右最为普遍，也有薄至四五厘米，或厚达20余厘米的（见表3－22）。夯层越薄，夯筑越坚实，一般的规律是城墙下部的夯层较薄，上部的夯层较厚。

表3－22　商周古城墙夯层、夯窝状况举例

城墙遗址		年　代	夯层厚度	夯　　窝	资料来源
河南郑州商城		商代早期	一般厚8～10厘米，或厚达20厘米，或薄至3厘米	圆形尖底、圆形圜底，径2～5厘米	〔451〕
山东曲阜鲁国故城	T602～604一期	西周		圆形尖底，径2.5～3厘米	
	T602～604三期	春秋前期	4～5厘米	圆形圜底，径3.5厘米	
	T602～604四期	战国前期	9～11厘米，底部4～5厘米	圆形平底，径4.5厘米、5.4厘米（金属夯头）	
	T602～604五期	战国至汉初	13～18厘米，最厚20厘米	圆形平底，径5～7厘米（金属夯头）	
	T205～207一期	西周晚期	6～10厘米	圆形圜底，径3～4厘米	
	T205～207三期	战国早期	8～20厘米	圆形平底，径5～6厘米（金属夯头）	
	T205～207四期	战国	5～35厘米	圆形平底，径5～6厘米（金属夯头）	〔390〕第28～36页
	T505一期	西周晚期或略早	3～9厘米，下薄上厚	圆形圜底，径3厘米	
	T505二期	西周晚期	4～8厘米	圆形圜底，径3～5厘米	
	T505三期	春秋早期	8～10厘米	圆形圜底，径3～5厘米	
	T505四期	春秋晚期	下部4～9厘米，上部10余厘米	圆形圜底，径3.5厘米	
	T505五期	战国	8～12厘米	圆形平底，径5～7厘米（金属夯头）	
	T505六期	战国至汉初	15～20厘米	圆形平底，径5～7厘米（金属夯头）	
河南新郑郑韩故城		春秋	10厘米左右	圆形圜底，径3～4厘米	〔353〕
		战国	10～19厘米	圆形平底，径5～6厘米	
河南登封东周阳城		战国	6～9厘米，下薄上厚，也有较厚或稍薄的	圆形圜底，径3～4厘米 圆形平底，径5～6厘米	〔261〕第214页
山西洪洞古城		战国至汉	8～10厘米	径5～8厘米	〔443〕

夯筑工具（筑、夯杵）是直径数厘米的木棍，或圆形尖底，或圆形圜底，或圆形平底（见表3－22）。商代流行尖底和圜底夯；西周晚期和春秋时期流行圜底夯；战国时期流行平底夯，其时夯窝直径较前略增大，当是采用了金属夯头或石夯头①。商周城墙的夯层上都布满夯窝，互相错叠，可谓“密密麻麻”，可以推知是将若干夯棍绑成一束夯筑的。

棍夯在新石器时代已经采用，但史前夯筑工具较杂乱，除棍夯外，还有板夯、石夯等。板夯为长条形的木板，只能水平或斜面拍打，力度有限，夯筑质量不好。石夯是利用较大的卵石作夯具，也不便使用。距今约4300～4000年的四川新津县宝墩古城，其筑墙夯具仍以板为主〔448〕。距今约4400～4200年的河南登封王城岗古城，可能还是用河卵石作夯具②。距今约4600～4000年的山东阳谷景阳冈古城，虽然主要用棍夯，但为单棍夯筑〔449〕，仍有明显的原始性。不过，距今约4300年的河南淮阳平粮台古城，已经采用了4根木棍绑成的夯具〔450〕，开了后世成束棍夯的先河。

城墙筑好脱板后，有的还将墙壁的两面进行拍打，使其更平整坚实。如赵邯郸城的城墙，两边壁面有轻微的锤窝和明显的麻布纹，应是垫着麻布拍打所致③。如何使城墙表面坚致而耐雨水冲刷，是夯土城需要解决的一个重要问题，这导致了中古时期夯土城向砖壁夯土城的转变。

三、城墙版筑的特殊形式

商周时期用版筑法建造城墙，一般沿城墙的走向分段建造，沿城墙的立面分层夯筑，墙体在宽度上则不分块，版框的宽度就等于主墙体的宽度，这种成熟的版筑形式，有的研究者称之为“大版筑法”。但版筑法初起时一些版块较窄小的版筑形式，也一直有存留。

其一，整个墙体由厚度相同、大小不一（或长100厘米，宽60厘米，或长200厘米，宽80厘米，等等）的版块一层层构筑而成，上下层版块互相错叠，外观的效果类似于土坯垒砌。学界习称之为“方块版筑法”。采用这种方式的实例有陕西华阴魏“阴晋城”〔452〕和河南鄢陵东周故城〔441〕。

其二，也为分段分层版筑，但版块的宽度较窄，城墙在宽度上由若干个版块构成，上下层版块互相垂直。如此筑成的城墙，从横断面上看，似由并列紧密的几道夯土墙合成。战国燕下都的城墙，采用了这种修筑方式④。曲阜鲁国故城中的一段西周城墙（T602－604一期），据观察：“垣身似由两版筑成，版痕清晰。北面一版宽3.6米，南面一版由于城垣外皮受到破坏，宽度不详。推测城垣宽应在六七米之间。”⑤ 可能也是如此筑成。

---

①《墨子·备城门》说守城要预备“臿、筑”，当是用于修补城墙；“筑有锑”，锑通蒂，大概就指金属夯头。长沙战国楚墓曾出土铁夯头，形似笔筒，口大底小，口径7厘米，底径5.4厘米，高1.25厘米（见〔341〕）。秦都栎阳遗址曾出土石夯头，高27.7厘米，夯头下部直径9.5厘米（见〔447〕）。

② 见〔261〕第28～35页。

③ 见〔438〕第412页。

④ 见〔438〕第410～411页图12－1－15。

⑤ 见〔390〕第29页。

这两种形式在新石器时代晚期都已经出现，其共同特点是版块较窄小，似乎都可以归于“小版筑法”之列。商周时期继续沿用这些版筑形式，夯筑的质量则较新石器时代有所提高。

其三，墙体底部分内、外两个版块夯筑，其上则一版筑成。如山西夏县东下冯早商城址，其主墙体中部有一条直贯的竖缝，竖缝高 1.3 米，缝两边夯层不对称，表明这部分是分筑的，以上部分则为一次筑成①。这似乎可以视为由小版筑法向大版筑法过渡的一种中间形态。

四、城墙的修缮和增筑

夯土城墙的最大缺点是不耐雨水冲刷，即使是夯筑质量很好的版筑城垣，历经雨水的长久冲刷侵蚀，也会斑驳破败，乃至局部崩塌倾圮，加之战争的破坏，使城墙经常需要修补。

此外，既出于加厚加高城墙以增强防御的需要，也出于修缮城墙的需要，长期沿用的夯土城，都还经过增筑，甚至多次增筑。增筑不是简单的修缮，而是加厚加高城墙，同时起到更佳的修缮作用②。东周时期，增筑城墙之风极盛，主要是因为增强防御的需要（详见下节所论）。

增筑城墙，一般是先将原墙体的内外壁和顶面修削平整，然后在一侧或内外两侧增筑加厚，再在顶部增筑加高。如山东滕县薛国故城的东墙，经发掘揭示其第一期城墙建于春秋中晚期，底宽 15.8 米；大约春秋晚期或战国早期，在其内侧进行了加筑；战国中晚期，又在其外侧进行了增筑〔476〕。山西芮城县魏国古城，据调查，城墙为夯土版筑，有上下两层，下层又分中心部分和外侧部分，各部分夯土颜色明显不同。调查者认为可能是先造中心部分，再在外侧加厚，然后又在上部加高〔454〕。其实，这种结构当也是城墙经后期增筑所致。增筑次数越多，城墙结构越复杂。曲阜鲁国故城的城墙，从西周晚期到战国时期，历经频繁增筑，其墙体结构，尤显复杂③。

第二节　东周筑城的大发展

一、筑城活动的新高潮

自新石器时代筑城发生以来，筑城活动一直不断地发展。从现存的资料来看，在秦统一六国以前，中国至少有三次筑城活动的高潮：第一次在距今 5000 ~ 4000 年期间，时为新石器时代晚期，当中国第一王朝夏诞生的前夕。考古发现，其时黄河中下游和长江中下游地区城的数量骤增，现已发现的这个时期的城址有 40 余处；第二次在公元前 11 世纪后半叶至公元前 10 世纪，即西周前期，随周王之分封诸侯和经营东方，在广大的地域出现了又一次筑城高潮；第三次筑城高潮始于公元前 8 世纪后半叶，一直持续到公元前 221 年，即从春秋而至战国。

---

① 见〔453〕第 148 页。

② 时人将修缮和增筑城墙统称为“坿城郭”，《吕氏春秋·孟冬纪》和《礼记·月令》称，这项工作通常在农闲而未大寒的初冬时节进行。

③ 见〔390〕第 28 ~ 36 页。

公元前771年，西周的都城镐京为犬戎所攻破，幽王死难。周平王赖诸侯的护驾，才得以迁都于东部，中国历史进入了新的时期，由于王室衰微，引发了剧烈的动荡和变化。东周时期的筑城高潮，发端于两个因素：

其一，春秋前期，周边蛮夷戎狄对华夏的攻侵加剧，以至出现"南夷与北狄交，中国不绝如线"的局面①。这与周室衰微，武备废弛，无力对弱小的诸侯国提供保护有直接的关系。因而迫使各诸侯国不得不联合起来，互相救助，共同"攘夷"。为抗御蛮夷戎狄的攻侵，各国纷纷加强了筑城，而且屡屡合力帮助受到夷狄攻侵甚至被灭亡的小国弱国筑城，这种救危存亡继绝的联合筑城活动，成为春秋初期历史的一个特色②。

其二，由于王室衰微，丧失了控制诸侯国的能力，于是大凌小，强攻弱，出现了诸侯国互相兼并，大国争夺霸权的局面③。早期的霸主齐桓公还以尊王攘夷、救危存亡相号召，但据说他也"并国二十五"。随着夷狄之患的减轻，诸侯国之间的并兼杀伐愈演愈烈，这极大地推动了筑城活动的发展，是东周时期出现筑城新高潮的最主要原因。其时，大国强国筑城以固边防，小国弱国深沟高垒以图自保，城守成为时代的潮流。

就在诸侯忙于并兼杀伐之际，诸侯国内的卿大夫强宗也互相争权夺利，乃至僭越瓜分，危及公室。他们纷纷在领地上增筑或扩建城池以自固，形成国中之国。这对筑城活动的兴盛，起了推波助澜的作用。

自鲁隐公元年（公元前722年）至鲁哀公十六年（公元前479年），见于《春秋》和《左传》记述的筑城活动就超过70起，其中鲁国有28起（不含鲁国参与的联合筑城）④。《春秋》、《左传》是鲁国的编年史，其对鲁国筑城的记载，最为详细，特别是《春秋》，只记载了鲁国的筑城和鲁国参与的联合筑城。鲁国在春秋时期不过是一个二流国家，像辟地千里、并国数十的齐、晋、秦、楚等大国强国，其筑城当更多于鲁国。至于实力与鲁相当的郑、宋、燕等国，春秋晚期新崛起的吴、越两国，筑城活动自也可观。遑论其他小国弱国，仅就上述情况估计，春秋时期的筑城活动，已远不止《春秋》、《左传》所记之数。

经过春秋时期的并兼杀伐，小国弱国相继沦亡，到了战国时期，争霸战争演

---

① 《春秋公羊传·僖公四年》。据《左传》记载，前后百年间，夷狄曾两度侵陷京师（僖公十一年、二十四年）；灭邢（僖公元年）；灭卫（闵公二年，僖公二年、三十一年）；灭温（僖公十年）；伐晋（僖公八年、十六年，宣公六年、七年、十三年）；伐郑（僖公二十四年）；侵齐（僖公三十年、三十三年，文公四年、九年、十一年，宣公三年、四年）；伐鲁（文公七年）。参见〔455〕第166～167页。

② 例如：《春秋》僖公元年，齐、宋、曹城邢；《左传》僖公二年，诸侯城楚丘而封卫；僖公十二年，诸侯城卫楚丘之郛（郭）；僖公十四年，诸侯城缘陵而迁杞；僖公十六年，齐、鲁、宋、陈、卫、郑、许、邢、曹城鄫，以拒淮夷，等等。

③ 《史记·周本纪》："平王之时，周室衰微，诸侯强并弱，齐、楚、秦、晋始大，政由方伯。"

④ 《左传》隐公元年，城郎；《春秋》隐公七年，城中丘；隐公九年，城郎；桓公五年，城祝丘；桓公十六年，城向；庄公二十八年，筑郿；庄公二十九年，城诸及防；庄公三十二年，城小穀；僖公二十年，新作南门；文公七年，城郚；宣公八年，城平阳；成公四年，城郓；成公九年，城中城；襄公七年，城费；襄公十三年，城防；襄公十五年，城成郛；襄公十九年，城西郛，城武城；定公二年，新作雉门及两观；定公六年，城中城；定公十四年，城莒父及霄；定公十五年，城漆；哀公三年，城启阳；哀公四年，城西郛；哀公五年，城毗；哀公六年，城邾瑕。

变为秦、魏、韩、赵、齐、燕、楚七雄的大厮杀，最终又发展成规模空前的秦统一战争。战争的不断加剧，亡国危险的日益严重，使得各国更加重视防御和筑城，筑城活动有增无减，规模越来越大。

东周时期的筑城活动，既有新建城池，也有修缮、增筑、改建和扩建。对东周故城的勘探和发掘揭示，无论其营建早晚，几乎都经过增筑、修缮或改建、扩建，不少城池经过多次增筑。比如曲阜鲁国都城，始建于西周，仅见于《春秋》记载的增筑、改建就有6次①，而对城墙的发掘解剖所揭示的增筑次数更多，春秋和战国都曾有大规模的增筑，经过大量增筑的城垣，已主要是东周时期的建筑②。据《史记·齐太公世家》记载，献公元年（公元前858年），齐自蒲姑迁都于临淄，而临淄现存城墙主要属战国时期③，当也是后来大规模增筑、扩建所致。

东周时期城垣增筑之频繁，增筑规模之大，正是加强防御和筑城，筑城活动兴盛的重要标志。

二、城的规模的扩大

东周时期广泛而频繁的筑城活动，使得城的数量增加，规模扩大，而这又有其社会发展的基础。

东周既是社会剧烈动荡变化的时期，也是生产力大发展的时期。铁质生产工具，特别是铁农具逐渐普及，改变了生产领域长期沿用木、石工具的落后状况，大量的荒地得到开垦，人口大幅度增加。西周初年分封诸侯的时候，各诸侯国只不过是一个个孤立的据点，散布于广大的地域，处于荒野和蛮族的包围之中。经过几百年的开拓和经营，到春秋早期，各国之间仍有大片的“隙地”，诸多的夷狄部族，频繁地活动其间。然而，又经过二三百年的发展，到春秋战国之际，蛮夷戎狄等族基本上被逐出中原，“隙地”大多得到开发，各国已呈土地壤接、人民比邻之状。

随荒地的开发和疆土的扩大，守土卫民的城不断在大地上崛起，这导致城的空间分布范围扩大，密度增加，战国时期，出现了“邻邑相望”④，“鸡鸣狗吠之声相闻而达乎四境”⑤ 的景观。

人口的增加，则导致城的规模扩大。《战国策·赵策三》记赵奢之语：古者，“城虽大，无过三百丈者，人虽众，无过三千家者”；“今千丈之城、万家之邑相望也”。由于人口增加，城圈普遍扩大，战国时期，“千丈之城”、“万家之县”、“万家之邑”、“万家之都”，也成为人们的习语⑥。按当时的度制（一尺约长23厘米），“千丈之城”，周长约为2300米。也就是说，其时周长二三千米的城池比比皆是。

---

① 僖公二十年，新作南门；定公二年，新作雉门及两观；成公九年、定公六年，城中城（中城即内城、宫城，参见〔456〕第842页）；襄公十九年、襄公四年，城西郛（郭）。

② 见〔390〕第28~36页。

③ 见〔348〕〔349〕〔14〕第281页。

④《庄子·胠箧》之语。

⑤《孟子·公孙丑上》之语。

⑥ 见《战国策》齐策五、赵策一、赵策四、韩策二，《尉缭子·守权》、《韩非子·十过》。

东周时期城垣规模的扩大，以都城最为突出。曲阜鲁国都城的城圈，西周晚期已经形成，面积约为8平方公里；不迟于东周初始建的洛阳东周王城①，面积约为9平方公里；春秋时期营建的秦早期都城雍，面积约为10平方公里：这大致是春秋时期大都市的规模，比郑州商代早期都城（面积约3平方公里）扩大了3倍左右。它们的城垣周长都超过万米，与之相比，周长二三千米的“千丈之城”，也只能算是小城了。

战国时期，城的规模进一步扩大，诸大国都城的面积普遍达15～20余平方公里，如齐临淄城、楚郢都、郑韩故城、魏安邑城、赵晋阳城和邯郸城等。始建于春秋晚期，战国时经大规模扩建的燕下都，面积更达约40平方公里（见表3－23）。

表3－23　东周都城遗址简况

地　点	遗　址	建造年代	简　况	资料来源
山东曲阜	鲁国都城	始建于西周，至迟西周晚期形成现城圈，东周时期多次修补、增筑	平面略呈长方形，面积约8平方公里，城垣周长11771米，东墙长2531米，南墙长3250米，西墙长2430米，北墙长3560米，城墙经多次增筑加宽，四面有护城河，宽约20～30米，深约4～5米，城中部偏南有鲁王宫城	〔390〕第4～10页、28～36页、211～214页
河南洛阳	东周王城	不迟于东周初始建，后经多次修补、增筑	平面略呈长方形，面积约9平方公里，北墙长2890米，西墙南北端相距约3200米，南墙东墙各残存约1000米，城墙多经后期修补、增筑加宽，北墙外有深约5米的城壕	〔437〕
陕西凤翔	雍城，秦国早期都城	营建于春秋时期	平面近方形，东西约3300米，南北约3200米，面积约10平方公里	〔460〕〔461〕〔462〕
山东淄博	临淄，齐国都城	始建于西周，现存城墙主要属战国时期	大、小二城，总面积约19平方公里，小城为宫城，位于大城西南角，平面略呈长方形，东西约1400米，南北约2200米，城垣周长7275米，面积约3平方公里，大城为郭城，平面亦略呈长方形，东西约4000米，南北约4500米，城垣周长14158米，大小城外都有护城河，一般宽二三十米	〔348〕〔349〕〔14〕第281页

① 平王东迁，于周公所筑成周城的西面，涧、洛两河交汇处新建都城，此城位于当今河南洛阳，故现称之为洛阳东周王城。实际上在东周时期，此城或称“周”，或称“王城”，而当时人所说的“雒邑”、“雒阳”，乃指成周。这是需要辨别的。

（续表）

地　点	遗　址	建造年代	简　　况	资料来源
湖北江陵	楚国郢都（纪南城）	营建于春秋晚期至战国早期	平面长方形，东西约4450米，南北约3588米，城垣周长15506米，面积约16平方公里，城外有护城河环绕，中部偏东南处有楚王宫城	〔270〕
河南新郑	郑韩故城，原为郑国都城，韩灭郑后迁都于此	营建于春秋时期，战国时期进行了增筑	平面形状不规则，东西约5000米，南北约4500米，中部有一道南北向隔墙，将城分为东、西两部分，西为宫城，东为郭城，西小东大	〔353〕〔14〕第649页
山西夏县	安邑，魏国早期都城	战国前期	平面呈梯形，城垣周长约15500米，大城中央有矩形宫城，周长约3000米	〔454〕〔463〕〔115〕第276页
山西太原	晋阳，赵国早期都城	东周	南北长约4500米，因受洪水破坏，全貌不明	〔440〕
河北邯郸	赵国都城	营建于战国时期	分宫城与郭城两部分，宫城由3个呈品字形相连的小方城组成，习称“赵王城”，每个小城长宽1000米左右，总面积5平方公里有余，郭城位于宫城东北面，自成一大城圈，平面近长方形，东西约3000米，南北约4800米，面积约14平方公里，习称“大北城”，宫城和郭城相距80余米	〔464〕〔438〕第411～413页〔14〕第157～158页
河北易县	燕下都	始建于春秋晚期，战国时期增筑、扩建	东西约8000米，南北约4000～6000米，面积约40平方公里，中部有南北纵贯的河道，将城分为东、西二城，东城平面近方形，东西约4500米，四面有城墙，中部偏北有古河道自西向东横穿，西城为后扩建，平面亦近方形，东西约3500米，其东侧面河无城墙	〔21〕上册第13～22页、870～879页

春秋战国之际的《考工记》提出的王城模型，只为“方九里”。而临沂银雀山汉墓山土战国晚期文献《守法》、《守令》说：万乘之国的都城，郭方十七里，城方九里；大县之都，郭方十五里，城方五里①。时人的这些概估，也反映了战国时期城的规模又有显著扩大。

① 见〔457〕第768～769简。以一里合180丈，一丈合10尺，一尺约合23厘米计之（参见〔458〕〔459〕及〔400〕第3页《中国历代度制演变测算简表》），方九里之城面积约为13.9平方公里；方十七里之城面积约为49.5平方公里；方十五里之城面积约为38.6平方公里。

都城规模的扩大，除了人口自然增长的原因外，非自然性质的人口集聚，也起了重要作用。经过数百年的繁衍，各国的王族公室变得相当臃肿；同时，历经长期发展，国家机器也更加庞杂。东周都城之内，都有较大规模的宫城，其面积往往达数平方公里，比商代早期的都城还大，这是公室膨胀、宫廷扩大的显证。而公室膨胀、宫廷扩大，又吸附、集聚了更多的服务性人口，包括保护他们的军队。于是，为了加强对公室和朝廷的保护，也为了把众多的服务性人口容纳进来，便修建起更大的外郭城。

东周时期，礼坏乐崩，旧时的营国制度名存实亡，这为筑城的发展解脱了束缚。各国纷纷僭越礼制，筑起越来越宏大的城池，相形之下，周天子的王城反显得一般了。

第三节　东周城的结构

一、城、郭配置

东周时期的都城都有“城”（宫城、内城或主城）有“郭”（外城），普通城池往往也是这样，城、郭相结合的体制已经普及。

《春秋》襄公十九年、哀公四年两次记鲁国“城西郛（郭）”，均指修筑其都城曲阜的西郭墙。《左传·哀公十七年》记：“晋复伐卫，入其郛（郭），将入城。”即已攻入卫都的郭城，正准备入其宫城。这两例是都城。

《春秋·襄公十五年》记：鲁季孙宿、叔孙豹“帅师城成郛（郭）”。《战国策·齐策六》记貂勃称即墨为“三里之城，五里之郭”。这两例是普通之城。

据对东周列国都城的勘察和发掘，此时期城、郭的配置形式趋于多样化①，至少有以下五种形式：

（一）宫城（或内城）位于郭城之中，呈外城套内城或大城套小城式。这是城和郭最基本的配置形式，即《管子·度地》所说：“内为之城，城外为之郭。”其例有曲阜鲁国都城、楚郢都（纪南城）和魏国早期都城安邑。

（二）无单一的宫城，而是在郭城之内，有若干个围墙环绕的宫殿区。秦都雍城，可能属于这种形式。

（三）宫城（或主城）与郭城为毗连的两部分。如齐都临淄城、郑韩故城和中山国灵寿故城[467]。临淄的宫城位于郭城的西南隅，与郭城相连。郑韩故城和灵寿故城都分为并连的东、西二城，一为宫城，一为郭城。

（四）宫城（或主城）与郭城为独立的两部分。如赵都邯郸城，郭城位于宫城之东北，相距约80余米，互不连属，而呈掎角之势，能够互相策应。其宫城并由三个相连的小城组成。公元前386年，赵国始由中牟（一说由晋阳）迁都邯郸。可能此前邯郸已经筑有城池（即“大北城”），改都时，又在其旁另建宫城（即“赵王城”），原来的“大北城”，便成为新宫城的郭城。

（五）燕下都始建的东城，其北端有一道东西向隔墙，城中部偏北又有一条河

① 参见〔465〕〔466〕。

道自西北向东南横穿，隔墙与河道之间的三角形区域内，分布着众多大型宫殿建筑基址，北有隔墙、南有河沟与手工业区、普通居住区相分隔，这个区域应当就属于宫城。仅就东城而言，其宫、郭配置类似于第一种形式。后来在东城之旁，又扩建出西城，东城、西城便构成主从关系，西城成为整个东城（主城）的郭城，其特点是：主城内含宫城，旁有郭城。

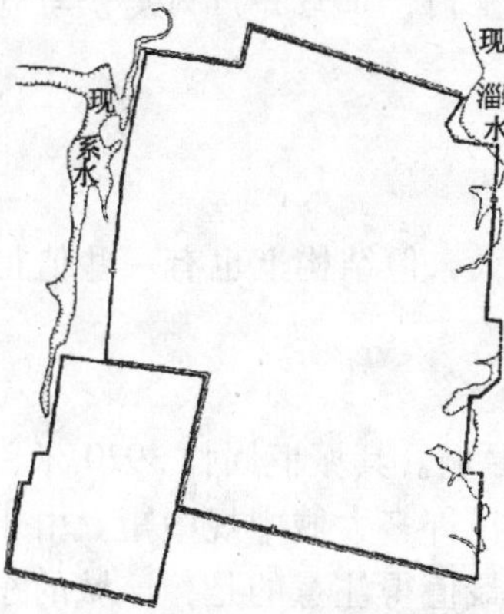

图 3－83　临淄齐国故城平面略图

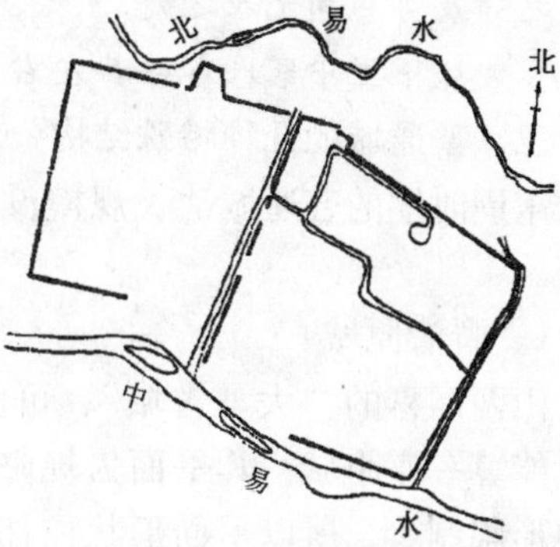

图 3－84　战国燕下都平面略图

上述五种形式，又可以大致分为三类：第一和第二种形式为一类，都是郭城套宫城，郭城起主要防御作用；第三和第四种形式为一类，其宫城脱离郭城而大部或全部直接面外，因而本身成为重点设防之处，郭城则对宫城起旁侧屏护和犄角策应的作用，宫城、郭城为主从关系，这类宫城，称之为主城，也很合适；第五种形式为一类，兼备前两类的特点，仅就燕下都东城而言，为郭城内含宫城，而东城和西城，又构成主从关系。

以往，研究者都把古人所说的“城、郭”之“城”，等同于宫城或内城。东周城市遗址所反映的城、郭配置形式说明，古人所谓“城、郭”之“城”，不仅指宫城、内城，也指主城。

东周时期，城的修筑或增筑扩建大多是在当地人口和社会发展已有相当基础的情况下进行，加强防御的紧迫需要和适应原有环境因地制宜，是城、郭配置形式多样化的主要原因。

二、闾里

东周时期城的结构的又一重要发展是居民区形成了较规整的网格体系，即将居民区划分为一个个方形或近方形的闾里，每个里都筑有围墙，临街开有门。正如《管子·八规》所言：“里域不可以横通，闾闬不可以毋阖。”

《广雅·释宫》说：“闾，里也。”《释诂二》说：“闾，居也。”

《说文》引《周礼》：“五家为比，五比为闾。”段玉裁注：“周制二十五家称里，其后则人聚居为里，不限二十五家也。”

所谓闾里，即有一定民户和封闭性围墙的居民单位。每个里设有“里正”管理①。全城还设有“司里”统管居民区②。这种结构大大强化了对民众的控制，特别有利于战时实施管制（也即戒严），因而具有显著的军事意义。《周礼·地官·乡大夫》说：“国有大故，则令民各守其闾，以待政令。”《墨子·号令》专门论述了守城时闾里的戒严，如：

卒有惊事，中军疾击鼓者三，城上道路、里中巷街皆无得行，行者斩。

里正与父老皆守宿里门，吏行其部，至里门，正与开门内吏，与行父老之守及穷巷间无人之处。

城下里中家人各葆其左右、前后，如城上。

三、普通城的几种特殊结构

东周时期的普通城池，规模没有都城那样宏大，但结构上也有一些值得注意之处。

1. 晋清原城

山西闻喜的“大马古城”，可能是东周晋清原城。其城垣周长3920米，在当时只能算一座小城；其平面为规整的正方形，远比许多大城中规中矩。由于小城受地形限制少，所以平面形状往往比大城规整。最值得注意的是，该城的东门北侧城墙连有一个外凸的夯土台，长、宽各约15米；南门东侧城墙也连有一个类似的土台，长15米、宽20米[442]。两座土台能够对城门和城墙构成侧射防御，具有马面敌台的性质。

2. 战国阳城

位于河南登封告成镇的战国阳城，依山傍河随自然地形修筑而成，平面呈长方形，南北1700～1850米，东西700米，北高南低。其北城墙沿圪垯坡的南坡而建，而在圪垯坡的北坡下还有两道与北城墙平行的夯土城墙：第一道夯土墙残长180米，墙北侧有一条宽30米的平行壕沟；其北的第二道夯土墙残长120米左右，北侧也有一道浅凹的壕沟。两墙间距约100米，其东、西两侧均为较高的断崖③。这两道外围城墙将圪垯坡这个高地包含在防线之内，有效加强了城北面的防御。

3. 偃师滑城

河南偃师滑城，建于一块呈长靴形的台地上，城墙沿台地边缘而筑，城周廓与台地近似而略小，南北长约2000米，东西宽约500～1000米[468]。远古台城模式，后世一直还有孑遗。

四、城墙：宽度和高度

为增强城的防御能力，东周时期，各国都不断地增筑其重要城池的城墙，将之加厚加高，因此，这个时期大型城市的城墙，普遍比前代更为高大。

东周列国都城的城墙，往往有宽大的基脚。如赵晋阳城，城墙基脚宽30米；燕下都，城墙基脚宽40米；曲阜鲁城，城墙基脚宽30～50米；郑韩故城，城墙基脚宽40～60米；齐临淄城，城墙基脚一般宽20余米至40余米，最宽达67米。这

---

① 见《墨子·号令》。

② 见《左传·襄公九年》。

③ 见〔261〕第212～214页。

种宽大的基脚，都是紧贴版筑主墙体的根部向内外两侧扩筑低矮的护城坡而形成。

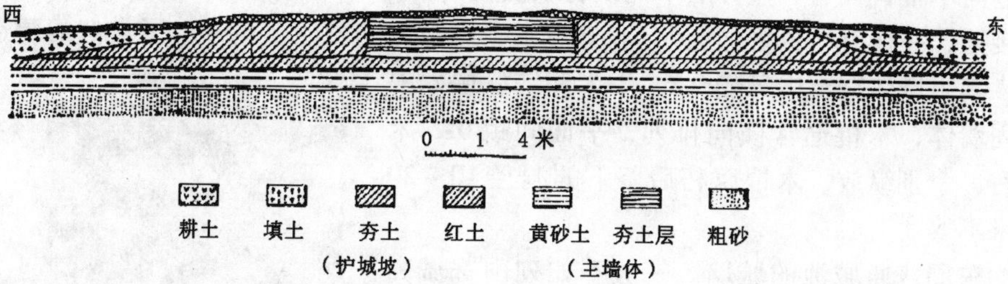

图3-85　战国燕下都西城西垣墙基剖面

沿袭前代传统，版筑主墙体的建造，或先挖基槽，筑基起墙，如秦都雍城和楚都纪南城；或在经过平整的地面上直接起建，如燕下都。列国都城版筑主墙体的底部宽度，普遍在10~25米之间。主墙体略有收分，近乎直立，如赵邯郸外郭城（大北城）的城墙，壁面陡直，斜度为5度，在2.85米的高度中，墙一边的上下宽度只差0.25米①。由主墙体根部再向外两侧扩筑护城坡，便形成宽大的城墙基脚。护城坡的构筑除沿用简易的堆筑法外，有时也采取分段版筑的形式，如燕下都城墙，便是如此，但其夯筑明显粗、乱，质量较次，这是由护城坡的性质（仅起加固城墙基脚的作用）所决定的。

直至1978年，曲阜鲁城东垣的一段城墙，地面之上仍存高10米左右，底宽40米，顶宽20~30米②，其版筑主墙体的宽度，超出了一般的水平。

东周城墙的现存高度，以郑韩故城为最，据1964年勘察，其残高仍有15~18米[353]。耸立在40~60米宽的墙基上的这样一堵高墙，该是何等的宏伟！

“城厚以高，壕池深以广”③ 是其时列国的普遍追求，但时人的一些概估数字，与实际或有出入。临沂银雀山汉墓出土战国晚期文献《守法》《守令》说：万乘之国，“城高九仞，池广百步”④。以一仞当八尺⑤，一尺合23厘米计，九仞约为16.5米，不及郑韩故城的残存高度。勘察所见东周故城护城河的宽度，一般为几十米，则不及“池广百步”（一步合六尺）之说。

图3-86　齐临淄城城墙夯土中的木骨遗迹

为使高大的城墙更为稳固，时人除扩大城墙基脚以加强支撑外，还在墙体中设置木骨和绳网，以增强其结构强度。如齐临淄城的城墙，一些夯层中铺设有未经加工的木棍，棍长3米左右，径12~17厘米，多横向排列，

① 见〔438〕第412页。
② 见〔390〕第4~5页。
③ 《墨子·备城门》语。
④ 见〔457〕第768~769简。
⑤ 见《说文》。或说一仞为七尺。关于仞的长度，参见〔469〕第1册第172页。

棍距一般为 1.2～1.3 米，近墙外皮而又不伸出城墙，一些地方还在横向木棍下枕以竖向木棍；又有一些夯层中铺设有纵横交错的方格绳网，方格边长 0.8 米，两绳交接处，往往有小木桩加固①。山东郯城县郯故城的城墙，也采取了类似的建造方法：其主墙体夯土中每隔 0.6～1 米深铺一层木棍以固墙体，木棍通常横向排列，平面间距 0.5 米左右，个别纵放，木棍腐朽后留下的洞径 10～20 厘米不等[510]。

图 3－87　郯故城城墙夯土中的木骨遗迹

东周普通城池的城墙，一般不如列国都城高大，但有一些巨邑大县，城和城墙的规模也相当可观。如山东滕县薛国故城，原为子男小国薛国所在，战国时齐灭薛，封孟尝君田文于此。《读史方舆纪要》卷三十二引《括地志》云，齐田文封薛，乃改筑之，其城坚厚无比。经勘察，薛城城垣周长约 10600 米，面积约 6.8 平方公里，城墙基脚宽 20～40 米，主墙体宽 10～25 米，现仍断续耸立于地面之上，残高或达 8 米左右②。至于一般的中小城，城墙多无宽大的基脚，墙体也较窄。城垣周长约 4988 米的河南鄢陵东周古城，据 1962 年调查，城墙底宽多在 10 米左右，残存高度一般为 4～5 米，最高处超过 13 米，是有代表性的一例[441]。又如陕西华阴魏阴晋城，城墙底宽 7.4 米左右[452]；山西闻喜晋清原城（城垣周长约 3920 米），城墙底宽 8～10 米，部分段落达 12 米[442]；河北磁县讲武城，城墙底宽最大 12 米[470]；山西洪洞古城，城墙底宽 11～13 米[443]；山西芮城县魏国古城（城垣周长约 4500 米），城墙底宽多为 13～15 米[454]；可知一般中小城的城墙底部宽度，大致在 10 米上下。

五、城门：门道数目和宽度

楚郢都纪南城，经勘查和发掘，确定了多处城门遗址，其西垣北门，有两门垛三门道，中间的门道宽约 7.8 米，两侧门道各宽 3.8～4 米。纪南城还有若干水门，南垣西边的水门，以 4 排木柱（每排 10 根）构成 3 个门道，每个门道宽约 3.5 米。

这个材料确凿地证明，东周时期已经出现对称结构的三门道式城门，即所谓"门有三涂（途）"③。多门道式设计，扩大了交通流量，同时又解决了城门顶部的支撑问题。

这个材料还反映出，当时的城门过洞，宽者约可达 8 米，窄者大致 4 米左右。陕西华阴魏阴晋城的西北城门，门道保存完好，长约 7.4 米，外口宽 4.8 米，内口

① 见〔438〕第 407 页。
② 见〔476〕〔439〕〔438〕第 403 页。
③《周礼·考工记·匠人》"经涂九轨"贾公彦疏（见《十三经注疏》第 927 页）。

宽约4.55米[452]，接近于窄者。曲阜鲁国故城共发现11座城门，其门道现存宽度，北中门、北西门和西中门为8米，西南门为7米①。这几座城门都是保存相对较好的，门道宽度与纪南城西北门中的中门道相当，可以视为当时城门过洞一般的宽度上限。

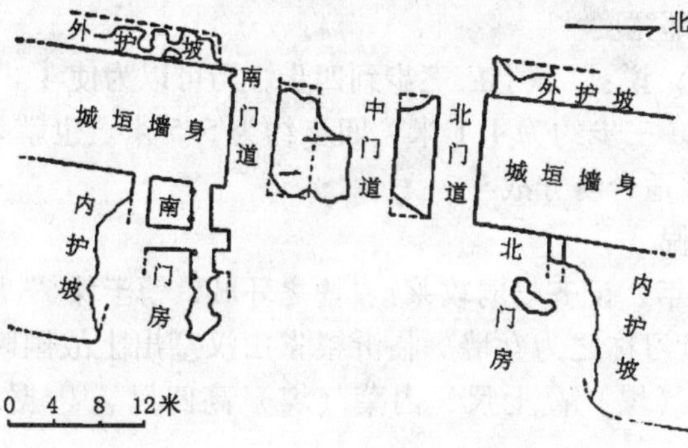

图3-88 楚都纪南城西垣北门遗址平面图

六、护城河和引排水系统

东周列国筑城普遍环城挖掘注水壕沟，形成护城河。护城河不仅具有屏障城墙的军事防御功能，而且外与天然水系相沟通，内与人工铺设的引、排水道相通连，从而形成了较为完备的城市引、排水系统。

位今河南三门峡市的春秋小国虢都上阳城遗址，城垣周长在3200米以上，城外环绕两道与城墙平行的城壕，内城壕宽13~17.5米，深6.4~10米；外城壕宽15~22米，深4.3~6米[511]。

图3-89 临淄齐国故城的一个排水道口遗址

临淄齐国故城，东临淄河，西濒系水（泥河），东、西城墙即以河岸为基础建造，利用淄河和系水作为东、西两面的自然护城河，又在大城（郭城）南、北城墙外挖掘人工壕沟6140多米，在小城（宫城）的东、北墙和西墙南段之外挖掘人工壕沟5780多米。淄河、系水和人工壕沟互相沟连，四面环绕城墙。同时，根据南高北低的自然地势，在城内铺设了多套排水道（已发现3套），设置了巧妙的排水道口（已发现4个），以顺利地排泄城内的废水和积水。而且，城内宫殿等建筑遗址的周围都发现有用河卵石铺成的斜坡式散水遗迹，并在地下发现汇集水流的陶质管道。宫庭院落内的积水，通过管道或流入渗水坑，或流出院外，汇入城内的大排水道[512]。齐故城完备的引、排水系统，使得庭院之水有处流，城内之水有处泄，又有两条自然河流作调剂，内外互通，既保持了城

① 见〔390〕第7~10页。

壕有充足的水量，旱时不致干涸，又可使城市免受雨季水患之害。

七、文献所见古城面貌

考古勘查和发掘揭示了古城的基本结构，东周时期的文献材料则提供了有关古城面貌的一些具体的细节。

1. 关于城墙顶部宽度

《墨子·备城门》说："城上广三步到四步，乃可以为使斗。"一步为六尺，东周一尺约合23厘米。三步约为4.1米，四步约为5.5米。也就是说，城墙顶部至少要有四五米宽，才适合防守战斗。

2. 关于堞和俾倪

《左传·襄公六年》记齐晏弱攻莱："堙之环城，傅于堞。"堞是城墙顶部外沿和内沿的矮墙，后世习称之为女墙。临沂银雀山汉墓出土战国晚期文献《守法》、《守令》说："外蕖（堞）高七尺，内蕖（堞）高四尺。"① 据此，外堞高约1.6米，内堞高约0.9米。

外堞上有观察射击的垛口，称为"俾倪"②，也写作睥睨、埤堄、陴倪。《墨子·备城门》说："俾倪广三尺，高二尺五寸。"即宽约0.7米，高约0.6米。这是垛口的一般规格。《守法》、《守令》有一残简提到"外蕖（堞）埤堄"③，即指外堞上的垛口。守城者一人把守一个垛口，所以《左传·宣公十二年》称守城为"守陴"④。

3. 关于爵穴

《守法》、《守令》说："为爵穴蕖（堞）足之下，……十步而一。"⑤《墨子·备城门》说："内（纳）苣爵穴中，照外。"爵穴是位于外侧女墙（即外堞）底部的火炬孔，用于夜间烛照城外，以防敌人趁黑爬城。

《墨子》之《备城门》、《备梯》说爵穴"三尺而一"，《备蛾傅》说"十尺一"，密度都太大，实际恐怕不可能。爵穴应当位于女墙的底部，贯穿女墙，这样便于纳火炬和点火。《备城门》和《备蛾傅》说爵穴"下堞三尺"，如果是低于女墙三尺，就位于主城墙的外壁上，似不便于纳火炬和点火。

4. 关于环途或周道

《考工记·匠人营国》说："环涂（途）七轨。"《守法》、《守令》说："为周道，广廿尺。"⑥《墨子·备城门》说："城下州（周）道内，百步一积薪。"又

---

① 见〔457〕第796~797简。

② 《左传·宣公十二年》"守陴"孔颖达疏："俾倪者，看视之名。"（《十三经注疏》第1878页）这应当是这个词的本义。

③ 见〔457〕第797简。

④ 后人渐把俾倪、陴与女墙、堞相等同，导致了词义的混淆。汉代字书已普遍如此，尤以《释名·释宫室》最有代表性："城上垣曰睥睨，言于其孔中睥睨非常也。亦曰陴。陴，裨也，言裨助城之高也。亦曰女墙，言其卑小，比之于城，若女子之于丈夫也。或名堞，取其重叠之义也。"又如《说文》："陴，城上女墙，俾倪也。"据此，注家都把《墨子·备城门》"俾倪广三尺，高二尺五寸"作女墙解释，视"广"为墙厚（见孙诒让《墨子闲诂》卷十四及〔339〕第15页、〔456〕第718页），然女墙的作用是掩护守城者，不可能仅高"二尺五寸"（约0.6米）。

⑤ 见〔457〕第799简。

⑥ 见〔457〕第808简。

《旗帜》："巷术通周道者，必为之门。"所谓环途、周道，都指城内挨着城墙的环路，为守军、守械调动所必需。沿路一定距离设一登城阶道。

5. 关于城墙上部建筑

《墨子·备城门》说："城四面四隅皆为高磨（靡）衞（槲）。"靡槲是楼的异名，《备城门》把"楼撕（槲）修"视为守城的必要条件之一。《备城门》又说：城上"百步一亭"。东周时期，城上已有较多的楼、亭庐等建筑。据《考工记·匠人营国》，其时城的最高点在城隅，大概因为城角建有楼，而角楼又是城上最高大的建筑之故。《墨子·备蛾傅》就说："隅为楼，楼必再重。"洛阳东周王城的西北角，城墙显著加宽，顶部尚存有4米多高的土台，应是角楼的遗迹。齐临淄城宫城的东北角城墙特别宽大，估计也建有角楼。

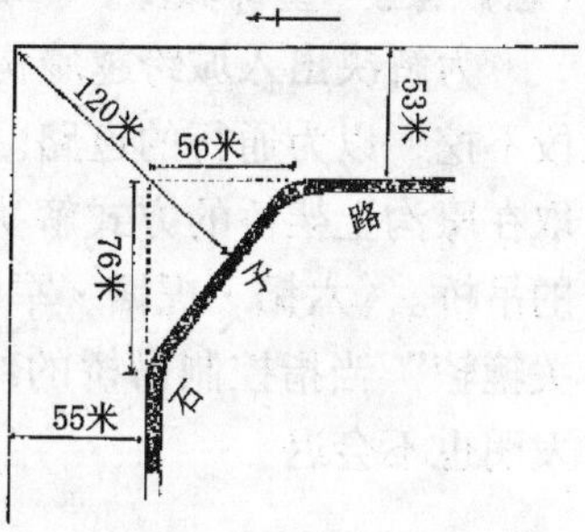

图3-90　临淄宫城东北角城墙平面图

燕下都东城北部的隔墙和北垣上，曾发现两个大型的夯土台基，隔墙上的台基，长80米，宽60米，北垣上的台基，长、宽皆60米，二者皆与城墙相连而凸出于城墙之外，周围均有瓦片散布，说明其上原有建筑物，当属大型的高台建筑①。城墙上的这种大型高台建筑，既可供瞭望、警戒和指挥之用，也能加强局部墙段的侧射防御。

6. 关于城阙

《诗·郑风·子衿》："挑兮达兮，在城阙兮。"城阙是城门外两边的望楼，又称观。《尔雅·释宫》："观谓之阙。"《春秋·定公二年》记："夏五月壬辰，雉门及两观灾。""冬十日，新作雉门及两观。"曲阜鲁国故城南墙东端的城门外口两侧有凸出的长方形夯土台基，应是"两观"的基址②。齐临淄城宫城的东门，也有类似结构。

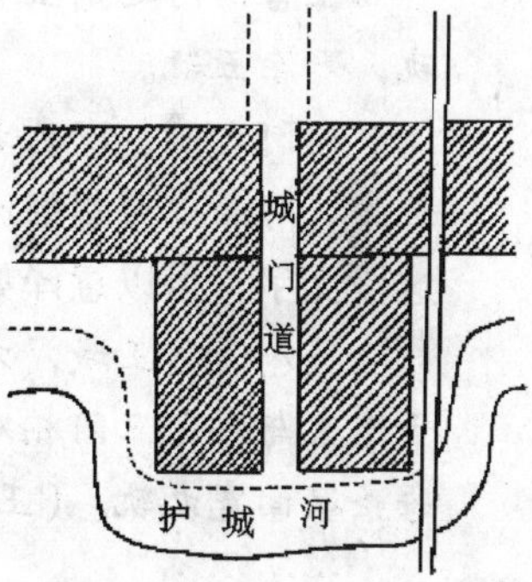

图3-91　曲阜鲁城南墙东端城门遗址平面图

7. 关于悬门

《左传·庄公二十八年》记：楚子元伐郑，入于桔柣之门，"县（悬）门不发"。《左传·襄公十年》记：晋合诸侯攻偪阳，"偪阳人启门，诸侯之士门焉，县（悬）门发，聊人纥扶之，以出门者"。孔颖达疏："县（悬）门者，编版（板），广长如门，施关机以县（悬）门上，有寇则发机而下之。"③ 这是设于门道之中的一道暗门，以绞车操纵升降。诸侯攻偪阳，偪阳人故意打开城门，攻者涌入，悬门降下，幸得聊邑大夫叔梁纥（孔丘之父）将之托住，拥入城门的诸侯兵

① 见〔21〕上册第15~17页。
② 见〔390〕第9~10、213页。
③ 见《十三经注疏》第1946~1947页。

士才得以安全退出。这种机械装置至迟在春秋早期已经出现。

8. 关于吊桥

《墨子·备城门》说:“为堑县（悬）梁。”又说:“穿外堑，去格七尺，为县（悬）梁。”堑即城壕、护城河，悬梁可能是用绞车控制升降的吊（钓）桥①。

为解决出入城跨越壕沟的问题，人们最初是在挖掘城壕时，留下城门外的一段不挖，以为通行的道路。后来为利于引水和排水，一般将城壕全部挖通，而采取在壕沟上架桥的方式解决交通问题。进一步，则发明了用机械控制，可以升降的吊桥。《六韬·虎韬·军略》说“越沟堑则飞桥转关辘轳”，飞桥应即吊桥，“转关辘轳”当指控制吊桥的绞车。春秋早期已有悬门，吊桥的原理与悬门相似，其发明也不会迟。

第四节　筑城思想的成熟

一、《考工记》的王城模型

成书于春秋战国之际的《考工记》，提出了现知中国最早的一个城市规划模型：

> 匠人营国，方九里，旁三门。国中九经九纬，经涂九轨。左祖右社，面朝后市。
>
> …………
>
> 王宫门阿之制五雉，宫隅之制七雉，城隅之制九雉。经涂九轨，环涂七轨，野涂五轨。
>
> 门阿之制，以为都城之制；宫隅之制，以为诸侯之城制。环涂以为诸侯经涂，野涂以为都经涂。

这段文字，可以意译如下：

> 匠人营建王城，方九里，每边设三门。城中有三条南北干道和三条东西干道，与每边三门相对，每条干道并列三条路面（与每门的三个门道相对），每条路面宽九轨。（王宫居中）左为宗庙，右为社稷，前为朝廷，后为市集。
>
> …………
>
> 王宫的门脊按规制高五雉，宫城的四角按规制高七雉，王城的四角按规制高九雉。城中干道宽九轨，环城路宽七轨，城外的道路宽三轨。
>
> 王子弟、卿大夫采邑城的城角高度，取王宫门脊的高度；诸侯城的城角高度，取宫城四角的高度。诸侯城中的干道，宽度取王城环城路的宽度；王子弟、卿大夫采邑城的干道，宽度取王城外道路的宽度。②

这个模型有三个显著的特点：一是城的平面为正方形；二是结构布局呈中轴对称形式，王宫居中，其他建筑和设施严格地对称分布；三是纵横交错的道路形成方格网系统，将城内区划为一个个小方块，状如棋盘。《考工记》可以说是以具

---

① 参见〔339〕第26～27页。

② 参见孙诒让《周礼正义》卷八十四（见〔165〕第3423～3428页、3471～3478页）。

体的王城模型，明确地标帜出了方形城制、中轴对称布局和方格网区划形式。方形城制兴起于新石器时代晚期；城市的中轴对称布局和方格区划形式，其萌芽至少能够追溯到商代早期（例见偃师商城小城）。随着《考工记》王城模型的提出，或者说随着《考工记》的成书，它们都被总结为城市规划设计的重要指导思想和原则。

如果说方形城制象征着“地方”，那么择中立宫、中轴对称的做法，很可能与“居天下之中”的观念有联系。中国人自古以来就认为自己居天下之中。殷人认为大邑商“处于四方或四土之中”①。克商后的周人据有了殷人的版图，也继承了这种观念。周初铜器《何尊》的铭文就记载：“武王既克大邑商，则廷告于天，曰：余其宅兹中国，自之辪（乂）民。”于是，周人频频地自称“中国”②，意即居天下之中的周邦。以后每一个领有了这块版图的王朝，也都承袭了这种观念和这个名称。居天下之中的观念，实质上是一种虚拟意识，它对于最高统治者尤其具有特殊的意义，因为“普天之下，莫非王土”，王只有居天下之中，才能够均衡地拥有四方。正如《荀子·大略》说：“欲近四旁，莫如中央，故王者必居天下之中，礼也。”《管子·度地》说：“天下有万诸侯也，其中有公侯伯子男焉，天子中而处，此谓因天之固，归地之利。”所以天子必须也当然“立于天下之中”③。王宫居中、对称布局的方形城池，正是“宅兹中国”、“奄有四方”④ 的象征，也可以说是对这种虚拟神话的具象解释。

至于方格网区划形式，则与方形城制和中轴对称布局有必然的联系。一座结构对称的方城，其道路必然将城区分划为方格网状或棋盘格形，随着城的扩大和道路的增多，这张网也由疏而密。因此，方格网区划形式是方形城制和中轴对称布局发展的自然结果。

《考工记》王城模型无疑祖述了西周营国制度的一些内容，其设计渗透着浓厚的等级观念，体现了强烈的尊王意识，可以说，这是以传统礼乐思想为本的一个理想化模型，集中反映了中国筑城之政治意义⑤。它根本不考虑具体的地理、环境，因而几乎不可能不加改变地施行。而正因其高度的理想化，因而凸显了设计的理念和原则。这个模型的意义，恐怕就在于它的标准示范功能。然而，《考工记》王城模型所体现的城市规划设计思想和原则，在秦以后的集权制时代，比在礼崩乐坏的东周时期，影响更大，而且，在秦统一后的两千多年中，影响越来越大。这与几乎同时而且旨趣相近的孔子的学说的境遇惊人地相似。

二、筑城思想的两极

在筑城大发展的东周时期，筑城思想也趋于活跃。《考工记·匠人营国》的王城模型，体现了以城的政治意义为根本，强调等级化、规则化和对称性的筑城思想。《管子·乘马》则表达了完全不同的观点：

---

① 见〔471〕第319～320页。

② 见《诗·大雅·民劳》、《诗·大雅·荡》。

③ 见《盐铁论·地广》。

④ 语出《诗·大雅·皇矣》。

⑤ 或将《考工记·匠人营国》所述内容径视为西周初期的城邑建设制度（见〔472〕）。

> 凡立国都，非于大山之下，必于广川之上。高毋近旱而水用足，下毋近水而沟防省。因天材，就地利，故城郭不必中规矩，道路不必中准绳。

这种思想注重城的实用性，强调因地制宜，而不必中规中矩。

二者构成了中国筑城思想的两极。

从中国的筑城实践来看，筑城活动发生之初，具有明显的不规则性。新石器时代晚期，出现了规则化的趋向，并逐渐强化，体现于方形城制的兴起和普及，中轴对称布局的萌芽和发展，但不规则现象一直普遍存在。东周时期，筑城的不规则性回升，如这时城的平面形状多不规整，城和郭的配置形式较杂乱，宫城多不居中。秦汉以降，城市建设在不断规则化的同时，也注意因地制宜，筑城思想的两极呈交叉融和之势。

三、筑城的"三称"原则

东周时期，立邑建城的社会经济基础日益受到重视。《管子·权修》说："地之守在城，城之守在兵，兵之守在人，人之守在粟。故地不辟则城不固。"《管子·八观》说："夫国城大而田野浅狭者，其野不足以养其民；城域大而人民寡者，其民不足以守其城。"基于相同的认识，《尉缭子·兵谈》提出了立邑建城的"三称"原则，即城的规模与土地的面积相称，土地的面积与人口的数量相称，人口的数量与粮食的产量相称：

> 量土地肥垸而立邑建城。以城称地，以地称人，以人称粟，三相称，则内可以固守，外可以战胜。①

《礼记·王制》说："凡居民，量地以制邑，度地以居民，地邑民居，必参相得也。"所表达的也是这个意思。

中国筑城与农业社会的发展息息相关，始终以直接建立于广大农耕区域之上，兼有军事防御和盛居人民双重功能的平原筑城为主，这使中国人更深刻地体会到城的社会经济基础的重要性。

---

① 据临沂银雀山汉墓出土竹简本《尉缭子》（见〔473〕）。

第七章
攻城和守城的方法与技术

第一节 攻城的方法

随筑城的兴起，也出现了对城的攻、守对抗。在攻和守的对抗中，攻城和守城的方法渐趋丰富。东周时期，由于以攻城灭国为目标的兼并战争不断升级，导致攻守城战日益频繁而激烈，这不仅促使人们把城墙修筑得越来越高大，而且促使攻城和守城的方法迅速改进。

在东周时期，中国冷兵器时代攻城的主要方法已经具备。《墨子·备城门》曾将攻城之法概括为12种，即：临、钩、冲、梯、堙、水、穴、突、空洞、蚁傅（又称蛾傅）、辒辒、轩车。这12种方法，个别（如空洞）因文献缺失而其意不明，也有一些互相类同而无实质区别，但大致反映了当时多种多样的攻城手段。结合其他文献记载，可以将东周时期的攻城方法概括为以下10种：

（一）用土石、柴薪填塞壕堑，为攻城开辟通道，时人称之为“堙”，也写作“垔”、“闉”。堙的本意就是用土填、堵①。《墨子·备城门》所说的“寇闉池来”，《备梯》所说的“客众而勇，堙茨吾池，军卒并进”②，就是指此。

（二）用土石、柴薪堆筑土山临城，兵士乘土山而射城中；或紧贴城墙用土石、柴薪堆筑登城坡道，兵士顺之登城。二者都由堙池发展而来，也都称为“堙”，又称为“距闉”、“羊黔”、“高临”。《公羊传·宣公十五年》称楚庄王围宋，司马子反“乘堙而窥宋城”。此堙为土山。《孙子·谋攻篇》说：“攻城之法为不得已。修橹辒辒，具器械，三月而后成；距闉，又三月而后已；将不胜其忿而蚁附之，杀士三分之一而城不拔者，此攻之灾也。”曹操注：“距闉，踊土积高而前，以附其城也。”杜牧注：“距闉者，积土为之，即今之所谓垒道也。”③ 此距闉为登城坡道。《墨子·备高临》说：“敌人积土为高，以临吾城，薪、土俱上，以为羊黔，蒙橹俱前，遂属之城，兵弩俱上。”也指登城坡道而言。至于《尉缭子·兵教下》所说：“地狭而人众者，则筑大堙以临之。”大堙有可能是临城土山，也有可能是登城坡道。

（三）士兵靠大盾和移动棚具掩护，越过城下开阔地带，然后攀城或进行攻城作业。《孙子·谋攻篇》说：攻城之法，修橹辒辒。曹操注：“橹，大盾也。”④《墨子·备高临》说“蒙橹俱前”，就指攻城的兵士顶着大盾前进。《孙子·谋攻篇》李筌注：“辒辒者，四轮车也，其下藏兵数十人，填隍推之，直就其城，木石

① 《说文》：“垔，塞也。”
② 《淮南子·泰族训》“掘其所流而深之，茨其所决而高之”，高诱注：“茨，积土填满之也。”
③ 见〔474〕第37页。
④ 见〔474〕第37页。

所不能坏也。"①《通典·兵典》描述轒辒车为："作四轮车，上以绳为脊，生牛皮蒙之，下可藏十人。"

（四）用攻城槌撞开城门，兵士蜂拥而入。《诗·大雅·皇矣》描写周文王伐崇："以尔钩援，与尔临冲，以伐崇墉。"诗中提到的冲，就是攻城槌。《淮南子·氾论训》说："晚世之兵，隆冲以攻。"高诱注："冲所以临敌城，冲突坏之。"《荀子·强国》提到"渠冲"，《韩非子·八说》提到"距冲"，渠、距即巨。《战国策·齐策五》还提到"百尺之冲"，可见冲之巨大。最简单的冲，其实就是粗大沉重的圆木，靠众人抬举撞击。《战国策·齐策五》说："攻城之费，百姓理襜蔽，举冲橹。"襜（幨）是遮挡矢石的帘幕，蔽可能是掩护棚具，冲是攻城槌，橹是大盾。"举冲橹"，道出了其使用方式。进而，也在支架或车上安装粗大沉重的圆木以为撞杆，杆端或设金属头，临城架设，或推车及城，然后捣之。装于车上的移动式攻城槌，古人称之为"冲车"。王莽末年昆阳之战，莽军"为冲车以撞城"②，即是其例。

（五）兵士借助钩、梯等器具攀缘城墙而上。《诗·大雅·皇矣》所谓"钩援"即此。《管子·兵法》说"凌山阬不待钩梯"，《韩非子·外储说左上》说"越主父、秦昭王令工施钩梯上潘吾及华山"。攀城如登山，也需用钩、梯。兵士攀缘城墙，如蚁之缘墙、蛾之附壁，故称"蚁傅（附）"、"蛾傅"。《孙子·谋攻篇》说"将不胜其忿而蚁附之"，曹操注："将忿不待攻城器，而使士卒缘城而上，如蚁之缘墙。"③ 蚁附并非不凭器械，只是所用为最简单的钩、梯而已。

（六）用移动式的大型云梯登城。一般认为云梯是春秋末年的鲁国巧匠公输般发明的，《墨子·公输》记，公输般曾为楚王造云梯攻宋。河南汲县三彪镇出土战国水陆攻战纹铜鉴的图案中有云梯的概略形象：其底部装有车轮，可以移动；梯下隐蔽兵士推进；倚靠城墙后，攻城兵士顺梯登城。

（七）用高大的攻城车临靠城墙，车载兵士高与城齐，踰跃上城，甚至居高临下，俯射守军。《诗·大雅·皇矣》"与尔临冲"之"临"，诗传曰"临车也"，就指此。《墨子·备城门》提到的"轩车"，也属此类。《淮南子·氾论训》"隆冲以攻"，《兵略训》"攻不待冲隆云梯而城拔"，高诱注："隆，高也。"隆当是概指临车、轩车等。又，王莽末年昆阳之战，莽军"为云车高十丈以瞰城中，弩矢雨集，城中负户而汲"④，所谓"云车"，也是对高大攻城车的形

图3－92　河南汲县三彪镇出土战国铜鉴上的云梯图形

① 见〔474〕第37页。
② 《后汉书·天文志上》，第3219页。
③ 见〔474〕第38页。
④ 《后汉书·天文志上》，第3219页。

象称谓。

春秋时期，还出现了用以登高观察敌情的移动式望楼，称为“楼车”或“巢车”。《左传·宣公十五年》记：公元前594年，楚军曾强迫俘获的晋使解扬登上楼车，向被围困的宋人劝降；《左传·成公十六年》记：鄢陵之战，楚共王曾登上巢车观察晋军的动向。据杜佑《通典·兵典》，巢车下有轮轴，车上树立柱，用绳索悬吊活动板屋，以辘轳（绞车）操纵升降，车可进退，环城而行，以窥城中。这种车也可用于对城射击。

（八）掘地道至敌城下，将城墙基础挖空，然后点火烧毁坑道的支撑木柱，使城墙塌陷崩溃，兵士从缺口蜂拥入城。《墨子·备穴》说：“古人有善攻者，穴土而入，缚柱施火，以坏吾城。”这就是“穴”攻。

（九）决河引水淹灌城池，是为“水”攻。其时最著名的战例是战国初期晋国智氏、韩氏、魏氏三家攻赵氏，引晋水和汾水以灌晋阳城之役①。

（十）用弓弩箭矢将纵火物发射至城门、城楼和城内，纵火焚烧，兵士乘机攻城。《墨子·备城门》所说“为烟矢射火城门上”即指此。《备城门》虽然没有将火攻专列为一种攻城方法，但《墨子》城守诸篇一再讲到守城要预先采取防火措施，如用泥涂覆城门、城楼和庐舍、木料等，在城上预备灭火用的沙、水和持水麻斗、革盆、瓦木罂等，反映了攻城用火之盛。

上述种种方法，在实战中都需要互相结合运用。一次攻城作战，或多或少总有若干种方法兼施并用。也只有综合运用多种方法，使敌穷于应付，防不胜防，才能够收到最佳的效果。

第二节　守城的方法

一、墨家与东周守城术

在东周时期，中国冷兵器时代的守城方法也趋于成熟和完善，墨家的著作对此进行了总结。

墨家的创始人是春秋战国之际的鲁国人墨翟，他认为，战争有两类，一类是三圣之战，即禹征有苗，汤伐桀，武王伐纣，其性质是“诛”无道，是正义的；一类是“今（东周）”之战争，攻人之国，夺民之用，废民之利，死亡不可胜数，造成深重灾难，其性质是“攻”无罪，是不义的。因此，墨子在根本上否定东周时期的争霸战争和兼并战争，提倡“兼爱”，主张“非攻”，认为“若使天下兼相爱，国与国不相攻，家与家不相乱，盗贼无有，君臣父子皆能孝慈，若此，则天下治”②。与此相应，墨子提倡“救守”，即救助小国弱国，加强其防守，以抗御大国的攻伐。墨子防守思想的核心是有备无患，认为粮食、军队和城防是国家生存的基本条件和防守的基本要素，如说：“备者，国之重也；食者，国之宝也；兵

① 见《战国策·赵策一》、《史记·赵世家》。本章第三节将予详论。

② 《墨子·兼爱上》。

者，国之爪也；城者，所以自守也。此三者，国之具也。”①

为实现其理想，墨子身体力行，潜心钻研守城之术。他曾为阻止楚国攻宋，派弟子禽滑釐等助宋国加强防御，自己则不辞劳苦，日夜兼程赶到楚国，用他研创的一套守城方法，与制造云梯帮助楚国攻宋的公输般，在楚王的宫廷上进行了兵棋对抗式的演练。据说：“子墨子解带为城，以牒（木札）为械，公输般九设攻城之机变，子墨子九距（拒）之，公输般之攻械尽，子墨子之守圉（御）有余。”② 终于迫使楚王放弃了攻宋的计划。

墨家后学秉承先师的遗志，继续大力研究守城之术，大约在战国后期，撰成了《墨子》书中专门论述守城术的《备城门》以下诸篇（现存《备城门》、《备高临》、《备梯》、《备水》、《备突》、《备穴》、《备蛾傅》、《迎敌祠》、《旗帜》、《号令》、《杂守》等 11 篇）③，这些文字，既是墨家城守理论和学说的集成，也是对夏商以来特别是东周时期守城术发展的总结。

《墨子》城守诸篇，在流传过程中有严重的散佚和错乱，历来公认为先秦诸子著作中最艰涩难懂的篇章。1972 年山东临沂银雀山汉墓出土的《守法》、《守令》等简，内容多与《墨子》之《备城门》及《号令》等篇相近，应是同类的著述，或认为即《墨子》残简，可以互相印证、补充〔457〕。这些就是现在能够见到的东周时期或先秦时代关于守城术的最详细的文献资料。

二、城池防御体系的构成

前面已经用不少篇幅讨论了筑城的发展，但城池防御体系不仅包括城墙和城壕，还包括与城、壕相匹配的各种守备设施、障碍物和器械物资等，墨家的城守学说特别重视这些设施、障碍物和器械物资的配置，其现存著作主要就是论述这方面的内容，这为全面地了解当时的城池防御体系提供了珍贵的资料。

1. 城、壕及其配套设施

城墙和城壕是城池防御体系的主体，墨家除强调“城厚以高，壕池深以广”（《备城门》）外，着重论述了各种配套设施的配置，其中最重要的是配套的防御设施。

首先是城墙的上部建筑，城守诸篇中论述极多，如：“三十步置坐候楼”，“五十步一方（房）”，“百步一栊枞”，“百步一木楼”，“二百步一立楼”，“城上五十步一楼扤勇”，“士（出）楼百步一”④，“百步一亭”，“城四面四隅皆为高磿㯙”，“城上百步一楼”（俱见《备城门》），“三一步一弩庐”（《杂守》），“城上五十步一楼”，“二百步而一出楼，三百步而一进行楼”（《守法》、《守令》），等等。除“城四面四隅皆为高磿㯙”为一般性的要求外，其他都是具体的配置设计，密度极

---

① 《墨子·七患》。

② 《墨子·公输》。

③ 关于《墨子》城守诸篇的撰著，参见〔475〕。

④ “士楼”，旧注认为“士”乃“土”之讹，而径将之改为“土楼”。银雀山出土《守法》、《守令》中有“出楼”，整理者认为汉隶“士”、“出”二字形似，《备城门》之“士楼”当为“出楼”之讹（见〔457〕第 794 简注）。可从。《墨子》书中“出”往往误为“士”，如《号令》“出候无过十里”，“出候”便误为“士候”（见孙诒让《墨子闲诂》卷十五）。

大。汉末人引古兵法云：“百楼不攻。”① 墨家正是通过在城墙上广建楼屋，增加城墙上部建筑的密度，来增强城的防御能力。但现实中不一定都能够达到其设计的水平。

墨家的设计中最有价值的是称为“坐候楼”的木楼，它挑出于城墙之外（“出于堞四尺”），能够消灭城下死角，并对城墙构成侧射防御。对其形制和配置，墨家有不同的设计，如《备城门》说：“三十步置坐候楼，楼出于堞四尺”；又说“百步一木楼……出城十二尺”。所谓“出楼”，可能也是此类木楼。《备城门》说“出楼百步一”，《守法》、《守令》则说“二百步而一出楼”。

城守诸篇还提到在城上设置活动式的行栈、行楼(《备城门》)、台城(《备高临》)或行城(《备梯》)，以增加防御高度，对抗敌人的临车、云梯和距阗。

墨家还发明了安装于城墙外沿，用绞车操纵，能够沿城墙外壁升降的活动板屋，内载兵士，以杀伤蚁附攻城者，称为“悬脾”(《备蛾傅》)。其原理与巢车相同。

城守诸篇还反映出，城墙上的楼屋和女墙外侧，普遍张挂麻、皮、木等材料制成的帘幕，用以遮挡矢石，称为“渠”、“答（荅）”、“渠谵（幨）”、“藉莫（幕）”等(《备城门》、《备高临》、《备蛾傅》)。《尉缭子·武议》说：“无蒙冲而攻，无渠答而守，是为无善之军。”《淮南子·兵略训》说：“晚世之兵，隆冲以攻，渠幨以守。”《尉缭子·攻权》说：“津梁未发，要塞未修，城险未设，渠答未张，则虽有城无守矣。”可见遮挡矢石的帘幕为城守所必设。《尉缭子》的话还说明，没有各种配套设施，城的防御功能就不强，这应当是墨家特别重视这些设施配置的原因。

其次关于城门，墨家主张普遍设置悬门来加强城门的防御(《备城门》)。《备城门》还提到将城门的门扇凿孔以利向外射击（“诸门户皆令凿而慕孔之”）。特别是墨家提出了独特的“突门”的设计。《备突》说：“城百步一突门”，门旁设有窑炉（“窯竈”，内实柴、艾）、烟道（“窦”，通入门道）和鼓风设备（“橐”），敌人攻入后，堵塞门道的两头，同时焚烧柴、艾，将烟鼓入门中熏敌。

再次关于城壕上的桥梁，墨家设计了巧妙的“发梁”，这种桥设有机关，敌人踏上后，引机发之，桥面倾侧翻转，将人掀入壕中(《备城门》)。

城守诸篇还说：“城上五十步一道陛”（《备城门》），这可能指登城阶道；“城下五十步一厕”（《号令》），这是必备的生活设施②；“百步一井，离城毋过廿步”（《守法》、《守令》）③，这既是必备的生活设施，也是必备的灭火设施。这些设施都沿城内环路设置，但现实中恐不如墨家设计的那样规则。

2．障碍配系

《备梯》说：“置裾城外，去城十尺，裾厚十尺。伐裾之法，小大尽本断之，以十尺为断，离而深埋之，坚筑，毋使可拔。”这是城下距城墙2米多设置的一道

---

① 见《三国志·魏书·公孙瓒传》，第243页。

② 《守法》、《守令》说：“廿步一屏（庰）。”《广雅·释宫》：“庰，厕也。”

③ 《备城门》说：“百步一井，井十瓮。”

藩篱，当由粗细不一的尖木桩组成，可以阻止敌军靠近城墙，并杀伤攀城时坠地的敌兵。《备蛾傅》说："城下足为下锐镵杙，犬牙树之。"这显然是如犬牙般布设于城下的尖桩。

《号令》说："立竹箭于水中。"《杂守》说："墙外水中为竹箭。"这是在护城河或临城水域布设尖竹桩，以杀伤涉水攻城之敌。

《备城门》还说城上要贮积蒺藜。《守法》、《守令》则说积蒺藜于城下，"百步一积"。这些蒺藜当是用来撒布城下，以阻滞敌军的进攻。

3．守备器械和物资

首先是常用的兵器，如弓弩矛戟剑盾等。《守法》、《守令》说："剑戟固人备其所。弩二人共一，非適（敌）人傅城及在城下，卒不得服弩，弩恒在将吏之所。"可见弩作为守城利器受到特别的重视，有较严格的管理制度。

除常用兵器外，守城还大量使用杂兵器，如连梃[1]、长斧、长椎、长兹（钳）、长镰等(《备城门》)。还使用一些特制兵器，如专用于地道内战斗的短矛、短戟、短弩等(《备穴》)。

战国时期，守城还使用大型抛射武器"藉车"（抛石机?）和"连弩之车"(弩砲)[2]。墨家对藉车的配置有三种设计，分别为城上"五十步一藉车"，"三十步一藉车"，"二十步一藉车"(《备城门》)。城守诸篇中还提到另外两种抛射武器，一是"转射机"(《备城门》)，一是以机发剑的"行堞"(《备梯》)，因叙述简略，已难复原。这些武器都是当时新发明的军事机械。东周时期，在频繁、激烈的攻守城对抗中，出现了一个军事机械发明创造的高潮。公输般创制云梯是有代表性的一例。在这方面，墨家的贡献尤大。《墨子》城守诸篇论及了诸多军事新机械，如"悬脾（陴）"、"发梁"、"藉车"、"连弩之车"、"转射机"、"行堞"等，其发明当都与墨家有关。墨家成员（墨者）大多出身卑微，不少来自于工匠阶层，谙熟器械制造，这种秉性与丰富的城守实践和对守城术的孜孜追求相结合，使他们能够在军事机械领域做出突出的贡献。

此外，城上还备有对付云梯的撞槌，也称为"冲"(《备梯》)；备有灶（炉灶）和铁鐕（鬵），滚烧沸汤以浇淋爬城之敌(《备城门》)；备有瓦木罂、水缸、麻斗、革盆等盛水、持水之具，以救火灭火(《备城门》)；备有臿、筑、居属（锄）、斤、斧、锯、凿、镬等工具(《备城门》、《备穴》)，用以修补城墙、修缮守械和挖掘反地道；等等。

守城物资之类，有：石，可以击砸敌人[3]，也可填补城墙缺口；木，大木可以击砸敌人[4]，小木杂木可捆束填补城墙缺口；土，以笼（"畾"）盛装，用以填补

---

① 又称连殳(《备蛾傅》)，即连枷棒。

② 见《备城门》、《备高临》。《备城门》谈到一种火攻方法："以大木围长二尺四分而中凿之，置炭火其中而合幂之，而以藉车投之。"《守法》、《守令》说："为高耤（藉）车可以投五十步之内者。"可见藉车应是抛射武器。关于抛石机，将在第五编详论；连弩之车，请见本编第四章第三节（四）。

③ 《备城门》记有"礨石"，即礧石；《号令》、《杂守》记有"闹石"，意同。

④ 《备城门》记有"大木二围，长丈二尺以上，善耿（绠）其本，名曰长从，五十步三十"，这应当就是后世所谓"滚木"、"檑木"。

城墙缺口；苣，即干草束，用以点火照明；薪、柴、藁、杂秆等，用作燃料，也用以燃火焚敌，或燃烟熏敌；艾，即艾草，用以燃烟熏敌；炭，用以燃火；油脂，用以燃火或滚沸汤；革和麻，用以制作渠答、藉幕；沙，用以灭火，也可挥撒城下，迷敌之目；灰、糠、粃等，可以挥撒城下，迷敌之目；盆、瓮、缾等，用以盛放和撒泼水、沙和灰；等等。

4. 烽火信号

军事防御中用以传报敌情的烽火信号起源甚早。《史记·周本纪》记：周幽王之姬褒姒不笑，“幽王为烽燧、大鼓，有寇至则举烽火。诸侯悉至，至而无寇，褒姒乃大笑。幽王悦之，为数举烽火。其后不信，诸侯益亦不至”。这就是著名的烽火戏诸侯故事，发生于西周末年，烽火信号的初起，当还在此之前。

东周时期，烽火信号已经系统化。《墨子》城守诸篇论述了三种烽火信号体系。

其一，见于《杂守》：

> 筑郵亭者圜之，高三丈以上，令倚杀。为辟梯，梯两臂，长三尺，连版三尺，报以绳连之。堑再杂，为县（悬）梁。亭一鼓，聋灶。寇烽、惊烽、乱烽、传火，以次应之，至主国止，其事急者引而上下之。烽火以举，辄五鼓传，又以火属之，言寇所从来者少多，毋弃逮；去来属次，烽勿罢。望见寇，举一烽；入境，举二烽；射妻，举三烽、一蓝；郭会，举四烽、二蓝；城会，举五烽、三蓝。夜以火，如此数。

这是以国都为中心的烽火信号体系，即从边境至国都，沿途修建守望亭台，配备信号设施。这些亭台互相间隔一定的距离，依次相属，守望者可凭目力观察到最近一个亭台上的信号。一有敌情，边境的亭台即发出信号，沿途亭台依次升举同样的信号，直至国都。信号标志依敌情缓急而有区别。为确保迅速准确地将敌情传报至国都，对信号标志和守望者的职责有严格的制度规定。《旗帜》曰：“当应鼓而不应，不当应而应鼓，主者斩。”这是有关的条令之一。

在燕下都东城北约3.5公里，东北约8公里，以及东南约3.5公里和5公里处，曾发现6座夯土台基，长、宽各10米左右至数十米，残高数米至十余米，它们分别处在燕下都北上通往紫荆关和上都蓟城，南下通往齐、赵的交通线附近，或许就是《墨子》所说的“郵亭”一类建筑遗迹（发掘者视之为具有监视、瞭望和报警性质的前哨据点①）。

其二，见于《号令》：

> 士（出）候无过十里。居高便所树表，表三人守之，比至城者三表，与城上烽燧相望。昼则举烽，夜则举火。……望见寇，举一垂；入竟（境），举二垂；狎郭，举三垂；入郭，举四垂；狎城，举五垂。夜以火，皆如此。

这是以一座城池为核心的烽火信号体系，即向城的外围派出观察哨（斥候），

---

① 见〔21〕上册第749~757页。

设立信号点，互相间隔一定距离，可将信号依次传递至城①。

其三，见于《旗帜》：

> 寇傅攻前池外廉，城上当队鼓三，举一帜。到水中周，鼓四，举二帜。到藩，鼓五，举三帜。到冯垣，鼓六，举四帜。到女垣，鼓七，举五帜。到大城，鼓八，举六帜。乘大城半以上，鼓无休。夜以火，如此数。寇却解，辄部帜如进数，而无鼓。

这是守城战斗中传报敌军进展情况的烽火信号体系，即在城上各个方向（如四隅四面之望楼）设观察哨，配备信号设施，与守城指挥中心互相望视，根据敌情随时发出信号。

上述三种烽火信号体系，涉及的信号标志有烽（垂）、蓝、火、表、鼓、帜等六种。关于这些信号标志的具体意义，留待第四编结合汉简中的资料予以详论。

三、城池防御的组织和实施

《墨子》城守诸篇所反映的城池防御的组织和实施，大致有以下内容：

（一）修缮城池，准备守器和物资，贮备粮食。

《备城门》说：“我城池修，守器具，樵粟足，上下相亲，又得四邻诸侯之救，此所以持也。”

《迎敌祠》说：“凡守城之法，县师受事，出葆，循沟防，筑薦通涂，修城。”

《旗帜》说：“凡守城之法：石有积，樵薪有积，菅茅有积，雈苇有积，木有积，炭有积，沙有积，松柏有积，蓬艾有积，麻脂有积，金钱有积，粟米有积；井竃有处，重质有处；五兵各有旗；节各有辨；法令各有贞；轻重分数各有请；主慎道路者有经。”

（二）坚壁清野，预设战场（包括清除城外的隐蔽物和将城内屋舍、物资涂泥防火）。

《杂守》说：“寇近，亟收诸离乡金器若铜铁及他可以左（佐）守事者。……寇薄，发屋，伐木，虽有请谒，勿听。……材木不能尽入者燔之，无令寇得用之。”“寇至，先杀牛、羊、鸡、狗、凫、雁、彘，皆剥之，收其皮革、筋、角、脂、𦚥、羽。”“外宅粟米、畜产、财物、诸可以佐城者，送入城中。”

《迎敌祠》说：“城之外，矢之所逮，坏其墙，无以为客圉。三十里之内，薪、蒸、木皆入内，狗、彘、豚、鸡，食其肉，敛其骸以为醢，腹病者以起。城之内，薪、蒸、庐、室，矢之所逮，皆为之涂菌。”②

《号令》说：“去郭百步，墙垣、树木小大尽伐除之，外空井尽窒之，无令得汲也，外空室尽发之，木尽伐之。诸可以攻城者尽内城中，令其人各有以记之，事以（已），各以其记取之。吏为之券，书其牧数。当遂材木不能尽内，既烧之，

---

① 《杂守》中又有一段文字，所述也是以城池为核心的烽火信号体系：“候无过五十，寇至堞，随去之，无弇逮；日暮出之，令皆为徽帜。距阜、山林，皆令可以迹平明而迹无迹，各立其表，城上应之。候出置田表，斥坐郭内外，立旗帜，卒半在内，令多少无可知。即有惊，举孔表，见寇，举牧表，城上以麾指之，斥步鼓、整旗以备战，从麾所指，田者男子以战备从斥，女子亟走入。即见寇，鼓，传到城止。守表者三人，更立捶表而望，守数令骑若吏行旁视，有以知其所为。其曹一鼓。”

② “涂菌”即《备城门》所说的“善蒙涂，毋令外火能伤”。

无令客得而用之。”

（三）将守备器械和物资在城墙上下和城内合理部署。《杂守》说：“蔺石、厉矢、诸材器用皆谨部，各有积分数。”城守诸篇中有大量这方面的论述，详细规定了各种器械、物资的部署位置、间隔距离和配置数量。

（四）对守备兵力进行严密组织、合理布置和严格巡查。

《迎敌祠》说：“城上步一甲一戟，其赞三人，五步有五长，十步有什长，百步有百长，旁有大率，中有大将，皆有司吏卒长。城上当阶，有司守之。”《尉缭子·守权》说：“守法，城一丈十人守之……千丈之城，则万人之守。”

《旗帜》说：“城中吏、卒、民，男女皆辨异衣章徽，令男女可知，城上吏置之背，卒于头上，城下吏、卒置之肩，左军于左肩，右军于右肩，中军置之胸，各一。”《尉缭子·兵教》有相似论述：“将异其旗，卒异其章，左军章左肩，右军章右肩，中军章胸前，书其章曰某甲某士。”

《号令》说：“大将使信人行守，长夜五循行，短夜三循行。四面之吏亦皆自行其守，如大将之行，不从令者斩。”“有分守者大将必与为信符，大将使人行守，操信符，信符不合及号不相应者，伯长以上辄止之，以闻大将。当止不止，及从吏卒纵之，皆斩。”“夕有号，失号，断。”

（五）对城内和往来人员进行严密的控制，必要时实施戒严。如加强对城门、道路和里巷的管制，严格出入和往来盘查，紧急时禁止通行；严禁滋事、传谣，扰乱军心民心。

《号令》说：“门有吏，主诸门、里，筦闭必须太守之节。”“门者及有守禁者皆无令无事者得稽留止其旁，不从令者戮。”《备城门》说：“城持出必为明填，令吏民皆知之。”①《号令》说：“诸城门若亭谨候视往来行者符，符传疑若无符，皆诣县廷言，请问其所使，其有符传者善舍官府。”

《旗帜》说：“巷术通周道者必为之门，门二人守之，非有信符，勿行，不从令者斩。”②《号令》说：“卒有惊事，中军疾击鼓者三，城上道路、里中巷街皆无得行，行者斩。”“分里以为四部，部一长以苛往来，不以时行，行而有他异者以得其奸。”“吏、卒、民无符节而擅入里巷，官府吏、三老、守闾者失苛止，皆断。”

《号令》说：“围城之重禁：敌人卒而至，严令吏民无敢讙嚣、三冣（聚）、並行、相视坐泣、流涕若视、举手相探、相指、相呼、相麾、相踵、相投、相击、相靡（以身及衣）、讼驳言语、及非令也而视敌动移者，斩。”“慎无敢失火，……失火以为乱事者车裂。”“诸以众强凌弱少及强奸人妇女，以讙哗者，若上城者，衣服他不如令者，皆断。”“诸盗守器械、财物及相盗者，直一钱以上，皆断。”“巫、祝、史与望气者必以善言告民，以请（情）上报守，守独知其情而已。巫与望气者妄为不善言惊恐民，断弗赫。”

在守城其间，官府将有关的部署和规定书为章程，晓之于众。《号令》说：

① “明填”又称“填章”，当是填明事由的通行凭证。

② 城内环路（“周道”）是守城兵力和器材调动的要道，故战时控制尤严。“巷术”意即街巷。

“为守备程而署之曰某程，置署术、街、衢、阶若门，令往来者皆视而放（仿）。”同时颁布管制法令，称为“城禁”(《号令》)。“守备程”和“城禁”的颁行，使城池防御的组织、实施日益制度化。

（六）以适当的方式抵御敌人的进攻。如以穴制穴，敌人挖地道攻城，我即挖反地道相迎，将敌人从地道中击退(《备穴》)；以高制高，敌人起土山，施云梯，临车攻城，我即以行栈、行楼、台城或行城等设施增加防守的高度，与之相对抗(《备高临》、《备梯》、《备城门》)；发挥大型抛射武器，如连弩之车和藉车的作用，以摧毁敌人的大型攻械(《备高临》、《备城门》)；敌人引水灌城，我即攻决其堰水的堤坝(《备水》)；敌人蚁附攻城，我即“烧答覆之，沙石雨之”(《备蛾傅》)，“繁下矢、石、沙、灰以雨之，薪火、水汤以济之”(《杂守》、《备梯》)，等等。

《左传·襄公九年》曾记载了公元前564年宋国都城发生火灾时的救灾部署：

九年春，宋灾，乐喜为司城以为政，使伯氏司里。火所未至，彻小屋，涂大屋，陈畚挶，具绠缶，备水器，量轻重，巡丈城，缮守备，表火道。使华臣具正徒，令隧正纳郊保，使华阅讨右官，官庀其司。向戌讨左，亦如之。使乐遄庀刑器，亦如之。使皇郧命校正出马，工正出车，备甲兵，庀武守。使西鉏吾庀府守，令司宫、巷伯儆宫。

这个救灾部署，接近于战时的城防部署，《墨子》城守诸篇所论城防部署的一些内容，在这里已经具备。由此可知，城池防御的方法和部署，是在现实中逐步完善和制度化的，战国墨家则对此进行了系统的总结，《墨子》城守诸篇中的许多内容，可能就来源于官府颁行的“守备程”和“城禁”。

第三节　水攻和防水攻

一、晋阳之战（公元前455～前453年）

在东周时期的攻守城战中，有一系列的工程作业对抗，其中最值得注意的，是水攻和反穴攻的工程作业。

中国历史上见于记载的以水攻城的最早之例，是战国初年的晋阳之战。

春秋晚期，晋国的公室衰弱，六卿知氏、赵氏、魏氏、韩氏、范氏和中行氏的势力膨胀，互相争斗。公元前497～前492年，知氏、赵氏、魏氏、韩氏联合攻灭范氏和中行氏。其后知氏的知伯瑶专断晋国国政，强行索取韩氏和魏氏的万家之县各一。知伯又向赵氏索取土地，遭到拒绝，便率同韩、魏两家举兵攻赵。赵氏（赵襄子）退守晋阳，因而爆发了空前残酷的晋阳围攻战。

《战国策·赵策一》记载：

三国之兵乘晋阳城，遂战。三月不能拔，因舒军而围之，决晋水而灌之。围晋阳三年，城中巢居而处，悬釜而炊，财食将尽，士卒病羸。襄子谓张孟谈曰：“粮食匮，城力尽，士大夫病，吾不能守矣。欲以城下，何如？”张孟谈曰：“臣闻之，亡不能存，危不能安，则无为贵知士也。君释此计，勿复言也。臣请见韩、魏之君。”襄子曰：“诺。”

张孟谈于是阴见韩、魏之君曰："臣闻唇亡则齿寒，今知伯帅二国之君伐赵，赵将亡矣，亡则二君为之次矣。"二君曰："我知其然。夫知伯为人也，麁中而少亲，我谋未遂而知，则其祸必至，为之奈何？"张孟谈曰："谋出二君之口，入臣之耳，人莫之知也。"二君即与张孟谈阴约三军，与之期日，夜，遣入晋阳。张孟谈以报襄子，襄子再拜之。

……（襄子）使张孟谈见韩、魏之君曰："夜期杀守堤之吏，而决水灌知伯军。"知伯军救水而乱，韩、魏翼而击之，襄子将卒犯其前，大败知伯军而擒知伯。

赵、韩、魏灭知氏在晋哀公四年（公元前453年）①，晋阳之战历时3年，则其开始当在晋哀公初年（公元前456或公元前455年）。

《史记·赵世家》的记载与《战国策》有所不同，最大的差别是说"引汾水灌其城"。晋阳位今山西太原市西南，汾水自北而南流经其东；晋水源于其西之悬瓮山（即晋祠所在处），流经其南，东注于汾水②。晋水只是汾水的一条很小的支流，水量有限。晋阳之战中，很可能是合引汾、晋二水灌城。北宋开宝二年（969年），宋太祖赵匡胤亲征太原，就是"北引汾水灌城"，又"决晋祠之水注之"③。

关于晋阳之战中的引水工程，北魏郦道元的《水经注》提供了珍贵资料：

《山海经》曰："悬瓮之山，晋水出焉。"今在县之西南。昔智伯遏晋水以灌晋阳，其川上溯，后人踵其遗迹，蓄以为沼。……沼水分为二派，北渎，即智氏故渠也。昔在战国，襄子保晋阳，智氏防山以水之，城不没者三版。……其渎乘高，东北注入晋阳城，以周园溉。④

综合《战国策》、《史记》和《水经注》的记载，可知知氏水灌晋阳实际上包含了三项大型的工程措施：一是在晋水（可能还有汾水）的上流筑堤拦水，故曰"遏晋水"，所谓"防山"，即在山间修筑堤防；二是开凿引水渠，把壅积的河水引向晋阳城，悬瓮山上沼水下泄之北渎是其遗迹，此渠自西南而东北，顺山势自高而下，经后人改造便成为灌溉田园的水渠，流入城中，出城而入汾水，但人们仍称之为"智伯渠"或"晋渠"⑤；三是在晋阳城外绕城修筑围堤，以堰水浸城。所谓水灌晋阳，实是以高水位浸泡城池，所以《史记·赵世家》说"城不浸者三版"，《战国策·赵策一》说"城不没者三板（版）"。东周城墙一般高10余米⑥，

---

①《史记·晋世家》。

② 见〔440〕及〔355〕第1册第37-38页⑥8。悬瓮山或写作悬瓮、悬壅， 名龙山。《水经注·晋水》："晋水出晋阳县西悬瓮山，东过其县南，又东入于汾水。"郦道元注：悬瓮山"今在县之西南"。《淮南子·墬形训》"晋出龙山结给（绌）"，高诱注："龙山在晋阳之西北，晋水所出，东入汾。"《太平御览》卷四十五引《郡国志》："悬瓮山一名龙山，亦名结绌山，……晋水出焉。"悬瓮山或龙山的具体方位，以郦道元之说为准确。参见〔355〕第2册第59~60页⑦8。

③《续资治通鉴长编》卷十太祖开宝二年，第219~226页；《宋史·太祖二》，第28~29页。

④《水经注·晋水》（见〔477〕第607~611页）。

⑤《水经注疏》卷六，杨守敬、熊会贞疏引《元和郡县志》、《旧唐书·地理志》和《太原县志》（见〔477〕第611页）。

⑥ 河南鄢陵春秋古城，据1962年调查，城墙现存最高处在13米以上，墙底宽多在10米左右（见〔441〕）；河南新郑东周郑韩故城，据1964年勘察，城墙残高仍有15~18米，墙基脚宽40~60米（见〔353〕。）

晋阳城是赵氏的根据地，历经长期经营，以城郭完、府库足、仓廪实而称著①，其城墙之高大可以想见②，却只有顶部的“三版”没有被淹没！一版为高二尺，一尺约合 23 厘米③。古人以“版”计城高，一般指主墙体而不包括顶部的女墙。那么“三版”加约高七尺的女墙④，晋阳城露出水面的高度约有 3 米。如此理解“城不浸者三版”，可能比较符合实际，如果水位超出了主墙体，恐怕晋阳城是无论如何无法支撑的。尽管如此，水位之高，也委实惊人。要达到这样高的水位，就必须绕城修建起高大的围堤，并有充足的水源。

为免遭城上守军攻击，修建围堤势必去城有一定距离，于是，在围堤和城墙之间，就出现了一个较宽阔的人工湖，而围堤和城墙，便成为相对抗的两道堤坝。围堤越加高，水位越抬升，对城的威胁越大。但临时筑起的围堤，一般达不到城墙的高度，这样，水就不可能漫过城墙将城淹没，而是出现高水位浸泡的相持局面。由于中国的平原城都是夯土城墙，经高水位浸泡，基础和墙体松动，便很容易崩溃。一旦城墙决口，就形成淹灌之势，全城即刻会被大水吞没。用“灌”来形容结局的这种情势，是非常恰当的。当然，为使水攻成功，同为夯土结构的围堤也须经受住高水位的浸泡。于是，城外和城内便出现了加高加固围堤和加固加高城墙的对抗，激烈的厮杀演变为紧张的工程作业。由于城外取土比城内方便，加之并非专门堤防的城墙用来挡水必然存在缺陷，如缺口（城门）众多，墙体过于直立等，使得攻方在这种对抗中通常处于更为有利的地位。

据《墨子·备水》所论，防御水淹城池的主要办法是准备船舰，反守为攻，即“以船为镀辒”，乘载精锐士卒（“材士有力者”），在城上大型抛射武器（“射机”）的火力支援下，攻占城外的堰水围堤（“外堤”），并将其挖开，泄水反淹敌军。晋阳之战赵氏能够反败为胜，正是成功地决堤反灌知伯的军队，但赵襄子并非靠敢死之士攻占围堤，而是凭智谋之士张孟谈策反了韩氏和魏氏，乘暗夜杀死知伯的守堤官兵，从而挖开了知氏驻军方向的堤坝。

史书中往往仅一语以概之的水灌晋阳之举，其实是一项规模极其浩大的水力工程（不是水利工程但与水利技术密切相关）。这项浩大工程的实施，有赖于三个条件：

一是成熟的水力工程技术。自大禹的时代以来，中国人在持久而广泛的防洪治水和开发水利的实践中，积累了丰富的经验，东周时期，更出现水利工程建设的高潮，在此背景下，修建堤防和开挖沟渠已经是很平常的事情。东周人常讲“千丈之堤，以蝼蚁之穴溃”⑤，“巨防容蝼而漂邑杀人”⑥，反映了堤防规模的宏

---

① 见《国语·晋语九》“赵简子使尹铎为晋阳”；《战国策·赵策一》“知伯帅赵韩魏而伐范中行氏”。

② 据初步勘察，这是一座南北长约4500米的大城（因后世毁坏，宽度不知），城墙基脚宽 30 米（见〔440〕）。

③ 见〔400〕第 3 页《中国历代度制演变测算简表》。

④ 临沂银雀山汉墓出土战国晚期文献《守法》、《守令》说：“外葉（堞）高七尺，内葉（堞）高四尺。”外堞即城墙顶部外沿的女墙。见〔457〕第 796～797 简。

⑤ 《韩非子·喻老》。

⑥ 《吕氏春秋·慎小》。

大。汉代人说，战国之世，“壅防百川，各以自利”①，可见堤防建设之普遍。关于东周时期人工开挖的渠流，《史记·河渠书》中有一段概括：“荥阳下引河东南为鸿沟，以通宋、郑、陈、蔡、曹、卫，与济、汝、淮、泗会。于楚，西方则通渠汉水、云梦之野，东方则通沟江淮之间。于吴，则通渠三江五湖。于齐，则通菑济之间。于蜀，蜀守李冰凿离碓，辟沫水之害，穿二江成都之中。此渠皆可行舟，有余则用溉浸，百姓飨其利。至于所过，往往引其水益用溉田畴之渠，以万亿计，然莫足数也。”《考工记·匠人为沟洫》还对开挖沟渠和修建堤防的技术规范进行了总结。正是中国人基于频繁的水患灾害的对水的力量的深刻认识和他们在防洪治水、开发水利方面的丰富经验，启发了中国战争中对水的利用；也正因中国古代有发达的水利工程技术，所以军事家能够将之运用于战争，创造出同样水平的军事水力工程。

二是绝对的军事优势。进攻方只有对防守方建立起绝对的军事优势，才有可能在城的外围从容实施这样浩大的工程。

三是充足的人力和时间。引水渠的开挖，特别是堰水围堤的建造（相当于在晋阳城外筑起一圈外郭城），没有庞大的劳力和经年累月的施工，根本不可能实现。晋阳之役历时 3 年，大部分时间当是花在了这些工程的建造上。

晋阳之战奠定了魏、韩、赵三家分晋的格局，对东周历史进程产生了巨大影响；同时，它作为古代水攻的典范战例，对中国战争史产生了深远的影响。据说，当晋阳城浸泡在水中的时候，知伯与魏恒子、韩康子一道巡视围城形势，知伯感叹到：“吾始知水可以亡人国也。”魏恒子不禁偷用肘触韩康子，韩康子则暗以足踩魏恒子，因为他们同时想到了魏都安邑（今山西夏县西北）和韩都平阳（今山西临汾西南）近旁都有河有水，知伯灭了赵氏，也许就会水灌安邑和平阳②。在中国后来将军们的头脑中，经常由晋阳之战产生类似的联想，启发他们注意和利用水力资源。北宋初年宋太祖亲征太原，采纳左神武统军陈承昭的进言，引汾水和晋水灌城，其做法几乎与 1400 多年前知伯水灌晋阳如出一辙③。

二、大梁之战（公元前 225 年）

秦王政二十二年（公元前 225 年），秦将王贲攻取魏都大梁（位今河南开封西北）④ 之役，是引水攻城的又一著名战例。

《史记·秦始皇本纪》载：“二十二年，王贲攻魏，引河、沟灌大梁，大梁城坏，其王请降，尽取其地。”在《史记·魏世家》的篇末，司马迁还记述了他游历大梁故城的见闻：

> 吾适故大梁之墟，墟中人曰：“秦之破梁，引河、沟而灌大梁，三月城坏，王请降，遂灭魏。”

---

① 《汉书·沟洫志》（第 1672 页）载贾让奏言。

② 《国语·晋语九》“知襄子为室美”注。

③ 《续资治通鉴长编》卷十太祖开宝二年，第 219～226 页；《宋史·太祖二》，第 28～29 页。

④ 《史记·魏世家》记：魏惠王三十一年（公元前 340 年），魏国迫于秦国的压力，将都城从安邑迁至大梁。集解引《汲冢纪年》（《竹书纪年》）谓魏惠王九年徙都大梁；《水经注·渠水》引《竹书纪年》谓魏惠王六年徙都大梁。

从“三月城坏”之语可知，王贲水灌大梁，也是用高水位浸泡的办法。

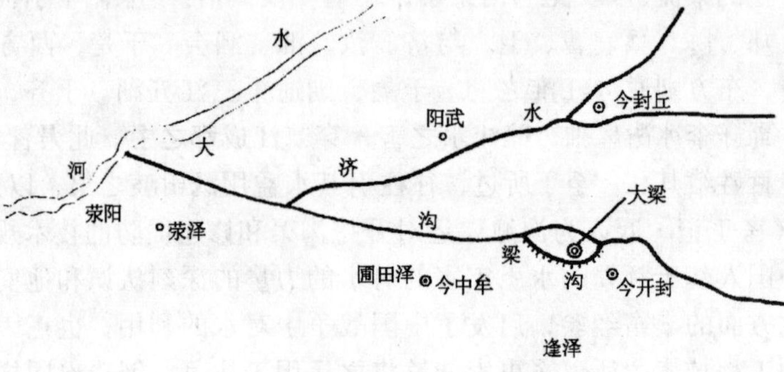

图3-93 大梁周围水泽示意图

史文中所说的“河”，即黄河；“沟”指大沟，是魏国的大型水利工程。古时魏国境内有个大湖泊叫圃田泽，在今河南中牟县西，处于黄河和大梁之间。魏惠王十年（前360年），魏国从黄河至圃田泽开凿了一条渠道，使黄河的水流入圃田泽，又从圃田泽开凿大沟引水灌溉①。这就是沟通黄河和淮河的大规模水利工程“鸿沟”最初开凿的一段。《水经注·渠水》引《竹书纪年》说：“梁惠成王三十一年三月，为大沟于（大梁）北郛，以行圃田之水。”可见至公元前331年，引圃田水灌溉的大沟已伸到大梁城北。王贲水灌大梁，正是利用了这项现成的引水工程。其法当是在大梁城外修筑围堤，然后截断大沟，而将渠水导入堤堰内浸泡城墙。《水经注·渠水》述其事曰：“王贲断故渠，引水东南出以灌大梁，谓之梁沟。”梁沟就是秦军开凿的从大沟引水至大梁城外围堤的渠道。经后人改造，梁沟绕经大梁故城南后，又并于绕经大梁故城北的大沟②。

早在王贲围攻大梁之前半个多世纪，秦昭王就曾威胁魏国：秦军“乘夏水，浮轻舟，强弩在前，锬戈在后，决荥口，魏无大梁”③。荥口即荥泽之口。魏国著名的信陵君也曾指出，秦国一旦攻占了韩国，就能够“决荥泽水灌大梁，大梁必亡”④。荥泽在今郑州西北，与黄河至圃田泽的渠道（大沟上段）也是相沟通的⑤。半个多世纪后，秦国先灭韩国，进而东向攻魏，包围大梁，利用大沟，便捷地将充沛的黄河水及大沟沿途的荥泽水、圃田泽水源源不断地引至大梁城下。这正是继承并改进了决荥口以灌大梁的思路。

民族丰富的治水经验启发了军事家的心智，他们不仅在战争中运用水利工程

① 《水经注·渠水》引《竹书纪年》：“梁惠成王十年，入河水于甫田，又为大沟而引甫田水。”（见〔477〕第1872页）

② 《水经注·渠水》说：梁沟“又东迳大梁城南”（〔477〕第1890页）。参见〔355〕第1册，第35～36页④7。

③ 《史记·苏秦列传》，第2273页。

④ 《史记·魏世家》，第1858页。

⑤ 《水经注·渠水》：“渠水自河与泲（济）乱流，东迳荥泽北，东南分泲，历中牟县之圃田泽北。”（〔477〕第1870页）也就是说，这条分引黄河水的渠流初始一段与济水合道，东向过荥泽北后，东南出与济水分道，然后经历圃田泽北。

技术，而且直接利用水利工程。

三、鄢城之战（公元前279年）

秦昭王二十八年（公元前279年），白起攻取楚之鄢城（位今湖北宜城东南），也采用了水攻的手段。此役虽没有晋阳之战那样知名，其浩大的工程规模，却毫不逊色。

《水经注·沔水》记：

> 夷水，蛮水也……导源中庐县界康狼山，山与荆山相邻。其水东南流，历宜城西山，谓之夷溪……东注于沔①。昔白起攻楚，引西山长谷②水，即是水也。旧堨③去城一百许里。水从城西，灌城东入，注为渊，今熨斗陂是也。水溃城东北角④，百姓随水流死于城东者数十万，城东皆臭，因名其陂为臭池。后人因其渠流，以结陂田。

唐李吉甫《元和郡县志》卷二十一《山南道二》记：

> 长渠在义清县东南二十六里，派引蛮水。昔白起攻楚，引西山谷水两道，争灌鄢城。一道使沔北入，一道使沔南入，遂拔之。

白起水灌鄢城，至少包括两大工程措施。一是在宜城西山溪谷间修筑堤坝拦水蓄水，直至南北朝时期，这座堤坝还存有遗迹，郦道元称之为“旧堨”。二是从西山至鄢城修筑引水的长渠。长渠自西而东，据李吉甫所说，灌城之水共有两道，一道从北面（即城之西北）灌城，一道从南面（即城之东南）灌城，可能在长渠的末端，还建有分水灌城的专门工程。这些渠流后被利用来灌溉陂田，直至唐代犹存⑤。

鄢城显然是在西面决的口，大水自西而东冲泻，在城东低洼处积成渊泽，成熨斗形，故名熨斗陂⑥；百姓随水流死城东，陂中死尸腐臭，故又名臭池。韩愈《宜城驿记》也说：白起堰西山下涧，灌此城，城坏，楚人多死，流城东陂，臭闻远近，因号其陂。

历代文献都没有提到白起曾在鄢城外修筑围堤。这是文献失载？还是本就未筑围堤，而是采取了不同的方法，比如利用地势，突然放水，水流急速下泻，水量又大，靠水的动能直接冲决城门或城墙。明崇祯十五年（1642年）李自成攻开封，明军决黄河朱家寨口灌大顺军，大顺军决马家口灌城，“秋九月癸未，天大雨，二口并决，声如雷，溃北门入，穿东南门出，注涡水，城中百万户皆没。”⑦就是这种效果。但夷水的水量无法与汛期的黄河相比，靠人工筑堤蓄水，而且以百余里长的渠道远距离放水，要达到这样的效果，难度极大。这些问题，使鄢城

---

① 沔水即汉水。

② “长谷”或作“谷”。见《水经注疏》卷二十八，杨守敬疏（〔477〕第2395页）。

③ 堨即堤堰，取“遏”之义。《水经注·济水》：“以竹笼石，葺土而为堨。”

④ 可能为“西北角”之讹。上文云“水从城西，灌城东入”，下文云“百姓随水流死城东”，可知溃口必在城西。或者“水溃城东北角”系指大水入城，又冲决城东北角而出。

⑤ 关于鄢城位置，见〔355〕第1册，第45～46页④3；关于长渠位置，见〔355〕第5册，第52～53页④9。

⑥ 《水经注疏》卷二十八，熊会贞疏引《解州志》（〔477〕第2395页）。

⑦ 《明史·李自成传》，第7958页。

之战蒙上了一层神秘的面纱。其工程全貌究竟怎样，水攻的具体情况到底如何，很值得深入探讨。

《孙子·火攻篇》说："以水佐攻者强。"但孙子尚未能对水攻的方法展开论述。战国时期的水攻实践，创造了古代战争史上围城战的独特形式，即以规模宏大的工程措施对水力进行引导，使其按预定的意图发挥作用，溃决城墙。在缺乏摧毁高大城墙的有效武器的古代，这种选择有其必然性。水的力量，既可因之以福，也能因之以祸。两千多年后人们才认识的核子力量，与这有些相似，既能因之以祸，也可因之以福。不同的是，古人由开发水利而至创造水攻，今人则由制造原子弹而至发展核电，这体现了时代的进步。

第四节　穴攻和反穴攻

穴攻就是挖地道毁城①。穴攻和反穴攻的技术相同，而后者更为复杂。《墨子·备穴》详述了反穴攻的方法：

在城的高处设瞭望哨，严密监视敌军动静，一旦发现有挖地道的迹象，如反常的土方堆积和浊水流淌等，立刻在城内相应方向紧贴城墙根挖井，五步一井（或三丈一井），在井底放置新陶缸，上蒙薄牛皮，使听力聪敏者伏缸侦听。敌人开凿地道发出的音响在地下传播的速度高，衰减小，容易激起缸体共振，因此用这种方法（后人称之为地听、罂听、瓮听）能够侦测到地道的方位。

确定敌人地道的方位后，即挖掘反地道相迎，务须截住敌人的地道，办法仍是从地下监听，根据敌地道的方位随时校正反地道的方向。同时，在反地道口修建窑炉，装设鼓风皮橐，每炉四橐。窑炉内充填柴、艾，其排烟口接装陶质烟管（"瓦窦"），伸入反地道内，并随反地道的延伸而向前铺设。

当挖通敌地道后，窑炉急速焚烧，靠皮橐鼓风将浓烟由烟管泵入敌地道内熏敌，配备短矛、短戟、短弩等特制兵器的战士也投入战斗，将敌坑道工兵从地道中赶走或将之消灭。

在坑道战中，攻守双方都使用烟熏法。《韩非子·八说》曰："干城距冲，不若堙穴伏橐。"《墨子·节用上》曰："有与侵就偻橐攻城野战死者，不可胜数。"孙诒让《墨子闲诂》认为"偻"是"伏"之误。可见攻城方挖掘地道时，也备有烟熏设施。

《墨子·备穴》说：以烟熏敌时，要预备"连版"，即木条连合成的大板，高宽与地道相合，用以挡烟；板上凿出孔洞，以便矛矢向外击射，以防敌人阻塞输烟管；如果敌人塞住了输烟管，就将板后的输烟管凿开，然后迅速引板后退。可以想见坑道中的对抗，也相当之激烈。

穴攻和反穴攻技术，与商周时期发达的采矿技术密切相关。挖掘攻城地道或反地道，就是采用了开掘矿道的技术。对江西瑞昌铜岭商周铜矿遗址的考古发掘表明，在商代和西周时期，矿道的掘进就有竖井、平巷、斜巷和槽坑等多种形式，

---

① 见本章第一节。

往往结合运用；井巷已经有较合理的支护木架，如竖井有井框和背柴（井框和岩壁间的贴壁竖棍），平巷有立柱、顶梁和地栿构成的排架；井巷中已经有疏水沟、排水槽等排水设施①；井下运输已经采用了原始的桔槔和滑车（滑轮）等机械提升装置②。东周时期，采矿技术更为进步。湖北大冶铜绿山的东周铜矿遗址，矿道纵横交错，上下数层，形成了密集复杂的体系，春秋时期最大开掘深度已超过36米，战国至西汉时期达60余米，延伸到潜水面以下23米；井巷更为大型，支护木架粗大、密集，普遍采用了榫卯结构，坚固合理；提升运输采用了大型的辘轳绞车③。中国攻守城战中的穴攻和反穴攻，显然受到了发达的采矿技术的启发，而且运用了开掘矿道的一系列技术，包括井巷掘进、支护、排水和提升运输的种种工具、装置、设施和方法。《墨子·备穴》说穴攻的方法是“穴土而入，缚柱施火，以坏吾城”，可知攻城地道采用了支护木架，当攻方将地道掘进到城墙底部并扩大面积，掏空城墙基础后，就点火烧毁支护木架，从而使城墙塌陷倾圮。《墨子·备城门》说：“敌人为穴而来，我亟使穴师选士，迎而穴之。”主持挖掘地道的“穴师”，当是专门的技术人员，多半来自采矿业。

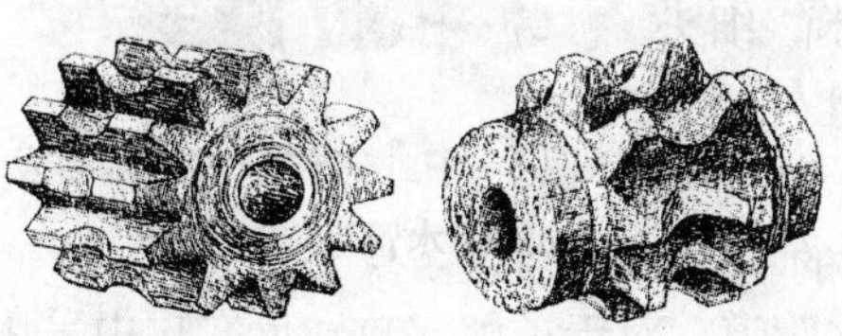

图3－94　江西瑞昌铜岭商周铜矿遗址发现的木质滑车　左，长16厘米，直径22厘米；右，长27厘米，直径25厘米。

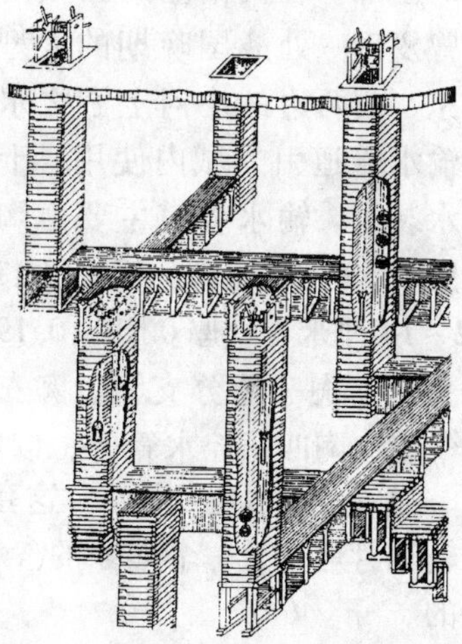

图3－95　湖北大冶铜绿山东周铜矿井巷复原示意图（采自〔483〕）

穴攻和反穴攻运用开矿技术还有一个显著的例子。在铜绿山矿冶遗址中曾出土不少大型青铜斧，最大的一件长47厘米，刃宽41厘米，重逾16公斤[269]。这些巨斧显然是开矿的工具，用法可能是将之装上长柄，悬吊于立柱或支架上，靠惯性并加力撞击工作面④。战国时期，攻守城挖掘地道也采用了这种撞击式巨斧。《墨子·备穴》说：“穴且遇，以颉皋（桔槔）冲之，疾鼓橐熏之。”又说：“审知

① 见〔478〕〔479〕。
② 见〔480〕。铜岭矿用滑车，最初曾被认为是辘轳（见〔479〕）。
③ 见〔481〕第643～645页〔482〕〔483〕及〔484〕〔485〕〔486〕。
④ 见〔137〕第57～58页。

穴之所在，穴而迎之，穴且遇，为颉皋，必以坚材为夫（案即横杆），以利斧施之，命有力者三人用颉皋冲之，灌以不洁十余石。”墨家所说的装有利斧的桔槔，就是撞击式的开矿巨斧。当反地道与敌地道将透未透之际，用这种巨斧猛然撞击工作面，一下将之打通，继之以突如其来的各种攻击手段，使敌猝不及防。悬吊于立柱或支架上的撞击式开矿巨斧，平常斧头下坠，用时抑压柄尾，斧头便抬起，这类似于汲水桔槔，所以古人也称之为“桔槔”。《墨子》用“冲”字描写这种巨斧的作用方式，这又使人联想到古人也将攻城槌称为“冲”，它们的结构和原理，确实很相似。

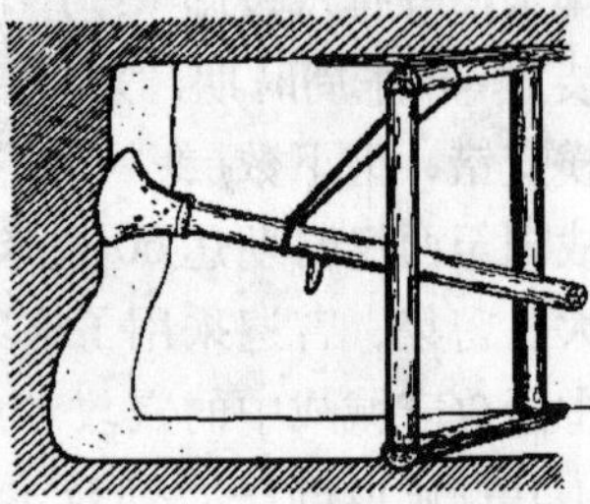

图 3－96　铜绿山东周开矿巨斧使用方式示意

除了采矿技术，反穴攻还利用了其他方面的技术成果。焚烧柴艾的大型窑炉和鼓风设备皮橐，是烧陶和冶铜炼铁技术发展的成果。用作地听的陶缸和坑道输烟用的陶管，是制陶业的产品。在河南登封王城岗的东周阳城遗址中，曾发现一处战国晚期的大型供水设施。它将城外东、西两边的小河上游之水，通过在地下埋设的输水管道引入城内使用，十分类似现代城市的输水装置。输水管道主要由陶直通管组成，每节一般长 59～68 厘米，粗头径 17～19 厘米，细头径 12～14 厘米，壁厚 0.14～0.19 厘米；此外还有陶弯头管、陶三通分支管、陶三通斜支管、陶三通排气管、陶四通控水管等，以解决管道的拐弯、分叉、排气、控水等问题①。这套陶质输水管道，对于了解穴攻和反穴攻中采用的陶质输烟管道，是一个形象的参考材料。二者所用的陶管子及其连接方式应当是共通的。

图 3－97　东周阳城遗址中发现的陶输水管道

第五节　野战防御筑城

早期战争规模有限，一般速战速决，战役的结局往往决定于方阵体系的一次碰撞，至多持续一天或几天②，因此野战防御极不发达，许多情况下根本就没有野战防御措施。

春秋时期，野战防御有了初步的发展。此时期，次军已普遍设营垒。这些营垒通常设有障碍或筑有围墙，能够阻挡敌军的冲击。公元前 615 年河曲之战，晋军认为秦军不能持久，便“深垒固军以待之”，深垒，即高其壁垒，秦军遂不得而

① 见〔261〕第 229～246 页。

② 公元前 575 年鄢陵之战，晋楚两军“旦而战，见星未已”（《左传·成公十六年》），这在春秋中期仍属罕见。

战①。公元前575年鄢陵之战，楚军抢先逼近晋军营垒布阵，晋军无法出营列阵，晋将栾书主张“固垒而待之”，即加固营垒，避战以待敌粮尽自退②。当时盛行车战，由于战车无法越过营垒的障碍，所以车战都不直接攻击营垒，最多是像鄢陵之战中楚军那样，迫营而阵，争取主动，一般情况则是双方都出营列阵，然后交战。实际上，此时期的营垒防御功能甚差，仅是阻挡战车前进的一道障碍，并不能有效防御步兵进攻，一些敢死的挑战者甚至能够单兵闯入敌营垒折馘执俘而归③。如《左传·宣公十二年》记：邲之战，“楚许伯御乐伯，摄叔为右，以致晋师。许伯曰：‘吾闻致师者，御靡旌摩垒而还。’乐伯曰：‘吾闻致师者，左射以菆，代御执辔，御下，两马、掉鞅而还。’摄叔曰：‘吾闻致师者，右入垒，折馘执俘而还。’皆行其所闻而复。”公元前589年鞍之战，齐高固也只身闯入晋军营垒，夺车而归④。由于营垒的障碍非常简易，所以鄢陵之战，晋军最后可以塞井夷灶，在营中列阵，然后拆除障碍作战。

从春秋晚期开始，特别是到了战国时期，随步战的复兴和战争规模的急剧扩大，野战防御空前盛行，野战筑城迅速发展。赵国名将赵奢称当时大国间的战争，“常具数十万之兵，旷日持久数岁”⑤。其时各国的军队，都以步兵为主，两军对峙，经常挖沟筑垒，屯粮积草，长期固守，壁垒的修筑和防御得到了极大的加强，一个垒就相当于一座小型的城堡。正如《六韬·虎韬·奇兵》所说：“深沟高垒，积粮多者，所以持久也。”

《六韬·虎韬·军略》还说：“设营垒，则有天罗、武落、行马、蒺藜。”天罗可能是垒壁上悬挂的网状帘幕，用以遮挡矢石；武落即虎落，乃竹木尖桩；行马即拒马；蒺藜即铁蒺藜。野战壁垒不仅有垒墙和壕沟，而且有各种障碍配系，其防御体系与城无异，只是规模较小，结构较简单，修筑较粗率，因为与盛居人民或划地而守的永久性的城不同，野战壁垒属于纯军事性质的临时筑城。这种性质也决定了，野战壁垒的选址首重地势险要，多依山傍谷而建，往往具有山地筑城的特点，因此，除挖壕取土夯筑垒墙外，比起通常的平原筑城，较多用石块进行砌筑。

公元前261年，秦攻赵上党（山西东部及东南部一带，今山西长子西南），赵以廉颇为将率重兵驰援，两军相遇于长平（今山西高平西北）。廉颇采取筑垒固守，避免决战，俟敌师老，伺机反攻的策略，在长平地区修筑了大量壁垒，形成宽大的防御地带，坚壁不出。秦军虽急于求战，但为稳固自身，也不能不筑垒相抗。两军百万之众，就这样依凭垒壁，一直僵持到次年七月。其间秦军虽也曾攻取赵军若干外围壁垒，终无大的进展，于是以反间计诱使赵王撤换了廉颇，改任赵括为将。只会纸上谈兵的赵括鲁莽轻敌，不察虚实，轻率出击，遂为秦将白起

---

① 《左传·文公十二年》。

② 《左传·成公十六年》。

③ 这种行动古称“致师”。《周礼·环人》郑玄注：“致师者，致其必战之志。古者将战，必使勇力之士犯敌焉。”

④ 《左传·成公二年》。

⑤ 《战国策·赵策三》。

所败，全军覆没①。据郦道元《水经注·沁水》记，直至南北朝时，长平“城之左右，沿山亘隰，南北五十许里，东西二十余里，悉秦、赵故垒，遗壁犹存焉”②。可见当时筑垒规模之大。

① 《史记·白起王翦列传》。

② 见〔477〕第835页。隰，低湿之地，此处当指溪谷。

第八章
长城筑城的兴起

第一节　长城的起源

一、关塞亭障的设筑

早期的国防其实就是对国都的防御，所以古人径直把国都称为“国”①。春秋时期，一些国家已经在边境和交通要道上利用山水之险修建关塞，平时控制交通，征收税物②，战时驻兵防守，以为国都和重要大城市的外围屏障。如《左传·文公十三年》记：“晋侯使詹嘉处瑕，以守桃林之塞。”《左传·昭公二十六年》记：“晋知跞、赵鞅帅师纳王，使女宽守阙塞。”但直到这时，边境防御、设关守塞仍很不普及，正如清顾栋高所说：“是时禁防疏阔，凡一切关隘厄险之处，多不遣兵戍守，敌国之兵平行往来如入空虚之境。”③

这种状况在春秋战国之际迅速改变。由于以往几百年中荒地、隙地大量得到开垦，东周列国呈现出土地壤接、人民比邻的状况，人们的领土和疆界意识越来越强烈，对边界的防守随之加强；同时，日益加剧的战争迫使各国不断扩大防御的范围和纵深，加强沿边境的外围防御。于是，各国都缘边凭险，设关筑塞，遣兵戍守，出现了关塞林立的局面。《盐铁论·险固》因而说：“诸侯之有关梁，盖自战国始也。”其时著名的关塞：秦有函谷关、殽关、武关；楚有扞关、昭关和冥阨、荆阮诸塞④；赵有井陉塞和句注塞；魏有大汾塞；燕有令疵、居庸二塞。《吕氏春秋·有始》曾说：“天有九野，地有九州，土有九山，山有九塞。”“何为九塞？大汾、冥阨、荆阮、方城、殽、井陉、令疵、句注、居庸。”实际上，即便是名关大塞，也何止“九塞”而已。

关塞而外，列国还沿边境山险构筑壁垒（小城堡），称为“障”⑤，以加强守备；沿边境和通途要道设置守望哨所，修筑瞭望台，称为“亭”或“燧”⑥，以警戒敌情，传递烽火信号⑦。这样就形成了由关塞、亭、障构成的边防体系。其内容

---

① 参见〔487〕第177~179页。

② 参见鄂君启节铭文（〔93〕〔488〕）。

③ 顾栋高《春秋大事表》卷九《春秋列国不守关塞论》。

④《左传·定公四年》记：吴伐楚，楚左司马戌建策“悉方城外以毁其舟，还塞大隧、直辕、冥阨。”杜预注：“三者，汉东之隘道。”这些地方可能在春秋时已建有关塞。

⑤《史记·白起王翦列传》“陷赵军，取二障四尉”，索隐：“障，堡城。”《汉书·张汤传》“居一障间”，颜师古注：“障，谓塞上要险之处，别筑为城，因置吏士而以障蔽，以扞（捍）寇也。”

⑥《史记·匈奴列传》“筑城障列亭至庐朐”，正义引顾胤云：“障，山中小城。亭，候望所居也。”《说文》：“䨿（燧），塞上亭守烽火者也。”段玉裁注：“此云塞上亭守烽火者，谓边塞上守烽火者也。”《墨子·杂守》论述了由众多“邮亭”构成的边境至国都的烽火信号体系。简言之，亭、燧即烽台。南朝宋鲍照《代出蓟北门行》：“羽檄起边亭，烽火入咸阳。”

⑦《史记·信陵君列传》：“北境传举燧，言赵寇至。”《李牧列传》：“日击数牛飨士，习射骑，谨烽火。”

被时人精炼地概括为“备边境，完要塞，谨关梁，塞蹊径”①。《战国策·韩策一》记张仪说韩王曰：“料大王之卒，悉之不过三十万，而厮徒负养在其中矣，为除守徼亭、障、塞，见卒不过二十万而已矣。”《魏策一》又记张仪说魏王曰：“魏地方不至千里，卒不过三十万人。……南与楚境，西与韩境，北与赵境，东与齐境，卒戍四方，守亭障者参列，粟粮漕庾，不下十万。”其时各国戍守边境的部队，几占一国兵力的三分之一。

二、长城的修建

列国的边防体系，因长城的修筑而得到进一步的加强。

所谓长城，是指在边境复杂地貌上伸延的线式筑城。长城的建造方法和技术，沿袭中国的城池筑城。二者都由泥土夯筑或石块垒砌的线状城墙构成，但城池筑城，城墙的两端相交，形成封闭的环形，只是容纳有限的人口；长城则两端不相交，而沿边境线延伸，并随地势变化迤逦起伏，其作用是保护大面积的国土。长城的出现，根源于农业民族划地而居、筑城以守的古老传统，反映了中国城守思想和方法的扩大化。

长城的建造，可以溯源于春秋，战国时期逐渐普及，其时列国修筑的长城，可以区分为两类：一类是东周列国之间的长城，即各国为防范邻国进攻而修筑的长城，它们都位于中原农耕区域，列国分野之处；一类是针对北方游牧民族的长城，即秦、赵、燕三国为防御匈奴、东胡、林胡、楼烦等的侵扰，在其西部或北部边境修筑的长城，它们横亘于中原农业区和北方草原之间的多山地带。

各国通过修筑长城，遂将边地上散布的关塞、亭、障等防御设施连接了起来，从而初步形成了一套以保卫大面积国土安全为目的，以长城为主体，以关塞亭障为据点的大规模军事防御体系，这无疑也是规模浩大的工程体系。

与盛居人民的内地城池筑城不同，长城是纯军事性质的边防筑城，故特别强调依凭山河险阻，或“因河为固”②，或“因边山险”③，即后世所谓“务据形胜”而“不资丁赋”④。

中国筑城向来强调因地制宜，就地取材，所谓“因天材就地利”⑤，这个特点在长城的建造上表现得尤为突出。根据经行地段的自然条件，长城或以土筑，或以石砌，或土石结合建造，它综合了中国平原筑城和山地筑城的技术。

第二节 东周列国之间的长城

一、楚方城

《汉书·地理志上》南阳郡叶县下原注：“楚叶公邑，有长城号曰方城。”郦道元《水经注·沅水》引盛弘之说：“叶东界有故城，始犨县，东至溱水，达沘阳

① 《吕氏春秋·孟冬纪》，又见《礼记·月令》。
② 语出《史记·匈奴列传》，第2906页；又见《汉书·匈奴传上》，第3766页，作“因河而为固”。
③ 语出《史记·匈奴列传》，第2886页。
④ 见《辽史·地理志一》，第450~451页。
⑤ 见《武经总要》前集卷十二《守城》。

界，南北联，联数百里，号为方城，一谓之长城云。”又说：“郦县有故城一面，未详里数，号为长城，即此城之西隅。其间相去六百里。北面虽无基筑，皆连山相接，而汉水流而南。”“方城”之名，始见于春秋。《左传·僖公四年》记楚屈完对齐桓公语：“楚国方城以为城，汉水以为池。”① 杜预注：“方城山在南阳叶县。”又《荀子·议兵篇》杨倞注：“方城，楚北界山名也。”《后汉书·郡国志》南阳郡下亦云：“叶有长山曰方城。”楚国是否在春秋前期（公元前7世纪）就于宛、叶之地筑有名为“方城”的长城②？抑或“方城”本为山名，后来楚长城筑经此地，故亦名方城？这些问题还需进一步探讨。

《吕氏春秋·有始》曾将楚之“方城”列为天下九塞之一。张维华认为：“春秋之世，叶南之方城，仅具关塞之形势，未具近于长城之规模。而方城之所以为重要关塞者，又在其所居地位，适居南北交通之中枢。”③ 也有可能，“方城”初为关塞，“方城山”因之而得名，后来以此为中心修建长城，仍沿用“方城”之名。

楚国在战国时期曾经于北境修筑长城是没有问题的。《史记·越王勾践世家》正义引《括地志》说：“故长城在邓州内乡县东七十五里，南入穰县，北连翼望山，无土之处，累石为固。楚（顷）襄王④控霸南土，争强中国，多筑列城于北方，以敌华夏，号为方城。”楚长城大致位于宛北地区，《水经注》提到的叶东界故城为其东段；《括地志》提到的邓州内乡县东的故城为其西段，这段长城遗迹还有《水经注》所说的郦县（后属内乡县）故城；北面“连山相接”⑤。主要应为泥土夯筑，在不便取土的山地，则用石块垒砌。

《吕氏春秋·下贤》曾说：魏文侯“南胜荆于连堤，东胜齐于长城”。所谓“连堤”，大概就指楚国北境的长城⑥，因为列国修筑长城，一些段落往往利用河流堤防改造而成。中国的河流堤防，自古主要为夯土结构。《考工记·匠人为沟洫》论东周时期建造堤防用版筑之法，其技术与筑城相同。边防守险，历来依凭山河，东周列国修筑长城，就多沿河流，所谓“因河而为固”⑦。而战国之世，“壅防百川，各以自利”⑧，堤防的修筑极为普遍，那些耸立于边境河流上的夯土结构的堤防，自然为修筑长城提供了可资利用的基础。将河流堤防改造为长城的例子，在其他国家还屡屡能够看到。

二、齐长城

齐国也较早修建长城。战国初期，三晋曾多次攻齐入长城，如魏文侯“东胜

① 《左传》襄公十六年、襄公二十六年、襄公二十九年，昭公十三年、昭公十八年、昭公二十年，定公四年，哀公十六年，也曾提到“方城”。

② 杨宽持此说，见〔6〕第296页。

③ 见〔489〕第38～39页。

④ 公元前298年即位，时当战国晚期。

⑤ 参见〔355〕第1册第45～46页③2～3。杨宽认为楚长城（方城）东半部筑于春秋时期，西半部为顷襄王时扩建，见〔6〕第296页。

⑥ 楚长城的始筑看来在楚顷襄王之前，但能否早到春秋，现殊难定论。

⑦ 语出《史记·匈奴列传》，第2906页；《汉书·匈奴传上》，第3766页。

⑧ 见《汉书·沟洫志》，第1692页。

齐于长城"①；公元前404年，三晋伐齐入长城②；公元前368年，赵侵齐至长城③。可见齐长城的西部在战国初期已建成。公元前351年，齐又"筑防以为长城"④。这说明齐国的长城是陆续修筑成的，而且也利用了河流堤防进行改造。战国时人往往将齐长城称为"长城钜（巨）防"⑤，也反映了它与河流堤防的密切关系。

齐国利用河流堤防进行防御的历史可以追溯到春秋时期。《左传·襄公十八年》记：公元前555年，晋联合鲁、宋、郑、卫等11国诸侯伐齐，"齐侯御诸平阴，堑防门而守之广里"。古平阴位今山东平阴东北，防门在古平阴之南，济水的东岸，大概就因济水的堤防而得名。济水是齐国西部的屏障，平阴是这道防线上的重镇。守平阴而堑防门，可能就利用了济水的堤防。后来齐国修筑长城，也以此为起点。《水经注·济水》引京相璠云："平阴城南有齐长城，东至海，西至济，河道所由，名防门，去平阴三里，齐侯堑防门即此也。"近人据历代方志所载遗迹，考证齐长城起自防门，东向经五道岭，绕泰山西北麓的长城岭，沿泰沂山脉，至胶南县小珠山入海⑥。

图3－98　山东长清齐长城遗迹

三、秦堑洛长城

《史记·六国年表》记：秦简公七年，"堑洛，城重泉"⑦。史念海认为，"堑洛"之堑是掘的意思，即削掘洛河岸边的山崖，这是修筑长城的一种方法⑧。杨宽认为"堑洛"就是利用洛河的堤防改建成防御性的城墙⑨。沿河修筑长城，不能不利用原有的堤防，而将堤防改造为城墙，一需将之削掘陡峻，二需增筑加高，无堤防之处，则新筑城墙相连，"堑"实含有这些意思。早在简公之前，秦国就有缘河筑城的行动。《史记·秦本纪》记，秦厉公十六，"堑河旁"；《史记·六国年

① 《吕氏春秋·下贤》。

② 《水经注·汶水》引《竹书纪年》，长城写作"长垣"；𬱖氏编钟铭文，长城写作"𨆬城"。

③ 《史记·赵世家》，第1799页。

④ 《史记·苏秦列传》正义引《竹书纪年》，《水经注·汶水》引《竹书纪年》。

⑤ 《战国策·秦策一》张仪语，《燕策一》苏代语，《史记·楚世家》顷襄王十八年弋射者语。

⑥ 见〔489〕第1～14页、〔6〕第297页。《水经注·汶水》以及《史记·楚世家》正义引《太山郡记》和《括地志》，说齐长城于琅玡入海，谭其骧《中国历史地图集》从之（见〔355〕第1册第39～40页）。近年山东省组织对齐长城全程进行考察，测出其长度为618.9公里，有关资料尚未公布（见〔490〕）。

⑦ 又见《史记·秦本纪》，第200页，与简公六年事合记。

⑧ 见〔491〕第57页。

⑨ 见〔6〕第295～296页。

表》记，秦灵公八年，“城堑河濑”①。从堑河（黄河）到堑洛（洛水），目的都是防御魏国的进攻。战国初期，秦的国力极为不振，而魏国正值强盛，屡屡攻伐河西秦地，到秦简公七年，秦的河西已完全失守，退守洛水，遂有堑洛之举。

据史念海推定，秦堑洛长城起于今陕西华阴县城东南华山之下小张村，向东北过渭河，主要沿洛河西岸至白水县境的黄龙山麓，障塞住了关中东面华山和黄龙山之间的广阔缺口②。今华阴城东以及大荔县、蒲城县、白水县等处，犹有遗迹存焉，在蒲城和白水的一些地方，还残留有多个土筑烽台③。

四、秦上郡塞长城

《史记·张仪列传》记：秦惠文王更元元年，张仪“取陕，筑上郡塞”。据史念海推定，秦上郡塞长城位今陕西省富县，沿黄龙山和子午岭之间的洛河中游河谷修筑④。唐宋时人均称这一带有秦长城⑤，今富县境内尚有若干遗迹⑥。

这道长城是为防御赵国而修筑的。秦堑洛长城阻住了关中东面华山和黄龙山之间的宽阔缺口，上郡塞长城进一步阻住了关中北面黄龙山和子午岭之间的缺口，从而使关中真正成为“四塞之地”。

五、魏西长城

魏国在惠王时代，为防御秦国，于其西境修造了一道长城。《史记·秦本纪》说：秦孝公元年，“魏筑长城，自郑滨洛以北”⑦。《水经注·济水》引《竹书纪年》说：魏惠王十二年，“龙贾帅师筑长城于西边”。《史记》“六国年表”和“魏世家”说：魏惠王十九年，“筑长城，塞固阳”。1959 年对陕西华阴魏西长城遗迹的试掘表明，魏西长城经过了几次修筑〔496〕。

据今人考察，魏西长城起于今陕西华阴县城西南华山之麓，北渡渭河后，循洛河东岸北上，于大荔县长城村附近趋向东北，经澄城、合阳、韩城诸县而至于韩城县城南黄河之滨⑧。

1959 年试掘的华阴洪崖村魏长城，存高 2.2 米，宽 18 米，为版筑夯土结构，墙宽系由 4 部分夯土组成，接缝清楚，大约是逐步增筑形成的，即先筑中心部分，后在两侧增筑，之后又在一侧增筑。同时试掘的华阴西关堡魏长城，残高 5.8 米，残宽 12 米，墙宽由先后夯筑的 3 部分构成。夯层一般厚 9～10 厘米，最厚 13 厘米，最薄 5 厘米，夯窝直径 3～6 厘米。建筑在生土面上，未发现基槽〔496〕。

在韩城县南马凌庄附近的魏长城遗迹内侧约 270 米处，还存有一个烽火台，夯

---

① 城、堑并举，意更明确：既有起土夯筑，也有削掘改造。

② 见〔491〕第 56～58 页。

③ 见〔491〕第 56～58 页及〔492〕〔493〕。关于秦简公“堑洛”的性质及其遗迹认定，也还存在争议，见〔494〕。

④ 见〔491〕第 58～60 页。

⑤ 富县唐宋时为洛交县。见《元和郡县志》卷三《鄜州·洛交县》，《太平寰宇记》卷三十五《鄜州·洛交县》。

⑥ 见〔491〕第 58～60 页及〔495〕。关于张仪“筑上郡塞”的性质及其遗迹认定，也还有争议，见〔494〕。

⑦ 《盐铁论·险固》也说：“魏滨洛筑长城，阻山带河，以保晋国。”

⑧ 见〔491〕第 52～56 页，〔355〕第 1 册第 35～36 页③④2～3，及〔496〕〔497〕〔498〕。

土结构，底基呈方形，边长约 7 米，残高 10 米①。

六、魏东长城

魏东长城位今河南中部郑州市附近。《后汉书·郡国志》河南郡下记："卷有长城，经阳武到密。"《史记·苏秦列传》集解和索隐引徐广之语也说："荥阳卷县有长城，经阳武到密。"这条长城大致从黄河南岸边的卷（今河南原阳县西）开始，东向到阳武（今原阳东南），折而西南行，过中牟县西②。《水经注·渠水》说：中牟县西的圃田泽，"西限长城"。就是指这道长城。

图 3－99　陕西韩城魏长城遗迹

《史记·魏世家》记：魏惠王三十一年，魏国迫于秦国的压力，将都城从安邑（今山西夏县西北）迁至大梁（今河南开封西北）③。魏东长城正处于大梁的西面，是拱卫大梁城的战略屏障。这道长城虽然位于魏国和韩国的边界线上，但其防御对象主要并非韩国，而是秦国。因为战国晚期，秦势力日盛，东向攻侵，一旦灭韩，魏都大梁便危在旦夕，所以魏信陵君说："韩亡，秦有郑地，与大梁邻"，"夫韩亡之后，兵出之日，非魏无攻矣"④。《淮南子·说林训》说："秦通峭塞而魏筑城也。"高诱注："魏徙都大梁，闻秦通治峭关，知欲来东兼之，故筑城设守备也。"魏东长城当是在这样的形势背景下修筑的。

七、中山长城

《史记·赵世家》记：赵成侯六年，"中山筑长城"。时在赵敬侯十年和十一年两度用兵中山之后⑤，中山国的长城，当是为防范赵国而筑，故赵国的史乘(《史记·赵世家》系采用其文）要特书一笔。此长城所在之地，史籍失载，后世舆地之书也未有言及，近人张维华曾推测可能在河北新乐县境："盖中山之都，在今灵寿，赵侵中山内地，无论自邯郸而北，或自晋阳出井径而东，新乐均当其冲，因疑中山之长城筑于此。"⑥

八、赵南长城

《史记·赵世家》记：赵肃侯十七年，"筑长城"。又记赵武灵王之语曰："我先王因世之变，以长南藩之地，属阻漳、滏之险，立长城。"这就是赵国的南境长城。赵南长城大体从今河北省武安县西南起，东南沿漳水至今磁县西南，折而东

① 见〔438〕第 49 页图 4－1－12。

② 见〔489〕第 67～73 页，〔355〕第 1 册第 35～36 页③④6～7。

③《史记·魏世家》集解引《汲冢纪年》(《竹书纪年》) 谓魏惠王九年徙都大梁；《水经注·渠水》引《竹书纪年》谓魏惠王六年徙都大梁。

④《史记·魏世家》，第 1857～1858 页。

⑤《史记·赵世家》，第 1798～1799 页。

⑥ 见〔489〕第 110～112 页。

北行，沿漳、滏二水之间到达今肥乡县南①。它构成了赵都邯郸南面的战略屏障。

赵自敬侯元年徙都于邯郸后，一直受到来自南面的魏国的威胁，最严重的一次是公元前354年庞涓率兵8万围攻邯郸，后得齐田忌、孙膑率军奔袭魏都大梁，迫使庞涓回救，败之于桂陵，才解了赵国之难②。这就是脍炙人口的围魏救赵故事。赵肃侯因漳、滏二水之险修筑南长城，自然是为防御魏国。

九、燕南长城

《战国策·燕策一》记张仪说燕昭王曰："今大王不事秦，秦下甲云中、九原，驱赵而攻燕，则易水长城，非大王之有也。"③ 易水是燕国南境的天然屏障，燕南长城主要就沿易水而筑。郦道元《水经注》易水和滱水两篇文字中，对这道长城的遗迹有较多记述，可知其大体起于今河北易县西之太行山麓④，东南行于燕下都之西的长城门（今易县西南）穿越北易水，沿南易水东行，经汾门（今河北徐水县西北），再沿南易水和滱水（今大清河）而走向东南⑤。其作用当是遮障太行山以东的广阔缺口，拱卫燕下都，防范来自南方特别是赵国和齐国的威胁。

今河北徐水县境内古易水之畔，仍有大段长城遗迹存在，"以徐水遂城北一段燕南长城保存最佳，远观如巨龙，巨岗耸起，高2~4米，宽4~6米，土筑"⑥。

第三节　防御北方游牧民族的长城

一、赵北长城

《史记·匈奴列传》记："赵武灵王亦变俗，胡服习骑射，北破林胡、楼烦，筑长城，自代并阴山下，至高阙为塞。"赵武灵王推行胡服骑射，事在其十九年，之后即频频攻略胡地，及至二十六年，"复攻中山，攘地北至燕、代，西至云中、九原"⑦。赵北长城的修筑，当始于公元前4世纪末年，而完成于公元前3世纪初。

赵北长城东起于代（今内蒙古兴和县至河北蔚县一带⑧），循阴山山脉（大青山—乌拉山—狼山）迤逦西行而抵高阙（今内蒙古杭锦后旗乌加河北岸之狼山石兰计山口）。高阙因而成为战国时期的名塞。郦道元在《水经注·河水》中有生动的描写：

史记赵武灵王既袭胡服，自代并阴山下，至高阙为塞。山下有长城。长

---

① 见〔355〕第1册第37~38页⑦10，〔6〕第298~299页，参见〔489〕第90~97页。

② 见《史记·孙子吴起列传》。据《赵世家》（第1801页）和《魏世家》（第1845页），魏军围邯郸之次年，拔之，旋败于桂陵，又二年，归赵邯郸。

③ 亦见《史记·张仪列传》，实战国晚期策士所拟之说辞。

④ 参见〔489〕第120~121页。

⑤ 参见〔6〕第299页，〔355〕第1册第41~42页④2~3。

⑥ 见〔491〕第36页，参见〔499〕。

⑦ 见《史记·赵世家》，第1805~1806页。

⑧ 代为周时古国，在今河北蔚县境内；战国初赵灭代，置代邑，位今蔚县东北，后赵武灵王置代郡，当今内蒙古兴和县至河北阳原县、蔚县一带（见〔355〕第1册第37~38页③④9~10）。然兴和县之南的阳原、蔚县尚未发现有战国长城遗迹。学者或说赵长城起点在蔚县，进而推定其经雁北地区而入内蒙古（见〔491〕第21页、〔14〕第643页），尚嫌证据不足。

城之际，连山刺天，其山中断，两岸双阙，峨然云举，望若阙焉。①

1964年内蒙古文物考古部门曾对赵北长城作过普查，比较详细地踏勘了呼和浩特以西至包头市的一段遗迹，在呼和浩特以东至卓资县，以及卓资县东的集宁市附近（黄旗海和元集宁路故城之北），也发现有长城遗迹，但包头以西的情况尚不清楚。这段长城主要沿阴山山脉的东段大青山的南麓建造，在山的南坡有较宽的慢坡，长城遗迹就曲折蜿蜒于慢坡的腰部，无慢坡的地方，就贴近山脚而行。除集宁附近呼和乌素所见为石砌以外，其余都是夯土建筑。夯土遗迹的底宽一般为3.5米左右，宽处达4米；夯层一般厚10厘米，薄者5厘米，厚者达15厘米；一些地方暴露有石块铺砌的墙基根脚。其基本的建造方法似为石砌墙基，土筑墙体。

图3－100　内蒙古大青山下的赵长城遗迹

沿长城及长城以南十数里范围内，散布着大大小小的烽台（“亭”）。呼和浩特东郊古楼板村方脑包的烽台，存高约4米，宽约8米。长城内外，尤其是以南，还分布着一些夯土结构的小城堡（“障”），包头市西哈德门沟口的障城，略呈长方形，东西约150米，南北约250米，南北各设一门。在阴山之南、黄河以北的河套平原和土默川平原上，还有许多郡县故城遗址。这些大大小小的城障亭燧和长城密切地联系在一起，北依阴山，南临黄河，构成了较严密的防线②。

另据调查，大青山南麓这段长城的北面，还有一道长城遗迹，由呼和浩特市北向西经武川县南、固阳县北而至高阙，主要穿行于阴山山脉的深山峻谷和阴山北麓③。或认为这道长城主要为秦代蒙恬所筑[501]；或认为它也是赵国始建，秦代修缮沿用，如此则赵北长城在呼和浩特以西便有南北或内外两条④。

二、燕北长城

《史记·匈奴列传》记载：赵武灵王北破林胡、楼烦，筑长城之后，“燕有贤将秦开，为质于期，胡甚信之，归而袭破走东胡，东胡却千余里。与荆轲刺秦王秦舞阳者，开之孙也。燕亦筑长城，自造阳至襄平，置上谷、渔阳、右北平、辽西、辽东郡以拒胡”。

燕将秦开事迹，史籍记载甚少。或推论其为燕昭王时人⑤，或认为其破袭东胡当在燕孝王之时或燕王喜即位之初年⑥。揆诸实际，燕北长城的修筑，最有可能在

① 《史记·秦始皇本纪》正义：“两山相对若阙，甚高，故言高阙。”《匈奴列传》正义引《地理志》：“其山中断，两峰俱峻，俗名为高阙也。”关于高阙位置的考定，见〔500〕。

② 见〔491〕第21～24页及〔501〕。

③ 见〔501〕，参见〔500〕。

④ 见〔6〕第299～300页，〔491〕第66页，〔355〕第1册第37～38页，第2册第5～6页，〔14〕第376页，〔115〕第401～402页。

⑤ 见吕祖谦《大事记解题》卷四，及〔6〕第350页。

⑥ 见王国良《中国长城沿革考》，及〔489〕第124页。

燕昭王二十一年前后。因为《史记》记秦开破东胡、燕筑长城在赵武灵王北破林胡、楼烦筑长城之后，故不能早到昭王前期；《史记》又说秦王政二十年参与荆轲刺秦王行动的秦舞阳是秦开之孙，爷孙的活动时间相隔五六十年是合理的；而且，燕昭王是燕国最有雄才的君主，即位后奋发图强，国力渐趋鼎盛，晚期甚至攻破齐国，完全有能力破东胡、筑长城；燕伐齐在昭王二十八年，倾全国之师，此役一直持续至昭王去世尚未结束，燕国不可能在伐齐的同时破击东胡、筑长城，而必在此前已大体完成这一任务，正因北境安定，才能够全力攻齐。昭王之后，燕国逐渐走下坡路，一边还要防备齐国的报复，及至燕孝王、燕王喜之时，秦国的威胁又日盛一日，恐无力也无暇在北境采取如此大规模的行动。

图 3－101　辽宁建平燕长城沿线城障（小五家土城）的夯土墙遗迹断面（夯层厚 12～26 厘米）

关于造阳，《史记》各家注都说在上谷郡。燕上谷郡当今河北西北部。襄平，《史记》索隐引韦昭语曰："今辽东所理也。"燕北长城大体以东西走向，由河北张家口一带而至辽东地区。今在河北围场县中部和内蒙古赤峰市南，都发现了燕北长城的遗迹。

位于河北围场县中部边墙村的长城遗迹，呈东南一西北走向，蜿蜒于山岭之间，当东与赤峰南之长城相连。其墙宽 8～10 米，残高 0.3 米，多以石为基，墙体用黄沙土夯筑①。

赤峰南的长城遗迹，西经内蒙古喀喇沁旗而入河北围场县中部，东经辽宁建平县北境、内蒙古敖汉旗中南部而入辽宁北票县，大多穿行于崇山峻岭之中，或筑于山坡，或建于山脊，具有"因边山险"的特点②。其建造方法主要有三种：一是石砌。一般内外两侧用较规整的大块自然石垒砌，中间填以乱石碎块或砂砾，墙基一般宽 2～3 米，最宽不超过 4 米，残高多为几十厘米，最高约为 1 米，一些地方有明显的接痕墙缝，说明筑造长城是分工分段进行的。二是土筑。一般见于土质较厚，地势较平缓的地区，一些地段山坡下用土筑，山冈上用石砌。因岁月久远，水土流失，土筑城墙被冲刷殆尽，唯经行地段隐约可见一道黑土带，远远望去像一条巨蟒屈曲在大地上，宽度约 5～6 米，估计当为夯筑。一些地段的土筑城墙外侧，因取土而形成了壕沟。三是利用天险。一般是在极陡峭的山中，在两个山头之间用自然石块稍加垒砌，遂成一道屏障。

长城沿线，建有烽台和城障，多筑于长城线之南，或贴城墙内侧而建。一些烽台周有围墙，宽约三四十米。城障多呈规整的方形，长宽数十米至三四百米，

① 见〔491〕第 36、37、43～44 页。
② 语出《史记·匈奴列传》，第 2886 页。

墙基宽度一般为 6 ~ 10 米，宽者可达 15 米。这些大小不同的设施，近者相距五六公里，远者一二十公里，规模因地形条件而异：一般地势较开阔的山川谷口、河流两岸，建较大之城；地势较高、山冈纵横的地带筑小障堡①。

图 3 – 102　内蒙古昭乌达盟英金河北岸长城遗迹

在赤峰市的北部，还存在一道长城遗迹，沿英金河北岸而筑，西入河北围场县北部，东向经敖汉旗北、奈曼旗、库伦旗南而入辽宁阜新，建造方法与赤峰南的长城基本相同。南、北两道长城，在赤峰及其以东地段，间距 40 ~ 50 公里；在河北围场县境内，间距 20 ~ 25 公里②。北线长城初发现于 1942 年，其时南线长城尚未发现，故认为它就是燕北长城③；南线长城发现后，或认为北线长城可能是秦统一后蒙恬所筑④，或认为它亦为战国时燕国所建，秦代继续沿用，并予增筑扩建⑤。这道长城的敖汉旗至阜新段长 120 多公里，保存较好，全部夯土筑造，残高 1 ~ 2 米，基宽 6 ~ 8 米[502]。

三、秦西长城

《史记·匈奴列传》记："秦昭王时，义渠戎王与宣太后乱，有二子，宣太后诈而杀义渠戎王于甘泉，遂起兵伐残义渠，于是秦有陇西、北地、上郡，筑长城以拒胡。"秦昭王在位时间为公元前 306 ~ 前 251 年。然司马迁在《匈奴列传》中记述"边于匈奴"的秦、赵、燕三国修筑长城的次序为：先写秦筑长城，次述赵武灵王筑长城，然后说"其后"秦开破东胡、燕筑长城。如此看来，秦西部长城的修建，应早于燕北长城，可能在公元前 300 年前后，或与赵北长城的修筑大致同时。《史记·秦本纪》曾记，昭王二十七年，使司马错发陇西卒，因蜀攻楚黔中郡，可见在此之前，已设陇西郡，秦西长城的筑成，至迟当不会晚于这时。

北魏郦道元《水经注》、唐李吉甫《元和郡县志》、宋《太平寰宇记》等书对这条长城的遗迹多有记述。据今人考证，它起于今甘肃泯县，大体沿洮河东岸，到今临洮县境，折而东行，经陕西渭源、宁夏固原、甘肃环县，循陕西志丹、安塞等县境的横山山脉而东，分为二支，一支经绥德达榆林，而止于秦上郡治所肤施（今榆林市南）附近，一支经陕西靖边，再北上经榆林、神木，达于内蒙古托

① 见〔491〕第 7 ~ 18 页、〔304〕第 92 页。

② 见〔304〕第 92 页及〔502〕〔491〕第 6 ~ 19、35 ~ 36、40 ~ 44 页。

③ 见〔503〕〔504〕及〔6〕第 300 页。

④ 见〔491〕第 18 ~ 19、35 ~ 36、40 ~ 44、51 页。

⑤ 见〔502〕〔505〕〔501〕〔14〕第 376 页，〔115〕第 401 页。据内蒙古文物工作队调查，北线长城又自围场县西延，经内蒙古多伦县、正蓝旗、太仆寺旗，河北省康保县，内蒙古化德县、商都县而入察哈尔右翼后旗，再西的情况有待进一步调查（〔501〕及〔491〕第 35 ~ 36 页）。如果北线长城亦为燕国始建，则其西端必为后来增筑，因为这个地域已经超出了燕国的疆界范围。

克托县十二连城附近黄河岸旁①。

图 3－103　宁夏固原北境秦长城遗迹

现已在甘肃临洮、渭源和宁夏固原等县境，甘肃环县、华池两县间和陕西定边、吴旗两县交界处，以及内蒙古鄂尔多斯高原东部，调查发现了这道长城的遗迹②。

经过宁夏固原地区的长城，基本上都建在黄土高原之上。因此无论是在山上还是在山下，或是沟边河岸，城墙都是就地取土，黄土夯筑，夯层坚硬，至今草木难生。在地势较平坦的地区，多于城墙外侧取土夯筑，墙基较宽，因而在城墙外侧形成一道壕堑，城墙内壁坡度较缓，外壁陡峻，从壕底算起，一些地方残高约有 15 米。这些地段的长城，间隔 200 米左右筑有一敌台，长、宽约 10 米至 10 余米，稍偏于城墙外侧，呈“马面”结构，具有侧射防御作用。个别地点经试掘，城墙底基在今地表面下 0.9 米起夯筑，基宽约 6 米，以上逐层内收，夯层厚 8～10 厘米，黄、褐色土相间。敌台比城墙夯筑更为精细，夯层也更坚硬一些。修筑在山坡或山巅上的长城，都巧妙利用地形，外侧山坡陡峭，内侧山坡较缓，一般墙基较窄，宽约 4～5 米，城墙也较低矮。在有断崖的地带，则利用崖壁作城墙，或距崖壁 15～20 米稍加修筑，设一矮墙。长城经过的交通要道和险要的峡谷山口，一般建有较大的城塞，如将台公社正扼北峡谷口的明荣古城，东西宽约 400 余米，南北长约 1000 米。距长城内侧 30～50 米的地带，还建有一些小城障和烽火台。障城一般为方形，长、宽数十米至一二百米。烽火台多设于重要的沟口和视野宽广的山巅，倾圮后，多数呈圆形或鱼背形堆积，如红庄古城山的烽火台，为一鱼背形堆积，长约 39 米，宽约 15 米③。

其他地区见到的秦长城遗迹，也多为夯土筑成，遗迹侧面，夯层仍清晰明显。顾颉刚调查甘肃临洮秦长城遗迹，称：“版筑遗痕历历在目。”④ 史念海对鄂尔多斯高原上的秦长城遗迹，曾有精彩的描写：

> 在巴龙梁上高处远望，长城遗迹曲折蜿蜒，随地形上下，高低起伏，愈伸愈远，出乎视线之外，仿佛直达天际，隐没于苍茫烟云之中。⑤

---

① 见〔491〕第 60～64、68～75 页，〔355〕第 1 册第 43～44、37～38 页。
② 见〔491〕第 60～64、45～50、68～75 页，〔285〕第 77～78 页及〔506〕。
③ 见〔491〕第 45～49 页。
④ 见〔285〕第 77 页。
⑤ 见〔491〕第 69 页。

参考文献

〔1〕童书业:《中国手工业商业发展史》,济南:齐鲁书社,1981 年。

〔2〕郭沫若:《考工记的年代与国别》,载《沫若文集》(16),北京:人民文学出版社,1962 年。

〔3〕闻人军:《〈考工记〉成书年代新考》,《文史》(23),北京:中华书局,1984 年。

〔4〕闻人军:《考工记导读》,成都:巴蜀书社,1988 年。

〔5〕温少峰、袁庭栋:《殷墟卜辞研究——科学技术篇》,成都:四川省社会科学院出版社,1983 年。

〔6〕杨宽:《战国史》,上海:上海人民出版社,1981 年。

〔7〕《云梦睡虎地秦墓》编写组:《云梦睡虎地秦墓》,北京:文物出版社,1981 年。

〔8〕《睡虎地秦墓竹简》整理小组:《睡虎地秦墓竹简》,北京:文物出版社,1978 年。

〔9〕黄展岳:《云梦秦简简论》,《考古学报》1980 年第 1 期。

〔10〕高恒:《秦律中"隶臣妾"问题的探讨》,《文物》1977 年第 7 期。

〔11〕高敏:《云梦秦简初探》,郑州:河南人民出版社,1979 年。

〔12〕夏鼐、殷玮璋:《湖北铜绿山古铜矿》,《考古学报》1982 年第 1 期。

〔13〕山西省考古研究所:《侯马铸铜遗址》,北京:文物出版社,1993 年。

〔14〕《中国大百科全书·考古学》,北京·上海:中国大百科全书出版社,1986 年。

〔15〕李学勤:《战国时代的秦国铜器》,《文物参考资料》1957 年第 8 期。

〔16〕张政烺:《秦汉刑徒杂考》《秦汉刑徒的考古资料》,《北京大学学报(人文科学版)》1958 年第 3 期。

〔17〕高明:《中国古文字学通论》,北京:文物出版社,1987 年。

〔18〕陈平:《试论战国型秦兵的年代及有关问题》,载《中国考古学研究论集——纪念夏鼐先生考古五十周年》,西安:三秦出版社,1987 年。

〔19〕仪真:《从考古发现谈儒法斗争的几个问题》,《文物》1974 年第 6 期。

〔20〕陈平、杨震:《内蒙伊盟新出十五年上郡守寿戈铭考》,《考古》1990 年第 6 期。

〔21〕河北省文物研究所:《燕下都》,北京:文物出版社,1996 年。

〔22〕河北省文物管理处:《河北易县燕下都第 21 号遗址第一次发掘报告》,《考古学集刊》(2),中国社会科学出版社,1982 年。

〔23〕曹淑琴:《商代中期有铭铜器初探》,《考古》1988 年第 3 期。

〔24〕中国社会科学院考古研究所:《殷墟妇好墓》,北京:文物出版社,1980 年。

〔25〕蔡运章、陈长安：《丰国铜器及相关问题》，《考古与文物》1983 年第 6 期。

〔26〕李学勤主编：《中国美术全集·工艺美术编 4·青铜器》，北京：文物出版社，1985 年。

〔27〕中国社会科学院考古研究所、北京市文物工作队琉璃河考古队：《1981～1983 年琉璃河西周燕国墓地发掘简报》，《考古》1984 年第 5 期。

〔28〕中国社会科学院考古研究所、北京市文物研究所琉璃河考古队：《北京琉璃河 1193 号大墓发掘简报》，《考古》1990 年第 1 期。

〔29〕中国科学院考古研究所：《上村岭虢国墓地》，北京：科学出版社，1959 年。

〔30〕郭宝钧：《浚县辛村》，北京：科学出版社，1964 年。

〔31〕成东、钟少异：《中国古代兵器图集》，北京：解放军出版社，1990 年。

〔32〕王辉强：《西周“薛师”戟与薛国军事》，《军事史林》1988 年第 5 期。

〔33〕钟少异：《试论戟的几个问题》，《文物》1995 年第 11 期。

〔34〕孙稚雏：《金文著录简目》，北京：中华书局，1981 年。

〔35〕中国社会科学院考古研究所：《殷周金文集成》（1～18），北京：中华书局，1984～1994 年。

〔36〕张颔：《万荣出土错金鸟书戈铭文考释》，《文物》1962 年第 4、5 期。

〔37〕河南省文物研究所、河南省丹江库区考古发掘队、淅川县博物馆：《淅川下寺春秋楚墓》，北京：文物出版社，1991 年。

〔38〕安徽省文化局文物工作队：《安徽省淮南市蔡家岗赵家孤堆战国墓》，《考古》1963 年第 4 期。

〔39〕容庚：《鸟书考》，《燕京学报》第 16 期，1934 年；《鸟书考补证》，《燕京学报》第 17 期，1935 年；《鸟书考》，《中山大学学报（哲学社会科学版）》1964 年第 1 期。

〔40〕董楚平：《吴越徐舒金文集释》，杭州：浙江古籍出版社，1992 年。

〔41〕何琳仪：《战国文字通论》，北京：中华书局，1989 年。

〔42〕湖北省博物馆：《曾侯乙墓》，北京：文物出版社，1989 年。

〔43〕钟少异：《龙泉霜雪：古剑的历史和传说》，北京：生活·读书·新知三联书店，1997 年。

〔44〕湖北省文化局文物工作队：《湖北江陵三座楚墓出土大批重要文物》，《文物》1966 年第 5 期。

〔45〕上海博物馆：《上海博物馆藏青铜器》，上海：上海人民出版社，1964 年。

〔46〕边成修：《山西长治分水岭 126 号墓发掘简报》，《文物》1972 年第 4 期。

〔47〕王振华：《古越阁藏铜兵萃珍·铜剑篇》，台北：古越阁，1998 年。

〔48〕李学勤：《新出现的十二字越王州句复合剑》，《中国文物世界》第 112 期，香港，1994 年。

〔49〕曹锦炎：《跋古越阁新藏之越王州句复合剑铭文》，载《第三届国际中国古文字学研讨会论文集》，香港：香港中文大学，1997 年。

〔50〕咸阳市文物考古研究所：《咸阳石油钢管钢绳厂秦墓清理简报》，《考古与文物》1996 年第 5 期。

〔51〕王辉：《十九年大良造鞅殳镈考》，《考古与文物》1996 年第 5 期。

〔52〕袁仲一：《秦中央督造的兵器刻辞综述》，《考古与文物》1984 年第 4 期。

〔53〕陈邦怀：《金文丛考三则》，《文物》1964 年第 2 期。

〔54〕商承祚：《长沙古物闻见记》，成都：金陵大学中国文化研究所，1939 年。

〔55〕裘锡圭：《从马王堆一号汉墓遣册谈关于古隶的一些问题》，《考古》1974 年第 1 期。

〔56〕李学勤：《论美澳收藏的几件商周文物》，《文物》1979 年第 12 期。

〔57〕李学勤：《海外访古记（一）》，《文博》1986 年第 5 期。

〔58〕黄盛璋：《试论三晋兵器的国别和年代及其相关问题》，《考古学报》1974 年第 1 期。

〔59〕陕西省博物馆：《介绍陕西省博物馆收藏的几件战国时期的秦器》，《文物》1966 年第 1 期。

〔60〕杨宽：《上郡守疾戈考释》，《中央日报·文物周刊》第 33 期，1947 年 5 月。

〔61〕崔璿：《秦汉广衍故城及其附近的墓葬》，《文物》1977 年第 5 期。

〔62〕邹宝库：《释辽阳新出土的一件秦戈铭文》，《考古》1992 年第 8 期。

〔63〕陈平：《辽阳新出四十年上郡守起戈铭补释》，《考古》1994 年第 9 期。

〔64〕陕西省考古研究所、始皇陵秦俑坑考古发掘队：《秦始皇陵兵马俑坑一号坑发掘报告（1974～1984 年）》，北京：文物出版社，1988 年。

〔65〕李仲操：《八年吕不韦戈考》，《文物》1979 年第 12 期。

〔66〕广州市文物管理委员会：《广州东郊罗冈秦墓发掘简报》，《考古》1962 年第 10 期。

〔67〕张颔：《检选古文物秦汉二器考释》，《山西大学学报》1979 年第 1 期。

〔68〕郭沫若：《金文丛考》，北京：人民出版社，1952 年。

〔69〕李三：《内蒙古准格尔旗出土一件上郡青铜戈》，《文物》1982 年第 11 期。

〔70〕陈直：《古器物文字丛考》，《考古》1963 年第 2 期。

〔71〕陈直：《汉书新证》，天津：天津人民出版社，1979 年。

〔72〕无戈：《“寺工”小考》，《人文杂志》1981 年第 3 期。

〔73〕黄盛璋：《寺工新考》，《考古》1983 年第 9 期。

〔74〕陈平：《“寺工小考”补议》，《人文杂志》1983 年第 2 期。

〔75〕周晓陆、路东之、庞睿：《秦代封泥的重大发现——梦斋藏秦封泥的初步研究》，《考古与文物》1997 年第 1 期。

〔76〕王辉：《也谈西安北郊出土封泥的断代》，《中国文物报》1998 年 1 月 7 日。

〔77〕河北省博物馆、河北省文物管理处：《河北省出土文物选集》，北京：文物出版社，1980 年。

〔78〕李学勤、郑绍宗：《论河北近年出土的战国有铭青铜器》，《古文字研究》(7)，1982 年。

〔79〕华义武、史润梅：《介绍一件先秦有铭铜矛》，《文物》1989 年第 6 期。

〔80〕许玉林、王连春：《辽宁宽甸县发现秦石邑戈》，《考古与文物》1983 年第 3 期。

〔81〕于豪亮：《四川涪陵的秦始皇廿六年铜戈》，《考古》1976 年第 1 期。

〔82〕王红武、吴大焱：《陕西宝鸡凤阁岭公社出土一批秦代文物》，《文物》1980 年第 9 期。

〔83〕尹显德：《四川青川出土九年吕不韦戟》，《考古》1991 年第 1 期。

〔84〕黄家祥：《四川青川县出土九年吕不韦戈考》，《文物》1992 年第 11 期。

〔85〕江西省博物馆、遂川县文化馆：《记江西遂川出土的几件秦代铜兵器》，《考古》1978 年第 1 期。

〔86〕旅顺博物馆报导组：《旅大地区发现赵国铜剑》，《考古》1973 年第 6 期。

〔87〕黄盛璋：《关于鲁南新出赵䢵工剑与齐工师铜泡》，《考古》1985 年第 5 期。

〔88〕黄盛璋：《新发现之三晋兵器及其相关问题研究》，《文博》1987 年第 2 期。

〔89〕黄盛璋：《新出战国金银器铭文研究》，《古文字研究》(12)，1985 年。

〔90〕黄盛璋：《关于加拿大多伦多市安大略博物馆所藏三晋兵器及其相关问题》，《考古》1991 年第 1 期。

〔91〕李学勤：《〈考工记〉与战国兵器铭文的“执齐”》，载华觉明主编《中国科技典籍研究——第一届中国科技典籍国际会议论文集》，郑州：大象出版社，1998 年。

〔92〕黄茂琳：《新郑出土战国兵器中的一些问题》，《考古》1973 年第 6 期。

〔93〕殷涤非、罗长铭：《寿县出土的鄂君启金节》，《文物参考资料》1958 年第 4 期。

〔94〕程长新、张先得：《历尽沧桑、重放光华——北京市拣选古代青铜器展览简记》，《文物》1982 年第 9 期。

〔95〕河北省文化局文物工作队：《河北邯郸百家村战国墓》，《考古》1962 年第 12 期。

〔96〕湖北省博物馆、荆州地区博物馆、江陵县文物工作组发掘小组：《湖北江陵拍马山楚墓发掘简报》，《考古》1973 年第 3 期。

〔97〕许明纲、于临祥：《新金县后元台发现铜器》，《考古》1980 年第 5 期。

〔98〕单先进、冯玉辉：《衡阳市发现战国纪年铭文铜戈》，《考古》1977 年第

5 期。

〔99〕郝本性:《新郑“郑韩故城”发现一批战国铜兵器》,《文物》1972 年第 10 期。

〔100〕李学勤:《战国题铭概述(上)》,《文物》1959 年第 7 期。

〔101〕中国历史博物馆考古组:《燕下都城址调查报告》,《考古》1962 年第 1 期。

〔102〕张震泽:《燕王职戈考释》,《考古》1973 年第 4 期。

〔103〕河北省文物管理处:《燕下都第 23 号遗址出土一批铜戈》,《文物》1982 年第 8 期。

〔104〕刘心健:《介绍两件带铭文的铜戈》,《文物》1979 年第 4 期。

〔105〕黄盛璋:《连云港楚墓出土襄城竸尹戈铭文考释及其历史地理问题》,《考古》1998 年第 3 期。

〔106〕黄锡全:《湖北出土商周文字辑证》,武汉:武汉大学出版社,1992 年。

〔107〕周晓陆、纪达凯:《江苏连云港市出土襄城楚境尹戈读考》,《考古》1993 年第 1 期。

〔108〕郝本性:《试论楚国器铭中所见的府和铸造组织》,载《楚文化研究论集》(1),武汉:荆楚书社,1987 年。

〔109〕黄锡全:《古文字中所见楚官府官名辑证》,载《文物研究》,合肥:黄山书社,1991 年。

〔110〕刘玉堂:《楚国手工业生产管理、技术职官》,《中国科技史料》第 17 卷第 3 期,1996 年。

〔111〕咸阳市博物馆:《陕西咸阳塔儿坡出土的铜器》,《文物》1975 年第 6 期。

〔112〕《世界美术全集》,东京:平凡社,1954 年。

〔113〕中国社会科学院考古研究所:《陕县东周秦汉墓》,北京:科学出版社,1994 年。

〔114〕湖北省荆州地区博物馆:《江陵雨台山楚墓》,北京:文物出版社,1984 年。

〔115〕中国社会科学院考古研究所:《新中国的考古发现和研究》,北京:文物出版社,1984 年。

〔116〕钟少异:《金戈铁戟:中国古兵器的历史与传统》,北京:解放军出版社,1999 年。

〔117〕裘锡圭:《谈谈随县曾侯乙墓的文字资料》,《文物》1979 年第 7 期。

〔118〕孙机:《有刃车軎与多戈戟》,《文物》1980 年第 12 期。

〔119〕湖北省荆沙铁路考古队:《包山楚墓》,北京:文物出版社,1991 年。

〔120〕林巳奈夫:《中国殷周时代の武器》,京都:京都大学人文科学研究所,1972 年。

〔121〕刘占成:《秦俑坑出土的铜铍》,《文物》1982 年第 3 期。

〔122〕丰州:《考古杂记(一)》,《考古与文物》1983 年第 1 期。

〔123〕秦兵、张占民：《长铍初探》，载《考古与文物丛刊第三号：陕西省考古学会第一次年会论文集》，西安：《考古与文物》编辑部，1983 年。

〔124〕河北省文物研究所：《𠑱墓——战国中山国国王之墓》，北京：文物出版社，1995 年。

〔125〕中国科学院考古研究所：《洛阳中州路（西工段）》，北京：科学出版社，1959 年。

〔126〕李伯谦：《中原地区东周铜剑渊源试探》，《文物》1982 年第 1 期。

〔127〕林寿晋：《东周式铜剑初论》，《考古学报》1962 年第 2 期。

〔128〕Max Loehr，*Chinese Bronze Age Weapons*，Ann Arbor：The University of Michigan Press；London：Geoffrey Cumberlege，Oxford University Press，1956。

〔129〕钟少异：《古代铜剑的长度及其意义》，载《史物丛刊 10：商周青铜兵器暨夫差剑特展论文集》，台北：国立历史博物馆，1996 年。

〔130〕田广金、郭素新：《鄂尔多斯青铜器》，北京：文物出版社，1986 年。

〔131〕汪宁生：《试论不对称形铜钺》，《考古》1985 年第 5 期。

〔132〕杨泓：《中国古兵器论丛》，北京：文物出版社，1980 年；增订本，1985 年。

〔133〕童恩正：《我国西南地区青铜戈的研究》，《考古学报》1979 年第 4 期。

〔134〕叶学贤、贾云福等：《化学成分、组织、热处理对编钟声学性能的影响》，《江汉考古》1981 年第 1 期。

〔135〕华觉明、贾云福：《先秦编钟设计制作的探讨》，《自然科学史研究》第 2 卷第 1 期，1983 年。

〔136〕华觉明等著：《中国冶铸史论集》，北京：文物出版社，1986 年。

〔137〕苏荣誉、华觉明、李克敏、卢本珊：《中国上古金属技术》，济南：山东科学技术出版社，1995 年。

〔138〕华觉明：《精湛的错金、鎏金工艺与铭文的铸、刻之别》，载王振华《古越阁藏铜兵萃珍·铜剑篇》，台北：古越阁，1998 年。

〔139〕肖梦龙、华觉明、苏荣誉、贾莹：《干吴之剑研究》，载肖梦龙、刘伟主编《吴国青铜器综合研究》，北京：科学出版社，2004 年。

〔140〕谭德睿：《东周铜兵器技术概论》，载王振华《古越阁藏商周青铜兵器》，台北：古越阁，1993 年。

〔141〕王振华：《古越阁藏商周青铜兵器》，台北：古越阁，1993 年。

〔142〕曹锦炎等：《浙江省博物馆新入藏越王者旨於睗剑笔谈》，《文物》1996 年第 4 期。

〔143〕华觉明、郭德维：《曾侯乙墓青铜器群铸焊技术和失蜡法》，《文物》1979 年第 7 期。

〔144〕华觉明、贾云福：《曾侯遇尊、盘和失蜡法的起源》，《自然科学史研究》第 2 卷第 4 期，1983 年。

〔145〕华觉明：《失蜡法的起源和发展》，《科技史文集》（13），上海：上海科学技术出版社，1985 年。

〔146〕汤文兴:《淅川下寺一号墓青铜器的铸造技术》,《考古》1981 年第 2 期。

〔147〕谭德睿:《中国古代失蜡铸造刍议》,《文物》1985 年第 12 期。

〔148〕李学勤:《东周与秦代文明》(修订本),北京:文物出版社,1991 年。

〔149〕谭德睿:《中国古代失蜡铸造起源问题的思考》,《文物保护与考古科学》1994 年第 2 期。

〔150〕华觉明:《积年研究多方协作取得的突破性成果——记商周陶范铸造和东周铜兵器菱形纹》,《中国文物报》1998 年 3 月 4 日。

〔151〕吴来明:《"六齐"、商周青铜器化学成分及其演变的研究》,《文物》1986 年第 11 期。

〔152〕何堂坤:《鄂州战国青铜兵刃器初步考察》,《江汉考古》1990 年第 3 期。

〔153〕湖北省文物考古研究所:《江陵九店东周墓》,北京:科学出版社,1995 年。

〔154〕李敏生:《先秦用铅的历史概况》,《文物》1984 年第 10 期。

〔155〕商志䜣:《苏南地区青铜器合金成分的特色及相关问题》,《文物》1990 年第 9 期。

〔156〕陈梦家:《殷代铜器》,《考古学报》(7),1954 年。

〔157〕田长浒:《从现代实验剖析中国古代青铜铸造的科学成就》,《成都科技大学学报》1980 年第 3、4 期。

〔158〕梁津:《周代合金成分考》,《科学》第 9 卷第 10 期,1925 年。

〔159〕王琎主编:《中国古代金属化学及金丹术》,北京:科学技术出版社,1957 年。

〔160〕闻人军:《考工记译注》,上海:上海古籍出版社,1993 年。

〔161〕中国社会科学院考古研究所安阳工作队:《1969 ~ 1977 年殷墟西区墓葬发掘报告》,《考古学报》1979 年第 1 期。

〔162〕李敏生、黄素英、季连琪:《殷墟金属器物成分的测定报告(二)——殷墟西区铜器和铅器测定》,《考古学集刊》(4),北京:中国社会科学出版社,1984 年。

〔163〕何堂坤:《中国古代铜镜的技术研究》,北京:紫禁城出版社,1999 年。

〔164〕章鸿钊:《中国用锌的起源》,《科学》第 8 卷第 3 期,1923 年。

〔165〕孙诒让:《周礼正义》,王文锦、陈玉霞点校,北京:中华书局,1987 年。

〔166〕近重真澄:《东洋古代文化之化学观》,陈象岩据讲演译记,《科学》第 5 卷第 3 期,1919 年。

〔167〕王琎:《中国古代金属原质之化学》,《科学》第 5 卷第 6 期,1920 年。

〔168〕W. P. Yetts, *The George Eumorfopoulos Collection*, Catologus of the Chinese and Korean Bronzes, Vol. 1, Ladon, 1929。

〔169〕袁翰青：《中国化学史论文集》，北京：生活·读书·新知三联书店，1956 年。

〔170〕周则岳：《试论中国古代冶金史的几个问题》，《中南矿冶学院学报》1956 年第 1 期。

〔171〕杨根、丁家盈：《司母戊大鼎的合金成分及其铸造技术的初步研究》，《文物》1959 年第 12 期。

〔172〕N. Barnard, *Bronze Casting and Bronze Alloys in Ancient China*, The Australian National University and Monumenta Serica, 1961。

〔173〕凌业勤：《我国古代铸造技术》，《机械工业》1962 年第 1 期。

〔174〕范文澜：《中国通史简编》（1），北京：人民出版社，1978 年。

〔175〕万家保：《由殷墟发掘所见的商代青铜工业》，《大陆杂志》（50），1979 年。

〔176〕W. T. Chase, T. O. Ziebold, *Ternary Repersentations of Ancient Chinese Bronze Compasitions*, Archaeological Chemistry—Ⅱ American Chemical Society, Advances in Chemistry No. 171, Washington D. C. 1978。

〔177〕近重真澄：《东洋炼金术》，东京，1929 年。英译本：Masumi Chikashige, *Oriental Alchemy*, Tokyo, 1936。

〔178〕杨宽：《试论中国古代冶铁技术的发明和发展》，《文史哲》1955 年第 2 期。

〔179〕张子高：《六齐别解》，《清华大学学报》第 4 卷第 2 期，1958 年。

〔180〕郭宝钧：《中国青铜器时代》，北京：生活·读书·新知三联书店，1963 年。

〔181〕张子高：《中国化学史稿·古代之部》，北京：科学出版社，1964 年。

〔182〕周始民：《考工记六齐成分的研究》，《化学通报》1978 年第 3 期。

〔183〕赵匡华编：《中国古代化学史研究》，北京：北京大学出版社，1985 年。

〔184〕李仲达、华觉明、张宏礼：《商周青铜容器合金成分的考察——兼论“钟鼎之齐”的形成》，《西北大学学报》（自然科学版）1984 年第 2 期。

〔185〕何堂坤：《“六齐”之管窥》，《科技史文集》（15），上海：上海科学技术出版社，1989 年。

〔186〕何堂坤：《先秦青铜合金技术的初步探讨》，《自然科学史研究》第 16 卷第 3 期，1997 年。

〔187〕湖南省文物工作委员会：《楚文物图片集》（一），长沙：湖南人民出版社，1958 年。

〔188〕湖南省博物馆：《长沙楚墓》，《考古学报》1959 年第 1 期。

〔189〕陈佩芬：《古代铜兵铜镜的成分及有关铸造技术》，《上海博物馆馆刊》（1），上海：上海人民出版社，1981 年。

〔190〕彭适凡、华觉明、王玉柱：《江西出土的青铜复合剑及其检测研究》，《中原文物》1994 年第 3 期。

〔191〕湖北省宜昌地区博物馆、北京大学考古系:《当阳赵家湖楚墓》,北京:文物出版社,1992 年。

〔192〕曾琳、夏锋、肖梦龙、商志醰:《苏南地区古代青铜器合金成分的测定》,《文物》1990 年第 9 期。

〔193〕钟少异:《古相剑术刍论》,《考古》1994 年第 4 期。

〔194〕郭宝钧:《殷周的青铜武器》,《考古》1961 年第 2 期。

〔195〕复旦大学静电加速器实验室、中国科学院上海原子核研究所活化分析组、北京钢铁学院《中国冶金史》编写组:《越王剑的质子 X 荧光非真空分析》,《复旦学报》(自然科学版)1979 年第 1 期。

〔196〕梅原末治:《战国式铜器の研究》,东方文化学院京都研究所研究报告(7),京都,1936 年。

〔197〕丁孟:《少虡剑》,《紫禁城》(33),北京故宫博物院,1986 年。

〔198〕山西省考古研究所:《山西浑源县李峪村东周墓》,《考古》1983 年第 8 期。

〔199〕李夏延:《浑源彝器研究》,《文物》1992 年第 10 期。

〔200〕何纪生:《略论广东东周时期的青铜文化及其与几何印纹陶的关系》,《文物集刊》(3),北京:文物出版社,1981 年。

〔201〕广东省博物馆:《广东肇庆市北岭松山古墓发掘简报》,《文物》1974 年第 11 期。

〔202〕镇江市博物馆:《江苏武进孟河战国墓》,《考古》1984 年第 2 期。

〔203〕楚文物展览会:《楚文物展览图录》,北京:北京历史博物馆,1954 年。

〔204〕何堂坤:《从科学分析看我国古代的青铜热处理技术》,《金属热处理学报》第 8 卷第 1 期,1987 年。

〔205〕何堂坤:《春秋战国青铜剑科学考察》,《中国冶金史料》1990 年第 2 期。

〔206〕贾莹、苏荣誉:《镇江谏壁王家山东周墓青铜器金相检测报告》,待刊稿。

〔207〕镇江博物馆:《江苏镇江谏壁王家山东周墓》,《文物》1987 年第 12 期。

〔208〕徐恒彬、黄渭馨、王秀兰、华觉明:《广东省出土青铜器冶铸技术的研究》,《科技史文集》(14),上海:上海科学技术出版社,1985 年。

〔209〕何堂坤:《部分四川青铜器的科学分析》,《四川文物》1987 年第 4 期。

〔210〕何堂坤:《滇池地区几件青铜器的科学分析》,《文物》1985 年第 4 期。

〔211〕孙淑云:《深圳大梅沙遗址出土铜器的技术研究》,《考古》1997 年第 7 期。

〔212〕北京科技大学冶金史研究室:《广东深圳大梅沙遗址出土铜器的鉴定报告》,《考古》1998 年第 6 期。

〔213〕孙淑云、马肇曾、金莲姬、韩汝玢、柯俊:《土壤中腐殖酸对铜镜表面“黑漆古”形成的影响》,《文物》1992 年第 12 期。

〔214〕何堂坤：《什么是“黑漆古”》，《中国文物报》1996 年 10 月 27 日。

〔215〕李树贞：《中国古代青铜镜和青铜剑表层组成的测试研究》，《成都科技大学学报》1984 年第 3 期。

〔216〕何堂坤：《鄂城铜镜表面分析》，《自然科学史研究》第 6 卷第 2 期，1987 年。

〔217〕峨眉地区文物管理所、自然科学史研究所：《四川峨眉县战国青铜器的科学分析》，《考古》1986 年第 11 期。

〔218〕张子高：《从镀锡铜器谈到“鋈”字本义》，《考古学报》1958 年第 3 期。

〔219〕杨根：《云南晋宁青铜器的化学成分分析》，《考古学报》1958 年第 3 期。

〔220〕何堂坤：《几件琉璃河西周早期青铜器的科学分析》，《文物》1988 年第 3 期。

〔221〕韩汝玢、埃玛·邦克：《表面富锡的鄂尔多斯青铜饰品的研究》，《文物》1993 年第 9 期。

〔222〕叶小燕：《我国古代青铜器上的装饰工艺》，《考古与文物》1983 年第 4 期。

〔223〕曹献民：《云南青铜器铸造技术》，载《云南青铜器论丛》，北京：文物出版社，1981 年。

〔224〕张增祺：《滇池地区青铜器铸造及合金工艺初探》，《考古与文物》1982 年第 1 期。

〔225〕马肇曾、金莲姬、尹秀兰：《腐殖酸使锡青铜镜表面生成黑漆古的研究》，《考古》1994 年第 3 期。

〔226〕马肇曾、尹秀兰、金莲姬：《多元酚类使铜镜产生黑漆古及黑漆古结构——铜镜黑漆古的研究（Ⅱ）》，《考古》1995 年第 11 期。

〔227〕廉海萍：《东周铜兵器菱形纹饰技术》，《中国文物报》1998 年 4 月 8 日。

〔228〕O. Karlbeck, *Notes on some early Chinese bronze mirrors*, The China Journal of Science and Arts, vol. 4, No. 1, 1926。

〔229〕中国社会科学院考古研究所、河北省文物管理处：《满城汉墓发掘报告》，北京：文物出版社，1980 年。

〔230〕韩汝玢、马肇曾、王曾隽、柯俊：《秦始皇陶俑坑出土的铜镞表面氧化层的研究》，《自然科学史研究》第 2 卷第 4 期，1983 年。

〔231〕马肇曾、韩汝玢：《秦始皇陶俑坑出土铜镞表面氧化层的再研究》，《自然科学史研究》第 6 卷第 4 期，1987 年。

〔232〕田长浒：《中国古代青铜兵器铸造技术发展的分析研究》，《成都科技大学学报》1984 年第 1 期。

〔233〕何堂坤：《几件表面含铬青铜器的分析》，《考古》1996 年第 7 期。

〔234〕湖北省博物馆：《越王勾践剑与吴王夫差矛》，香港：中国文物展览馆，

1984 年。
〔235〕戴尊德:《原平峙峪出土的东周铜器》,《文物》1972 年第 4 期。
〔236〕马肇曾、韩汝玢:《越王勾践剑表面黑色纹饰的研究》,《自然科学史研究》第 6 卷第 2 期,1987 年。
〔237〕W. T. Chase and U. M. Franklin, *Early Chinese Black Mirrors and Patten - etched Weapons*, Arts Orienrolis, Vol. 11。
〔238〕廉海萍译:《蚀刻纹兵器》,《文物保护与考古科学》1993 年第 2 期。
〔239〕贾莹、肖梦龙、苏荣誉:《吴国暗花纹矛的检测分析与成因探讨》,载肖梦龙、刘伟主编《吴国青铜器综合研究》,北京:科学出版社,2004 年。
〔240〕后德俊:《越王勾践剑不锈之谜》,《江汉考古》1980 年第 1 期。
〔241〕后德俊:《楚国科学技术史稿》,武汉:湖北科学技术出版社,1990 年。
〔242〕何堂坤:《古兵三绝谭》,载王振华编《台湾古越阁藏青铜兵器精粹展》(图录),台北:古越阁,1995 年。
〔243〕四川省博物馆:《四川船棺葬发掘报告》,北京:文物出版社,1960 年。
〔244〕周纬:《兵器史稿》,北京:生活·读书·新知三联书店,1957 年。
〔245〕琉璃河考古工作队:《北京附近发现的西周奴隶殉葬墓》,《考古》1974 年第 5 期。
〔246〕卢连成、胡智生:《宝鸡弜国墓地》,北京:文物出版社,1988 年。
〔247〕甘肃省博物馆文物队:《甘肃灵台白草坡西周墓》,《考古学报》1977 年第 2 期。
〔248〕钟少异:《试说“虞叔宝剑”——兼说早期铁器应用的一个现象》,《文物天地》1993 年第 3 期。
〔249〕湖南省博物馆:《新发现的长沙战国楚墓帛画》,《文物》1973 年第 7 期。
〔250〕李家浩:《越王州句复合剑铭文及其所反映的历史》,《北京大学学报》(哲学社会科学版)1998 年第 2 期。
〔251〕曹锦炎:《新见越王兵器及其相关问题》,《文物》2000 年第 1 期。
〔252〕吴振武:《赵武襄君铍考》,《文物》2000 年第 1 期。
〔253〕河南省文物研究所等:《三门峡上村岭虢国墓地 M2001 发掘简报》,《华夏考古》1992 年第 3 期。
〔254〕韩汝玢:《中国早期铁器(公元前 5 世纪以前)的金相学研究》,《文物》1998 年第 2 期。
〔255〕刘得桢、朱建唐:《甘肃灵台县景家庄春秋墓》,《考古》1981 年第 4 期。
〔256〕甘肃省博物馆文物工作队、武威地区展览馆:《甘肃永昌三角城沙井文化遗址调查》,《考古》1984 年第 7 期。
〔257〕袁仲一:《从考古资料看秦文化的发展和主要成就》,《文博》1990 年第 5 期。

〔258〕张天恩:《秦器三论——益门春秋墓几个问题浅谈》,《文物》1993 年第 10 期。

〔259〕韩伟、焦南峰:《秦都雍城考古发掘研究综述》,《考古与文物》1988 年第 5、6 期合刊。

〔260〕宝鸡市考古工作队:《宝鸡市益门村二号春秋墓发掘简报》,《文物》1993 年第 10 期。

〔261〕河南省文物研究所、中国历史博物馆考古部:《登封王城岗与阳城》,北京:文物出版社,1992 年。

〔262〕柯俊、吴坤仪、韩汝玢、苗长兴:《河南古代一批铁器的初步研究》,《中原文物》1993 年第 1 期。

〔263〕李众:《中国封建社会前期钢铁冶炼技术发展的探讨》,《考古学报》1975 年第 2 期。

〔264〕黄河水库考古工作队:《1957 年河南陕县发掘简报》,《考古通讯》1958 年第 11 期。

〔265〕中国科学院考古研究所:《新中国的考古收获》,北京:文物出版社,1961 年。

〔266〕河南省文化局文物工作队第一队:《我国考古史上的空前发现,信阳长台关发掘一座战国大墓》,《文物参考资料》1957 年第 9 期。

〔267〕河南省文物研究所:《信阳楚墓》,北京:文物出版社,1986 年。

〔268〕铜绿山考古发掘队:《湖北铜绿山春秋战国古矿井遗址发掘简报》,《文物》1975 年第 2 期。

〔269〕大冶钢厂冶军:《铜绿山古矿井遗址出土铁制及铜制工具的初步鉴定》,《文物》1975 年第 2 期。

〔270〕湖北省博物馆:《楚都纪南城的勘察与发掘》,(上),《考古学报》1982 年第 3 期;(下),《考古学报》1982 年第 4 期。

〔271〕顾铁符:《长沙 52·826 号墓在考古学上诸问题》,《文物参考资料》1954 年第 10 期。

〔272〕中国科学院考古研究所:《长沙发掘报告》,北京:科学出版社,1957 年。

〔273〕杨宽:《中国古代冶铁技术发展史》,上海:上海人民出版社,1982 年。

〔274〕湖南省博物馆:《湖南常德德山楚墓发掘报告》,《考古》1963 年第 9 期。

〔275〕黄展岳:《试论楚国铁器》,《湖南考古辑刊》(2),长沙:岳麓书社,1984 年。

〔276〕长沙铁路车站建设工程文物发掘队:《长沙新发现春秋晚期的钢剑和铁器》,《文物》1978 年第 10 期。

〔277〕湖南省博物馆:《湖南资兴旧市战国墓》,《考古学报》1983 年第 1 期。

〔278〕湖南省博物馆、湘西土家族苗族自治州文物工作队:《古丈白鹤湾楚墓》,《考古学报》1986 年第 3 期。

〔279〕江苏省文物管理委员会：《江苏六合程桥东周墓》，《考古》1965年第3期。

〔280〕南京博物院：《江苏六合程桥2号东周墓》，《考古》1974年第2期。

〔281〕四川省文管会、雅安地区文化馆、荥经县文化馆：《四川荥经曾家沟战国墓群第一、二次发掘》，《考古》1984年第12期。

〔282〕龚国强：《新疆地区早期铜器略论》，《考古》1997年第9期。

〔283〕章鸿钊：《中国铜器铁器时代沿革考》，《石雅》附录，1927年再刊本，1997年上海古籍出版社重印。

〔284〕黄展岳：《关于中国开始冶铁和使用铁器的问题》，《文物》1976年第8期。

〔285〕顾颉刚：《史林杂识（初编）》，北京：中华书局，1963年。

〔286〕朱希祖：《中国古代铁制兵器先行于南方考》，《清华学报》第5卷第1期，1928年。

〔287〕《答朱希祖君（附来书）》，《大公报·文学副刊》第32~34期，1928年8月13日、20日、27日。

〔288〕朱希祖：《关于“古代铁制兵器先行于南方考”之讨论——再致〈大公报〉文学副刊编者》，《新晨报副刊》1928年9月17~22日。

〔289〕朱希祖：《关于“古代铁制兵器先行于南方考”之讨论》，《大公报·文学副刊》第39~41期，1928年10月1日、8日、15日。

〔290〕章鸿钊：《关于“古代铁兵器先行于南方考”之讨论》，《新晨报副刊》1928年12月21~24日。

〔291〕绍来：《关于“中国古代铁制兵器先行于南方考”之又一讨论》，《新晨报副刊》1929年1月11日、12日、14日。

〔292〕章鸿钊：《就绍来君讨论中国古代铁兵问题之所感》，《新晨报副刊》1929年1月24~26日、28日。

〔293〕绍来：《结论中国古代铁兵问题并答章鸿钊君》，《新晨报副刊》1929年2月1日、2日、4日、5日。

〔294〕章鸿钊：《就文副对于铁兵问题之结论申述所见》，《新晨报副刊》1929年2月8日。

〔295〕陆懋德：《评近人研究中国古代先用铁兵之地点》，《新晨报副刊》1929年2月27日。

〔296〕朱希祖：《关于“中国古代铁制兵器先行于南方考”之讨论——五致〈大公报〉文副编辑并答章鸿钊、绍来、陆懋德三君》，《新晨报副刊》1929年3月9日、11日。

〔297〕翁文灏：《为古代铁兵问题进一解》，《天津益世报·学术周刊》1929年3月10日。

〔298〕陈汉章：《中国古代铁兵考》，《史学杂志》第1卷第4期，1929年。

〔299〕非斯：《用铁时代问题之研究》，《食货》第2卷第7期，1935年。

〔300〕马承源：《吴越王剑，人间瑰宝》，载王振华《古越阁藏铜兵萃珍·铜

剑篇》，台北：古越阁，1998 年。

〔301〕荆州地区博物馆：《湖北江陵腾店一号墓发掘简报》，《文物》1973 年第 9 期。

〔302〕襄阳首届亦工亦农考古训练班：《襄阳蔡坡 12 号墓出土吴王夫差剑等文物》，《文物》1976 年第 11 期。

〔303〕崔墨林：《河南辉县发现吴王夫差铜剑》，《文物》1976 年第 11 期。

〔304〕文物编辑委员会：《文物考古工作三十年（1949～1979 年）》，北京：文物出版社，1979 年。

〔305〕曹锦炎：《越王嗣旨不光剑铭文考》，《文物》1995 年第 8 期。

〔306〕高至喜、熊传新：《楚人在湖南活动遗迹概述——兼谈有关楚文化的几个问题》，《文物》1980 年第 10 期。

〔307〕周世荣：《湖南楚墓出土古文字丛考》，《湖南考古辑刊》（1），长沙：岳麓书社，1982 年。

〔308〕曹桂岑、骆崇礼、张志华：《淮阳平粮台四号墓发掘简报》，《河南文博通讯》1980 年第 1 期。

〔309〕骆崇礼：《浅谈淮阳楚墓出土的“越王”剑》，《楚文化研究论集》，洛阳：中州书画社，1983 年。

〔310〕杨权喜：《江汉地区发现的商周青铜器——兼述楚文化与中原文化的关系》，《中国考古学会第三次年会论文集（1981）》，北京：文物出版社，1984 年。

〔311〕刘彬徽：《湖北出土两周金文国别年代考述》，《古文字研究》（13），1986 年。

〔312〕刘平生：《安徽南陵县发现吴王光剑》，《文物》1982 年第 5 期。

〔313〕沂水县文物管理站：《山东沂水县发现工盧王青铜剑》，《文物》1983 年第 12 期。

〔314〕马道阔：《安徽庐江发现吴王光剑》，《文物》1986 年第 2 期。

〔315〕范文澜：《中国通史》（1），北京：人民出版社，1987 年。

〔316〕王恩田：《吴王夫差剑及其辨伪》，《吴文化研究论文集》，广州：中山大学出版社，1988 年。

〔317〕江陵县文化局：《江陵官坪楚墓发掘简报》，《江汉考古》1989 年第 3 期。

〔318〕晋华：《山西榆社出土一件吴王貼发剑》，《文物》1990 年第 2 期。

〔319〕荆门市博物馆：《荆门市子陵岗古墓发掘简报》，《江汉考古》1990 年第 4 期。

〔320〕洛阳市文物工作队：《洛阳 C1M3352 出土吴王夫差剑等文物》，《文物》1992 年第 3 期。

〔321〕《中国文物精华》编辑委员会：《中国文物精华（1992）》，北京：文物出版社，1992 年。

〔322〕胡新立：《山东邹县发现一件吴王夫差剑》，《文物》1993 年第 8 期。

〔323〕朱俊英、刘信芳：《攻盧工姑发郘之子曹鮴剑铭文简介》，《文物》

1998 年第 6 期。
〔324〕张光裕、曹锦炎：《东周鸟篆文字编》，香港：翰墨轩，1994 年。
〔325〕李先登：《吴王夫差铜器集录》，《东南文化》1990 年第 4 期。
〔326〕李学勤：《古越阁所藏青铜兵器选粹》，《文物》1993 年第 4 期。
〔327〕郭沫若：《跋江陵与寿县出土铜器群》，《考古》1963 年第 4 期。
〔328〕商承祚：《"姑发䦀反"即吴王"诸樊"别议》，《中山大学学报》（哲学社会科学版）1963 年第 3 期；《"姑发䦀反剑"补说》，《中山大学学报》（哲学社会科学版）1964 年第 1 期。
〔329〕李学勤：《试论山东新出青铜器的意义》，《文物》1983 年第 12 期。
〔330〕马承源：《越王剑、永康元年群神禽兽镜》，《文物》1962 年第 12 期。
〔331〕陈梦家：《蔡器三记》，《考古》1963 年第 7 期。
〔332〕林沄：《越王者旨於赐考》，《考古》1963 年第 8 期。
〔333〕曹锦炎：《越王姓氏新考》，《中华文史论丛》1983 年第 3 期。
〔334〕夏星南：《浙江长兴县发现吴、越、楚铜剑》，《考古》1989 年第 1 期。
〔335〕林寿晋：《东周式铜剑初论》，《考古学报》1962 年第 2 期。
〔336〕钟少异：《试论扁茎剑》，《考古学报》1992 年第 2 期。
〔337〕钟少异：《汉式铁剑综论》，《考古学报》1998 年第 1 期。
〔338〕钟少异：《欧冶子和干将、莫邪——吴越铸剑传说的来源和演变》，载王振华《古越阁藏铜兵萃珍 · 铜剑篇》，台北：古越阁，1998 年。
〔339〕陈奇猷：《韩非子集释》，上海：上海人民出版社，1974 年。
〔340〕岑仲勉：《墨子城守各篇简注》，北京：中华书局，1958 年。
〔341〕湖南省文物工作队：《长沙、衡阳出土战国时代的铁器》，《考古通讯》1956 年第 1 期。
〔342〕李正光、彭青野：《长沙沙湖桥一带古墓发掘报告》，《考古学报》1957 年第 4 期。
〔343〕傅振伦：《燕下都发掘品的初步整理与研究》，《考古通讯》1955 年第 4 期。
〔344〕河北省文物管理处：《河北易县燕下都 44 号墓发掘报告》，《考古》1975 年第 4 期。
〔345〕雷从云：《三十年来春秋战国铁器发现述略》，《中国历史博物馆馆刊》第 2 期，1980 年。
〔346〕何清谷：《战国铁兵器管窥》，《史学月刊》1985 年第 4 期。
〔347〕袁仲一：《秦始皇陵兵马俑研究》，北京：文物出版社，1990 年。
〔348〕山东省博物馆：《山东临淄齐故城试掘简报》，《考古》1961 年第 6 期。
〔349〕群力：《临淄齐国故城勘探纪要》，《文物》1972 年第 5 期。
〔350〕郑绍宗：《热河兴隆发现的战国生产工具铸范》，《考古通讯》1956 年第 1 期。
〔351〕杨根：《兴隆铁范的科学考察》，《文物》1962 年第 2 期。
〔352〕刘东亚：《河南新郑仓城发现战国铸铁器泥范》，《考古》1962 年第

3 期。

〔353〕河南省博物馆新郑工作站、新郑县文化馆：《河南新郑郑韩故城的钻探和试掘》，《文物资料丛刊》（3），北京：文物出版社，1980 年。

〔354〕淄博市博物馆、齐故城博物馆：《临淄商王墓地》，济南：齐鲁书社，1997 年。

〔355〕谭其骧主编：《中国历史地图集》，北京：地图出版社，1982 年。

〔356〕李京华：《古代西平冶铁遗址再探讨》，《中国冶金史料》1990 年第 4 期。

〔357〕文物编辑委员会：《文物考古工作十年（1979～1989 年）》，北京：文物出版社，1990 年。

〔358〕雷从云：《战国铁农具的考古发现及其意义》，《考古》1980 年第 3 期。

〔359〕李恒德：《中国历史上的冶铁技术》，《自然科学》1951 年第 7 期。

〔360〕华觉明、杨根、刘恩珠：《战国两汉铁器的金相学考察初步报告》，《考古学报》1960 年第 1 期。

〔361〕白崇斌：《宝鸡市益门村 M2 出土春秋铁剑残块分析鉴定报告》，《文物》1994 年第 9 期。

〔362〕北京钢铁学院压力加工专业：《易县燕下都 44 号墓葬铁器金相考察初步报告》，《考古》1975 年第 4 期。

〔363〕北京钢铁学院《中国古代冶金》编写组：《中国古代冶金》，北京：文物出版社，1978 年。

〔364〕华觉明：《中国古代钢铁技术的特色及其形成》，《科技史文集》（3），上海：上海科学技术出版社，1980 年。

〔365〕何堂坤：《关于春秋战国时期的钢铁冶金技术》，《科技史文集》（9），上海：上海科学技术出版社，1982 年。

〔366〕湖南省益阳地区文物工作队：《益阳楚墓》，《考古学报》1985 年第 1 期。

〔367〕湖南省博物馆：《长沙浏城桥一号墓》，《考古学报》1972 年第 1 期。

〔368〕后德俊：《楚文物与考工记的对照研究》，《中国科技史料》第 17 卷第 1 期，1996 年。

〔369〕郭沫若：《说戟》，载《殷周青铜器铭文研究》，北京：科学出版社，1961 年。

〔370〕广州市文物管理委员会、中国社会科学院考古研究所、广东省博物馆：《西汉南越王墓》，北京：文物出版社，1991 年。

〔371〕谭旦冏：《成都弓箭制作调查报告》，《中央研究院历史语言研究所集刊》（23），台北，1951 年。

〔372〕Joseph NeedHam，Robin D. S. Yates，with the collaboration of Krzysztof Gawlikowski，Edward McEwen，Wang Ling，*Science and Civilisation in China*，vol. 5，Part Ⅵ，*Military Technology*：*Missiles and Sieges*，Cambridge University Press，Cambridge，1994。

〔373〕李约瑟、叶山著，石施道（高利考夫斯基）、麦克尤恩、王铃协助：《中国科学技术史》第5卷第6分册《军事技术：抛射武器和攻守城技术》，钟少异等译，北京：科学出版社；上海：上海古籍出版社，2002年。

〔374〕陈跃钧：《江陵楚墓出土双矢并射连发弩研究》，《文物》1990年第5期。

〔375〕山东省兖石铁路文物考古工作队：《临沂凤凰岭东周墓》，济南：齐鲁书社，1987年。

〔376〕云梦县文化馆：《湖北云梦县珍珠坡一号楚墓》，《考古学集刊》（1），北京：中国社会科学出版社，1981年。

〔377〕湖北省荆州地区博物馆：《江陵天星观1号楚墓》，《考古学报》1982年第1期。

〔378〕徐中舒：《弋射与弩之溯源及关于此类名物之考释》，《中央研究院历史语言研究所集刊》第4卷第4本，1934年。

〔379〕徐中舒：《古代狩猎图像考》，载《庆祝蔡元培先生六十五岁论文集》（下），北平：中央研究院，1935年。

〔380〕周庆基：《关于弩的起源》，《考古》1961年第11期。

〔381〕刘仙洲：《中国机械工程发明史》第一编，北京：科学出版社，1962年。

〔382〕宋兆麟、何其耀：《从少数民族的木弩看弩的起源》，《考古》1980年第1期。

〔383〕《民族问题五种丛书》内蒙古自治区编委会编：《中国少数民族社会历史资料调查丛刊：鄂伦春族社会历史调查》（1），呼和浩特：内蒙古人民出版社，1984年。

〔384〕《民族问题五种丛书》云南省编辑委员会编：《中国少数民族社会历史资料调查丛刊：独龙族社会历史调查》（1），昆明：云南民族出版社，1981年。

〔385〕《民族问题五种丛书》云南省编辑委员会编：《中国少数民族社会历史资料调查丛刊：傈僳族社会历史调查》，昆明：云南人民出版社，1981年。

〔386〕Joseph F. Rock, The Ancient Na－khi Kingdom of Southwest China, Harvard University Press, Cambridge, Mass, 1947。

〔387〕陶云逵：《碧罗雪山之傈僳族》，《中央研究院历史语言研究所集刊》（17），1948年。

〔388〕黔东南民族研究所编：《中国苗族民俗》，贵阳：贵州人民出版社，1990年。

〔389〕《中国大百科全书·军事》，北京：中国大百科全书出版社，1989年。

〔390〕山东省文物考古研究所、山东省博物馆：《曲阜鲁国故城》，济南：齐鲁书社，1982年。

〔391〕洛阳博物馆：《洛阳中州路战国车马坑》，《考古》1974年第3期。

〔392〕高至喜：《记长沙、常德出土弩机的战国墓——兼谈有关弩机、弓矢的几个问题》，《文物》1964年第6期。

〔393〕四川省文物管理委员会:《成都羊子山第172号墓发掘报告》,《考古学报》1956年第4期。

〔394〕四川省博物馆、重庆市博物馆、涪陵县文化馆:《四川涪陵地区小田溪战国土坑墓清理简报》,《文物》1974年第5期。

〔395〕四川省博物馆、《四川新都战国木椁墓》,《文物》1981年第6期。

〔396〕刘占成:《承弓器及其用法》,《文博》1988年第3期。

〔397〕孙机:《汉代物质文化资料图说》，北京：文物出版社，1991年。

〔398〕梅原末治:《（增订）洛阳金村古墓聚英》，京都：小林出版部，1944年。

〔399〕山西省文物工作委员会:《山西出土文物》，太原，1980年。

〔400〕汉语大词典编辑委员会、汉语大词典编纂处:《汉语大词典》附录·索引卷，上海：汉语大词典出版社，1994年。

〔401〕荆沙铁路考古队:《江陵秦家嘴楚墓发掘报告》，《江汉考古》1988年第2期。

〔402〕Vernard Foley, Gerorge Palmer, Werner Soedel:《弩》,《科学》（Scientific American中译本）1985年第5期。

〔403〕湖南省文物管理委员会:《长沙出土的三座大型木椁墓》,《考古学报》1957年第1期。

〔404〕湖北省博物馆、随县博物馆、中国社会科学院考古研究所技术室:《湖北随县擂鼓墩一号墓皮甲胄的清理和复原》,《考古》1979年第6期。

〔405〕信阳地区文管会、固始县文化局:《固始白狮子地一号和二号墓清理简报》,《中原文物》1981年第4期。

〔406〕水野清一:《长沙出土の木偶たついて》，《东方学报》（8），京都，1937年。

〔407〕白荣金:《包山楚墓马甲复原辨正》,《文物》1989年第3期。

〔408〕《辞海》，上海：上海辞书出版社，1989年。

〔409〕中国社会科学院考古研究所技术室：《试论东周时代皮甲胄的制作技术》,《考古》1984年第12期。

〔410〕凉山彝族自治州博物馆：《凉山彝族文物图谱·漆器》，成都：四川民族出版社，1982年。

〔411〕王世襄:《髹饰录解说》，北京：文物出版社，1983年。

〔412〕安徽省六安县文物管理所:《安徽六安县城西窑厂2号楚墓》，《考古》1995年第2期。

〔413〕王世襄:《中国古代漆工艺》,《中国美术全集》工艺美术编8《漆器》，北京：文物出版社，1989年。

〔414〕后德俊、陈赋理:《楚国漆制品生产与使用中的几个问题》，《中国生漆》1983年第1期。

〔415〕后德俊：《楚国的矿冶髹漆和玻璃制造》，武汉：湖北教育出版社，1995年。

〔416〕云南省博物馆：《云南江川李家山古墓群发掘报告》，《考古学报》

1975 年第 2 期。

〔417〕荆州博物馆：《江陵李家台楚墓清理简报》，《江汉考古》1985 年第 3 期。

〔418〕王毓彤：《彩绘漆木盾画面分析》，《江汉考古》1986 年第 2 期。

〔419〕后德俊：《"涓"及"涓工"初论》，《文物》1993 年第 12 期。

〔420〕杜白石、杨青、李正：《秦陵铜车马的牵引性能分析》，《西北农业大学学报》第 23 卷增刊《秦代机械工程的研究与考证》专辑，1995 年。

〔421〕河南省文物研究所、周口地区文化局文物科：《河南淮阳马鞍冢楚墓发掘简报》，《文物》1984 年第 10 期。

〔422〕山西省考古研究所：《上马墓地》，北京：文物出版社，1994 年。

〔423〕Joseph Needham, et al. *Science and Civilisation in China*, Vol, 4, Part Ⅲ, Cambridge: Cambridge Universit Press, 1971。

〔424〕Joseph Needham, et al. *Science and Civilisation in China*, Vol. 4, Part Ⅱ, Cambridge: Cambrideg Universit Press, 1965。

〔425〕山东省昌潍地区文物管理组：《胶县西庵遗址调查试掘简报》，《文物》1977 年第 4 期。

〔426〕孙机：《汉代物质文化资料图说》，北京：文物出版社，1991 年。

〔427〕陕西省文管会秦墓发掘组：《陕西户县宋村春秋秦墓发掘简报》，《文物》1975 年第 10 期。

〔428〕闻人军：《〈考工记〉齐尺考辨》，《考古》1983 年第 1 期。

〔429〕李学勤：《平山墓葬群与中山国的文化》，《文物》1979 年第 1 期。

〔430〕刘来成、李晓东：《试谈战国时期中山国历史上的几个问题》，《文物》1979 年第 1 期。

〔431〕王冠倬：《中国古船》，北京：海洋出版社，1991 年。

〔432〕河姆渡遗址考古队：《浙江河姆渡遗址第二期发掘的主要收获》，《文物》1980 年第 5 期。

〔433〕郭宝钧：《山彪镇与琉璃阁》，北京：科学出版社，1959 年。

〔434〕上海博物馆青铜器研究组：《商周青铜器纹饰》，北京：文物出版社，1984 年。

〔435〕四川省博物馆：《成都百花潭中学发掘记》，《文物》1976 年第 3 期。

〔436〕李学勤：《试论百花潭嵌错图像铜壶》，《文物》1976 年第 3 期。

〔437〕中国科学院考古研究所洛阳发掘队：《洛阳涧滨东周城址发掘报告》，《考古学报》1959 年第 2 期。

〔438〕中国科学院自然科学史研究所：《中国古代建筑技术史》，北京：科学出版社，1985 年。

〔439〕中国科学院考古研究所山东工作队：《山东邹县腾县古城址调查》，《考古》1965 年第 12 期。

〔440〕谢元璐、张颔：《晋阳古城勘察记》，《文物》1962 年第 4～5 期。

〔441〕刘东亚：《河南鄢陵县古城址的调查》，《考古》1963 年第 4 期。

〔442〕陶正刚：《山西闻喜的“大马古城”》，《考古》1963年第5期。

〔443〕张德光：《山西洪洞古城的调查》，《考古》1963年第10期。

〔444〕单士元：《夯土技术浅谈》，《科技史文集》（7），上海：上海科学技术出版社，1981年。

〔445〕赵继柱：《简谈中国古代建筑施工工具》，《科技史文集》（11），上海：上海科学技术出版社，1984年。

〔446〕林巳奈夫：《汉代の文物》，京都：京都大学人文科学研究所，1976年。

〔447〕陕西省文物管理委员会：《秦都栎阳遗址初步勘探记》，《文物》1966年第1期。

〔448〕成都市文物考古工作队、四川联合大学考古教研室、新津县文物所：《四川新津县宝墩遗址调查与试掘》，《考古》1997年第1期。

〔449〕山东省文物考古研究所、聊城地区文化局文物研究室：《山东阳谷县景阳冈龙山文化城址调查与试掘》，《考古》1997年第5期。

〔450〕河南省文物研究所、周口地区文化局文物科：《河南淮阳平粮台龙山文化城址试掘简报》，《文物》1983年第3期。

〔451〕河南省博物馆、郑州市博物馆：《郑州商代城遗址发掘报告》，《文物资料丛刊》（1），北京：文物出版社，1977年。

〔452〕黄河水库考古队陕西分队：《陕西华阴岳镇战国古城勘查记》，《考古》1959年第11期。

〔453〕中国社会科学院考古研究所、中国历史博物馆、山西省考古研究所：《夏县东下冯》，北京：文物出版社，1988年。

〔454〕陶正刚、叶学明：《古魏城和禹王古城调查简报》，《考古》1962年第4~5期。

〔455〕王玉哲：《中国上古史纲》，上海：上海人民出版社，1959年。

〔456〕杨伯峻：《春秋左传注》，北京：中华书局，1981年。

〔457〕银雀山汉墓竹简整理小组：《银雀山竹书〈守法〉〈守令〉等十三篇》，《文物》1985年第4期。

〔458〕陈梦家：《亩制与里制》，《考古》1966年第1期。

〔459〕陈梦家：《战国度量衡略说》，《考古》1964年第6期。

〔460〕陕西省雍城考古队：《秦都雍城钻探试掘简报》，《考古与文物》1985年第2期。

〔461〕韩伟、焦南峰：《秦都雍城考古发掘研究综述》，《考古与文物》1988年第5、6期。

〔462〕尚志儒：《秦都雍城的总体布局与考古发掘》，《中国文物报》1990年6月28日。

〔463〕中国科学院考古研究所山西工作队：《山西夏县禹王城调查》，《考古》1963年第9期。

〔464〕邯郸市文物保管所：《河北邯郸市区古遗址调查简报》，《考古》1980年第2期。

〔465〕李自智：《东周列国都城的城郭形态》，《考古与文物》1997年第3期。

〔466〕李自智：《秦都雍城的城郭形态及有关问题》，《考古与文物》1996年第2期。

〔467〕河北省文物研究所：《河北平山三汲古城调查与墓葬发掘》，《考古学集刊》（5），北京：中国社会科学出版社，1987年。

〔468〕中国科学院考古研究所洛阳发掘队：《河南偃师“滑城”考古调查简报》，《考古》1964年第1期。

〔469〕《辞源》（修订版），北京：商务印书馆，1979～1983年。

〔470〕河北省文物管理委员会：《河北磁县讲武城调查简报》，《考古》1959年第7期。

〔471〕陈梦家：《殷墟卜辞综述》，北京：科学出版社，1956年；北京：中华书局，1988年重印。

〔472〕贺业钜：《考工记营国制度研究》，北京：中国建筑工业出版社，1985年。

〔473〕银雀山汉墓竹简整理小组：《银雀山简本〈尉缭子〉释文（附校注）》，《文物》1977年第2期。

〔474〕曹操等注、郭化若译：《十一家注孙子（附今译）》，北京：中华书局，1962年。

〔475〕李学勤：《秦简与〈墨子〉城守各篇》，载中华书局编辑部编《云梦秦简研究》，北京：中华书局，1981年。

〔476〕山东省济宁市文物管理局：《薛国故城勘查和墓葬发掘报告》，《考古学报》1991年第4期。

〔477〕杨守敬、熊会贞：《水经注疏》，段熙仲点校、陈桥驿复校，南京：江苏古籍出版社，1989年。

〔478〕江西省文物考古研究所铜岭遗址发掘队：《江西瑞昌铜岭商周矿冶遗址第一期发掘简报》，《江西文物》1990年第3期。

〔479〕卢本栅、刘诗中：《铜岭商周铜矿开采技术初步研究》，《文物》1993年第7期。

〔480〕卢本珊、张柏春、刘诗中：《铜岭商周矿用桔槔与滑车及其使用方式》，《中国科技史料》第17卷第2期，1996年。

〔481〕《中国大百科全书·矿冶》，北京：中国大百科全书出版社，1984年。

〔482〕夏鼐、殷玮璋：《湖北铜绿山古铜矿》，《考古学报》1982年第1期。

〔483〕李庆元：《中国青铜时代的采矿炼铜技术——湖北大冶铜绿山古矿冶遗址介绍》，《科学》（Scientific American 中文版）1988年第2期。

〔484〕铜绿山考古发掘队：《湖北铜绿山春秋战国古矿井遗址发掘简报》，《文物》1975年第2期。

〔485〕中国社会科学院考古研究所铜绿山工作队：《湖北铜绿山东周铜矿遗址发掘》，《考古》1981年第1期。

〔486〕中国社会科学院考古研究所铜绿山工作队：《湖北铜绿山古铜矿再次发

掘》,《考古》1982 年第 1 期。
〔487〕童书业：《春秋左传研究》，上海：上海人民出版社，1980 年。
〔488〕郭沫若：《关于鄂君启节的研究》,《文物参考资料》1958 年第 4 期。
〔489〕张维华：《中国长城建置考》（上编），北京：中华书局，1979 年。
〔490〕郭建芬：《齐长城考察成果显著》,《中国文物报》1998 年 9 月 6 日。
〔491〕文物编辑委员会编：《中国长城调查报告集》，北京：文物出版社，1981 年。
〔492〕史念海：《洛河右岸战国时期秦长城遗迹的探索》,《文物》1985 年第 11 期。
〔493〕彭曦：《秦简公“堑洛”遗迹考察简报》,《文物》1996 年第 4 期。
〔494〕瓯燕、叶万松：《“上郡塞”与“堑洛”长城辨》,《考古与文物》1997 年第 2 期。
〔495〕姬乃军：《陕西富县秦“上郡塞”长城踏察》,《考古》1996 年第 3 期。
〔496〕中国社会科学院考古研究所陕西工作队：《陕西华阴、大荔魏长城勘查记》,《考古》1980 年第 6 期。
〔497〕陈孟东、刘合心：《魏国西长城调查》,《人文杂志》1983 年第 6 期。
〔498〕齐鸿浩、袁继民：《陕西澄城县、黄龙县交界处战国魏长城》,《考古》1991 年第 3 期。
〔499〕河北省文化局文物工作队：《河北徐水解村发现古遗址和古城垣》,《考古》1965 年第 10 期。
〔500〕唐晓峰：《内蒙古西北部秦汉长城调查记》,《文物》1977 年第 5 期。
〔501〕陆思贤、盖山林：《内蒙古境内战国秦汉长城遗迹》，载中国考古学会编《中国考古学第一次年会论文集（1979）》，北京：文物出版社，1980 年。
〔502〕李殿福：《吉林省西南部的燕秦汉文化》,《社会科学战线》1978 年第 3 期。
〔503〕佟柱臣：《赤峰附近新发现之汉前土城址与古长城》，沈阳博物馆专刊《历史与考古》（1），1946 年。
〔504〕佟柱臣：《考古学上汉代及汉代以前的东北疆域》,《考古学报》1956 年第 1 期。
〔505〕李文信：《中国北部长城沿革考》,《社会科学辑刊》1979 年第 1 ~ 2 期。
〔506〕罗哲文：《临洮秦长城、敦煌玉门关、酒泉嘉峪关勘查简记》,《文物》1964 年第 6 期。
〔507〕河南省文物考古研究所、三门峡市文物工作队：《三门峡虢国墓》，北京：文物出版社，1999 年。
〔508〕山东省博物馆：《临淄郎家庄一号东周殉人墓》,《考古学报》1977 年第 1 期。
〔509〕山东大学历史系考古专业、山东省新泰市文化局：《山东新泰郭家泉东周墓》,《考古学报》1989 年第 4 期。

〔510〕宋岩泉、陈希法：《郯国故城考古初论》，山东省历史学会郯文化专业委员会编《郯文化研究》(1)，1998 年。

〔511〕李家窑遗址考古发掘队：《三门峡发现虢都上阳城》，《中国文物报》2001 年 1 月 10 日。

〔512〕临淄区齐国故城博物馆：《临淄齐国故城的排水系统》，《考古》1988 年第 9 期。

〔513〕贺业钜：《试论周代两次城市建设高潮》，《建筑历史与地理》1981 年第 1 期。

〔514〕马世之：《关于春秋战国城的探讨》，《考古与文物》1981 年第 4 期。

〔515〕陈直：《墨子备城门等篇与居延汉简》，《中国史研究》1980 年第 1 期。

〔516〕周晓陆、路东之、庞睿：《西安出土秦封泥补读》，《考古与文物》1998 年第 2 期。

〔517〕黄石市博物馆：《铜绿山古矿冶遗址》，北京：文物出版社，1999 年。

第四编　秦　汉

东周时期的社会大发展和诸多诸侯大国的崛起，使广大的区域得到开发；而通过秦的兼并六国，又归于一统。当中央集权的秦汉统一国家建立的时候，黄河中下游、长江中下游和珠江流域都被纳入了版图，在东亚地区因而出现了幅员空前的大帝国。它不再像夏商王朝那样只是控制了华北平原上的一个中心腹地，也不像西周王朝那样只是在辽阔的区域建立起一个个分散的据点（诸侯国），而是对连成一片的空前广大的范围有效地实施了控制和治理。通过强有力的集权制国家政权的组织，空前的大帝国为武器装备生产和军事工程建设提供了更加庞大的人力、物力资源，因而产生了规模宏大的巨构。

而当秦汉王朝统一了黄河中下游直至珠江三角洲的广大农耕区域的时候，崛起于北方草原的匈奴人也征服了大草原上的诸多游牧部族，建立起强大的骑马武装集团，频频南下袭扰。秦汉王朝与匈奴的对抗，为军事技术发展赋予了新的时代主题。

第一章
秦代的造兵体制和武器技术

第一节　秦代的造兵体制

秦统一六国后，为保持天下稳定，空前地加强了对武器的控制。《史记·秦始皇本纪》记：始皇初称帝，“收天下兵，聚之咸阳，销以为钟鐻，金人十二，重各千石，置廷宫中”，就传达出了这样的信息。在此背景下，军事手工业被更牢固地置于国家的控制之下。

秦代的造兵体制，继承了战国末年秦王政时期的格局，有中央和地方两个系统。中央系统主要为少府掌管，其属下之“少府工室”和“寺工”，是具体负责兵器生产的机构。陕西临潼秦始皇陵兵马俑坑中出土的一些铜矛头，骹部单刻“寺工”二字①，标明了其制造部门。此外，秦王政时期能够造兵的中央机构还有“属邦工室”和“诏事”，其造兵活动可能延续到了秦统一后②。

承袭前代成果，当时的秦都咸阳和秦的旧都雍、栎阳等地，都有中央官署管辖的能够从事军工生产的手工业作坊。在秦都咸阳宫殿区西侧的聂家沟附近，曾发现一处包括砖瓦、冶铜、铸铁三个行业的大型作坊区[4]。辽宁宽甸发现的一件秦二世元年铜戈，铭“元年，丞相斯造，栎阳左工去疾，工上。武库石邑”[5]，说明系栎阳的官属作坊所造。

地方系统，一些郡的官手工业机构也从事军工生产，但其造兵活动当须秉承中央的指令。1972年四川涪陵小田溪[6]和1978年陕西宝鸡建河[7]发现的两件铜戈，由铭文可知是秦始皇二十六年蜀郡和陇西郡的官工所造③：

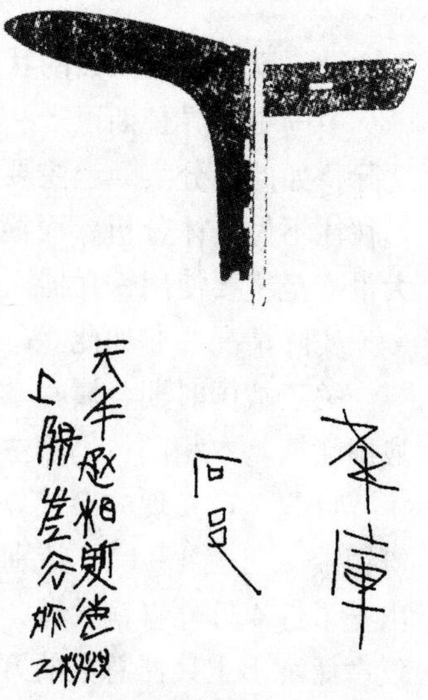

图4－1　辽宁宽甸发现的秦“石邑”戈及铭文摹本

武。廿六年，蜀守武造，东工师宦，丞来，工□。（涪陵戈）

廿六年，□栖（陇西）守□告（造），西工宰阉，工□。武库（宝鸡戈）

秦的造兵制度，自商鞅变法以来，主要沿着两个方向发展：一是加强国家对军事手工业的控制以确保中央集权，另一是加强对官手工业生产过程的管理以确

① 见〔1〕上册第256页。
② 传世有一件“卅三年”诏事戈，见〔2〕第876号，又见〔3〕第290～292、304页。
③ 见〔8〕〔9〕及〔3〕第281～282页。

保产品质量，从而使之成为战国中晚期以来日益强化的中央集权制度的重要组成部分。在秦王政时期，秦国的造兵制度已经臻于严密，而随着秦统一天下，便推广施行于全国。统一之初，秦始皇断然否定了分封诸子重立列国的建议，而代之以在全国普及郡县制。如果说，这“为中央统一全帝国各地的集权管辖提供了各种手段”①，那么，造兵制度就是其中一种重要手段。

然而，具有铭文，能够确定为秦代制造的兵器，目前仅发现寥寥数件，而具有战国晚期纪年铭文的秦国兵器，却在东南西北各地频频出土②，特别是临潼秦始皇陵兵马俑坑中出土的有纪年铭文的兵器，其年款皆属于统一前的秦王政时期（秦王政元年至二十五年）③。这种情况似乎说明，在战国末年统一战争进行方酣的时候，秦国的兵器制造达到了高峰，产量极大；统一之后，由于战事锐减，社会进入一个相对稳定的时期，军事手工业的规模和产量便相应缩小，军队大量沿用统一战争中生产的武器装备。

第二节 秦代的武器技术

一、秦代金属兵器的状况

中国史学界长期以来一直把中国青铜时代和铁器时代的分界线定在春秋战国之际，如此划分实际上主要是依据铁质生产工具特别是铁农具的普及状况，但人们往往不做具体分析，而简单地推而广之，以为战国和秦代既为铁器时代，必已大量甚至主要使用铁兵器。

实际情况并非如此。

关于战国时期金属兵器的状况，我们在第三编中已有详论。秦代的状况，与战国晚期基本相同：仍然主要使用青铜兵器。

目前考古发现的秦代铁兵器实物，数量非常有限，而且多为用铁量极少的铁铤铜镞（见表4－1）。特别是在1974～1984年发掘的秦始皇陵兵马俑坑一号坑中，出土了近4万件青铜兵器，却只发现铁矛1件、铁镞1件、铁铤铜镞2件，铁兵器仅占俑坑出土兵器总数的万分之一。

表4－1 出土秦代铁兵器统计

出土地点	器物和件数	资料来源
陕西临潼下刘村	铁戟2件	〔11〕第208页表9;13
秦始皇陵西刑徒墓地	铁剑1件	〔12〕
秦始皇陵园	铁匕首1件	〔13〕
秦始皇陵兵马俑坑	铁矛1件、铁镞1件 铁铤铜镞2件	〔1〕上册第256、276页
江西遂川	铁铤铜镞80件	〔14〕

① 见〔10〕第70页。

② 显然是随秦军之南征北战而散播四方的。

③ 见〔1〕上册第249～295页。

如同战国晚期一样，秦代铁兵器和铁质生产工具的普及程度依然明显地不平衡。考古发现的秦代铁工具，数量远多于铁兵器。如秦都咸阳和秦始皇陵园周围历年来出土数百件铁器，大多为生产工具，器类有锤、锸、凿、錾、锛、锄、铧、镰、斧、削、拴板等，少数为车器（如釭）、生活用具（如釜）和刑具（如钳），兵器绝少见[13]。1980年发掘的秦陵西侧赵背户村的秦刑徒墓地，出土铁器61件中只有一件兵器（残铁剑）[12]。在秦始皇陵兵马俑坑一号坑东端的5个探方内也曾出土拴板、锤、锸、铲、錾、釜、钩、削等27件铁器①，远多于秦俑坑出土的铁兵器。

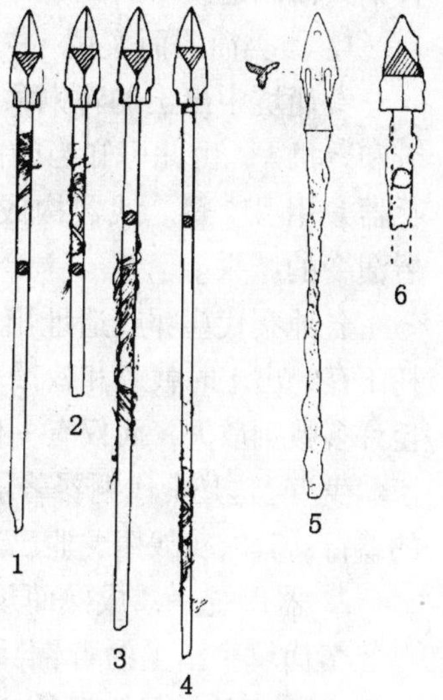

图4-2　秦俑坑出土的箭镞
1-4铜镞；5铁铤铜镞；6铁镞。

秦国自从商鞅变法后，“收山泽之税”②，这主要是制盐业和矿冶业的税，其中包括冶铁业的税。秦昭王时，张仪和张若主政蜀郡，就“置盐铁市官并长丞”③，当是掌管盐铁买卖，并从中征税。秦还设有掌管官营冶铁业的机构和职官。云梦睡虎地秦简《秦律杂抄》中提到的“右采铁”、“左采铁”，当是主管铁矿开采之官。又据《史记·太史公自叙》，司马迁的四世祖司马昌曾为“秦主铁官”④。在秦都咸阳遗址内，也发现有官属的冶铁作坊遗址[4]。可见秦的冶铁业，有较长的历史。秦统一后，又囊括了关东六国的官、私冶铁业，其规模不会小于战国时期，但从秦代铁器的出土情况来看，产品状况没有多大变化，还是主要生产质量要求较低的农业和手工业工具⑤。

铁兵器发展的迟滞，根本原因始终在于技术的限制，即适于制造武器的优良铁料，生产费工费时，效率低，难以大量地获得。除此而外，似还应考虑另一个因素的作用。战国晚期，列国的军事手工业都开足马力，制造了大量武器装备。秦灭六国，六国的武器装备多为秦所缴获，而战事却骤然减少，于是就出现了兵器的饱和过剩现象，秦始皇收天下兵以铸钟鐻铜人，也反映了这种情况。因此，秦代对新兵器的需求并不十分迫切，这也一定程度上迟滞了铁兵器的发展。

二、青铜兵器及其制造技术

中国青铜兵器制造技术历经长期的发展，在战国晚期达到了高峰。秦代既大量沿用战国晚期生产的武器，同时也继承了战国晚期青铜兵器制造技术所取得的成果。秦始皇陵兵马俑坑中出土的大量青铜兵器，大部分为战国末年所造，少数

① 见〔1〕上册第243～247页。

② 《盐铁论·非鞅篇》。

③ 《华阳国志》卷三。近年西安出土秦封泥中见有“铁市丞印”（见〔15〕图6）。

④ 《玺印集林》著录有“右冶铁官”秦印。

⑤ 近年西安出土秦封泥中见有“铁兵工丞”印（〔15〕图31），可能在秦的官营冶铁业中，兵器生产已有专门的职官负责。但其规模看来有限，难以与铁工具的生产相匹敌。

是秦统一后的制品，集中反映了秦代兵器的状况，也集中体现了战国晚期至秦代青铜兵器制造技术的成就。

1. 器类简明而实用

秦俑坑中出土的青铜兵器，器类简而不繁，最主要的品种是剑、矛、戟、铍、镞和弩机①，由此可知当时的格斗兵器，短兵主用剑，长兵主用戟和矛、铍，射击兵器兼用弓、弩。武器构成的这种状况，继承了战国时期的传统，是春秋以来发展演变的结果。

各地秦代墓葬或遗址出土的兵器，也多为以上几种。需要注意的是，因戟柄腐朽不存，出土时戟刺和戟援多已分离，又由于种种原因，遗迹往往不能很好保存，甚至许多戟刺散失，而仅有一件戈头，于是，这些原本是戟的构件的戈头，就被报道成了“戈”。这是秦代铜器著录和考古报告中多见“戈”的原因所在。实际上，由于戟的盛行，其时实战用戈业已衰微。这可由秦俑坑中绝少见戈而得到证明。

2. 器形统一，成熟而规整

秦俑坑中出土的青铜兵器，器形相当一致：剑都是窄而长的扁茎剑；矛都是窄而瘦的短骹矛；戟都是戈、矛联装式，戟刺为窄瘦的短骹矛，戟援皆长胡多穿；铍的形制完全相同，铍头皆类于折肩的扁茎短剑；镞绝大多数为三棱式，个别为三翼式②；弩机的构造完全相同，机件的形制也非常统一（唯悬刀的形状或有差别）。所有这些，都代表了战国以来青铜兵器最为成熟的形式。西北农业大学机械与电子工程学院的研究人员曾将秦俑坑所出三棱铜镞的镞首主面轮廓正投影与现代半自动步枪弹头的纵截面轮廓进行比较，其曲线形状极为相似③。可为一例。而且，俑坑中有许多兵器保存完好，其轮廓线规整，器表平整光致，同类型器物尺寸

图 4－3　秦俑坑出土铜矛头和铜殳首

矛头长 17.5 厘米，殳首长 10.5 厘米。

图 4－4　秦俑坑出土“十一年寺工”铜铍（柄系复原）

① 见〔1〕上册第 249～295 页。秦俑坑中还出有一些钩和殳杖，皆为仪仗礼兵（参见〔16〕第 347～356 页）。

② 发掘报告将一号坑中出土的铜镞区分为 4 型。Ⅰ型Ⅰ式为三棱镞，Ⅰ型Ⅱ式和Ⅱ、Ⅲ、Ⅳ型实都为三翼镞。在近 39000 件铜镞中，三翼镞共只有 7 件（见〔1〕上册第 275～276 页）。

③ 见〔17〕第 8 页。

规格甚为接近。如一号坑中出土的16件铜铍，除一件残损外，铍头长度为35.1~35.9厘米，宽度为3~3.3厘米，厚度为0.8~0.9厘米①，差别很小。

器形的统一和规整，体现了高度的规范性。

3. 铸作精细而谨严

规整、统一的器形，还反映了铸造、加工的精、严。西北农业大学的研究人员在JTT560型投影仪上对秦俑坑三棱铜镞锋部的三个面作放大投影，“从放大20倍投影图测得同一镞俯视位置三个轮廓的形状误差不大于0.20mm，不同镞轮廓的形状误差亦不大于0.20mm，测得同一镞主视位置三个轮廓的形状误差不大于0.15mm”②。这些流线型的三棱锥体，其形状几乎是同一的，其结构之对称，令人吃惊；其表面之平整，几乎达到了现代磨削工艺的加工质量③。这不仅要求范型的制作极其规整，铸造极其精细，而且要求铸后加工极为精确，当时可能采用了一套先进的加工设备和工具、量具④。由于镞的产量甚大，其铸造和加工之操作，必须非常便利，故当有一套合理的标准化的工艺流程。秦俑坑中出土的那些窄长锐利的青铜剑，棱脊规整，锋刃均称，厚薄相宜，其制造也是如此〔18〕。

4. 纯熟的合金技术及其他

秦俑坑青铜兵器的合金技术，保持了东周时期的水平和传统。经检测的标本，合金配比皆在合理的量值范围之内，而且表现出对用铅量控制极严，像剑、矛等格斗兵器，含铅量都甚低，唯有消耗极大的箭镞，较多用铅，以部分代替较为稀贵的锡（见表4-2）。

表4-2　秦俑坑青铜兵器的合金成分

器号	器名	化学成分（%）			检测方法	检验单位	资料来源
		铜	锡	铅			
01396	剑	余量	21.38	2.18	化学定量分析	西安五一厂技术科	〔1〕上册第341~348页〔11〕第185页
01399	剑	76.32	18.02	0.17	化学定量分析	国营上海冶炼厂	
01395	剑	73.00	21.40		电子探针	中国有色金属研究院	
	镎	84.83	15.15		化学定量分析	首都钢铁公司钢铁研究所	
01397	镞	余量	11.10	7.71	化学定量分析	西安五一厂技术科	
01400	镞	78.88	14.04	5.88	化学定量分析	国营上海冶炼厂	
01411	镞（内部）	87.72	11.8	0.21	电子探针	中国有色金属研究院	
0205	矛	79.42	13.60	0.75	化学定量分析	国营上海冶炼厂化验一站	

注：个别检测（电子探针）矛的含锡量或为30.38%（见〔18〕第361页），可能是电子探针打到共析区所致。

此外，秦俑坑中出土的一些铜镞和铜剑，黑亮光致，检测发现，其表面有一

① 见〔1〕上册第261页。

② 见〔17〕第5页。

③ 参见〔17〕第104~105页。

④ 见〔17〕第1~10、66~71、72~80页。秦俑坑铜镞系采用分铸法铸造：先铸镞铤，后铸镞首。这显然便利于镞首的精细铸造和加工。用蔡司小型工具显微镜观察，镞首的表面能够看到细密整齐的加工痕迹。

个致密的氧化层，富含锡，并含铬，对基体铜质起到良好的保护作用①。这些标本引发了关于东周青铜兵器表面处理技术的热烈争论，从而极大地促进了这个领域的研究。至今分析和讨论仍在不断地深化②。

三、弓弩

在秦始皇陵兵马俑坑中，发现了大量弩的遗迹，1974～1984 年发掘的一号坑东端的 5 个探方内就有 132 处③，反映了战国晚期和秦代军队用弩之盛。秦军的弩手通常每人带一百来支箭④，能够较长时间持续地进行密集射击，在秦统一六国的战争中，威力强大的弩手部队当发挥了重要作用，因此当始皇帝营建展示秦军威武雄姿的陶俑军阵时，布置下如此多的弩手。

在秦俑坑中还没有发现单独的弓的遗迹，但诸多的弩弓遗迹，也反映了当时制弓术的一些情况。这些弓的干材均为木质，弓臂用绳条紧密缠扎，其外髹漆，显非单体弓，而很有可能是复合弓。由于弓体完全腐朽，仅存因土置换而成的泥迹，其合成材料已无法确知⑤，估计与东周以来的制弓术传统不会有大的区别。

秦俑坑中的弩，据其遗迹，弓长 130～140 厘米，臂长 70～76 厘米，箭长 68～72 厘米⑥。其体形比迄今所见战国弩明显要大，不仅弩弓较大，而且弩臂和弩箭都较长，弩力必定更强。使用较长的箭是战国弩的一个特点，至此又有发展，因而弩箭的长度，已经很接近于弓用箭。这当是弩弓增强、张弦幅度增大所致。这也是我们推测秦弩采用复合弓的一个因素。可以认为，采用复合弓和发射长箭，是自东周以来中国弩的传统。这与原始手持弩之采用单体弓和发射短箭，以及中世纪欧洲弩之采用单体弓或钢弓，亦发射短剑，形成了显明的对比。

图 4－5　秦俑坑出土铜弩机　高约 16 厘米

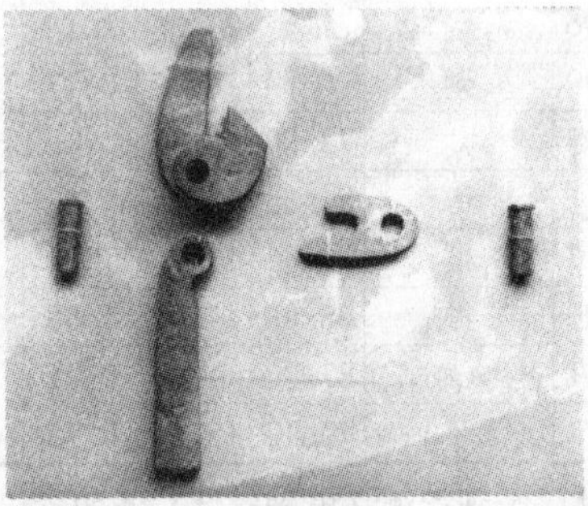

图 4－6　秦俑坑出土铜弩机的各部件

① 见〔1〕上册第 343～348 页。

② 见本书第三编第二章第三节（七）。

③ 见〔1〕上册第 281 页。

④ 秦俑坑中与弩的遗迹并存的矢箙遗迹，每箙都有 100 支左右箭（见〔1〕上册第 275 页）。

⑤ 参见〔18〕第 320 页。发掘者据遗迹观察，称“弓干上缠扎革条”（〔1〕上册第 281 页），与东周以来用丝缠约弓臂的传统不符，有待更细致的观察和分析。

⑥ 见〔1〕上册第 275～277、281 页。1978 年湖北云梦秦墓中出土的一件木弩臂，长 70 厘米（见〔19〕），与秦俑坑弩的规格相当。

使用灵巧的铜弩机是东周以来中国弩的又一重要特点。秦俑坑中出土的铜弩机，具有高度的规范性，其各个部件的形状，除了悬刀略有差别外，相当一致，而且均制作得极其规整，尺寸规格非常接近。据王学理对26件弩机的实测，除无关紧要的悬刀长度外，各部件尺寸的误差多只有一两个毫米①。因此，大量的部件具有通用性，可以互换。

四、甲胄

秦始皇陵兵马俑坑中出土的大量着甲陶俑，极大地丰富了人们关于秦代乃至战国晚期铠甲的知识。这些陶俑，通高175～200厘米，比真人还略大，其身上塑造出的铠甲，正是和真正的铠甲大小相仿的模拟物。这些铠甲约可分为二类六型②。

第一类，以甲片编联而成，又可分为三型。

一型：身甲较短，无披膊。

二型：身甲较一型稍长，两肩有甲片编成的覆瓦状披膊。

三型：身甲较长，有竖起的高领，两肩的披膊向下延伸，一直护到腕部，前端还接缀舌形护手。

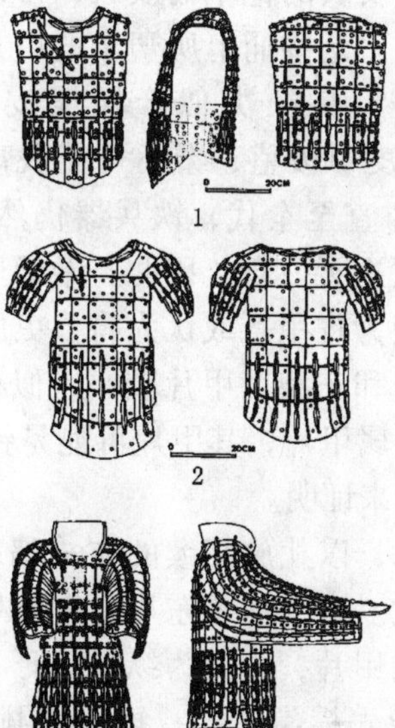

图4－7　秦俑铠甲分类图（第一类）

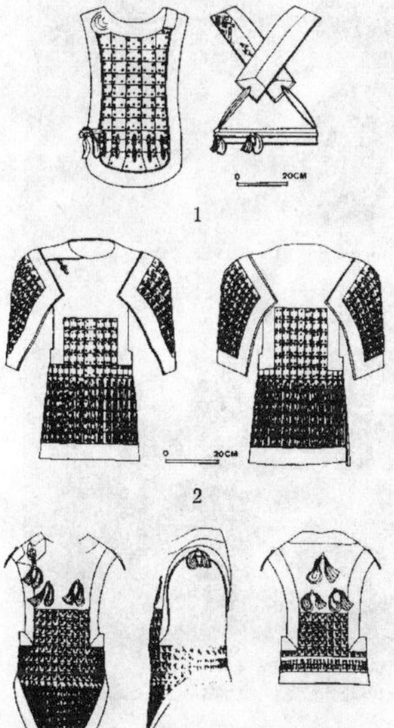

图4－8　秦俑铠甲分类图（第二类）

第二类，也以甲片编联而成，但似又缀于某种整片的材料（或许为皮革）之上，也可分为三型。

① 见〔18〕第377页。

② 关于秦俑铠甲的类型区分，有多种体系。最初的发掘简报（〔20〕〔21〕）和后来的正式报告（〔1〕上册第127～138页）互有出入，但都是以甲的形式为基础。有一些研究者则依据俑的性质来分类（见〔11〕第241～253页）。现在看来，仍以杨泓1976年发表、1979年修改补充后的分类（见〔22〕第15～18页）最为简明确当，本书即依据他的分类，唯将杨氏所定第二类改为第一类，第一类改为第二类，这也是正式报告中的分类次序。

一型：仅身前有护甲，两肩设带后系，在背后交叉，与腰部的系带相联结。

二型：由身甲和披膊组成，身甲较长，胸部和背部无编联的甲片。

三型：身甲前身较长，下摆呈尖角形；后身较短，下缘平直。胸、背部也无编联的甲片①。或有披膊，上无编联的甲片。

从一些残存遗迹可知，二类甲无甲片的部位（边缘、胸、背、披膊），都施有繁密、艳丽的几何纹彩绘。

上述二类六型铠甲中，大量出现的是第一类铠甲。一号俑坑1974～1984年共发掘出土铠甲武士俑687件，其中有679件着一类甲。这之中，又以一类二型甲最为常见，它应是秦军最主要的甲式。一类一型主要为骑兵所用[21]，一些战车御手俑也着类似之甲②。一类三型甲是战车御手俑的专用铠甲[21]。第二类铠甲都为将、吏所穿着，各型都只见有少数几例。

秦甲的这些式样，应是继承前代发展而来。比如一类三型御手甲，与战国曾侯乙墓中发现的皮甲非常相似，但更加完备，防护更严密。其他类型，当也如此。其中二类一型甲，甚至有可能是早期较简单式样的遗存。因此，这批资料也能够丰富我们对东周铠甲式样的认识。

图4－9　秦跪射俑（着一类二型甲）

关于秦俑所反映的铠甲的质料，可以从三方面来看：（一）这些俑上所塑出的甲片厚度大，上涂赭色③，特征类似于髹漆皮甲片；（二）东周时期皮甲极盛，秦不可能脱离于这个传统；（三）直至秦代，铁兵器仍然有限，秦的铁甲资料更迄无发现。因此，秦俑所模拟的铠甲，主要应为皮甲。或认为将、吏所穿用的第二类二型甲和三型甲甲片较小，似在整片的皮甲上嵌缀金属甲片，其甲片可能是铁的④，这还有待于实物来证明。

用众多甲片，以札旅相续的方式编缀，是秦甲的基本形式。这继承了东周时期制甲的传统。秦俑铠甲的甲片，主要为纵长方形、横长方形和方形。皆先横编成排，再上下排纵联。编缀方法大致分两种，一种是上下左右固定的编法，用于甲身腰以上部分；一种是左右固定、上下活动的编法，用于披膊和甲身腰以下部分。横编以胸部中间一片为中心，向左右缀编，依次前片压后片；纵联，胸部的固定编法为上排压下排，腹部和披膊的活动编法为下排压上排。缀联甲片的组线涂绘成彩色，或朱红，或粉绿，或白，

① 关于二类二型和三型甲胸、背部的结构，有多种推测，或认为其内置有整块的金属护板（见〔22〕第15页及〔23〕）；或认为这个部位也是甲片编成，但外罩丝织物，甲片为其所掩（见〔23〕）。

② 见〔1〕上册第129～131页。

③ 见〔1〕上册第138～141页。秦俑甲片颜色，或被称为赭石色、褐黑色。参见〔24〕〔25〕。

④ 见〔1〕上册第127～138页。

或粉紫，或天蓝①，当是模拟丝组。尽管秦俑甲片的形状和札、旅的叠压次序与东周皮甲标本不尽相同，但编缀技法没有实质的差别，都属于札甲。将铠甲施以彩饰的做法，也与东周相同②。

与东周皮甲相比较，秦俑铠甲的甲片趋于小型化，因而一些甲的旅数增加，如最常见的一类二型甲，整体长度并不大于曾侯乙墓的皮甲，却往往有10余排甲片。将、吏穿用的第二类二型和三型铠甲，甲片更小一些。在秦代，也已经出现了甲片非常细密的鱼鳞甲。

1998～1999年，陕西省考古研究所始皇陵考古队在秦始皇陵园新发现的一座陪葬坑（K9801）中发掘出土了一批石质甲胄，系实用甲胄原大尺寸的石质模拟品，这为了解秦代甲胄的形制结构提供了更确实的新资料。

据初步报道：这批甲胄共有130余件，均用青灰色石甲片以铜丝连缀而成。甲片为质地细密的石灰石制成，主要有长方形、近方形、舌形、等腰梯形、直角梯形、圆形几种，另还有一些其他形状、属于特殊部位的异形甲片。甲片边缘钻有圆形或方形的小孔，用扁铜丝连缀在一起。根据甲片和甲胄外观特征的差异，可将甲区分为三类：

第一类，札甲。占出土石甲的绝大部分。由长方形或近方形甲片组成，甲的形式、结构类于秦俑铠甲。

第二类，鱼鳞甲。仅发现两件，在以前的秦甲资料中从未见过。其甲片短小，组合细密，全甲共用800来片，所组成的甲衣酷似鱼鳞状。

第三类，特大型甲。只有1件，全甲纵长180厘米，有身甲和颈甲，从形状和结构判断，可能是马甲。

与铠甲伴出的石胄不少于43件。这些胄与燕下都发现的战国晚期铁胄相似，但燕下都铁胄底部向内收束，仅能保护头部，秦陵石胄则底部外侈并略向下延长，套戴时能够披搭于肩上，从而有效地保护住颈项。所有石胄均由一个完整的圆形顶片和许多板瓦形或等腰梯形甲片编组而成，在脸部下方开口，套戴时用铜钩和铜环扣合。为便于开合，胄片上下层间作固定编缀，左右活动编缀。复原的一件石胄，高32厘米，共用74片甲片③。

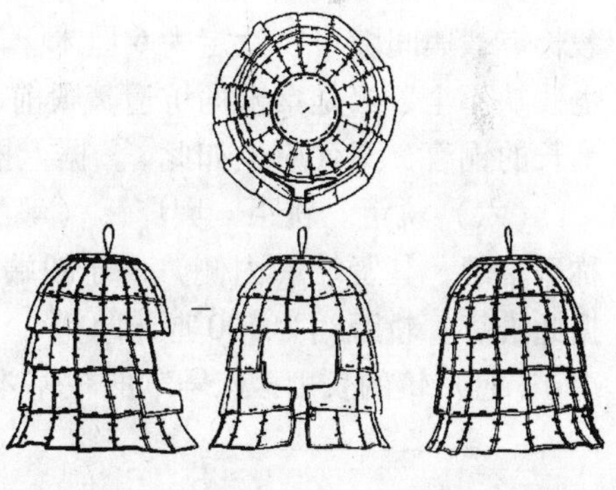

图4－10　秦始皇陵园出土石胄复原结构图

大概是遵循自古以来免胄示敬的军礼，陈列于秦始皇陵园的陶俑军阵，将士

① 见〔1〕上册第138～141页。

② 曾侯乙墓出土竹简遣册上有“画甲”的名目。秦俑第二类铠甲，其边缘、背带和无甲片之处，皆彩绘精致的几何形花纹图案，也可归于“画甲”之列。

③ 见〔304〕。关于秦陵石甲胄的最初报道（见〔26〕）曾将石马甲与后世骑兵的马铠（或称具装铠）相提并论，显然是错误的。秦代的马甲，仍然是用于保护战车的驾马。

都不戴胄①。这些石胄，第一次提供了秦军胄形的真切资料。

五、战车

在秦始皇陵兵马俑坑中，有诸多战车的遗迹。1978 年，在始皇陵西侧发现的一个大型陪葬坑中，又出土两辆铜质的车马模型，其中的一号铜车马也是战车②。这些资料表明，秦代战车，继承了战国时期中原战车的特点，其尺寸规格则更为统一。

据估计，一号、二号和三号兵马俑坑内可能共有木质战车 130 余乘③，现已发掘清理了 20 乘战车的遗迹，其中一号俑坑 8 乘④，二号俑坑 11 乘〔21〕，三号俑坑 1 乘〔31〕。如此集中地发现确凿的战车遗迹，前所未有；而这批战车尺寸规格的统一，也前所未见。特别是一号俑坑中的 8 辆战车（编为 1～8 号），资料业经细致的整理，尺寸规格几乎达到了划一的程度：

（一）轮径。有 3 辆车各存半轮，4 号车轮径约 136 厘米，5 号车轮径约 135 厘米，7 号车轮径约 134 厘米。

（二）辐数。从残存轮迹辐条的排列规律推算，轮辐均为 30 根。

（三）舆广和舆深。共测得 6 辆车的数据，分别为：1 号车舆广 143 厘米，舆深 108 厘米；2 号车舆广 140 厘米，舆深 110 厘米；4 号车舆广大于 134 厘米，舆深 110 厘米；6 号车舆广 145 厘米，舆深 110 厘米；7 号车舆广 137 厘米，舆深 110 厘米；8 号车舆广 140 厘米，舆深 110 厘米。可知一般标准应为舆广 140 厘米，舆深 110 厘米。

（四）毂的长度。有两辆车存有毂的遗迹，5 号车毂长约 50 厘米，7 号车毂长 46.5 厘米。

（五）轴的长度。轴长 = 舆广 +（毂长 + 毂舆间隙 + 軎长）×2。已知舆广和毂长。毂舆间隙可以设定为 6 厘米⑤。秦俑坑中的战车都不见铜軎，其他金属车器也残缺不全，当是秦末俑坑遭焚毁前已被人拆去⑥。不过，战国时期通行 8～10 厘米长的铜軎，秦代应也如此⑦。据上推算，轴长大致为 270 厘米左右⑧。

（六）轨距。轨距 = 舆广 +（毂的贤长 + 毂舆间隙）×2。秦代战车都用不对称型车毂，其贤端（内侧）短于轵端（外侧），据遗迹可设毂的贤长约为 20 厘米。据此推算，轨距约为 190 厘米⑨。

（七）辕的长度。8 号车的辕基本完整，通长 350 厘米。4 号车的辕略残，存

---

① 古代免胄示敬的例子，见《左传》僖公三十三年、成公十六年。对秦俑不戴胄，曾有一些奇怪的解说，杨泓已辨之甚明（见〔305〕）。

② 见〔27〕〔28〕〔29〕，参见〔30〕。

③ 见〔11〕第 75 页。

④ 见〔1〕上册第 208～224 页。

⑤ 秦陵一号铜车马，轴长 134 厘米，舆广 74 厘米，毂长 24 厘米，軎长 4.4 厘米，毂舆之间应有 3.2 厘米的间隙。它是约相当于真车二分之一的模型。

⑥ 见〔1〕上册第 223 页。

⑦ 秦陵一号铜车马，軎长 4.4 厘米；二号铜车马，軎长 4.5 厘米，皆相当真軎二分之一大。

⑧ 发掘报告估算 7 号车的轴长为 250 厘米左右（见〔1〕上册第 221、224 页），因未考虑到毂舆间隙和铜軎，故短了一些。

⑨ 发掘报告估算 7 号车的轨距约为 180 厘米（见〔1〕上册第 221 页），亦未考虑到毂舆间隙。

长350厘米。

（八）衡的长度。1号车的衡基本完整，长140厘米。

图4－11　秦陵一号铜车马

1978年发现的秦陵一号铜车马，是大约相当于实物二分之一的战车模型，其各部尺寸若乘以2（见表4－3），便与秦俑一号坑中的战车数据非常接近。而将这些数据与战国时期中原战车的相应数据相比较，也都相近，甚至相同。有充分的理由认为，秦代在继承战国时期中原战车结构特点的基础上，统一、规范了战车的尺寸规格。

表4－3　秦陵一号铜车马放大一倍的各部尺寸

名　称	尺　寸
轮径	66.4×2＝132.8厘米
轨距	95×2＝190厘米
轴长	134×2＝268厘米
辕长	183.4×2＝366.8厘米
衡长	80×2＝160厘米
舆广	74×2＝148厘米
舆深	48.5×2＝97厘米

然而，现只有简报发表的二号俑坑中的11辆战车的尺寸规格，却不如一号俑坑中的战车一致。其辕长或为360～396厘米，衡长或大于140厘米，舆广为100～150厘米，舆深为90～120厘米〔21〕。这提醒我们对于秦代战车的统一化，不能估计过高。值得注意的是，一号俑坑中是以步兵为主的军阵①，战车多为乘载将吏的指挥车②；二号俑坑中的战车则属于专门的战车方阵，多乘载一般兵士。似乎规格较高的战车，规范化程度更高。

此外，二号俑坑的材料表明，秦代战车的辕有进一步加长的趋势。这是东周

①〔1〕上册第86～87页。

②　一号俑坑中已发掘清理的8辆战车，乘员中都有高级别的军吏俑（见〔1〕上册第51～55页）。

时期通过加长辕来改善战车牵引性能的继续。

在秦俑坑的战车遗迹中，还发现了若干金属轴瓦，不仅有锏，而且有釭①，锏、釭相配的形式已经完备。

六、军工生产的标准化

古代手工业（包括军事手工业）的发展很早就表现出了规范化或者说标准化的趋势，春秋战国之际包含有大量生产规范和标准的《考工记》的问世，是这种趋势达到一定程度的产物。战国时期，随着国家加强对手工业生产过程的管理，手工业生产的规范化程度进一步提高。由于军事手工业处于最受国家重视的突出地位，国家对它的控制和管理最为严密，故其规范化程度也最高。在这个时期，各国手工业生产的规范化程度通常与中央集权制度的发育水平成正比，集权制度较为成熟者，其对各方面的控制力较强，各种制度能够较好地得到贯彻实施，手工业的规范化程度也较高。战国晚期，以秦国的中央集权制度最为发达、完善，故其手工业，特别是军事手工业的规范化程度也是最高的。在湖北云梦睡虎地出土的秦国法律文书中，有大量关于手工业生产的立法，是最好的证明。

然而，在秦统一之前，由于七雄并峙，再严密的制度，也只能在一国的范围内施行，国与国之间，则往往有所差异。手工业生产的规范和标准，也是如此。

秦的统一，为手工业生产规范和标准的统一创造了条件。秦始皇初并天下，立即在制度和文化方面采取了一系列加强统一的措施："一法度、衡石丈尺，车同轨，书同文字"②。所谓"一法度"，即统一各方面的制度，也就是把原来秦国较为严密的一套制度推行全国，其中自然包括手工业、特别是军工生产的制度及其规范和标准。

不仅如此，统一度量衡（衡石丈尺）和车的轨距，也促进了手工业特别是军工生产的规范化或标准化。

关于统一度量衡，在秦始皇二十八年歌功颂德的琅琊刻石上表述为"器械一量"。《史记·秦始皇本纪》唐张守节注："内成曰器，甲胄兜鍪之属。外成曰械，戈矛弓戟之属。壹量者，同度量也。"同度量是一切手工生产标准化的基础。秦国的法律中早有规定："为器同物者，其小大、短长、广亦必等。"③ 只有统一度量衡，这条律文才具有全国性的普遍意义。张守节对"器械"的解释尽管不够全面，却突出了统一度量衡对于军工生产的意义，这的确是这项措施所针对的最为重要的方面，这项措施也必定是在受到国家最严密控制的军工生产领域得到最好的贯彻。

"车同轨"，其实就是关于车辆制造的一条标准。秦俑坑中的战车资料表明，秦代对战车尺寸规格的统一，不仅仅限于轨距一项，但轨距无疑是最重要的指标之一，能够带动整车尺寸规格的统一。不过也应当看到，所谓"车同轨"并不是绝对的。秦始皇陵西侧陪葬坑中出土的两辆铜车马，一号是近卫前导的战车，轨

① 秦俑一号坑中出土的锏、釭都是铜质的（见〔1〕上册第229～232页）。另在秦始皇陵周围发现有铁釭（见〔13〕）。

② 《史记·秦始皇本纪》，第239页。

③ 云梦睡虎地出土秦简《工律》。

距95厘米（相当真车二分之一）；二号为乘舆安车，轨距101.5厘米（相当真车二分之一）。不同性质的车可能有不同的标准，“同轨”可能是就同类之车而言。

总之，规范化或标准化是秦代军工生产最突出的特点。青铜兵器形制的统一和规整，工艺的标准化，弩机部件的通用性，战车尺寸规格的统一，都是其体现。这种规范化或标准化，实质上是对东周时期武器制造技术发展成果的总结。

第二章
铁兵器的普及和汉代的军事手工业体系

第一节　铁兵器的普及

一、汉代冶铁业的大发展

经过秦末农民大起义和楚汉战争，在秦帝国的废墟上建立起来的汉王朝，重新实现了“天下”一统。汲取秦代的教训，汉初的几位皇帝采取了与民休养生息的政策，在较为稳定宽松的社会环境中，生产力迅速得到恢复，冶铁业有了很大的发展。

就国家的总体状况来看，从公元前202年刘邦灭项羽，到公元前140年汉武帝刘彻继位，仅过了60余年，社会就由凋敝破败而转变为繁荣殷实。作为生产力发展标志的冶铁业，到了武帝时期，更是呈现出空前的兴盛局面。

元狩四年（公元前119年），汉武帝把原属少府主管的盐铁收入改归大司农掌管，并实行盐铁官营（即国家垄断）的政策，在全国49处重要冶铁地区设置“铁官”，管理当地的冶铁业，在不产铁的地方，则设置“小铁官”，“销旧器，铸新器”①。

49处铁官，分布于40个郡国（含三辅），按今天的行政区划，东起山东、江苏，西至甘肃，东北到辽宁，西南到四川，范围十分广大。《山海经·五藏山经》曾记有战国时期的出铁之山37处，不过分布于今陕西、山西、河南、湖北四省，汉武帝所置铁官，远远超出了这个范围。

目前，在全国各地已经发现了数十处汉代冶铁遗址，大多位于汉武帝置有铁官的地区，也有一些超出了这个范围，甚至远及于内蒙古和新疆（见表4－4）。许多郡国只设有一处铁官，但却发现了多处冶铁遗址，说明一处铁官，往往辖有多个冶铁作坊和工场。考古发现的汉代铁器和铸范，或有“河一”、“河二”、“河三”，“阳一”、“阳二”，“东二”、“东三”，“弘一”、“弘二”等字样的铭文，“河”、“阳”、“东”、“弘”等字当是郡名（河南郡、南阳郡、河东郡、弘农郡）的简称，“一”、“二”、“三”等数字则可能是各郡铁官所属作坊或工场的编号②。

这些冶铁遗址，面积多在1万平方米以上，有的达到十几万平方米。大部分创建于西汉。少数是在战国原有基础上发展起来，例如临淄故城中，几处汉代冶铁遗址的面积，合计达40多万平方米，比已知的战国冶铁遗址大8～10倍③。另有少数始建于东汉。它们的生产时间，有的从西汉一直延续到东汉，甚至更晚。

① 见《汉书·食货志下》、《汉书·张汤传》、《汉书·地理志》。参见〔63〕第1卷第34～39页、〔64〕第43～46页。

② 见〔65〕〔46〕〔163〕，参见〔64〕第46～47页及〔162〕。

③ 见〔66〕第464页。由于种种原因，诸如战乱破坏、强制性人口迁移、手工业布局变迁，等等，也有一些旧的冶铁作坊或工场在汉代衰落了，河南登封阳城冶铁遗址就反映出了这种情况（见〔42〕第314页）。

表4－4　西汉铁官所在地和冶铁遗址对照

郡国名	铁官所在地	已发现冶铁遗址	资料来源
京兆君	郑（今陕西华县）		
左冯翊	夏阳（今陕西韩城南）	陕西韩城芝川镇	〔32〕
右扶风	雍（今陕西凤翔南） 漆（今陕西郊县）	陕西凤翔南古城	〔33〕〔34〕
弘农郡	宜阳（今河南宜阳西） 渑池（今河南渑池西）	河南新安孤灯村	〔35〕〔46〕
河东郡	安邑（今山西夏县西北） 皮氏（今山西河津） 平阳（今山西临汾西南） 绛（今山西曲沃东北）	山西夏县禹王城	〔36〕〔300〕
太原郡	大陵（今山西文水东北）		
河内郡	隆虑（今河南林县）	河南林县正阳地村 河南鹤壁鹿楼村 河南温县招贤村	〔35〕 〔37〕 〔38〕
河南郡	洛阳（今河南洛阳东北）	河南巩县铁生沟 河南郑州古荥镇 河南临汝夏店	〔39〕 〔40〕 〔41〕
颍川郡	阳城（今河南登封东南）	河南登封告成镇	〔42〕第256～319页
汝南郡	西平（今河南西平西）	河南西平酒店村 河南西平冶炉村 河南确山打铁冢	〔43〕第183页 〔35〕
南阳郡	宛（今河南南阳）	河南南阳瓦房庄 河南桐柏张畈村 河南鲁山望城岗、煤渣岗 河南鲁山马楼村 河南方城赵河村	〔44〕 〔35〕 〔45〕
庐江郡	皖（今安徽潜山）		
山阳郡	昌邑（今山东金乡西北）		
沛郡	沛（今江苏沛县东）		
魏郡	武安（今河北武安西南）		
常山郡	都乡（今河北井陉西）		
涿郡	涿（今河北涿县）		
千乘郡	千乘（今山东博兴西北）		
济南郡	东平陵（今山东章丘西北） 历城（今山东济南）	山东章丘东平陵故城	〔47〕
琅玡郡	东武（今山东诸城）		

（续表）

郡国名	铁官所在地	已发现冶铁遗址	资料来源
东海郡	下邳（今江苏邳县西南） 朐（今江苏连云港西南）		
临淮郡	盐渎（今江苏盐城） 堂邑（今江苏六合西北）	江苏泗洪峰山镇	〔48〕
泰山郡	嬴（今山东莱芜西北）	山东莱芜	〔49〕
齐郡	临淄（今山东淄博临淄区）	山东临淄齐故城	〔50〕
东莱郡	东牟（今山东牟平）		
桂阳郡	郴（今湖南郴县）		
汉中郡	沔阳（今陕西勉县东南）		
蜀郡	临邛（今四川邛崃）		
犍为郡	武阳（今四川彭山东） 南安（今四川乐山）		
会稽郡		福建崇安城村	〔51〕
定襄郡		内蒙古和林格尔	〔52〕
朔方郡		内蒙古杭锦旗	〔53〕
陇西郡	狄道（今甘肃临洮）		
渔阳郡	渔阳（今河北密云西南）		
右北平郡	夕阳（今河北迁西西南）	河北兴隆寿王坟 辽宁凌源安杖子古城	〔59〕〔58〕第47页 〔54〕
辽西郡		河北抚宁骊城遗址	〔55〕
辽东郡	平郭（今辽宁盖县西南）		
中山国	北平（今河北满城北）		
广阳国		北京清河镇古城	〔56〕〔57〕
赵国		河北沙河綦村	〔58〕第47～48页
胶东国	郁秩（今山东平度）		
城阳国	莒（今山东莒县）		
东平国	东平（今山东东平东）		
鲁国	鲁（今山东曲阜）	山东滕县遗址	〔61〕
楚国	彭城（今江苏徐州）	江苏徐州利国驿遗址	〔60〕
广陵国	广陵（今江苏扬州东北）		
西域		新疆民丰（大宛） 新疆库车（龟兹） 新疆洛浦（于阗）	〔62〕

图 4－12　汉代铁器或铁器铸范上的产地编号铭文

汉武帝所设49处铁官，在今山东有12处、河南7处、江苏7处（都位于苏北）、河北6处、陕西5处（4处位于关中）、山西5处、四川3处，安徽、湖南、辽宁、甘肃各1处。业经发现的30余处汉代冶铁遗址，则有近一半在河南。将文献记载和考古资料相对照，可知河南和山东是汉代冶铁业最为发达的地区，这与战国时期的状况是一致的，其基础就是楚、韩、齐三国旧有的冶铁业。苏北、关中、河北、山西、四川，则为次一级的冶铁业发达地区。其中，苏北是较为新兴的冶铁业中心；关中、四川有秦国的冶铁业为基础；河北、山西有燕、赵、魏三国的冶铁业为基础。经过汉初半个多世纪的恢复和发展，这些地区的冶铁手工业已成密集之态，它们在汉代的铁器普及浪潮中，发挥了中心和基地的作用。

二、冶铁官营和兵器制造

在战国中晚期，冶铁业已经成为官营手工业的重要部门，同时，各国也都允许私人经营冶铁业，因而出现了一些靠冶铁起家的巨富。《史记·货殖列传》记：

> 邯郸郭纵以铁冶成业，与王者埒富；蜀卓氏之先，赵人也，用铁冶富；宛孔氏之先，梁人也，用冶铁为业；鲁人俗俭啬，而曹邴氏尤甚，以铁冶起，富至巨万。

秦统一后，为削弱关东六国的地方势力，强制施行了规模较大的人口迁移，各地的豪强巨室尤其是迁徙的重点，其中就包括许多冶铁富户，如赵国的卓氏被迁到蜀郡临邛，魏国的孔氏被迁到宛。这严重削弱了私营冶铁业。

汉朝建立后，采取与民休养生息的宽松政策，鼓励百姓从事经营生产，特别是“文帝之时，纵民得铸钱、冶铁、煮盐”①，于是，利益丰厚的私营冶铁业又蓬勃发展起来，产生了一批新的铁冶富户，其中不少就是秦时迁置异地、重新起家的冶铁富户，如蜀卓氏、宛孔氏。后来助汉武帝推行盐铁官营的南阳大铁商孔仅，就属于宛孔氏②。又如蜀郡临邛以冶铸“贾椎髻之民”而富埒卓氏的程郑，系秦时“山东迁虏”③，可能原也以冶铁为本业。看来，秦代的强制性移民起到了意想不到

① 《盐铁论·错币篇》。
② 《汉书·食货志下》，第1164页。
③ 《史记·货殖列传》，第3278页。

的技术传播的作用，在汉初的适宜环境下，便开花结果。

汉初的宽松政策，非常有利于冶铁业的恢复和发展。到武帝时期，冶铁业繁荣兴盛，政策为之一变。

汉武帝之实行冶铁官营，目的有三：

一是敛财。武帝继位后，国力殷实，遂大举向外开拓，用兵周边，尤其是对匈奴的战争，长久而激烈，消耗了大量财富，文景以来的府库积蓄为之一空。为解除财政危机，朝廷就把目光投向繁荣兴盛、已成利薮的私营制盐业和冶铁业。因此，增加财政收入，是盐铁官营的最直接动因。

二是抑制豪强势力。盐、铁两业利益丰厚，豪强大家，聚众经营，或至千余人，更乘国家虚耗，居奇牟利，兼并土地，役利细民，势力日益膨胀①。一些诸侯王，也参与其事②，不断坐大。久而久之，有危及国家根本之虑。

三是加强对战略性物资的控制。随着铁器的推广普及，铁已经成为关系国计民生的战略性物资，加强控制的必要性日益明显，正如桑弘羊所说："铁器兵刃，天下之大用也，非众庶所宜事也。"③

汉武帝推行冶铁官营的具体做法是，将各地私营的冶铁作坊收归官营，设置铁官署，任用各地铁商等为吏经管。其管理的范围包括开矿冶炼、制造器物及销售，即控制了生产和流通的全过程。自战国以来长期官、私兼营的冶铁业，一变而为完全的官营④，由此也第一次建立起了覆盖全国冶铁业的较为完善的管理体系，其顶层是中央的大司农，下设铁市长丞，统管全国的冶铁业；中层是各郡国的铁官，分管本地区的冶铁业；基层是各郡国铁官所属之作坊和工场。

在冶铁业已经相当发达的时候，实行国家垄断和统一的管理，有利于技术的规范化和产品的标准化。特别是在军工生产方面，冶铁官营的积极意义更为突出。自战国以来，兵器制造受到国家越来越严的控制，因此，私营冶铁业主要是生产以农具和手工工具为主的民用器物，而供军国之需的铁兵器通常都由官营作坊或工场制造。汉武帝将私营的冶铁作坊都收归官营，极大地扩大了官营冶铁业的规模，无疑也大大增强了国家的军工生产能力，具体而言，就是增强了铁兵器的制造能力。这对于铁兵器应用的发展，具有重要的意义。

武帝的盐铁官营政策，在当时和以后一直有激烈的争论，但对冶铁官营的指摘，都集中于民用器物特别是农具的生产和销售上，如："县官鼓铸铁器，大抵多为大器，务应员程，不给民用。民用钝弊，割草不痛"；"器多坚䃘，善恶无所择"；"吏数不在，器难得……远市田器，则后良时"；"盐铁贾贵，百姓不便"⑤，等等。武帝之后，冶铁业的政策屡有反复⑥，财政宽松时，往往允许民间私营，财

---

① 参见《盐铁论·复古篇》。

② 参见《盐铁论·错币篇》。

③ 《盐铁论·复古篇》。

④ 杨宽曾说："汉代官营冶铁业往往是在民间已经开发的基础上收归官府经营的。"（见〔64〕第49页）有必要指出，在汉武帝实行冶铁官营之前，官营的冶铁业已有相当大的规模。

⑤ 《盐铁论·水旱篇》。

⑥ 参见〔67〕第796~797页。

政紧张时，便将私营收归官营，但装备军队的铁兵器，正常情况下一直由官营的作坊和工场制造①。

三、铁兵器的普及和铜兵器的消亡

西汉时期冶铁业的大发展，导致了铁器的大普及：不仅生产工具完成了铁器化，而且兵器也基本上实现了铜、铁更替。

1957 年，黄展岳根据汉代铁器的出土情况指出："到了汉代，铁器的使用范围较战国更为辽阔。东北起自朝鲜、辽东，南到两广、云南，西抵甘肃、四川，到处都有发现。无论从器类上、数量上都比战国时代有着显著的增加，铁的使用范围已经由主要用于农具进到广泛用于兵器、手工具及日常生活用具。"他又说：汉初，铁制兵器逐渐取代铜兵器而占据主要地位；武帝及其以后，铜、铁兵器的相互消长更为明显，主要兵器已基本上改用铁制；东汉时期，除边远地区外，铜兵器基本上被消灭②。这个论断今天看来仍然是正确的。

在中国，铁兵器淘汰铜兵器的关键过程无疑发生在西汉时期。笔者曾以剑为例，随机统计了河北、河南、山东、安徽、江苏、湖南、湖北、江西、陕西等省的 38 批出土物（西汉 25 批、东汉 13 批），其中铜剑和铁剑的数量如表 4 –5 和表 4 –6 所示。从两个表格可以看出，在上述地区，西汉时期的铜剑只有少量发现，远不及铁剑多，东汉时期的铜剑基本没有发现，而且，西汉铜剑多出于汉初至武帝时期的墓葬，如山东淄博齐王墓随葬器物坑〔70〕、河北满城中山靖王刘胜墓〔92〕等。在洛阳烧沟〔77〕和洛阳西郊〔78〕两处出土大量铁剑的西汉中晚期墓中，都没有发现铜剑。由此可知：西汉时期，铁剑日益盛行，铜剑日益衰落，在汉初，铁剑就取代铜剑而占据主导地位，西汉中晚期（武帝至新莽时期），铜剑更迅速衰亡，及至东汉时期，便基本上绝迹③。这也就是汉代铜、铁兵器消长迭代的基本过程，除箭镞和弩机有其特殊情况外（详见下文），其他兵器的铜、铁更替，均是如此。

表 4 –5　东汉铜、铁剑出土情况

出土情况 / 数量 / 出土器物	仅出铜剑	仅出铁剑	铜、铁剑并出	合　计
铜　剑	8		12	20
铁　剑		133	15	148

资料来源：

仅出铜剑：见〔70〕〔71〕〔72〕〔73〕〔74〕〔75〕〔76〕。

仅出铁剑：见〔77〕〔78〕〔79〕〔80〕〔81〕〔82〕〔83〕〔84〕〔85〕〔86〕〔87〕〔88〕〔89〕〔90〕〔91〕。〔77〕遗址的年代是西汉中期至东汉晚期，〔78〕遗址的年代是西汉中期至东汉中期，但因铁剑主要出于新莽以前的墓葬，故将它们归入西汉，其中包含了少数东汉铁剑。

---

① 详见本章第二节。

② 见〔68〕及〔69〕第 78 页。

③ 见〔109〕。或认为"铁制的长剑在西汉前期就完全取代了战国以来的青铜短剑"（见〔108〕第 65 页），则估计稍微过了一些。入葬于文景时期的徐州狮子山西汉楚王陵，据新近公布的资料，出土铜剑 4 件，铁剑 25 件（见〔127〕），较能反映汉初的情况。

铜、铁剑并出：见〔92〕〔93〕〔94〕。

表4－6　东汉铜、铁剑出土情况

出土情况 / 出土数量 / 器物	仅出铜剑	仅出铁剑	铜、铁剑并出	合　计
铜　剑				
铁　剑		49		49

资料来源：见〔95〕〔96〕〔97〕〔98〕〔99〕〔100〕〔101〕〔102〕〔103〕〔104〕〔105〕〔106〕〔107〕。〔95〕遗址出铁剑10件，年代是西汉晚期至东汉中期，故包括了少数西汉铁剑。

由于冶铁业的大发展，使得无论铁还是钢，无论生铁还是熟铁，无论铸器还是锻器，产量都大为增加。技术的进步，更使得优质钢铁料及其制品的生产效率提高，产量大增①。西汉时期，铁价已经远低于铜价②。这些应当是铁兵器在汉代得到普及的根本性因素。

边远地区铁兵器乃至其他铁器普及的迟滞，一是因为本地冶铁业不发达，一是因为铁器的输入受到中原王朝的控制。

北方草原地区的铁兵器，主要是从中原输入。或直接输入兵刃，或输入铁料进行加工，或输入民用器销炼再造。因此，这一区域的墓葬（主要是匈奴墓③，也有一些其他部族如鲜卑的墓葬④）中出土的铁兵器，形制大多与中原相同，或稍加改变。铁器、铁料的输入途径，不外和平时的市买和战争时的掳获，但受到汉朝的控制。景帝时曾于边境设马弩关，禁止壮马和强弩输出关外⑤。汉朝对铁器、铁兵的输出匈奴，也严加控制。《汉书·西南夷两粤朝鲜传》记："毋予蛮夷外粤金铁田器；马牛羊，即予，予牡，毋予牝。"这是汉朝对周边各部族的一般政策，而且形成法律。如《汉书·汲黯传》注引应劭云："律，胡市吏民不得持兵器及铁出关，虽于京师市买，其法一也。"但也一直存在"关塞不严，禁网多漏"的情况，每当王朝末年，天下纷扰，边防废弛，国家控制力削弱，情况尤其严重，以致"精金良铁，皆为贼有"⑥。

新疆地区很早就开始用铁，但一直发展缓慢，直至汉武帝时交通西域，在中原的影响下，其冶铁业才有了长足的进步，故《汉书·西域传》说："自宛（大宛）以至安息国……不知铸铁器。及汉使亡卒降，教铸作它兵器。"不过西域冶铁业的发展程度始终与中原有较大差距，所以西北各族一直多从塞内输入铁器，居延汉代边塞遗址出土的简牍上，就有"羌人入塞买兵铁器"的记载⑦。汉朝对西域

① 见本编第三章。

② 司马迁在《史记·货殖列传》（第3274页）中说，有铜器千钧（3万斤）的商人和有铁器千石（12万斤）的商人，其收入都能与"千乘之家"相比。据此可知武帝时铁价大约只有铜价的四分之一。参见〔64〕第48页。

③ 见〔110〕〔111〕。

④ 见〔112〕第73～84、107～119、146～156页。

⑤《汉书·景帝纪》，第147页；《汉书·昭帝纪》并注，第222页。

⑥《后汉书·乌桓鲜卑列传》（第2990～2991页）记东汉灵帝时蔡邕论议。

⑦ 见〔113〕第27第149简。

的历次远征和屯戍①，也为那些地方带去了大量铁兵和其他铁器。

自战国以来，西南夷地区的铁器主要是从巴蜀输入②，因道路艰难和边徼的限制，数量有限。汉初关闭蜀徼，巴蜀商贾只好“窃出市夜郎”③。汉武帝元狩初年（公元前121年前后），因求通身毒国（今印度）的道路，遣使进入西南夷，到达滇、夜郎。此后武帝多次发兵西南夷，平其地先后置为犍为郡、牂柯郡、越嶲郡、益州郡。至元封二年（公元前109年），西南夷尽数纳入汉王朝的辖境④。情况由此改观，不仅铁器源源输入，而且逐渐建立起一定规模的冶铁业⑤。因此，西汉中晚期，这个地区铁器、铁兵的使用渐趋普遍，大致在东汉中期，完成了铜、铁的更代⑥。

汉代岭南地区的冶铁业，初期几近空白，后来也一直非常落后，其铁器、铁兵，基本仰赖从岭北输入，或输入铁料加工。吕后时为遏制南越赵氏割据势力，禁南越关市铁器，甚至激起赵佗兵犯长沙⑦。岭南冶铁业的大发展和铜、铁更代的完成，是迟至魏晋时期的事情⑧。

四、青铜兵器的尾声

在中国盛行了一千多年的青铜兵器，到汉代终于衰亡。

图4－13　西汉鎏金铜匕首　河北满城刘胜墓出土，长28.2厘米。

出土数量大不如前的汉代铜兵器，往往表现出仪饰化的倾向，特别是诸侯王等高级贵族墓中的出土物，如：山东淄博齐王墓随葬器物坑中出土的一对铜戈，带有金质的鸳鸯形龠和金镈[70]；安徽阜阳双古堆汝阴侯墓中出土的一对铜戈，带有银质的兽身鸟尾形龠[124]；河北满城中山靖王刘胜墓出土的铜剑，配有玉质剑具，同墓出土的铜匕首，刃部鎏金，柄部有复杂的镂空花纹⑨；河北定县中山王墓出土的铜剑，剑柄饰蟠龙纹⑩，等等。脱离实战而仪饰化，是铜兵器衰落的一个表现。

中国青铜兵器的尾声，还有两个值得注意的现象：

（一）箭镞的铜、铁更代，明显落后于其他锋刃器，如剑、矛、戟、铍等，其过程也不是由铜镞直接进到铁镞，而是经历了铁铤铜镞的中间形式，即箭镞的锋部仍以铜铸，装杆的铤部则用铁制。铁铤铜镞在战国晚期已经流行，河北易县燕下都遗址中有大量发现，其数量超过了同遗址中出土的铜镞⑪，这说明其时燕国可能已由主要使用铜镞过渡到主要使用铁铤铜镞。汉初箭镞还是以铁铤铜镞和铜镞

① 参见本编第八章第一节。

② 参见《史记·货殖列传》，第3277～3278页。

③《汉书·西南夷传》，第3838页。《史记·西南夷列传》（第2993页）记：“及汉兴，皆弃此国而開蜀故徼，巴蜀民或窃出商贾。”“開”字当为“闭”之误。

④《史记·西南夷列传》、《汉书·西南夷传》。

⑤《后汉书·郡国志》：“滇池出铁。”参见〔114〕〔115〕〔116〕〔117〕诸文的讨论。

⑥ 参见〔118〕〔119〕〔120〕及〔43〕第269页。

⑦《史记·南越列专》、《汉书·南粤王传》。

⑧ 参见〔121〕第483～486页，〔122〕上册第332～334、394页，及〔123〕。

⑨ 见〔92〕上册第82～83页。

⑩ 见〔125〕及〔126〕图64。

⑪ 见本编第三编第三章第二节（一）。

为多。安徽阜阳双古堆西汉汝阴侯墓，墓主据分析是第二代汝阴侯夏侯灶，他死于文帝十五年（公元前165年），该墓中出土35件镞，26件为铁铤铜镞，9件为铜镞〔124〕。入葬于文景时期（具体下葬时间为公元前175～前154年）的徐州狮子山西汉楚王陵，出土箭镞则多为铜镞〔127〕。这种情况在武帝时期有了变化。中山靖王刘胜死于汉武帝元鼎四年（公元前113年），河北满城刘胜墓中共出土箭镞441件，其中铁铤铜镞70件，铁镞371件①，铁镞已占多数。此后铁镞愈益盛行，但铁铤铜镞并未很快衰亡，直至新莽时期，仍有较多使用。萧何所建、一直沿用到王莽末年毁于兵火的汉长安城武库，其7号遗址的发掘中出土铜镞100余件（绝大多数是铁铤铜镞）、铁镞1000余件〔128〕。较之武帝时期，铁镞更盛，但铁铤铜镞也还有相当数量。这种状况，甚至延续到了东汉。

汉代较多使用铁铤铜镞的情况，在西北关塞遗址中出土的汉简上也有反映。这些简牍有许多是兵器档案性质的文书，上面往往登记了箭镞的质料，而所标记的质料，据今所见，全为铜质，如："虿矢铜镞"、"稾矢铜镞"、"稾虿矢铜镞"、"陷坚羊头铜镞"，等等②。所谓"铜镞"，实指铜铸镞锋，主要应为铁铤铜镞③。

铁铤铜镞之所以流行了较长时间，当是因为铜铸镞锋有其优越性：一是便于批量生产，具有高度的规范性，这一点优于用钢铁锻制镞锋。汉代仍然流行三翼镞和三棱镞（时人称之为"羊头镞"④），其三翼形或三棱形的镞锋，尤其不适于锻造。二是质量较好，这一点优于用铁铸造镞锋。因此，在较长时间里，人们宁可仍用较昂贵的青铜铸造镞锋，而用较廉价的铁制作镞铤，以节省铜材，降低费用。

（二）在汉代及以后，弩机仍然一直用青铜铸造。两汉和魏晋时期的弩机，发现甚多，只见有极少数铁制品，以及一些铜弩机的键（销轴）或用铁制作⑤。这是因为弩机对部件的强度和精密度要求较高，在古代技术条件下，基本上只能用铜铸来解决。作为一个时代象征的青铜兵器退出了历史舞台，但铜仍然是武器装备制造中解决特殊问题的重要材料。

第二节　汉代的军事手工业体系

汉代的军事手工业，继承了秦代的体制而有新的发展，益臻完备。其主体是京师诸工室和八郡工官。

一、京师诸工室

京师诸工室，分属考工、寺工、尚方等机构。

---

① 见〔92〕上册第85～87、109～111页。

② 见〔129〕〔113〕〔130〕〔131〕，参见〔132〕第175～176页、〔22〕第213～214页。

③ 参见〔133〕第383～384页。

④ 《方言》卷九。居延汉简《永元兵物簿》记有"陷坚羊头铜镞箭"（见〔129〕第211～213页第128.1简）。

⑤ 汉长安城未央宫遗址中曾出土6件铁弩机和若干铁质弩机部件：有牙、悬刀、键等（见〔134〕上册第76～77页）。

汉承秦制，中央机构中有少府的建制，掌山海地泽收入以供皇室开支，并主管皇室器用制造。沿袭秦之“少府工室”，汉代少府设有“考工室”，武帝太初元年（公元前104年）更名“考工”①，东汉转属太仆，“主作兵器弓弩刀铠之属，成则传执金吾入武库，及主织绶诸杂工”②。该机构的主要任务是制造兵器。《再续封泥考略》载有“右工室印”和“右工室丞”封泥，汉长安城未央宫中央官署遗址出土有“右工室”铭骨签③，可证考工有左右二工室。所谓工室，大概即工场。据《后汉书·百官志》，考工设令一人，左右丞各一人。大概左右丞各掌一个工室，统属于令。

汉代铜弩机往往铭“考工”造，如河南灵宝张湾出土东汉弩机铭：“永元六年考工所造八石鐖，郭工吴孟作，造工王山，太仆监右工掾〔閰〕，令伦，丞诗，掾〔宕〕，史旦主。”[135] 北京中国历史博物馆也收藏一件永元六年弩机，铭：“永元六年考工所造六石鐖，郭工张□作，造工王川，太仆护工掾嵱，令恭，丞霸，掾瑜，史成主。”又如罗振玉旧藏西汉居摄元年、东汉永和八年考工所造弩机等④，可以互相印证。居延汉代边塞遗址中还曾出土一件西汉残箭，箭杆上有针刻的铭文：“元凤三年，执金吾护工卒史喜，考工令通，丞常，令史奉省……”[136] 因考工所造兵器要交由执金吾入藏武库，所以由执金吾的官员来监造。

图4-14　灵宝张湾出土“永元六年考工所造”弩机铭文

图4-15　北京中国历史博物馆藏“永元六年考工所造”弩机铭文

汉代寺工也是沿秦制而设，故初属少府。不久后转属主爵，接着又改属中尉，武帝太初元年（公元前104年）中尉更名执金吾后，仍隶之⑤。执金吾（中尉）主要负责京师治安警戒及武器收藏管理，属中央卫戍机构，西汉时也参与兵器制造。其下属有武库令，主武库藏兵；又有寺工，掌造兵器。敦煌出土汉简有记：“□刀一完，鼻缘刃丽，厉不硁硁，神爵四年缮。盾一完，神爵元年寺工造。”⑥

① 《汉书·百官公卿表上》，第731～732页。
② 《后汉书·百官志》，第3581页。
③ 见〔134〕上册第116页3：12460签。
④ 见罗振玉《贞松堂集古遗文》卷十五、十六。
⑤ 《汉书·百官公卿表上》，第732～733页。
⑥ 见〔130〕第36页第35简。

神爵元年为公元前61年，已届西汉晚期。及至东汉，执金吾但领武库令丞而省寺工①，遂只主收藏而不事制造。

汉代少府的下属机构中还有尚方，设令、丞各一人，“掌上手工作御刀剑诸好器物”②。尚方所作器物，包括有兵器，仅供御用，最为精工。东汉和帝时，中常侍蔡伦加位尚方令，“监作秘剑及诸器械，莫不精工坚密”③。

如同考工一样，寺工和尚方当都有各自的工室。

二、八郡工官

汉代兵工体系的发展，突出体现于八郡工官的设立。

据《汉书·地理志》记载，汉朝在河内郡的怀县（今河南武陟）、河南郡（治所位今洛阳）、颍川郡的阳翟县（今河南禹县）、南阳郡的宛县（今河南南阳）、济南郡的东平陵县（今山东章丘）、泰山郡和所属奉高县（今山东泰安）、广汉郡和所属雒县（今四川广汉）、蜀郡的成都县（今四川成都）设有工官④。八郡工官的设置，乃是以当地发达的手工业为基础，有的就是在秦时郡县官手工业机构的基础上建立。如战国晚期以来蜀郡就有“西工”、“东工”等官手工业机构，由于秦末蜀郡不是被兵之地，所以其工场作坊都得到了保存，汉代的蜀郡工官也分东、西⑤，显然是从秦蜀郡西工、东工沿袭而来⑥。

因此，八郡工官中，蜀郡工官可能最早设立。1980年以来，在汉长安城未央宫的中央官署遗址中出土大量刻有纪年和工官名称的骨签（类今标记生产时间和地点的物品签牌），据此考定，河南工官之设当在文景之际，南阳工官和颍川工官的设置时间不晚于武帝初年⑦。其他工官，在武帝前期也都已设立⑧。

然而，与秦郡县官手工业机构辖属于郡守不同⑨，汉代八郡工官初乃直隶中央。《史记·平准书》、《汉书·食货志》均记：武帝时“置平准于京师，都受天下委输，召（诏）工官治车诸器，皆仰给大农。”西汉八郡工官，系受中央的大司农管辖，其生产费用也由大司农拨给。它们实际上是中央在各地设立的8个手工业生产基地⑩。八郡工官的设立，使朝廷掌握了雄厚的手工业生产能力，特别是军事手

---

① 《后汉书·百官志》，第3605～3606页。

② 《汉书·百官公卿表上》，第731～732页；《后汉书·百官志》，第3596页。

③ 《后汉书·蔡伦传》，第2513页。

④ 广汉郡的治所在梓橦，新莽时改称子同，蜀郡的治所在成都，所以新莽时也称广汉郡工官为“子同郡工官”，蜀郡工官为“成都郡工官”。见梅原末治《支那汉代纪年铭漆器图说》所录乐浪汉墓出土漆器铭文（〔137〕第41～44页，图版36～38、47）。

⑤ 传世和出土的汉代漆器、铜器和铁器，或有蜀（郡）西工（官）造的铭文，如：元始三年、四年蜀西工漆器（见〔137〕图版14～24、〔138〕〔139〕）；汉二年蜀西工铜锠（《陶斋吉金录》6·18）；建初二年蜀郡西工官铁剑（见〔104〕）。

⑥ 或认为秦蜀郡东工即汉广汉郡工官（见〔140〕），似牵强。

⑦ 见〔134〕上册第118页。

⑧ 见〔140〕〔141〕及〔108〕第48页。

⑨ 战国晚期以来秦郡县所造兵器都刻铭“郡守造”（见本书第三编第一章第四节二），可证其生产机构辖属于郡守。

⑩ 论者往往将汉代八郡工官与秦郡县官手工业机构简单比附，而视之为“地方”官手工业（见〔142〕）。不妥。

工业生产能力，因为八郡工官都从事于兵器制造。这是战国晚期以来随中央集权制度的确立，国家不断加强对重要手工业部门，特别是关乎军国大计的兵工生产部门的控制的重大进展。这个发展趋势至汉武帝元狩四年（公元前119年）实行盐铁官营政策，在全国各地设置众多铁官管理冶铁业生产而达于极致。铁官的性质与八郡工官相同，虽然分设于各个郡县封国，但统属于中央的大司农，只是职责更加专门化，专掌冶铁业。

工官的生产费用甚巨。《汉书·贡禹传》说："故时齐三服官输物不过十笥，方今齐三服官作工各数千人，一岁费数巨万，蜀、广汉主金银器，岁各用五百万，三工官官费各五千万，东西织室亦然。"可能由于朝廷不堪重负，东汉时期，便将中央设在各地的工官都改属郡县。《后汉书·百官志》说："郡国盐官、铁官本属司农，中兴皆属郡县。"尽管这里没有提到工官，但性质相同，实一同改变了隶属关系。所以《后汉书·百官志》在州郡、县乡之目下说："凡郡县出盐多者置盐官，主盐税；出铁多者置铁官，主鼓铸；有工多者置工官，主工、税物。"

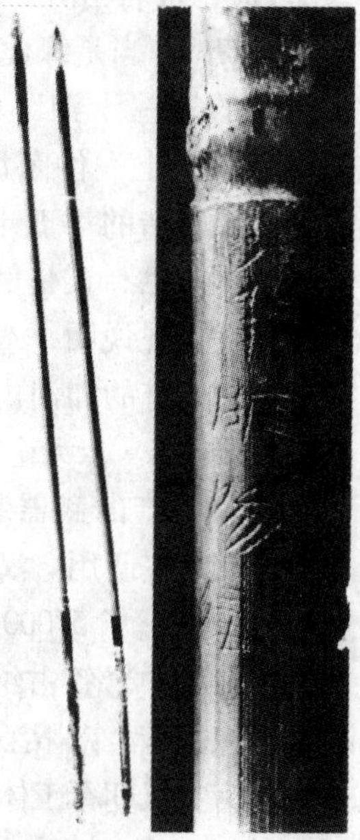

图4-16　居延出土西汉箭矢　箭杆上刻"六年睢阳造"，说明系八郡工官之外的地方官手工业产品。

可以设想，汉代绝不止上述八郡有官营手工业。大体在西汉时期，八郡工官直属中央，其他郡县封国的官营作坊或工场则辖属地方①；东汉时期，郡县工官皆属地方，但八郡工官仍有其特殊的重要地位。

工官的职责，一是"主工"，即主持官营手工业生产；二是"税物"，即向私营手工业作坊课税。八郡工官中，河内工官、南阳工官、蜀郡工官和广汉工官的产品现已有发现。河内工官和南阳工官的制品都是兵器。据统计，传世和出土有河内工官造和南阳工官造铭文的铜弩机有数十件②。汉长安城未央宫遗址中曾出土11件有河内工官造铭文的弩机部件和2件有南阳工官造铭文的完整弩机③，如一件弩机牙和一件弩机键（销轴，或称之为栓塞）分别铭：

河内□□二万二

河内工官二万一千

一件弩机的郭、牙、悬刀、牛（钩心）和键上皆铭：

南阳工官第二千一百卅八

铭文中的数字，应是弩机的编号，代表了生产的数量。敦煌出土汉简又有记：

---

① 居延汉代边塞遗址中曾出土一件西汉昭宣时期的铜镞箭，箭杆上刻"六年睢阳造"（见〔136〕），应为地方官工的制品。《再续封泥考略》著录有"齐左工丞"印，可证封国也有官工。

② 见〔140〕〔141〕。

③ 见〔134〕上册第85、324～325页。

盾一完，元康三年南阳工官造。①

蜀郡工官和广汉工官主要生产漆器，因汉代漆器普遍"文画金银饰"，当时称为"釦器"，故说"蜀、广汉主金银器"②。在汉代，"蜀、汉釦器"名满天下③。但这两个工官也制造兵器，特别精于制造刀剑，所造"九带佩刀"和"金马书刀"，擅名当时④。早在汉武帝时，"蜀刀"即称名贵⑤，当是缘此。传世有多件铭刻广汉郡工官造的"三十湅"铁书刀⑥；1978 年江苏徐州铜山还出土一件东汉建初二年（公元 77 年）蜀郡西工官造的"五十湅"铁剑[104]，都是精良的百炼钢制品，正是例证。

图 4－17　汉长安城中央官署遗址出土刻字骨签　刻辞内容："始元二年颖川工官令广丞成护工充令史作府伏宽尢工柱工　造"。

上述情况说明，八郡工官，或多或少都从事军工生产，有的如河内工官和南阳工官，就以造兵为主要任务⑦。无论辖属大司农还是改隶郡县，八郡工官生产的武器装备，主要都是上缴中央，供朝廷和皇室调用。汉长安城未央宫的中央官署遗址中，出土了 57000 多片刻字骨签，多为武器的标牌，其中弩签占绝大多数，所见制造机构主要是河南工官、南阳工官和颍川工官⑧。由此可见八郡工官在汉朝军工体系中的重要地位。

关于工官、工室和铁官在兵器制造中的分工，还需要今后深入探讨。如果可以推想铁官主要负责生产铁料和制造铁件，工官、工室承担兵器的全面生产任务，包括锻铸铁兵、铜兵，装配合成整器，以及制造有较多非金属成分的弓弩甲盾等，那么可以说，八郡工官担负着汉朝军队武器装备制造的大部分任务，其作用大于京师诸工室。

---

① 见〔130〕第 35 页第 28 简。

② 《汉书·贡禹传》，第 3070 页。

③ 《后汉书·和熹邓皇后传》，第 422 页。

④ 《后汉书·和熹邓皇后传》，第 422 页；《汉书·文翁传》（第 3625～3626 页）注引如淳、晋灼；《艺文类聚》卷六十、《太平御览》卷三四六引东汉李尤《金马书刀铭》。

⑤ 《汉书·杨仆传》，第 3660 页。

⑥ 见罗振玉《贞松堂吉金图》下 26、27、29。

⑦ 或认为蜀、广汉而外的关东六郡工官都是主要制造兵器（见〔140〕）。

⑧ 见〔134〕上册第 91～122 页。汉长安城未央宫中央官署遗址出土的刻字骨签，主要有 4 类：一类内容为器物编号，如"甲五十八"、"乙五百八十二"、"丙百七十一"、"丁十六"、"第十二"，等等；一类内容为器物名称和性能，如"服弩力六石"、"乘舆力十一石"等；或简省为"服五石"、"乘舆六石"、"力一石"等；一类内容为射程，如"射三百步"、"射五百步"等；一类内容为制造情况，如"元年，河南工官，令霸，丞广成，作府渠，工惠造"等。四者原当合而成套，即一件器物的标牌由这 4 种骨签构成。发掘者认为"骨签主要是设在地方的中央工官向皇室和中央上缴各种产品的记录"（〔134〕上册第 122 页）。以骨签录事，极易散乱失去秩序，实无可能，它们只能是随同器物的标牌，工官上缴产品，上系签牌，以标明情况。

综上所论，可以认为汉代的兵工体系乃以众多铁官为基础，以八郡工官和京师诸工室为主体，以其他郡县封国的官工为辅。

三、汉代的国家武库

按照汉朝的制度，诸工室、工官生产的兵器都先入藏于武库，然后根据需要调拨、装备军队。西汉时在都城长安和东都洛阳都设有庞大的中央武库。长安城的武库为高祖时萧何所建，王莽末年毁于兵火，其遗址业经发掘，位于汉长安城未央宫之西，是一东西710米、南北322米的长方形大院，围墙厚达15米，形同一座小型内城，中有7间大库房，遗址中出土了大量兵器残件〔128〕。东都洛阳是控制关东地区的战略重镇，吴楚七国之乱时，进据洛阳，控制洛阳武库，为对抗双方争夺先机之至要①，可见洛阳武库的重要地位。

除此而外，西汉时可能还在一些重要的郡设有大型中央武库。1993年，在江苏连云港市所辖东海县尹湾村发现的汉墓中出土了一批简牍文书，内有一件《武库永始四年兵车器集簿》，是汉成帝永始四年（公元前13年）武库所藏武器装备的统计报告。文中所述武器装备有两大类：一类为“乘舆兵车器”，即皇室专用的武器装备②，有58种，114693件；一类为“库兵车”，即一般性的库藏武器装备，有182种，23153794件。包括了当时除水军船具以外的几乎所有武器装备，举凡弓弩矢箙、刀剑矛戟、甲胄盾牌、金鼓旗帜、兵车弩车，皆在其列，还有诸多杂器备件③。足可装备数十万大军。东海县汉时为东海郡，这份报告所反映的装备数量，远远超出了一郡武装所需，因此其所言之武库，可能直属中央管辖，是朝廷设在东南地区的战略性武备库④。

由武库藏兵的状况，可见汉代兵工生产规模之巨。

---

① 见《汉书·周亚夫传》，第2059页；《史记·吴王濞列传》，第2832页。

② 蔡邕《独断》卷上：天子“车马衣服器百物曰乘舆”。

③ 见〔143〕〔144〕〔145〕第86～120页，参见〔146〕〔147〕。

④ 或认为这份报告登记的武器装备都是东海郡的下邳铁官所造（见〔148〕）。这绝无可能，姑不言一处铁官有无能力生产如此大量的武器装备，即便这些武器装备所涉及的众多材质，也不是铁官所能处理的。

第三章
汉代铁兵器及其制造技术

第一节　铁兵器制造技术的发展

在冶铁业大发展的同时，汉代的冶铁技术有了显著的进步，特别是炼钢和锻造技术方面的一系列新进展，为铁兵器的推广普及和铁兵器质量的提高，奠定了技术基础。

一、汉代铁兵器的制造方法

汉代铁兵器的制造方法，大致可分五类。

1. 用块炼铁制造

以块炼法所获得的熟铁直接锻打成器，是古代制作兵器的最初方法。由于块炼铁质软，其制品性能不佳，故当由块炼铁发展出块炼渗碳钢后，便渐少直接用块炼铁锻制兵器，但这种方法在古代也一直没有绝迹，在一些较落后的地区和部族中，甚至还较常见。中原地区直至战国末年，铁兵器中还存在较多块炼铁制品。汉代也有这样制成的兵器，但已少见。河北满城中山靖王刘胜墓和内蒙古呼和浩特二十家子汉城遗址中出土的一些铁甲片，经检测是用块炼铁锻成；刘胜墓出土的一些Ⅳ型铁镞，材质可能也是用块炼法所获得的熟铁（见表4－7）。

表4－7　汉代铁兵器检测结果统计之一：块炼铁制品

器物、编号和数量	出土地点	年代	材质	成型工艺	热处理	资料来源
铁甲片（1:5117）1件	河北满城刘胜墓	武帝时期	块炼铁	锻打	退火	〔92〕上册第111、372页〔149〕
铁镞（1:4344）	河北满城刘胜墓	武帝时期	低碳钢或纯铁	锻打		〔92〕上册第111、372页
铁甲片（T126②:2）1件	内蒙古呼和浩特二十家子	武帝时期	块炼铁	锻打	退火	〔150〕〔149〕

这种方法可以概括为：块炼铁→锻造。

图4－18　山东滕县宏道院出土汉画像石冶铁图

2. 用块炼渗碳钢制造

战国时期，制造铁兵器已经主要采用块炼渗碳钢。在汉代，用块炼渗碳钢锻制兵器仍是重要的方法。满城刘胜墓出土的多件铁兵器，经鉴定是用块炼渗碳钢折叠锻打而成，并经淬火处理（见表4-8）。其工艺与河北易县燕下都出土战国晚期的块炼渗碳钢兵器一致，但钢的质量有很大提高，表现为非金属夹杂物减少并细化，断面上高碳和低碳的分层增多，而每层的厚度减小，碳含量的差别也减小，组织比较均匀。主要原因是增加了加热折叠锻打的次数。

表4-8　汉代铁兵器检测结果统计之二：块炼渗碳钢制品

器物、编号和数量	出土地点	年代	材质	成型工艺	热处理	资料来源
铁矛（2453）1件	徐州狮子山楚王陵	西汉初期	块炼渗碳钢	锻打		〔160〕
铁剑（1:4249）1件	河北满城刘胜墓	武帝时期	块炼渗碳钢	锻打	淬火	〔92〕上册第372页
铁剑（1:5105）1件	河北满城刘胜墓	武帝时期	块炼渗碳钢	锻打	局部淬火	〔92〕上册第373页
铁戟（1:5023）1件	河北满城刘胜墓	武帝时期	块炼渗碳钢	锻打	淬火	〔92〕上册第373～374页

这种方法可以概括为：块炼铁→块炼渗碳钢→锻造→淬火。

3. 用生铁制造

战国时期多用生铁铸造镈、镦等兵器附件和铁铤铜镞的铤部，偶用生铁铸造兵刃，汉代大体也是这样。河南郑州古荥镇冶铁遗址出土的一件铁戟，经鉴定系麻口铁铸件；河南巩县铁生沟冶铁遗址出土的一件铁镞，经鉴定系白口铁铸件（见表4-9）。为增强韧性，改善机械性能，汉代普遍对白口生铁铸件进行退火柔化处理，从而使之成为韧性铸铁或脱碳铸铁①。

表4-9　汉代铁兵器检测结果统计之三：生铁制品

器物、编号和数量	出土地点	年代	材质	成型工艺	热处理	资料来源
铁戟（295/T7-7:24）1件	河南郑州古荥镇	西汉中期至东汉	麻口铁	铸造		〔151〕
铁镞（T5:7）1件	河南巩县铁生沟	西汉中期至新莽	白口铁	铸造		〔152〕

这种方法可以概括为：生铁→铸造→退火。

4. 用铸铁脱碳钢制造

铸铁脱碳钢是中国古代独有的一种生铁炼钢方法，是在铸铁退火柔化技术的基础上发展形成的，产生于战国时期。当将白口生铁铸件进行固态脱碳退火时，如果铸件心部仍保留白口铁的组织，仅铸件表面脱碳成钢，就是脱碳铸铁；如果内外全部脱碳而成为全钢组织，便是铸铁脱碳钢。这种炼钢方法的特点是通过掌握时间和温度有控制地脱碳，从而得到高碳钢、中碳钢和低碳钢，甚至含碳极微，近乎熟铁。铸铁脱碳钢保持了生铁夹杂物少的优点，组织均匀，质地纯净。

河南登封阳城战国冶铁遗址中出土的生产工具，有许多是铸铁脱碳钢制品，其技术尚处于初始阶段②。西汉时期，铸铁脱碳钢技术趋于成熟并进一步推广，较多运用于兵器制造。汉代铸铁脱碳器物的生产有两种方式。一种是以生铁铸成坯件，然后脱碳成钢，再予简单加工，如加热弯折，对刃部进行局部渗碳、锻打等。这种方法广泛用于制造生产工具和生活用具，如河南渑池出土汉魏窖藏铁器中的钢斧[165]、郑州东史马出土东汉铁剪刀[155]等。西汉时期较多用这种方法制造箭镞，

---

① 参见〔164〕。

② 见〔42〕第329～336页。

满城刘胜墓中大量出土的Ⅲ型铁镞（共有273件），有多件经检测都是这样的制品（见表4－10）。另一种方式是将生铁铸造成薄板状，然后退火脱碳得到成形钢材（都为低碳钢或近于熟铁），将钢材反复锻打，制成器物。刀剑等兵器和铁甲片，常如此制作。在郑州古荥镇、南阳瓦房庄、鲁山望城岗等汉代冶铁遗址中曾出土大量梯形铸铁板，就都是已经脱碳的钢材。而徐州狮子山西汉楚王陵中出土的铁甲片，检测了6件，都是用铸铁脱碳钢锻成（其中3件为冷锻），另在河南南阳和巩县铁生沟等处，发现了用铸铁脱碳钢锻成的刀剑（见表4－10）。

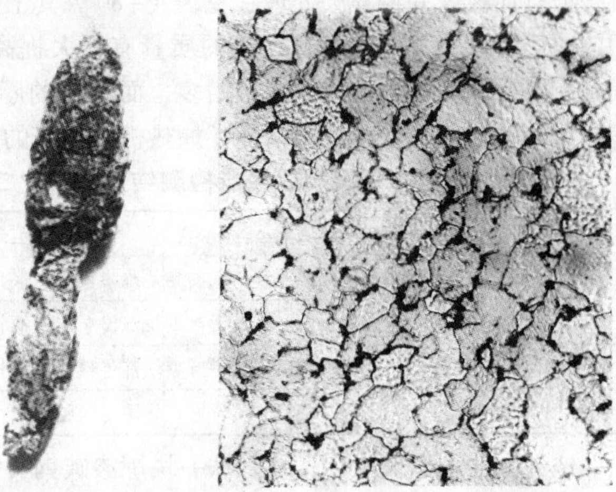

图4－19　河北满城刘胜墓出土铸铁脱碳钢镞及其金相组织照片

表4－10　汉代铁兵器检测结果统计之四：铸铁脱碳钢制品

器物、编号和数量	出土地点	年　代	材质	成型工艺	热处理	资料来源
铁甲片(2436－1、2、3)3件	徐州狮子山楚王陵	西汉初期	铸铁脱碳钢	锻打（冷锻）		〔160〕
铁甲片（2436－5、2437－2、2438－3）3件	徐州狮子山楚王陵	西汉初期	铸铁脱碳钢	锻打		〔160〕
铁镞（1:4382C）6件	河北满城刘胜墓	武帝时期	铸铁脱碳钢	铸造	退火	〔92〕上册第371～372页〔153〕
铁镞铤（64）1件	北京大葆台	西汉晚期	铸铁脱碳钢	铸造	退火	〔154〕第125～126页
铁刀（临102）1件	河南南阳	西汉	铸铁脱碳钢	锻打		〔155〕
铁剑（T16:18）1件	河南巩县铁生沟	西汉中期至新莽	铸铁脱碳钢	锻打（?）	退火	〔152〕
弩机悬刀（T16:18）1件	河南巩县铁生沟	西汉中期至新莽	铸铁脱碳钢	锻打（?）		〔152〕

上述方法可以概括为：生铁→铸造→脱碳成钢→简单加工；生铁→铸铁脱碳钢→锻造。

5. 用炒钢制造

西汉时期，用生铁炼钢的一种新技术——炒钢技术迅速发展起来。其法是把生铁加热到熔化或基本熔化状态，在熔池中加以搅拌（古人称之为“炒”），借助空气中的氧把生铁所含的碳氧化掉，从而成为钢或熟铁：前者是有控制地把生铁炒炼到需要的含碳量，即炒钢（包括低碳钢、中碳钢和高碳钢）；后者是不加控制地“一炒到底”，含碳量极微。在古代技术条件下炒炼生铁控制含碳量极其困难，其产品主要是熟铁和近乎熟铁的低碳钢，所以在中国古代，对这项技术的通行名称是“炒铁”①。其产量和效率都较高。因此，炒钢和炒钢型熟铁很快成为制造铁器，特别是制造武器和生产工具的最重要材料：基本的方法就是对原料进行加热锻打，挤去杂质，改善组织，渗碳提高刚度，然后制成器物；主要靠反复的加热折叠锻打提高最终制成品的质量（与以块炼铁和块炼渗碳钢锻制相似）。为提高硬度，通常都对锻件进行淬火。东汉晚期著作《太平经》卷七十二《不用大言无效诀》第一百一十谓：“使工师击冶石，求其中铁，烧冶之使成水，乃后使良工万锻之，乃成莫耶。”据分析，这段话讲的就是以炒钢产品制剑，因为把铁矿石烧冶成水，当然只能是生铁水，在“乃后万锻”之前一定要炒成钢或熟铁才行，否则生铁就不能锻，更不用说“万锻”了②。这是一个从矿石炼出铁水，再炒成钢或熟铁，最后锻成兵器的比较完整的过程。

这种方法可以概括为：生铁→炒炼成钢或熟铁→锻造→淬火。

现知最早的炒钢制品是河南登封阳城韩国冶铁遗址中出土的一件战国晚期铁凿③。这种炼钢法大约在战国晚期已经发明。入汉以后便迅速发展起来。西汉文景时期的徐州狮子山楚王陵（下葬于公元前175～前154年）中出土的铁器，经鉴定有多件炒钢制品，其中包括两件兵器（一刀一矛）[160]。另在河南陕县（今三门峡市）的西汉初期墓中也曾出土一件用炒钢锻成的铁剑（3007:12）④。及至武帝时期，炒钢技术业已得到推广。1983年发现的广州南越王墓，墓主人是第二代南越王赵胡，他大约死于汉武帝元朔末元狩初（公元前122年左右）。该墓中出土的大量铁器，有9件（生产工具4件、兵器3件、生活用具2件）经过检测分析，其中7件（生产工具3件、兵器3件、生活用具1件）是用炒钢锻成⑤。特别值得注意的是，经检测的3件兵器，全为炒钢或炒钢型熟铁制品（见表4－11）。南越国的铁器，或是从汉朝直接输入，或是从汉朝输入铁料加工，在这里大量出现炒钢制品，则内地必已推广炒钢技术。此后炒钢技术愈益普及。毁于王莽末年的汉长安城武库遗址中出土的铁兵器，经检测者全为炒钢或炒钢型熟铁制品（见表4－11）。西汉末东汉初甚至在边远的吉

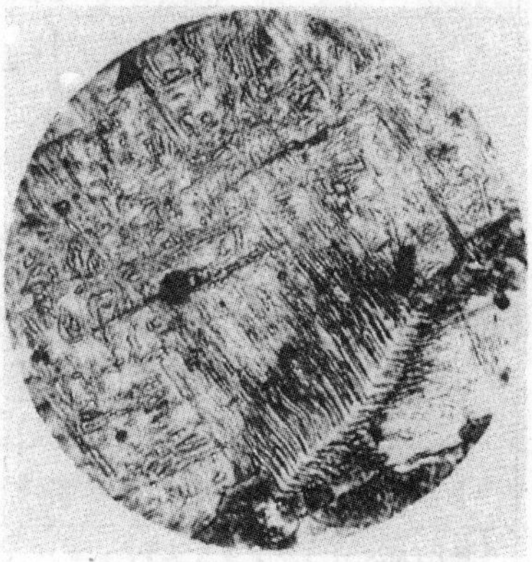

图4－20　河南陕县出土汉初铁剑（3007:12）的金相组织照片

① 见明宋应星《天工开物》卷中《五金·铁》、屈大均《广东新语》卷十五。华觉明指出：“当炒铁炉内随着温度升高，氧化反应剧烈，到达所谓沸腾期时，铁料呈白热的半熔融态，脱碳速度很快。……作者于1958年在甘肃兰州参与威远式反射炉的炒铁操作近四个月，亲身体会到碳分控制的困难，即使有多年经验的匠师也不易得到所希求的钢料。通常的产物都是接近于纯铁而含渣甚多的熟铁料。”（见〔306〕第385页）

② 见〔167〕第77页，参见〔64〕第220页。

③ 见〔42〕第330页表1:17标本YZHT4L2:7，及同书第319页。

④ 见〔156〕第227、147页。

⑤ 见〔122〕上册第389～396页。

林榆树鲜卑族聚居地区，也大量出现炒钢制的生产工具和武器①。

表4－11 汉代铁兵器检测结果统计之五：炒钢制品

器物、编号和数量	出土地点	年代	材质	成型工艺	热处理	资料来源
铁剑(3007:12)1件	河南陕县(今三门峡市)	西汉初期	炒钢	锻打	淬火	〔156〕第227、147页
铁刀(2432)1件	徐州狮子山楚王陵	西汉初期	炒钢、块炼渗碳钢	锻打		〔160〕
铁矛(2454)1件	徐州狮子山楚王陵	西汉初期	炒钢	锻打		〔160〕
铁剑(D171)1件	广州南越王墓	武帝时期	炒钢	锻打	淬火	〔122〕上册第389～394页
铁镞铤(C203)1件	广州南越王墓	武帝时期	炒钢	锻打		〔122〕上册第389～394页
铁甲片(C233)1件	广州南越王墓	武帝时期	炒钢型熟铁	锻打		〔122〕上册第389页
铁镞7件	汉长安城武库遗址	西汉晚期至新莽	炒钢	锻打		〔157〕
铁矛1件	汉长安城武库遗址	西汉晚期至新莽	炒钢	锻打		〔157〕
铁刀3件	汉长安城武库遗址	西汉晚期至新莽	炒钢	锻打		〔157〕
铁戟1件	汉长安城武库遗址	西汉晚期至新莽	炒钢型熟铁	锻打		〔157〕
铁甲片1件	汉长安城武库遗址	西汉晚期至新莽	炒钢型熟铁	锻打		〔157〕
铁剑(3010:44)1件	河南陕县(今三门峡市)	西汉晚期至东汉初期	炒钢	锻打		〔156〕第227、192页
铁剑(3027:27)1件	河南陕县(今三门峡市)	西汉晚期至东汉初期	炒钢	锻打	淬火	〔156〕第227、192页
铁环刀(M115:10)1件	吉林榆树老河深	西汉末至东汉初	炒钢	锻打		〔112〕第149、155页
铁矛(M96:1)1件	吉林榆树老河深	西汉末至东汉初	炒钢	锻打		〔112〕第150、155页
铁镞(M105:24)1件	吉林榆树老河深	西汉末至东汉初	炒钢	锻打	淬火	〔112〕第150、155页
铁甲片(M24:41)1件	吉林榆树老河深	西汉末至东汉初	炒钢	锻打		〔112〕第150页
铁剑1件	江苏徐州铜山	东汉建初二年(77年)	炒钢	锻打		〔104〕〔158〕
铁戟1件	江苏徐州铜山	东汉初期	炒钢	锻打		〔104〕
铁环刀1件	江苏徐州铜山	东汉初期	炒钢	锻打		〔104〕
铁环刀1件	山东苍山	东汉永初六年(112年)	炒钢	锻打	局部淬火	〔159〕〔149〕

表4－12 汉代铁兵器检测结果统计之六：材质不明确者

器物、编号和数量	出土地点	年代	材质	成型工艺	热处理	资料来源
铁镞（1:4382a）1件	河北满城刘胜墓	武帝时期	中碳钢	锻打		〔92〕上册第371页
铁剑1件	辽宁辽阳三道壕	西汉末		锻打	淬火	〔161〕
铁镞1件	辽宁辽阳三道壕	西汉		锻打		〔161〕
铁剑1件	湖南长沙	西汉		锻打	淬火	〔161〕
铁矛1件	云南晋宁石寨山	东汉		锻打		〔161〕
铁剑1件	云南晋宁石寨山	东汉	钢	锻打		〔161〕
铁戟1件	北京清河	东汉		锻打		〔161〕
铁剑1件	北京清河	东汉		锻打		〔161〕

① 见〔112〕第146～150、154～156页。吉林榆树老河深鲜卑墓中出土的经检测确定的几件炒钢兵器已辑入表4－11。

二、汉代铁兵器制造技术的发展趋势

综观汉代铁兵器制造技术，有若干发展趋势和新的特点非常值得重视。

（一）前文将汉代铁兵器的制造方法区分为五类，其中前二类是以块炼铁为基础，后三类是以生铁为基础。我们将各地出土、经过检测鉴定的汉代铁兵器按此分类列表，这些统计表能够反映出：在西汉时期，具体地说就在武帝时期（公元前140～前87年），中国铁兵器制造技术发生了重大的转变，即由主要采用块炼铁类材料转变为主要采用生铁类材料。

生铁之得以大量用于制造武器，是因为生铁炼钢技术的重大发展，即铸铁脱碳钢技术和炒钢技术的成熟推广，特别是后者，作用尤大。前面曾经谈到西汉时期铁价远低于铜价，这主要是指生铁而言。生铁炼钢技术的突破，使得丰富的生铁得以转化为适于制造兵器的价格低廉的钢材或熟铁，从而使得价格杠杆能够在铁兵器的推广普及中发挥出作用。否则，生铁即使再便宜，但性质顽劣，不适于制造兵器，对铁兵器的普及也起不了作用。讨论至此，可以将汉代铁兵器推广普及的根本原因归结为二：一是冶铁业的大发展，二是生铁炼钢技术的重大突破。两者缺一不可。由此导致适于制造兵器的钢材和熟铁的产量激增，相对于青铜形成巨大的价格优势，才彻底摧垮了历经夏商周秦一千余年而不坠的推崇青铜兵器的传统。战国和秦代的情况已经表明，走块炼铁→块炼渗碳钢冶锻的技术道路，难以根本动摇这个坚固的传统。可以设想，如果没有生铁炼钢技术的突破，冶铁业的兴盛还会继续主要表现于民用领域，而中国高度发达的青铜兵器，其退出历史舞台的时间，还会迟一些。

（二）在战国时期，生铁冶铸是一个以民用为主的手工业领域。在生铁冶铸技术基础上发展起来的生铁炼钢技术，首先也是民用技术领域的成果，而当其取得突破后，便迅速在军事领域得到应用。

（三）中国古代铁兵器的制造，始终以锻打为基本的成型工艺（通常热锻，间有冷锻）。西汉时期采用铸铁脱碳钢制造兵器，一些兵器品种（主要是箭镞）一度较多进行铸造，但随着炒钢的推广，铸器又趋衰落。欧洲古代铁兵器也以锻造为主，但直至18世纪，普遍是冶锻块炼铁和块炼渗碳钢。中国则从汉代开始，铁兵器制造就转变为主要冶锻由生铁转化成的钢和熟铁。

（四）由于生铁炼钢技术的发展，在汉代，铁兵器和铁工具的制造技术逐渐趋于统一。特别是随着炒钢技术的推广，兵器制造转变为以炒钢（或熟铁）冶锻为主；炒钢（或熟铁）的冶锻，也成为制造农器和手工工具的重要方式，工具制造中锻造的比例因而大幅度上升①。一些研究者认为："汉代冶铁的基本工艺是：生铁冶铸→脱碳退火。"〔164〕显然对铁兵器制造技术的特点以及炒钢技术的推广程度和重要地位认识、估计不足。综合民用器和武器的情况，汉代冶铁的基本工艺应当是：生铁冶铸→脱碳退火；以及，炒钢（或熟铁）冶锻→淬火。民用器的生产逐渐由以前者为主演变为二者兼行并重，武器制造则以后者为主。

---

① 广州南越王墓中出土的大量铁工具，经检测，多用炒钢，多为锻造成型，见〔122〕上册第103、393页。

铁工具和铁兵器制造技术的统一化趋势，在汉魏以后更日益加强，其突出表现是工具和武器制造中炒钢（或熟铁）冶锻的比例不断上升，到唐宋时代，农具和手工工具便也都以炒钢（或熟铁）锻造为主①。炒钢技术之所以在工具制造领域推广较慢，主要是因为发达的生铁铸造传统的惯性作用。由于制造铁兵器一直以锻造为主，而且一直缺乏价廉物宜的材料，故炒钢技术的意义，在兵器制造领域显得更加突出，因此，这项技术在兵器制造领域也推广较快。

三、汉代铁兵器制造的特殊工艺

以上论述了汉代铁兵器的一般制造技术，两汉时期，优质铁兵器的制造还采用了几项先进特殊的工艺。

1. 局部淬火工艺

铁兵器淬火工艺出现于东周时期。经检测，燕下都出土战国末年钢剑曾经加热至900℃以上淬火。至汉代，人们对淬火作了明确的定义。《史记·天官书》说："火与水合为焠（淬）。"《说文解字》说："焠（淬），坚刀刃也。"西汉时期还发展产生了只将刀剑刃部进行淬火的新工艺。河北满城刘胜墓出土的两件钢剑（1:4249、1:5105）和一件错金书刀（1:5197）都只在刃部观察到淬火马氏体组织，由于刃部经过淬火，因而具有很高的硬度，极其锋利。经测定，钢剑（1:5105）的刃部硬度约为维氏硬度900公斤/毫米^2，错金书刀的刃部硬度为维氏硬度570公斤/毫米^2。而刀剑的脊部未经淬火，硬度较低，保持了较强的韧性，不易断折②。《汉书·王褒传》称："巧冶铸干将之朴，清水淬其锋。"正与实物相合。

2. 表面渗碳工艺

徐州狮子山西汉楚王陵出土的两件矛（2453、2454），一件以块炼渗碳钢、一件以炒钢锻打制成，表面都经过了渗碳处理，从而使表层组织含碳较高，更加坚硬[160]。满城刘胜墓出土的钢剑（1:5105）和错金书刀（1:5197），经检测也经过表面渗碳处理。剑的表层碳含量在0.6%以上，高于心部高碳层0.5%～0.6%的含碳量。据分析，错金书刀是在锻打成型并经磨制以后，再进行表面渗碳③。

3. 贴钢工艺

其法是在本体采用低碳钢或熟铁的锋刃器之刃口部位锻焊上一块硬度较高的钢材（中碳钢或高碳钢）。本体质软，便于加工成形，不易断折；刃口质硬，锋利耐用。吉林榆树老河深西汉末至东汉初鲜卑墓葬中出土的一件铁环刀（M115:10）和一件铁矛（M96:1），本体是以含碳较低的炒钢为原料，刃部采用高碳钢，折叠锻打而成。特别是那件铁矛，锻接技术较高，刃钢和本体钢锻合良好④。这种工艺，其思路与商周陨铁刃青铜兵器和东周青铜复合剑工艺一脉相承，是金属复合技术的新形式，也是具有悠久历史的复合制器传统的新发展。

---

① 见〔64〕第275～276页，及〔168〕。
② 见〔92〕上册第372～373页。
③ 见〔92〕上册第372～373页。
④ 见〔112〕第149～150、155页。

4. 百炼钢工艺

1978年江苏徐州铜山出土的一件东汉铁剑，茎部有隶书错金铭文一行："建初二年（77年）蜀郡西工官王愔造五十湅□□□孙剑□"[104]。1974年山东苍山出土的一件东汉铁环刀，刀身也有一行错金的隶书铭文："永初六年（112年）五月丙午造卅湅大刀吉羊宜子孙"①。这两件刀剑都是以炒钢为原料，经反复加热折叠锻打而成。那么，铭文中的"五十湅"和"卅湅"是什么意思呢？

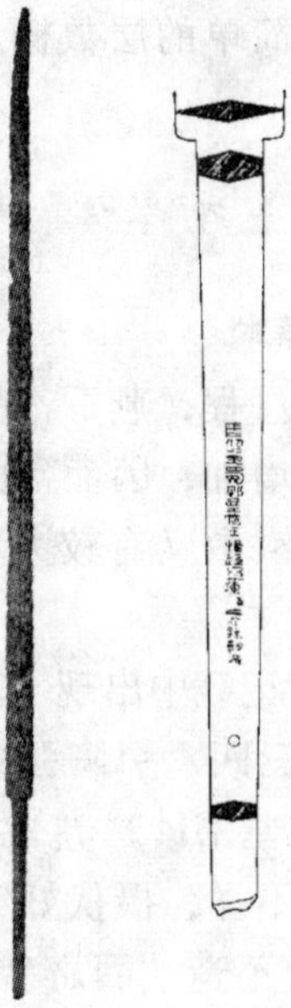

图4－21　江苏徐州铜山出土"五十湅"剑及其铭文摹本

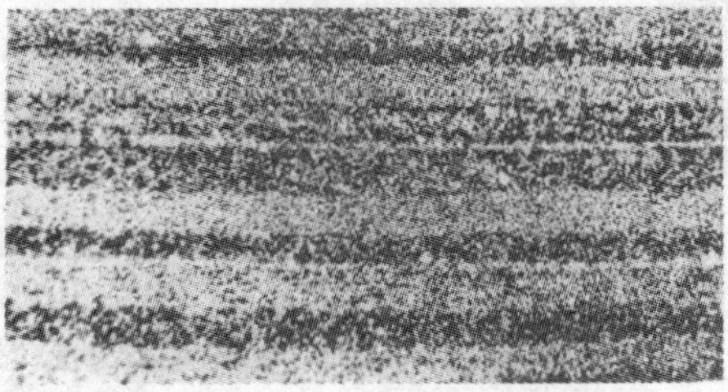

图4－22　徐州铜山出土"五十湅"剑的断面金相组织

经检测，永初卅湅刀中硅酸盐夹杂物有明显分层，如以位于同一平面的连续或间断的夹杂物作为一层的标志，由三个观察者（其中二人事先不知道卅湅及测量目的），在100倍显微镜下，整个断面观察到的层数分别平均为31层、31层弱和25层[149]。建初剑的剑身样品断面也有因组织和成分差异而出现的分层现象，金相观察到的分层数目近60层[158]。这种现象应是将钢材反复折叠锻打的结果。由于实际观察到的样品数与铭文中的湅数接近，故冶金史研究者推测，刀剑铭文中的湅数可能是指叠打后的层数，或用同一种铜料反复折叠锻打，或用数层成分略有不同的原料积叠锻打，然后加热折叠再锻，反复多次②。

在汉代，人们将钢铁的折叠锻打称为"湅"、"辟湅"、"辟"。《说文》："湅，辟湅铁也。"辟湅，意谓"取精铁折叠锻之"③。"辟"是"襞"的假借字，有辟积折叠之义，用作钢铁加工的术语，就是叠折锻打的意思④，如《文选·七命》"乃炼乃铄，万辟千灌"，唐李善注："辟谓叠之。"钢铁刀剑铭文中的"湅"字，当为"湅"字之省[169]，意同"辟湅"、"辟"。"湅"字有时也俗写作"鍊（炼）"，并衍化出了"锻炼"一词。"鍊（炼）"字的本意是熔炼，早期也写作"湅"，但钢铁刀剑铭文中的"湅"字和"锻炼"之"炼"，却都是"湅"的假借字，这是需

① 见〔159〕。刀铭末尾的"宜子孙"三字为锈所掩，后经X光透视显出（见〔158〕）。

② 见〔149〕〔158〕。

③ 朱峻声《说文通训定声》、段玉裁《说文解字注》。

④ 参见〔64〕第238～239页。

要辨别的。

众所周知，增加加热折叠锻打的次数（与叠打后的层数成正比），能够提高钢铁刀剑的质量。王充《论衡·率性》谓：

> 世称利剑有千金之价，棠谿、鱼肠之属，龙泉、太阿之辈，其本鋌山中之恒铁也，冶工锻炼，成为铦利，岂利剑之锻与炼，乃异质哉？工良师巧，炼一数至也。试取东下直一金之剑，更熟锻炼，足其火，齐其铦，犹千金之剑也。

讲的就是这个道理。因此，钢铁刀剑铭文中的湅数，并非简单的层数概念，而应是代表了一定的工艺质量标准的。

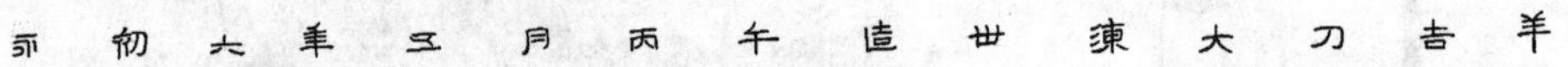

图4-23 山东苍山出土“三十湅”刀铭文摹本

从战国到汉代，刀剑加热叠锻次数的增加经历了一个过程，燕下都战国末年钢剑的叠锻次数较少，刘胜墓西汉钢剑的叠锻次数有显著增加，因而剑的质量有很大提高。至东汉建初五十湅剑和永初卅湅刀，加热叠锻次数又有较大增加，刀剑的质量随之进一步提高。这显然是加工工艺发展的结果。

东汉晚期后，湅（湅）字多俗写为鍊（炼）。当时文献记载中出现了湅数更多直至“百炼”、“百辟”的刀剑和铁甲。《太平御览》卷三四六引陶弘景《刀剑录》：蜀主刘备命名匠蒲元造刀，刃口刻“七十二炼”。《北堂书钞》卷一二三引曹操《内诫令》：“往岁作百辟刀五枚，吾闻百炼利器，辟不祥，摄伏奸宄者也。”《太平御览》卷三四三引曹丕《典论》：建安二十四年，曹丕造“百辟宝剑”，并撰文曰“选兹良金，命彼国工，精而炼之，至于百辟”。《北堂书钞》卷一二一又引陈琳《武库赋》：“铠则东胡阙巩，百炼精钢。”所谓“百炼”、“百辟”，究竟是实指加热叠锻的规格，抑或是虚泛的形容之词，尚需进一步探讨①。但不管怎样，它都表示了加热折叠锻打的次数之多之繁，因此后世常以“百炼”来形容加工的繁复和产品的精良，例如成语“百炼成钢”、“千锤百炼”。我们也完全可以用“百炼钢”一词来概括这种通过繁复的加热折叠锻打以制作优质铁兵器的工艺。

目前考古发现的汉代百炼钢武器都是炒钢制品，实际上这种工艺也完全可以用各种熟铁为原料，只不过在东汉时期，炒钢业已普及，故通常用炒钢或炒钢型熟铁为原料②。初出炉的炒钢或熟铁含杂质较多，成分不均，繁复的加热折叠锻打，既使组织致密，成分均匀，夹杂物减少并细化；又使材料渗碳，提高刚性或使熟铁钢化；还使材料形成层叠式的复合结构，具有更好的综合机械性能。总之，这种加工工艺起到了精炼钢铁材料、显著提高钢铁质量的作用，制成的兵器既坚且韧，此后一直是中国古人制造精良铁兵器的基本方法。如同东周时期的冶铜匠师追求青铜兵器的刚柔相济一样，汉代及其后的冶铁匠师也追求钢铁兵器“刚软

① 〔158〕〔169〕。

② 参见〔170〕〔171〕。

之和"①，不同的是，前者主要通过控制青铜合金的成分比例来实现，后者主要通过增加对钢铁材料的加热折叠锻打次数来实现②。

曾有研究者提出将"百炼钢"改称"辟炼钢"[169]。恐怕不妥。因为自战国晚期以来辟炼（即叠折锻打）一直是制作钢铁兵器的基本工艺，即使普通的钢铁刀剑，一般也经叠锻而成，只是叠锻的次数少，故质量较差，燕下都钢剑是个明证。至于建初五十湅剑和永初三十湅刀，其叠锻的次数之多，可谓达到了相当繁复的程度。这样一种繁复叠锻的工艺，称之为"百炼钢"，以区别于一般的折叠锻打，仍是合适的。

5. 冷锻制甲工艺

古代锻造铁兵器，通常都是加热锻打，偶有一些特殊的器物，采取冷锻。现知冷锻制品的最早之例，是徐州狮子山西汉楚王陵中出土的铁甲片，为汉初文景时期之物，经检测的3个标本（2436－1、2、3）系用铸铁脱碳钢冷锻而成[160]。现代科学试验表明，碳钢经冷加工变形，会有冷作硬化效应，其强度随锻造比增加；冷锻制甲还避免了热锻时金属氧化造成表面粗糙的缺点，能使甲片表面更加光滑。北宋时，青海西宁一带的青堂羌人制甲，"不用火，冷锻之，比元（原）厚三分减二乃成"，其甲"铁色青黑，莹彻可鉴毛发"③。冷锻制甲之法，看来可以追溯到汉初。

第二节 汉代铁兵器的变化

随着铁兵器取代铜兵器，汉代兵器的种类和形制也发生重大变化，从而使中国中古时代的武器呈现出新的面貌。综观汉代的铁兵器，其变化主要体现于三个方面：一是戟的蜕变，二是刀的兴起和剑的衰落，三是铁甲的流行。这些变化，既有战国时期业已出现的趋势的发展，也有汉代的新因素；既与技术的发展相关联，也与作战方式的变化密切相关。

一、戈、戟

东周时期，句兵已经由以戈为主逐渐演变为以戟为主。至汉代，戈最终消亡。汉代的戈，考古实例极少，多出土于汉初至武帝时期的墓葬，多以铜制，往往装金饰银，明显是仪仗性质的兵器。随着铜兵器的消亡，这种在青铜时代曾经雄霸战场的武器，终于也销声匿迹。

汉代军队仍然大量用戟。西汉时期，铁戟淘汰了铜戟。汉代铁戟的形制承袭自战国晚期，都为刺、援联锻（或铸）成一体的"卜"字形。这种戟的横枝（援）较短，直刺较长，援、刺成直角相交，与援、刺呈钝角相交的青铜戟相比，其刺杀的功能增强，而钩杀的作用减弱，已由青铜戟的钩杀为主、刺杀为辅改变为以刺杀为主，而以戟枝的横击和钩杀为辅。在汉代，特别是与匈奴的战争中，

① 《太平御览》卷三四五引晋杨泉《物理论》。

② 《论衡·率性》说"更熟锻炼"可得良剑。《盐铁论·禁耕》说"铁力不销铄，坚柔不和"，从反面道出了个中道理。

③ 沈括《梦溪笔谈》卷十九。

骑兵成为军队的主力，迫切需要发展适合骑兵战斗的长柄武器。过去以钩杀为主要功能的青铜戈、戟，很适合于车战，因为车战的方式是错毂格斗，两车相错，横挥戈戟，借助于战车的前冲之势，能够有效地杀伤敌人。而骑兵交战，双方驰马冲击，更有效的方式是借助马力快速冲刺。因此，“卜”字形铁戟是更适合骑战的武器，难怪它在汉代得到了突出的发展。

图4－24　西汉铁戟

汉长安城武库遗址出土，长35厘米。

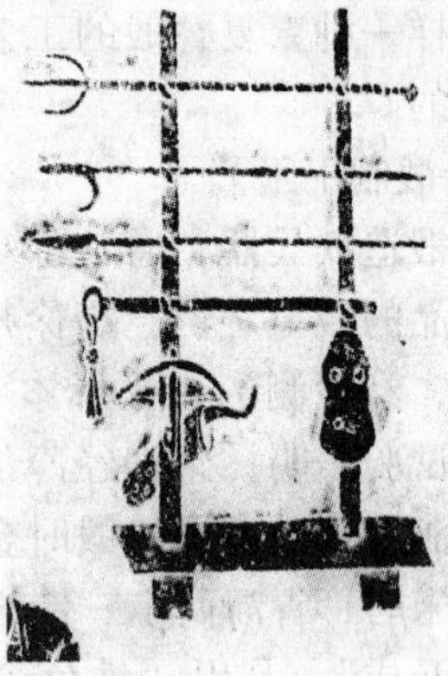

图4－25　东汉画像石兵兰图　四川成都出土。兵兰上横置铩、戟、矛、刀，下挂弩、弓和盾。戟的横枝弧曲上翘。

东汉时期，车战已成历史的陈迹，适应骑兵和步兵的战斗需要，铁戟的形制又有新的变化。一些戟的横枝变为上翘的弧曲形，更增强了前刺的功能，而完全丧失了钩杀和横击的作用，但与矛的扎刺不同，戟的刺杀实际上是叉刺①。

随着戟的形制的蜕变，夏商以来盛行句兵的古老传统，不知不觉中就式微了。

二、矛、矟

由于骑兵和步兵的发展，刺杀用的矛的地位日益重要。铁矛锋刃窄瘦，形制简素。与铜矛头相比，铁矛头更为细长。战国晚期和汉代还有一种铁矛，矛头甚至长达70厘米左右，其锋刃扁而窄，下连细长的茎，茎下联着装柄的骹，也很细长。时人形象地称之为“鹤䣛”，意为鹤的足杆②。

图4－26　西汉铁矛

河北满城刘胜墓出土，长21.9厘米。

图4－27　东汉铁鈹

河南陕县出土，长44厘米。

东汉时期，由矛发展出了骑兵专用的长柄刺杀兵器——矟。《释名·释兵》说：“矛长丈八尺曰矟，马上所持，言其矟矟便杀也。”这种矛长4米有余，此后

① 参见〔22〕第174～186页。

② 《方言》卷九，参见〔172〕。

逐渐成为中古骑兵最重要、最具威力的格斗武器，其名称大概缘于其刺杀时的声势。

三、铍、铩、铤

汉代长柄刺杀兵器除矛外，还兼用铍和铩。铍出现于春秋时期，流行于战国至西汉。汉代的铁铍头长65～75厘米，比战国和秦代的铜铍头明显加长。为增强装柄的牢固程度，当时都在铍头与柄的接合部位装设尖齿形的铜箍。铩类似于铍，但锋刃之下设有两端上翘的横格，装柄方式与矛相同。

铤是铁柄的小矛，主要用于投掷击敌，即投枪①。湖南资兴东汉墓中曾出土两件实例，一长1.3米，一长1.57米，矛头与柄全为铁质，联锻在一起，柄部且做成竹节状[106]。

四、刀、剑

汉初承袭战国时期的传统，短柄格斗兵器主要为剑。文帝时，晁错上书言兵事，曰：

> 平陵相远，川谷居间，仰高临下，此弓弩之地也，短兵百不当一。两阵相近，平地浅草，可前可后，此长戟之地也，剑楯三不当一。萑苇竹箫，草木蒙茏，支叶茂接，此矛铤之地也，长戟二不当一。曲道相伏，险厄相薄，此剑楯之地也，弓弩三不当一。②

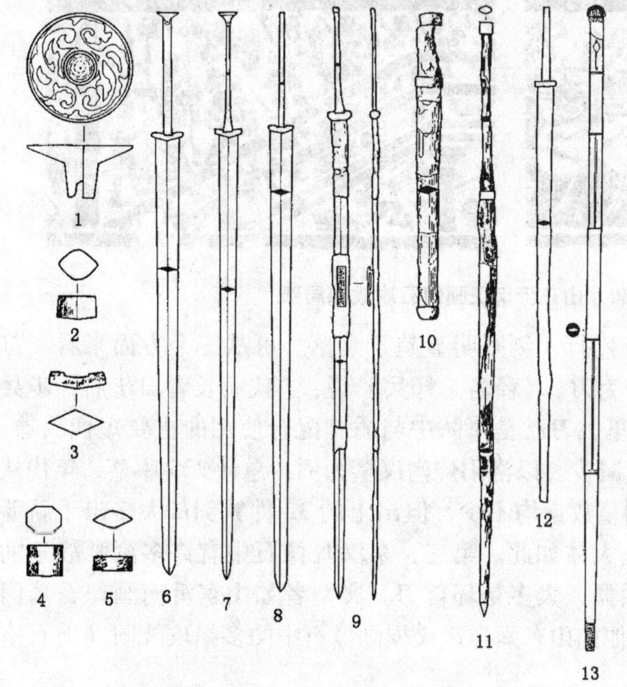

1－2 铜质剑首；
3－5 铜质剑格，河南洛阳烧沟出土；
6 云南江川李家山出土，长88.7厘米；
7 山东临沂金雀山出土，长93.3厘米；
8 贵州赫章可乐出土，长96.2厘米；
9 河南陕县刘家渠出土，长115厘米；
10 河南洛阳烧沟出土，长51.5厘米；
11 广东广州出土，长124厘米；
12 陕西咸阳出土，残长106.5厘米；
13 河北满城刘胜墓出土，长114.7厘米。

图4－28　汉代铁剑及铜质剑具

① 见〔172〕及〔173〕第69～71页。
② 《汉书·晁错传》，第2279页。

所举短兵器就是剑。随着铜、铁兵器的更替，铁剑日益盛行。

图 4－29　汉代铁环刀

河南陕县出土，长约 100 厘米。

西汉时期，正当铁剑盛行之际，出现了一种新型的短柄格斗兵器——环首刀。这种刀一般长 1 米左右，宽约 3 厘米，刀身窄而直，单侧有刃，刀背厚实，不设护格，柄首均做成椭圆的环形，故今人习称之为“环首刀”或“环刀”①。与剑比较，铁环刀有三个显著的特点：（一）刀身单侧有刃，较之双面开刃的铁剑，简化了制造工艺；（二）环形柄首与茎连锻，不设护格，外装比剑简单；（三）以劈砍为主要功能，由于刀背厚实，劈砍较剑更为有力，且不易断折，这尤其合乎步、骑兵战场格斗的需要。因此，铁环刀是制作比较简便，功能更加实用的兵器，适合于成批制造，大量装备军队，因而很快便流行起来。据《史记》、《汉书》所记，西汉中期的将校官吏就常佩刀②。大概在西汉中晚期，军队中既使用传统的剑，也使用新出的环首刀。洛阳烧沟和洛阳西郊的西汉中晚期墓中，既出土大量铁剑，也出土相当多的铁环刀③，就反映了这种并行的局面。东周以来短兵唯用剑的传统开始动摇。

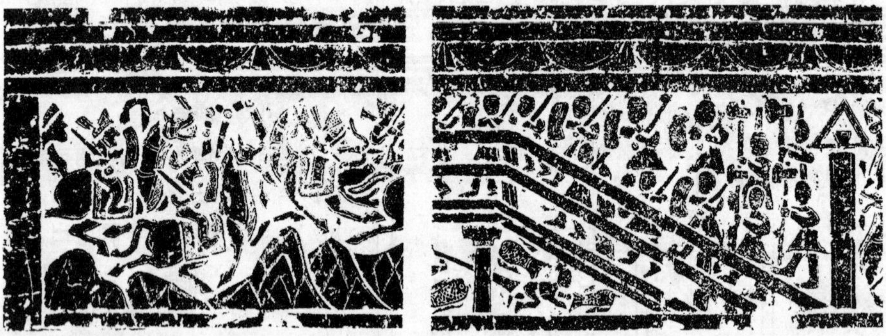

图 4－30　山东沂南汉画像石攻战图局部

东汉时期，环首刀进一步盛行，剑则明显趋于衰落。可从三个方面来看。首先，文献中所举之短兵由剑变为刀。《释名·释兵》说：“狭而长者曰步盾，步兵所持，与刀相配者也。”在这里，刀已是军队中与盾牌配合使用的主要短柄兵器。其次，东汉墓中出土铁剑数量减少。以洛阳烧沟汉墓为例，总计 225 座墓，年代从西汉中期直到东汉晚期，各期墓数量均不少，但出土的 32 件铁剑却大多出于新莽以前的墓葬。洛阳西郊汉墓也大体如此。第三，东汉画像石中有许多刻画战争的场面，其中兵士所用之短柄兵器，大多是环首刀。典型者如山东沂南画像石墓门额上的一幅大型战争图④，其他如山东嘉祥武氏祠画像石中的多幅攻战图（前石室

① 所谓“环首刀”或“环刀”，是对汉代新出现的这种特定刀型的命名。尽管先秦时期有一些工具类的短刀，宋以后又有许多有护格的刀，其柄首也做成圆环形，却不属于“环首刀”或“环刀”之列。

② 见《史记》、《汉书》中李广、李陵、苏武诸人的传记。

③ 见〔77〕第 193～194 页、〔78〕第 33 页及附表五。

④ 见〔174〕图版 24。

第六石、后石室第七石等)①，以及山东临沂白庄、苍山前洮等地出土的几幅战争场面画像石②，也都如此。

文献、实物和画像资料反映出，在东汉时期，环首刀逐渐将剑排挤出了实战领域。大约到东汉末年，实战已基本上不用剑。《太平御览》卷三四三、三四六收有南朝梁时陶弘景所著《刀剑录》，其中记有不少汉末和魏晋时期刀剑制造的事例，如东吴孙权于黄武五年造“十口剑，万口刀”；蜀主刘备命名匠蒲元造刀“五千口”；西晋司马炎于咸宁元年造刀“八千口”等。当时造刀数量很大，造剑一般只有一件或数件，前者是用以装备军队的实战武器，后者则是供权贵佩服把玩的饰物或宝器，如曹丕所造之“百辟宝剑”，“饬以文玉，表以通犀”③。在《三国志》和南、北诸史中，有大量战斗用刀的事例，但实战用剑的记载绝少，也反映了这一变化。这是中国刀剑史上一次根本性的变化，此后直至明清，军队装备和实战使用的短柄兵器主要是刀，剑则脱离实战，成为一种理想性的古风兵器，主要在佩饰和武术等领域继续沿用。明茅元仪曾说：“古之言兵者，必言剑，今不用于阵。”④ 从这一变化的角度来看，汉代正是中国古代刀盛剑衰的分水岭。

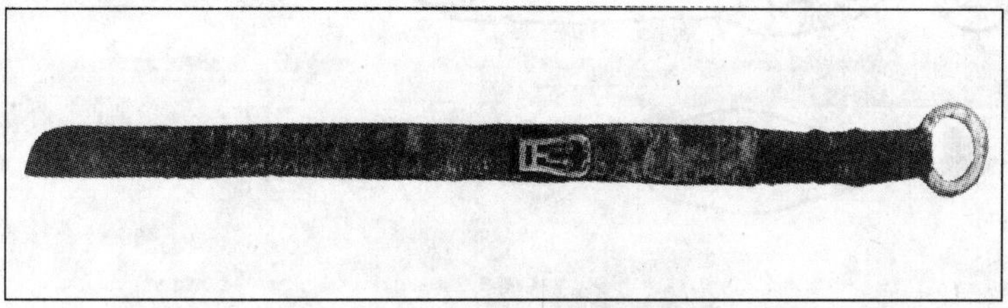

图4－31 满城刘胜墓出土佩刀
刀残长62.7厘米，带髹漆木鞘，环首包缠金片。

随环首刀之流行，权贵阶层中的佩剑风气也逐渐演变为佩刀。《汉书·李陵传》记，汉武帝时李陵降于匈奴，至昭帝时，霍光派任立政出使匈奴，并让他尽量劝说李陵归汉。当任立政在匈奴单于的宴会上见到李陵时，无法单独交谈，他就目视李陵，同时来回地摸自己佩刀的刀环，暗示他还可以回来。《三国志·魏书·袁绍传》记，东汉末年，董卓欲废汉献帝，找袁绍商量。袁绍不答理，“横刀长揖而去”。后人因而诗赞袁绍“长揖横刀出，将军盖代雄”。在吉林集安的高句丽墓壁画中，有一幅佩刀武士图，武士所佩环刀横于腰间，正是“横刀”的形象⑤。

据《后汉书·舆服志》记载，汉代公卿贵胄、官吏将校的佩刀依不同的品级而有一定的规格。如诸侯王的佩刀，以黄金嵌错，配黑色鞘。河北满城西汉中山靖王刘胜墓出土的一件铁环刀，刀环用金片包缠；河北定县西汉中山穆王刘畅墓出土的一件铁环刀，刀身饰线条流畅的涡纹和云纹，黄金嵌错⑥。它们显然都是高

① 见〔175〕图17、39。
② 见〔176〕图369、418。
③ 《太平御览》卷三四三引曹丕《典论》。
④ 《武备志》卷一□四。
⑤ 见〔178〕彩版18图7～13。
⑥ 见〔92〕上册第105页及〔178〕。

贵的墓主人生前的佩器。

五、箭镞

东周以来，铜镞流行三翼和三棱的镞型，汉代的铁铤铜镞，其镞锋主要仍是这两种式样。汉代铁镞的形制，初时往往模仿铜镞，在满城刘胜墓和汉长安城武库遗址中，都出土有三棱铁镞和三翼铁镞。但也逐渐采用了一些新的镞型。如刘胜墓中较多发现的铸铁脱碳钢镞，体呈圆柱形，锋端呈四棱锥形，就是一种较新的形式。这种圆锥形铁镞在汉长安城武库遗址中也有大量发现，可能主要是铸造的。而随着锻造铁镞的普及，镞型明显简化，开始流行起锋部呈锐角三角形的扁平铁镞，如吉林榆树老河深两汉之际鲜卑墓葬和四川新繁牧马山东汉墓中所出土的实物①。这种扁平的尖叶式镞，此后逐渐成为中古铁镞的主要形式。

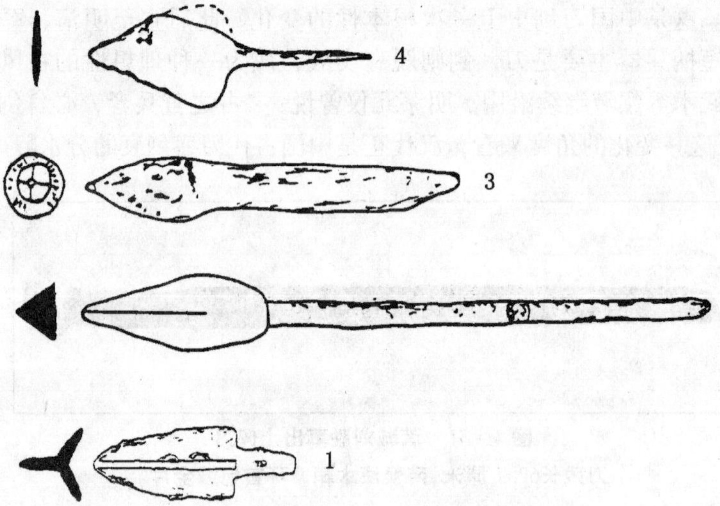

图 4－32　汉代铁镞

1. 西汉三翼铁镞，汉长安城武库遗址出土；2. 西汉三棱铁镞，汉长安城武库遗址出土；3. 西汉圆锥形铁镞，河北满城刘胜墓出土；4. 东汉尖叶形铁镞，四川新繁牧马山出土。

六、盾、钩镶

在铁兵器盛行的同时，人们也用铁制作盾牌。《史记·樊郦滕灌列传》记，汉初名将樊哙曾用铁盾。在山东沂南汉画像石墓中，有一种体形窄长饰以兽面的盾的石刻图形，榜题“铁盾”②。

汉代还新出现一种独特的小铁盾，称为钩镶。《释名·释兵》说：“钩镶，两头曰钩，中央曰镶。或推镶（攘），或勾引，用之之宜也。”其中央称为“镶”的部分，是一面小盾版，背有握手；镶的上下各装一个弯钩。河南鹤壁出土的一件实物，通长 61.5 厘米[180]。钩镶都与刀剑配用，既可推挡，也可用弯钩将敌人的兵刃牵引开，以利己刃杀出。这种特殊盾牌与剑术密切相关，并非大量装备军队的实战武器。魏晋南北朝时仍有沿用，隋唐以后则消失不见。在中国中古时期，实战盾牌仍然主要用皮、木等非金属材料制作，铁盾一直少见。

① 见〔122〕第 79～82 页及〔179〕。

② 见〔174〕图版 55。

图 4－33　汉代铁钩镶
河南鹤壁出土，长 61.5 厘米。

图 4－34　武梁祠汉画像石上的钩镶运用图像

第三节　汉代的铁甲

一、铁甲的盛行和皮甲地位的下降

中国约在战国中晚期开始用钢铁制甲。入汉以后，铁甲迅速发展起来，到武帝时期，军中已经大量装备铁甲。夏商以来主要使用皮甲的状况，特别是东周时期盛用皮革而罕用金属制甲的传统，于是发生了根本性的变化。

汉时人们将铁甲称为“玄甲”。《史记·卫将军骠骑列传》记载：汉武帝元狩六年（公元前 117 年），屡建奇功的骠骑将军霍去病英年而逝，“天子悼之，发属国玄甲军，陈自长安至茂陵，为冢象祁连山”。唐张守节注：“玄甲，铁甲也。”大概因为铁是黑色金属，铁甲颜色深暗，故有此名。直至魏晋时期，仍有“玄铠”之称①。

1965 年在陕西咸阳杨家湾传周勃墓附近的 10 个土坑中，发现了西汉时期模拟送葬军阵的陶俑群，共由 2500 多个陶俑组成，其中约有 40% 为着甲的军士俑，甲片均涂成黑色，而用白色或红色画出边廓和细部②。成组排列的这些披甲俑，正是象征着玄甲军阵。

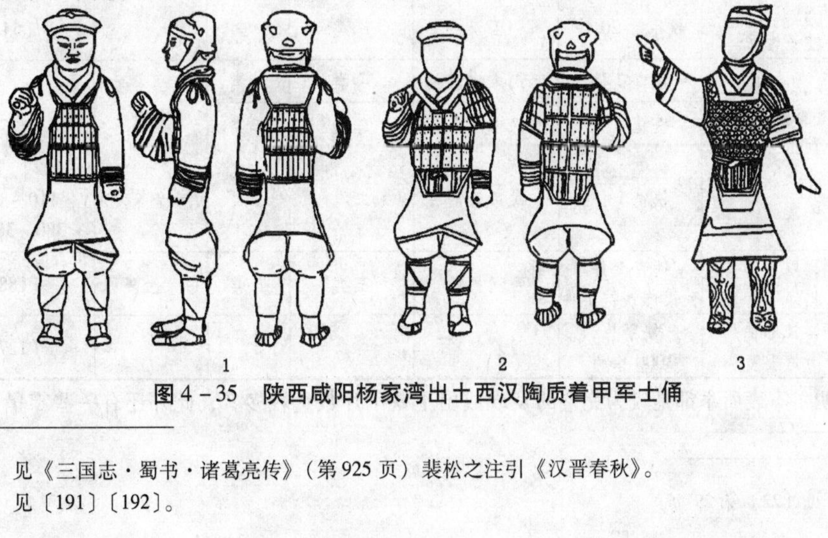

图 4－35　陕西咸阳杨家湾出土西汉陶质着甲军士俑

① 见《三国志·蜀书·诸葛亮传》（第 925 页）裴松之注引《汉晋春秋》。
② 见〔191〕〔192〕。

目前，考古发掘中已经发现了众多汉代铁甲的实物，分布遍及南北各地，有的出土于国家武库遗址，有的出土于诸侯王墓葬，有的出土于边塞遗址，有的出土于边远少数民族墓葬，既有汉初的制品，更多武帝以后之物（见表4－13）。与此相比，汉代皮甲的发现远为稀少，至今只能举出一二实例①。

表4－13　考古发现汉代铁甲胄统计

发现时间和地点	出土数量	年代	主体甲片类型	甲的类型	复原研究	资料来源
1957～1958年，河南洛阳西郊M3023	铁铠1件	西汉晚期	三类	三类	局部复原	〔78〕
1959年，福建崇安城村汉城遗址	铁甲片36件	西汉中期至新莽	二类			〔182〕〔183〕
1960年，内蒙古呼和浩特二十家子古城	铁铠1件	武帝时期	一类	一类	杨泓、白荣金分别复原	〔150〕〔22〕第26页〔181〕
	残铁铠1件	西汉中晚期	二类	二类		〔150〕
	铁甲片303件	西汉中晚期	一类、二类、三类			〔150〕
1963年，内蒙古乌兰布和沙漠布隆淖古城	铁甲片数十件	武帝以后				〔184〕
1963年，内蒙古乌兰布和沙漠保尔浩特古城	铁甲片大量	武帝以后				〔22〕第20页
1968年，河北满城中山靖王刘胜墓	铁铠1件	武帝时期	三类	三类	白荣金、王振江、丁六龙复原	〔92〕上册第111、357～369页
1975～1977年，汉长安城武库遗址	铁甲片大量	西汉晚期至新莽	一类、二类、三类			〔128〕〔186〕
	残铁铠1件	西汉晚期至新莽			白荣金复原	〔185〕
1977年，安徽阜阳双古堆汝阴侯墓	铁胄1件、铁铠1件	西汉初期	二类	二类		〔124〕
1979年，山东淄博齐王墓器物坑	金银饰铁铠1件	西汉初期	三类	三类	白荣金等复原	〔70〕〔187〕
	铁胄1件、铁铠1件	西汉初期	三类	三类		
1979年，辽宁凌源安杖子古城	铁甲片20件	西汉	二类			〔54〕
1981年，吉林榆树老河深鲜卑墓	铁胄3件	西汉末东汉初	一类	一类	白荣金等复原	〔112〕第82～84、123～145页
	铁铠2件	西汉末东汉初	二类	二类		
1983年，广州南越王墓	铁铠1件	武帝时期	二类	二类	白荣金等复原	〔122〕上册第110～112、380～388页
1991年，陕西西安北郊	铁胄1件 金银饰铁铠1件	西汉初期	三类	三类	白荣金复原	〔188〕
1995年，江苏徐州狮子山楚王陵	铁甲片3000余件	西汉初期				〔127〕

说明：本表所举都是较为完整的发现或出土铁甲片数量较多者，此外还有一些零星发现的

① 见〔22〕第29页。

汉代铁甲片，例见〔189〕〔190〕。

然而，皮甲并未像青铜兵器那样趋于消亡，而只是丧失了过去的“独霸”地位，下降成为军队装备中的一个次要角色。这在西北地区汉代边塞遗址中出土的为数甚巨的简牍上也有反映。这些年代不早于武帝时期的简牍中有大量兵器档案性质的文书，其上既记有“铁铠”、“铁鞮瞀”，也记有“革甲”、“革鞮瞀”，而前者明显多于后者（见表4－14）。特别是1972～1974年新发现的居延汉简中，有一枚简记：“白玄甲十三领，革甲六百五十，铁铠二千七百一十三。”① 其中铁甲是皮甲的4倍有余。

表4－14　西北汉简登录甲胄情况

资料出处	铁铠、铁鞮瞀	革甲、革鞮瞀	说　明
	登录之简	登录之简	
疏勒河流域出土汉简见〔130〕		第44页187简 第68页565简 第82页769简	①鞮瞀，即兜鍪，即胄。见〔132〕第180～181页。 ②西北汉简登记甲胄，铁甲均称“铠”，皮甲均称“甲”。少数简牍不注铁、革，而仅记“铠”或“甲”，可据此规律判别其质料。又，鞮瞀或作鍉瞀（见〔113〕第481页61简、第497页313简、第517页621简），后者从金，应是铁胄。 ③罗振玉、王国维《流沙坠简》据斯坦因在疏勒河流域所获汉简，只考释了革甲、革鞮瞀（见〔132〕第180～181页）。劳榦《居延汉简考证》更说：“简牍之甲，革甲多于铁甲。”（见〔133〕第382～383页）本表据最新的完整资料统计：疏勒河流域出土汉简，确实只见有革甲、革鞮瞀，但简数有限；1930年发现的居延汉简中，记有铁铠、铁鞮瞀的简与记有革甲、革鞮瞀的简，数量大体相当，而所记器数则前者远多于后者（有一些简未注明铠或甲的数量，或残损而无从得知）；1972　1974年发现的居延汉简中，记有铁铠、铁鞮瞀的简远多于记有革甲、革鞮瞀的简，所记器数，前者也远多于后者。
1930年发现居延汉简见〔129〕	第1页3·7简 第3页3·26简 第86页49·26简 第481页285·13简 第487页288·18简 第588页486·17简 第637页520·26简 第665页577·7简	第21页14·2简 第22页14·22简 第164页99·1简 第291页182·6简 第397页239·81简 第521页332·7简 第596页497·16简	
1972～1974年发现居延汉简见〔113〕	第17页17简 第62页11简 第67页26简 第69页3简 第142页156简 第142页157简 第144页13简 第149页85简 第150页90简 第371页183简 第425页86简 第468页2～3简 第481页61简 第497页312简 第497页313简 第510页488简 第517页621简	第295页225简 第371页183简	

综合出土实物和汉简所反映的情况可知，及至汉代，甲胄发展的重点便由皮甲转变成了铁甲；武帝以后，军队装备中铁甲和皮甲仍然兼行并用，但已以铁甲

① 见〔113〕第371页第183简。“白玄甲”可能是精制的铁甲。

为主，皮甲为辅。中国中古时期铠甲的基本格局由此确立。

二、汉代铁甲的甲片类型

出土实物表明，汉代铁甲全是用众多甲片编联而成，最基本的甲片形式有三类。

表 4－15　汉代铁甲基本甲片分类表

类别	一		二		三	
型	一	二	一	二	一	二
甲片	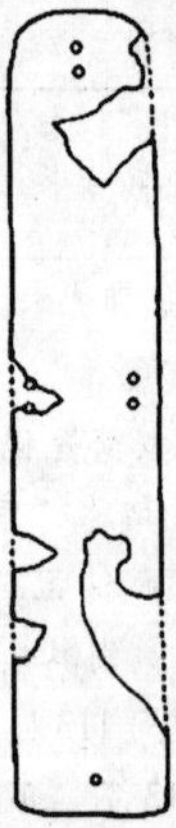 T401②:6	 T85②:2	 M1:5177	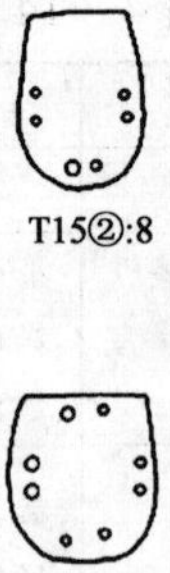 T15②:8 T100②:6	 T103③:97 T34②:1	 洛阳 M3023
出土地	呼和浩特二十家字汉城	呼和浩特二十家字汉城	满城刘胜墓	呼和浩特二十家字汉城	呼和浩特二十家字汉城	洛阳西郊前汉墓（M3023）

第一类，较为长大，形状类似于简札。内蒙古呼和浩特二十家子古城出土武帝时期的铁铠，其主体甲片长 11 厘米、宽 3.4 厘米左右，是典型之例①。汉长安城武库遗址出土的大型甲片，长 11 厘米、宽 2 厘米，与之相近。在呼和浩特二十家子古城中，还发现了更大的甲片，长 23.4 厘米、宽 4.4 厘米。这些可以总归于一类。

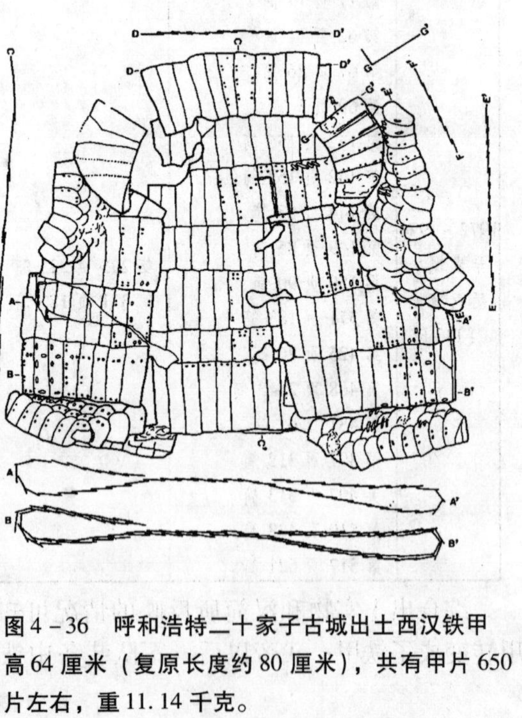

图 4－36　呼和浩特二十家子古城出土西汉铁甲
高 64 厘米（复原长度约 80 厘米），共有甲片 650 片左右，重 11.14 千克。

第二类，较为短小，长度在 5～6厘米左右，略呈长方形，四角或底部二角圆曲。吉林榆树老河深鲜卑墓（M67）出土铁铠，主体甲片长 6.5 厘米、宽 3.7 厘米；广州南越王墓出土铁铠，主体甲片长 4.2 厘米、宽约 3.1 厘米，皆可归

① 汉代铁甲实物的资料出处，俱见表 4－13。下不复注。

于此类。汉长安城武库遗址出土的中型甲片，长5厘米、宽2~3厘米；辽宁凌源安杖子古城出土的铁甲片，长5厘米、宽4.5厘米，堪称典型。

第三类，形状与二类甲片相似，甚为细小，长度在3厘米左右。山东淄博齐王墓器物坑出土汉初铁铠，主体甲片长3.2~3.5厘米、宽2.4~2.6厘米；西安北郊出土汉初铁铠，主体甲片长2.8厘米、宽2.2厘米；河北满城刘胜墓出土武帝时期铁铠，主体甲片长3.2厘米、宽2厘米；河南洛阳西郊3023号墓出土西汉晚期铁铠，主体甲片长2.5厘米、宽1厘米；汉长安城武库遗址出土的小型甲片，长2厘米、宽1.5厘米，皆是其例。

甲片的厚度，一般为1~3毫米，通常甲片较大者较厚，较小者较薄。凌源安杖子古城铁铠的二类甲片，厚3毫米；榆树老河深鲜卑墓铁铠的二类甲片，厚2毫米；广州南越王墓铁铠的二类甲片，厚1.5毫米；淄博齐王墓、西安北郊汉墓、满城刘胜墓铁铠的三类甲片，均厚1毫米。

甲片的制法，全为锻造成形，然后在边缘打孔。经检测的若干实例：徐州狮子山西汉楚王陵的6个标本，是用铸铁脱碳钢锻成，其中3件为冷锻（见表4-10）；满城刘胜墓和呼和浩特二十家子古城的两个标本，是用块炼铁锻成（见表4-7）；广州南越王墓和汉长安城武库遗址的两个标本，是用炒钢型熟铁锻成；吉林榆树老河深鲜卑墓的一个标本，是用炒钢锻成（见表4-11）。刘胜墓和二十家子古城的铁甲片在锻成后还进行了退火，以增强表面的延展性，可能是为了便于加工（如打孔）。

三、汉代铁甲的类型

甲的主体是保护腰以上躯干的部分（含前身和后身），根据主体部位甲片的形式，可以将汉代铁甲大致区分为三类。

第一类，札甲。主体部位用第一类甲片。咸阳杨家湾出土的陶军士俑，其身上所刻画出来的铠甲，主要就是这种类型①。出土实物则以呼和浩特二十家子古城发现的武帝时期铁铠为代表。

第二类，一般鱼鳞甲。主体部位用第二类甲片，甲片小而密，状如鱼鳞。榆树老河深鲜卑墓和广州南越王墓出土铁铠，属于此类。

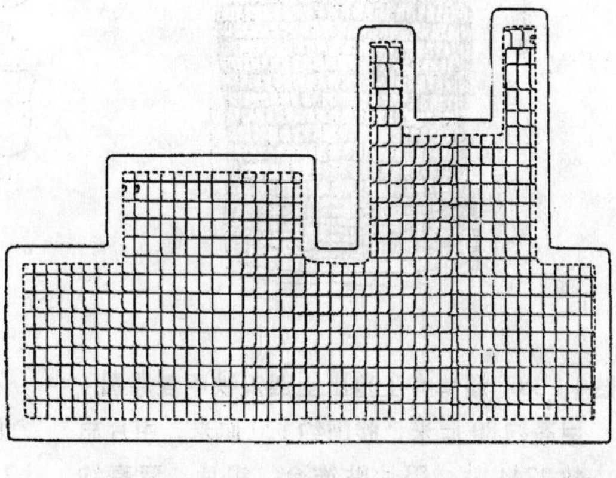

图4-37　广州南越王墓出土西汉铁甲复原展开图
高约58厘米，胸围102厘米，甲片总数709片，重约9.7千克。

第三类，精细鱼鳞甲。主体部位用第三类甲片，较第二类更为细密。实例有淄博齐王墓器物坑、西安北郊汉墓、满城刘胜墓、洛阳西郊3023号墓等处出土铁铠。

① 见〔191〕及〔22〕第25页图17:1.2。

除主体部位采用同一类型甲片，铁甲的下摆、肩部、披膊（或篇袖）等处往往采用其他形式的甲片，领部则采用若干形状特殊的甲片。因此，较完备的一件铠甲常由主体甲片、次要甲片和特殊甲片组合而成。如二十家子古城的武帝时期铁铠，前、后身用第一类甲片，下摆和披膊（或篇袖）用第二类甲片，盆领上有个别形状特殊的甲片。咸阳杨家湾出土的一件陶俑，其铠甲前、后身的甲片为第三类，下摆和披膊处的甲片则为第一类①。满城刘胜墓铁铠，下摆和篇袖的甲片较前、后身的甲片略大，长3.9厘米、宽2.6厘米，形状稍异。类似的例子还见于淄博齐王墓器物坑和西安北郊汉墓出土铁铠。

同样，铁胄也有其主体甲片、次要甲片和特殊甲片。

四、汉代铁甲的编联方法

编联甲片常用麻绳，也用丝带和皮条。如淄博齐王墓铁铠、二十家子古城铁铠、洛阳3023号墓铁铠，均用麻绳。满城刘胜墓铁铠的编索径约2~3毫米，似为麻质。广州南越王墓铁铠编索用丝带。榆树老河深鲜卑墓（M67）铁铠编索可能用皮条。

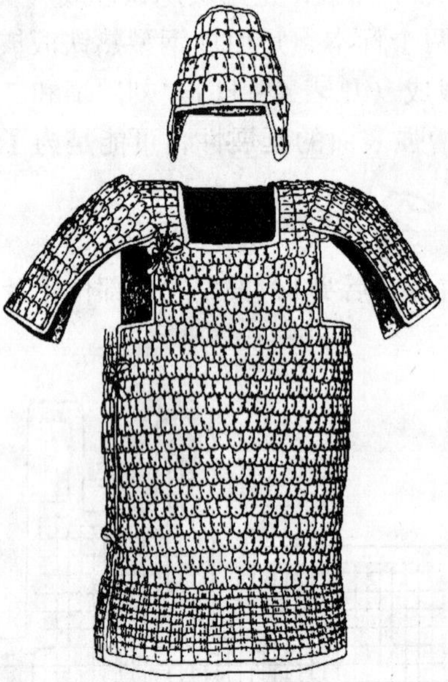

图4-38　淄博齐王墓出土西汉铁甲复原图

甲高约80厘米，腰围约120厘米，甲片总数2244片，甲片贴饰金、银片。胄高约24.5厘米，由80片甲片组成。

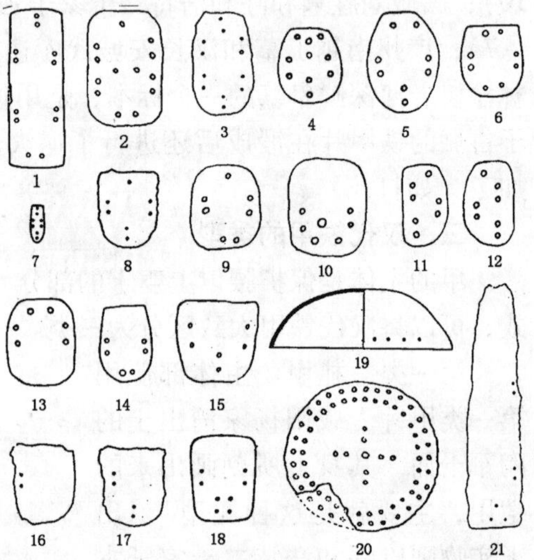

图4-39　汉代铁甲片穿孔形式举例

Ⅰ形：1~12；Ⅱ型：13~15；Ⅲ型：16~21。1、6、14，呼和浩特二十家子古城出土；2、4、5、9、10、11、12、13、20，西安北郊汉墓出土；3、8、15、16、17、19、21，吉林榆树老河深出土；7，洛阳西郊汉墓出土；18，广州南越王墓出土。

① 见〔191〕及〔22〕第25页图17:3。

编联的方法，基本上是先横编后纵联。甲和胄的主体部分，纵横都为固定编联；甲的下摆、筩袖和胄的垂缘，横向为固定编联。为利于活动，上下排甲片之间采取纵向的活动编联，即将编联的绳索留有可供上下活动的长度。甲上的披膊，或全为固定编联，如淄博齐王墓的金银饰铁铠；或上段固定编联，下段活动编联，如淄博齐王墓的素面铁铠，西安北郊汉墓铁铠的披膊，复原者也如此处理；可能还存在整个披膊纵向都作活动编联的情况。

汉代铁甲的甲片穿孔形式，可以大致分为三型：Ⅰ型，四边均有穿孔，根据穿孔数的多少和穿孔的不同排列，又可细分为许多式；Ⅱ型，甲片的底边或上边无穿孔，其他三边有穿孔，也可再分为若干式；Ⅲ型，特殊穿孔形式。纵横都固定的编法，采取Ⅰ型穿孔形式，穿孔数目和排列形式的差别，说明编索的走串有多种方式。横向固定、纵向活动的编法，采取Ⅱ型穿孔形式。特殊甲片（如胄的顶片）和一些边角部分的甲片，其穿孔形式较特殊，归为Ⅲ型。

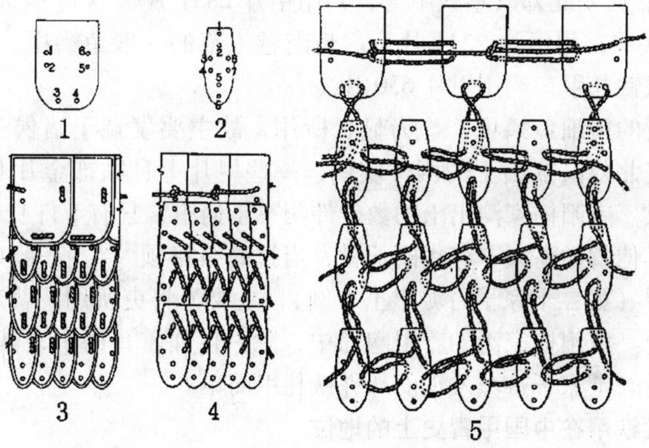

图4-40　汉代铁甲编联方式举例

洛阳西郊汉墓出土。1、2，甲片穿绳次序示意；3，甲片叠压关系（正面）；4，甲片叠压关系（背面）；5，甲片穿连关系（背面形态）。

根据对一些实物遗迹的观察得知，人们除用绳索将甲片组编起来，还在甲的内面，使用皮革和丝绢做衬里，在甲的各边缘部位，缝上皮革及织锦的包边①。这就使铁甲既适于穿着，又齐整美观。汉代铁甲的开襟，或在胸前，或在身侧，穿好后一般以带系结。一些仅护住胸背的较为简单的铠甲，还在肩部用带系连，从咸阳杨家湾出土的着甲陶俑中，能够看到这种例子。呼和浩特二十家子古城出土的武帝时期铁铠为前开襟，以铁扣扣合，是新的形式，也较特殊。

五、汉代铁甲的有关数据

汉代铁甲的防护部位，以满城刘胜墓、淄博齐王墓、西安北郊汉墓出土的4领精细鱼鳞甲和呼和浩特二十家子古城出土的铁札甲为最大。这些甲的长度都在80厘米左右②，肩部有筩袖或披膊，能够有效地保护住胸、背、腰、腹、臀、肩和上

① 见〔92〕上册第367页。

② 二十家子古城铁札甲的出土状态高64厘米，白荣金复原的甲的长度也超过80厘米（见〔181〕）。

臂。尤其是刘胜墓铁铠，其筒形袖对上臂的保护极其严密。二十家子古城的铁札甲还有盆领，加强了对颈部的防护。一些较为简单的形式，或无披膊和筩袖，如榆树老河深鲜卑墓（M67）出土的铁铠；或既无披膊和筩袖，也无下摆，如广州南越王墓出土铁铠；或既无披膊、筩袖和下摆，也无肩片，仅能保护胸背，如咸阳杨家湾出土陶俑身上刻画的一些铠甲。

汉代铁胄的防护部位，以西安北郊汉墓出土铁胄为最大。此胄的两侧和脑后有较长的垂缘，能够较好地保护两颊和颈部。淄博齐王墓和榆树老河深鲜卑墓出土铁胄，无垂缘，难以保护颊、颈。

汉代铁甲的重量，自然以防护部位完备者为大。满城刘胜墓铁铠，重16.85千克；西安北郊汉墓铁甲胄，全重约16.5千克（胄重约2千克）；呼和浩特二十家子古城铁札甲，重约11千克①。较简单的广州南越王墓铁铠，重约9.6千克。

汉代铁甲的甲片数量，自然以完备的精细鱼鳞甲为最多。满城汉墓铁铠，用甲片2859片；西安北郊汉墓铁甲胄，共用甲片2857片（含胄片352片）；淄博齐王墓金银饰铁铠，用甲片2244片。广州南越王墓的一般鱼鳞甲，用甲片709片。二十家子古城铁札甲，约用甲片650片。

制工繁复的精细鱼鳞甲，均为显贵所用，故主要发现于诸侯王的墓中。淄博齐王墓和西安北郊汉墓出土的两件实例，一些甲片上且贴饰金片和银片，组成华丽的菱形花纹。咸阳杨家湾出土的数千件陶军士俑中，只有1件身着这种类型的铠甲，此俑比其他陶俑高大，着华丽长靴，当拟高级将领〔191〕。一般鱼鳞甲和防护部位完备的札甲（如二十家子古城出土之例），主要为将吏所用。普通战士主要穿用较简单的札甲。咸阳杨家湾的着甲陶俑中，除一件俑着鱼鳞甲，其他俑皆穿札甲，其形式都要比二十家子古城发现的那件铁札甲简单。

六、汉代铁甲在中国甲胄史上的地位

中国早期铁甲继承了东周皮甲札、旅相续的基本形式，只是甲片由皮制改为铁制。汉代的材料再次证明了这一点。从整个甲胄发展史的角度来看，汉代铁甲最重要的特点是甲片更加小型化。古代甲胄甲片的小型化有一个过程，从原始的整片皮甲，先是发展出了大的板块结构，继而发展出了札甲，进而发展出了鱼鳞甲。这个过程源于皮甲，铁甲继承了皮甲的成果，并将之推向极致，其标志就是汉代的精细鱼鳞甲。

中国鱼鳞甲的萌芽，可以上溯到战国晚期。河北易县燕下都战国末年丛葬坑（M44）中出土的那件铁胄，甲片一般长5厘米、宽4厘米，与汉代一般鱼鳞甲的甲片大小相当。完整的鱼鳞甲，始见于秦始皇陵园出土的秦代石甲胄，系实用皮甲或铁甲的原大模拟物，全甲由800来片甲片组成，属于一般鱼鳞甲。至汉代，产生了精细鱼鳞甲，每甲由二三千片甲片组成，甲片精小细密至极，它无疑代表了中国古代甲胄发展的新高峰。

甲片的小型化，在铁札甲上也有突出的表现，这只要比较一下湖北随县曾侯乙墓出土的战国皮札甲和呼和浩特二十家子古城出土的武帝时期铁札甲，便一目

① 白荣金认为此甲出土时甲片已有缺失，据他复原推算，此甲的重量应在14千克以上（见〔181〕）。

了然：二者的防护部位和整体长度大体相当，甲长皆为80余厘米，都有盆领和筩袖（或披膊），但前者由181片甲片组成，后者约由650片甲片组成。

战国秦汉时期的铠甲，无论皮甲和铁甲，基本上都只及于殿腹，长度一般以80厘米左右为限。而战国初期的曾侯乙墓皮札甲，只有181片甲片；秦陵石甲胄中的鱼鳞甲，有800来片甲片；淄博齐王墓、西安北郊汉墓和满城刘胜墓出土的汉初和武帝时期的精细鱼鳞甲，有两三千片甲片。这些数字反映出，在秦代和汉初，中国甲胄甲片的小型化有了飞跃性的发展：鱼鳞甲的出现是一次飞跃，精细鱼鳞甲的产生是又一次飞跃。

中国鱼鳞甲与传统札甲有明确的继承关系：从札甲到一般鱼鳞甲再到精细鱼鳞甲，发展的脉络非常清晰；尽管甲片不断小型化，但甲片的穿孔形式和组编方法，一直一脉相承。

第四章
汉代的弓弩

第一节　弓

战国时期，秦、赵、燕等北方国家为对付匈奴，率先发展了骑兵，特别是自公元前307年赵武灵王推行胡服骑射后，北方边地（华北平原北部和长城沿线地区）逐渐形成了浓厚的习练骑射的风气。

至汉代，因与匈奴的战争的需要，骑兵得到大力发展。武帝时对匈奴的主动出击，其运用骑兵的规模，远远超出了前代。驰马射箭，以迅捷为至要，故骑射历来主用弓箭。据史书记载，汉朝主要在金城、陇西、天水、安定、北地、上郡等北方边郡组训骑士①。北方边地郡县的弓马骑射之风，因而愈益盛行。如一代名将李广，乃陇西成纪人，"广家世世受射，孝文帝十四年，匈奴大入萧关，而广以良家子从军击胡，用善骑射，杀首虏多，为汉中郎"。所谓"世世受射"，即"世受射法"②。《汉书·艺文志》著录有《李将军射法》一书，当是李家世代相传的技艺的结晶。

骑射盛行，是汉代用弓的最大特点。

汉代制弓术继承了东周时期的传统。汉代复合弓的实物，1973～1974年在居延甲渠侯官遗址发现一例，弓长130厘米，弓体缠丝髹漆，是新莽至东汉建武初年的遗物[136]。另在朝鲜平壤附近的汉乐浪郡墓葬中，曾出土了几件弩用的复合弓，如石岩里219号墓（王根墓）和石岩里212号墓中都出一件弩臂和一张复合弓，弓体均用（丝?）线缠约并涂漆③。

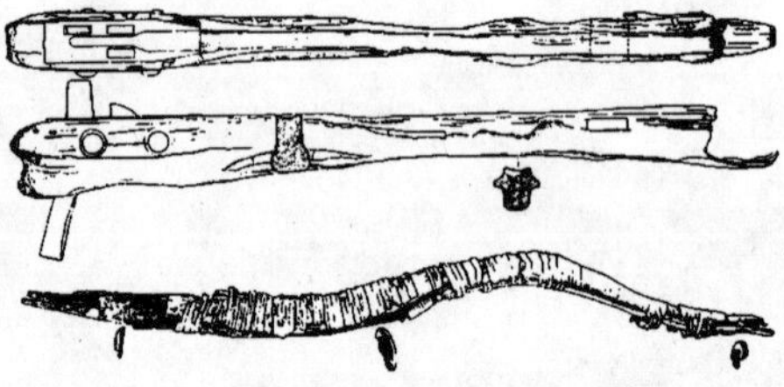

图4－41　乐浪汉墓（平壤石岩里M212）出土木质弩臂及弩用复合弓

新疆尼雅出土的一张东汉复合弓，长130厘米，弓体缠裹筋条，弓弦用筋条或肠衣制成[195]。与中原复合弓缠丝髹漆、以丝为弦的做法不同，似乎具有欧亚草原地带复合弓的特点。

汉代丝弦的实物，在长沙马王堆3号汉墓中曾出土一例，由4股丝绳绞合而成，弦径5毫米，长117厘米[196]。另据居延汉简所记，汉弩除用丝弦外，也用麻质的弦，称为"枲弦"④。

---

① 见《汉书·地理志》，第1644页；《汉书·宣帝纪》，第260页。
② 《史记·李将军列传》及唐司马贞《索隐》。
③ 见〔193〕及〔194〕第58～59页。
④ 见〔133〕第375页。

此外，秦汉时期也使用一些加强弓和单体弓。加强弓的实物在湖北云梦秦墓、湖南长沙马王堆西汉墓和江苏邗江胡场汉墓中有发现①；单体弓的实物在广州龙生岗东汉墓中有发现②。

第二节　弩

一、汉代用弩的发展

汉代在发展骑兵的同时，也大力发展装备弩的步兵。汉代称步兵为“材官”，意为“有材力者”、“材力武猛者”③。步兵弩手则被称为“材官蹶张”、“蹶张士”，是步兵中的精锐。《汉书·申屠嘉传》注引如淳曰：“材官之多力，能脚踏强弩张之，故曰蹶张。律有蹶张士。”④

图 4－42　河南南阳出土汉画像石蹶张图

西汉文帝时，晁错上书言兵事，指出汉军与匈奴相比：匈奴惯骑射，汉军善步战；匈奴单兵能力强，汉军武器和集群战斗力占优。其言曰：

---

① 见〔197〕〔198〕〔81〕。

② 见〔122〕第354～355页。

③ 见《汉书·高帝纪下》（第73～74页）注引应劭、《后汉书·光武帝纪》（第51～52页）注引《汉官仪》。这个名称源于战国和秦代的“材士”（见《墨子·备水》；《史记·秦始皇本纪》，第269页）。《汉书·刑法志》（第1090页）说：“汉兴……天下既定，踵秦而置材官于郡国。”可能在秦代，就已有“材官”之名。

④ “蹶”或作“趣”，意为遗迹蹠、踏（见《说文》“趣”）。“蹶张”又作“趆张”（见《说文》“趆”，参见段玉裁《说文解字注》）。这个名称也起于战国，湖北云梦出土秦简《秦律杂抄》中有一条说：“轻车、趆张、引强、中卒所载傅（传）到军，县勿夺。”律文中提到的“引强”也是弩手。《汉书·周勃传》（第2050页）记，周勃在秦时为“材官引强”，注：“服虔曰：能引强弓弩官也。孟康曰：如今挽强司马也。”但参据《秦律杂抄》，所谓“材官引强”应是兵卒而非官吏。

今匈奴地形技艺与中国异。上下山阪，出入溪涧，中国之马弗与也；险道倾仄，且驰且射，中国之骑弗与也；风雨疲劳，饥渴不困，中国之人弗与也：此匈奴之长技也。若夫平原易地，轻车突骑，则匈奴之众易扰乱也；劲弩长戟，射疏及远，则匈奴之弓弗能格也；坚甲利刃，长短相杂，游弩往来，什伍俱前，则匈奴之兵弗能当也；材官驺发，矢道同的，则匈奴之革笥木薦弗能支也；下马地斗，剑戟相接，去就相薄，则匈奴之足弗能给也：此中国之长技也。以此观之，匈奴之长技三，中国之长技五。①

汉军的五个优势，有三个和弩相关。弩是汉代最受重视的先进武器。在这个时期的战争，包括汉朝与匈奴的战争中，弩和弩手发挥了重要作用。

1. 城守

步兵是城塞攻防的主力。汉代守城大量用弩。在西北边塞遗址出土的大量汉简中，记载最多的武器就是弩以及弩的各种配件（弩臂、弩机、弩幡、箭、箭箙等），而弓很少见于记载②。由这些材料可知，汉朝在长城沿线的关塞城堡中配置了大量的弩，戍边的汉军，用弩远多于用弓。可以说弩是汉代守城的最重要武器。以城垒为依托，弩手从容张弦，强弩持满，轮番发射，能够形成连续而密集的火力。东汉时虞诩守赤亭，遭羌兵万余围攻，“诩乃令军中，使强弩勿发，而潜发小弩，羌以为矢力弱，不能至，并兵急攻。诩于是使二十强弩共射一人，发无不中，羌大震，退”③。这是守城用弩的典型例子。

图 4－43　河南灵宝张湾出土东汉陶楼　这件陶质望楼模型的每层回廊上，都塑有若干持弩戍守的兵卒。

在与游牧骑兵的野战对抗中，汉军经常采取相似的战术：结车以为营垒，营内布置大量弓弩手，依托障碍，以连续密集的射击抵御游牧骑兵的集群冲突。曹魏时，“鄢陵侯（曹）彰征代郡，以（田）豫为相，军次易北，虏伏骑击之，军人扰乱，莫知所为。豫因地形，回车结圜阵，弓弩持满于内，疑兵塞其隙。胡不能进，散去。追击，大破之”④。结车为营的做法，也见于卫青和李陵与匈奴的作战⑤。

2. 野战

将弩手与装备长短兵器和盾牌的士兵综合配置，结成严整之阵，以使用长短

① 见《汉书·晁错传》，第 2281 页。汉武帝时的名将陈汤有类似的论点。《汉书·陈汤传》（第 3023 页）记其言曰：“夫胡兵五而当汉兵一，何者？兵刃朴钝，弓弩不利。今闻颇得汉巧，然犹三而当一。”

② 见〔133〕第 374～382 页及〔199〕。弩幡即护弩之套。

③《后汉书·虞诩传》，第 1869 页。

④《三国志·魏书·田豫传》，第 726 页。

⑤《汉书·卫青霍去病传》，第 2484 页；《汉书·李广苏建传》，第 2452 页。

兵器和盾牌的士兵掩护弩手，以弩手的连续密集射击遏制敌军的集群冲突，是战国以来步兵对抗骑兵的基本战术。汉代将这种以弩手为核心、以守为攻的整体战术发展到了极致。汉武帝天汉二年（公元前99年），李陵在浚稽山以五千步兵抗击六倍于己的匈奴骑兵，初战大胜，是一个突出的战例：

陵至浚稽山，与单于相直，骑可三万围陵军。军居两山间，以大车为营。陵引士出营外为陈（阵），前行持戟盾，后行持弓弩，令曰："闻鼓声而纵，闻金声而止。"虏见汉军少，直前就营。陵搏战攻之，千弩俱发，应弦而倒。虏还走上山，汉军追击，杀数千人。①

在这种战术中，汉军的武器优势和基于有效组织的集群战斗力优势得到了充分发挥。

东汉末年袁绍与公孙瓒的一次战斗，也是一个生动例子。公孙瓒所部的骑兵非常有名，特别是其中坚"白马义从"，"分作两校，左射右，右射左"，训练有素，骁勇善战。袁绍"令鞠义以八百兵为先登，强弩千张夹承之"，"瓒见其兵少，便放骑欲陵蹈之。义兵皆伏楯下不动，未至数十步，乃同时俱起，扬尘大叫，直前冲突，强弩雷发，所中必倒，临阵斩瓒所署冀州刺史严纲甲首千余级"②。

3. 强弩狙击

楚汉战争中，汉军与楚军在广武隔鸿沟对峙时，刘邦遭项羽伏弩射中伤胸，曾使汉军陷入严重的被动局面③。两军对峙或激战之中，利用强弩狙杀敌将，往往能够影响战局的发展。汉武帝元狩二年（公元前121年），李广的四千兵马被十倍于己的匈奴骑兵包围，当汉军死者过半箭矢将尽的危急时刻，李广命令兵士持满不发，而亲自以当时最称强劲的大黄弩连续射杀数名匈奴裨将，"胡虏益解"④。李陵与匈奴作战，也曾"发连弩射（匈奴）单于"⑤，迫其暂时退兵。东汉末年曹操围攻邺城，当其巡视围城形势时，守将审配"伏弩射之，几中"⑥，也是强弩狙击的一例。

图4－44　河南南阳出土汉画像石上的骑士持弩形象

汉代不仅步兵大量用弩，骑兵也一定程度上兼用弩，在汉代的画像石上，有骑士持弩的画面⑦。骑兵所用之弩，具有两极化的特征，一是弩力弱、便于张发的

① 《汉书·李广苏建传》，第2452～2453页。
② 《三国志·魏书·袁绍传》（第193页）注引《英雄记》。
③ 《史记·高祖本纪》，第376页。
④ 《史记·李将军列传》，第2873页。
⑤ 《汉书·李广苏建传》，第2452页。
⑥ 《后汉书·袁绍传》，第2416页。
⑦ 见〔200〕图12、13。

擘张弩，可能有少量装备；一是射程极大的特强弩，随军携带，用于战场狙击。

二、汉代对弩的改进及其射击学成就

弩作为汉朝军队的重要武器装备，其制造备受重视。在汉代，中国弩又有了重大的改进。

汉代对弩的改进，突出体现于弩机上。这个时期的弩机普遍增设了铜质的机匣——郭。《释名·释兵》说："牙外曰郭，为牙规郭也。"由于牙、悬刀、牛等部件先装入郭内，再嵌入弩臂上的槽中，就使弩机的装配更为严密，而且，贯连弩机各部件的轴销（键），不仅穿在弩臂之槽的边框上，同时也穿在铜郭的孔中，因而使弩臂能够承受更大的张力。

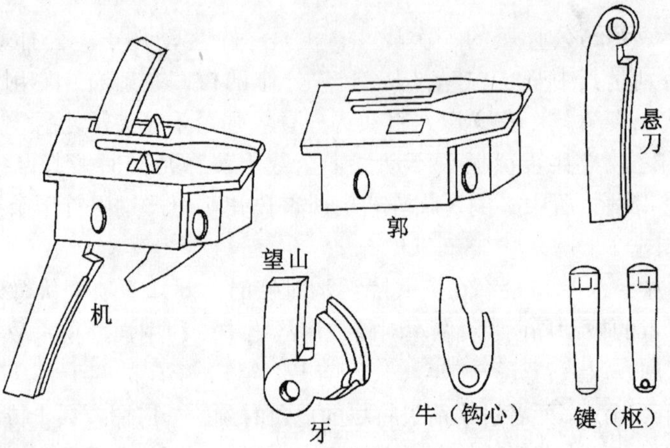

图4－45　汉代铜弩机全形和分形图

迄今所发现的秦代铜弩机，仍然全部无郭①；而汉代的弩机，几乎都有郭②。在汉初文帝时期，带郭的弩机已经流行。如葬于汉文帝初元十二年（公元前168年）的马王堆3号墓中出土的两件模型弩，都有用牛角仿制的机郭③。死于文帝初元十五年（公元前165年）的汝阴侯夏侯灶墓中出土的3件鎏金铜弩机，也都有郭[124]。至汉代，中国独特的青铜弩机的结构已臻于完备。

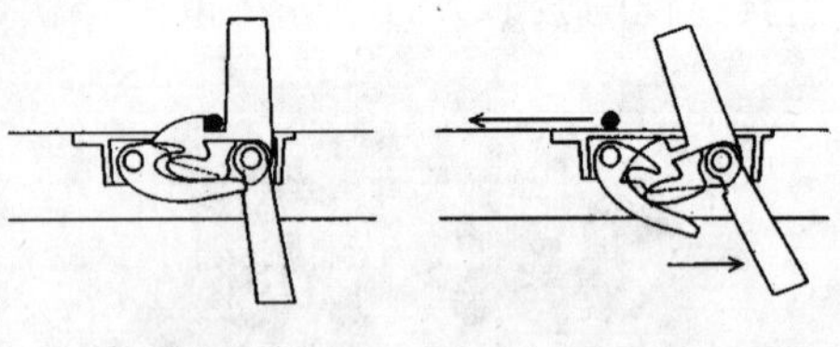

图4－46　汉代弩机作用方式示意图

此图表现出了两牙之间与牛（钩心）相嵌合的结构形态，实际上在两牙之间有一个独特的轴，牛（钩心）正与此轴相啮合。

---

① 北京中国历史博物馆收藏的一件有"司马孙礼"铭文的带郭铜弩机，有人认为是战国晚期之物（见〔201〕〔202〕第141页），但非科学发掘品。河北易县燕下都遗址中采集的一件带郭铜弩机（见〔203〕上册第833～834页），因燕下都中也存在汉代的遗迹遗物，故不能确定为战国晚期之物。有郭的铜弩机在汉代之前是否已经出现，现还缺乏可靠的证据。尽管《墨子·备高临》有"连弩机郭用铜"的话，但正如杨泓所指出："战国末年如有带铜郭的弩机，也是很少见的。"（见〔22〕第215页）

② 年代不迟于武帝元狩五年（公元前118年）的四川绵阳永兴双包山2号西汉木椁墓中曾出土无郭的铜弩机（见〔204〕），但这类例子在汉代极罕见。

③ 见〔198〕〔196〕。

汉代人同时对弩机的望山作了重大改进，即将望山增高，将原来较为弧曲的望山侧边改为直面，并在其后侧的立面上刻出度线。以河北满城西汉中山靖王刘胜墓中出土的一件武帝时期铜弩机为例，其机郭长9.5厘米，望山高出郭面约4.5厘米，望山后侧立面上分刻五度，度距自下而上递减，从每度7.5毫米减到6.5毫米，每度间刻出半度的标线，一度和半度的标线，分别错金和错银①。

图4－47　满城刘胜墓出土望山有刻度的西汉铜弩机

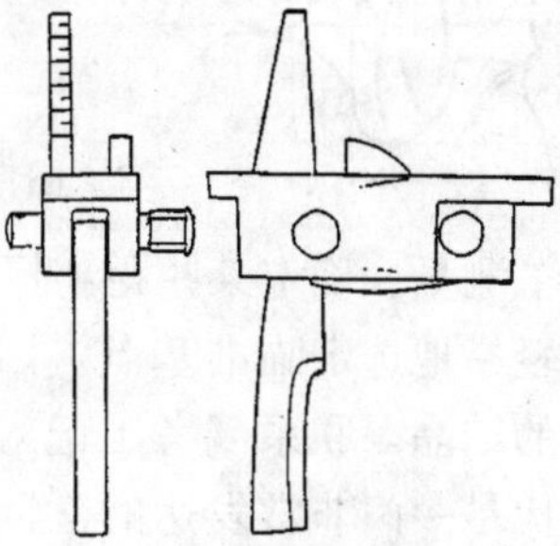

图4－48　刘胜墓出土西汉铜弩机的望山刻度

这种望山刻度无疑是用于瞄准的：射手依据目标物的距离远近，选定望山刻度中的某一条标线，将之与箭矢的端头（镞）和目标三点连成一线，即可使射出的箭矢准确中的。因为箭射出后受地球引力和空气阻力影响，不可能直线飞行，而是作抛物线形的轨迹前进，所以弩手瞄准时，必须将弩臂的前端微微抬起，使望山上的某一点、箭镞和目标物在一条直线上，射出的箭矢以高于瞄准线的路线飞行，才能命中目标。弩的强度越大，射程越远，箭矢飞行路线和瞄准线的偏差越大，这种作用越明显。宋代科学家沈括曾见到海州出土的一件古弩机，望山上有刻度，他研究后指出：

> 其望山甚长，望山之侧为小矩，如尺之有分寸。原其意，以目注镞端，以望山之度拟之，准其高下，正用算家句（勾）股法也。②

中国古代算学称直角三角形的短边为“勾”，长边为“股”，斜边为“弦”，所以望山是“勾”，由望山底部至镞端是“股”，望山上的某一条标线和箭镞所构成的瞄准线为“弦”，三者恰为勾股弦的关系。望山刻度的瞄准作用，与现代步枪上的标尺是一致的③。可以说它是世界上最早的射击标尺。

望山没有刻度，弩手射击时将弩臂前端抬高多少，以望山上的哪一点作为瞄准基点，纯粹靠经验，射程近时误差较小，射程一大，误差就会增大。望山刻度的出现，说明人们对于弩箭的弹道不仅有科学的认识，而且有了定量的把握④。因为望山刻度和目标物距离之间，必须有定量的对应关系，射手才能够依据对目标距离的估算，选择望山刻度上的某一条标线作为瞄准基点，望山刻度才有意义。由望山刻度的出现，还可以推测汉代人可能在守城时，对射击范围内的城外地域

---

① 见〔92〕上册第84～85页。

②《梦溪笔谈》卷十九《器用·弩机》。

③ 参见〔205〕第20页。

④《太平御览》卷三四八引《阮子》曰：“世多善弩而拙于弓。弓无法准，故任巧由意；弩有法准，故易有善。”

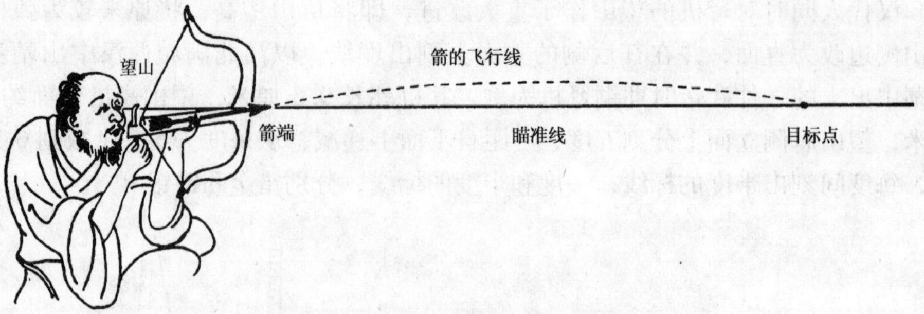

图 4－49　以望山瞄准射弩示意图

进行了测量，确定某些距离标志物，发弩时根据目标距离与望山刻度的对应关系，可以轻易地选定瞄准基点。因此，汉代弩机望山上的刻度，实是早期射击学研究成果的结晶。联系《考工记》中关于弓射之术的卓越论述，可知弓弩射击学在中国古代是一门非常发达的学问，只是这方面的许多科学工作及其成果在文献上失载了。据《汉书·艺文志》记载，汉代有一本题为《望远连弩射法具》的书，内容很可能是研究大射程强弩的射击学问题，包括刻度标尺的运用，惜已失传。

不过在两汉著作《淮南子》中，仍保留了一些很有价值的论述：

> 今夫善射者有仪表之度，如工匠有规矩之数，此皆所得以至于妙。（《俶真训》）
>
> 夫射，仪度不得，则格的不中。（《兵略训》）
>
> 夫一仪不可以百发，一衣不可以出岁；仪必应乎高下，衣必适于寒暑。（《齐俗训》）

可见汉代人已经颇为科学地将有刻度的弩机望山称为“仪表”或“仪”，弩机望山上的刻度，即所谓“仪表之度”或“仪度”。“仪必应乎高下”，东汉高诱注：“射百发，远近不可皆以一仪。”这是对根据目标物距离远近来选择适当的仪度（高或下）作为瞄准基点的清楚描述。尽管在这个时期的文献中，还找不到发射角的概念，但望山刻度实质上体现了对射角的定量控制。

图 4－50　浙江长兴出土东汉大铜弩机

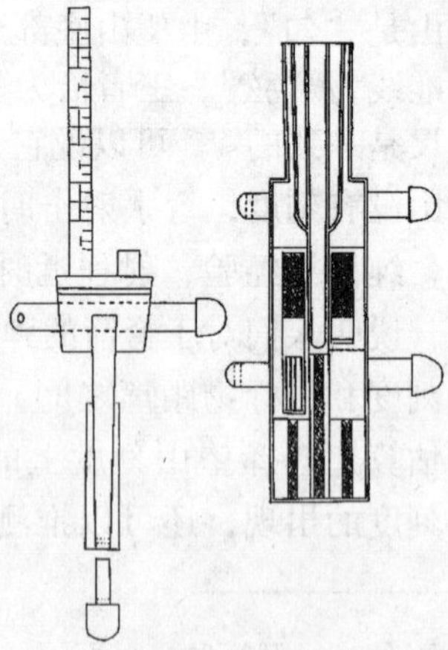

图 4－51　长兴出土东汉大铜弩机的望山刻度

1976 年，浙江长兴出土一件强弩使用的较大型的汉代铜弩机，长 17.4 厘米，重 1.25 千克，其望山高出郭面 10.4 厘米，望山上有错银的刻度，共分为六度又半度，每度除半度线外，又设四分之一度和四分之三度线，也就是说，每度有四分度①。望山的继续增高和望山刻度的增多增密，说明对望山刻度和目标物距离的定量关系的把握，趋于细化，更加精确。

关于汉代弩的射击学，还有一个有趣而难解的材料。《后汉书·孝明八王传》记：东汉末年，陈王宠善射弩，“十发十中，中皆同处”。注引华峤《后汉书》说：

宠射，其秘法以天覆地载，参连为奇，又有三微、三小。三微为径，三小为纬，经纬相将，万胜之方，然要在机牙。②

文中提到的“参连”，又见于《吴越春秋》卷九所记陈音论射弩：“夫射之道，从分望敌，合以参连。”沈括认为即指以望山刻度上的某一条标线为瞄准基点，将之与箭镞和目标物三点连成一线③。这种解释无论在语义训诂还是实物证据上，都较为充分。但考虑到“参连”的概念战国时已经产生④，要先于望山刻度的出现，其最初意义可能仅是指以望山上的某一点为瞄准基点（凭经验把握），将之与箭镞和目标物三点连成一线。到汉代，才发展产生了依靠望山刻度的更为精确的“参连”之法。

对陈王宠秘法中的“天覆地载”、“三微三小”，沈括认为前者是指持弩的前后手势；后者是指设于靶上，有三条经线和三条纬线，以标示高下左右的网格。李约瑟博士则将“参连”与“天覆地载”、“三微三小”综为一体，复原为一套网格式瞄准装置⑤，可备一家之说。

三、汉代弩的强度和射程

西北汉代边塞遗址出土的大量简牍文书，以及汉长安城未央宫中央官署遗址出土的众多刻字骨签，提供了关于汉弩强度和射程的宝贵资料。西北汉简中那些兵器档案性质的文书，如记录一个单位武器装备的“兵物簿”、“守御器簿”和记录对武器装备定期检查结果的“兵完折伤簿”等⑥，在登录弩时，通常记明其强度，有时还记其射程。而未央宫遗址出土的刻字骨签，多为郡国工官向朝廷上缴其制造的弩时附带的产品标牌，上面标明了弩的强度和射程。中国古籍对兵器性能的记述，往往笼统而不具体，经常还不免文学性的修饰和夸张。这两批材料则都是实际检验的实录。

关于弓弩的强度，中国古人习称之为“弓力”、“弩力”，即指张弓或张弩所需之力，至今依然流行。中国古代检测弓弩的强度，一直采取悬垂重物的方法，即将弓倒挂，在弓上悬垂重物，直至弓张满为止，然后称量出重物的重量，这便是张弓所需之

---

① 见〔206〕。杨泓认为这件弩机是东汉之物，见〔22〕第219～220页。

② 又见《太平御览》卷三四八引华峤《后汉书》。

③《梦溪笔谈》卷十九《器用·弩机》：“汉陈王宠善弩射，十发十中，中皆同处。其法以天覆地载，参连为奇，三微三小，三微为经，三小为纬，要在机牙。其言隐晦难晓。大意天覆地载，前后手势耳；参连为奇，谓以度视镞，以镞视的，参连如衡，此正是勾股度高深之术也；三经三纬，则设之于堋，以志其高下左右耳。予尝设三经三纬，以镞注之发矢，亦十得七八。设度于机，定加密矣。”

④《太平御览》卷三四八引《太公六韬》曰：“陷坚阵败强敌以大黄参连弩。”亦见今本《六韬·军用》。《史记·李将军列传》（第2873页）集解引孟康引《太公六韬》作“大黄连弩”，误。因为《汉书·李广苏建传》（第2450页）注引孟康引《太公六韬》，也作“大黄参连弩”。

⑤ 见〔207〕第152～154页、〔208〕第117～119页。

⑥ 参见〔132〕第170～171页、〔209〕第142～153页。

力。有时也直接将弓倒挂在衡杆或杆秤的秤钩上①，然后悬垂重物，一步即可测出其“力”。明宋应星《天工开物·佳兵》中有用杆秤测弓力的形象图画。

图 4－52　明宋应星《天工开物》中的试弓定力图

计量弓弩的强度，东周时期，弓或以“钧”为单位，或以“石”为单位，弩以“石”为单位；秦汉以降，弓都以“斤”为基本单位，弩都以“石”为基本单位。1 石合 4 钧，1 钧合 30 斤。因弩力普遍强于弓力，故弩力用大单位，弓力用小单位。汉代计量弩力，除以“石”为基本单位，也以“钧”、“斤”为辅助单位，如汉长安城未央宫遗址出土的刻字弩签，所标弩力有“力六石八斤”、“力五石三钧廿九斤”等②。特别在检验旧弩时，都用小单位标记弩力的下降情况，这类材料在汉简中比比皆是。

自战国以来，人们就以石为单位将弩按其强度分级。西北汉简所见弩的级别有 10 个：一石、二石、三石、四石、五石、六石、七石、八石、十石、十二石③。未央宫刻字骨签所见弩的级别有 17 个：一石、二石、四石、五石、六石、七石、八石、九石、十石、十一石、十二石、十三石、十四石、十五石、廿石、卅石、卌石④。二者相合，得 18 个级别。古 1 石合 120 斤。从战国至汉代，1 斤大致相当于今天的 250 克上下，差别不大⑤，按此换算，其弩力折合今值的情况如下：

弩力级别	合汉代斤数	约合今值
一石	120 斤	30 千克
二石	240 斤	60 千克
三石	360 斤	90 千克
四石	480 斤	120 千克
五石	600 斤	150 千克
六石	720 斤	180 千克
七石	840 斤	210 千克
八石	960 斤	240 千克

① 战国时已有衡杆，东汉时已普遍使用杆秤。见〔210〕。

② 见〔134〕上册第 93 页 3:07016 签和 3:03608 签。

③ 吉田光邦于 1953 年曾据居延汉简统计出汉弩的 8 个级别：一石、三石、四石、五石、六石、七石、八石、十石（见〔211〕）。二石弩见〔129〕第 518 页 326·6B 简，十二石弩见〔113〕第 525 页 748A 简。

④ 见〔134〕上册第 92～95、117 页。

⑤ 参见〔212〕第 15～17 页《中国历代衡制演变测算简表》。实物所反映的新莽和东汉时期“斤”的重量较纷乱，似有减轻，但一些铜权实物反映出，1 斤约合 250 克的量值也仍在沿用（见〔210〕）。西北汉简的年代为汉武帝至东汉初，未央宫刻字骨签的年代为西汉，这些材料上的“石”，无疑宜按传统的量值换算。

九石	1080 斤	270 千克
十石	1200 斤	300 千克
十一石	1320 斤	330 千克
十二石	1440 斤	360 千克
十三石	1560 斤	390 千克
十四石	1680 斤	420 千克
十五石	1800 斤	450 千克
二十石	2400 斤	600 千克
三十石	3600 斤	900 千克
四十石	4800 斤	1200 千克

《左传·定公八年》记鲁人“颜高之弓六钧”，合 1.5 石，当时已属少见。《后汉书》盖延传和祭肜传记盖延、祭肜等骁将有勇力，“弯弓三百斤”，合 2.5 石。由此可知，必须孔武有力之人，才能张开“三百斤”的弓。由于结构的差别，仅用手张弩，更比开弓困难：一个人能开“三百斤”之弓，仅用手却不一定张得开“三百斤”之弩。因此，汉弩的 18 个级别中，大概只有一石弩和二石弩是可以仅用手张弦的擘张弩。三石以上的弩，都无法仅用手张弦，皆属于时人所说的“强弩”：其中大部分是足踏张弦的蹶张弩；十至十五石的弩中，可能有用绞车张弦的弩砲；二十石以上的弩，当都是弩砲。

汉代弩的射程，在西北汉简中能够见到 7 条材料：

今力五石廿九斤射百八十步（〔129〕第 23 页 14·26A 简）

六石具弩一今力四石卌二斤射百八十五步（〔129〕第 58 页 36·10 简）

□射百一十六步（〔129〕第 250 页 149·43 简）

□具弩一今力四石射二百□（〔129〕第 535 页 341·3 简）

□射百五十步（〔129〕第 591 页 491·7 简）

五石具弩射百廿步（〔129〕第 618 页 510·26 简）

三石具弩射百廿步（〔129〕第 629 页 515·46 简）

所记射程具有明显的不规则现象，不知是何原因。但大致可以看出，三石至六石的弩，射程的范围约为 120 步至 200 余步。1 步合 6 尺，西汉 1 尺通常长 23 ~ 23.2 厘米，新莽 1 尺长 23.1 厘米，东汉尺长稍增，或达 23.9 厘米①。若按 1 尺合 23 厘米计，120 步约为 166 米，200 步约为 276 米。汉代六石弩的射程，可以设定在 300 米左右。如果进一步估计，十二石弩的射程大概能达到 400 步左右，约合五六百米。未央宫刻字骨签所见弩的射程，多为 300 ~ 400 步，现公布的材料中，最大为“射四百二步”②。但因射程和弩力系分刻签牌，而签牌早已散乱，故其关系无法知晓。据上所估，三四百步的射程大致属八至十二石弩。

关于汉弩射程的上限，《淮南子·说林训》提供了一个信息：

矢疾，不过二里也；步之迟，百舍不休，千里可致。

① 见〔212〕第 3 ~ 4 页《中国历代度制演变测算简表》。

② 见〔134〕上册第 95 ~ 96 页。

1里为180丈，1丈为10尺，汉代二里当600步，约合今828米①。这在当时，只有大威力的弩砲能够达到。

在西北汉简中，最常见的弩是六石弩，其次是三石弩和五石弩②，与未央宫刻字骨签所见基本相同③。因此，这几种强度级别的弩，是汉代军中装备最多的，应都属于蹶张弩。

四、汉代的弩砲

汉代弩又有“大黄”、“连弩”、“车张之弩”等名目。

《史记·李将军列传》记，李广曾以大黄射杀匈奴裨将，集解引韦昭之说：

大黄，角弩，色黄而体大也。

古人将复合弓称为“角弓”，角弩自然是采用复合弓之弩④。大黄弩大概是大型而漆成黄色的强弩。或说：大黄弩又称“黄肩（间）弩”，因弩弓的渊部（弓把和弓弰之间的弧形部位，俗称“肩”）漆成黄色而得名⑤。居延汉简记有“大黄力十石弩”⑥，与未央宫刻字骨签记有“大黄力廿石”、“大黄力卅石”、“大黄力卌石”⑦，可见大黄弩的强度特别大，弩力大概都在十石以上，甚至高达四十石，应包括了用绞车张弦的弩砲，特别是二十石、三十石和四十石大黄弩，当皆为弩砲。

这类弩射程甚大，多用于远距离狙击，极具威力，对临阵的将领威胁尤大，故受到较严的控制。汉武帝时曾在边境设“马弩关”，禁止十石以上的强弩输出关外⑧。另据记载，汉代也用大射程的强弩封锁江河水道，所谓“强弩临江而守”⑨。

汉代“连弩”也是大射程的强弩。李陵曾以“连弩”狙击匈奴单于。《汉书·艺文志》著录有《望远连弩射法具》。如同战国时期的“绞车连弩”，“连”仍然意为连属，即指箭矢的尾部联系有绳索，可以回收。汉代的连弩，多数也是弩砲。江苏东海尹湾汉墓出土《武库永始四年兵车器集簿》记有“连弩车”⑩，应即《墨子·备高临》所说的“连弩之车”，即移动式弩砲。该文书中还记有“强弩车”，也是移动式弩砲。大概前者箭矢联系绳索，后者则否。

东汉王充《论衡·儒增篇》中提到的“车张”之弩，明确是用绞车张弦的弩砲。《后汉书·陈球传》记，东汉顺帝时，陈球守零陵，“弦大木为弓，羽矛为矢，引机发之，远射千余步，多所杀伤”。这显然是巨型的弩砲，但射程恐有夸大。

---

① 参见〔213〕。

② 见〔129〕〔130〕〔113〕。

③ 见〔134〕上册第117页。

④ “角弩”之名又见《三国志·蜀书·诸葛亮传》（第925～926页）注引《汉晋春秋》：魏延破张郃，获角弩三千一百张。

⑤ 《史记·李将军列传》（第2873页）集解引郑德曰：“黄肩弩，渊中黄朱之。”《汉书·李广苏建传》（第2445页）注引服虔曰：大黄，“黄肩弩也”；注引晋灼曰：“黄肩即黄间也，大黄其大者也。”以大黄名弩，可以追溯到战国时期，《六韬·军用》曾提到“大黄参连弩”。

⑥ 见〔129〕第90页52·17、82·15简。

⑦ 见〔134〕上册第94页。

⑧ 见《汉书·昭帝纪》并注，第222页。

⑨ 见《汉书·伍被传》，第2171页。

⑩ 见〔143〕〔147〕。

第五章
战车和战船

第一节　古代车战和战车的消亡

春秋时期曾经盛极一时的车战方式，在战国时期逐渐走向衰落，到秦汉时期最终消亡。

在秦代和汉初，战车兵仍然是军队中的一个辅助兵种。秦始皇陵兵马俑坑中的陶俑军阵，就是以步兵为主体，而以车兵和骑兵为辅。楚汉战争中，汉将樊哙曾以轻车和骑兵攻破雍南①；车骑将军灌婴曾以车骑追击项藉至东城②；后被封为汝阴侯的夏侯婴，更是"以兵车趣攻战疾"，屡建功勋的勇将③。汉初称战车兵为"轻车"、"车士"。《汉书·百官公卿表》记："虎贲校尉，掌轻车。"《后汉书·舆服志》说："轻车，古之战车也。"因之这个词也成为战车兵的代称。汉高祖刘邦初定天下，"命天下郡国选能引关蹶张、材力武猛者，以为轻车、骑士、材官、楼船，常以立秋后讲肄课试，各有员数。平地用车骑，山阻用材官，水泉用楼船"④。汉景帝时周亚夫率军平定吴楚之乱，战车兵仍发挥了一定作用⑤。

自战国中晚期以来，战车兵和骑兵同为军队中的快速机动力量，往往同时并用，以与主力步兵相配合，故文献中多见"车骑"一词。然到汉武帝时，因与匈奴的战争的需要，发展了大规模的骑兵。随着骑兵成为主要的快速机动力量，战车兵的作用益形削弱，于是迅速趋于消亡。《汉官仪》后来记载汉代的制度：

> 民年二十三为正，一岁以为卫士，一岁为材官、骑士，习射御骑驰战阵。八月，太守、都尉、令、长、相、丞、尉会都试，课殿最。水家为楼船，亦习战射行船。⑥

这项创始于刘邦的制度中，已经没有了"轻车"，就反映了武帝以后的变化情况。

与战车部队的消亡大致同步，几乎可以视为古典时代象征的独辕马车在西汉中晚期也趋于消亡。代之而起的是双辕的马车和牛车⑦。年代不迟于武帝元狩五年（公元前118年）的四川绵阳永兴双包山2号汉墓中曾出土用以组成车马军阵的众

---

① 《史记·樊郦滕灌列传》，第2665页；参见《汉书·樊哙传》，第2070页。

② 《史记·樊郦滕灌列传》，第2671页。

③ 《史记·樊郦滕灌列传》，第2663～2665页。

④ 《后汉书·光武帝纪》（第51～52页）注引《汉官仪》。

⑤ 《史记·吴王濞列传》（第2832页）、《汉书·吴王传》（第1914页）记叛乱初发时，吴少将桓将军说王曰："吴多步兵，步兵利险；汉多车骑，车骑利平地。愿大王所过城（邑）不下，直（弃）去，疾西据洛阳武库，食敖仓粟，阻山河之险以令诸侯，虽无入关，天下固已定矣。（即）大王徐行，留下城邑，汉军车骑至，驰入梁楚之郊，事败矣。"

⑥ 《后汉书·百官志》（第3624～3625页）注引《汉官仪》。

⑦ 参见〔215〕第297页、〔202〕第90页。

多骑马木俑和20辆木车模型，既有单辕车，也有双辕车①，反映了过渡期的状况。

图4－53　山东沂南出土汉画像石攻战图上的将帅乘双辕车形象

双辕车的出现可以上溯到战国时期②，至汉代而迅速发展起来。武帝以后，军中使用的主要就是马拉或牛拉的双辕大车，主要用以运载粮草辎重，也用于营地设防和野战防御③，将帅或乘轻便的双辕马车④，但这些车都不被用来冲锋陷阵。

第二节　战　　船

一、秦汉时期水军的发展

秦汉时期，由于统一和控制南方地区的需要，水军得到很大的发展。

秦灭六国后，又挥师南下，统一岭南。秦统一岭南前后历时数年，用兵数十万。《汉书·严安传》称：秦“使尉屠睢将楼船之士攻越”。可见用兵岭南，大量使用了水军。

汉朝建立后，为了控制南方地区，并为消灭南越、闽越（又称东越）等割据政权作准备，在江南水乡积极组训水军⑤，汉武帝甚至在长安修昆明池习练船战⑥。武帝元鼎五年（公元前112年），南越赵氏割据政权与朝廷公开决裂，汉武帝“因南方楼船卒二十余万人击南越”⑦。元鼎六年（公元前111年），闽越王余善反，武帝又发会稽郡楼船士击之⑧。此后，在南方地区割据与统一、反叛与平乱

---

①　见〔204〕〔214〕。

②　陕西凤翔八旗屯战国秦墓出土有双辕陶牛车（见〔216〕），河南淮阳马鞍冢战国晚期车马坑出土有双辕马车（见〔217〕）。

③　如浚稽山之战，李陵“军居两山间，以大车为营”（《汉书·李广苏建传》，第2452页）。

④　在表现战争场面的汉代画像石上，常有将帅乘双辕车指挥的形象，其时代多为西汉后期和东汉。例见〔174〕图版24，〔175〕图17、39，〔176〕图369、418。

⑤　《后汉书·光武帝纪》（第51～52页）注引《汉官仪》，《后汉书·百官志》（第3624～3625页）注引《汉官仪》。

⑥　《史记·平准书》，第1436页；《汉书·食货志》，第1170页。

⑦　《史记·平准书》，第1438～1439页；《汉书·食货志》，第1173页。

⑧　《汉书·朱买臣传》，第2792页；《汉书·武帝纪》，第189页。

的斗争中，水军一直是战场上的重要或主要角色①。

为征伐朝鲜，汉朝还在山东半岛组建有水军②。

随着水军的发展，秦汉时期的战船建造业也有了很大发展。秦军南下到达番禺（今广州）后，即在当地建起规模巨大的造船工场，以应军需。其遗址已于1974年被发现③。汉时，在南方地区形成了若干重要的水军基地，一在豫章郡（治所位今江西南昌），一在庐江郡（治所位今安徽庐江西南），一在会稽郡（治所位今江苏苏州），它们既是平时水军的屯驻之处，也是建造和囤积战船的中心。汉武帝讨伐南越时，楼船将军杨仆统率的主力大军就是发自豫章，取道湞水（今滃江），循秦水（今北江）而南下④。汉时在庐江郡设有“楼船官”⑤，当是负责督造战船。汉武帝平闽越，则是在会稽郡“治楼船，备粮食、水战具”⑥。

图4－54　广州秦汉造船工场遗址

庐江郡的水军基地位于浔阳（今江西九江西北），这里也是汉代最大的战船建造和囤积中心。浔阳当长江中、下游之交，临彭蠡之泽（鄱阳湖），是控扼长江中下游水道的咽喉要冲，从这时候开始，它就成为中国中古水军的主要基地和兵家必争之处。汉武帝元狩六年（前117年），淮南王刘安谋反，谋士伍被建策：“略衡山以击庐江，有浔阳之船，守下雉之城，结九江之浦，绝豫章之口”，以控扼江淮，与朝廷一决雌雄⑦。甚至东海之滨的闽越王谋反，也要“阴计奇策，入燔浔阳楼船”⑧，防止朝廷调发浔阳基地的战船和水军，出长江口沿海岸南下，泛海来攻。

二、汉代战船的种类

据文献记载，汉代有多种战船。

楼船　这是最大型的战船，因于船上建楼而得名。广州新莽至东汉初的墓葬中曾出土彩绘楼船模型，在甲板上建有重楼，连同底舱，上下三层[221]。东汉刘熙《释名·释船》说：甲板上建屋曰庐，其上重屋曰飞庐，又在上曰爵室供瞭望用。说明其时大型楼船的上层建筑已有三层，连底共有四层。在秦汉时期，楼船是水

---

①　参见《后汉书·岑彭传》，第660～661页；《后汉书·马援传》，第839页。

②《史记·朝鲜列传》，第2987页；《汉书·朝鲜传》，第3865页。《汉书·卜式传》称齐有“习船者”。参见《文献通考》卷一五八。

③　见〔218〕〔220〕。对该遗址的性质和年代也有争论，或认为可能是南越国的宫苑建筑遗址（见〔58〕第332页、〔219〕上册第212页及〔299〕）。

④《史记·南越列传》，第2975～2976页；《汉书·南粤传》，第3857～3858页；《汉书·武帝纪》，第186～187页。

⑤《汉书·地理志》，第1568页。

⑥《汉书·朱买臣传》，第2792页。

⑦《汉书·伍被传》，第2171页。

⑧《汉书·严助传》，第2787页。

军最重要的战船，所以“楼船”一词也成为水军和战船的代称，水兵则称“楼船士”、“楼船卒”，水军统帅或被命名为“楼船将军”。

舰（艦、檻）　也称斗舰。这是一种防护严密的战船。《释名·释船》说：“上下重版（板）曰檻。四方施版以御矢石，其内如牢檻也。”后来中国人统称战船为“舰”，照刘熙的意思，“舰”的本意就是“檻”，喻其防护严密，内如牢檻。

蒙冲　《释名·释船》说：“外狭而长曰蒙冲，以冲突敌船也。”唐代李筌《太白阴经·战具》说，蒙冲以生牛皮蒙覆其背，两舷开掣棹孔，前后左右开弩窗矛式。“蒙冲”之名，大概就取意于上有蒙覆，船形狭长，航速快，利于冲突。东汉建安十三年（208年），在著名的赤壁之战中，东吴大都督周瑜以“蒙冲、斗舰数十艘，实以薪草，膏油灌其中，裹以帷幕，上建牙旗”，“中江举帆”，乘风纵火突入船舰首尾相接的曹军船阵，一举焚毁了曹操水军舰队。据《三国志·吴书·周瑜传》，蒙冲、斗舰皆为“大船”，当都是水军的主力战船。吴军实施火攻时，“又预备走舸，各系大船后”，引次俱前，大船点火后，其兵士便撤至小走舸上①。

冒突　见于《后汉书·岑彭传》，唐李贤注曰：“冒突，取其触冒而唐突也。”这或许是一种船首有坚硬冲角的战船。

露桡　见于《后汉后·岑彭传》，唐李贤注曰：“露桡谓露楫在外，人在船中。”长沙西汉墓中曾出土一件木船模型，有16支桨和一支尾舵，船舷两侧设有保护桨手的护板，护板上有安桨的棹孔。或认为这就是露桡②。

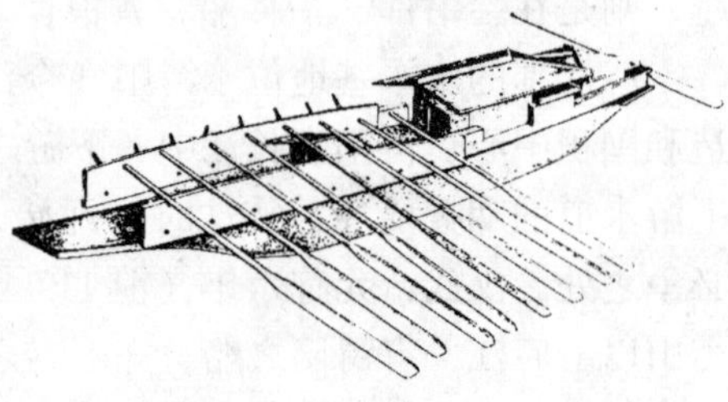

图4－55　长沙出土西汉木船模型

先登　《释名·释船》说：“军行在前曰先登，登之向敌阵也。”

走舸　见于《三国志·吴书·周瑜传》，是一种小型的快速战船。

赤马舟　《释名·释船》说：“轻疾者曰赤马舟，其体正赤，疾如马也。”或许只是走舸的别称。

斥候　《释名·释船》说：“五百斛以上还有小屋曰斥候，以视敌进退也。”这是一种侦察用船。《释名·释船》同时说：“二百斛以下曰艇，……一人二人所乘行者也。”据此估计，五百斛之船也还是小船③。

秦汉时期水军的主要活动区域和基本战场是中国南方的江河湖泊，有时也沿海岸活动，总体上仍属于河湖型水军。秦汉时期的战船，自然主要是内河战船。其中大型或较大型者，也用于泛海，但基本限于近海和沿岸航行。

三、秦汉水军的海上活动

《史记·秦始皇本纪》记载，秦始皇统一六国后，曾经4次到东部沿海巡视，

---

① 《三国志·吴书·周瑜传》，第1262～1263页。裴松之注引《江表传》称引火船为“轻利舰十舫”。

② 见〔222〕第154～160页、〔22〕第110页。

③ 中国古代通常以载黍多少斛来标记船的大小。1斛等于10斗，秦汉时期1斗约合今2000毫升，见〔212〕第10～11页《中国历代量制演变测算简表》。

最后一次东巡在始皇三十七年（公元前210年），他先向南巡视到九疑，接着浮江而下，过丹阳，到钱塘，上会稽山祭大禹陵，刻石立碑，然后沿海滨北上，至琅玡、城山、芝罘，遣方士出海寻仙，并亲以连弩射海中巨鱼，而后傍海西行，至平原津（今山东平原）染病不起，回途中病逝于沙丘（今河北广宗西北）。这些东巡活动中，可能有水军护驾下的沿海岸航行。

在汉武帝时代，水军的海上活动出现了一个高峰。

武帝初即位，闽越攻东瓯（今浙江温州），严助奉旨发会稽郡兵“浮海救东瓯”①。其进军路线当是从苏南浙北沿海岸航行南下。后来朱买臣建言：东越（即闽越）屡作乱，“今发兵浮海，直指泉山（即泉州），陈舟列兵，席卷南行，可破灭也”。于是武帝任朱买臣为会稽郡太守，造楼船，备粮食和水战具。元鼎六年（公元前111年）秋，东越王余善反，朱买臣与横海将军韩说等共将兵击破之②。《汉书·闽越传》记，韩说水军“出句章，浮海从东方往”。句章位今浙江宁波西北的杭州湾海边③。其航行路线即出杭州湾，沿海岸南下。

汉武帝灭东越不久，又出兵征伐朝鲜。元封二年（公元前109年），“遣楼船将军杨仆从齐浮渤海，兵五万人”④。

像秦始皇一样，汉武帝也热衷于海上寻仙，班固在《汉书·大宛传》中称他“数巡狩海上”。据《资治通鉴·汉纪》记载，汉武帝曾7次巡海，其中第三次在元封五年（公元前106年）冬，武帝南下庐江郡，自浔阳登船，“射蛟江中，获之”，顺流而下，“舳舻千里，薄枞阳（今安庆江边）而出”。出长江以后，沿海岸北上至琅玡，次年三月，还至泰山，四月还京。联系这些活动可知，汉武帝之在长安凿昆明池，一个重要目的是为他本人习练乘船（或许也曾有亲征南越、闽越的打算）。

另据《汉书·地理志》记载，武帝之后，汉朝的使节曾从雷州半岛出发，远航至斯里兰卡。其船一路上皆沿海岸航行，即从雷州半岛沿岸至印度支那半岛沿岸，再至马来半岛沿岸（其间穿过马六甲海峡），最后至印度次大陆东海岸。这就是历史上著名的“徐闻、合浦南海道”⑤。如果考虑到汉使出航必有水军保护，这可以视为汉代水军海上活动的最远距离。

四、秦汉时期战船的技术状况

在广州秦代造船遗址中，发现了3个平行排列的木构造船台，其中1号和3号船台的大小和结构相同，居中的2号船台较宽，是个定位船台⑥。1号船台两滑板中心间距为1.8米，所造船只的宽度应为其2~3倍，即3.6~5.4米。2号船台两滑板中心间距为2.8米，适合造5.6~8.4米宽的船[225]。从船台结构和高度判断，所造应是吃水较浅的平底船，适于内河和沿海航行。

关于秦汉时期船的宽度，还有一个资料可资参照，即秦代为统一岭南而开凿

---

① 《汉书·严助传》，第2776页。

② 《汉书·朱买臣传》，第2792、2794页；《汉书·武帝纪》，第189页。

③ 见〔223〕第2册第24~25页。

④ 《史记·朝鲜列传》，第2987页。

⑤ 参见〔224〕第50~54、97~99页。

⑥ 见〔218〕〔220〕。

的灵渠的陡门宽度。灵渠沟通湘水和漓水，自开通后，就成为中原通往岭南的孔道，其陡门宽度一般为5.5米左右，最窄的只有4.7米[225]。

综合这些数据，可以认为当时常用船的宽度不超过5米，少数特殊的大船可能宽达8米左右。从水域条件来说，宽5米以上的大船，应主要活动于长江中下游水道及其沿线湖泊和沿海。

在湖北、湖南、广东等地的汉墓中曾出土了一些作为明器随葬的陶质或木质的船模型①，它们的长宽比约为5~7。如果据此推算，宽4米的船，长度约为20~28米。

图4-56 广州出土东汉陶船模型

据《释名·释船》所述，汉代楼船或有3层上层建筑，连船体本身，其高度大致为八九米。《史记·平准书》记：汉武帝因"越欲与汉用船战逐，乃大修昆明池，列观环之，治楼船，高十余丈，旗帜加其上，甚壮"。显然是文学性的夸张描写。《后汉书·公孙述传》还有"造十层赤楼帛兰（栏）船"的记述，恐也属夸张之辞。

秦汉时期造船普遍用榫接法拼合，并用竹木钉或金属钉钉固。1951~1952年长沙西汉墓中出土的木船模型，就是这样制成，其各部分均有规则的钉眼②。广州秦代造船遗址中也发现了一些铁钉，其中有一种方钉与近代木船厂所用的铁"孖钉"相似[218]。值得注意的是，广州秦代造船遗址的3个船台中，有一个标准定位的中心船台，即2号船台，其木墩相对固定，1号和3号船台的木墩纵向间距，都以2号船台为准。这说明当时造船生产已有一定的标准和规格。

秦汉时期，桨（又称楫、櫂、棹）、橹、舵、桅、帆③、篙④、椗（碇、矴）⑤等行船基本设施也趋于完备。特别是橹、舵、帆等先进高效的行船设备，在东汉

① 见〔221〕〔222〕第154~160页〔226〕〔227〕〔228〕〔229〕，参见〔66〕第479~481页。
② 见〔222〕第154~160页。
③ 桨、橹、舵、桅、帆诸物，东汉刘熙《释名·释船》中均有解释。
④ 篙，见于四川郫县出土东汉画像石棺上的船图（见〔230〕）。
⑤ 椗，见于广州出土陶船模型（见〔226〕）。

时期都已见于文献记载，其发明或最初应用，很可能还早于东汉①。

图 4－57　山东沂南出土汉画像石上刻画的船

利用风力行船的帆的采用，无疑具有极其重大的意义。古代船舶因而由桨船发展到了桨帆船：主用桨橹，辅以风帆；或主用风帆，辅以桨橹。东汉晚期，大型战船大概已经多为桨帆船。史载赤壁之战中，吴军实施火攻的蒙冲、斗舰等大船"中江举帆"，便透露出了这样的信息：当其离岸初发时，靠人力划桨前进；至大江中流，风力渐强，于是升帆，桨手撤至尾随的小船，乘风纵火，大船凭风力疾速突入曹军船阵，使敌猝不及防。

① 关于中国古代发明或最初应用橹、舵、帆的情况，参见下列诸文：〔231〕〔219〕上册第 212～214 页〔232〕〔233〕〔234〕〔235〕〔236〕〔215〕第 360～363 页〔202〕第 120～122 页。

第六章
秦代的军事工程建设

秦代的军事工程建设，首要目标是建立以首都咸阳为中心，以关中秦地为本根的统一的国家防御体系，其最重大的举措，一是沿西部和北部边境修筑防御匈奴的长城，一是建设联系关中和四方的战略性交通干道（直道、驰道等）。

第一节 堕名城、决川防、夷险阻

战国时期，七雄并峙，分疆裂土，列国都建造了大量军事防御工程，各自形成一套防御体系。秦灭六国（韩、赵、魏、齐、燕、楚）后，对六国故地的军事防御工程，采取利用和夷毁两种做法。能够纳入统一的国家防御体系者，或继续沿用，或在其基础上改造扩建，如秦代修筑长城，利用了燕、赵两国原先在北边修建的长城，而对那些可能为反秦势力利用或有碍于统一局面的关塞城防，则予以夷毁。

秦始皇三十二年（公元前215年）的碣石刻石云：

> 皇帝奋威，德并诸侯，初一泰平，堕坏城郭，决通川防，夷去险阻，地势既定，黎庶无繇，天下咸抚。①

所谓“堕坏城郭”，即破坏关东六国故地的城池，重点是夷毁六国名都大邑的城墙，贾谊《过秦论》称之为“堕名城”②；同时也有许多郡县城池遭到破坏，故又有“夷郡县城”③、“毁郡县城”④ 之说。历经数百年建设、规模宏大的六国故都，在秦的统一战争中已经遭到不同程度的破坏，至此遂大多被毁。

所谓“决通川防”，大概有两种情况。战国时期，列国广修堤防，各以自利，往往以邻国为壑⑤。予以决通的就是这种以邻为壑的川防。此外，东周列国都利用边境上的河流堤防修筑长城，秦统一后，关东六国为防秦或互相防范而修建的长城已失去意义，其存在反而有碍于统一局面。秦代“决通川防”，可能也包括毁坏内地河流沿线因防而筑的六国长城。

所谓“夷去险阻”，即夷毁关东地区六国凭险设筑的关塞。这些关塞大多分布于列国的长城沿线，由此可见内地的六国长城，都也被不同程度地破坏。

秦代对于关东地区六国故有的军事防御工程，不断地予以破坏，以使反秦势力失去凭藉；对于关中秦地的防御设施，则继续予以修缮加强，以强固本根。贾

① 《史记·秦始皇本纪》，第251～252页。
② 《史记·秦始皇本纪》，第280页。
③ 《史记·李斯列传》，第2546页。
④ 《史记·刘敬叔孙通列传》，第2720页。
⑤ 见《汉书·沟洫志》、《孟子·告子下》。

谊《过秦论》说，秦并兼天下后，“缮津关，据险塞，修甲兵而守之”①，即指加强关中地区的防御而言。

第二节 修筑长城

《史记·蒙恬列传》记：

> 秦已并天下，乃使蒙恬将三十万众北逐戎狄，收河南，筑长城，因地形用制险塞，起临洮，至辽东，延袤万余里。

蒙恬北逐匈奴，第一步是攻取“河南”，即河套之地，然后北渡黄河，收取燕赵北边故地。其筑长城始于取河南地后，在秦始皇三十三年（公元前214年）②，首先修筑的是西段，之后逐渐向北向东扩展。

司马迁说：“冠带战国七，而三国边于匈奴。”③ 这三国就是秦、赵、燕。战国时期，三国分别在其西部或北部边境修筑了防御匈奴等游牧民族的长城，本书前一编中已经详细论列。蒙恬筑长城，充分利用了秦国西部和燕赵两国北部原有的长城，秦长城的大量段落，系在战国长城的基础上修缮增筑，所谓“可缮者治之”④；同时，因防御范围的变化，防线的推移，以及区段互相连接的需要，又有不少新筑和扩建。

秦长城从古临洮（今甘肃岷县）至今临洮（秦之狄道）的起始一段，利用了战国时的秦西长城，因位处陇西郡，故有“陇西长城”之称⑤。自今临洮以北，则脱离原西长城而新筑，大体过今兰州附近，沿黄河北上，由宁夏入内蒙古，至高阙（今杭锦后旗乌加河北岸之狼山石兰计山口）与原赵北长城的西端相接⑥，遂将河套之地囊括其中。《史记·秦始皇本纪》说：“三十三年……西北斥逐匈奴，自榆中并河以东，属之阴山，以为三（四）十四县，城河上为塞。”《匈奴列传》说：“秦灭六国，而始皇帝使蒙恬将十万之众北击胡，悉收河南地，因河为塞，筑四十四县城临河，徙適戍以充之。”就是指这段长城的建造。但这段长城遗迹，除陇西长城和临近高阙的两头之外，后世鲜有记载，或认为：“若以实际情形论之，此一地带，似未筑有长城，纵于扼险之地，立有障塞，亦未必互相连贯，故称之曰边则可，称之曰长城则未妥。”⑦ 秦长城西段的实际情形，尚需进一步考察论证。

秦长城入内蒙古后，沿乌加河而转折，由南北向变为东西向，自高阙以东，主要利用赵北长城和燕北长城，或予增筑加固，或予扩建连接，也因防线推移而新筑了一些段落。《史记·秦始皇本纪》说：“又使蒙恬渡河取高阙、陶（阳）山、北假中，筑亭障以逐戎人。”就指收复赵北边故地后修筑长城之举，包括修筑沿线

---

① 《史记·秦始皇本纪》，第276页。
② 《史记·秦始皇本纪》，第253页。
③ 《史记·匈奴列传》，第2886页。
④ 《史记·匈奴列传》，第2886页。
⑤ 《史记·大宛列传》（第3160页）记张骞奏言，参见〔237〕第146页。
⑥ 见〔238〕第64~66页、〔66〕第402页。
⑦ 见〔237〕第132~133页。

的城障亭燧。

今在内蒙古乌拉特前旗东北部的小佘太乡①、内蒙古固阳县北②，以及河北省围场县北③、内蒙古赤峰市北④，都发现了秦长城遗迹。但关于一些段落的长城，究竟为战国时赵、燕始建，秦代修缮沿用，还是为秦时蒙恬新筑，认识尚不一致。

图4－58 内蒙古固阳县北秦长城遗迹

现为国家重点文物保护单位的内蒙古固阳县北的秦长城，在谷口和平川地带多为夯土筑造，山地多用石块垒砌。石砌城墙又有两种做法，一是整体用人工开采的片石错缝平砌，保存最佳，外壁存高往往在4米以上，基宽4米，顶宽2米左右；二是外壁用石块垒砌，中间填碎石沙土，多坍塌为垄状。夯土城墙保存较好的还有1米左右高，基宽4.5米。在长城内侧山头每间隔300～500米建有烽台，烽烽相应。一些烽台连有小墙院⑤。

经过蒙恬的大规模修造，遂将原先秦、赵、燕三国在中原农业区和北方草原之间分别设筑的几段长城连接成为防御匈奴等游牧民族的一道更加绵长的统一防线，史称其“延袤万余里”，“万里长城”之名便由此而来。而在北境大筑长城之际，内地的列国长城则被废弃、毁坏，因此从这时候开始，“长城”就成为针对游牧民族的北边长城的专称。

第三节 修建直道

蒙恬在修筑长城的同时，建造了一条由关中直达北边的道路，这就是“直道”。《史记·秦始皇本纪》载：“三十五年，除道，道九原抵云阳，堑山堙谷，直通之。”《六国年表》记：秦始皇三十五年（公元前212年），“为直道，道九原，通甘泉”。《蒙恬列传》说：“始皇欲游天下，道九原，直抵甘泉，乃使蒙恬通道，自九原抵甘泉，堑山堙谷，千八百里。”

这条道路从秦都咸阳西北的云阳（今陕西淳化西北）⑥直达九原（今内蒙古包头市西），大体呈南北直线走向。据陕西、内蒙古等地发现的一些遗迹，路幅自十余米直至五六十米，有些经行山岭（如子午岭南段）的路段较窄，或宽4.5米。

① 见〔239〕〔240〕〔241〕〔242〕。
② 见〔239〕〔240〕。
③ 见〔238〕第40～44、51页。
④ 见〔238〕第6～20页。
⑤ 见〔243〕〔240〕，参见〔239〕。
⑥ 云阳有甘泉山，秦时筑有林光宫，汉时建有甘泉宫，故史称直道“通甘泉”、“抵甘泉”。

沿线有大量凿山填谷工程，开凿的山口，宽约一二十米至五十余米①。

秦代修筑这条交通干线，司马迁说是因“始皇欲游天下”，实则具有军事和国防的目的，这就是使军队能够快速地从关中调至北边长城沿线。“直道”之名，不外两种含义：一是南北大体呈直线；二是逢山凿口，遇沟填平，所谓“堑山堙谷，直通之”，少有弯曲拐绕。这样做的目的显然是为缩短路程和提高交通速度。就此而言，“直道”的构想，颇类似于今天的“高速公路”概念。西汉元封元年（公元前110年），汉武帝曾勒兵十八万骑，自云阳沿直道抵北边，又“出长城，北登单于台，至朔方，临北河”，威镇匈奴，使其不敢轻易南下②。可见这条道路的重大军事意义。

图4-59　陕西旬邑石门关秦直道遗迹

据《史记·秦始皇本纪》记载，秦始皇于三十七年（公元前210年）七月在出巡途中驾崩，灵柩经由直道返抵咸阳，可见此时直道已大体竣工。仅仅两年多时间，就完成了这样浩大艰巨的工程，堪称奇迹。秦帝国在工程建设上的卓越效率，于此可见一斑。

第四节　修建北边道

因施工和布防的需要，古代建造长城，沿线也同时修筑有相关的道路。及至秦代，随蒙恬连接赵北长城和燕北长城而成统一的北边防线，沿长城也出现了横贯东西的交通道路，研究者称之为“北边道”③。公元前210年，秦始皇在出巡途中病逝，李斯、赵高秘不发丧，棺载辒辌车中，从井陉（今河北石家庄西）抵九原（今内蒙古包头市西），可能就经行北边道，然后由直道返至咸阳④。《史记·封禅书》记汉武帝于元封元年（公元前110年）“自辽西历北边至九原”，“反至甘泉”，则显然是走北边道和直道。

直道和北边道，是秦汉时期长城防御体系的有机组成部分。

第五节　修建驰道

《史记·秦始皇本纪》记：二十七年（前220年），“治驰道”。西汉人贾山对驰道有如下描述：

> 秦为驰道于天下，东穷燕齐，南极吴楚，江湖之上，濒海之观毕至。道

① 见〔244〕〔245〕〔246〕〔301〕〔302〕。关于直道的具体路线和经行地区，认识尚有严重分歧，参见〔247〕〔248〕〔303〕。

② 《汉书·武帝纪》，第189页。

③ 见〔249〕及〔250〕第31页。

④ 见《史记·秦始皇本纪》，第264~265页。

广五十步，三丈而树，厚筑其外，隐以金椎，树以青松。①

“东穷燕齐，南极吴楚”，可见驰道是由关中向关东地区呈辐射式展开。驰道的重要作用是供皇帝出巡驰驱，其起点自然是秦都咸阳，咸阳也就是这个辐射状道路网的中心点。

“道广五十步”，秦时一步为六尺，一尺约合今23厘米，五十步约为69米。这当是极言其宽处。如同直道一样，经行广大地域的驰道也不是等宽的。目前在秦都咸阳遗址中发现的道路遗迹，最宽者为50米[251]。另据调查，陕西潼关以东的秦汉驰道遗迹，路面宽度或超过45米[252]。

“三丈而树”，有两种解释。王先谦《汉书补注》：“王先慎曰：三丈，中央之地，惟皇帝得行，树之以为界也。《三辅黄图》云：汉令，诸侯有制得行驰道中者，行旁道，无得行中央三丈也，不如令，没入其车马。盖沿秦制。”杨树达《汉书窥管》卷六则以为：“三丈而树，谓道之两旁每三丈植一树。”

“厚筑其外”，指路基构筑务求坚实，两侧形成宽缓的路坡。鄂尔多斯高原上的内蒙古东胜县之二顷半村南曾发现一段残宽约22米的古道路，被推断为秦直道遗迹，其路基断面暴露明显，现高1~1.5米[247]。可资参证。

“隐以金椎”，王先谦《汉书补注》：“周寿昌曰：隐即稳字，以金椎筑之使坚稳也。”②“金椎”是装有金属头的夯杵。其时筑路如筑城，当也用棍夯③。

《史记·秦始皇本纪》集解引应劭曰：“驰道，天子道也。”这是以当时最高标准建造的最高等级的道路系统，它对军队的调动无疑也提供了巨大的便利。

马非百《秦始皇帝传》曾指出：“修治驰道，开发交通，乃巩固统一，加强控制之最要政策。此举在西方罗马亦曾行之。”康有为《罗马四论》曰：“罗马以其国地远之故，思控御之，乃最讲开通道路之法。凡得一国，必造大道焉，令各属地皆与京师通。”古代东西方大帝国对交通建设的重视完全相同。以驰道和直道等的修建为标志，中国古代的道路建设在秦代出现了一个高潮④，其根本原因即在此。

第六节 开凿灵渠

秦代为攻取岭南而开凿的灵渠，也是一项重要的军事工程。

秦始皇统一六国后，又以屠睢为将，率50万大军攻取五岭以南的越人地区，同时命监禄开凿灵渠，以克服五岭梗阻，解决军粮转输问题⑤。灵渠沟通长江水系的湘江和珠江水系的漓水（今桂江，其流经桂林市一段仍称漓江），在今广西兴安县境内。监禄开凿灵渠，主要工程措施有：修凿穿越湘、漓二水分水岭的渠道以沟通二水，今称“南渠”，渠首起自湘江上游海阳河，渠尾抵于漓水上游支流大溶

① 见《汉书·贾山传》，第2328页。
② 参〔253〕第300页。
③ 参见本书第三编第六章第一节（二）。
④ 关于秦代交通道路建设的全面情况，参见〔250〕第28~69页、〔254〕第204~215页。
⑤ 见《淮南子·人间训》、《史记·平津侯主父列传》。

江，长33公里；同时沿湘江右岸修凿一条渠道，顺山势屈曲而下，又入湘江，以分水量，今称“北渠”，长3.5公里；在海阳河渠首处用条石修筑拦河溢流坝（俗称“天平”）以壅高湘江水位，并筑导水分水堤（俗称“铧嘴”）分引湘水入渠；此外，还沿渠修筑了若干溢流坝以排洪防险（俗称“泄水天平”）。湘江水一部分漫过拦河溢流坝入湘江故道，余下的三分入南渠，七分入北渠。灵渠渠道多沿山修造，内侧凿削山坡为壁，外侧修筑绵长的矮堤，渠侧的长堤，至今仍被称为“秦堤”。有些地方，渠道穿越山岭，深凿沟堑，甚为险峻，如南渠凿太史庙山而过，便是如此①。

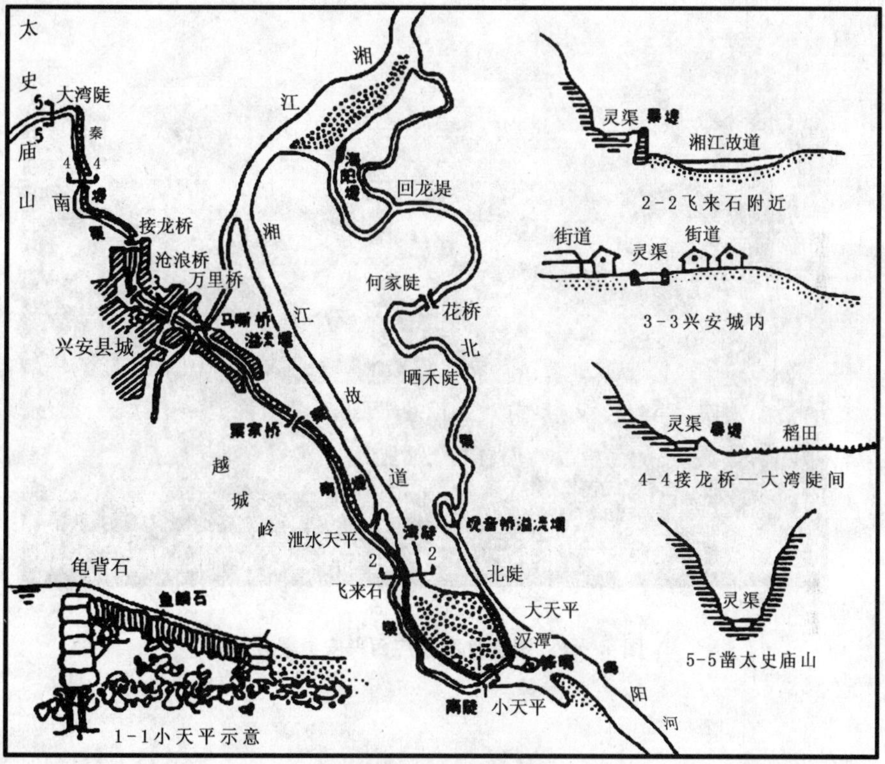

图4-60　灵渠示意图

这项工程巧妙地选择两大水系的最近点，利用北高南低的地势，以拦河天平、铧嘴、长渠、泄水天平等措施相结合，虽然工程规模并不很大，却既实现了沟通湘、漓，引水通航的目标，又兼具排洪防险之功能，体现了卓越的构思和高超的水利工程技术。灵渠自开通后，后代不断增修改进，作用日益增大，两千多年中它一直是沟通五岭内外的重要通道，对加强两广地区与内地的联系，促进岭南社会的发展，起到了不可估量的作用。直至1936年和1941年，粤汉铁路和湘桂铁路相继通车，灵渠的航运才逐渐停止。

早在春秋晚期，吴王夫差为北上争霸中原，就曾开凿了沟通长江和淮河的大

① 参见〔255〕及〔256〕第218页。

运河邗沟。灵渠也是因军事需要而开凿的运河。在前一编中我们曾论及中国古代发达的水利工程技术对战争和军事的影响，看来，军事因素在利用水利工程技术的同时，也在一定程度上促进了水利事业的发展。

当然，中国古代水利和军事的这种交互影响，始终以水利作用于军事为其主导方面：任何军事水力工程构想，都有民族丰富的治水经验的背景；其实现，更无不依赖于长期治水实践中发展起来的技术。早在战国时期，秦国就建造了至今仍令中西水利专家感佩的以设计巧妙著称的都江堰水利工程，还建造了规模浩大的郑国渠（全长300余里）。由此可见，灵渠的设计和成功建造，有其雄厚的技术基础。

图4－61　湘漓分派：广西兴安灵渠分水处

第七章
汉代城池筑城的发展

第一节　西汉长安城

从战国末年至秦汉之际，中国古代城市的发展经历了一场严重的倒退。先是在秦的统一战争中，关东六国的许多城市遭到严重破坏，如王贲水灌大梁，这座名城便基本被毁。入秦以后，堕坏关东六国故地的城郭，六国故都大多被毁，许多郡县城池也遭破坏。而在旋即爆发的反秦战争中，秦人长期经营的关中地区的大都邑也落到了同样的下场，盛极一时的秦都咸阳，就毁于项羽的一把大火①。至此，东周时期发展起来的众多名城，基本上从中国的大地上消失。

汉代曾先后在东周列国都城的故址上建起了一些郡城和县城，如两汉司隶部的河东郡，郡治在魏国早期国都安邑，然河东郡城，仅居安邑旧址西南一隅，面积不足安邑故城的三分之一②；又如司隶部河南郡河南县，县城坐落在洛阳东周王城中部，是西汉中期在荒废的东周王城墟址上重建的，面积不足原王城的四分之一〔259〕；又如汉代鲁王的封地鲁县，县城是西汉晚期在曲阜鲁国故城旧址上新筑的，面积不足鲁故城的二分之一③。还有许多东周名城，则被完全废弃，如楚都纪南城，汉代于其东南2.5公里处另建郢城，规模远小于旧城〔261〕；又如东周列国都城中规模最大的燕下都，在汉代只有一些村落邑聚存在于其废墟之上④，紧靠燕下都东城南部新建的汉故安县城，也根本无法与旧下都城的规模相比〔262〕。昔年破坏之巨，恢复之艰，于此可见一斑。

正是在这样的背景下，经过汉高祖至汉武帝100多年的努力，又建起了规模宏大的新都城——长安，代表了汉代筑城的最高水平。

西汉的首都长安城，位今陕西省西安市西北约3公里处，渭水的南岸，与渭水北岸秦都咸阳故墟遥遥相望。

长安城的建造，大体经历了三个阶段。汉高祖时，将秦代的离宫兴乐宫改建为长乐宫，以为朝廷所在⑤，接着在长乐宫的西面兴建未央宫，在长乐、未央两宫

① 《史记·项羽本纪》（第315页）：“项羽引兵西屠咸阳，杀秦降王子婴，烧秦宫室，火三月不灭。”

② 见〔36〕〔258〕。

③ 见〔260〕第191～194、215～216页及第2～3页之间图2。

④ 见〔203〕上册第541～601、875页。

⑤ 《汉书·高帝纪下》，高帝五年（前202年），治长乐宫；《史记·高祖本纪》，高祖七年（前200年），长乐宫成。

之间建武库①，又在未央宫东北建北宫②。汉惠帝时筑城墙，并建东市和西市③。汉武帝时，在长乐宫的北面建明光宫④，在未央宫的北面建桂宫，增修北宫，在西面城外建建章宫⑤，并扩建上林苑，开凿昆明池⑥，都城规模至此而大备。

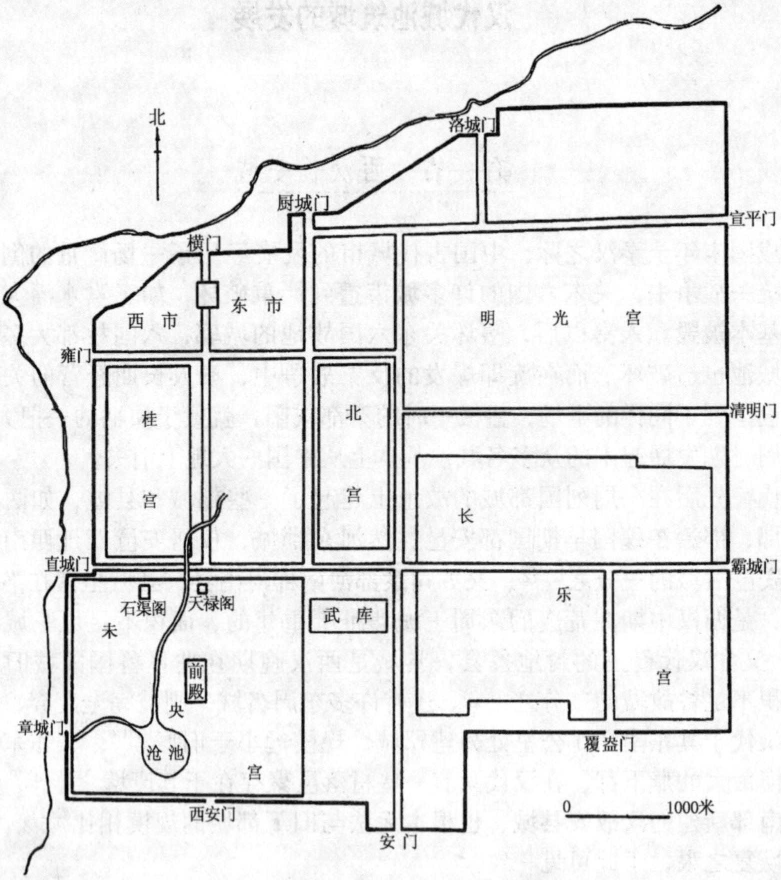

图 4-62 汉长安城平面示意图

西汉之所以未利用秦都咸阳旧址而在渭水之南建都，一是因为长安城的始建，乃就便利用了幸免于兵燹的秦兴乐宫，初时因便急就，是重要的因素；二是因为渭南比渭北，地域更加广阔，有利于发展⑦；三是因为渭南比渭北，更有利于加强与函谷关以东广大地区的联系。

长安城平面基本呈方形，正方向。由于城墙的建造是在长乐、未央等宫落成

---

① 《汉书·高帝纪下》，高帝七年（公元前 200 年），治未央宫，立东阙、北阙、前殿、武库、大仓。《史记·高祖本纪》，高祖八年（公元前 199 年），作未央宫；九年，未央宫成。

② 《三辅黄图》卷二。

③ 《汉书·惠帝纪》，第 88 ~ 91 页；《史记·吕太后本纪》，第 398 ~ 399 页。

④ 《三辅黄图》卷三。

⑤ 《三辅黄图》卷二。

⑥ 《汉书·武帝纪》；《三辅黄图》卷四。

⑦ 秦都咸阳的宫殿建设，已向渭南发展，著名的阿房宫，就建于渭南。

之后，因迁就两宫位置，所以南面的城墙有几处曲折。北面城墙因邻近河流①，顺河之势，也有诸多偏斜、曲折之处。魏晋以后人或称长安城为“斗城”，认为南城墙的走向像南斗之形，北城墙的走向像北斗之形②，盖出于附会③。

经实测，长安城的东城墙长约6000米，南城墙长约7600米，西城墙长约4900米，北城墙长约7200米，周长约25700米④，总面积约36平方公里。城墙外侧有宽约8米、深约3米的壕沟环绕⑤。

城墙全部用黄土版筑而成，底部宽度约为12～16米⑥，现存墙体最高处有10余米⑦，墙体略有收分，剖面下宽上窄，倾斜度里外各约为11度⑧。业经发掘的未央宫，其宫墙宽度为7～10米⑨，窄于主城墙。

城墙的建造，基本是先挖基槽，筑基起墙⑩。夯土层次清晰，夯层一般厚10厘米左右。筑城用土，皆取自城南之龙首山。《太平御览》卷一九二及《长安志》卷五引《三秦记》曰：“长安城中地土皆黑壤，今城赤何也？且坚如石如金。父老所传曰，凿龙首山中土以为城，及诸台阁亦然。”⑪ 因汉唐营建都城皆取土于此山，致使这座本来就不高的小山逐渐湮平。

据《汉书·惠帝纪》，惠帝元年（公元前194年）春正月开始修筑长安城的主城墙；惠帝三年春，“发长安六百里内男女十四万六千人城长安，三十日罢”；同年六月，“发诸侯王、列侯徒隶二万人城长安”；五年春正月，“复发长安六百里内男女十四万五千人城长安，三十日罢”；到该年九月，工程全部结束⑫。可见长安主城墙的修筑，断断续续历时5年，大规模的征发力役有2次，皆30日而罢，颜师古注引郑氏曰：“城一面，故速罢。”这种断续修筑的施工方式，体现了节约民力、兴作以时、不误农事的古老传统，也是汉初与民休息政策的一个具体表现。

---

① 两千多年来渭河一直在缓慢地北移，汉时长安城比今天更加迫近渭河，参见〔4〕。

② 《三辅黄图》卷一，《史记·吕太后本纪》（第398～399页）司马贞索隐引《三辅旧事》。

③ 元李好文（河滨渔者）《长安志图》卷中《图志杂说·北斗城》：“《三辅旧事》及《周地图》曰长安城南为南斗形，北为北斗形。今观城形，信然。然汉志及班、张二赋皆无此说。予尝以事理考之，恐非有意为也。盖长乐、未央，酂侯（萧何）所作，皆据岗阜之势，周二十余里，宫殿数十余区。惠帝始筑都城，酂侯已没，当时经营，必须包二宫在内。今南城及西城两方突出，正当二宫之地，不得不曲屈以避之也。其西二门以北，渭水向西南而来，其流北据高原，千古无改，若取东城正方，不惟太宽，又当渭之中流。人有至其北城者，言其委曲迂回之状盖是顺河之势，不尽类斗之形。以是言之，岂后人偶以近似而目也欤？”

④ 《汉旧仪》卷下：“长安城方六十里。”（见〔263〕第79～80页）《史记·吕太后本纪》（第399页）司马贞《索隐》及《后汉书·郡国志》（第3403页）刘昭注引《汉旧仪》作“城方六十三里”。《三辅黄图》卷一则说长安城“周回六十五里”。这些记载大致与实测数据相仿佛，当皆出于概估（汉代一里为三百步，一步为六尺，一尺约合今23厘米，参见〔213〕及〔212〕第3～4页《中国历代度制演变测算简表》）。

⑤ 关于汉长安城遗址的勘测，见〔264〕〔265〕〔108〕第3～15页〔66〕第393～397页〔266〕。

⑥ 见〔108〕第4页。

⑦ 见〔266〕及〔108〕第4页。

⑧ 见〔66〕第393页。《三辅黄图》卷一说长安城“高三丈五尺，下阔一丈五尺，上阔九尺”，与实际不符。

⑨ 见〔134〕上册第3～7页。

⑩ 未央宫宫墙的基槽与墙体底部同宽，见〔134〕上册第7页。

⑪ 《后汉书·郡国志》（第3403页）注引辛氏《三秦记》文字大同小异。

⑫ 《史记·吕太后本纪》（第398页）说：惠帝“三年方筑长安城，四年就半，五年六年城就”。索隐引《汉宫阙疏》曰：“四年，筑东面；五年，筑北面。”大概大规模的施工是在惠帝三年至五年。

长安城共有12座城门，平均分布于东南西北四面，每面各3座城门。东面自北而南为宣平门、清明门、霸城门；南面自东而西为覆盎门、安门、西安门；西面自南而北为章城门、直城门、雍门；北面自西而东为横门、厨城门、洛城门。每座城门中部均有两道纵向隔墙，将城门分成3个门道，每个门道的实际宽度为6米[266]。东汉张衡《西京赋》描写长安“旁开三门，三涂（途）夷庭，方轨十二”，三国薛综注：“一面三门，门三道，故云三涂，涂容四轨，故方十二轨。”① 与实际情况相符。

图4-63 四川大邑出土汉凤阙画像砖

《关中记》：“建章宫阙临北道，铜凤在上，故号凤阙。”班固《西都赋》：“设壁门之凤阙，上觚棱而栖金爵。”金爵即铜凤也。

门道隔墙有宽有窄，城门规模因之不一。霸城门和西安门，门道隔墙宽14米；宣平门、直城门和横门，门道隔墙宽4米。门道隔墙愈宽，城门愈为宏大壮观，如霸城门和西安门，面阔达50米左右。长安城东面的三门，门外还立阙，现门址外侧有凸出的夯土台基，应即阙的遗迹[266]。

城门的造法，是在门道两侧沿边设立密集的木柱（俗称“排叉柱”），然后上梁覆土，再于其上建木结构的门楼。现门址之中，还遗留有立柱的石础。门道缺口的宽度本为8米，减去两侧立柱所占的2米，实宽6米。这种顶部横平的大过梁式城门洞结构，始见于偃师商城，直至唐代，都是基本的形式。宋以后，顶部呈拱形的券洞式城门洞才逐渐取代了大过梁式城门洞，而这又与城墙建筑中砖砌技术的普及密切相关这是后话②。关于城门和城楼的具体形式，汉代的画像石和画像砖提供了一些可资参考的材料。另据未央宫发掘得知，宫城建有角楼③，主城墙当也如此。

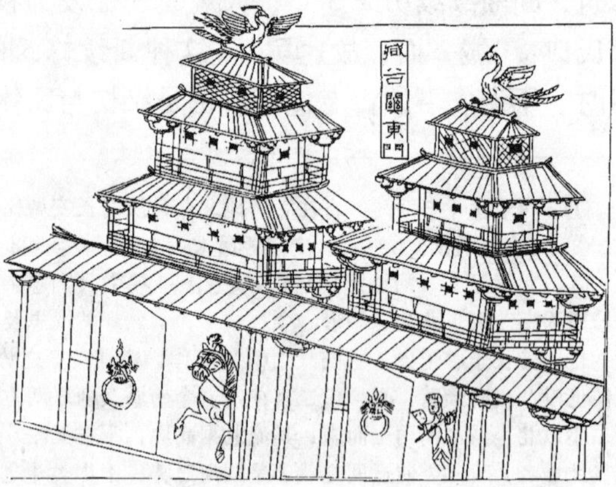

图4-64 汉画像石咸（函）谷关东门图

长安城的12座城门，霸城门、覆盎门、西安门和章城门入门不远便是长乐宫和未央宫，其余8座城门，各与城内一条大街相连，大街笔直，或为南北向，或为

① 古时一轨为八尺，见《周礼·考工记·匠人》“经涂九轨”郑玄注。

② 参见〔267〕〔268〕。

③ 见〔134〕上册第264页。

东西向。汉长安城旧有“八街”之说①，应当就是指此。其中，安门大街最长，约5400米；洛城门大街最短，约470米。这些大街的宽度一般为45米左右，最宽达56米，均分为并行的三道，中以两条宽约90厘米、深约45厘米的排水沟相隔。中间的一条道路最宽，约20米。每条大街的三条路面，分别与每座城门的三个门道相对，排水沟都以砖石砌成的涵洞从城门下穿过，通入护城河。城内沿城墙之下，还修有环城道路②。

在长安城的36平方公里面积中，宫城占据的面积超过二分之一。最大的长乐宫和未央宫，面积约为6平方公里和5平方公里③；较小的桂宫，面积也有约1.6平方公里④。城中还有面积颇大的中央武库和东西二市，以及不少官府作坊[266]。因此，城中的居民区，面积有限，相对狭小。权贵的邸宅，多集中于未央宫北门外，有“北阙甲第”之称⑤；百姓和普通官吏，主要居住于城东北部，以及城内的一些隙地。沿袭东周传统，居民区划分为一个个闾里，筑有里墙，开有里门，其间细巷纵横。《三辅黄图》卷二说：“长安闾里一百六十，室居栉比，门巷修直。”班固《西都赋》说：长安城“闾（临巷里门）阎（里间之门）且千”。每个闾里之内，屋宅的密集状态，由“室居栉比”之语，大略可以想见。宏阔的宫城和局狭的民里，形成了显明的对比。这也是汉代长安城的一个特点。在先秦时期，都城建设中宫城就一直不断地膨胀，这个趋势到秦汉时期又有加剧，汉代长安城是很有代表性的一个例子。

图4-65　山东苍山前姚出土汉画像石攻战图

汉画像石中的攻战图常以桥梁为中心构图，实是以桥梁象征城郭，以跨桥出征表现朝廷军队的征伐。这反映出其时城门口的护城河上普遍建有固定式桥梁。

刘邦定都长安，萧何始建长乐宫和未央宫，其时只有宫城而无外郭，防御功能薄弱，至惠帝时建成长安城的城墙，其防御体系才趋于完善。也是从惠帝时候开始，长安城才有了全面的规划。

---

① 《三辅黄图》卷二引《三辅旧事》、《太平御览》卷一九五引《汉宫殿疏》、《长安志》卷五。
② 见〔266〕，参见〔108〕第5~6页。
③ 其时较大的郡城，也就如此。
④ 汉代的多数县城，比这要小。
⑤ 《文选》卷一班固《西都赋》。

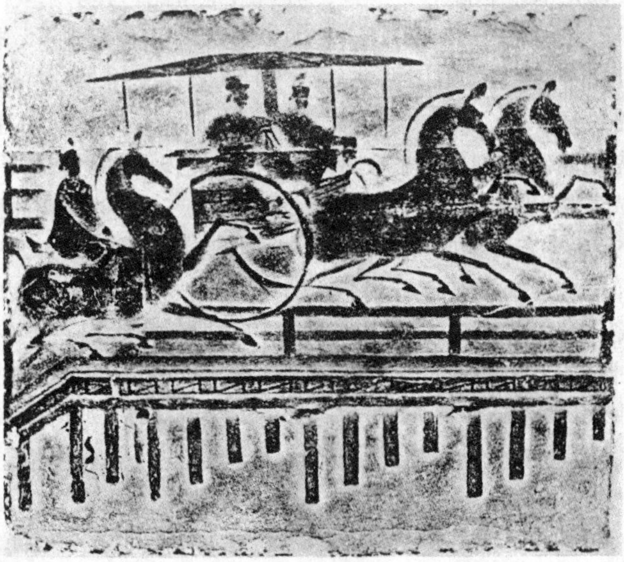

图4－66　四川省博物馆藏汉车马过桥画像砖

此图较具体地描绘了桥梁的结构，桥柱每排4根，数排间列；梁板横竖交铺，多层错叠。

惠帝时城长安，显然参照了《考工记》中的王城模型。这突出体现于城门的设置和道路的结构上。《考工记》说："匠人营国，方九里，旁三门，国中九经九纬。"意即王城每面3座城门，每座城门有3个门道，城中与城门相对的干道大街各有3条路面，因而形成"九经九纬"的网格状。长安城尽管因迁就原有诸宫和地势，而未能建得如《考工记》王城模型那样规整，但却做到了旁三门，门三途，干道大街均有三条路面。

春秋晚期的楚都纪南城已建有三门道式城门，但纪南城共发现7座城门，只有两座（其中一座为水门）是一门三道，其他都是一门一道。城门和道路普遍按《考工记》的设计原则建造，汉长安城是现知第一例。而自此以后，一门三道遂成中国古代都城建设的一条定制，历朝沿袭不替。长安城的诞生，似乎标志着随大一统时代的到来，《考工记》王城模型的城市规划思想日益受到重视，影响将越来越大。

第二节　东汉洛阳城

西汉都城长安在新莽末年的战火中遭到破坏。东汉建立后，定都洛阳。汉代洛阳即周代之成周雒邑，位今河南省洛阳市以东约15公里，北依邙山，南临洛河，因在洛河之北，战国时改称洛阳。西周初年，周公始筑成周雒邑；东周时期一直沿用，周敬王时因避王子朝之乱，一度从王城徙都于此，遂予增筑扩建①；战国末

① 事见《左传·昭公三十二年》士弥牟营成周，参见〔269〕。

年秦封吕不韦于洛阳，又有扩建①；西汉时期继续沿用；东汉初在旧城基础上增筑改造，以为都城。

东汉洛阳城平面略呈长方形。东、西、北三面城墙遗迹尚存；南面城墙因洛河改道被冲毁，但其位置仍可复原。经实测，北城墙全长约2700米，东城墙残长约3900米，西城墙残长约3400米；假定南城墙的位置在今洛河河道的中央，则东墙和西墙的长度就在现存长度之上各增加约300米，南城墙的长度按现存东墙和西墙南端的距离计算，约为2460米。据此推算，城垣周长约13000米②。《后汉书·郡国志》注引《帝王世纪》说，洛阳“城东西六里一十步，南北九里一百步”，又引《晋元康地道记》说，“城南北九里七十步，东西六里十步”，符合实际。因此城大致长九里、宽六里，故有“九六城”之称。城外有与谷水通联的护城河环绕，称为“阳渠”③，宽约18～40米不等④。

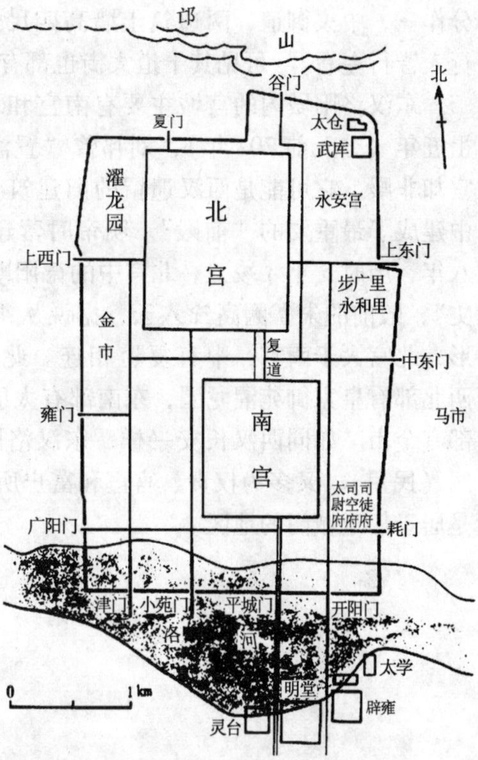

图4－67　东汉洛阳城平面示意图

城墙都用黄土版筑而成，一些段落今犹存高7米多。残存的城墙上留有明显的分段分层版筑的痕迹，如逐段筑造留下的墙体竖缝，以及承托版框的一排排插竿洞眼，夯层也清晰可辨，一般厚7～12厘米⑤。经钻探了解，城墙的底部宽度，东墙约为14米，西墙约为20米，北墙约为25米。东汉所筑城墙，宽度大概一般为14米左右；西墙、北墙较厚，可能是魏晋时期增筑所致。

图4－68　东汉洛阳城城墙遗迹

全城共设12座城门，东、西各3座，北面2座，南面4座。其中北面的夏门遗址保存较好，经钻探，知有3个门道。

① 见《史记·吕不韦列传》，第2509页。参见〔267〕〔269〕。
② 见〔270〕〔108〕第17～29页〔257〕第181～182页。
③《洛阳伽蓝记》卷二、《水经注·谷水》。参见《271》。
④ 见〔272〕第249页。
⑤ 见〔273〕第415～416页图12－2－4。

城内主要大街都通城门。《太平御览》引《洛阳记》说："宫门及城中大道皆分作三，中央御道，两边筑土墙高四尺余外分之，唯公卿、尚书章服从中道，凡行人皆行左右。"可见其干道大街也都有3条并行的路面。

东汉洛阳城内的宫城主要有南宫和北宫。南宫在西汉初就有一定规模，汉高祖五年（公元前202年），刘邦曾"置酒洛阳南宫"①。光武帝定都洛阳，初居南宫却非殿，它可能是西汉遗留的旧建筑。至建武十四年（公元38年），才在南宫中建成了最重要的"前殿"。明帝时营建北宫，自永平三年（公元60年）至永平八年，历时5年才竣工。北宫中的德阳殿是最重要的宫殿，"周旋容万人，陛高二丈"，殿前的朱雀阙高耸入云，据说从40多里外就可以望见。两宫平面均为长方形，北宫大于南宫，中有复道相连。此外，城东北部还有永安宫、大仓和武库，西北部有皇家御苑濯龙园，东南部有太尉、司空、司徒三府（中央行政机构），西部有金市。如同西汉长安一样，东汉洛阳城中的居民区也极其有限。有限的居民区（民里），又多为权贵、官宦和富户所占。因此，普通百姓多居住于城外，主要是居于靠近城门的地区。

① 《史记·高祖本纪》，第380页。

第八章
汉代长城筑城的发展

第一节 汉代修筑长城的过程

汉代之建造长城，大体经历了三个阶段：一是武帝之前，二是武帝时期，三是武帝之后。

一、第一阶段：武帝之前

秦汉之际，天下大乱，匈奴乘机南下，取河南地（河套地区），驻牧其间，秦时营建的西边和北边防线，基本丢弃。汉高祖七年（公元前200年），刘邦自将兵击韩王信，至平城（今山西大同东北）为匈奴所困，赖陈平秘计得脱。此后至文帝、景帝时期，汉朝一直无力出击匈奴，收复失地，其西、北防线较秦代大为内缩，西边大体相当于战国时期秦昭王所筑西长城一线，北境的有效防御退至平城以内①，燕赵长城故塞，匈奴随便出入。因国力所限，汉初修筑塞防之举也非常有限，基本不出上述范围，主要是缮治故塞。

1. 刘邦缮治河上塞②

《史记·高祖本纪》记："二年，汉王东略地，塞王欣、翟王翳、河南王申阳皆降。韩王昌不听，使韩信击破之。于是置陇西、北地、上郡、渭南、河上、中地郡，关外置河南郡。更立韩太尉信为韩王。诸将以万人若以一郡降者，封万户。缮治河上塞。"《汉书·高帝纪上》也记：汉王二年（公元前205年），"还归，都栎阳。使诸将略地，拔陇西，以万人若一郡降者封万户。缮治河上塞。"

当时，刘邦初出汉中，方夺得关中，正欲东向与项羽争天下，其"缮治河上塞"，当是为确保汉中和关中后方的安全。秦始皇三十三年（公元前214年），蒙恬"城河上为塞"，将陇西长城北伸，过兰州附近沿黄河北上，直至高阙。刘邦缮治河上塞，因河南地为匈奴所据，不可能北上很远，其事既然在拔陇西郡后，可能主要就限于陇西郡的范围（秦陇西郡北界大体即今兰州段黄河）。在武帝之前，陇西长城一直是汉朝最西边的防线③。

2. 文帝缮治边塞

《汉书·晁错传》记晁错上疏文帝称："陛下幸忧边境，遣将吏，发卒以治塞，甚大惠也。"文帝时，因匈奴屡屡南下威胁关中，故也有缮治塞防之举，特别是在

① 武帝元光二年（公元前133年）"王恢谋马邑"，就是在平城西南之马邑（今山西朔州）设伏诱击匈奴。可见直至武帝初年，局面仍然如此。

② 秦汉时期人们习惯将长城称为"塞"，汉代尤盛，诚如前辈学者所指出，汉代文献中的"塞"，常指长城防线而言（见〔275〕第207~209页）。

③ 《史记·大宛列传》（第3160页）记张骞奏言："匈奴右方居盐泽以东，至陇西长城，南接羌，鬲（隔）汉道焉。"

晁错上《言守边备塞疏》后，其建策得到推行，北部边防建设有所加强。

今在河北承德、隆化、滦平、丰宁一带有一道长城遗迹，位于燕、秦长城之南，沿线设有墩台（当即亭燧），一些地段或者不建城墙，而是相距约 2 公里筑墩台一座，墩台附近的遗物具有西汉早期特征①。这道长城或烽燧线，或即汉初北边防线内缩时所设筑。

3. 汉初复修辽东故塞

《史记·朝鲜列传》记："汉兴……复修辽东故塞，至浿水为界。"所谓辽东故塞，系指战国晚期燕国和秦时在辽东地区修建的长城。浿水为今朝鲜清川江②。自汉代缮治辽东长城，浿水便成为汉长城东端的终点。

1981 年和 1988 年，在辽宁抚顺境内的浑河及其支流东洲河、苏子河沿岸发现了 60 余座汉代烽台遗迹，多位于紧傍河岸、视野开阔的山冈或山腰上，三五里一座，两两相望，绵延分布达 150 公里。烽台土筑，呈圆丘形，存高一般约 1～2 米，底径 5～8 米。可能是汉代辽东长城障塞遗存[274]。

二、第二阶段：武帝时期

至武帝时代，汉朝国力强盛，遂大举反击匈奴，收复失地，并远征新疆，经略西域，凿通中西商道（丝绸之路），同时，大规模修建长城，以加强边境守备和对西北贸易商道的保护。长城的建造，又出现了高潮。

1. 复缮秦长城

《汉书·武帝纪》记：元朔二年（公元前 127 年），"遣将军卫青、李息出云中，至高阙，遂西至符离，获首虏数千级，收河南地，置朔方、五原郡。"《史记·匈奴列传》记：元朔二年，"卫青复出云中以西至陇西，击胡之楼烦、白羊王于河南，得胡首虏数千，牛羊百余万。于是汉遂取河南地，筑朔中，复缮故秦时蒙恬所为塞，因河为固。"二书所记为同一事。经过这次大规模的军事行动，汉朝收复了河套地区——"河南地"，恢复了秦时的西北防线，即自陇西过今兰州附近沿黄河北上，入内蒙古后顺乌加河拐弯，然后循阴山向东伸延。从这时候开始，这道防线上的长城故塞，得到了修复。

图 4－69　内蒙古呼和浩特西北汉长城遗迹　位于大青山南麓的这道长城，为战国时赵国始筑，秦、汉时加以缮治沿用。此段遗迹系夯土版筑，夯层历历在目。

位于今内蒙古杭锦后旗狼山西部哈隆格乃山口的古鸡鹿塞，正当这道长城防线北上东折的大拐弯处，附近有诸多秦汉时期的长城障塞遗迹，沿长城内侧，每

① 见〔238〕第 36～37 页。

② 见〔233〕第 2 册第 27～28 页。

隔500～1000米还有石筑烽台①，反映了前后相沿使用的情况。

2．筑令居至酒泉长城

《汉书·西域传》云："自周衰，戎狄错居泾、渭之北，及秦始皇攘却戎狄，筑长城界中国，然西不过临洮。汉兴，至于孝武，事征四夷，广威德，而张骞始开西域之迹。其后骠骑将军击破匈奴右地，降浑邪、休屠王，遂空其地，始筑令居以西，初置酒泉郡。"《史记·大宛列传》和《汉书·张骞传》亦记："汉始筑令居以西，初置酒泉郡以通西北国。"颜师古《汉书》注引臣瓒曰："令居，县名也，属金城，筑塞西至酒泉也。"这道长城起于金城郡令居县（今甘肃永登西），大体沿河西走廊而至酒泉郡（郡治当今甘肃酒泉），呈东南—西北走向。其建造应在汉武帝元狩二年（公元前121年），骠骑将军霍去病两度出陇西，击破匈奴右地，匈奴浑（昆）邪王杀休屠王降汉，汉收河西之地置为武威郡和酒泉郡②后③。至此，汉朝西边的防线，遂推进到了河西走廊。

3．筑酒泉至玉门关长城

汉筑令居至酒泉长城后不久，又将这道长城向西延伸到了敦煌郡的玉门关（位今甘肃敦煌西北），"于是酒泉列亭障至玉门矣"④。《史记·大宛列传》将酒泉、玉门间起塞与汉武帝元鼎六年（公元前111年）赵破奴出师匈水河及元封元年（公元前110年）赵破奴、王恢虏楼兰王、破姑师，元封三年封赵破奴为浞野侯，元封四年（公元前107年）封王恢为浩侯诸事并叙，这段长城的修建，大致就在这期间。至此，汉朝西部的长城，贯穿了整个河西走廊，遂将这条连接东西的重要孔道，完全置于其保护之下。

图4－70　甘肃敦煌西北玉门关大方盘城（汉代玉门都尉治所）遗址

4．筑敦煌至罗布泊烽燧线

《汉书·西域传》记："自贰师将军伐大宛之后，西域震惧，多遣使来贡献，汉使西域者益得职，于是自敦煌西至盐泽，往往有亭。"⑤盐泽即今罗布泊。在汉

---

①　见〔184〕〔240〕。

②　事见《汉书·武帝纪》，第176～177页。

③　《史记·平准书》曰："又数万人渡河筑令居，初置张掖、酒泉郡。"据《汉书·武帝纪》（第176～177、188～189页），元狩二年（公元前121年）置武威郡、酒泉郡，元鼎六年（公元前111年）分武威、酒泉地置张掖、敦煌郡。《平准书》混而言之，以至后人或把令居以西长城的始筑系于元鼎六年（如《史记·平准书》集解引徐广、《后汉书·西羌传》及〔275〕第210页），显然偏迟，但可以把令居至酒泉间长城的修筑定在元狩二年至元鼎六年之间。

④　《史记·大宛列传》，第3172页；又见《汉书》张骞传、西域传。据《汉书·地理志》，酒泉郡有玉门县，敦煌郡龙勒县有玉门关，此处所言"玉门"指玉门关。参见〔275〕第195～204页及〔276〕。

⑤　又见《史记·大宛列传》，第3179页。

武帝太初元年至四年（公元前104～前101年）李广利伐大宛①后不久，汉朝西边的防线又从敦煌郡延伸到了罗布泊。

1906～1908年和1913～1915年，英人斯坦因（Mark Aurel Stein）在其第二次和第三次中亚之行期间，比较详细地考察了甘肃酒泉以西的汉代边塞遗址，发现自酒泉东北弱水（额济纳河）上游支流北大河畔向西，沿河西走廊北缘至疏勒河大拐弯处，又沿疏勒河故道向西，直至甘肃敦煌西北之榆树泉盆地东侧，塞墙遗迹断断续续，亭燧遗址沿线布列，依次相属，时有城障遗址夹杂其间；再往西，则不见塞墙，而只有亭燧遗址沿古丝绸之路布列②。因此，汉长城西端的终点，就在今敦煌西北，当汉朝敦煌郡之西界；再往西设置的烽燧，构成一条前伸的警戒线，也是汉朝西部防线的组成部分。

图4－71　玉门关附近的汉长城遗迹　砂土版筑，夯层间夹垫芦苇、红柳枝条，这些富于韧性的植物纤维使夯土结构经两千多年的大漠风沙剥蚀而不倒。

继斯坦因之后，1930年、1934年，黄文弼考察了罗布泊北缘的汉代烽燧遗址[280]；1944年，夏鼐、阎文儒考察发掘了敦煌部分汉代边塞遗址③；1979年，甘肃省博物馆与敦煌县文化馆合组汉代长城调查组，调查了敦煌县境69座烽燧，并发掘了敦煌马圈湾烽燧遗址[283]。这些考古工作揭示，酒泉以西汉代长城及沿线亭燧城障，都是采用夯土版筑和土坯垒砌两种方法建造，层间夹筑芦苇、芨芨草或胡杨和红柳的枝条。斯坦因考察的疏勒河流域一些亭燧，保存相当完整，多为一个长宽约4～7米，高约5～9米的方形土台，下连一个有数间房屋的小院；台顶周缘有女墙，中央往往有一间小屋。黄文弼在罗布泊见到的汉代烽台，顶部还立有升挂烽号的烽竿。

图4－72　敦煌地区的汉代烽燧遗迹　土坯垒砌，历经风沙雨水侵蚀，表面似抹了一层泥浆。

5. 筑居延长城

《汉书·武帝纪》记：太初三年（公元前102年），“强弩都尉路博德筑居延”。《史记·匈奴列传》则说“路博德筑居延泽上”。其所筑并非孤立一城，而是沿河岸湖畔伸延的长城塞防。今内蒙古西部弱水（额济纳河）终端

① 事见《汉书·武帝纪》，第200～202页。

② 见〔277〕〔278〕〔279〕，参见〔130〕第8～32页及其书末附图。

③ 见〔281〕〔282〕。

苏古诺尔（或作索果淖尔）、嘎顺诺（淖）尔两湖是古居延泽的残迹。古人又常将额济纳河流域泛称为“居延”或“弱水流沙”。汉代居延长城，起于河西走廊，沿弱水河畔北行而至居延泽，其南端与横穿河西走廊的长城相接，交接点就在弱水上游支流北大河、甘州河（黑河）交汇处。自河西走廊而北，深入戈壁沙漠的弱水河谷，远及大漠，近屏河西，水草丰美，地势开阔，是一条重要的自然通道，自古有游牧人频繁活动，匈奴南犯和汉军出击，都常由此道。修建居延长城，就是为了控制这条通道，消除匈奴对河西走廊的威胁。

1930～1931年，中（国）瑞（典）联合西北科学考察团曾对额济纳河流域的汉代边塞遗址进行了比较全面的考察①；1972～1976年，甘肃居延考古队又广泛调查了额济纳河沿线遗址并作了若干发掘②。发现：弱水上下约300公里范围内，塞墙遗迹断断续续，沿河畔伸延；亭燧遗址沿线布列，依次相属，其间距，有的地段平均1300米，有的地段为2000米；城障遗址以较大间隔沿线分布。一些亭燧和城障周围布设的尖木桩，至今犹存，即所谓“虎落”③。

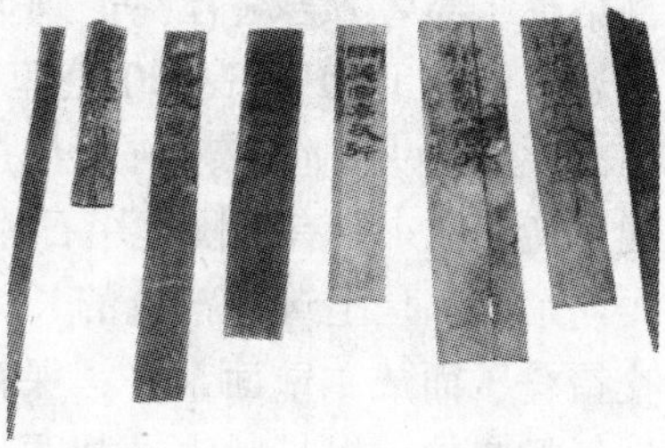

图4－73　居延汉代边塞遗址中出土的简牍

塞墙、城障和亭燧的建造方法，主要是夯土版筑和土坯垒砌，或二者结合，少数为石板垒砌。砌墙土坯不经烧烤，汉代人称之为“墼”④。居延出土汉简（甲1066）有云：“墼广八寸，厚六寸，长尺八寸，一枚用土八斗，水一斗二升。”居延汉代遗址所见土坯实物一般长40厘米左右，宽20厘米左右，厚13厘米左右⑤。土坯墙的层间夹筑芦苇、芨芨草或胡杨和红柳的枝条，版筑夯土墙也这样。疏勒河流域和罗布泊边缘所见汉代城障亭燧的筑法相同⑥。古代甘肃西部和新疆地区的筑城技术，大抵如此。特别是土坯垒砌，在这一带比较流行。

6. 筑“外城”

太初三年（公元前102年）路博德筑居延长城的同时，汉武帝又“遣光禄勋徐自为筑五原塞外列城，西北至卢朐”⑦。《史记·匈奴列传》称：“汉使光禄徐自为出五原塞数百里，远者千余里，筑城障列亭至庐朐。”汉代五原位今内蒙古包头市西北，所谓“五原塞”，即元朔二年（公元前127年）卫青收复河南地后筑朔方所缮治的北边秦故长城，徐自为出五原塞数百里至千余里所修筑的列城或城障列亭，应远在阴山之北的大

① 见〔284〕〔285〕〔275〕第2～10页及第12与13页之间图1。

② 见〔136〕〔286〕。

③ 《六韬·军用》、《汉书·晁错传》。

④ 《急救篇》卷三颜师古注：“墼者，抑泥土为之，令其坚激也。”《说文》：“墼，瓴适也，一曰未烧也。”明杨慎《丹铅续录拾遗·周纾筑墼》：“《字林》‘砖未烧曰墼’，《埤苍》‘形土为方曰墼’，今之土砖也，以木为模，实其中。”

⑤ 见〔275〕第6～7页。

⑥ 见〔310〕〔130〕第11页及〔283〕。

⑦ 《汉书·武帝纪》，第201页。

漠上，故有“外城”之称①，因其为光禄勋徐自为所筑，故又习称为“光禄塞”②。

在今内蒙古巴彦淖尔盟狼山以北的蒙古高原上，横亘着两道长城遗迹，在中国境内大体呈东南—西北走向，相互间距约3~50公里，靠南的一条起自内蒙古武川县，在武川县的西部与阴山北麓的秦故长城③会合。两道长城均向西北伸入蒙古人民共和国境内，沿阿尔泰山南麓而行，南面的那条又折向西南与沿额济纳河（弱水）北上的居延长城相连接④。普遍认为，这两道长城就是徐自为所筑的外城，至于史书所说的庐朐，可能在阿尔泰山南麓某地。

1975~1976年，内蒙古文物工作队曾调查了潮格旗北部乌力吉公社锡尼乌苏大队的一段长城遗迹，为南北相距3~20公里不等的并列两道。南面一道，从锡尼乌苏向西都是用石块垒砌。从锡尼乌苏向东，有一段是用石片包外，内实夯土。再向东则都是土筑。石筑的长城用青灰色的石片交错叠压而成，壁面整齐，保存较好，有数十里一气相连的，很是壮观。基宽一般为3.5米，顶宽2.5~3米，高2~2.5米。内实夯土、外包石头的长城，保存得很不好，但它的基础与纯石墙连接在一起，说明它们是同时修筑的。夹心墙倒塌以后，接头处的石墙仍然矗立。夹心墙的基宽是3.4米，残高平均0.5米。夯土筑的长城已风化为一道自然土垄，上面是风沙淤积层和野草植被，自然基宽约5米，残高1~1.5米。沿这条长城的南侧，散布着石筑或夯筑的城障和烽台。每个城障之间相距约10余公里，离长城约50~200米，这大概就是所谓“列城”。现已发掘了其中的朝鲁库伦汉代石城⑤。

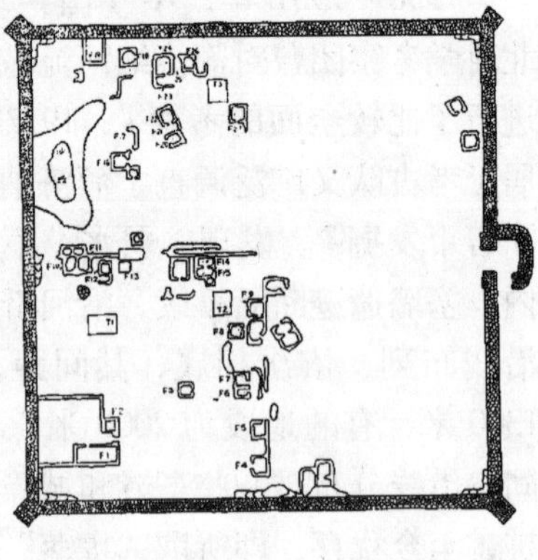

图4-74 内蒙古潮格旗朝鲁库伦汉代石城遗址

经过武帝时代的大规模修筑，长城塞防向西和向北大大地推进扩展，汉长城因而成为中国历代长城长度之最。西汉时人说：“北边自敦煌至辽东万一千五百余里，乘塞列隧（燧）。”⑥这只是就筑有塞墙的完整段落而言，而自敦煌向西，还有烽燧警戒线一直延伸到了新疆。

三、第三阶段：武帝之后

汉武帝征和三年（公元前90年），贰师将军李广利兵败降于匈奴后，搜粟都尉桑弘羊与丞相、御史等奏言：“故轮台以东，捷枝、渠犁皆故国，地广饶水草……臣愚以为可遣屯田卒，诣故轮台以东，置校尉三人分护……益垦溉田，稍筑列亭，连城而西，以威西国辅乌孙为便。”然而，汉武帝不仅未采纳其建策，反而

① 《汉书·匈奴传下》，第3803页。
② 《汉书·匈奴传下》，第3798页。
③ 见本书第三编第八章第三节（一）。
④ 见〔239〕〔58〕第73页〔240〕〔238〕第25~33页。
⑤ 见〔240〕及〔238〕第25~33页。
⑥ 见《汉书·赵充国传》，第2989页。

下诏深悔既往之远征伐，曰“乃者贰师败，军士死略离散，悲痛常在朕心，今请远田轮台，欲起亭隧（燧），是扰劳天下，非所以忧民也。”① 这就是著名的“轮台诏”，它标志着武帝时期大规模反击匈奴、展拓疆域和修建长城活动的终止。此后，一由于经过武帝时代的沉重打击，匈奴势力削弱，边境较为安定；二由于经过武帝时代的大规模修造，长城防线臻于完善；三由于武帝晚期后，汉朝的国力逐渐下降，边地筑城起塞之事，遂渐趋消寂。东汉时期，对北方和西北的边防，力取损减保守政策，也不重修造长城，可观的举措寥寥无几。

1. 西汉昭帝、元帝时筑罗布泊以西烽燧线

《汉书·西域传》记载，汉昭帝时复用桑弘羊之议，屯田轮台（今新疆轮台），后宣帝、元帝时继续经营西域，加强对丝绸之路南、北道的保护。据斯坦因、黄文弼等考察，在新疆罗布泊以西地区，仍存在汉代的烽燧线：沿库鲁克塔格山南麓、孔雀河北岸西行，逾沙漠而至库尔勒的丝绸古道旁，又过轮台，一直到库车西北为止，东西长近 200 公里，虽无塞墙，然亭燧相望，其间杂有一些古城堡②。沿丝绸之路的烽燧警戒线之越过罗布泊而向西延伸，当在昭帝至元帝时期（公元前 86 ~ 前 33 年），是为西汉西北边防建设之尾声。

图 4－75 新疆库车克孜尔朵哈汉代烽燧遗迹 残高约 13.5 米，夯土结构，上建望楼，木栅残迹尚存。

2. 东汉初恢复北部边防

东汉初年，曾于北部边防有所建置。

《后汉书·光武帝纪》载：建武十二年（36 年）十二月，遣骠骑大将军杜茂“屯北边，筑亭候，起烽燧”。《王霸传》曰：“是时（建武十三年）卢芳与匈奴、乌桓连兵，寇盗尤数，缘边愁苦，诏霸将驰刑徒六千余人，与杜茂治飞狐道，堆石布土，筑起亭障，自代至平城，三百余里。”《马成传》曰：“（建武）十四年，屯常山、中山以备北边，并领建义大将军朱祐营，又代骠骑大将军杜茂缮治障塞，自西河至渭桥，河上至安邑，太原至井陉，中山至鄴，皆筑保（堡）壁，起烽燧，十里一候。”杜茂缮治边塞，前后大抵如此。

《后汉书·马援传》又记：建武二十一年（45 年），马援“行雁门、代郡、上谷障塞”。《汉官仪》曰：“世祖中兴，海内人民可得而数，裁十二三。边陲萧条，靡有孑遗，障塞破坏，亭燧绝灭。建武二十一年，始遣中郎将马援与谒者，分筑烽候堡壁，稍兴立郡县十余万户。”这是光武帝第二次缮治北边之举。

东汉初恢复北部边防，似乎主要是沿边境和交通要道设筑亭燧和障堡。终东

① 见《汉书·西域传下》，第 3912 ~ 3913 页。

② 见〔277〕〔278〕〔279〕〔280〕及〔130〕第 10 页，参见中国社会科学院考古研究所对库尔勒至轮台间古代城址的遥感探查（〔287〕）。

汉之世，多沿用西汉旧有长城故塞，因军事之缓急，对边塞或有缮补，但未见有较大规模修筑长城之举。

第二节　长城防御工程体系及其完善

一、基本特点

战国至汉代的长城，是由沿边防线伸延的城墙（塞墙）及其沿线大大小小的城堡（城障）和依次相属的烽台（亭燧）以及必要的道路设施相结合而构成的军事防御工程体系。塞墙曲折蜿蜒，城障和亭燧在其内侧相沿布列，故有“列城”、“列亭”之称。所谓“长城”，狭义仅指塞墙，广义则指塞墙、城障、亭燧和道路组成的防线①。

长城经行地域复杂，大部穿行于山地，也经行平野、草原、戈壁荒漬和沙漠。长城的建造，注重依凭天险，或“因河为固”，或“因边山险”，即所谓“因地形用制险塞”；又强调因地制宜，就地取材，即所谓“因天材就地利”。

长城的建筑方式，主要有以下几种：

土筑，即用泥土夯筑，基本采用版筑法；

石砌，有两种形式，一是整体用不规则石块或片石垒砌，一是用石块或片石垒砌内外壁，中间填以碎石沙砾；

土石混筑，有两种形式，一是石砌墙基，土筑墙体，一是石砌内外壁，中填夯土；

土坯垒砌；

版筑和土坯垒砌相结合。

具体采用哪一种方法，取决于经行地段的地理条件和当地的流行技术，山地多用石砌，平野和草原多用土筑，土坯垒砌主要见于西北地区。同一地段的塞墙、城障和亭燧，基本采用相同的方法建造。

二、塞墙

战国至汉代长城的塞墙，底部宽度一般为3.5～6米，宽者或达8米，窄者仅有2米，墙体自下而上收分，因而呈下宽上窄的梯形。普遍是在经过平整的地面上直接起建，迄今未发现挖槽筑基的现象。由这些情况分析，这个时期的长城塞墙一般不很高。一些保存较佳的石砌城墙，底宽约4米，现高有4米多，原高度大致为五六米。

一些段落的土筑城墙，因筑墙取土而在外侧形成壕沟。

一些经行山岭的段落，有时利用断崖绝壁为墙，或在陡险处稍加垒砌，形成一道矮墙。

《汉书·匈奴传下》所记元帝时侯应之言，比较全面地概括了长城塞墙的建造情况：

---

① 长城防御体系中的道路设施，以秦代修建的直道和北边道最具代表性，请见本编第六章第三节和第四节。

起塞以来百有余年，非皆以土垣也，或因山岩石，木柴僵落，谿谷水门，稍稍平之，卒徒筑治，功费久远，不可胜计。

其中提到“木柴僵落”，可能有些险厄处仅设木栅；又提到“谿谷水门”，可能有些跨越河流的地方设有水门。

三、城障

战国至汉代长城线上的城障，在北边和西北长城沿线有大量遗存。这些城障，有的建于战国或秦代，汉代继续沿用，大部分则为西汉时期所筑。它们可以大致分为三类：一类是沿边郡县故城，即通常所说的“边城”；一类是设于谷口要道的关城，即所谓“关塞”；一类是凭险就利设筑的驻兵城堡，即所谓“障”、“障城”，汉时或称之为“堡（保）壁”①、“坞壁”②、“坞”③。

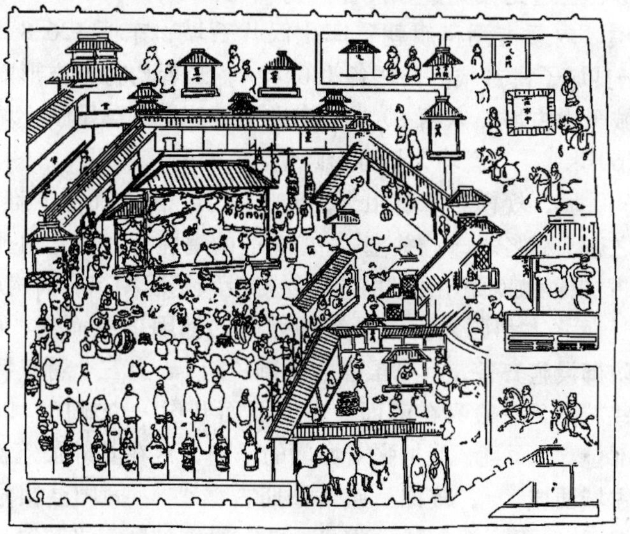

图4－76　内蒙古和林格尔汉墓壁画宁城图摹本

此画表现了汉代北边长城线上一座县城的结构和活动情景：为一方形城池，这是中国北部和西北长城沿线城障的基本形态；其西南隅的子城为县城的军政中心，子城中衙署前的广场是主要军政典礼活动场所。

长城沿线的郡县故城，通常设于平野通达之处，多为夯土版筑，一般小于内地县城，其大者城垣周长4000米左右，面积1平方公里上下，小者周长仅1000来米，面积不足0.1平方公里。城垣平面主要有5种形式：

（一）简单方形，有正方形，也有长方形。内蒙古奈曼旗沙巴营子古城，平面呈正方形，边长约450米。北垣上有望楼二处，为两层木构建筑。该城为战国晚期燕国所筑，秦代和西汉继续使用，东汉时废弃[288]。

（二）回字形，有内外两重城垣，均呈方形。内蒙古呼和浩特东郊塔布秃古城，外城南北长900米、东西宽800米；内城在外城正中偏北，每边长230米。建

① 见《汉官仪》；《后汉书·马成传》，第779页。

② 见《后汉书·西羌传》，第2889页。

③ 见《后汉书·顺帝纪》，第269页。

于西汉①。

（三）方形城垣的一隅有小子城。内蒙古呼和浩特市郊二十家子古城，外城每边长460～475米，子城在城内西南角，每边长300～320米。建于西汉〔190〕。

（四）日字形，在长方形城垣的中部有一道隔墙，将城分为相连的两部分。如内蒙古卓资县三道营古城的西城，南北长570～590米，东西宽480米，城中部距南垣230米处有隔墙。其年代为战国至西汉时期②。

（五）不规则形状。如内蒙古杭锦后旗太阳庙古城，东西最长处250米，南北最宽处200米〔184〕。

长城沿线的障堡，随塞墙的延伸凭险就利而设，或为土筑，或为石砌，或为土坯垒砌，或综合运用这些方法建造。大多位于长城线内侧，有的贴塞墙而筑。平面通常为方形，普遍比较规整。大者长宽二三百米，周长1000米左右；大多数要小于这个规模。内蒙古潮格旗朝鲁库伦汉代石城，东西126.8米，南北124.6米③；河北围场县城子村古城，长宽各180米④。二者均为正方形的障堡。内蒙古赤峰市美丽河城子山古城，东西80米，南北120米⑤；奈曼旗土城子古城，东西300米，南北260米⑥。二者均为长方形障堡。

长城沿线的关城，规模与障堡相当，或大或小，因地而异，唯设于谷口要道，控扼往来出入之途，故名之曰"关塞"。如著名的鸡鹿塞，就是由扼守哈隆格乃山口（位今内蒙古杭锦后旗狼山西部）的障堡与沿线塞墙相结合而构成〔184〕。

战国秦汉时期北边和西北长城沿线的城障，都因屯戍而立，虽然规模不大，但构筑坚固，防御设施齐备，具有很强的防御功能⑦，有三个特点特别值得注意：

其一，这些城障，一般只在南面或东、西面开设一个城门，以最大限度地减少城垣的薄弱部位⑧。而且，为加强对城门的防护，常在其外加筑瓮城，如内蒙古卓资县三道营古城西城〔291〕，杭锦后旗太阳庙古城〔184〕，固阳县银号公社秦长城内侧的三元成古城〔239〕，巴彦淖尔盟武帝"外城"沿线的阿尔乎热障城、朝鲁库伦障城、青库伦障城、乌兰库伦障城和乌力吉高勒障城⑨，等等。这些城障本身的规模都不大，其瓮城的结构还较简单，大多仅为附筑于城门外的一道曲墙，一端开有小门。乌力吉高勒障城除在城门外设曲墙外，还在城垣外筑一段较长的外墙，与门外曲墙相配合，从而将城门包在一个长夹道之内，类似于山西垣曲商城的城门构造。

① 见〔289〕〔290〕。

② 见〔291〕。三道营古城的东城约为唐时所筑。

③ 见〔240〕及〔238〕第25～33页。

④ 见〔238〕第44页。

⑤ 见〔238〕第14页。

⑥ 见〔238〕第15页。

⑦ 边地城障，情形均相仿佛。长沙马王堆3号汉墓出土帛书中有一幅小城图，描绘了一座边长100余米的方形城堡，规模很小，但东西两面城墙和四隅都建有楼，设防很严密（见〔292〕），应属备防南越的边防筑城。

⑧ 设两个城门的例子（如内蒙古固阳县银号公社三元成古城，见〔239〕）就不多见。

⑨ 见〔239〕〔240〕及〔238〕第25～33页。

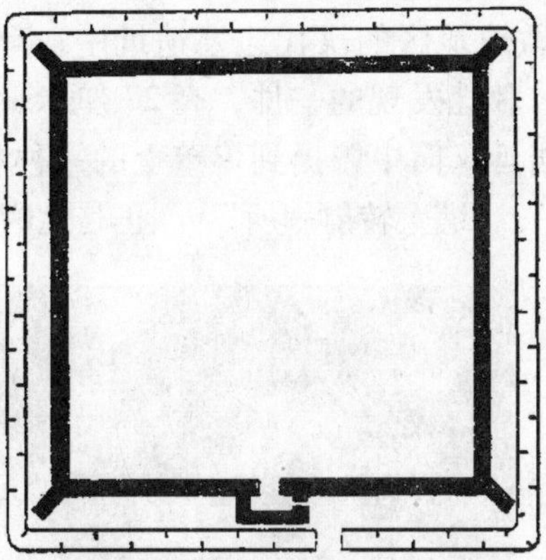

图 4－77　阿尔乎热障城平面示意图

城墙四角有外凸的马面敌台，以加强侧射防御；只在南面开一个门，城门外有曲墙（瓮城）环卫；城周还有壕沟环绕。这是汉代长城障堡中结构较完备、防御功能较突出的一例。

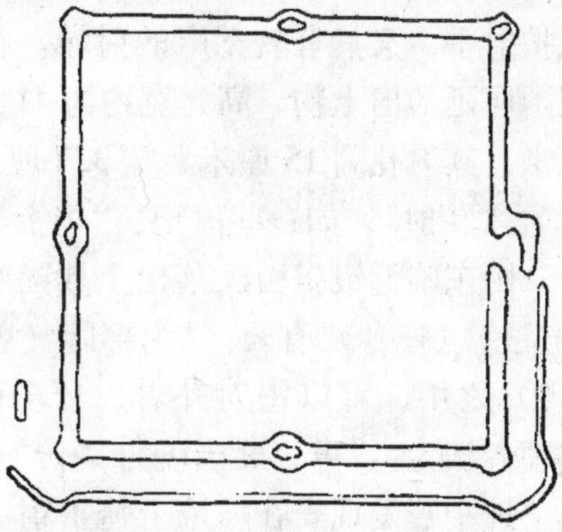

图 4－78　乌力吉高勒障城平面略图

这个障堡的门开在东面，但环绕东墙南段和整个南面的外墙实际上将其入口转移到了城的西南角，这不仅具有一定的欺骗性，而且使入城道路成为漫长的火力夹道。

其二，许多城障的城墙外壁建有凸出的马面敌台以加强侧射防御。较大的边城，每面城墙设筑多个马面敌台，如卓资县三道营古城西城，其西墙有 5 个马面，间距 110 米左右，东墙现存 5 个马面，间距 70～150 米。较小的障堡，一般只于城垣四角筑有马面敌台，如杭锦后旗哈隆格乃山谷南口的石城[184]，以及乌拉特中后联合旗阿尔乎热障城和潮格旗巴音诺洛障城[239]、朝鲁库伦障城[240]，等等。马面敌台的平面多为方形，也有呈半圆形的。朝鲁库伦石城四角的马面为正方形，底部每边宽约 5 米。半圆形的马面见于巴音诺洛障城。

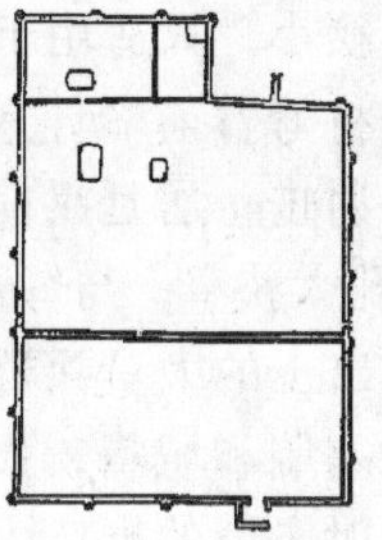

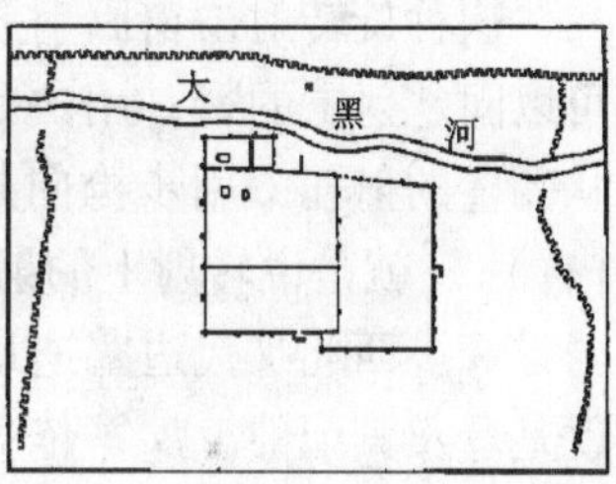

图 4－79　内蒙古卓资县三道营古城

左，三道营古城西城平面略图；右，三道营古城与长城位置示意图，古城东城系唐以后扩建。

瓮城和马面敌台的起源，都能够追溯到新石器时代晚期，但直到战国晚期至秦汉时期，才首先在边防筑城中逐渐得到推广。它们不独见于北方和西北地区的边防筑城，而且也见于南方地区的边防筑城。建于汉代的广西兴安县七里圩“王城”，其城墙就有外凸的马面敌台[293]。该城东西 246 米，南北 156 米，城垣周长 1070 米，位于沟通湘、桂的灵渠末端，控扼南越，也属边地障堡之列。此外，长沙马王堆汉墓出土的反映汉初备防南越态势的驻军图上，也绘有带马面敌台的三角形城堡的图形[294]。

其三，汉代城障的墙堞上，常设有能够旋转射击的窗孔。这是嵌于墙上的一个木制方框，中安活动木柱，能够左右旋转 120 度，柱上开有竖长的射击孔，射手就由此孔向外观察、射击，转动木柱，便可改变射击方向。这种装置既能很好地保护射手，又具有较宽广的射域。在居延和敦煌地区的汉代边塞遗址中，都有发现。居延的出土物，高、宽约为41厘米[136]；敦煌发现的一件，高27厘米、宽25厘米，其射孔高15厘米、宽3.7厘米[283]。居延汉简中曾提到坞壁上的一种装置，称为“转射”，如一些简记：“坞上转射二所”，“塢上转射一所”①。正是此物。

山东临沂银雀山汉墓出土战国晚期文献《守法》《守令》有云：“为専牖（牖）于葉（堞）之中，可以密射外者，廿步而一。”②整理者认为：“専，疑当读为‘转’。汉代烽燧遗址中曾发现安在城墙上掩护射手的一种木制框形装置，中间嵌有穿长方形孔穴的木柱，木柱转动时可以改变射箭方向，转牖疑即此物。”所见很有道理。牖即窗，转牖即转窗，简文说它安装于堞（女墙）上，居延发现的转射正是这样。因此，转射或转窗当起源于战国时期。

图4－80　居延汉代边塞遗址中出土的转射

这种旋转射击窗因射孔狭小，只适用于可以固定射击的弩，用法是将弩臂前端伸入射孔，向外瞄准、射击，类似于近代从碉堡的射孔中用步枪向外射击。居延汉简有记：“转射空（孔）小，不承长辟（臂）。”就是说转射上的射孔太狭窄，与弩臂不匹配。汉代边塞守御，最重要的武器是弩。西北汉代边塞遗址出土的大量兵器档案性质的简牍文书中，记载最多的就是弩及其配件。汉军依凭塞墙和城障，强弩持满，以逸待劳，能够有效地抵御游牧民族骑兵的冲击。旋转射击窗的推广，更加强了对弩手的保护，从而使守垒的汉军弩手在与匈奴骑射之士的对抗中，居于更加有利的地位。

四、亭燧和烽火信号系统

长城沿线的亭燧，随塞墙的延伸间隔布列，通常设筑于长城内侧，都位于地势高亢、视野开阔之处，间距因地形而异，或三五百米，或八九百米，或一二千米，总以能够相望为度。亭燧建筑，有的仅为一座烽台；有的为烽台连一个小院，墙堞上或安装转射，形如一座小坞壁。烽台的平面形状多数为方形，也有圆形的，高度一般不低于5米，有的达十几米。顶部周缘有女墙，中立烽竿，或还建有小屋，即候望者所居之处。

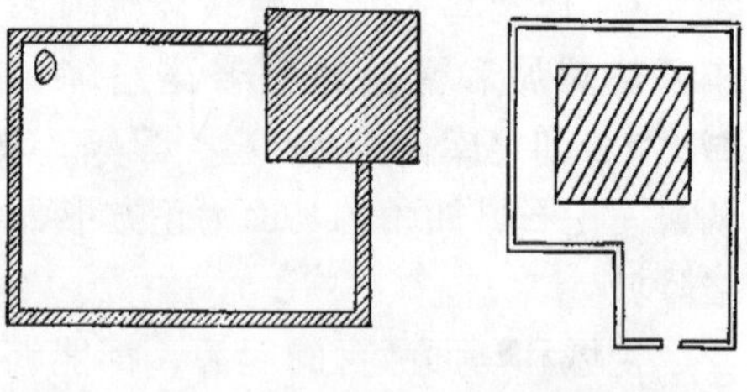

图4－81　秦汉长城线上的带墙院烽燧　左，居延汉长城线上的P8烽燧平面示意图；右，内蒙古乌拉特中后联合旗乌不浪山口的烽燧平面示意图。

① 见〔129〕第156～157页89·21简。

② 见〔295〕799～800简。

亭燧的建造，烽火信号的运用，至少可以追溯到西周时期，东周时期趋于系统化，至汉代而臻于完备，尤以北边和西北长城防线中的烽火信号系统，最为发达。长城沿线大量的亭燧遗迹，勾勒出了当时烽火信号的传递路线。不仅如此，在戈壁荒漠深处的汉代亭燧遗址中，至今还残留着许多烽火信号设施①；在西北汉代边塞遗址中，还发现了关于烽火信号制度的简牍文书《塞上烽火品约》②。这些材料，揭示了古代烽火信号的具体情况。

图 4－82　玉门关附近的汉代烽燧遗迹

图 4－83　阳关附近的汉代烽燧遗迹

《史记·周本纪》说周幽王设“烽燧大鼓”。《墨子》“杂守”、“号令”、“旗帜”等篇所述的烽火信号有烽（垂）、表、火、蓝（烟?）、帜、鼓六种。但汉代的《塞上烽火品约》中无鼓号。可能由于鼓音易受天气和噪音干扰，难以传远，容易混淆，所以早期烽火信号虽曾用鼓，后来却予以淘汰。汉代以后，鼓一般只用于一城一地的指挥联络，而不用作长距离传递的烽火警讯③。

战国至汉代的烽火信号，主要是视觉信号，有两大类。

第一类，不燃的信号，系靠标志物的形状和颜色特征传递信息，用于白昼，有烽、表、帜三种，以烽为主，帜、表为辅。

关于“烽”。《史记·司马相如列传》集解引《汉书音义》曰：“烽如覆米䉛，悬著桔槔头，有寇则举之。”《汉书·司马相如传》注引孟康之说相同。居延汉简中记有“布烽”、“缯烽”、“木烽”，大致是以木为框，上覆布帛制成，有赤、白两种颜色，升挂于烽台顶端所立的烽竿上④。烽竿或为一根木柱，上安滑车，引以绳索，状如桅杆⑤；或为一具桔槔⑥。由于烽是要升举的，所以说“举烽”⑦。

“帜”即旗帜。“表”，居延汉简中记有“布表”，大概也如帜，采用布帛制

---

① 见〔136〕〔283〕〔209〕第 248～251、373～376 页。

② 见〔136〕〔296〕〔297〕〔298〕。

③ 参见〔275〕第 163～164 页、〔209〕第 242～243、377～378 页。

④ 见〔209〕第 164～167、362～367 页。

⑤ 居延汉简和敦煌汉简中记有“烽竿”、“烽索”、“举烽鹿卢”（见〔275〕第 161 页）。一般认为“举烽鹿卢”是滑车（见〔275〕第 163 页、〔209〕第 246 页），但将之解释为与滑车相配合的绞车辘轳也通。如果烽号较重，很可能是以滑车与绞车辘轳相配合升挂，即烽竿顶装滑车，下设辘轳。

⑥ 用桔槔举烽，其法类于衡杆，权重则本低末抑，故又有“权举烽”之称（见《太平御览》卷三三五引甘氏《天文占》）。

⑦ 《史记·司马相如列传》，第 3045～3046 页，“烽举燧燔”。

成。二者均要求颜色鲜明①。

第二类，燃烟和燃火信号，白昼以烟，夜晚用火，具体有燃烽、燃苣、燃积薪等。

除前述不燃之烽外，还有燃火之烽。《史记·司马相如列传》索隐引韦昭曰："烽，束草置之长木之端，如挈皋（桔槔），见敌则烧举之。"《后汉书·光武帝纪》李贤注引《汉书音义》曰："边方警急，作高土台，台上作高桔槔，桔槔头有兜零，以薪草置其中，常低之，有寇则燃火举之以相告曰烽。"《汉书·贾谊传》注引文颖之说相近。居延汉简中记有"草烽"②，或许就是这种燃火之烽。

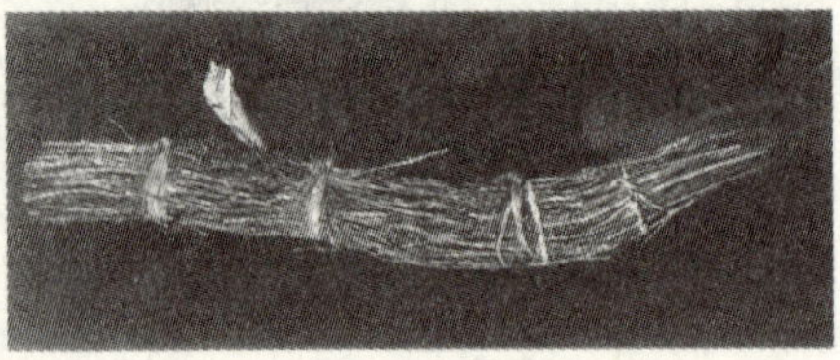

图4－84　居延汉代边塞遗址中出土的苣

图4－85　玉门关附近的汉代积薪遗迹

"苣"是干草束，用于夜间燃火为号。"积薪"即柴草垛，用于白昼燃烟，也用于夜间燃火。居延汉代甲渠候官遗址出土的《塞上烽火品约》有云：

> 匈奴人昼入甲渠河南道上塞，举二烽，坞上大表一，燔一积薪；夜入，燔一积薪，举堠上二苣火，毋绝至明。殄北三十井塞上和如品。③

可见白昼燃与不燃的信号并用，夜间燃苣和燃积薪并用。居延、敦煌和罗布泊的汉代亭燧遗址内外，往往还有苣和积薪残存④。居延甲渠塞第四燧出土之苣，为长82厘米、径8厘米的芨芨草把[136]。据敦煌西部边塞遗址所见，积薪系用2米多长的苇束堆成，成组布列于亭燧附近的开阔地上⑤。

燃烟除用积薪外，大概也用畜粪。居延汉简和敦煌汉简所记边塞守备物资中，就有"马矢"、"干马矢"和"干马牛矢"⑥。此外，一些烽台连筑有灶膛和烟囱，可能是专门的燃烟设施⑦。

各种烟、火信号，统称为"燧"。《汉书·贾谊传》注引文颖曰："多积薪，寇至即燃之以望其烟曰燧。"《后汉书·光武帝纪》李贤注引《汉书音义》之说相同，是谓燃烟。《史记·司马相如列传》索隐引韦昭曰："燧者，积薪，有难则燔之。烽主昼，燧主夜。"《汉书·贾谊传》注引张宴曰："昼举烽，夜燔燧。"《史记·

① 见〔209〕第144～146、167～168、367～370页。
② 见〔209〕第362页。
③ 见〔113〕第469页第3简。
④ 见〔136〕〔283〕〔280〕及〔209〕第248～251、373～376页。
⑤ 见〔209〕第251、373、375页。
⑥ 见〔275〕第162、164页、〔209〕第144～146页。
⑦ 见〔136〕及〔209〕第370～373页。对此也还存在一些疑问，见〔209〕第240～242页。

周本纪》正义曰："昼日燃烽以望火烟，夜举燧以望火光"，"燧，苣火也"。这是谓燃火；《史记·司马相如列传》集解引《汉书音义》曰："燧，积薪，有寇则燔燃之。"这是概言燃烟和燃火，战国秦新郪虎符铭文所谓"燔燧事"①，即是此意。至于古人把升燃烽火的亭、台称为燧、亭燧或烽燧，则是引申的意义。

综上所论可知，所谓"烽火"、"烽燧"，本是概言燃与不燃两类信号②。汉代之后，不燃的信号使用渐少，这两个词便逐渐演变成了主要指燃烟和燃火传讯。

古代通过构筑烽燧线，以亭燧相望、视觉信号接力传递的方式传报军情警讯，是一种初级但却非常有效的信息传送方式。初师宾据居延汉简中的有关记载推算，汉代烽火一昼夜约行1800汉里③，从居延长城的北端至河西走廊长城线上的张掖太守府（位今甘肃张掖西北），有1063汉里④，邮书需行6昼夜，牛车需行20余日，烽火信号的传递则只需约14个小时，再继续传至京师长安，约需34个小时，全程二昼夜可达⑤。

---

① 见王国维《观堂集林》卷八《秦新郪虎符跋》。

② 关于烽号的燃与不燃，烽与燧的区别，历来有争论，参见〔275〕第153~177页，〔209〕223~257、335~398页。

③ 汉代一里为300步，一步为6尺，以一尺约合今23厘米计，一汉里约为414米。

④ 居延新出土汉简（EPT50:10）有记："居延鸣沙里家去太守府千六十三里。"（见〔113〕第152页第10简）

⑤ 见〔209〕第388~389页。这个推算所依据的因素之一——汉代分时制度，尚存在不同意见，但不管采用哪种分时制度，对推算结果的影响，出入不会太大。

参考文献

〔1〕陕西省考古研究所、始皇陵秦俑坑考古发掘队：《秦始皇陵兵马俑坑一号坑发掘报告（1974～1984）》，北京：文物出版社，1988年。

〔2〕巴纳、张光裕：《中日欧美澳纽所见所拓所摹金文汇编》，台北：艺文印书馆，1978年。

〔3〕李学勤：《新出青铜器研究》，北京：文物出版社，1990年。

〔4〕刘庆柱：《秦都咸阳几个问题的初探》，《文物》1976年第11期。

〔5〕许玉林、王连春：《辽宁宽甸县发现秦石邑戈》，《考古与文物》1983年第3期。

〔6〕四川省博物馆、重庆市博物馆、涪陵县文化馆：《四川涪陵地区小田溪战国土坑墓清理简报》，《文物》1974年第5期。

〔7〕王红武、吴大焱：《陕西宝鸡凤阁岭公社出土一批秦代文物》，《文物》1980年第9期。

〔8〕于豪亮：《四川涪陵的秦始皇廿六年铜戈》，《考古》1976年第1期。

〔9〕童恩正、龚廷万：《从四川两件铜戈上的铭文看秦灭巴蜀后统一文字的进步措施》，《文物》1976年第7期。

〔10〕崔瑞德、鲁惟一编：《剑桥中国秦汉史》，杨品泉等译，北京：中国社会科学出版社，1992年。

〔11〕袁仲一：《秦始皇陵兵马俑研究》，北京：文物出版社，1990年。

〔12〕始皇陵秦俑坑考古发掘队：《秦始皇陵西侧赵背户村秦刑徒墓》，《文物》1982年第3期。

〔13〕程学华、郭兴文：《秦陵周围的铁器》，《文博》1985年第1期。

〔14〕江西省博物馆、遂川县文化馆：《记江西遂川出土的几件秦代铜兵器》，《考古》1978年第1期。

〔15〕周晓陆、路东之、庞睿：《西安出土秦封泥补读》，《考古与文物》1998年第2期。

〔16〕王学理：《秦俑专题研究》，西安：三秦出版社，1994年。

〔17〕杨青等著：《西北农业大学学报》第23卷增刊《秦代机械工程的研究与考证》专辑，西安：西北农业大学，1995年。

〔18〕王学理：《秦俑坑青铜兵器的科技成就管窥》，《考古与文物》1980年第3期。

〔19〕湖北省博物馆：《1978年云梦秦汉墓发掘报告》，《考古学报》1986年第4期。

〔20〕始皇陵秦俑坑考古发掘队：《临潼县秦俑坑试掘第一号简报》，《文物》1975年第11期。

〔21〕始皇陵秦俑坑考古发掘队：《秦始皇陵东侧第二号兵马俑坑钻探试掘简

报》，《文物》1978 年第 5 期。

〔22〕杨泓：《中国古兵器论丛》，北京：文物出版社，1980 年；增订本，1985 年。

〔23〕白荣金：《试谈秦代将军铠甲复原》，《中国文物报》1998 年 1 月 7 日。

〔24〕秦俑考古队：《彩绘秦俑新出土》，《中国文物报》1999 年 7 月 31 日。

〔25〕刘占成、朱学文：《秦俑二号坑出土精美彩绘俑》，《中国文物报》1999 年 8 月 1 日。

〔26〕段清波、马明志、张卫星、张颖岚、尚爱红：《秦陵新发现，再惊世界殊：巨型陪葬坑出土罕见石甲胄》，《中国文物报》1999 年 10 月 10 日。

〔27〕陕西省秦俑考古队、秦始皇兵马俑博物馆：《秦陵二号铜车马》，《考古与文物》丛刊第一号，《考古与文物》编辑部，1983 年。

〔28〕陕西省秦俑考古队：《秦始皇陵一号铜车马清理简报》，《文物》1991 年第 1 期。

〔29〕秦始皇兵马俑博物馆、陕西省考古研究所：《秦始皇陵铜车马发掘报告》，北京：文物出版社，1998 年。

〔30〕孙机：《略论始皇陵一号铜车》，《文物》1991 年第 1 期。

〔31〕秦俑坑考古队：《秦始皇陵东侧第三号兵马俑坑清理简报》，《文物》1979 年第 12 期。

〔32〕陕西省考古研究所华仓考古队：《韩城芝川镇汉代冶铁遗址调查简报》，《考古与文物》1983 年第 4 期。

〔33〕陕西省考古所凤翔发掘队：《陕西凤翔南古城村遗址试掘记》，《考古》1962 年第 9 期。

〔34〕陕西省考古研究所秦晋：《凤翔南古城遗址的钻探和试掘》，《考古与文物》1980 年第 4 期。

〔35〕河南省博物馆、石景山钢铁公司炼铁厂、《中国冶金史》编写组：《河南汉代冶铁技术初探》，《考古学报》1978 年第 1 期。

〔36〕陶正刚、叶学明：《古魏城和禹王古城调查简报》，《文物》1962 年第 4、5 期。

〔37〕河南省文化局文物工作队：《河南鹤壁市汉代冶铁遗址》，《考古》1963 年第 10 期。

〔38〕河南省博物馆《中国冶金史》编写组：《汉代叠铸——温县烘范窑的发掘和研究》，北京：文物出版社，1978 年。

〔39〕河南省文化局文物工作队：《巩县铁生沟》，北京：文物出版社，1962 年。

〔40〕郑州市博物馆：《郑州古荥镇汉代冶铁遗址发掘简报》，《文物》1978 年第 2 期。

〔41〕倪自励：《河南临汝夏店发现汉代炼铁遗址一处》，《文物》1960 年第 1 期。

〔42〕河南省文物研究所、中国历史博物馆考古部：《登封王城岗与阳城》，北

京：文物出版社，1992 年。

〔43〕文物编辑委员会：《文物考古工作十年（1979～1989）》，北京：文物出版社，1990 年。

〔44〕河南省文化局文物工作队：《南阳汉代铁工厂发掘简报》，《文物》1960 年第 1 期。

〔45〕《河南鲁山汉城冶铁厂调查记》，《新史学通讯》1952 年第 7 期。

〔46〕河南省文物研究所：《河南新安县上孤灯汉代铸铁遗址调查简报》，《华夏考古》1988 年第 2 期。

〔47〕杨惠卿、史本三：《山东师范学院历史系赴东平陵考古实习》，《考古通讯》1955 年第 4 期。

〔48〕尹焕章、赵青芳：《淮阴地区考古调查》，《考古》1963 年第 1 期。

〔49〕山东省博物馆：《山东省莱芜县西汉农具铁范》，《文物》1977 年第 7 期。

〔50〕群力：《临淄齐国故城勘探纪要》，《文物》1972 年第 5 期。

〔51〕福建省博物馆：《崇安城村汉城探掘简报》，《文物》1985 年第 1 期。

〔52〕内蒙古自治区文物工作队：《1957 年以来内蒙古自治区古代文化遗址及墓葬的发现情况简报》，《文物》1961 年第 9 期。

〔53〕内蒙古文物工作队、内蒙古博物馆：《内蒙古自治区文物考古工作的重大成果》，《文物》1977 年第 5 期。

〔54〕辽宁省文物考古研究所：《辽宁凌源安杖子古城址发掘报告》，《考古学报》1996 年第 2 期。

〔55〕张建勋：《抚宁骊城遗址发掘获重要成果》，《中国文物报》1999 年 7 月 4 日。

〔56〕《北京郊区发现汉代古城遗迹》，《文物参考资料》1955 年第 1 期。

〔57〕苏天钧：《十年来北京市所发现的重要古代墓葬和遗址》，《考古》1959 年第 3 期。

〔58〕文物编辑委员会：《文物考古工作三十年（1949～1979）》，北京：文物出版社，1979 年。

〔59〕罗平：《河北承德专区汉代矿冶遗址的调查》，《考古通讯》1957 年第 1 期。

〔60〕南京博物院：《利国驿古代炼铁炉的调查及清理》，《文物》1960 年第 4 期。

〔61〕李步青：《山东滕县发现铁范》，《考古》1960 年第 7 期。

〔62〕史树青：《新疆文物调查随笔》，《文物》1960 年第 6 期。

〔63〕加藤繁：《中国经济史考证》，吴杰译，北京：商务印书馆，1959 年。

〔64〕杨宽：《中国古代冶铁技术发展史》，上海：上海人民出版社，1982 年。

〔65〕李京华：《汉代铁农器铭文试释》，《考古》1974 年第 1 期。

〔66〕中国社会科学院考古研究所：《新中国的考古发现和研究》，北京：文物出版社，1984 年。

〔67〕《中国大百科全书·历史》，北京：中国大百科全书出版社，1992 年。

〔68〕黄展岳：《近年出土的战国两汉铁器》，《考古学报》1957 年第 3 期。

〔69〕中国科学院考古研究所：《新中国的考古收获》，北京：文物出版社，1961 年。

〔70〕山东省淄博市博物馆：《西汉齐王墓随葬器物坑》，《考古学报》1985 年第 2 期。

〔71〕临沂市博物馆：《山东临沂金雀山周氏墓群发掘简报》，《文物》1984 年第 11 期。

〔72〕黄颐寿：《江西宜春出土西汉铜钾、铜剑》，《考古》1986 年第 6 期。

〔73〕徐州博物馆：《江苏徐州子房山西汉墓清理简报》，《文物资料丛刊》(4)，北京：文物出版社，1981 年。

〔74〕湖北省博物馆：《云梦大坟头一号汉墓》，《文物资料丛刊》(4)，北京：文物出版社，1981 年。

〔75〕江苏省扬州博物馆：《扬州地区农科所汉代墓葬群清理简报》，《文物资料丛刊》(9)，北京：文物出版社，1985 年。

〔76〕平朔考古队：《山西平朔县秦汉墓发掘简报》，《文物》1987 年第 6 期。

〔77〕洛阳区考古发掘队：《洛阳烧沟汉墓》，北京：科学出版社，1959 年。

〔78〕中国科学院考古研究所洛阳发掘队：《洛阳西郊汉墓发掘报告》，《考古学报》1963 年第 2 期。

〔79〕山东省博物馆：《临沂银雀山四座西汉墓葬》，《考古》1975 年第 6 期。

〔80〕洛阳市文物工作队：《洛阳金谷园车站 11 号汉墓发掘简报》，《文物》1983 年第 4 期。

〔81〕扬州博物馆、邗江县图书馆：《江苏邗江胡场五号汉墓》，《文物》1981 年第 11 期。

〔82〕烟台地区文物管理组：《山东莱西县岱野西汉木椁墓》，《文物》1980 年第 12 期。

〔83〕长沙市文化局文物组：《长沙咸家湖西汉曹嫫墓》，《文物》1979 年第 3 期。

〔84〕扬州博物馆：《扬州东风砖瓦厂汉代木椁墓群》，《考古》1980 年第 5 期。

〔85〕咸阳秦都考古工作站：《秦都咸阳汉墓清理简报》，《考古与文物》1986 年第 6 期。

〔86〕扬州博物馆：《扬州平山养殖场汉墓清理简报》，《文物》1987 年第 1 期。

〔87〕南京博物院：《江苏盱眙东阳汉墓》，《考古》1979 年第 5 期。

〔88〕灵台县文化馆：《甘肃灵台县发现的两座西汉墓》，《考古》1979 年第 2 期。

〔89〕河南省文化局文物工作队：《河南新安铁门镇西汉墓葬发掘报告》，《考古学报》1959 年第 12 期。

〔90〕湖北省博物馆:《光化五座坟西汉墓》,《考古学报》1976 年第 2 期。

〔91〕朱捷元、李域铮:《西安东郊三店村西汉墓》,《考古与文物》1983 年第 2 期。

〔92〕中国社会科学院考古研究所:《满城汉墓发掘报告》,北京:文物出版社,1980 年。

〔93〕山东省菏泽地区汉墓发掘小组:《巨野红土山西汉墓》,《考古学报》1983 年第 4 期。

〔94〕江西省博物馆:《南昌东郊西汉墓》,《考古学报》1976 年第 2 期。

〔95〕河南省文化局文物工作队:《河南禹县白沙汉墓发掘报告》,《考古学报》1959 年第 1 期。

〔96〕林葆仁、夏振英、呼林贵:《东汉司徒刘崎及其家族墓的清理》,《考古与文物》1986 年第 5 期。

〔97〕河北省文化局文物工作队:《河北定县北庄汉墓发掘报告》,《考古学报》1964 年第 2 期。

〔98〕河南省文化局文物工作队:《河南南阳杨官寺汉画像石墓发掘报告》,《考古学报》1963 年第 1 期。

〔99〕陕西考古所汉墓工作组:《西安北郊清理一座东汉墓》,《文物》1960 年第 5 期。

〔100〕洛阳博物馆:《洛阳涧西七里河东汉墓发掘简报》,《考古》1975 年第 2 期。

〔101〕湖南省博物馆:《长沙金塘坡东汉墓发掘简报》,《考古》1979 年第 5 期。

〔102〕湖南省博物馆:《湖南柳州市郊东汉墓发掘简报》,《考古》1982 年第 3 期。

〔103〕薛翘、张嗣介:《江西赣州汉代画像砖墓》,《文物》1982 年第 6 期。

〔104〕徐州博物馆:《徐州发现东汉建初二年五十湅钢剑》,《文物》1979 年第 7 期。

〔105〕淮南市文化局:《安徽省淮南市刘家古堆汉墓发掘简报》,《文物资料丛刊》(4),北京:文物出版社,1981 年。

〔106〕湖南省博物馆:《湖南资兴东汉墓》,《考古学报》1984 年第 1 期。

〔107〕黄河水库考古工作队:《河南陕县刘家渠汉墓》,《考古学报》1965 年第 1 期。

〔108〕王仲珠:《汉代考古学概说》,北京:中华书局,1984 年。

〔109〕钟少异:《汉式铁剑综论》,《考古学报》1998 年第 1 期。

〔110〕孙守道:《"匈奴西岔沟文化"古墓群的发现》,《文物》1960 年第 8、9 期。

〔111〕田广金:《近年来内蒙古地区的匈奴考古》,《考古学报》1983 年第 1 期。

〔112〕吉林省文物考古研究所:《榆树老河深》,北京:文物出版社,1987 年。

〔113〕甘肃省文物考古研究所、甘肃省博物馆、文化部古文献研究室、中国社会科学院历史研究所：《居延新简：甲渠候官与第四燧》，北京：文物出版社，1990 年。

〔114〕林声：《谈云南开始制造铁器的年代》，《考古》1963 年第 4 期。

〔115〕童恩正：《对云南冶铁业产生时代的几点意见》，《考古》1964 年第 4 期。

〔116〕李家瑞：《关于云南开始制造铁器的年代的说明》，《考古》1964 年第 4 期。

〔117〕林声：《关于云南开始制造铁器的年代问题——答李家瑞同志》，《考古》1964 年第 5 期。

〔118〕王大道：《滇池区域的青铜文化》，载《云南青铜器论丛》，北京：文物出版社，1981 年。

〔119〕张增祺：《云南铜柄铁剑及其有关问题的初步探讨》，《考古》1982 年第 1 期。

〔120〕宋世坤：《贵州汉墓的分期》，载《中国考古学会第五次年会论文集（1985）》，北京：文物出版社，1988 年。

〔121〕杨式梃：《关于广东早期铁器的若干问题》，《考古》1977 年第 2 期。广州市文物管理委员会、广州市博物馆：《广州汉墓》，北京：文物出版社，1981 年。

〔122〕广州市文物管理委员会、中国社会科学院考古研究所、广东省博物馆：《西汉南越王墓》，北京：文物出版社，1991 年。

〔123〕黄展岳：《南越国出土铁器的初步考察》，《考古》1996 年第 3 期。

〔124〕安徽省文物工作队、阜阳地区博物馆、阜阳县文化局：《阜阳双古堆西汉汝阴侯墓发掘简报》，《文物》1978 年第 8 期。

〔125〕河北省博物馆：《定县 40 号墓出土的金缕玉衣》，《文物》1976 年第 7 期。

〔126〕中华人民共和国出土文物展览工作委员会：《中华人民共和国出土文物选》，北京：文物出版社，1976 年。

〔127〕狮子山楚王陵考古发掘队：《徐州狮子山西汉楚王陵发掘简报》，《文物》1998 年第 8 期。

〔128〕中国社会科学院考古研究所汉城工作队：《汉长安城武库遗址发掘的初步收获》，《考古》1978 年第 4 期。

〔129〕谢桂华、李均明、朱国炤：《居延汉简释文合校》，北京：文物出版社，1987 年。

〔130〕林梅村、李均明：《疏勒河流域出土汉简》，北京：文物出版社，1984 年。

〔131〕李均明、何双全：《散见简牍合辑》，北京：文物出版社，1990 年。

〔132〕罗振玉、王国维：《流沙坠简》，北京：中华书局，1993 年影印本。

〔133〕劳榦：《居延汉简考证》，《劳榦学术论文集》（甲编），台北：艺文印书馆，1976 年。劳榦此文即其《居延汉简考释》之考证部分，初刊于 1944 年，

1960 年重订再版。

〔134〕中国社会科学院考古研究所：《汉长安城未央宫：1980~1989 年考古发掘报告》，北京：中国大百科全书出版社，1996 年。

〔135〕河南省博物馆：《灵宝张湾汉墓》，《文物》1975 年第 11 期。

〔136〕甘肃居延考古队：《居延汉代遗址的发掘和新出土的简册文物》，《文物》1978 年第 1 期。

〔137〕梅原末治：《支那汉代纪年铭漆器图说》，京都：桑名文星堂，1943 年。

〔138〕贵州省博物馆：《贵州清镇平坝汉墓发掘报告》，《考古学报》1959 年第 1 期。

〔139〕贵州省文物管理委员会：《贵州清镇平坝汉至宋墓发掘简报》，《考古》1961 年第 4 期。

〔140〕方诗铭：《从出土文物看汉代“工官”的一些问题》，《上海博物馆集刊》（2），1982 年。

〔141〕杨琮：《“河内工官”的设置及其弩机生产年代考》，《文物》1994 年第 5 期。

〔142〕吴荣曾：《秦的官府手工业》，载中华书局编辑部编《云梦秦简研究》，北京：中华书局，1981 年。

〔143〕连云港市博物馆、中国社会科学院简帛研究中心、东海县博物馆、中国文物研究所：《尹湾汉墓简牍》，北京：中华书局，1997 年。

〔144〕李均明：《研究汉代武器装备的珍贵史料——记尹湾汉墓出土〈武库永始四年兵车器集簿〉》，《中国文物报》1997 年 12 月 7 日。

〔145〕连云港市博物馆、中国文物研究所：《尹湾汉墓简牍综论》，北京：科学出版社，1999 年。

〔146〕连云港市博物馆：《江苏东海县尹湾汉墓群发掘简报》，《文物》1996 年第 8 期。

〔147〕滕昭宗：《尹湾汉墓简牍概述》，《文物》1996 年第 8 期。

〔148〕蔡万进：《中国连云港东海尹湾汉墓简牍学术研讨会综述》，《中国文物报》1998 年 11 月 25 日。

〔149〕李众：《中国封建社会前期钢铁冶炼技术发展的探讨》，《考古学报》1975 年第 2 期。

〔150〕内蒙古自治区文物工作队：《呼和浩特二十家子古城出土的西汉铁甲》，《考古》1975 年第 4 期。

〔151〕丘亮辉、于晓兴：《郑州古荥镇冶铁遗址出土铁器的初步研究》，《中原文物》1983 年特刊。

〔152〕赵青云、李京华、韩汝玢、丘亮辉、柯俊：《巩县铁生沟汉代冶铸遗址再探讨》，《考古学报》1985 年第 2 期。

〔153〕中国社会科学院考古研究所实验室：《满城汉墓出土铁镞的金相鉴定》，《考古》1981 年第 1 期。

〔154〕大葆台汉墓发掘组:《北京大葆台汉墓》，北京：文物出版社，1989 年。

〔155〕韩汝玢、于晓兴：《郑州东史马东汉剪刀与铸铁脱碳钢》，《中原文物》1983 年特刊。

〔156〕中国社会科学院考古研究所:《陕县东周秦汉墓》，北京：科学出版社，1994 年。

〔157〕杜茀运、韩汝玢：《汉长安城武库遗址出土部分铁器的鉴定》，《考古学集刊》（5），北京：中国社会科学出版社，1982 年。

〔158〕韩汝玢、柯俊：《中国古代的百炼钢》，《自科科学史研究》第 3 卷第 4 期，1984 年。

〔159〕刘心健、陈自经：《山东苍山发现东汉永初纪年铁刀》，《文物》1974 年第 12 期。

〔160〕北京科技大学冶金与材料史研究所、徐州汉兵马俑博物馆：《徐州狮子山西汉楚王陵出土铁器的金相实验研究》，《文物》1999 年第 7 期。

〔161〕华觉明、杨根、刘恩珠：《战国两汉铁器的金相学考察初步报告》，《考古学报》1960 年第 1 期。

〔162〕李京华:《中国古代冶金技术研究》，郑州：中州古籍出版社，1994 年。

〔163〕李京华：《新发现的三件汉铁官铭器小考》，《考古》1999 年第 10 期。

〔164〕丘亮辉：《河南汉代铁器的金相普查》，《科技史文集》（3），上海：上海科学技术出版社，1985 年。

〔165〕李众：《从渑池铁器看我国古代冶金技术的成就》，《文物》1976 年第 8 期。

〔166〕《中国冶金史》编写组：《从古荥遗址看汉代生铁冶炼技术》，《文物》1978 年第 2 期。

〔167〕北京钢铁学院《中国古代冶金》编写组：《中国古代冶金》，北京：文物出版社，1978 年。

〔168〕苗长兴、吴坤仪、李京华：《从铁器鉴定论河南古代钢铁技术的发展》，《中原文物》1993 年第 4 期。

〔169〕孙机：《略论百炼钢刀剑及相关问题》，《文物》1990 年第 1 期。

〔170〕华觉明：《中国古代钢铁技术的特色及其形成》，《科技史文集》（3），上海：上海科学技术出版社，1980 年。

〔171〕何堂坤：《百炼钢及其工艺》，《科技史文集》（3），上海：上海科学技术出版社，1985 年。

〔172〕钟少异：《满城汉墓出土的古兵器——鹤嘴》，《文物天地》1991 年第 3 期。

〔173〕钟少异：《金戈铁戟——中国古兵器的历史与传统》，北京：解放军出版社，1999 年。

〔174〕曾昭燏、蒋宝庚、黎忠义：《沂南古画像石墓发掘报告》，北京：文化部文物管理局，1956 年。

〔175〕朱锡禄：《武氏祠画像石》，济南：山东美术出版社，1986 年。

〔176〕山东省博物馆、山东省文物考古研究所：《山东汉画像石》，济南：齐鲁书社，1982 年。

〔177〕成东、钟少异：《中国古代兵器图集》，北京：解放军出版社，1990 年。

〔178〕定县博物馆：《河南定县 43 号汉墓发掘简报》，《文物》1973 年第 11 期。

〔179〕四川省博物馆：《四川牧马山灌溉渠石墓清理简报》，《考古》1959 年第 8 期，

〔180〕李京华：《汉代的铁钩镶与铁钺戟》，《文物》1965 年第 2 期。

〔181〕白荣金：《呼和浩特出土汉代铁甲研究》，《文物》1999 年第 2 期。

〔182〕福建省文物管理委员会：《福建崇安城村汉城遗址试掘》，《考古》1960 年第 10 期。

〔183〕陈直：《福建崇安城村汉城遗址时代的推测》，《考古》1961 年第 4 期。

〔184〕侯仁之、俞伟超：《乌兰布和沙漠的考古发现和地理环境的变迁》，《考古》1973 年第 2 期。

〔185〕白荣金：《西汉长安武库残甲复原》，载中国社会科学院考古研究所编《汉长安武库》，北京：文物出版社，2005 年。

〔186〕白荣金：《汉代考古发现的铠甲及复原研究》，载北京大学考古学系编《“迎接二十一世纪的中国考古学”国际学术讨论会论文集》，北京：科学出版社，1998 年。

〔187〕山东省淄博市博物馆、中国社会科学院考古研究所技术室：《西汉齐王铁甲胄的复原》，《考古》1987 年第 11 期。

〔188〕白荣金：《西安北郊汉墓出土铁甲胄的复原》，《考古》1998 年第 3 期。

〔189〕B. Sommarstrom, *Archaeological Researches in the Edsen-gol Region*, Inner Mongolia, Stockholm, 1958.

〔190〕内蒙古自治区文物工作队：《1959 年呼和浩特郊区美岱古城发掘简报》，《文物》1961 年第 9 期。

〔191〕陕西省文物管理委员会、咸阳市博物馆：《陕西省咸阳杨家湾出土大批西汉彩绘陶俑》，《文物》1966 年第 3 期。

〔192〕杨家湾汉墓发掘小组：《咸阳杨家湾汉墓发掘简报》，《文物》1977 年第 10 期。

〔193〕榧本杜人等：《乐浪汉墓》（2）《石岩里第二一九号墓发掘调查报告》，京都，1975 年。

〔194〕梅原末治、藤田亮策：《朝鲜古文化综鉴》（2）《乐浪》，奈良：养德社，1948 年。

〔195〕新疆维吾尔自治区博物馆：《新疆民丰县北大沙漠中古遗址墓葬区东汉合葬墓清理简报》，《文物》1960 年第 6 期。

〔196〕何介钧：《马王堆汉墓》，北京：文物出版社，1982 年。

〔197〕湖北省博物馆：《1978 年云梦秦汉墓发掘报告》，《考古学报》1986 年

第4期。

〔198〕湖南省博物馆、中国科学院考古研究所：《长沙马王堆二、三号汉墓发掘简报》，《文物》1974年第7期。

〔199〕陈公柔、徐苹芳：《关于居延汉简的发现和研究》，《考古》1960年第1期。

〔200〕南阳汉代画像石编辑委员会编：《南阳汉代画像石》，北京：文物出版社，1985年。

〔201〕宋兆麟、何其耀：《从少数民族的木弩看弩的起源》，《考古》1980年第1期。

〔202〕孙机：《汉代物质文化资料图说》，北京：文物出版社，1991年。

〔203〕河北省文物研究所：《燕下都》，北京：文物出版社，1996年。

〔204〕四川省文物考古研究所、绵阳市博物馆：《绵阳永兴双包山二号西汉木椁墓发掘简报》，《文物》1996年第11期。

〔205〕夏鼐：《考古学和科技史》，北京：科学出版社，1979年。

〔206〕夏星南：《浙江长兴县出土一件有刻度的铜弩机》，《考古》1983年第1期。

〔207〕Joseph Needham, Robin D. S. Yates, with the collaboration of Krzysztof Gawlikowski, Edward McEwen, Wang Ling, *Science and Civilisation in China*, Vol. 5, Part VI, Military Technology: Missiles and Siges, Cambridge University Press, Cambridge, 1994.

〔208〕李约瑟、叶山著，石施道（高利考夫斯基）、麦克尤恩、王铃协助：《中国科学技术史》第5卷第6分册《军事技术：抛射武器和攻守城技术》，钟少异等译，北京：科学出版社，上海：上海古籍出版社，2002年。

〔209〕甘肃省文物工作队、甘肃省博物馆：《汉简研究文集》，兰州：甘肃人民出版社，1984年。

〔210〕丘光明：《我国古代权衡器简论》，《文物》1984年第10期。

〔211〕吉田光邦：《弓和弩》，《中国科学技术史论集》，东京，1972年。

〔212〕汉语大词典编辑委员会、汉语大词典编纂处：《汉语大词典》附录·索引卷，上海：汉语大词典出版社，1994年。

〔213〕陈梦家：《亩制与里制》，《考古》1966年第1期。

〔214〕文齐国：《两千年前的地下车马阵——绵阳永兴双包山二号西汉木椁墓发掘记》，《文物天地》1998年第3期。

〔215〕林巳奈夫:《汉代の文物》，京都：京都大学人文科学研究所，1976年。

〔216〕吴镇烽、尚志儒：《陕西凤翔八旗屯秦国墓葬发掘简报》，《文物资料丛刊》（3），北京：文物出版社，1980年。

〔217〕河南省文物研究所、周口地区文化局文物科：《河南淮阳马鞍冢楚墓发掘简报》，《文物》1984年第10期。

〔218〕广州市文物管理处、中山大学考古专业75届工农兵学员：《广州秦汉造船工场遗址试掘》，《文物》1977年第4期。

〔219〕杜石然、范楚玉、陈美东、金秋鹏、周世德、曹婉如：《中国科学技术史稿》，北京：科学出版社，1982 年。

〔220〕冯永驱：《广州发现南越国御苑遗迹》，《中国文物报》1998 年 1 月 25 日。

〔221〕广州市文物管理委员会：《广州市龙生岗 43 号东汉木椁墓》，《考古学报》1957 年第 1 期。

〔222〕中国科学院考古研究所：《长沙发掘报告》，北京：科学出版社，1957 年。

〔223〕谭其骧主编：《中国历史地图集》，北京：地图出版社，1982 年。

〔224〕中国航海学会：《中国航海史（古代航海史）》，北京：人民交通出版社，1988 年。

〔225〕上海交通大学“造船史话”组：《秦汉时期的船舶》，《文物》1977 年第 4 期。

〔226〕广州市文物管理委员会：《广州市东郊东汉砖室墓清理纪略》，《文物参考资料》1955 年第 6 期。

〔227〕广州市文物管理委员会：《广州皇帝岗西汉木椁墓发掘简报》，《考古通讯》1957 年第 4 期。

〔228〕长江流域第二期文物考古工作人员训练班：《湖北江陵凤凰山西汉墓发掘简报》，《文物》1974 年第 6 期。

〔229〕杨耀林、谭永业：《广东德庆汉墓出土一件陶船模型》，《文物》1983 年第 10 期。

〔230〕李复华、郭子游：《郫县出土东汉画像石棺图像略说》，《文物》1975 年第 8 期。

〔231〕“造船史话”编写组：《造船史话》，上海：上海科学技术出版社，1979 年。

〔232〕席龙飞：《桨舵考》，《武汉水运工程学院学报》1981 年第 1 期。

〔233〕文尚光：《舵的产生及演进刍议》，《武汉水运工程学院学报》1982 年第 3 期。

〔234〕周世德：《中国古船桨系考略》，《自然科学史研究》第 8 卷第 2 期，1989 年。

〔235〕文尚光：《中国风帆出现的时代》，《武汉水运工程学院学报》1983 年第 3 期。

〔236〕孙光圻：《试论公元前中国风帆存在的可能性及其最早出现的时限》，《船史研究》(2)，中国造船工程学会《船舶工程》特刊，1986 年。

〔237〕张维华：《中国长城建置考（上编）》，北京：中华书局，1979 年。

〔238〕文物编辑委员会：《中国长城遗迹调查报告集》，北京：文物出版社，1981 年。

〔239〕唐晓峰：《内蒙古西北部秦汉长城调查记》，《文物》1977 年第 5 期。

〔240〕陆思贤、盖山林：《内蒙古境内战国秦汉长城遗迹》，载中国考古学会

编《中国考古学会第一次年会论文集（1979）》，北京：文物出版社，1980年。

〔241〕王大方：《内蒙古乌拉特前旗发现秦代石筑长城》，《中国文物报》1998年3月8日。

〔242〕王大方：《内蒙古秦长城勘测取得阶段性成果》，《中国文物报》1998年12月6日。

〔243〕王晓玲：《历史的足迹——秦长城》，《中国文物报》1998年5月17日。

〔244〕史念海：《秦始皇直道遗迹的探索》，《文物》1975年第10期。

〔245〕延安地区文物普查队：《延安境内秦直道调查报告之一》，《考古与文物》1989年第1期；《延安境内秦直道调查报告之二》，《考古与文物》1991年第5期。

〔246〕《陕西交通史志通讯》1986年第5期《秦直道实地考察专辑》。

〔247〕史念海：《直道和甘泉宫遗迹质疑》，《中国历史地理论丛》1988年第3辑。

〔248〕吕卓民：《秦直道疑义辨析》，《中国历史地理论丛》1990年第1辑。

〔249〕王子今：《秦汉长城与北边交通》，《历史研究》1988年第6期。

〔250〕王子今：《秦汉交通史稿》，北京：中共中央党校出版社，1994年。

〔251〕孙德润、李绥成、马建熙：《渭河三桥初探》，《考古与文物》丛刊第3号《陕西省考古学会第一届年会论文集》，西安:《考古与文物》编辑部，1983年。

〔252〕胡德经：《洛阳—长安两京古道考察》，《中州今古》1986年第1期。

〔253〕陈直：《汉书新证》，天津：天津人民出版社，1979年。

〔254〕陕西省考古研究所秦汉研究室：《秦物质文化史》，西安：三秦出版社，1994年。

〔255〕唐兆民：《灵渠文献粹编》，北京：中华书局，1982年。

〔256〕《中国大百科全书·水利》，北京：中国大百科全书出版社，1992年。

〔257〕《中国大百科全书·考古》，北京：中国大百科全书出版社，1986年。

〔258〕中国科学院考古研究所山西工作队：《山西夏县禹王城调查》，《考古》1963年第9期。

〔259〕中国科学院考古研究所洛阳发掘队：《洛阳涧滨东周城址发掘报告》，《考古学报》1959年第2期。

〔260〕山东省文物考古研究所、山东省博物馆、济宁地区文物组、曲阜县文管会：《曲阜鲁国故城》，济南：齐鲁书社，1982年。

〔261〕程欣人、蔡成鼎：《湖北省江陵境内三个古城遗址的初步调查》，《文物参考资料》1954年第3期。

〔262〕河北省文化局文物工作队：《河北易县燕下都故城勘察和试掘》，《考古学报》1965年第1期。

〔263〕《汉官六种》，北京：中华书局，1990年。

〔264〕王仲殊：《汉长安城考古工作的初步收获》，《考古通讯》1957年第5期。

〔265〕王仲殊：《汉长安城考古工作收获续记——宣平城门的发掘》，《考古通讯》1958年第4期。

〔266〕刘庆柱：《汉长安城的考古发现及相关问题研究——纪念长安城考古工作四十年》，《考古》1996年第10期。

〔267〕中国社会科学院考古研究所汉唐考古研究室：《考古研究所汉唐宋元考古二十年》，《考古》1997年第8期。

〔268〕傅熹年：《唐长安大明宫玄武门及重玄门复原研究》，《考古学报》1977年第2期。

〔269〕中国社会科学院考古研究所洛阳汉魏故城队：《汉魏洛阳故城城垣试掘》，《考古学报》1998年第3期。

〔270〕中国科学院考古研究所洛阳工作队：《汉魏洛阳城初步勘查》，《考古》1973年第4期。

〔271〕中国社会科学院考古研究所洛阳汉魏城工作队：《北魏洛阳外廓城和水道的勘查》，《考古》1993年第7期。

〔272〕杨育彬：《河南考古》，郑州：中州古籍出版社，1985年。

〔273〕中国科学院自然科学史研究所：《中国古代建筑技术史》，北京：科学出版社，1985年。

〔274〕肖景全、李继群、李荣发：《抚顺发现汉代烽台遗存》，《中国文物报》1999年4月18日。

〔275〕陈梦家：《汉简缀述》，北京：中华书局，1980年。

〔276〕吴礽骧：《玉门关与玉门关侯》，《文物》1981年第10期。

〔277〕Mark Aurel Stein，Serindia，*Detailed Report of Explorations in Central Asia，and Western-most China*，5 Vols，Oxford，1921.

〔278〕Mark Aurel Stein，Innermost Asia，*Detailed Report of Explorations in Central Asia*，Kansu and Eastern Iran，4Vols，Oxford，1928.

〔279〕奥雷尔·斯坦因：《西域考古图记》，中国社会科学院考古研究所译，南宁：广西师范大学出版社，1999年。

〔280〕黄文弼：《罗布淖尔考古记》（西北科学考察团丛刊），北平：北平研究院史学研究所中国西北科学考察团理事会，1948年。

〔281〕夏鼐：《新获之敦煌汉简》，《中央研究院历史语言研究所集刊》（19），1948年，后收入夏鼐《考古学论文集》，北京：科学出版社，1961年。

〔282〕阎文儒：《河西考古杂记》，《文物参考资料》1953年第2期。

〔283〕甘肃省博物馆、敦煌县文化馆：《敦煌马圈湾汉代烽燧遗址发掘简报》，《文物》1981年第10期。

〔284〕Bo Sommarstrom，*Archaeological Researches in Edsen-gol Region*，Inner Mongolia，Part Ⅱ，Stockholm，1958.

〔285〕中国社会科学院考古研究所：《居延汉简甲乙编》，北京：中华书局，1980年。

〔286〕甘肃省文物工作队：《额济纳河下游汉代烽燧遗址调查报告》，《汉简研

究文集》，兰州：甘肃人民出版社，1984 年。

〔287〕中国社会科学院考古研究所考古科技实验研究中心、汉唐考古研究室：《新疆库尔勒至轮台间古代城址的遥感探查》，《考古》1997 年第 7 期。

〔288〕李殿福：《吉林省西南部的燕秦汉文化》，《社会科学战线》1978 年第 3 期。

〔289〕吴荣曾：《内蒙古呼和浩特东郊塔布秃村汉城遗址调查》，《考古》1961 年第 4 期。

〔290〕吴荣曾：《内蒙古呼和浩特塔布秃村汉城遗址调查补记》，《考古》1961 年第 6 期。

〔291〕李兰盛：《内蒙古卓资县三道营古城》，《考古》1992 年第 5 期。

〔292〕傅熹年：《记顾铁符先生复原的马王堆三号汉墓帛书中的小城图》，《文物》1996 年第 6 期。

〔293〕广西壮族自治区文物工作队、兴安县博物馆：《广西兴安县秦城遗址七里圩王城城址的勘探与发掘》，《考古》1998 年第 11 期。

〔294〕马王堆汉墓帛书整理小组：《马王堆三号汉墓出土驻军图整理简报》，《文物》1976 年第 1 期。

〔295〕银雀山汉墓竹简整理小组：《银雀山竹书〈守法〉〈守令〉等十三篇》，《文物》1985 年第 4 期。

〔296〕甘肃居延考古队简册整理小组：《“塞上烽火品约”释文》，《考古》1979 年第 4 期。

〔297〕薛英群：《居延〈塞上烽火品约〉册》，《考古》1979 年第 4 期。

〔298〕徐苹芳：《居延、敦煌发现的〈塞上烽火品约〉——兼释汉代的蓬火制度》，《考古》1979 年第 5 期。

〔299〕穗文：《“广州秦汉造船工场遗址”争鸣推进科学研究》，《中国文物报》2000 年 12 月 24 日。

〔300〕山西省考古研究所：《山西夏县禹王城汉代铸铁遗址试掘简报》，《考古》1994 年第 8 期。

〔301〕孙相武：《秦直道调查记》，《文博》1988 年第 4 期。

〔302〕李仲立、刘得祯：《甘肃庆阳地区秦直道调查记》，《考古与文物》1991 年第 5 期。

〔303〕王开：《秦直道新探》，《西北史地》1987 年第 2 期。

〔304〕始皇陵考古队：《始皇陵园 K9801 陪葬坑第一次试掘简报》，《考古与文物》2001 年第 1 期。

〔305〕杨泓：《古兵二题》，载饶宗颐主编《华学》（4），北京：紫禁城出版社，2000 年。

〔306〕华觉明：《中国古代金属技术——铜和铁造就的文明》，郑州：大象出版社，1999 年。

〔307〕李京华、陈长山：《南阳汉代冶铁》，郑州：中州古籍出版社，1995 年。

〔308〕咸阳市文物考古研究所：《塔儿坡秦墓》，西安：三秦出版社，1998 年。

〔309〕陕西省考古研究所、秦始皇陵兵马俑博物馆：《秦始皇帝陵园考古报告(1999)》，北京：科学出版社，2000 年。

〔310〕岳邦湖、钟圣祖：《疏勒河流域汉代长城考察报告》，北京：文物出版社，2001 年。

第五编　魏晋南北朝和隋唐五代

东汉王朝崩溃后，出现了魏、蜀、吴三国鼎立争雄的局面，其后有西晋的短暂统一，接着出现了更大的动乱，北方游牧民族乘机大规模入据中原，导致了东晋十六国和南北朝时期长期的南北分裂对峙。三国争雄、北方游牧民族入据中原和南北分裂对峙，为军事技术发展注入了新的活力。魏晋南北朝因而成为中国历史上军事技术发展的一个活跃时期，涌现了诸多新的发明创造。由于国家分裂，此时期军事技术的发展总体上不如秦汉时代那样规模宏大，但却以许多巧妙的构思、独特的创造而引人入胜。经过这个时期的发展，中国冷兵器时代的军事技术已经基本完备。隋唐时期的军事技术继承和总结了以往历代的发展成果，在新的一统天下的基础之上，展现出雄厚的气度。

第一章
造兵机构的演变

在中国古代，兵器制造始终为国家所垄断，兵器制造部门一直是官方手工业中最为重要的部门。

继承秦汉制度，魏晋南北朝时期的朝廷大多有少府的建制，职掌手工业生产，包括兵器制造。同时，掌管国家武库的中央卫戍机构，有时也兼管兵器制造。如西晋时，少府“统材官校尉、中左右三尚方、中黄左右藏、左校、甄官、平准、奚官等令”；卫尉“统武库、公车、卫士、诸冶等令”①。这两个机构分别掌管着许多重要的手工业部门，仅与兵器制造密切相关的冶铸业，西晋卫尉就“领冶令三十九，户五千三百五十”②。东晋罢省卫尉，其所领诸冶“度隶少府”③。除上述中央直属的制造部门外，一些地方也有较大规模的官方手工业，如西晋时江南有“梅根及冶塘二冶，皆属扬州，不属卫尉”④。

南朝刘宋沿袭了东晋的制度，兵器制造由少府统管。其下有左、右尚方，“并掌造军器”，相当于汉代的考工；又有东、南二冶，“掌工徒鼓铸”，类似汉代的铁官⑤。南齐、梁、陈制度，大抵相仿。

入主中原的游牧民族建立的北方诸朝廷，也多依中原王朝旧制，将手工业，特别是兵器制造业置于国家控制之下，设官管理。十六国时前燕慕容皝对“百工商贾”，“量军国所须，置其员数，已外归之于农”⑥。鲜卑拓跋部建立北魏后，即设少府管理手工业，孝文帝太和二十三年（499 年）改定百官，改少府为太府，其实未变⑦。北周建德四年（575 年），初置军器监⑧。这是一个创举，说明在中央有了品级较高的独立的兵器制造业的管理机构。

隋唐因袭魏周制度而不断有所变易。隋不设军器监，文帝时兵器制造统归太府掌管；炀帝时太府但管京都诸市、平准和左右藏，其手工业部门又分出置为少府监，兵器制造也改隶少府监，其下一度设有铠甲、弓弩二署，专掌兵器制造⑨。隋炀帝征伐四方，曾以云定兴节度少府工匠大造兵器⑩。

唐代军器监时设时废。《通典》卷二十七《职官九》记：

> 大唐武德初，置军器监。贞观元年，罢军器大监，置少监，后省之，以

---

① 《晋书·职官志》，第 736、737 页。
② 《宋书·百官志上》，第 1230 页。
③ 《宋书·百官志上》，第 1232 页；《晋书·职官志》，第 736 页。
④ 《宋书·百官志上》，第 1230 页。
⑤ 《宋书·百官志上》，第 1232 页。
⑥ 《晋书·慕容皝载记》，第 2825 页。
⑦ 《魏书·官氏志》，第 2979、2993～2995 页。
⑧ 《周书·武帝纪下》，第 91 页；《通典》卷二十九《职官九》。
⑨ 《隋书·百官志下》，第 777、798～799 页。
⑩ 《隋书·云定兴传》，第 1467～1468 页。

其地隶少府监，为甲、弩坊。开元初，复以其地置军器使。至（开元）三年，以使为监，更置少监一员、丞二员、主簿一员、录事一员，及弩坊等署。十一年，悉罢之，复隶少府，为甲、弩坊。十六年，移其名于北都，置军器监。天宝六载，复于旧所置军器监，监一人，领甲坊、弩坊两署。

在唐代，少府监"掌百工技巧之政"，是中央掌管整个手工业的机构，其主官为"从三品"。军器监是中央专门掌管兵器制造的机构，主官为"正四品上"，级别略低于少府监。军器监下设弩坊署和甲坊署，前者"掌出纳矛矟、弓矢、排弩、刃镞、杂作及工匠"，后者"掌出纳甲胄、绠绳、筋角、杂作及工匠"①。可见弩坊、甲坊两署皆辖有诸多作坊或工场，称为"作"，弩署诸作生产各种杀伤兵器，甲坊诸作分工制造甲胄。两署长官"各掌其所修之物，督其缮造，辨其粗良"②。军器监罢废时，其两署诸作便直隶少府监。这一系统显然是由北周军器监和隋代少府监的铠甲、弓弩二署发展而来。

自北周设军器监，隋代置铠甲署和弓弩署，中央造兵机构便以军器监或少府监所辖甲、弩两署诸作为主体。此外，少府所属其他机构也参与兵器制造。如唐时少府下设有右尚（方）署和诸冶监。右尚署掌供御用马辔皮毛等工，亦制造"刀剑、斧钺、甲胄、纸笔、茵席、履舄"等物，类于汉代的尚方；诸冶监"掌铸兵、农之器，给军士、屯田、居民"，类于汉代的铁官③。

按照隋唐制度，少府监或军器监诸坊作生产的兵器，例交卫尉入武库收藏。唐卫尉下辖两京武库署，"掌藏兵械"，"兵器入者，皆籍其名数"，"凡供宫卫者，岁再阅，有敝则修于少府"④。两京即京师长安和东都洛阳，皆有中央武库。《唐六典》卷十六《卫尉寺》详例了武库所藏兵器的品目。天宝十年（751 年）八月丙辰，长安武库火灾，焚毁兵器 40 余万件⑤。可见藏兵之丰。

除上述中央造兵机构之外，隋唐时期一些重要地区也有较发达的兵器制造业。如中唐时江淮一些州的官府作坊能够大量制造兵器，代宗大历七年（772 年）有诏云："扬、洪、宣等三州作坊，往以军兴，是资戎器。"⑥ 穆宗长庆元年（821 年），宣州观察使元锡曾"进弓箭器械共五万二千事"⑦。又如文宗太和四年（830 年）李德裕治四川，为防备吐蕃和南诏，"请甲人于安定，弓人河中，弩人浙西，繇是蜀之器械皆犀锐"⑧。

---

① 《新唐书·百官志三》，第 1275～1276 页。
② 《唐六典》卷二十二。
③ 《唐六典》卷二十二；《新唐书·百官志三》，第 1270～1271 页。
④ 《新唐书·百官志三》，第 1248～1249 页；《隋书·百官志下》，第 776 页。
⑤ 《新唐书·五行志一》，第 886 页。
⑥ 《册府元龟》卷一三五。
⑦ 《册府元龟》卷四八五。
⑧ 《新唐书·李德裕传》，第 5331～5332 页。

第二章
铁兵器及其制造技术

第一节 铁兵器制造技术的发展

在魏晋南北朝和隋唐五代时期，冶铁技术继承汉代的成果并逐渐有所发展，铁兵器制造技术也逐渐取得一些新的进步，表现出中古时代典型的缓慢发展的特征。

一、冶铁业布局的扩大

魏晋南北朝时期，以制造兵器和生产工具（特别是农具）为主的冶铁业已经成为手工业中最大和最重要的部门，生产铁器的大小工场、作坊，遍布南北各地，“其铸铁为农器、兵刃，在所有之”①。虽然不时遭到战乱的破坏，但随着每一个新政权的建立和局势的稍微安定，冶铁业便逐渐得到恢复。

为供应军国之需，魏晋南北朝时期的各个政权和朝廷都建立了规模较大的官营冶铁业。如三国时曹魏和蜀汉都设有“司金中郎将”，“典作农战之器”②；后赵石虎曾在丰国、渑池建立冶铁业，“徙刑徒配之”③；南燕慕容德曾在商山（今山东淄博市东）建立冶铁业④；北魏时，相州牵口冶（位今河南浚县北）技术精工，“故常炼锻为刀，送于武库”⑤。

尤其值得重视的是，由于东吴、东晋和南朝诸政权对南方地区的治理和开发，以及中原地区人口的南迁和技术的南移，南方地区的冶铁业有了长足的发展。《宋书·百官志》称：

> 江南诸郡县有铁者，或置冶令，或置丞，多是吴所置。

可见自东吴以后，南方地区的冶铁业进入了一个新的发展阶段。其时在江南一带出现了一些冶铁业中心。《太平御览》卷三四三引陶弘景《刀剑录》说：“吴主孙权黄武五年（206 年），采武昌山铜铁作十口剑、万口刀，各长三尺九寸，刀头方，皆是南钢越炭作之，上有大吴篆字。”《宋书·百官志》记载：西晋时江南有“梅根及冶塘二冶”。梅根冶在今安徽贵池县东，冶塘冶在今武昌东南⑥。《太平御览》卷八三三引《武昌记》说：武昌的北济湖从南朝刘宋元嘉初年（424 年）起，还新建了“水冶”，即用水力鼓风的冶铁手工业。又，《宋书·百官志》记刘宋时建

---

① 《魏书·食货志》，第 2857 页。

② 《三国志·魏书·王脩传》及注引《魏略》，第 347 ~ 348 页；《三国志·蜀书·张裔传》，第 1011 页。

③ 《晋书·石季龙载记上》，第 2770 页。

④ 《晋书·慕容德载记》，第 3169 页。

⑤ 《魏书·食货志》，第 2857 页。

⑥ 《太平寰宇记》卷一〇五池州铜陵县：“自齐、梁之代，为梅根冶，以烹铜铁。”卷一一二鄂州江夏县：“冶唐山，在县东南二十六里。旧记云，先是晋、宋之时，依山置冶，因名。”

康（今南京）有东冶和南冶；《梁书·唐绚传》记梁时建康有东冶和西冶，梁武帝命康绚督建浮山堰，用东西二冶铁器“数千万斤”① 沉于堰所 。随着武昌、建康等江南大铁冶中心的出现，原先冶铁业中心主要分布于长江以北地区（如河南、山东、苏北、关中、河北、山西等地）的状况得到了改变。

此时期南方地区冶铁业的发展，还波及了偏远的岭南地区。三国时期，东吴的辖境扩及岭南，吴末帝孙皓时（264～280年）滕脩、陶璜等人任广州、交州刺史，即兴办盐铁②。东晋初，广州刺史邓岳更“大开鼓铸，诸夷因此知造兵器”③。岭南地区的冶铁业正是从这时候开始逐渐兴盛起来。

二、炒钢技术的普及

自从生铁炼钢技术特别是炒钢技术在汉代推广以后，中国铁器生产中的铁料主要就是两大类：一类是生铁，一类是由生铁炼冶得到的熟铁和钢。早期的块炼铁和块炼渗碳钢渐少生产和使用。就铁兵器制造而言，主要的材料是由生铁炼冶得到的熟铁和钢，基本的加工工艺是加热锻打（偶有冷锻）④，制造优质铁兵器则增加加热折叠锻打的次数。

在汉代，熟铁和钢的生产已经确立了以炒钢方法为主。魏晋以后，炒钢技术更进一步推广，兵器和工具的制造都更多地采用炒钢（或熟铁）冶锻。炒钢法不易控制铁料的含碳量，其产品一般含碳较低，主要是熟铁和低碳钢，而且有较多夹杂，故质地较松软或刚性不强，汉魏以来，人们实际上把它们都笼统地称为“铁”、“柔铁”、“熟铁”⑤，或称之为“黄铁”⑥，只有经过热锻锤炼，挤去杂质，组织改善，刚性增强者，才被称为“刚（钢）铁”。如晋、隋间人撰著的《夏侯阳算经》卷中《称轻重》记有两道有关炒钢的算术题：一道是计算用6281斤生铁炼黄铁（即熟铁），每斤耗5两（即损耗31%），计算结果是炼出黄铁4318斤3两；另一道是计算用这些黄铁再炼成钢铁3508斤8两10铢5丝，损耗率12.5%。因此，中国古人一直把锻打视为炼钢的基本方法，把经过繁复加热折叠锻打得到的“精钢”、“纯钢”称为“百炼钢”。成语“千锤百炼”、“百炼成钢”中的“炼”字，本意就是锻打⑦。这种认识在沈括《梦溪笔谈》卷三《辨证一·炼钢》中有非常典型的表述：

---

① 所谓“数千万斤”，似应理解为数千几近于万斤。

② 《晋书·陶璜传》，第1559页。

③ 《晋书·庾亮传附弟翼传》，第1932页。

④ 北京科技大学冶金与材料史研究所分析检测的若干魏晋十六国时期铁兵器，品种有刀、剑、矛、镞，大多为锻打制成（见〔241〕）；中国社会科学院考古研究所实验室分析检测的若干唐代铁兵器，品种有刀、矛、镞和甲片，全为锻打制成（见〔1〕）。

⑤ 柔铁之“柔”字本写作“鍒”，亦写作“鑐”。东汉许慎《说文解字》：“鍒，铁之耎（软）也。”唐李世勣、苏恭等著《唐本草》：“单言铁者，鍒铁也。”宋代苏颂《本草图经》：“初炼矿用以铸泻器者为生铁。再三销拍，可作鍱者为鑐铁，亦谓之熟铁。”（《重修政和经史证类备用本草》卷四引）“柔（鍒、鑐）铁”之名是与“刚（钢）铁”相对而来；“熟铁”之名是与“生铁”相对而来。《淮南子·修务训》“羊头之销”许慎注：“销，生铁也。”（《文选》卷三十五张协《七命》唐李善注引）东汉已有“生铁”之名，当也有“熟铁”之称。

⑥ 见晋、隋间人著《夏侯阳算经》卷中《称轻重》。

⑦ 见本书第四编第三章第一节（三）。

予出使，至磁州锻坊，观炼铁，方识真钢。凡铁之有钢者，如面中有筋，濯尽柔面，则面筋乃见。炼钢亦然，但取精铁锻之百余火，每锻称之，一锻一轻，至累锻而斤两不减，则纯钢也，虽百炼不耗矣。此乃铁之精纯者，其色清明，磨莹之则黯黯然青黑，与常铁迥异。

南宋曾敏行《独醒杂志》卷四说："出铁百炼，尽其铁以取精钢。"意也相近。

随着炒钢愈益盛行，不仅早期的块炼铁和块炼渗碳钢，即使是汉魏时期仍有相当地位的铸铁脱碳钢①，也越来越少生产和采用。唐代以后，所谓"熟铁"，基本上就是用炒钢法生产的铁和钢，明宋应星《天工开物》卷中《五金·铁》就说：

凡铁分生、熟，出炉未炒则生，既炒则熟。

北京科技大学冶金史研究室检测分析的一批河南出土南北朝至唐宋时代的铁器，明显地反映出这种发展变化的趋势②。

三、百炼钢工艺标准的变化

汉代人把钢铁折叠锻打称为"辟湅"，省称为"辟"或"湅"，"湅"往往简写作"涷"，后又俗写作"鍊（炼）"。繁复地加热折叠锻打是中古时期制造优质铁兵器的基本方法。在东汉晚期和三国时期，人们把这种工艺称为"百炼"，也称为"百辟"。"炼"、"辟"仍是折叠锻打的意思。但南北朝以后，"百辟"的概念渐渐消亡，"百炼"的说法愈益流行。这也许与百炼钢工艺标准的某种变化有关。

后世所谓钢铁之"炼"，或指熔炼，或指加热锻打，而不见折、叠锻打的意思。作为钢铁加工工艺的术语，通常加热锻打一次，称为一"炼"或一"火"。如北宋沈括所记磁州锻坊炼钢，"但取精铁锻之百余火"。又如近代浙江龙泉宝剑厂制作铁剑有"九炼成钢"的传统方法，意为锻炼"九火"，同时也取意于"九"与"久"谐音〔7〕。在这里，折、叠的次数已经不是主要的标准，因为并非每次加热锻打都进行折叠，而通常是加热锻打数次才折叠一次。但"百炼"或"百余火"所含的折、叠次数仍是相当多的。因此，百炼钢工艺的实质没有改变。而且，魏晋以后百炼钢工艺的基本原料一直是炒钢或熟铁，反复地加热折叠锻打的作用机理与汉代百炼钢工艺也相同。

这个时期百炼钢武器的最著名之例，当推十六国时夏主赫连勃勃的"大夏龙雀"刀。《晋书·赫连勃勃载记》记，赫连勃勃称王时，以叱干阿利为将作大匠，阿利"性工巧"，但残忍刻暴，其督造兵器，成而试之，射甲不入即杀弓人，入则斩铠匠，故"精锐尤甚"，"又造百炼钢刀，为龙雀大环，号曰大夏龙雀，铭其背曰：'古之利器，吴楚湛卢。大夏龙雀，名冠神都。可以怀远，可以柔逋。如风靡草，威服九区。'世甚珍之。"③

《太平御览》卷三四六引陶弘景《刀剑录》称："后赵石勒建平元年造一刀，用五金，工用万人。""前秦苻坚甘露四年造一刀，用五千功。"费功（工）如此之巨，当都是百炼宝刀。

① 关于汉魏时期铸铁脱碳钢的应用情况，见〔2〕〔3〕〔4〕及〔241〕。

② 见〔5〕〔6〕。

③ 叱干阿利的另一杰作，是用残酷手段督建成统万城，见本编第六章第三节。

四、灌钢法的创造

魏晋南北朝至隋唐五代时期，冶铁技术的最重要成果是创造了将生铁和熟铁混合炼钢的新方法。由于生铁熔点较熟铁为低，把生铁和熟铁配合在一起加热，生铁先熔化，灌入熟铁之中，使熟铁渗碳，再经锻打，挤出杂质，并使其组织均匀，才能炼成质量较好的钢铁。这种炼钢方法，古称"灌钢"，也称"团钢"①。灌钢法较单纯依靠加热锻打使熟铁渗碳成钢的传统方法提高了渗碳效率。明代宋应星将之精当地概括为"生熟相和，炼成则钢"②。

前文已经指出，中古时期的"熟铁"概念，意义与今天有些差别。古人用以炼制灌钢的所谓"熟铁"或"柔铁"，基本是用炒钢法生产的，其中也包括了未经锻打的钢（主要为低碳钢和中碳钢）。由于灌钢法是以炒钢法为基础的炼钢法，其产品的质量，自然高于炒钢法。另一方面，因为灌钢法只是利用熔化的生铁水使"熟铁"渗碳，而"熟铁"并不熔成液，故还是需要不断地锻打，使组织均匀并挤去杂质，这与热锻锤炼成"钢"的传统方法仍然一脉相承。如要获得高质量的"精钢"，仍需反复地加热折叠锻打，宋应星就说"再炼再锤，不一而足"，功夫不到，还是不济。北宋沈括将灌钢视为"伪钢"，就是因为世间制灌钢，往往仅"二三炼"（即热锻二三火），其质量远逊于"锻之百余火"的传统百炼钢。

在文献中，用"灌"字描写冶铁的早期例子见于汉末建安七子之一的王粲所作刀铭："灌辟以数，质象以呈。"③ 以及西晋张协《七命》："乃炼乃铄，万辟千灌。"④ 但是否指灌钢，尚需探讨，特别是需要有实物的证据。北京科技大学冶金与材料史研究所新近在分析检测辽宁北票喇嘛洞魏晋十六国时期鲜卑墓地出土的铁器时，发现有一件铁矛可能为灌钢锻打制成⑤，这为探讨灌钢技术的起源提供了新的线索。

至迟在南北朝时期，中国已经发明了灌钢冶炼法，并运用于兵器和工具制造。《重修政和经史证类备用本草》卷四《玉石部》引梁陶弘景的话说："钢铁是杂炼生鍒作刀镰者。"所谓"生"就是生铁，"鍒"就是"柔铁"、"熟铁"。河南唐河县出土的一件六朝窖藏铁刀（4144），金相观察组织分高低碳层，经分析是灌钢制品[5]。

南北朝时用灌钢法制造兵器的最著名人物是东魏、北齐间（约550年左右）的道术之士綦母（毋）怀文。《北史·艺术列传》记：

> 怀文造宿铁刀，其法，烧生铁精以重柔铤，数宿则成刚。以柔铁为刀脊，浴以五牲之溺，淬以五牲之脂，斩甲过三十札。⑥

所谓"柔铤"，即指熟铁原料⑦。"宿"是说生铁、熟铁如同雌雄两性的动物

---

① 沈括《梦溪笔谈》卷三《辨证一·炼钢》、宋应星《天工开物》卷中《五金·铁》。

② 《天工开物》卷中《五金·铁》。明方以智《物理小识》卷七《金石类》也说："生熟相炼则钢。"

③ 《文选》卷三十五张协《七命》唐李善注引。

④ 《文选》卷三十五。

⑤ 见〔241〕表二：12 矛 7121。

⑥ 见《北齐书·方伎列传》，第679页。

⑦ 许慎《说文解字》："铤，铜铁朴也。"朴意为原料。

宿在一起交配。《天工开物》描述冶炼灌钢也说："生钢（铁）先化，渗淋熟铁之中，两情投合。"所谓"数宿则成刚"，意为：生铁熔化如同精液，灌注于熟铁中，经过这样子的数度交配，就形成钢铁。"宿铁"便由此而得名。从原理分析，綦母怀文用以制造刀刃的"宿铁"，必经反复的热锻锤炼，故极为刚硬锋利，能够斩透30层甲。据唐代史家称："今襄国冶家所铸宿柔铤，是其遗法，作刀犹甚快利，但不能顿截三十札也。"① 或者世传怀文宿铁刀的锋利程度有所夸大，或者唐代襄国②冶师炼制宿铁刀的功夫不如怀文精到。

五、镔铁的传来

中古时期，从中亚、西亚还传来了适于制造刃器的优质钢，中国古籍中盛称之为"镔铁"，亦写作"宾铁"或"斌铁"，成为制造精良铁兵器的新材料。

关于镔铁的产地，中国文献中有多种说法。

《魏书·西域列传》说：波斯国（今伊朗）多镔铁。李时珍《本草纲目》卷八引《宝藏论》说："镔铁出波斯。"此外，《周书·异域列传》、《隋书·波斯列传》，也都说波斯产镔铁。

唐慧琳《一切经音义》卷三十五说："镔铁出罽宾等外国，以诸铁和合，或极精利，铁中之上者。"宋《太平寰宇记》卷一八二也说罽宾产镔铁。罽宾为今克什米尔。慧琳既然说"等外国"，可见并非独产于罽宾一地。

明曹昭《格古要论》卷六说："镔铁出西番。"李时珍《本草纲目》卷八也说西番出镔铁。"西番"是一个非常笼统的概念，其地理范围大致与汉唐时期的"西域"相当，包括了中国新疆和中亚、西亚一带。

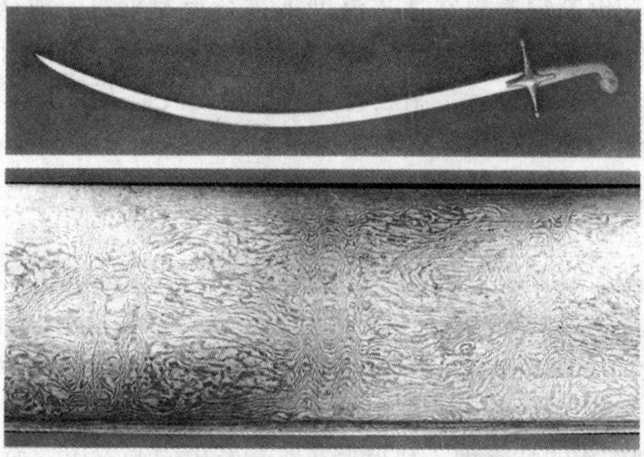

图5－1　纽约大都会博物馆藏17世纪大马士革钢刀及其花纹

明曹昭《格古要论》曾说："镔铁出西番，面上有旋螺花者，有芝麻雪花者，凡刀剑打磨光净，用金丝矾矾之，其花则见。"现代研究发现：大马士革钢花纹的白色区是渗碳体，深色背景区是含碳量很少的铁，需在制成的刀上进行打磨，并用一种易于与背景区的铁作用的酸侵蚀后，才能看到这种花纹（见〔13〕）。

关于镔铁的特征，中国文献中的说法基本一致。一是性能优异，制成的兵刃

① 见《北齐书·方伎列传》，第679页。

② 古县名，治所在今河北邢台西南。

器甚为精良。慧琳说“或极精利”;《宝藏论》称“坚利可切金玉”①;唐元慎《和李裕德述梦诗》云:“金刚锥透玉,宾铁剑吹毛。”② 二是制品(主要是刃器)表面呈现花纹。明曹昭《格古要论》卷六说:“镔铁出西番,面上有旋螺花者,有芝麻雪花者,凡刀剑打磨光净,用金丝矾矾之,其花则见。价值过于银。”明周履靖《夷门广牍》、方以智《物理小识》等也有类似描写。《水浒传》第三十一回则写到了烂银也似的“雪花镔铁戒刀”。

中古时期,中、西亚地区(包括印度次大陆北部)盛行花纹钢,名目颇多,最为世人称道者,有所谓大马士革钢(Damascus Steel)、乌茨钢(Wootz)。中国人所说的“镔铁”,当是对中西亚传来的优异花纹钢及其制品材质的统称。“镔”一词可能是中亚语言的音译③。

中西亚花纹钢都是以块炼铁为原料炼制而成。特别是原产于印度的乌茨钢,采用独特的坩埚渗碳炼钢法,即把块炼的海绵铁配合一定量的木炭,或认为系以干木料、植物茎叶等作为渗碳剂,密封在独特的泥质小坩埚中加热,使用大型的鼓风囊强力鼓风,加热到高温(约1200℃)后进行保温,然后缓慢冷却(有时需要冷几天),才能得到含碳量很高的固体钢块。再经反复锻打使钢材结实,淬火以增强硬度,而成为优质钢(这个加工过程通常也就是制成器具的过程)。其渗碳效率之高,在世界古代罕有其匹。而出炉的固体钢块,具有组织和成分极不均匀、渗碳体颗粒较粗的特征,或认为就是这种组织特性,使其经控制得当之锻打后显现出花纹④。

大马士革钢最主要的制造和交换中心是西亚名城大马士革,因而得名。其制法基本上是把乌茨钢等钢铁料在适当温度下进行反复锻打,或认为还进行叠折、旋拧锻打⑤,而得到具有极高硬度和极强韧性的花纹钢。慧琳所谓“诸铁和合”,当是指此。这个过程通常也就是制成器具的过程。波斯人、土耳其人和后来的阿拉伯人不仅这样制刀剑,也用此法制作铠甲和盾牌。由于大马士革钢以乌茨钢为主要原料,所以一些研究者认为:大马士革钢即乌茨钢,或者说是乌茨钢的加工制品,因欧洲人最初是在大马士革见识到这种钢,故称之为大马士革钢[13]。基于同样的理由,一些研究者认为:中国人所说的“镔铁”即印度乌茨钢,所谓波斯出镔铁,乃指制成的刀剑等器具而言;罽宾出镔铁,才是指用以制刀剑的原料[14]。

1924年瑞士冶金学者磋概(B·Zchokke)曾分析检验了若干大马士革钢名刀,其刃钢含碳量1.677%,含硅0.015%,含锰0.056%,含硫0.007%,含磷0.086%,是一种优质的高碳钢。其刃上花纹,系由内心发出,而非表面作品,故历久如新。同时试验曲力(曲而不折),每1立方厘米,可承受94~361千克重量

① 李时珍《本草纲目》卷八引。

② 吹毛试刀或吹毛试剑,是中国中古时期检验精良刃器的流行方法。《水浒传》第十二回“汴京城杨志卖刀”对此有形象描写:“把几根头发,望刀口上一吹,齐齐都断。”因毛发至轻柔,非极锋利的刀剑,难以凭空截断。

③ 参见〔8〕〔9〕及〔10〕第201页〔11〕第574页。

④ 参见〔12〕〔13〕〔14〕。

⑤ 一些中国留学者曾就此作过模拟试验,并认为钢铁料叠折和旋拧方式的差别,能导致不同的花纹,见〔15〕。

而不断折；试验硬度，每1平方毫米可承受碰力193～347千克而不稍凹损。因而作出结论说，这种宝刀是世界上最锋利而坚韧的刀①。

综合近代以来冶金史学者对大马士革钢武器的分析、试验，可知其技术关键：一是具有很高的含碳量。大马士革钢刀剑的含碳量在1.5%～2%之间，这使其具有极高的硬度，它根源于以采用独特的坩埚渗碳炼钢法所获得的乌茨钢为主要原料。二是具有极强的韧性，这主要靠对钢铁料的反复锻打获得。一些模拟试验表明，使如此高含碳量的钢具有坚强韧性的秘密在于控制锻打时的温度，“乌茨钢似乎是在樱红（850℃）到血红（650℃）之间锻制的”②。叠折和旋拧锻打，可能也是增强韧性的重要因素。三是奇异的表面花纹，这主要取决于铁料的组织特性和叠折或旋拧锻打的方式。

中国最早提到镔铁的文献是《魏书·西域列传》。在南北朝时期，镔铁或其制品已经传入中国，但主要是在新疆地区的少数民族中有较多使用，在内地则只有零星的传布，被视为珍品。至唐代仍然如此。日本大谷考古队于新疆吐鲁番发现，后经池田温拼接复原的一件唐天宝二年（743年）西州交河郡的市场价格文书上，记有“镔横刀一口鍮石铰”、“梓霸（把）刀子一镔钌（刃）”等，镔横刀的价钱按唐代三等估分别为二千五百文、二千文和一千八百文，远高于同文书所记的“钢横刀”的价钱（上、中、下三等分别为九百文、八百文、七百文）③。其时新疆地区应已能够加工制造镔铁刃具，甚至也能够生产镔铁原料。

只是到了元代，中西亚地区都被纳入蒙古帝国的版图，使得元朝能够较便利地利用西域的物资和技术，镔铁的生产和加工制造在中国才有了显著的发展，推广到内地。据《元史·百官志》记载，元朝在工部的诸色人匠总管府下设有“镔铁局”，专事镔铁和镔铁器生产；同时，提举右八作司也“在都局院造作镔铁、铜、鍮石、东南简铁”等。

六、传统花纹钢工艺

中古时代的精良铁兵器，往往呈现奇特的花纹。不单外来的镔铁刀剑如此，中国传统的钢铁刀剑，也有类似现象。在镔铁传来之前的汉末和魏晋时期，中国文献中就有关于钢铁刀剑花纹的描写。如：曹植《宝刀赋》描写曹操所造的宝刀“流翠采之晃爔”④；魏太子曹丕《典论》称其所造百辟刀，“文似灵龟”，“采似丹霞”⑤；西晋傅玄《正都赋》云：“苗山之铤，铸以为剑；百辟文身，质美铭鉴。”⑥ 裴景声《文身刀铭》曰：“良金百炼，名工展巧，宝刀既成，穷理尽妙，文繁波回，流光电照。”⑦ 这些关于刀剑花纹的描写，大多与百炼钢相联系，说明

① 见〔16〕及〔17〕第154～155页。

② “在850℃以下锤打乌茨钢饼击碎了连续的渗碳体网状结构，使它成为球状颗粒。碳化物颗粒仍然起着增加钢的强度的作用，但由于它们不再是连续的网状结构，金属就不再是脆性的了……我们所做的一个试验表明，在850℃的温度下，超高碳钢实际上是柔韧的，很容易锻造。”（见〔13〕）

③ 《唐天宝二年交河郡市估案》，见〔18〕第452页，参见〔19〕。

④ 《太平御览》卷三四六引。

⑤ 《太平御览》卷三四六引。

⑥ 《北堂书钞》卷一二二引。

⑦ 《太平御览》卷三四六引。

中国传统的将钢铁料辟积折叠锻打的工艺，也能使制品表面呈现花纹。据今人模拟试验，多层积叠锻合，通常可得到流线型花纹①。这大概就是“文繁波廻”吧。

七、热处理技术的进步

这个时期铁兵器热处理技术的发展，突出体现于两点。

一是认识到不同水质对淬火后钢质量的影响，因而讲究对水的选择。《北堂书钞》卷一二三引《蒲元别传》记，汉魏之际名匠蒲元于斜谷为诸葛亮造刀三千口，他认为“汉水纯弱，不任淬，用蜀江爽烈”，因而派人到成都取江水，有一人取来江水中杂有涪水，他试淬后即能鉴别，并指出涪水不可用②。又晋《太康地记》说：“汝南西平有龙泉水，可以淬刀剑，特坚利。”③ 也反映了对淬火水质的认识和选择。

二是采用特殊的淬火介质。如北齐綦母怀文造宿铁刀，“浴以五牲之溺，淬以五牲之脂”④。由于牲畜的尿中含有盐分，用含盐液体作冷却剂，钢的冷却速度比水淬快，可以得到比水淬更刚硬的性能。而用动物油脂作冷却剂，在温度低于30℃时冷却能力较弱，约为水的1/10，钢的冷却速度比水淬慢，可以得到比水淬更强韧的性能，还可减少淬火过程中的形变和开裂。

八、制刀名家的涌现

在古代，总是那些不仅在战争，而且也在社会生活，尤其是贵族的生活中有广泛应用，受到权贵阶层特别重视和喜好的武器，制作最为精细，技术最为突出。东周时期，这种最具代表性的兵器是剑。自汉代以来刀盛剑衰，于是在工艺技术上，刀也取代剑而成为最富代表性的兵器品种。魏晋南北朝时期，涌现了许多制刀名家，技艺各有特色，制品精良卓绝，反映出这个时期在刀剑制造上有突出的成就。但因其法往往互相秘守，以致久而失传，所以文献大多语焉不详。

阮师、苏家　《太平御览》卷三四五引晋杨泉《物理论》曰：

古有阮师之刀，天下之所宝贵也。阮之作刀，受法于金精之灵。七月庚辛，见金神于冶监之门，其人光色炜耀，向而再拜，神执其手曰“子可教也”，阮致之，闲宴设馔而问焉，神教以水火之齐，五精之陶，用阴阳之候，取刚软之和，行其术三年，作刀千七百七十口而丧其明。其刀平背、狭刃、方口、洪首，截轻微绝丝发之系，斫坚刚无变动之异，世不悋（吝）百金精求不可得也。其次有苏家，刀虽不及阮家，亦一时之利器也。次有阳纪赵青间，皆不能继。

所谓阮师、苏家，师者冶师，家者家庭，冠以姓氏，都是对世代传承的匠师家族的统称。他们大概主要活动于汉魏时期，到杨泉著书的时候，其技法都已失传。

蒲元　《北堂书钞》卷一二三引《蒲元别传》、《太平御览》卷三四五引《蒲元传》载其事迹，为汉魏之际（3世纪前半叶）名匠，效力于蜀汉，曾为刘备造刀五千口，刃口刻“七十二炼”⑤，为诸葛亮造刀三千口。其“熔金造器，特异常

① 见〔20〕〔21〕。

② 又见《太平御览》卷三四五引《蒲元传》。

③ 《水经注·沅水》引、《史记·苏秦列传》索隐引。

④ 《北史·艺术列传》，第2940页；《北齐书·方伎列传》，第679页。

⑤ 《太平御览》卷三四六引陶弘景《刀剑录》。

法”；对淬刀之水选择极严，必取自成都的蜀江水方可；“刀成，以竹筒密内（纳）铁珠满其中，举刀断之，应手虚落，若薙生芻，故称绝当世，因曰神刀”。

刘憕　晋永嘉年间（307~313年）刀剑师，其事见《太平御览》卷六六五引陶弘景所述。当时流行斫芒试刃之法，即将若干根稻麦的穗芒捆为一束，用一根头发丝系其梢，悬于杖头，由一人持杖，另一人挥刀剑斫芒，芒断而发犹连，计芒多少为优劣。所谓“截轻微绝丝发之系”，即指此。因稻麦的穗芒至轻微，悬于空中，无所凭借，必须极锋利的刀剑，才能凭空截断；而芒上密生小刺，一割不断，必致悬芒的发丝受牵带断绝。刘憕所造“千牛刀”，“斫十三芒”，即捆为一束的13根芒；“又有一百炼钢刀，斫十二芒。国中惟称此为绝”。

叱干阿利　十六国晚期（4世纪初）人，匈奴族，效力于夏主赫连勃勃，任将作大匠，事见《晋书·赫连勃勃载记》。曾为赫连勃勃造百炼钢刀“大夏龙雀”，世甚珍之。

谢平、黄文庆　南朝齐、梁时（5世纪末至6世纪初）名匠，所造神剑“斫十五芒”，更胜于前代刘憕，事见《太平御览》卷六六五引陶弘景所述：

> 而近造神剑斫十五芒，观其铁色青激，光采有异，盖薛烛所谓涣如冰之将释者矣。顷来有作者十余人皆不及此。作刚朴是上虞谢平，凿镂装治是石尚方师黄文庆，并是中国绝手，以齐建武元年甲戌岁八月十九日辛酉建于茅山，造至梁天监四年乙酉岁，敕令造刀剑，形供御用，穷极精功，奇丽绝世。

所谓“作刚朴”，当指用钢料锻制刀剑身；“凿镂装治”，即刻镂装饰，包括安装附件。

綦母（毋）怀文　北朝东魏、北齐间（约6世纪中）道术之士，以制造精良的“宿铁刀”而称著当世，事见《北史·艺术列传》和《北齐书·方伎列传》。其法大致先以灌钢法炼成优良的钢料（即所谓“宿铁”），以灌钢作刀刃，熟铁（“柔铁”）作刀脊，收刚柔相济之效。这个方法当由汉代的贴钢工艺沿袭发展而来。刀成后用牲畜尿液和动物油脂淬火，据称“斩甲过三十札”。

第二节　铁兵器的演变

魏晋南北朝和隋唐五代时期铁兵器的变化，主要体现于四个方面：一是戟的蜕变和衰亡；二是矟的盛行；三是刀的演变；四是铠甲的发展。因铠甲的内容较为丰富，将留待第三节专门论述。

一、戟的蜕变和衰亡

早在东汉时期，一些铁戟的横枝已变为上翘的弧曲形，因而丧失了钩杀和横击的作用，而以叉刺为基本功能。魏晋时期，横枝向上弧曲成为铁戟的普遍形态，这说明戟实际上已从句兵转变为刺兵。

到十六国和南北朝时期，军队用戟越来越少。在这个时期的材料中，仅见有少数步兵用戟的例子。当时的戟，横枝由弧曲上翘更变而为硬折向上，戟头成了不对称的双叉形。敦煌莫高窟第285窟的西魏壁画五百强盗成佛图中，有一名着袴褶持戟徒步战斗的强盗，所持戟就是这种形状。隋唐以来，实战已不用戟，只有在仪仗礼兵或艺术作品中，还能够看到戟的身影。

在商周时期，中国的长柄格斗武器曾为戈、矛并重，后来变为矛、戟并重，一直持续到汉代。随着戟逐渐退出实战领域，自南北朝以来，基本上就是矛类兵器独擅胜场了。古老的句兵传统至此彻底消亡。

图5-2 陕西三源唐李寿墓石椁画上的持戟仪卫图

二、矟的盛行

自东汉晚期以来，骑兵越来越流行用矟。及至魏晋南北朝时期，人和马都穿着铠甲的重装骑兵逐渐成为军队的核心，在战场上占据主导地位，其最主要的格斗武器就是长矟。时人也将矟称为“马矛”。《三国志·魏书·公孙瓒传》记，公孙瓒所用的马矛，“两头施刃”，大概是柄的两端都装有矛头。《梁书·羊侃传》记，南朝梁时曾制成“二丈四尺长”的“两刃矟”，由名将羊侃试用。他“执矟上马，左右击刺，特尽其妙”。当时围观的人很多，后来者为一睹风采，纷纷爬到树上观望。在场的梁帝风趣地说，这些树恐怕要因此折断了。一会儿，果然有树折断。后人因称此矟为“折树矟”。

图5-3 敦煌285窟西魏壁画《五百强盗成佛图》上的用矟骑兵

魏晋南北朝时，人们也将矟称为“丈八蛇矛”。丈八是矟的标准长度；蛇矛，大概取其细长如蛇之意。《晋书·刘曜载记》所录《陇上歌》唱道：

陇上壮士有陈安，
躯干虽小腹中宽，
爱养将士同心肝。
骣骢文马铁锻鞍，
七尺大刀奋如湍，
丈八蛇矛左右盘。
…………

这又不禁让人想起三国猛将张飞的武器。《三国志·蜀书·张飞传》写道，刘备在长坂决战失利后，节节败退，追兵不断迫近。张飞率20余骑殿后，“据水断桥，瞋目横矛”，大喝：“身是张益德也，可来共决死！”曹军无敢近者。《三国志演义》将“矛”形象化为“丈八蛇矛”是完全合理的。但近代画家图绘三国故事，都将丈八蛇矛的矛头画成扭曲如蛇的形状，三国戏中张飞的兵刃，也是这个样子，不知道究竟是谁模仿了谁。历史上是不存在这样的武器。

图5-4　南北朝铁矛头 四川昭化宝轮院出土，长30厘米。

由于矟的柄很长，又于马背上运用，不易掌握，故需要有较高的技法。南朝梁简文帝曾著《马槊谱》，对用矟的方法进行总结。他在序言中说：“马槊为用，虽非远法，但近代相传，稍已成艺。”可惜此书久已失传。南北朝时，因用矟极广，以致人们也将步兵所用的长矛称为“步矟”。

隋唐时期，虽然重装骑兵衰落，骑兵恢复了轻捷灵活的特点，但矟仍是骑兵的主要武器。唐初名将程知节（即程咬金）和尉迟敬德（即尉迟恭）都善用马矟。《旧唐书·程知节传》称他“少骁勇，善用马矟”，后来的《说唐》却把程咬金描写成使大斧的粗人，武艺不很高明，只有三板斧，三斧不能胜敌，就只有落荒而逃了。这是民间说书人的创造。尉迟恭用矟更有绝招。他善于避矟和夺矟。《旧唐书·尉迟敬德传》称他常单骑突入敌阵，敌军长矟攒刺，都能避过，并夺敌矟反刺。李世民之弟李元吉也善用矟，但一次与敬德比试，不仅刺不中敬德，反被他三次夺走了矟。

图5-5　敦煌156窟唐代壁画《张议朝统军出行图》上的执矟骑兵

其时，人们常将矛、矟称为“枪”。据《唐六典》记载，唐代的枪主要有四种，“一曰漆枪，二曰木枪，三曰白干枪，四曰朴头枪”。漆枪是骑兵使用的长矛，即矟；木枪是一般步兵使用的矛；白干枪和朴头枪分别是羽林和金吾所用的特制矛。唐代法律，禁止私人持有矛矟，因为它们是当时最有威力的格斗兵器。

三、短柄刀的变化

图 5－6 南北朝铁环刀
宁夏固原北周李贤墓出土，连鞘通长 86 厘米。

魏晋南北朝时期，仍然流行环首刀（或称环刀）。但在南北朝时，受萨珊波斯的影响，短柄铁刀又出现新的式样，其突出特点是柄末端没有圆环①。山西太原北齐娄睿墓壁画中的人物，所佩就是这种刀。至唐代，无环首短柄铁刀日益流行，逐渐成为刀的主要类型。其基本形制是刀身窄而直，刀尖下斜，柄、身相交处设椭圆形护格。刀柄构造一般是在铁茎外包裹木把，缠绕丝绳，柄首包裹金属饰件，柄末端通常有一个小孔，以穿饰纽带，但不设圆环。莫高窟第 45 窟中有一幅反映现实生活的壁画“胡商遇盗图”。强盗所执兵刃就是这种刀。陕西乾县唐章怀太子李贤墓壁画中的佩刀仪卫和持刀武士，所佩持的也是这种刀。

隋唐时期，短柄长刀通称为“横刀”。《唐六典·武库令》注：“横刀，佩刀也，兵士所佩，名亦起于隋。”另据《新唐书·兵志》记载，唐代军队，“人具弓一，矢三十，胡禄、横刀……皆一”。胡禄即箭箙。可见横刀与弓箭是唐代兵士必备的武器。

图 5－7 金银钿荘唐大刀 日本奈良正仓院藏，连鞘通长 98 厘米。

唐时，日本和中国交往密切，被视为先进文化标志的中国器物源源输入日本，特别是频繁来华的日本遣唐使，每次必携带大量中国物品返回。这些物品极受日本皇家珍爱，有一些作为皇室遗物被珍藏于奈良东大寺正仓院，一直完好地保存至今，其中，就有许多唐代的刀。正仓院所藏唐代短柄铁刀，大多无环首，而普遍装设护格，大致可分两类：一类外装简朴，属实战用器，如“铜漆作大刀”、“黑作大刀”等；另一类外装豪华，不仅装以角把，裹以鲛革，而且镶以金银，嵌以珠玉，富丽堂皇，价值连城，均为贵胄的佩饰，其最突出的代表，便是通长 98 厘米、刀身宽 2.7～3.4 厘米的“金银钿荘唐大刀”。

如果说汉魏六朝时期中国铁环刀的东传是中国古刀影响日本的第一次浪潮，那么唐代无环首铁刀的东传便是中国古刀影响日本的第二次浪潮。后来名声煊赫于世的日本刀，就是在“唐大刀”的基础上发展起来的。大约到平安时代（公元 794～1192 年）中后期，日本刀才逐渐摆脱中国的影响而形成自己的独特风格和传统：刀身由平直改为具有特定的弧度，并出现许多著名的制刀工匠，他们各有特

① 关于中古时期中国刀制受萨珊波斯影响而发生变化的详细分析，见〔22〕。

点而形成谱系，其技艺精益求精，以至登峰造极。

四、长柄刀的运用

在中国古代，长柄的刀从来不是主要的格斗武器。历朝历代，军中都只有少数人或一些专门的部队使用长柄大刀。

唐时，军中有陌刀，为步兵所使。《唐六典·武库令》注："陌刀，长刀也，步兵所执。"据《旧唐书·李嗣业传》记载，唐代天宝年间（公元742～756年），军中初用陌刀，李嗣业善用，常被选为队头，所向必克，因而升迁为中郎将，天宝七年，又以李嗣业与郎将田珍为左右陌刀将。战斗中，用陌刀的兵士一般以密集横排队形列于阵前，"如墙而进"。但安史之乱时，安禄山部将崔乾祐在一次战斗中却将5000陌刀兵列于阵后。唐军见他布阵无法，纷纷嗤笑，放松了警惕，反被击败。

唐初又有"长一丈"的两刃大刀，名为"拍刀"，只有个别勇健者使用。如齐州临济人阚棱善用，每一举斩毙数人，前无当者（《旧唐书·杜伏威传附阚棱传》）。

北宋《武经总要》前集卷十三载有几种长柄刀，如掉刀、屈刀、掩月刀、眉尖刀、凤嘴刀、笔刀等，名目不少，有些实际上大同小异，大概是"健斗者竞为异制以自表"的结果。像人们很熟悉的掩（偃）月刀，则是操练用的，明代《武备志》卷一〇三就说，只能"以之操习示雄，实不可施于阵也"。这种刀往往造得很重，现在一些地方还保存着旧时考武举用的偃月大刀，形体长大，"重数十斤至上百斤"，实战是根本无法用的。《三国志演义》描写蜀中名将关羽的兵刃为"青龙偃月刀"，"重八十一斤"。《武经总要》所载掩月刀图形，刀格处有龙形装饰，罗贯中可能就是根据这种形状而虚拟出"青龙偃月刀"之名的；"八十一斤"之说，则显然来源于宋明时的操习或武举试力用刀。

俗语说："百步无轻担。"战阵搏杀，尤须耐久，兵器过重，最为有害。历史上一些名将的兵刃，相传极重，当都是故事编者的创造和夸大，一些史家不察，也采入史传。如《金史·乌延查刺传》记："查刺左右手持两大铁简，简重数十斤。"又如《明史·刘綎传》记，綎所用镔铁大刀，"重一百二十斤"，"马上轮转加飞"，皆不足据。《新唐书·张兴传》记，张兴膂力过人，所用陌刀"重十五斤"（按唐代一斤比今稍重），是符合实际的一例。大致勇力非常者，所用兵刃也不过一二十斤而已。

第三节　铠甲的发展

从魏晋到隋唐，是中国古代铠甲的一个重要发展阶段。当时中国甲胄以铁质为主，皮质为辅，在前代的基础上，发展出了较丰富的形式，特别是装备骑兵的马甲，在此时期迅速发展起来。

一、此时期甲胄的一般形态

这个时期甲胄的实物，陆续有一些发现，大多数为铁甲①，也有少数皮甲②，

① 例见〔23〕〔24〕〔25〕〔26〕〔27〕〔28〕〔29〕图版34:1、2〔30〕〔31〕〔32〕第114～115页。
② 例见〔33〕第459～467页〔29〕图版34:3、4〔34〕。

全是由众多甲片编联而成，甲片的形状主要为长条形和圆角长方形，东周以来札旅相续的编甲形式一直得到保持。当然，甲片的形状和大小，甲胄的式样，代有变化，即使同一时期，也不尽相同。

铁甲资料，以1986年河北临漳县邺南城朱明门遗址出土的北朝铁甲胄和1976年陕西西安曲江池出土的唐代铁甲，最为典型。

在邺南城朱明门外的城壕遗址中，共发现25件铁甲残块和12件铁胄，全由众多甲片编成。如标本86JYT154⑥：18A，是一个相当完整的铠甲局部，横向宽度60厘米，纵向长度约28厘米，有6排甲片，每排38片，每片长7.5~8厘米、宽2.2~2.4厘米、厚1.5毫米左右。先横编成排，甲片自右向左叠压（据其他标本来看，叠压方向或有不同，如标本86JYT154⑥：32为自左向右叠压，标本86JYT154⑥：18B为自中央向两侧叠压，标本86JYT154⑥：3B为自两侧向中央叠压）；然后上下排纵联，下排压上排（据其他标本来看，既有活动编缀，如86JYT154⑥：2A，也有固定编缀，如86JYT154⑥：2E）[26]。

图5-8 邺南城朱明门遗址北朝铁甲胄出土状态

西安曲江池共出土322片铁甲片，有三种尺寸：一种长9.6厘米，宽2.6厘米，厚2.8毫米；一种长8.9厘米，宽2厘米，厚2.4毫米；一种长9厘米，宽1.3厘米，厚2.2毫米。同型甲片先横编成排（自左向右叠压），再上下排纵联[30]。

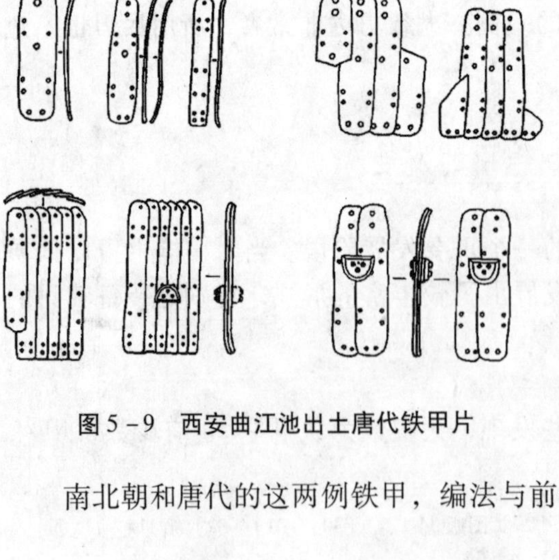

图5-9 西安曲江池出土唐代铁甲片

图5-10 新疆三堡出土唐代铁甲片

南北朝和唐代的这两例铁甲，编法与前代基本相同。据新疆三堡出土铁甲残片，编索或用革，或用麻①。辽宁朝阳十二台乡前燕墓中出土的一些铁甲片，上附有带扣[28]，说明至迟在十六国时期，中国铠甲已经开始采用带扣式系结法，穿着铠甲时，甲的不同部分用短革带通过带扣连结。这在唐五代的俑塑上常有表现，较典型的例子如1972年陕西礼泉出土的一件唐代着明光甲武士俑②和四川成都前蜀王建墓棺床旁侧的石刻十二神像③。

邺南城出土的北朝铁胄，有两件被完整复原，都是以甲片编成。辽宁朝阳十二台乡前燕墓葬中出土的一件铁胄④，以及黑龙江宁安县渤海镇唐渤海国遗址中出土的一件完整铁胄⑤，系以甲片铆合而成。胄用甲片有较多特殊形状。铆合是新的方法。

图5-11　渤海国遗址出土唐代铁胄

《太平御览》卷三五三引诸葛亮《作刚铠教》曰："敕作部皆作五折刚铠，十折矛以给之。"其时，提高铁甲质量的基本方法就是增加甲片折叠锻打的次数。

皮甲资料，在新疆出土了若干甲片，形状与铁甲片相类似，表面髹漆。斯坦因1906年在新疆米兰堡发现的8世纪唐代皮质甲片，可能用骆驼皮制成，均作圆角长方形，长约5.2~10.4厘米，宽约5.2厘米，两面髹漆，涂漆或多至7层，以朱、黑两色漆为主，有的地方也用褐色及黄色漆，漆膜经刮擦而形成同心圆圈、椭圆圈和近似逗号及反置的S形等几何花纹⑥。

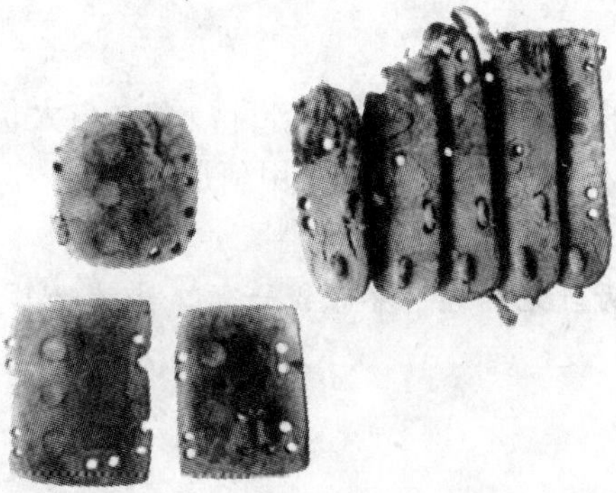

图5-12　新疆出土唐代皮甲片

图5-13　河南洛阳出土西晋着鱼鳞甲陶武士俑

① 见〔29〕图版34：1、2。
② 见〔35〕及〔37〕彩版22：8-46。
③ 见〔36〕及〔37〕第191页图8-50、8-51。
④ 见〔28〕第21~22页及图6。
⑤ 见〔37〕第193页图8-58。
⑥ 见〔33〕第459~467页及〔34〕。

札、旅相续的甲胄形式，在这个时期的绘画和雕塑材料中也比比皆是。如云南昭通后海子东晋霍承嗣墓壁画上的着甲胄武士①；甘肃天水麦积山麦察127窟北魏壁画上的着甲胄骑兵②；敦煌285窟西魏壁画五百强盗成佛图中的着甲骑兵③；江苏丹阳南朝大墓砖刻画上的着甲骑士④；陕西三原双盛村隋李和墓出土的着甲陶武士俑⑤；敦煌130窟唐代壁画上的着甲胄步骑兵⑥；新疆吐鲁番阿斯塔那唐墓出土的着甲胄骑兵俑⑦；斯坦因获自敦煌藏经洞的一件佛幡残片上的着甲武士⑧；陕西西安韩森寨唐乾封二年高氏墓出土的着甲陶武士俑⑨，等等，其铠甲或甲胄都是札、旅相续式，唯甲片或较宽，或较窄。河南洛阳、郑州等地西晋墓中出土的一些着甲陶武士俑，铠甲上有一排排细密的鱼鳞形甲片⑩，则是模拟精细的鱼鳞甲。

图5－14 西安韩森寨唐乾封二年高氏墓出土陶武士俑

这些图像资料还反映出，这个时期铠甲的防护面积进一步扩大，加强了对下身的保护，而且上、下身开始分体：上身为甲衣，有筩袖或披膊⑪，有的还带盆领；下身为甲裙，长可及膝甚至过膝，骑士的甲裙，一般左右分片。其典型例子有麦积山麦察127窟壁画上的骑兵所穿之甲，敦煌285窟西魏壁画五百强盗成佛图上的官军骑兵所穿之甲，敦煌130窟唐代壁画上的步骑兵所穿之甲，斯坦因所获敦煌藏经洞佛幡残片上的武士所穿之甲，西安韩森寨唐乾封二年高氏墓出土武士俑所穿之甲，等等。

二、铠甲的新形式

在魏晋南北朝和隋唐五代时期，文献中出现了较多的铠甲名目，将之与大量的壁画、俑塑等图像资料相印证，可知这个时期有一些重要的铠甲新形式。

魏曹植《先帝赐臣铠表》说：

先帝赐臣铠，黑光、明光各一领，两当铠一领，环锁铠一领，马铠一领，

---

① 见〔38〕及〔39〕第37页图27：2。

② 见〔40〕及〔39〕第42页图31：5。

③ 见〔41〕上册图93及〔39〕第42页图31：6。

④ 见〔42〕〔43〕图版205、206及〔39〕第43页图33。

⑤ 见〔44〕及〔39〕第50页图44。

⑥ 见〔39〕第53页图47：1、2。

⑦ 见〔45〕〔46〕图123及〔37〕彩版24图8－41。

⑧ 见〔29〕图版36：4。

⑨ 见〔37〕第189图8－44及〔236〕。

⑩ 见〔47〕〔48〕及〔37〕第172页图7－41。

⑪ 有筒形袖的铠甲，时人称之为“筩袖铠”。又有“诸葛亮筩袖铠”之名，见《南史·殷孝祖传》、《宋书·王玄谟传》，可能由于三国时期诸葛亮在蜀汉很注意武器装备生产，曾制造比较精坚的钢铠，后来就把这类铠甲冠上了他的名字。但有筒形袖的铠甲早在汉代就已经出现。

今代以升平，兵革无事，乞悉以付铠曹自理。①

这篇文章中提到的两当铠、明光铠、环锁铠和马铠，其时都刚刚出现，此后则逐渐发展流行起来，是魏晋南北朝和隋唐五代时期铠甲中最有代表性的品种。

两当铠系由一片胸甲和一片背甲在肩上用革带前后扣联而构成，穿着时都于腰间扎带。因其形状和当时服饰中的裲裆衫相似而得名。《释名·释衣服》曰："裲裆，其一当胸，其一当背也。"两当铠正是一片挡胸，一片挡背。

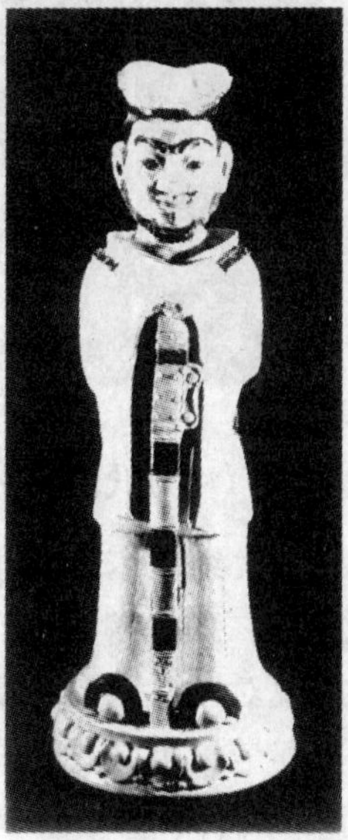

图5－15　河南安阳隋张盛墓出土着两当铠武官俑

图5－16　河南安阳隋张盛墓出土着明光铠武士俑

从图像资料看，两当铠的胸甲和背甲有的是用甲片以札、旅相续的方式编成，有的似用整片皮革裁成；有时在肩部附加披膊②。它与秦汉时期甚至更早的一些形制简单的铠甲有一定的渊源关系；汉魏之际，可能受裲裆衫的影响而趋于定形；至南北朝而流行。南北朝晚期，两当铠逐渐衰落，终在唐代消亡。

明光铠，因其前胸和后背都设有左右两面金属圆护，很像镜子，在太阳照射下可发出明光，犹如汉代镜铭所言"见日之光，天下大明"，故而得名③。南北朝时期，明光铠日益盛行。这种铠甲除了带圆护的身甲外，并附有保护肩臂的披膊和保护大腿的膝裙，身甲上往往还有竖起的盆领，与垂有顿项的兜鍪（胄）相接，防护甚为严密。北朝晚期，披着"明光铁铠"战斗的北周勇将蔡祐，曾被誉为"铁猛兽"④。在唐代，明光铠是最受重视的铠甲，在《唐六典》中被列于各种铠甲之首。唐末，明光铠逐渐衰落，北宋《武经总要》所著录的甲胄中，已无这个名目。

① 《北堂书钞》卷二十一引，又见《太平御览》卷三五六所引。
② 见〔39〕第37～40页。
③ 见〔39〕第46页。汉代镜铭见〔49〕第162页图65：5；图版41：5；表28。
④ 《周书·蔡祐传》，第444页。

环锁铠即锁子甲。这种铠甲由细小的金属环互相套扣构成，每个环一般与另四个环相套扣，形如连锁，因而得名，具有轻软坚密的特点。它是西方古代和中世纪流行的铠甲，但结构与中国传统铠甲迥异。大约汉魏之际，已传入中国，主要在新疆地区有较多使用。十六国时，前秦苻坚派吕光征伐西域，西域军队装备有锁子甲，“铠如连锁，射不可入”①。吕光凯旋时，带回了大量战利品，其中自然包括这种铠甲。以后中原地区也掌握了锁子甲的制造技术，使用渐多，但除新疆、吐蕃②等地外，始终不是铠甲的主要形式。

图 5 – 17　明代的锁子甲

三、马铠的出现和发展

马铠，或称马甲，即保护骑兵乘马的铠甲。战国秦汉时期的中国骑兵都是马不着甲的轻骑兵。大约在东汉晚期，出现了比较完备的马铠。建安五年（公元 200 年）官渡之战前，曹操曾说：“本初（袁绍）马铠三百具，吾不能有十具。”③ 反映了其时已重视对骑兵乘马的保护，但军中装备马铠的数量还很有限。直至西晋时期，马铠一直是贵重之物，军中只有少量装备，大概主要用于对将帅及其亲随卫队乘骑的特殊保护④。

西晋覆灭后，匈奴、鲜卑等游牧民族纷纷涌入中原，建立政权，割据一方，中国北方出现了五胡十六国的混战局面。游牧民族惯于骑射，其军队皆以骑兵为主体，骑兵因而成为北方战场上的绝对主导力量。与此同时，增强骑兵防护能力的意识日益浓厚，对骑兵乘马的保护受到空前的重视，马铠开始得到突出的发展，其结果是装备马铠的重装骑兵迅速壮大，乃至成为军队的主力，数量不仅以百计千计，而且以万计⑤。受北方地区影响，同时也因与北方诸国对抗的需要，重装骑兵在东晋也逐渐得到发展。南北朝时期，游牧民族霸据中原，南北分裂、武装对抗的局面一直延续，重装骑兵始终是战场上的主要角色⑥。直至唐代，更加注重骑兵的机动性、灵活性的传统军事思想复兴，防护极严却丧失了轻捷灵活特点的重

① 《晋书 · 吕光载记》，第 3055 页。

② 《通典》卷一九〇：吐蕃“人马俱披锁子甲，其制甚精，周体皆遍，唯开两眼，非劲弓利刃所能伤也。”

③ 《太平御览》卷三五六引《魏武军策令》。据《三国志 · 魏书 · 武帝纪》和《袁绍传》，官渡之战时，袁绍“简精卒十万，骑万匹”。而其马铠才三百具，装备的比例仅百分之三，在当时就算多的了。

④ 《晋书 · 刘曜载记》：灭掉西晋的匈奴族领袖刘曜，“召公卿以下子弟有勇干者为亲御郎，披甲乘铠马，动止自随，以充折冲之任。”

⑤ 《晋书 · 石勒载记》记，石勒在俘获末柸的战役里夺得铠马五千匹，石勒大败姬澹时俘获铠马万匹。《姚兴载记》记，姚兴击败乞伏乾归，“收铠马六万匹”。《慕容德载证》记，慕容德有“铁骑五万三千”。

⑥ 《南史 · 梁本纪上》记梁武帝萧衍自雍州刺史任上起兵夺取南齐政权时，“百姓愿从者，得铁马五千匹，甲士三万人”。东晋以来南方重装骑兵之发展，于此可见一斑。

装骑兵于是衰落，骑兵又复归于以马不着甲的轻骑兵为主。

简言之，与中国历史上最为动荡纷乱的东晋十六国和南北朝时期相伴随，中国的战争舞台上出现了一幕人和马都披着铠甲的重装骑兵张弓挺矟、结阵相斗的壮观场面。其时的马铠，业臻完备，一般由保护马头的“面帘”（即马胄）、保护马颈的“鸡颈”、保护马胸的“当胸”、保护马躯干的“马身甲”、保护马臀的“搭后”，以及竖在尻上的“寄生”六部分组成，使战马除耳、目、口、鼻和四肢、尾巴外露外，全身都受到保护①。大概因其结构完备、防护严密之故，时人又将马铠称为“具装”或“具装铠”②，而将人、马均著铠甲的重装骑兵称为“甲骑具装”③。

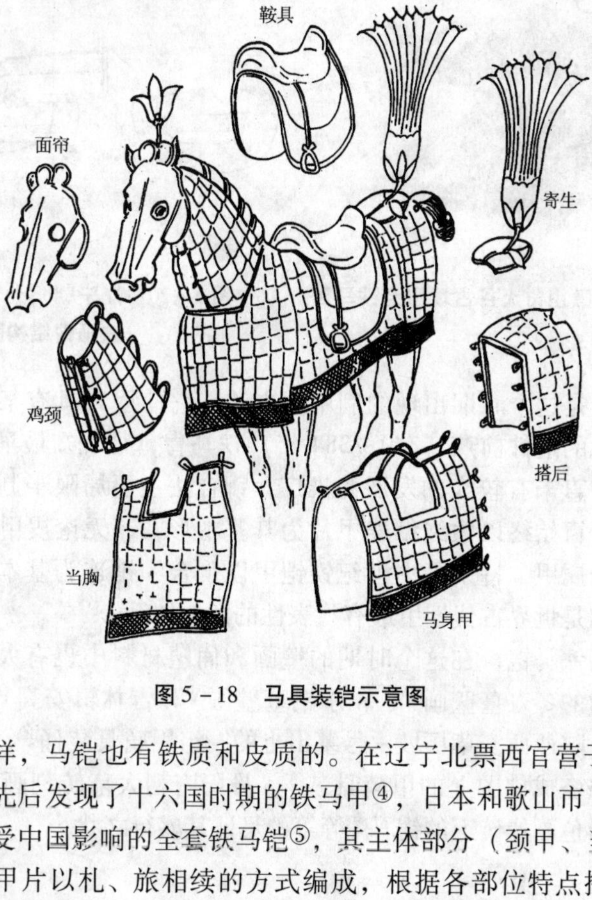

图5－18　马具装铠示意图

如同人铠一样，马铠也有铁质和皮质的。在辽宁北票西官营子、北票喇嘛洞和朝阳十二台乡先后发现了十六国时期的铁马甲④，日本和歌山市5世纪的大谷古坟中也出土有深受中国影响的全套铁马铠⑤，其主体部分（颈甲、当胸、身甲和搭后）都是用众多甲片以札、旅相续的方式编成，根据各部位特点推测，颈甲当采用活动式编缀，其他可能皆为固定式编缀。制法与人铠基本相同。

铁质的马面帘见有两种形式。一是用整块铁片制成，覆于马头之上，日本大

① 关于马铠结构及其各部位名称的考定，见〔39〕第40～44页。

② 例见《晋书·桓彝传》，第1944页；《晋书·恒宣传》，第2119页；《宋书·武帝纪上》，第20页；《南齐书·高帝纪》，第5～6页；《南齐书·东昏侯传》，第105～106页。

③ 《宋史·仪卫志》：“甲骑具装，甲，人铠也；具装，马铠也。”

④ 见〔23〕〔27〕〔28〕〔50〕。

⑤ 见〔51〕第63～66、97～104、142～147页，图版16、17、19、20、40～44。

谷古坟出土的5世纪铁马胄是典型的例子。另一种是用众多甲片合成，如辽宁朝阳十二台乡出土的一件前燕铁马胄，包括护唇、护颊、面罩三个部分，用铁销相连，可以活动，能够裹套住马头，各部分都由甲片铆合而成[28]。

图5-19 日本和歌山市大谷古坟出土铁马胄

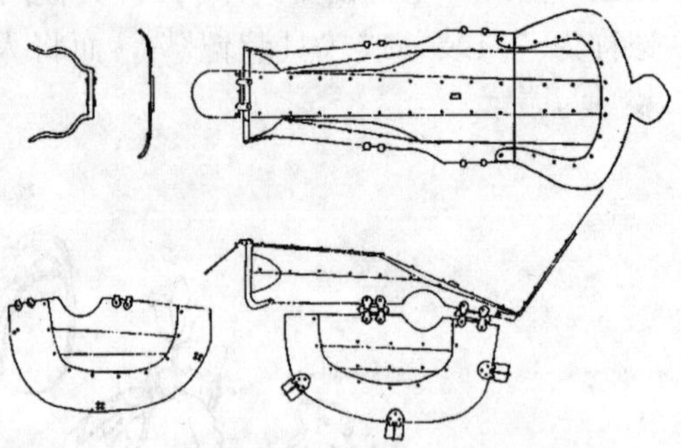

图5-20 辽宁朝阳十二台乡出土前燕铁马胄结构图

铆合和销连是这个时期出现的制甲新方法，它使甲胄具有某种机械结构。朝阳十二台乡发现的这件前燕（349~384年）铁马胄，是现知最早的实例。但这两种方法在中国一直未有较大的发展和推广，铆合法主要局限于制胄，销连法更少见采用。中国甲胄始终以索绳编连甲片为其基本形式，无论皮甲还是金属甲均如此。这与欧洲金属甲，特别是中世纪铁铠甲以铆合和销连为基本方式，形成了截然的对比。它们是世界古代铠甲最有代表性的两个体系。

上述形式的铁马铠，在这个时期的壁画和俑塑材料中也有大量反映，典型者如东晋十六国时的冬寿墓壁画①、霍承嗣墓壁画②和吉林辑安高句丽墓壁画③上的甲骑具装图像，陕西西安草厂坡一号墓出土的一组甲骑具装俑④，以及敦煌285窟西魏壁画五百强盗成佛图上的甲骑具装⑤，丹阳南朝大墓砖刻画上的甲骑具装⑥，河南邓县出土彩色画像砖上的铠马⑦等等，足证其盛行之状。

① 冬寿为辽东人，十六国时前燕慕容皝旧臣，后逃往高句丽。东晋永和十三年，即升平元年（357年）卒，葬于朝鲜平壤，其墓即平壤安岳三号古坟。见〔52〕〔53〕及〔39〕第42页图31：4。

② 见〔38〕及〔39〕第42页图31：3。

③ 见〔54〕〔55〕及〔37〕彩版18图7-1。位于朝鲜境内的高句丽墓如德兴里古坟中也有类似的甲骑具装形象壁画，见〔56〕第34页。

④ 见〔57〕及〔37〕彩版18图7-2。

⑤ 见〔41〕上册图93及〔39〕第42页图31：6、〔37〕彩版18图7-2。

⑥ 见〔42〕〔43〕图版205、206及〔39〕第43页图33、〔37〕第176页图7-64。

⑦ 见〔58〕及〔37〕彩版19图7-63。

图 5-21　河南邓县出土南北朝铠马画像砖

杨泓曾根据北票三官营子北燕冯素弗墓中出土的铁甲片重量估算，一套铁马铠，大约重 40 余公斤①。穿着这种铁铠的战马，负载着同样披甲贯胄的骑士，犹如一座小型的移动式堡垒。

皮质的具装铠实物，至今还未有发现，但有一些甲骑具装陶俑和壁画，其马铠的花纹和样子似是模拟皮甲②。《隋书·礼仪志》记，大业七年（611 年）隋炀帝征高丽，军队主力是骑兵四十队，每十队为一团，“第一团，皆青丝连明光甲，铁具装，青缨拂，建狻猊旗。第二团，绛丝连朱犀甲，兽文具装，赤缨拂，建貔貅旗。第三团，白丝连明光甲，铁具装，素缨拂，建辟邪旗。第四团，乌丝连玄犀甲，兽文具装，建缨拂③，建六驳旗”。所谓“兽文具装”，应为皮质。骑兵所着铠甲的质料与其战马所被具装的质料通常是一致的，铁铠配以铁具装，皮甲配以皮具装，甲片的颜色以及组带和缨饰的色彩也相仿。

① 见〔39〕第 45 页。
② 见〔39〕第 45 页。
③ 对照前三团的甲制和颜色，“建缨拂”应为“乌缨拂”之误。

第三章
弓、弩和抛石机

第一节　弓 和 弩

一、制弓术的演变

《淮南子》说："铅不可以为刀，铜不可以为弩，铁不可以为弓，木不可以为釜。"① 尽管古代中国有发达的冶铁业和先进的冶铁炼钢技术，但中国古人从来没有考虑用钢铁制弓，相反却从根本上否定了用钢铁制弓的可能性。这与中国古代复合弓制造技术的发达，应有某种关联。

中国古代制弓术在早期和晚期有一个显著的区别：早期复合弓都以丝线缠约弓臂，然后髹漆，这在《考工记·弓人》中有明确记述，战国和汉代墓葬中出土的实物也都如此；晚期复合弓则不用丝线缠约弓臂，而变为在弓臂表面裹贴桦树皮（或桃树皮），然后上光油或涂漆。南宋华岳《翠微北征录》卷七述制弓之法说："裹弓之法，或用黄桦，或用桃皮，或用朱红，皆不若黑生漆，免被水透。"但桦皮裹弓的做法后来越来越流行，至近代几乎成为弓臂表面装治的唯一方式，俗称"巴桦皮"[59]。"巴"即粘贴的意思。中国制弓术的这一变化最初可能发生于东晋十六国至隋唐五代时期，很可能是受北方游牧民族影响所致。桦树是北方寒带的特色树种，桦树皮一直是北方民族喜用的装饰材料。《陈书·萧摩诃传》记，南北朝晚期（陈太建五年，公元573年），北齐军中有善射之西域胡人，"桦皮装弓，两端骨弭"。1998年于内蒙古呼伦贝尔盟海拉尔市东北发掘的谢尔塔拉Ⅰ号墓地，年代为公元7～10世纪，一些墓中出土有表面包裹桦树皮的木弓[60]。这些是桦皮裹弓的较早事例。

1995年，中日尼雅遗址学术考察队在新疆民丰县尼雅遗址的一座魏晋前凉时期（约公元3～4世纪）的墓葬（95MNI M8）中，发掘出土了一套保存相当完整的弓箭：弓长132厘米，稍变形，"似木、角作骨，结合处用筋绳绑结，复合制作而成。弦以动物筋腱制成，弦中部缠绕长约10厘米的皮条，以增强耐磨度。弓及弦上连续缠绕红、白及黄绢条。绕弦黄绢上见有墨书佉卢文字"；弓袋1件，袋身用三块熟皮革缝制而成，绀地织锦镶边；箭箙2件，呈长圆筒形，筒体用整块生皮革卷合，以皮条绳缝制；木箭4支，长80～81厘米[61]。这套弓箭带有明显的北方游牧民族特征，其弓体的缠约固定主要靠动物筋，弓弦也以动物筋制成，这与中原制弓用丝线缠约并以丝为弦迥然不同。但其年代远早于内蒙古谢尔塔拉墓地出土的桦皮弓，尚不见弓表面裹贴桦皮的现象。

① 《太平御览》卷三四八引。

从魏晋南北朝到隋唐五代，衡制较为混乱。大致在三国和西晋时，斤、石的实际重量较秦汉时期略轻，1 斤约合 220 克；南北朝时或依古称，或加重，至北周而达其极，1 斤约合 660 克；隋唐时期基本上沿袭了北周的规制①。值得注意的是，这个时期文献所记弓力均极大，如《南史·羊侃传》说：梁朝名将羊侃“少雄勇，膂力绝人，所用弓至二十石，马上用六石弓”。据《隋书·律历志》，“梁、陈依古称”，以 1 斤合 220 克计，弓力二十石合 528 千克，也太为夸张。膂力超凡的极少数人，用弓至六石或更大一些，倒是可能的。《梁书·羊侃传》说：“侃少而雄勇，膂力绝人，所用弓至十余石。”较为接近实际，但可能还有夸大。沈括曾说：北宋时“弓有挽三石者”，超过古人远甚②。宋代一斤约合 633 克，三石约合 228 千克，不及梁时“二十石”的一半，比梁时“十石”也还略轻。

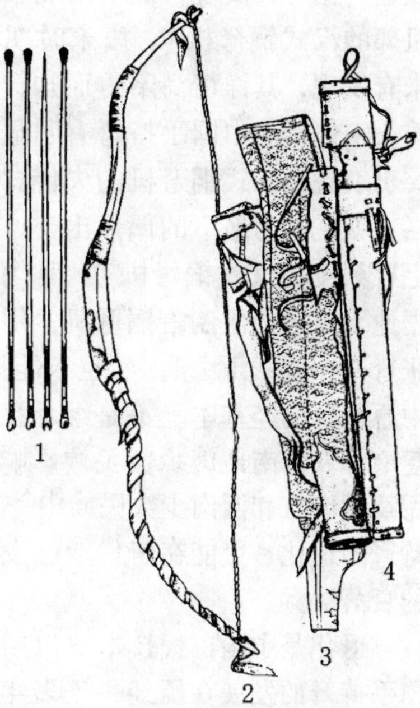

图5－22　新疆民丰县尼雅遗址出土魏晋前凉时期弓箭　1. 箭；2. 弓；3. 弓袋；4. 箭箙。

二、弩的退化

在三国和西晋时期，沿袭汉代的传统，军队仍然大量用弩。西晋灭亡后，中原地区为便习弓马的北方游牧民族所控制，骑射风盛，很少用弩；主要在南方的东晋和南朝军队中，弩还有较多装备和使用。中国用弩自此由盛转衰。

唐代的军事家曾说：

> 弩张迟，临敌不过一二发，所以战阵不便于弩。非弩不便于战，而将不明于用弩也。夫弩不离于短兵，当别为队，攒箭注射，则前无立兵，对无横阵。复以阵中张，阵外射，番次轮回，张而复出，射而复入，则弩无绝声，敌无薄我。置弩必处于高，争山夺水，守隘塞口，破骁陷阵，果非弩不利也。③

这段话很好地概括了用弩的战术，但也反映出当时军中已经不太重视用弩。及至后世，人们甚至认为：“凡弩为守营兵器，不利行阵。”④

李约瑟博士曾指出：“中国人很早就使弩臻于高度的完善，他们用青铜制作的弩机，在任何古代文明中，都可以立于冶金和机械实践的最高成就之林。”⑤ 这个评价系指汉代的弩和青铜弩机而言。汉代之后，中国手持弩及其弩机再无显著的

① 见〔62〕第 17～18 页《中国历代衡制演变测算简表》。

② 《梦溪笔谈》卷三《辨证一·古今衡制》。

③ 《太白阴经》卷六《教弩图篇第七十》、《通典》卷一四九〇、《太平御览》卷三四八引赵公王据《教射经》。

④ 明宋应星《天工开物》卷下《佳兵·弩》。

⑤ 见〔63〕第 121 页。

改进。据考古发现，魏晋南北朝时期一直沿用带机郭的汉式铜弩机①。唐宋时期的弩机实物迄今未有发现，其详情尚不得而知，但从文献资料来看，宋以后的中国手持弩有明显的退化迹象，其突出表现是汉式铜弩机的失传。北宋的大学者沈括，就是因为地下的偶然出土，才见识到了望山上有刻度的汉式铜弩机②。明代程宗猷等人，曾据地下出土物仿制古铜弩机，用于其所造之"蹶张弩"、"腰开弩"③，然也未能推广。明清时期，中原用弩已经基本上不是继承汉代的传统，而是受南方和西南地区少数民族影响的结果，因此所用都是南方和西南少数民族中一直保持着较原始状态的那类木弩和竹弩④。中国手持弩的退化，可能在唐代业已发生，其起始或许更早，根源则是十六国以来用弩的衰落。

图 5－23　北京中国历史博物馆藏曹魏正始二年铜弩机

退化是中国古代技术史包括军事技术史中非常值得注意的问题。东周以来中国手持弩的发展在历经一千多年后，又回到了原来的起点上，始于东周而在汉代达到顶峰的对手持弩的改进成果，唐以后都逐渐失传。对这个问题，将来很有必要做深入的探究。

三、弩砲的发展

在魏晋南北朝和隋唐五代时期，射程远、威力大、主要用于攻守城作战的弩砲，则一直在继续发展。因为人们把强弩视为守御利器，而弩砲则是强中之强，所以愈来愈受到重视。

《北史·源贺传》记载，北魏文成帝时，源贺"都督三道诸军屯漠南……城置万人，给强弩十二床，武卫三百乘。弩一床给牛六头，武卫一乘给牛二头"。一架弩需 6 头牛拉绞张弦，当是大型的弩砲。后世阿拉伯人将中国弩砲称为"牛弩"(Kamān-i-gāv)⑤，就是因其用牛拉绞张弦。还值得注意的是，这个材料中用"床"作为弩砲的单位，这是因为中国古人将弩砲的机架称为"床"，由此演变产生了后来的"床弩"、"床子弩"等名称⑥。

东晋南朝时，有一些被称为"神弩"、"万钧神弩"⑦、"万钧弩"⑧ 的强弩，能够摧毁舰船，当也是威力巨大的弩砲。"万钧"乃文学性的夸张形容之词。《宋书·殷孝祖传》记有"二十五弩"，弩力约合 660～750 千克（以 1 斤合 220～250 克计），应是强度符合实际的弩砲。《宋书·武帝纪》载，刘裕屯兵石头城，卢循

① 见〔39〕第 228～229 页、〔37〕第 169～170 页。
② 《梦溪笔谈》卷十九《器用·弩机》。
③ 见明茅元仪《武备志》卷八十五。
④ 见《武备志》卷一〇三、《天工开物》卷下《佳兵·弩》。参见本书第三编第四章第三节（一）。
⑤ 见〔65〕第 128 页，或〔66〕第 748 页。
⑥ 北宋曾公亮《武经总要》前集卷十三。
⑦ 《宋书·武帝纪上》，第 20、22 页。
⑧ 《南齐书·武十七王传》，第 705～706 页。

“遣十余舰来拔石头栅”，“命神弩射之，发辄摧陷，循乃止不复攻栅”。弩砲临江而守，这一战术源于汉代。

1960年，在江苏南京秦淮河里，曾发现5件南朝的大型铜弩机，其形态和结构与汉代弩机相同，长39厘米，宽9.2厘米，高30厘米①。安装这种大型弩机的弩臂，长度至少在2米左右，弩弓长度估计约为430～540厘米②，显然是设于机架之上，利用绞车张弦的弩砲。

图5－24　南京秦淮河出土南朝大铜弩机

唐时人们将弩砲通称为“绞车弩”或“车弩”③。李筌《太白阴经》卷四记其构造：

> 车弩为轴转车（案即绞车），车上定十二石弩，弓以铁钩连轴，车行轴转，引弩持满，弦挂牙上。弩为七衢（案即矢道），中衢大箭一，鏃长七寸，阔五寸，箭笴长三尺，围五寸，以铁叶为羽；左右各三箭，次差小于中箭。其牙一发，诸箭皆起，及七百步，所中城垒无不崩溃，楼橹亦颠坠。

唐代一斤约合660克，弩力十二石约为950千克，比南朝宋时的二十五石弩高，与汉代的三十石（约合900千克）弩相当。唐时一步合五尺④，常用尺度一尺约合今30厘米⑤，七百步相当于1050米。

关于唐代弩砲，还有另外一些资料。

《资治通鉴》卷一八八记武德四年（621年）秦王李世民率军攻打王世充占据的洛阳城，用“八弓弩，箭如车辐，鏃如巨斧，射五百步”。这必定是弩砲。元胡三省注曰：“八弓弩，八弓共一拳也。”若然，则唐初已有多弓床弩。但在多弓床弩最为成熟盛行的宋代，一具弩砲多者也只联装三弓。联装八弓似无可能。“八弓弩”的词义，恐还需另求别解。

《太白阴经》卷四还记有一种“木弩”，以杨柘桑为弓，“可长一丈二尺，中径七寸，两梢三寸，以绞车张之，发如雷吼，以败队卒”。这也是弩砲。唐代一尺约合30厘米，其弓长约为360厘米，中部径21厘米，两梢径9厘米。

《新唐书·朱泚传》记：建中四年（783年），朱泚叛军攻奉天城（今陕西乾县），“以百眷弩射城中，不及幄坐者三步”。大概也是弩砲。

《资治通鉴》卷二九三又记五代末年守城用“连弩”，“矢大如屋椽”，也是弩砲。以“连弩”称弩砲，始于战国，魏晋以后渐少见。

---

① 见〔67〕图130。

② 参见〔39〕第222～233、230页及〔68〕。

③ 《太白阴经》卷四、卷六；《通典》卷一四九；《太平御览》卷三四八引赵公王琚《教射经》。

④ 见〔69〕第96～97页。

⑤ 见〔70〕及〔62〕第5页《中国历代度制演变测算简表》。

从上引材料可以看出，在魏晋南北朝和隋唐五代时期，弩砲的实战运用越来越多。正是在此基础上，发展产生了中国弩砲的最高级形式——多弓床弩，它在北宋初期成书的《武经总要》中有详细的记载和图示，我们留待宋元明清卷论述。

第二节 抛石机

一、中国抛石机的一般结构

魏晋南北朝和隋唐五代时期抛射武器方面的最重要发展是抛石机的成熟和推广。

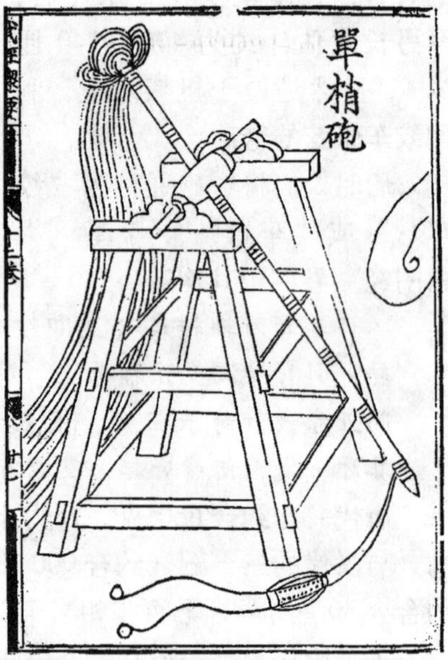

图 5－25 《武经总要》前集卷十二所载抛石机图

中国古代将抛石机通称为“砲”，也写作“礮”或“礟”。其典型结构在北宋的《武经总要》中有清楚的图示和解说：以大木为架，结合部用金属件固联；砲架上方横置一根转轴，转轴上垂直固连一根活动杠杆，这就是抛射杆，其前端连系皮窝，以容纳石弹，后端拴系拽索，索长数丈。小型砲有拽索数条，大型砲多达百条以上，每条皆由 1～2 人拉拽。施放时，由一人瞄准定放（称为“定砲人”），拽索人同时猛拽砲索，抛射杆尾端下坠，首端上扬，将皮窝甩向空中，当达到一定高度时，皮窝的一头脱扣，石弹在离心力作用下飞射出去①。

这种利用杠杆原理抛掷石弹的大型机械，与古老的汲水器具桔槔有密切的关系。二者不仅原理相同，而且结构相当接近。桔槔在中国起源甚早，其历史目前可以追溯到商代和西周时期②。可以认为，抛石机的发明直接受到了桔槔的启发，甚至可以说，系由桔槔改造而来。

图 5－26 山东嘉祥汉武氏祠画像石上描绘的桔槔

① 见《武经总要》前集卷十二。关于中国抛石机的容弹和释放方式，参见〔71〕第 177～184 页。

② 参见〔72〕〔73〕。

春秋战国之际，桔槔已经普及。《庄子·天地》说，孔子的弟子子贡南游楚国时，见一个老丈抱着陶瓮艰难地从井中汲水灌园，就奇怪地问他为什么不用桔槔汲水，“凿木为机，后重前轻，挈水若抽”，“用力甚寡而见功多”。老者忿然作色曰：“有机械者必有机事，有机事者必有机心。”① 庄子笔下的这位老丈是一个道家自然主义者，也许就是庄子自己的理想化身。他对桔槔的拒绝体现了高尚的思想，但未能影响世俗的态度。在人类的功利心驱使下，机械之为用，不可避免地越来越甚。注重实用的军事技师甚至由桔槔发展出了威力巨大的战争武器——抛石机。

二、中国抛石机的起源

中国抛石机的起源，可以追溯到战国秦汉时期，这主要有四个材料。

一是山东临沂银雀山汉墓出土竹简本《孙膑兵法·陈忌问垒》中提到的“投机”。其文曰：“弩次之者，所以当投机也。”银雀山汉墓竹简整理小组解释说：“投机，抛石机，意谓弩的作用相当于抛石机。”②

二是《墨子·备城门》中提到的“藉车”。一般认为《墨子》城守诸篇是战国晚期墨家后学的作品，其文曰：

诸藉车皆铁什。藉车之柱，长丈七尺，其貍者四尺；夫长三丈以上至三丈五尺，马颊长二尺八寸，试藉车之力而为之困，夫四分之三在上。

藉车，夫长三丈，四之三在上，马颊在三分中。马颊长二尺八寸，夫长二十（？丈）四尺以下不用。治困以大车轮。藉车，桓长丈二尺半。诸藉车皆铁什。复车者在之。

寇阗池来，为作水甬，深四尺，坚幂貍之，十尺一，覆以瓦而待令。以大木围长二尺四分而中凿之，置炭火其中而合幂之，而以藉车投之。

岑仲勉指出：“藉车系用以投掷损害敌人之物，似借‘夫’之弹力，将损害品掷向城下者。”③ 加拿大的叶山博士（Robin D.S. Yates）进而认为，“藉车”就是抛石机，并对它作了推测复原④。

三是《范蠡兵法》中得到的“飞石”。此书并非春秋战国之际越国名臣范蠡的著作，而是秦汉时人的托古之作，现已失传。《史记·白起王翦列传》宋裴骃集解引张晏曰：“《范蠡兵法》：飞石重十二斤，为机发，行三百步。”但《汉书·甘延寿传》唐颜师古注引张晏作：“《范蠡兵法》：飞石重十二斤，为机发，行二百步。”《文选·闲居赋》唐李善注引《范蠡兵法》作：“飞石重二十斤，为机发，行三百步。”数字略有出入，当系传写错讹所致。

四是东汉人所说的“旝”。许慎（约公元58～147年）《说文解字》曰：“旝，一曰建大木，置石其上，发以机，以槌敌。”“旝”的本意是旌旗，从什么时代开始又具有抛石机的意义，尚不得而知。《左传·桓公五年》记公元前707年繻葛之战郑军“旝动而鼓”，东汉贾逵（公元30～101年）解释“旝”为发石、飞石⑤，

① 《庄子·天运》又以“引之则俯，舍之则仰”来描写桔槔的作用方式，并以之比附人事。
② 见〔74〕第52页。
③ 见〔75〕第35～36页。
④ 见〔76〕〔63〕第207～210页。
⑤ 《左传·桓公五年》唐孔颖达疏引，见《十三经注疏》第1748页。

即抛石机。但这是错误的，历代注家多不从其说，而普遍将“旝动而鼓”之“旝”释为旌旗，即便许慎，也是如此①。不过，贾逵之说仍然反映了汉代已有抛石机的事实，许慎可能就是看到他对“旝”的解释，而将之采入《说文》，以备一说。

综上所述可以肯定地认为，汉代已有抛石机。然而在东汉晚期之前，一直缺乏使用抛石机的战例记载，大概其结构尚不成熟，运用还很有限。因此，我们可以把战国秦汉时期视为中国抛石机的发生期。

三、中国抛石机的发展

东汉建安五年（200 年），曹操、袁绍两军决战于官渡（今河南中牟境），“绍为高橹（楼），起土山，射营中，营中皆蒙楯，众大惧。太祖（曹操）乃为发石车，击绍楼，皆破，绍众号曰霹雳车”②。这是中国历史上见于记载的实战运用抛石机的最早一例；所言“发石车”，也是见于记载的最早的移动式抛石机。此后，文献记载中运用抛石机的战例逐渐增多③，中国抛石机进入了发展推广的时期。

就在魏晋时期，汉语中出现了“砲”和“礮”（或写作礟）两个新字，用以指称抛石机。砲字初见于魏明帝曹叡《善哉行·我徂》：“发砲若雷，吐气成雨。”④ 黄节注：“诗所云发礮（砲），即飞石也。”礮字初见于西晋潘安仁《闲居赋》：“礮石雷骇，激矢虻飞。”唐李善注：“礮石，今之抛石也。”⑤ 按砲、礮大致都是魏晋时期新出现的形声字，为同音同义的异体字。因包、駮（或写作駁）读音相近，所以或用包为声符，或用駮（駁）为声符。新字初出时，往往会有这种杂乱现象，而以后砲、礮两个字都沿用了下来，成为抛石机的通行名称⑥。这也是中国抛石机趋于成熟推广的一个标志。

及至隋唐时期，抛石机的运用规模愈益扩大。隋大业十三年（617 年），李密、翟让等统率瓦岗军围攻隋东都洛阳，李密“命护军将军田茂广造云旝三百具，以机发石，为攻城械，号‘将军礮’。进逼东都，烧上春门”⑦。其时当已有抛石机集群轰击战术，砲（礮）石如雨，是中古攻守城作战中最为壮观的一幕。

在唐代，抛石机的大型化也有突出的进展。武德四年（621 年），秦王李世民率军攻打王世充占据的洛阳城，“大礮飞石重五十斤，掷二百步”⑧。秦汉时的《范蠡兵法》曾称飞石重十二斤（约合 3 千克）或二十斤（约合 5 千克）⑨，行二

---

① 《左传·桓公五年》晋杜预注：“旝，旃也。”许慎《说文解字》：“旝，旝旗也。从㫃，会声。诗曰‘其旝如林’，春秋传曰‘旝动而鼓’。”段玉裁《说文解字》注：“飞石起于《范蠡兵法》。《左传》云亲受矢石，恐尚非飞石。”参见〔77〕第 106 页。

② 《三国志·魏书·袁绍传》，第 199 页。

③ 例见《三国志·魏书·诸葛诞传》（第 772 页）“发石车”；《宋书·殷琰传》（第 2209 页）“礄车”；《新唐书·李密传》（第 3680 页）“将军礮”；《资治通鉴》卷一八八（第 5905 页）“大礮”；《新唐书·东夷传》（第 6191 页）“抛车”；《新唐书·李光弼传》（第 4585 页）“擂石车”。

④ 《宋书·乐志三》，第 615 页。

⑤ 《文选》卷八。

⑥ 参见〔71〕第 163 页。

⑦ 《新唐书·李密传》，第 3680 页。

⑧ 《资治通鉴》卷一八八，第 5905 页。

⑨ 秦汉时期一斤约合今 250 克，见〔62〕第 16～17 页《中国历代衡制演变测算简表》。

百步（约合276米）或三百步（约合414米）①。而唐初大礮飞石重五十斤（约合33千克）②，掷二百步（约合300米）③。另据《新唐书·东夷传》，贞观十九年（645年），李勣攻打高丽所据辽东城，“列抛车，飞大石过三百步（约合450米）”。这些材料，提供了从汉至唐800余年中抛石机威力提升的证据。

据《太白阴经》卷四《攻城具篇》所记，唐代抛石机至少有四种型式：一是独柱式，即以一根大木为支柱，柱脚插埋于地，固定施放；二是移动式，上部结构同于独柱式，下以大木为床，装有四轮，可以机动，即所谓“发石车”、“砲（礮）车”或“抛车”；三是框架式，转轴和抛射杆安装在一个方框形的机架上，机架有4根边柱，故俗称“四脚”；四是旋转式，支柱可以左右旋转，因而能够向各个方向抛掷石弹，俗称“旋风砲”，参照宋初《武经总要》前集卷十二上的图示，可知其上部结构同于独柱式，柱脚插入一个方框形机架中，可以旋转活动。独柱式应是中国抛石机的最初形态，与桔槔的形状最为接近；其他几种发展形式中，以移动式和框架式为常见，特别是随着抛石机的日益大型化，俗称“四脚”的框架式逐渐成为最基本的形式。这在《武经总要》中有充分的反映。

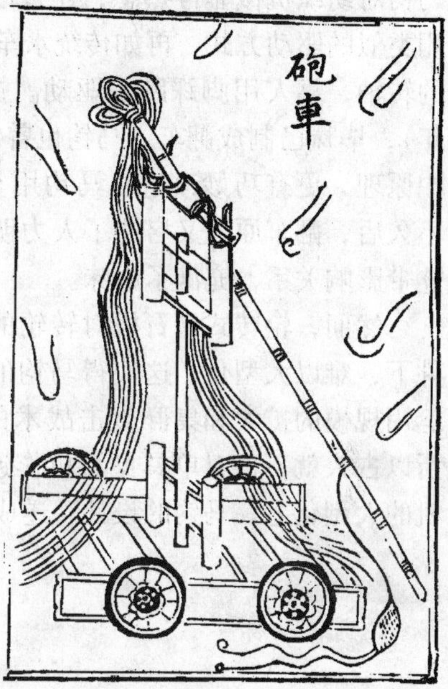

图5－27　《武经总要》前集卷十二所载砲车图

四、马钧和轮转式抛石机

关于抛石机的发展，不能不提到三国时期马钧的一项独特设计。

马钧，字德衡，扶风郡（治槐里，今陕西兴平东南）人，生卒年不详，主要活动于魏明帝时期（227～239年），于机械多有创造，如改进绫机，作指南车、翻车和水转百戏等，人称“巧思绝世”。《三国志·魏书·方技传》注引傅玄《马先生传》称他“又患发石车，敌人之于楼边悬湿牛皮，中之则堕，石不能连属而至。欲作一轮，悬大石数十，以机鼓轮为常，则以断悬石飞击敌城，使首尾电至。尝试以车轮悬瓴甓数十，飞之数百步矣”。

马钧提出的是一种轮转式抛石机的构想：作一大轮，轮上悬系数十枚大石弹，以机械驱动大轮急速旋转，然后切断系石之绳，石弹便在离心力作用下连续飞击敌城。他用车轮悬系数十块砖进行试验，能够飞击数百步远，证明其设计是可

① 秦汉时期一步合六尺，一尺约合今23厘米。见〔69〕第96～97页；〔62〕第3页《中国历代度制演变测算简表》。

② 唐时一斤约合今660克，见〔62〕第18页《中国历代衡制演变测算简表》。

③ 唐时一步合五尺，一尺约合今30厘米。见〔69〕第96～97页；〔62〕第5页《中国历代度制演变测算简表》。

行的。

轮转式抛石机的构想，可能受到多种传统轮转式机械的启发。比如起源甚早，魏晋时期已经普及的手摇纺车①，其鼓轮上装有曲柄，靠手摇驱动，能达到较高的转速。尽管这种机械无法大型化，但能使人对高速旋转和离心力产生深刻印象。马钧对纺织机械非常熟悉，还曾改进绫机，不排除他在最初的小模型试验中曾采用类似的驱动方式。再如传统水车（即翻车，又称龙骨车、踏车②），它有带踏板的转轴，靠人用脚踩踏来驱动。据《后汉书·张让传》记，东汉中平三年（186年），毕岚已制成翻车。马钧也曾制造翻车，“其巧百倍于常”，可见他不仅精通个中原理，更有巧妙改进。马钧用车轮悬砖试验时，可能采用了类似的驱动方式。不久后，翻车原理又启迪了人力明轮船——“水车船”的发明。技术思想的这种连带影响关系，充满了趣味。

然而，轮转式抛石机对转轮的旋转速度和结构强度要求极高，在古代技术条件下，难以大型化，这使得马钧的独特设计后来一直未能付诸实际。随着抛石机运用规模的扩大和集群轰击战术的出现，单发抛石机也能形成密集连续的火力，所以古人就不再对单具抛石机作连续发射的改进尝试，而把发展的重点放在抛石机的大型化上。马钧的设计，遂成绝响。

① 汉代的画像石上就有纺车的图像，见〔78〕，参见〔79〕第61～62页。

② 见〔80〕第88页。

第四章
骑兵马具的成熟

骑兵和骑战的大发展是中古军事史的重要内容。也正是在中古时代，骑乘马具臻于完善，从而使骑兵和战马能够更好地结合在一起，使骑兵能够更便利地控驭战马和运用武器，充分发挥人、马和武器的合力进行战斗。完备的马具，是骑兵提高马上战斗动作效率，增强作战能力的必要条件。因此，骑乘马具的完善化，是骑兵和骑战发展的重要技术基础。

第一节 马勒具

骑乘马具中，最为重要的是勒、鞍和镫。勒是控马之具，由络头（包括额带、项带、鼻带、颊带、咽带）、衔（马嚼子）、镳（固定马嚼子的颊片）和辔（缰绳）组合而成，早在主要以马驾车的西周和春秋时期，已经完善①。骑马和以马驾车，都必须从后面操纵马，其控马的方式是相通的，故马勒具也相同。

据乌克兰第聂伯河沿岸的考古发现和新近的研究，骑马的起源可能在公元前三四千年，其时已经使用了绳索嚼子和鹿角颊片[81]。但直至公元前1000年，欧亚大陆各地都主要以马驾车，而不流行骑马，所以马勒具主要是随马车及其应用（包括车战）的发展而趋于成熟完善，之后随骑马的兴起而被自然地移用于骑乘。

马勒具成熟的标志是金属衔的采用。中国在商代还主要使用皮衔，属于绳索嚼子一类。但在商代晚期，已经出现了铜衔。河南安阳殷墟后岗M33号墓中曾出土一件U形铜衔[82]，其造型还不十分合理。殷墟西区M1613号车马坑中出土的一件铜衔，为两节8字形短棍以环互扣而成[83]，已是成熟的形态，后世一直沿袭不替，仅形状有些微小的变化。

1

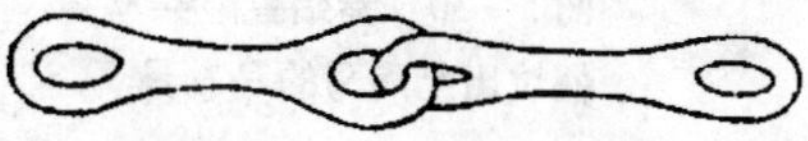
2

图5－28 早期铜马衔
1. 商代晚期，殷墟西区M1613号车马坑出土，长14厘米；2. 西周早期，陕西长安张家坡出土，长19厘米。

中国在商代晚期，也已经出现武装骑士。1936年在安阳殷墟曾发现一座骑士墓坑，内埋一人、一马、一犬，随葬有戈、刀、弓矢和御马之策（鞭）。马头部存留有络头上的玉、石、蚌饰，还有一件U形玉衔，可能是仿铜衔的制品。石璋如以玉衔的塑胶仿制品放在马口中试验，长短宽

① 参见本书第二编第五章第三节（三）。

窄恰好，确能起到控马的作用①。

西周时期，铜衔的使用已较普遍。陕西长安张家坡、北京昌平白浮、房山琉璃河等地的西周早期车马坑或墓葬中，都出土有铜衔②。及至春秋时期，铜衔完全普及。春秋晚期的山西太原晋国赵卿墓中，出土铜衔多达68件③。在两周时期，用以固定马衔的镳的造型也趋于成熟，多呈角形，或呈S形，后者在秦汉以后成为中国镳的最基本样式④。

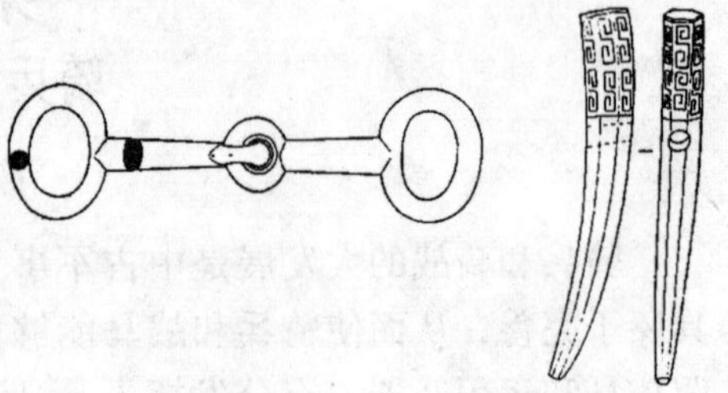

图5-29　山西太原晋赵卿墓出土铜衔和角形镳

承袭以上发展成果，战国和秦代骑兵的马勒具已经非常成熟。陕西临潼秦始皇陵二号兵马俑坑中出土的骑兵俑，其陶质战马的头部设有完备的整套勒具，包括成熟的铜衔和S形铜镳，以及额带、项带、鼻带、颊带、咽带具全的络头和辔绳⑤。

图5-30　秦始皇陵兵马俑坑出土陶马的马勒具

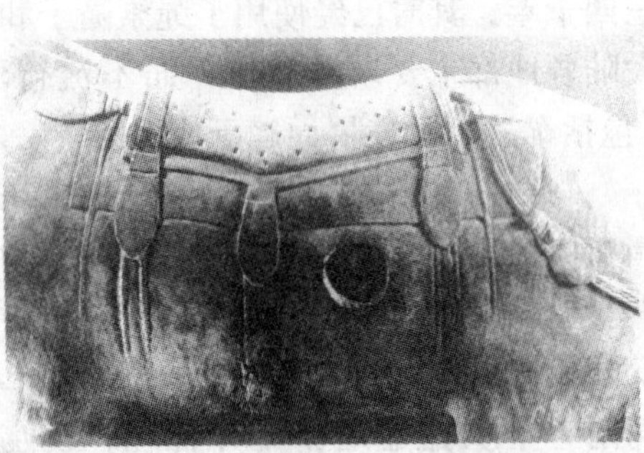

图5-31　秦始皇陵兵马俑坑出土陶马的马鞍具

第二节　马　鞍

与马勒具既用于以马驾车也用于以马骑乘不同，马鞍和马镫只在骑马时用得上，而骑马的流行要大大晚于以马驾车的流行，因此，比起很早就成熟的马勒具，马鞍和马镫的使用和成熟要晚得多。在早期很长一段时间里，骑士们都是骑裸背

① 见〔84〕第25页。

② 见〔85〕第141~143页〔86〕〔87〕。

③ 见〔88〕第118、121页。

④ 参见〔89〕〔90〕。关于周代北方地区使用马衔和马镳的情况，参见〔91〕。

⑤ 见〔92〕及〔93〕第24~25页〔94〕图版30、31、34。

马。1995年陕西咸阳塔儿坡秦墓（M2807）中出土的两件彩绘陶骑俑，年代为战国晚期前段，相当于秦惠文王至秦武王时期，约公元前337～前307年[95]，赵武灵王“胡服骑射”的划时代事件就发生在此期间。这两件俑所塑造的骑士，仍是直接跨骑在光背马上。不过，战国时期人们也已经在马背上铺设简单的垫子，以使骑手能够舒适地跨骑。这种垫子古称鞯（或写作荐）。《盐铁论·散不足篇》说：“古者庶人贱（伐）骑绳控，革鞮皮荐而已。”[96]所谓“贱（伐）骑”、“皮荐”，即指马无鞍具，而仅有皮垫①。传河南洛阳金村出土的一面战国错金银铜镜上，饰有骑士执剑刺虎的图纹，马背上就有简单的坐垫②。

图5－32　陕西咸阳塔儿坡出土战国晚期陶骑俑

图5－33　河南洛阳金村出土战国铜镜上的骑士执剑刺虎图纹

进一步，人们又在垫子（鞯）上设鞍。鞯垫多为一块毡子，有时也用毛皮；鞍则里面有芯，较为厚实，后来更以木为框，起伏合体（下合马体，上适人体），相当于设在马背上的一个固定的坐椅。《吴子·治兵》已说：“车骑之具，鞍勒衔辔，必令完坚。”早期马鞍为低平的软马鞍，一般以皮革为面，内里充填毛絮，鞍形低平，仅中部略洼。新疆鄯善苏贝希墓葬中曾出土一套纪元以前的完整骑乘马具，衔、镳、络头、辔缰俱全，有鞯有鞍无镫，鞯用毛毡，鞍以皮革为面，内塞毛质物，表面饰金属钉，形状低平，中部稍洼，是早期软马鞍的典型之例③。秦始皇陵兵马俑坑二号坑中出土的秦代陶骑兵俑④和陕西咸阳杨家湾出土西汉初期的陶骑兵俑⑤，其鞍具都属于低平软马鞍之

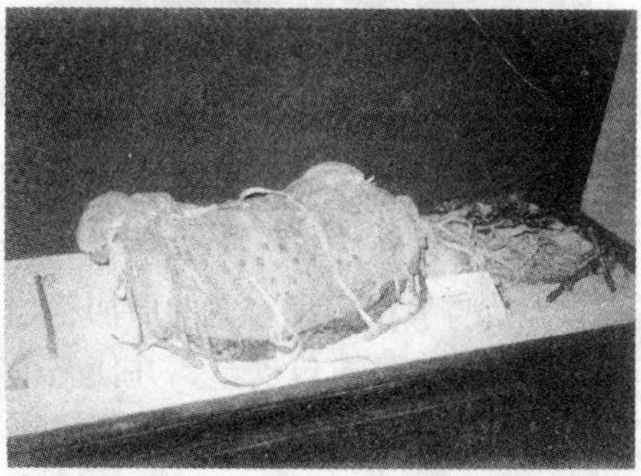

图5－34　新疆鄯善苏贝希墓葬出土纪元前的马鞍具

① 孙诒让曰：“案‘贱’疑当作伐。《诗·小戎》‘伐驷孔群’，《释文》引《韩诗》云‘驷马不著甲曰伐驷’。‘伐骑’盖谓不施鞍勒而徒骑，故用绳控也，与伐驷义略同。”（见〔97〕第218页）。

② 见〔98〕卷首彩版，参见〔39〕第95页。

③ “中华民族的瑰宝——新疆丝路文物精品大展”（中国革命历史博物馆，北京，1999年5～7月）展出品。陈列说明将这套马具的年代定为公元前500年。这个断代还值得进一步探讨。

④ 见〔92〕及〔93〕第24～25页〔94〕图版30、31、34。

⑤ 见〔98〕〔99〕及〔39〕第100页。

类。特别是秦俑坑陶骑俑上的马鞍，塑造得极其逼真，形态与鄯善苏贝希的出土物相当接近①。《史记·留侯世家》记：楚汉战争中，刘邦于彭城败回下邑，求计于张良，“下马踞鞍而问”。刘邦踞坐的马鞍，应该就是这个样子。从杨家湾骑兵俑来看，当时固定马鞍的带具已经完备，包括绕过马腹的肚带、绕过马尻的鞧（鞦）带和绕过马胸前的胸带（秦代陶骑俑上只有肚带和鞧带）。直至东汉时期，低平的软马鞍仍在使用。1972 年甘肃武威磨嘴子东汉墓中出土的一件彩绘木马，身上就刻有这种形态的马鞍，其表面涂成粉色，用黑色点描绘出了密布的钉饰②，与鄯善苏贝希的出土实物也很相似。

图 5－35　甘肃武威磨嘴子出土东汉彩绘木马

图 5－36　甘肃武威雷台出土东汉铜骑俑

为使骑手在马背上坐得更加稳当、舒适，人们逐渐对马鞍进行改进，直至采用木质框架，外或包皮革，并使鞍的前后两端向上翘起，形成高鞍桥，中间显著凹下，从而出现了具有东方特色的硬质高马鞍，古人称之为“高桥鞍”③。至迟在西汉晚期，已经有了高马鞍。河北定县曾出土一件西汉错金银铜车器，其装饰图案中有一个弯弓回射的骑士形象，所骑之马的背上就装着高马鞍④。甘肃武威雷台东汉墓中出土的铜骑兵俑和鞍马俑，马身上都配有模拟得非常形象的高马鞍〔103〕。这种高马鞍，在东汉画像石上的一些鞍马图中也有描绘⑤，可见当时已经普及⑥。

---

① 见〔100〕图 94。

② 见〔100〕图 94。

③ 《初学记》卷二十二引《魏百官名》。恩格斯说：“在较古老的雕塑品上，武士是骑在没有鞍子的马上的；以后，我们发现曾有一种类似褥垫或坐垫的东西，最后，才有类似现今东方流行的那种高马鞍。”（见〔101〕第 298 页）

④ 见〔102〕及〔39〕第 100～101 页。

⑤ 林巳奈夫曾举出三例，见〔104〕图 7－64、65、66。

⑥ 有一些汉代骑俑上所塑造的马鞍，似属于低平软马鞍和硬质高马鞍之间的过渡形态，如广西西林县普驮出土的一件西汉铜骑俑（见〔105〕图 92）。另据武威磨嘴子东汉墓出土的彩绘木马，直到东汉时期，低平软马鞍仍有使用。

西晋时期，马鞍的前后鞍桥进一步增高，几乎垂直竖立于鞍座之上。河南安阳孝民屯晋墓中曾出土一套马具，为西晋末东晋初（316年左右）之物，其马鞍即如此①。湖南长沙西晋永宁二年（302年）墓出土的陶骑俑和陶鞍马俑，也逼真地塑造出了这个样子的高马鞍②。

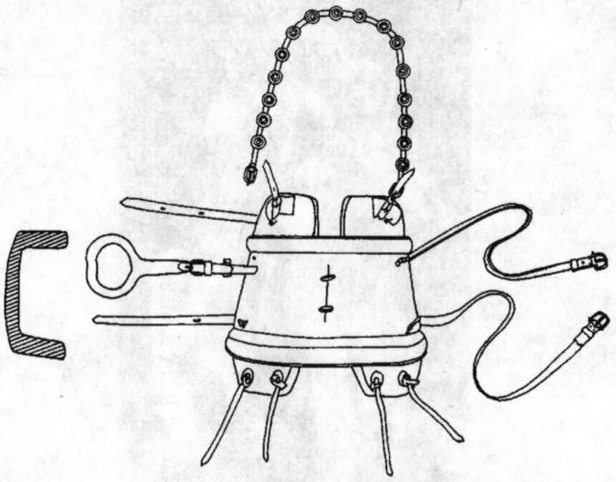

图5－37　河南安阳孝民屯出土晋代马鞍具

图5－38　山西太原北齐娄叡墓壁画鞍马人物

为跨骑舒适，鞍的造型此后又有变化，主要是增加鞍桥的倾斜度，降低后鞍桥的高度。这种改进趋势至南北朝而臻于完善，此时期出现了造型优美合理的高马鞍，其前鞍桥高而后鞍桥低，两桥之间有平缓的坡度。山西太原北齐娄叡墓壁画上的诸多鞍马图，细致地描绘出了这种成熟的高马鞍③。此种马鞍，遂为后世所长期沿袭。

大约930年或更晚年代成书的阿拉伯著作《物品特性详编》（Kitāb al-Khawāss al-Kabīr）广泛搜罗了中国加工或配制颜料、染料、墨、清漆等化学品的成分和制造某些器物的方法，其中列有“中国马鞍制作法”，中国马鞍似乎是阿拉伯世界大量输入之物④。优美、舒适的中国高桥鞍，大概通过阿拉伯人的中介，进而又传播、影响到欧洲。

第三节　马　镫

相对于马鞍，马镫的出现更迟。真正意义上的马镫，直至公元4世纪时才问世。但在此之前，已经有一些可以视为马镫前身的类似装置，最典型的例子就是供骑手上马蹬踏之用的单镫。长沙西晋永宁二年（302年）墓中出土的陶鞍马俑和陶骑俑，其马鞍前鞍桥的左侧均悬垂有一个三角形的小镫，镫带较短，镫的位置高于跨骑者之足⑤。它应是为便于骑士上马而设，即供骑士上马时蹬踏，骑好后就不再使用了。安阳孝民屯晋墓出土的年代相当或稍晚的全套马具中，就包括有一

① 见〔106〕〔107〕。

② 见〔108〕及〔37〕第177页图7－66、67。

③ 见〔109〕。以前由于资料限制，一些学者将成熟的高马鞍的出现定在唐代（见〔110〕），现在看来晚了一些。

④ 见〔111〕第452页，参见〔112〕第762页。

⑤ 见〔108〕及〔37〕第117页图7－66、67。

件这样子的单镫（见图5-37），系以木为芯，外包鎏金铜片制成①。

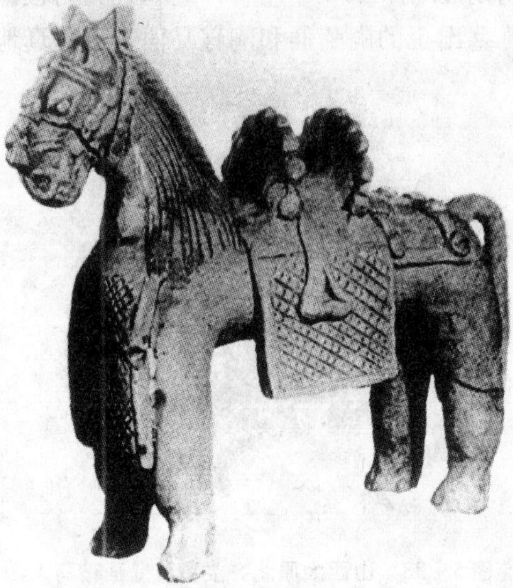

图5-39　长沙西晋永宁二年墓出土陶鞍马俑

图5-40　长沙西晋永宁二年墓出土陶骑俑

这种供骑士上马蹬踏用的单镫，也见于亚洲其他一些地区，特别是亚洲中部的草原地带。第聂伯河下游契尔托姆雷克巨冢出土的斯基泰大银饼上所饰刻的驯马图，其马鞍垫的左侧处就刻画有这样的马镫，似为革质[110]。

中国4世纪初的木芯包铜片单镫，代表了单镫的晚期形态，正是由这种单镫，发展出了真正的马镫——供骑士骑乘时蹬踏的双镫。目前所见双镫的确实可靠的最早物证②，是江苏南京象山东晋早期墓（M7，约322年）中出土的一件陶马俑，其马鞍两侧的前缘都悬垂有镫③。

这个材料的年代与长沙西晋永宁二年墓出土单镫陶骑俑和安阳孝民屯晋墓出土单镫实物相近，表明4世纪初正处于单镫向双镫过渡的阶段。

东晋十六国时期（4～5世纪）的双镫实物，已有不少发现。如辽宁朝阳袁台子壁画墓

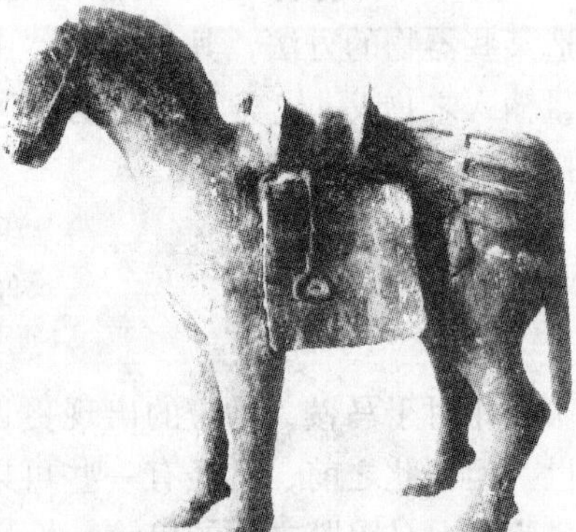

图5-41　南京象山东晋早期墓出土陶鞍马俑

① 见〔106〕。另据报道，甘肃武威南滩魏晋墓（M1）中曾出土铁马镫（见〔113〕），然未发表图片，难以了解其详情。如果断代、定名均无误，自也属早期的单镫。

② 关于早期马镫，有不少似是而非的材料，关于这些材料的辨伪，见〔114〕〔110〕注⑤〔115〕〔116〕。

③ 见〔117〕及〔37〕第178页图7-71。

（4世纪初至4世纪中叶）〔118〕、朝阳十二台乡前燕墓（337～383年）〔28〕、吉林集安万宝汀高句丽墓（M78）〔119〕、集安七星山高句丽墓（M96）〔120〕、辽宁北票西官营子北燕冯素弗墓（415年）〔23〕、北票喇嘛洞鲜卑墓〔121〕等墓，都出土有带双镫的成套马具。此外，新疆吐鲁番阿斯塔那十六国时期墓葬中出土的木鞍马上，也有手绘的马镫形象①。这些材料表明，真正的马镫——双镫在4世纪后半叶至5世纪初的中国已经普及。上述双镫实物，普遍为木芯外包铜片，制法和形态与安阳孝民屯晋墓出土4世纪初的单镫相近，二者有明显的继承关系。

图5－42　十六国时期马镫（双镫，复原）　辽宁北票西官营子北燕冯素弗墓出土，长23厘米，木芯，外包钉鎏金铜片。

图5－43　吉林集安南北朝时期高句丽墓壁画骑射狩猎图

此后，马镫的制法和形态不断改进。南北朝时期，完成了由木芯包铜马镫到金属镫（主要为铁质）的转变，从而使马镫更为结实牢固，能够承受骑手的任意踩踏。随之，马镫的造型也变得更为合理，如镫柄缩短、镫环底部加宽，等等。宁夏固原北魏漆棺墓中，就出土有一对形制较成熟的铁马镫②。

迄今为止，世界上确实可靠的马镫的最早资料发现于中国，而且，只有中国的早期马镫资料，能够排出由单镫到双镫的清楚的演进序列。因此，学术界普遍认为，马镫是中国人发明的，进而扩散到东方世界的其他地区，如朝鲜半岛和日本，并向西传播（可能主要通过欧亚草原地带诸多游牧或半游牧部族的频繁迁徙和往来活动），一直影响到欧洲③。

在没有马镫的时代，骑兵只能跨坐在马背上进行格斗，基本上只能凭借臂力使用兵器，难以充分发挥兵器的效能；而且由于双脚没有依凭，在战马急速奔驰和剧烈的格斗冲撞中，骑士难以保持身体平衡，很容易跌下马来；为保持平衡，就至少要用一手紧执缰绳，如此就无法同时以双手运用兵器。采用了马镫，遂使骑士的双脚有所依托，因而使骑乘变得更为安稳。更为重要的是，因为有了马镫，骑兵在战斗、冲锋时能够凭借双脚有效地保持身体的平衡，就可以双手并用使用武器，而不惧掉下马来；还可以踩踏着马镫直立起来，得以发挥全身的劲力使用

① 见〔122〕，参见〔116〕图2:1。
② 见〔123〕〔124〕。
③ 参见〔125〕第12、178页及〔126〕〔127〕〔128〕〔129〕〔130〕〔131〕诸文。

武器，从而极大地提高了格斗的效能。

附：关于滇人的“绳圈式马镫”

生息于云南滇池周边地区的古滇人是一个较早就习尚骑马的民族。这一地区在古代有较发达的畜牧业，盛产牛、马，还有名盛一时的良马“滇池驹”①。古滇人所遗留下来的青铜器上，有大量骑马作战或狩猎的装饰图纹和雕像，特别是着盛装的首领或贵族，往往以骑马的形象出现②。近年有研究者发现，一些西汉中晚期的滇人铜器骑马图像上刻画有“马镫”，如晋宁石寨山西汉中期的13号墓中出土一件铜贮贝器，盖上饰战争场面雕像，其中央有一骑马急驰、手持长矛刺杀的主将，余皆为步卒。骑马者戴盔着甲，腰佩短剑，通体鎏金。所骑之马肌壮体肥，马鞍前缘两侧各系一绳，下垂至马腹部，绳端结一圆圈，骑士双脚的大拇指分别伸入圈中，蹬向马腹前[134]。

图5－44　云南晋宁石寨山出土铜贮贝器盖上的滇人骑马雕像

滇人战马上的这种绳圈式装置，如果确实，应该可以视为马镫的前身之一，是习尚骑马的古滇人的独特创造。但它只是套住骑士的脚拇指，骑手还难以凭此而在马上站立起来，如果骑乘时蹬踏过猛，则不可避免地会扭伤拇指。因此，这个装置仅能使骑士的双脚稍有依托，而使骑乘稍为安稳，还起不了真正马镫的作用，似不宜径称之为“马镫”。而且，滇人战马上的绳圈式装置，现只见有图像，有必要进一步寻找实物证据；套扣脚拇指有明显的不合理性，有关图像是否需要更细致地辨析，也是应当考虑的。更重要的是，滇人战马上的绳圈式装置，对于中国乃至世界范围马镫的发生发展过程，现在还看不出有什么影响，即使是在云南地区，东晋以后马镫的采用可能也是受内地影响的结果。

第四节　马 蹄 铁

关于马蹄铁的起源，材料极为匮乏，故争论也较大。或认为马蹄钉铁掌是中国人发明的，蹄铁在中国“至少已有二千多年的历史”，“今日欧洲的蹄铁术，是受到我国蹄铁术的影响加以改良而成的”③。还有人说公元480年左右匈奴人（Ephthalite Huns）将马鞍、马镫和马蹄铁带入了印度④。或认为中国“蹄铁的应用恐怕是唐以后的事”⑤。或认为蹄铁是从西方传来的，南宋时“我国对装蹄铁的作

① 《华阳国志·南中志》。

② 见〔132〕〔133〕。

③ 见〔135〕第413页。

④ 见〔136〕第317页注引奥德里库尔（Haudricourt）之说。

⑤ 见〔137〕第34～35页。

法还比较生疏，我国普遍采用此物的时间，大约不早于元代”[110]。

对这个问题，现在还无法确论，有必要深入挖掘资料。这里只想提出一条相关的材料，见于恒宽《盐铁论·散不足篇》所记汉昭帝始元六年（公元前81年）盐铁会议上贤良文学的议论：

> 古者诸侯不秣马，天子有命，以车就牧。庶人之乘马者，足以代其劳而已，故行则服枙，止则就犁。今富者连车列骑，骖贰辎軿。中者微舆短毂，烦尾掌蹄。夫一马伏枥，当中家六口之食，亡丁男一人之事。
>
> 古者庶人佚骑绳控，革鞮皮荐而已。及其后，革鞍氂成，铁镳不饰。今富者鞼耳银镊韅，黄金琅勒，罽绣弇汗，垂珥胡鲜。中者染韦绍系，采画暴乾。

《说文》：“鞮，皮履也。”革鞮即皮质的马鞋。俗语云：“无蹄即无马。”古人很早就注意对马蹄的保护，在马蹄上缠裹皮套是早期较流行的方法。

晚至近代中国民间俗称马蹄铁为“马掌”，称蹄铁工匠为“掌工”①。汉代人所说的“掌蹄”是什么意思？是否是比“古者革鞮而已”更先进的方法？目前恐怕还只能提出问题，确切的解答则有待于将来。

① 见〔137〕第35页。

第五章
战船和水战具

第一节 长江水战的发展和战船的大型化

东汉王朝的崩溃，使中国陷入了大分裂、大动荡的局面，其后虽有西晋的短暂统一，但接踵而来的是更为严重的分裂和对抗。无论东汉灭亡后的三国鼎立，还是东晋十六国至南北朝的南北对峙，长江天堑都是重要的自然分野，长江水道因而成为各方激烈交锋的重要战场：它既是防御者的天然屏障和战略防御线，也是进攻者的必由之路和必逾之险。因此，在魏晋南北朝时期，在长江中下游水域，激战频繁，甚至多次爆发了决定国家命运、影响历史走向的空前大战。像公元208年的赤壁之战，奠定了三国鼎立的格局；公元279～280年晋灭吴之战中“王濬楼船下益州”，公元588年隋灭陈之战中杨素水师出三峡，则分别对灭吴和灭陈起了关键的作用。中国中古水战，由此出现了一个高潮。

在魏晋南北朝的分裂对抗中，北方政权的总体实力通常强于南方政权，这决定了北攻南守的总体格局。但南方政权的水军较强，为守住长江天险，他们更大力发展水军。而北方为突破长江天险，也不得不发展水军。因此，这个时期的水军建设，始终以长江中下游沿江两岸为主要基地。建造能够在长江中下游宽阔水面占据优势的大型战船，成为其时战船发展的重点。

船舶大型化是造船技术进步的必然结果。汉代人关于船的载重量，只笼统地提到“五百斛以上”；魏晋南北朝时期，文献中则出现了“万斛舟”的记载。《太平御览》卷七七〇引《荆州土地记》曰：“湘洲七郡，大艑之所出，皆受万斛。”又《太平御览》卷七六九引崔鸿《后赵录》言及张弥为石虎造万斛舟运钟①。南齐颜子推甚至说：

> 胡人见锦，不信有虫食树吐丝而成；昔在江南，不信有千人毡帐；及来河北，不信有二万斛船。皆实验也。

可见其时江南确有二万斛之船。

《太平御览》卷七六九引《南州异物志》曰：“外域人名舡曰舡，大者长二十余丈，高去水三二丈，望之如阁道，载六七百人，物出万斛。”唐慧琳《一切经音义》卷二十引《埤苍》曰：“舶，大舩（船）也，长二十丈，载六七百人是也。”唐玄应《一切经音义》卷十中也提到长二十余丈，载六七百人，“大者受万斛”之舶。据此可对“万斛舟”的大小和载人数、载重量有个大概的了解。

长江水战的发展，促进了战船的大型化。这有两个突出的例子。一是西晋泰始八年（272年），晋武帝任王濬为益州刺史，造楼船，治水军，以备攻吴。“濬

① 又见《晋书·石季龙载记》，第2764页。

乃作大船连舫，方百二十步，受二千余人，以木为城，起楼橹，开四出门，其上皆得驰马来往。又画鹢首怪兽于船首，以惧江神。舟楫之盛，自古未有。”① 后来王濬水师顺流直下，成为灭吴的主力军。二是隋文帝为准备灭陈，令信州总管杨素于永安（今四川奉节东）造战船，杨素“造大舰，名曰五牙，上起楼五层，高百余尺，左右前后置六拍竿，并高五十尺，容战士八百人，旗帜加于上。次曰黄龙，置兵百人。自余平乘、舴艋各有差”②。隋开皇八年（588 年）杨素统军出三峡，顺流而下，其方略与晋灭吴如出一辙。而且，前后相隔三百年的晋、隋水师，都是凭借其大船巨舰的优势取得了长江水战的胜利，进而控制了长江水道，为最后攻取吴、陈首都（今南京，东吴称建业，南朝称建康）奠定了基础。唐武德四年（621 年）二月，为准备征伐盘踞于长江中游的萧铣政权，唐军在夔州“大造舟舰，习水战”。数月后，唐将李孝恭、李靖率战舰 2000 余艘东下，连克荆门、夷陵，进围江陵，迫使萧铣投降③。也是采用同一方略。

此外，东晋孙恩卢循起义后期，卢循、徐道覆率军由广州北上，连克桂阳、零陵、巴陵、豫章，于桑洛洲（今江西九江东北长江中）大败晋军，然后顺江东下，直逼建康。其时卢循军中有“新作八槽舰九枚（只），起四层，高十余丈”④，也是大战船的代表。

图 5－45　传晋顾恺之作《洛神赋图卷》上的连体楼船图

这时用于长江中下游水域的大战船，往往采用双体并联的结构。古人将连体船称为舫船，或写作方船。王濬所造“大船连舫”，就是连体船⑤。连体船的形象，在传晋顾恺之所作《洛神赋图卷》上有描绘。由于这时的大战船上都起建层楼，船体甚高，因而又出现了“高舰”的名称⑥，与早就流行的“楼船”一词并用。

这种宽大高耸的战船，载员多，防护严，装备有重型武器（如拍竿），宛如一座水上堡垒。然而高大的战船，所受到的水和空气的阻力也大，在古代技术条件下，通常总是显得较笨，不便调转，尤其当大风天气时，更难操纵控制。东晋孙恩起义军就曾因“楼船高大，值风不得

① 《晋书·王濬传》，第 1208 页。

② 《隋书·杨素传》，第 1283 页。

③ 《资治通鉴》卷一八八，第 5902 页；卷一八九，第 5930、5934～5936 页。

④ 《太平御览》卷七七〇引《义熙起居注》。又见《宋书·武帝纪上》（第 18 页）：“别有八艚舰九枚，起四层，高十二丈。”

⑤ 《尔雅·释言》：“舫，舟也。”郭璞注：“并两船。”需要注意的是，古人既将双体并联结构的连体船称为“舫”，也将临时性的两船并联称为“舫”。《太平御览》卷七七〇引王隐《晋书·顾荣传》：“遂解舫为单舸，一日一夜行五六百里。”这种可解之舫，就是临时性的两船并联。《宋书·武帝纪上》（第 22 页）记卢循、徐道覆进逼建康时，“方舰而下”，可能也是临时将两船并联。

⑥ 《宋书·武帝纪上》，第 22 页。

进”而贻误战机[①]。正如唐代军事家所指出，高大的楼船，特别是像西晋王濬所造那样的连舫大船，“忽遇暴风，人力不能制，不便于事，然为水军，不可不设，以张形势”[②]。因此，中古时期大战船的建造，一方面极受重视，另一方面也受到有意识的控制。

与此相应，当时战船发展的另一个重点是高速的“轻利斗舰”[③]，通常的做法是增加船体长度和桨楫数量。南朝梁时侯景叛据建康，其水军有“鵃舠千艘”，“两边悉八十棹，棹手皆越人，去来趣袭，捷过风电”[④]。这种160桨的战船，自然比前代只有数十桨的战船（如春秋晚期有50桨的吴国大翼）为大。为多设桨楫、提高船速，这种多桨快船的船形必定特别狭长。

基于上述两个并行的发展方向，中古长江水战或以战船高大取胜，或以轻快制高大，或以轻快与高大相结合进行整体对抗，其形式和战术空前地丰富多样。

第二节 拍竿的创制和改进

伴随着战船的大型化，魏晋南北朝时期也发展产生了大型的水战战具，这就是源于桔槔的拍竿[⑤]。

西晋末年，陶侃、周访、赵诱等将率军征讨杜弢流民起义军，大战于荆湘水域。《太平御览》卷七七〇引《晋中兴书》记：

> 建兴九年冬[⑥]，左将军王敦遣振威将军周访、广武将军赵诱受陶侃节度，征蜀贼杜弢，大战，蜀贼以桔槔打没侃舰二十余艘，人皆没水。

杜弢水军的“桔槔”是什么武器呢？《晋书·周访传》的记载传递了重要信息：

> （杜）弢作桔槔打官军船舰，（周）访作长岐枨以距（拒）之，桔槔不得为害。

枨是长木，长岐枨即顶端有枝丫的长木杆。众所周知，桔槔本是利用杠杆原理汲水的机械，其基本结构是在支柱上安装一根横竿，前端联系水桶，尾端缚系坠石，用时牵拉桶绳汲水，然后松手，竿尾凭坠石重力下落，竿首抬起，便将水桶提升出井。那么怎样将它装于战船成为战具呢？从原理分析，应是反其向而用之，即将横竿缚系坠石的一端伸向船外，另一端联系绳索供操纵，前者遂成首，后者则为尾，牵索压下尾端，首端即翘起，靠近敌船，然后松索，首端下坠，便

① 《宋书·武帝纪上》，第3页。

② 《太白阴经》卷四《战具·水战具》，又见《通典》卷一六〇。大船遇暴风难制的事例可见《三国志·吴书·吴主传》（第1133～1134页）注引《江表传》：“权于武昌新装大船，名为长安，试泛之钓台圻。时风大盛，谷利令柂工取樊口。权曰：‘当张头取罗州。’利拔刀向柂工曰：‘不取樊口者斩。’工即转柂入樊口，风遂猛不可行，乃还。权曰：‘阿利畏水何怯也？’利跪曰：‘大王万乘之主，轻于不测之渊，戏于猛浪之中，船楼装高，邂逅颠危，奈社稷何？是以利辄敢以死争。’权于是贵重之，自此后不复名之，常呼曰谷。”

③ 这个名称见于《宋书·武帝纪上》，第22页。

④ 《梁书·王僧辩传》，第628页。

⑤ 关于拍竿的性质和复原，见〔138〕，以前存在一些错误认识，该文已有详细的辨正。

⑥ 时间有讹，据《晋书·孝愍帝纪》（第129页），应为建兴三年（315年）夏秋。

拍打到敌船。所以周访要用顶端有枝丫的长木杆来防御它，这种长木杆正可以支离拍打下来的桔槔横竿。《晋中兴书》的记载反映出，杜弢流民起义军新创的这种拍击性战具应用之初就收效显著，周访大概是在陶侃所部损失惨重之后，才想出了用“长岐枨”防御的办法。

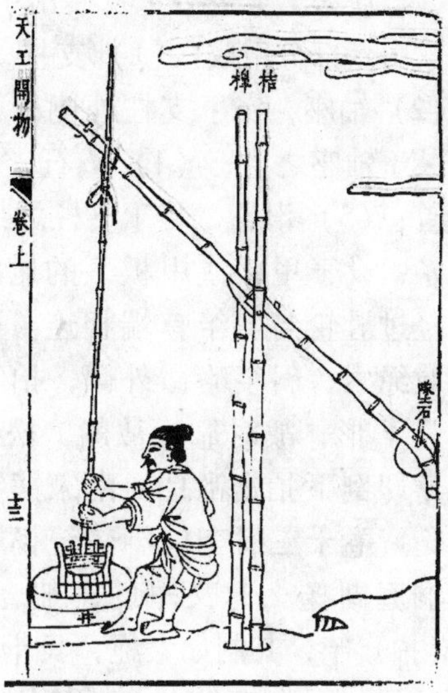

图 5－46 《天工开物》所载桔槔图

由汲水桔槔改造而来的这种水战新战具并没有因杜弢流民起义的失败而消亡，相反，却在中古水战的攻防对抗中迅速地发展起来，在南北朝时期，特别在其时的长江水战中，得到了广泛运用，时人形象地称之为“拍”①，而将装有拍的战船称为“拍舰”②。到唐宋时代，这种战具虽不如南北朝盛行，但仍有使用，当时普遍称之为“拍竿”③，因其状如桅樯，偶也称之为“柏（拍）樯”④。

早期拍竿直接仿自汲水桔槔，由四部分组成：（1）支柱，或称立柱，竖装于船上，状如桅樯；（2）横竿，装于柱顶，能作轴向运动；（3）坠石，装于横竿首端；（4）辘轳，装于甲板，以绳索与横竿尾端相连。平时辘轳紧收绳索，横竿首尾大致持平，拍竿整体略呈 T 形；战时靠近敌船，松动辘轳，竿首便拍打下来。北宋《武经总要》前集卷十一所载楼船图上，就画有这样的拍竿。

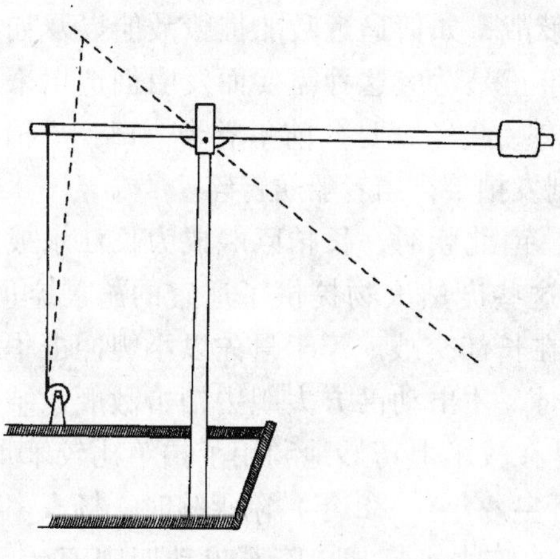

图 5－47　T 形拍竿结构示意图

图 5－48　《武经总要》所载楼船图

---

① 《陈书·侯安都传》，第 147 页；《侯慎传》，第 156 页；《章昭达传》，第 183 页；《华皎传》，第 273 页。

② 《陈书·徐世谱传》，第 197 页。

③ 《隋书·杨素传》，第 1283 页；北宋曾公亮《武经总要》前集卷十一；南宋熊克《中兴小记》卷十三引李龟年《记杨么本末》；李心传《建炎以来系年要录》卷五十九。

④ 《隋书·杨素传》，第 1283 页。

后来，又进一步发展出了V形拍竿，它由六部分组成：（1）支柱，竖装如桅；（2）轴座，安于支柱外侧；（3）斜竿，装于轴座之上；（4）坠石，装于斜竿之首；（5）滑轮，装于支柱之顶；（6）辘轳，设于甲板或甲板下的舱内，以绳索经过滑轮与斜竿首端相连。平时辘轳紧收绳索，斜竿略微外倾，拍竿整体大致呈V形；战时靠近敌船，松开辘轳，斜竿即倒下拍击敌船。南宋熊克《中兴小记》卷十三引李龟年《记杨么本末》述洞庭湖杨么起义军的车船，“又设柏（拍）竿，其制如大桅，长十余丈，上置巨石，下作辘轳贯其颠，遇官军船近，则倒柏（拍）竿击碎之”，较形象地描绘了V形拍竿的结构。

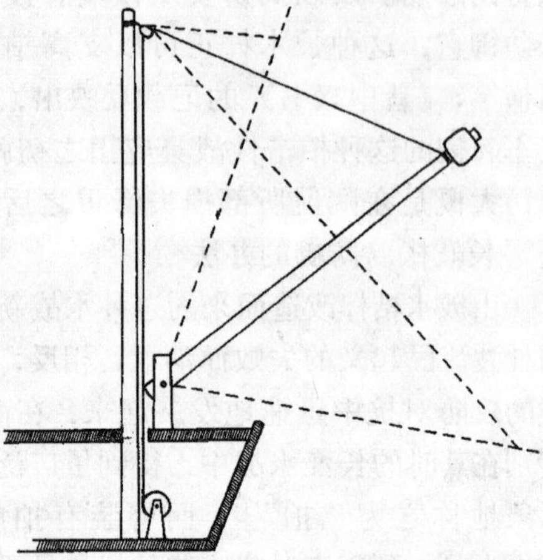

图5－49　V形拍竿结构示意图

将横竿改为斜竿，由T形结构发展为V形结构，不仅节约了空间，而且大大改善了拍竿的力学性能，操作更为省力，拍击力度更大，这由复原示意图的比较就能够明显地看出。史载一些拍竿极高，如隋初杨素所造五牙大舰，前后左右设六具拍竿，并高五十尺（约合今14.8米）①，应当就是V形拍竿；否则，如果按T形拍竿复原，其横竿的长度更大于拍竿高度，是古代战船所无法容纳的。

在冷兵器时代，水战的基本方式是接舷战，如何逼近敌船摧毁敌船以及如何防止敌船临靠，是水战攻、防的关键。拍竿正是适应这种需要而发明创造出来的船战之具，既可用于攻，也可用于守。北宋《武经总要》前集卷十一曰：“拍竿者，施于大舰之上……每迎战敌船，若逼则发拍竿，当者船舫皆碎。”

使用拍竿是中国中古水战的突出特色。南北朝时，长拍巨舰成为长江水战的主力装备，而宽阔的长江中下游水面则为这些庞然大物提供了适宜的施展空间。南朝陈光大元年（567年），淳于量与华皎在长江交战。淳于量先以小舰冲击华皎水军大舰，受其拍击，待其“发拍皆尽”时，才出动己方大舰去拍击敌舰，结果华皎水军大败，船舰皆被拍碎而沉②。这是在战术上巧妙地利用了拍竿比较笨重，拍击一下之后难以很快调转回来的缺陷。开皇八年（588年）隋灭陈时，杨素率军浮江而下，于荆门之延洲与吕仲惠所率领的陈水军接战。隋军出动四艘五牙舰，以巨舰长拍的优势，一举击碎陈军10余艘战船，大获全胜③。

南北朝时，长拍巨舰还被广泛用于长江中下游沿岸的攻城作战。《周书·裴宽传》记，保定三年（563年）裴宽守沔州，量度常年水至之处，竖大木于岸，以阻船行。秋水时下，陈装陈灵洗已率军至于城下，分布战舰，四面攻城。因水势

① 隋时一尺当今29.6厘米（见〔62〕第5页《中国历代度制演变测算简表》）。
② 《陈书·华皎传》，第273页。
③ 《隋书·杨素传》，第1283页。

尚小，陈军船舰未得近城。不久雨水暴涨，所竖大木上皆能通船，陈灵洗便以大舰临城，拍竿打楼，应即摧碎，弓弩大石，昼夜攻之。这个材料反映了当时对沿江中下游城市进攻作战的一个重要特点，即充分利用水军，乘秋水暴涨，直抵城下①。城墙半在水中，大舰临逼，船舷高与城齐，故能用拍竿击碎其楼堞。

又《陈书·侯安都传》记，安都奉诏讨留异，“异大恐，奔桃枝岭，处岭谷间……（安都）因其山垅之势，迮而为堰。天嘉三年夏，潦，水涨满，安都引船入堰，起楼舰与异城等，放拍碎其楼雉”。堰水灌城，船舰逼攻，是当时常用的攻城方法。《周书·王思政传》记东魏攻颍川，“堰洧水以灌城……慕容绍宗、刘丰生及其将慕容永珍共乘楼船以望城内，令善射者俯射城中”。由这两段文字可见，楼船临城，甚至高于城墙，自然能以拍竿碎击楼雉。

《陈书·章昭达传》记，天嘉四年章昭达讨陈宝应，“宝应据建安、晋安二郡之界，水陆为栅，以拒官军。昭达与战不利，因据其上流，命军士伐木带枝叶为筏，施拍于其上，缀以大索，相次列营，夹于两岸。……俄而暴雨，江水大长，昭达放筏冲突宝应水栅，水栅尽破”。所谓水栅，当是在水中树栅为寨，故以拍竿破之。

南北朝又有“拍车”，用于攻城。《陈书·黄法氍传》：“于是乃为拍车及步舰，竖拍以逼历阳。历阳人窘蹴乞降，法氍缓之，则又坚守，法氍怒，亲率士卒攻城，施拍加其楼堞。时又大雨，城崩，克之，尽诛戍卒。”② 古代亚述有一种大型攻城车，车上起塔楼，高与城齐，乘载战士攻城，车前部并装有沉重的撞槌，以撞捣城墙。推测“拍车”可能也是一种高大的攻城车，其上装有拍竿，拍车的创制，当是受拍舰攻城的启发。

前文中，我们已经涉及了槔在中国古代战争和军事上的多种应用，如用于守城，用于升举烽火等，特别是中国古人还由桔槔发展出了多种重要的军事机械，如桔槔斧和抛石机，拍竿则是这类机械中的一个重要的新品种，也是最富有中国特色的品种。它的出现使中国中古水战呈现出独特的面貌和魅力③。所有这些，都应当归根于中国自久远的时代以来桔槔的流行和中国古人对桔槔的独到的认识。我们还记得，庄子曾借灌园老翁之口对桔槔进行了尖锐的批判。中国现实中对桔槔应用的丰富开发与中国早期道家对桔槔的批判、摒弃，又形成了文化史的有趣现象。

附：关于战船使用抛石机

魏晋以来战船及其战具的大型化，还表现于在战船上采用了抛石机，这方面

① 《资治通鉴》卷一八九（第5930页）记：唐武德四年（621年），李孝恭、李靖将兵征伐盘踞江陵的萧铣，自夔州顺流东下，时峡江方涨，李靖曰：“兵贵神速。今吾兵始集，铣尚未知，若乘江涨，倏忽抵其城下，掩其不备，此必成擒。不可失也！”孝恭从之。

② 《南史·黄法氍传》也记此事，但将“拍车”误改为“抛车”，详细辨正见〔138〕。

③ 看过好莱坞巨片《埃及艳后》的人，大概都会对古代地中海水战中巨大的多层桨战船使用抛石器（按理应为扭力抛石机）对轰的场面留下深刻印象。当然，电影家的复原无法以严格的标准究论，但却为大众提供了一个影响深远的通俗化图景。我想，如果能以影视手段复原出中古长江水战使用拍竿的场面，其壮观程度恐怕不会下于地中海水战。

的事例和材料很少见①。唐李筌《太白阴经》卷四《水战具篇》记：

楼船，船上建楼三重，列女墙战格，树旗帜，开弩窗矛穴，置抛车垒石铁汁，状如城垒。②

文中提到的“抛车”，即移动式抛石机，在战船上运用，当予以固定。能够安放抛石机的战船，必然相当宽大。而用于战船的抛石机，一般不会太庞大，大多应为轻型。否则，比如需要五六十人乃至一二百人拽索施放的重型抛石机，再大的古战船，恐怕也难以安置，即使能够放得下，其运用也是根本无法想象的。马令《南唐书·刘仁赡传》记：周世宗攻寿州，“仁赡按兵城守，世宗围之数重，以方舟载礮，自淝河中流击其城”。方舟即两船并联的连体船，正适合安放抛石机。

第三节　车船的发明

魏晋南北朝和隋唐五代时期，内河船舶的推进工具兼用桨帆。由于水战对船速要求较高，更要求有可靠的动力保障，能够随时启动或加速，而风力大小无常，故战船普遍以人力划桨推进为主，临战之际，尤其如此。《梁书·王僧辩传》描写王僧辩统率的梁水军与叛乱的侯景水军激战于建康（今南京）附近江面，侯景水军的多桨快船鵃舠“两边悉八十棹，棹手皆越人，去来趣袭，捷过风电。僧辩乃麾细船，皆令退缩，悉使大舰夹泊两岸。贼谓水军欲退，争出趋之，众军乃棹大舰，截其归路，鼓噪大呼，合战中江，贼悉赴水”。生动反映了当时战船用桨的情况。

大约在南北朝时，发明了人力明轮船，这是造船史上重要的新创造，较大地提高了人力的利用效率，船舶推进也因而出现新的方式。

古代人力明轮船（或称轮桨船）是在船舷两侧装设带叶片的转轮，中以转轴相连，轴上装踏脚板，水手用力踩踏，轴转轮动，叶片激水推进。它改传统的直桨为轮形桨，改手划为脚踩，使人力得以更充分地发挥；改直桨单叶面前后往复、断续划水为叶轮式多桨面几乎不间断地连续击水，消除了直桨的出水空划，而使人力得到更充分的利用，所以明轮船能比普通桨船获得更高的船速。

图5－50　《武备志》图示的车船

刘宋时，大科学家祖冲之（429～500年）曾造成“千里船”，“于新亭江试之，日行百余里”③。许多人认为它可能是人力明轮船，船行疾速，故以千里马誉之④。

① 以往一些人误认为拍竿即抛石机，甚误，见〔138〕。
② 又见《通典》卷一六〇。
③《南史·祖冲之传》，第1774页。
④ 见〔80〕第42页、〔136〕第416页。

南北朝晚期，文献中又出现“水车船”的记载。《陈书·徐世谱传》和《南史·徐世谱传》均记，梁时水军将领徐世谱“造楼船、拍舰、火舫、水车以益军势”。稍后的《荆楚岁时记》称：五月初五日河上之人以“水车船”举行竞赛。水车本是汲水灌溉的农具，又称翻车、踏车、龙骨水车，魏晋时期已经流行①。人力明轮船的机械构造和作用原理与龙骨水车是相同的，因此，这种名为“水车船”的船舶，应当就是人力明轮船②。这也提示我们，人力明轮船的发明，系受了龙骨水车的启发。后来人们将人力明轮船称为“车船”③，就渊源于此。当然，“水车”、“车船”等名称，也都与中国古代通称轮转机械为“车”有关④。

图 5－51　《天工开物》图示的龙骨水车

唐代李皋对车船的发展及其军事应用起了承前启后的作用。李皋（约 733～792 年），字子兰，唐太宗第十四子曹王李明的五世孙。天宝十一年（752 年），袭曹王封号。唐德宗建中元年（780 年），任湖南观察使。自建中三年至贞元初年（782～785 年），任左卫大将军、江西道节度使、洪州刺史等职，率水陆军 2 万参与平定淮西节度使李希烈叛乱，其间“运心巧思，为战舰，挟二轮蹈之，翔风鼓浪，疾若挂帆席，所造省易而久固”⑤。这是一种单轴两轮型制的车船，开了后来宋代水军较多使用车船的先河。

第四节　水军海上活动的发展

魏晋南北朝和隋唐五代时期，中国的航海活动有进一步的发展。

吴黄龙二年（230 年），孙权遣卫温、诸葛直率甲士万人渡海东达台湾⑥；嘉

① 见〔80〕第 88 页。

② 参见〔136〕第 416～417 页及〔139〕。

③ 见南宋熊克《中兴小记》卷十三引李龟年《记杨么本末》，李心传《建炎以来系年要录》卷五十六、五十九。

④ 关于南朝时的人力明轮船，还有人举出另外一些资料：《南史·王神念附子僧辩传》（第 1538 页）记侯景水军与梁水军在建康江面对峙，“贼望官军上有五色云，双龙挟舰，行甚迅疾”。或认为“双龙”可能是“双轮”的有意改动（见〔136〕第 417 页引罗荣邦之说）。但这种描述瑞象的文字，很不宜作引申解释。又，《陈书·黄法氍传》（第 178 页）记黄法氍伐齐攻历阳城，“为拍车及步舰，竖拍以逼历阳”。或认为“步舰”就是“脚踏的战舰”，即人力明轮船（见〔136〕第 417 页引张荫麟之说）。大误，因为步舰和拍车都是在陆地上行进的攻城器械，史载历阳之战，双方只有步骑对抗、城池攻守，根本未涉及水战。

⑤ 《旧唐书·李皋传》，第 3640 页。

⑥ 《三国志·吴书·吴主传》，第 1136 页。

禾二年（233年），遣张弥、许晏、贺达等将兵万人渡海北上与辽东公孙渊订盟①；赤乌五年（242年），遣聂友、陆凯以兵三万讨珠崖、儋耳（皆位今海南岛）②。此外，孙权还曾派遣朱应、康泰等人远航南洋，“南宣国化”③。朱应和康泰回来后都有所撰述，记其南航闻见④。由于吴主孙权的勃勃雄心，中国水军的海上活动又出现了一个高潮。

自东晋以后，因陆上丝绸之路为游牧民族的铁骑所遮阻，中国与西方的海上往来更受重视，中国海船之远航南洋和西洋，遂日益增多。东西方的海上往来，至唐代而达到一个高峰。中国就是从这时候开始，在广州设置了专门的机构——市舶使（玄宗开元年间已设⑤，为宋以后市舶司的前身），管理海外贸易（主要是与东南亚和西方的贸易）。当时，中国与日本之间的海运也空前繁荣⑥。

图5－52　敦煌45窟唐代壁画航海图

航海活动的发展，推动了中国海帆船的进步。据三国时东吴人万震所著《南州异物志》，当时已有装设4帆的大海船，“前后沓载之”，而且使帆御风技术相当高明⑦。至唐代，中国海帆船因大而坚固，有较强的抗御风浪能力，而在海外享有

① 《三国志·吴书·吴主传》，第1138页。

② 《三国志·吴书·吴主传》，第1145页。

③ 《梁书·诸夷传》，第783页；《三国志·吴书·吕岱传》，第1385页。

④ 朱应撰有《扶南异物志》，《隋书·经籍志》、《旧唐书·经籍志》均著录；康泰撰有《吴时外国传》，又名《康氏外国传》。二书俱于唐以后散佚，其部分内容幸散见于郦道元《水经注》、虞世南《北堂书钞》、欧阳询《艺文类聚》、徐坚《初学记》、张守节《史记正义》、司马贞《史记索隐》、杜佑《通典》、李善《文选注》、李昉《太平御览》、吴淑《事类赋》等典籍中。

⑤ 《旧唐书·玄宗本纪上》，第174页；《新唐书·柳泽传》，第4176页；《册府元龟》卷五四六（谏诤部直谏目）。

⑥ 关于唐代中日之间的交通情况，见〔140〕。

⑦ 《太平御览》卷七七一引《南州异物志》。参见〔141〕第93~97页。

声誉①。时人因称：

> 舶，大船也，今江南泛海船谓之舶，昆仑及高丽皆乘之，大者受万斛也。②

其时中国海帆船当已形成平底无龙骨③和尖底有龙骨两大类型，前者主要产于北方，适于近海航行；后者主要产于南方，适于深海航行。

随着海帆船的发展，海战船也相应进步。唐代的海鹘船，已经是专门的海战船：

> 海鹘，头低尾高，前大后小，如鹘之状，舷下左右置浮板，形如鹘翅。其船虽风浪涨天，无有倾侧。背上左右张生牛皮为城，牙旗金鼓如战船之制。④

后世中国平底海帆船常在两侧船舷加设“船傍板”（又称“闸水板”、“拖水板”、“披水板”、“橇头”），起稳定作用，唐代海鹘船的两舷浮板，是其滥觞⑤。

第五节 造船技术的进步

《太平御览》卷七七〇引周处《风土记》曰：

> 小曰舟，大曰船。温麻五会者，永宁县出椽林，合五板以为大船，因以五会为名也。

一艘大船是无法仅用五块木板建造的，所谓“合五板”，大概指多层叠合。周处是魏晋之际人。至迟在魏晋时期，中国已经掌握了重板造船技术。

1973 年江苏如皋马港河故道出土唐代早期木船一只，残长 17.32 米，船面宽 1.3～2.58 米，底宽 0.98～1.48 米，舱深约 1.6 米，单桅，船体由三段木料搭接榫合而成，用隔板前后分隔为 9 舱。船舱和船底都用铁钉做人字形钉牢，缝间用石灰桐油填塞，坚固严密[151]。1996 年河南永城市侯岭出土的唐代木船，船底由 7 块木板搭接榫合，用铁钉钉固，缝隙塞以麻丝和油灰捣成的黏合物[237]。可知唐代造船已用桐油石灰舱缝，而且已有水密舱结构（船舱用木板分隔，并将隔板与船体的结合处密封，一舱二舱漏水，不致全船沉没），因而使船舶具有良好的抗沉性。

《旧唐书·杜亚传》记：唐德宗贞元年间（785～805 年），杜亚任扬州长史兼御史大夫、淮南节度观察使。春季赛船，杜亚“令以漆涂船底，贵其速进”。永城侯岭出土的唐代木船，仅船的内表面经过桐油油漆，可见漆涂船底，在当时是一个创造。后世中国木船的船身普遍涂漆，这不仅能减小水的阻力，加快航速，更重要的是能够保护船体，延长使用寿命。

---

① 见〔142〕及〔143〕第 91～92、96～99 页〔144〕第 2～4 页〔145〕第 50～51 页〔146〕第 136 页。

② 玄应《一切经音义》引吕忱《字林》。唐人称来华的东非黑人奴隶为“僧祇奴”或“昆仑奴”，见〔147〕第 16～24 页〔148〕第 819 页。

③ 关于中国平底无龙骨海帆船的历史，见〔149〕。

④ 《太白阴经》卷四《战具·水战具》、《通典》卷一六〇。

⑤ 参见〔144〕第 2 页、〔150〕第 619 页。

第六章
城池筑城的发展

魏晋南北朝和隋唐五代时期，中国筑城处于由夯土城向砖壁夯土城过渡的阶段，在此过程中，中国城池筑城在多方面有了新的发展，这在此时期的一系列重要筑城上得到了体现。

第一节　魏晋南北朝筑城

一、曹魏邺城

邺城是三国时代曹魏五都之一。该城原系汉冀州魏郡的治所，东汉末年群雄割据，成为袁绍集团的根据地。建安九年（204年）曹操平袁绍后，扩建邺城为都，及魏文帝曹丕受禅移都洛阳，乃以之为北都。南北朝时，后赵、东魏、北齐先后建都于邺，又对此城加以营缮。直至577年北齐亡后，该城衰落。

邺城遗址位今河北省临漳县境内，在县城西南20公里处漳水之畔。1935年、1957年、1976~1977年曾做过调查、勘探①；1983年以来，中国社会科学院考古研究所和河北省文物研究所联合对该城又进行了勘探、发掘[154]。

据《水经注·浊漳水》记载，邺城呈长方形，东西七里，南北五里；有七门：南面三，北面二，东西各一。从左思《魏都赋》② 等文献的一些描述可知，一条东西大道将全城分为南北两区。北区中部建宫城，宫城之东为贵族所居戚里和官署，宫城之西为禁苑铜雀园，苑内置武库、马厩、仓库。南区大部分为居民里坊，只有少数官署。西垣中部偏北，在城墙上筑有著名的金虎、铜雀（铜爵）、冰井三台。整个布局区划分明。

经1983年以来的勘探、发掘，发现了贯通东西的大道，它将全城分为南北两区，北区略大于南区；还发现了南区的三条南北干道，基本呈中轴对称分布，居中的中阳门大道，正对宫城，已形成中轴线。城墙为夯土筑成，先挖基槽，筑基起墙，底部宽度15~18米。金虎台基址位于东西大道西端即西城门之北，现存南北120米，东西71米，高12米。铜雀台基址位于金虎台之北83米处，南北50米，东西43米，现高4~6米。

曹魏邺城在中国古代城市发展史上具有里程碑的意义。东周时期因宫城不断膨胀，出现了多宫城的体制，秦汉时期达于极致，典型之例如西汉长安城。邺城将宫苑集中在城区北部，又复归于单一宫城体制。这为以后历代都城建设所继承。之所以称之为“复归”，是因为最初的宫城，恐怕也是单一的，但规模较小。由小宫城到多宫城再到集中单一的大宫城，是一个螺旋式上升的过程。集中单一的宫

① 见〔152〕〔153〕。

② 《文选》卷六。

城，为更加严整的中轴对称布局创造了条件，邺城可谓中国中古时期城市布局中轴对称严整化之始。

图 5－53　金虎台遗址

曹魏邺城的另一特点是高大坚固的三台虎踞于西北城隅，据郦道元描述：铜雀台“高十丈”，金虎台和冰井台“高八丈”，“皆因城为之基，巍然崇举，其高若山”①。这实际上是三座高大的台式堡垒，直接加强了城西北面的防御，而且具有控制全城的制高点作用。

二、魏晋洛阳城

东汉初平元年（190 年），董卓胁迫汉献帝迁都长安，“焚洛阳宫庙及人家”，“火三日不绝，京都为丘墟矣”。东汉一代最为繁华的都市，遭到彻底破坏。然鉴于洛阳“居天下之中”的战略位置，曹魏受禅后，仍选择在这里建都。魏文帝曹丕时，修复了原洛阳北宫的部分建筑。到魏明帝曹叡时，大兴土木，全面营缮。当时的情形是：“百役繁兴，作者万数，公卿以下，至于学生，莫不展力，帝乃躬自掘土以率之。”② 西晋仍以洛阳为都，继续有所兴造，但在城的格局上没有大的变化。

魏晋洛阳城是在东汉洛阳城的基础上营缮建造的。经钻探了解，洛阳城各面城墙的底部厚度不一，东墙约为 14 米，西墙约为 20 米，北墙约为 25 米。东墙可能保持了东汉城墙的原有厚度，西墙和北墙则在魏晋时期被增筑加厚。更为重要的是，魏晋时在西墙和北墙上增筑了马面敌台，西墙现存 4 座马面，北墙现存 3 座马面，均为长方形，大者长 19.5 米，宽 12.5 米，小者长 18.3 米，宽 8.3 米，间距约 110～120 米③。这标志着马面敌台开始在内地筑城中推广。

洛阳北依邙山，城西北地势高亢。魏文帝曹丕时，曾在洛阳城的西北角造“百尺楼”④。明帝曹叡又在城西北角筑金墉（镛）城⑤。经 1995 年和 1997 年发掘

① 《水经注·浊漳水》。

② 《三国志·魏书·高堂隆传》，第 712 页。

③ 见〔155〕及〔156〕第 17～29 页〔157〕第 181～182 页〔158〕第 516～518 页。

④ 《河南志》卷二引《洛阳记》。

⑤ 《水经注·谷水》；《太平御览》卷一七六引《洛阳地记》。

探明，金墉城是包在洛阳城西北角内的一座长宽仅二三百米的小子城，其东北角恰与文帝百尺楼相连①，构成了控扼全城的态势。在西晋末年“永嘉之乱”的洛阳争夺战中，金墉城是攻守双方激烈争夺之处，当时被称为“洛阳垒”。

图5－54　魏晋洛阳城的金墉城城墙及马面遗迹

早在东周时代的筑城中，城隅就是全城的制高点。《墨子·备城门》说“城四面四隅皆为高磿𢊋（楼）”；《备蛾傅》说“隅为楼，楼必再重”。而且，角楼往往不是均称配置，如洛阳东周王城的西北角和齐临淄城的东北角特别宽大，如果城的四角都有角楼，这里的角楼肯定是最高大的。这种以城隅或城之一隅为全城制高点的做法在三国时期有新的发展，其典型之例就是曹魏邺城和洛阳城：邺城西北角的金虎、铜雀、冰井三台，洛阳城西北角的百尺楼和金墉城，不仅是全城的制高点，可供瞭望、警戒乃至指挥之用，而且本身就是坚固的堡垒，是全城的防御支撑点。

三、大夏统万城

统万城是十六国时期大夏国的都城，故址在陕西省靖边县城北55公里处，无定河北岸原上，当地俗称之为“白城子”。公元407年，匈奴族首领赫连勃勃“僭称天王、大单于”，立国号“大夏”，雄踞朔漠。413年，驱役十万各族民众于朔方水（今无定河）北、黑水（今纳林河）之南营建都城，取名“统万”，寓“统一天下，君临万邦”之意②。427年，魏灭夏，置统万镇③。487年，改置夏州④，隋唐因之。五代至北宋，这一带是党项羌族平夏部聚居区。994年，宋廷以夏州“深在沙漠”，为防羌人据城自雄，下令毁城，迁其民于银、绥二州（今陕西横山、

① 文帝百尺楼实际上是建在洛阳北垣距其最西端约250米处（见〔159〕）。参见《洛阳伽蓝记》卷一；《太平御览》卷一七六引《洛阳地记》，卷一七九引华延儁《洛中记》。

② 《晋书·赫连勃勃载记》，第3205页。此地在汉代为上郡奢延县，《水经注》卷三说：“改筑大城，名曰统万城。”一般都把“改筑”理解为因奢延城改建（见〔160〕及〔157〕第426页），但也有可能是别筑的意思，这需要考古发掘来证明。

③ 《元和郡县志》卷四。

④ 《元和郡县志》卷四。

米脂、绥德一带)①，统万城遂废。

统万城有内城和郭城。内城现为并连的东西二城，大体均呈长方形：西城，东西500～557米，南北692～721米，城垣周长2470米；东城，东西504～551米，南北737～774米，城垣周长2566米②。东城系后来增建，西城即大夏统万城的内城，保存较好。外郭城破坏严重，仅留断续残迹，其南北垣情况不详，东西垣相距10里③。

赫连勃勃营建统万城，以性极残暴的名匠叱干阿利为将作大匠总其事。《晋书·赫连勃勃载记》称：“阿利性尤工巧，然残忍刻暴，乃蒸土筑城，锥入一寸，即杀作者而并筑之。”统万城建成后，以城墙极其坚固而闻名，或说：“其坚可以砺刀斧”④；或说：“城基如铁石，攻凿不能入”⑤。100多年后郦道元描述它：“雉堞虽久，崇墉若新。”⑥

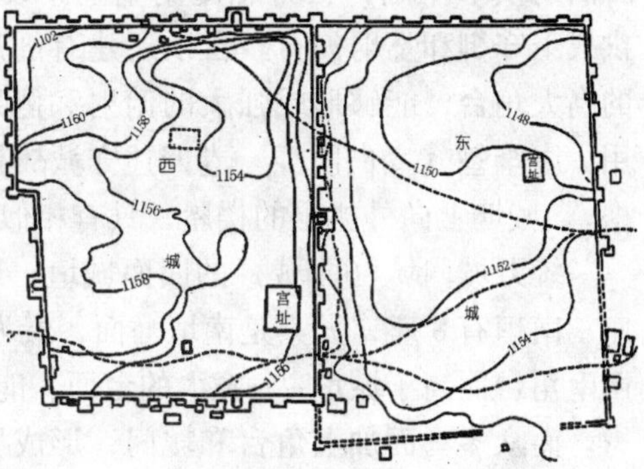

图5－55　统万城遗址平面图

其城墙系用灰白色土版筑而成，故唐人说“其城土色白而牢固”⑦。内城（西城）城墙底宽约16米。夯层一般厚15～20厘米，规整致密，有如石砌砖叠一样周正。凡要害处，如城门道、隅墩拐角等，夯层趋薄，每层厚12～14厘米，甚至有仅厚7厘米的，尤为坚密。

经化验鉴定，城土的主要成分是石英、黏土和碳酸钙。石英即砂粒，碳酸钙是石灰（氧化钙）吸收二氧化碳而来。砂、黏土、石灰加水混合便成三合土，是优良的建筑材料，至今仍广泛使用。石灰遇水，体积迅速膨胀，挤压砂、土，使之紧密结合，故非常坚硬。用三合土筑城，需烧制大量石灰，“蒸土筑城”大概就指此而言。或者生石灰加水使用，在其变成熟石灰的过程中释出大量热气，犹如蒸雾弥漫，以致有“蒸土”的形象说法。

统万城之所以极其坚固，除施工监管极严、建造极其精细、用工极其繁复外，所用材料上的创造，起了关键的作用。作为少数民族主持建造的夯土城，统万城既反映了夯土筑城技术的推广，也代表了夯土筑城技术的新发展，是中国古代夯土筑城的极致之作。

不仅城墙极其坚固，统万城还以防御设施完善而著称。其设防重点是内城（西城），四面各开一门，南、北、东三门俱圮废而仅存基址轮廓，西门瓮城宛然

① 《宋大诏令集》卷一五九《废夏州旧城诏》。

② 见〔160〕，参见〔161〕〔162〕。

③ 见〔157〕第426页。

④ 《魏书·铁弗刘虎传附赫连昌传》，第2059页。

⑤ 《西夏纪事本末》卷一。

⑥ 《水经注·河水》（见〔169〕第258页）。该书撰成于北魏延昌、正光年间（512～524年）。

⑦ 《元和郡县志》卷四。

尚存，门道宽3米。狭窄的门道，复围以瓮城，易守而难攻。

城的四隅都有向外凸出且高于城墙，平面呈长方形或正方形的高大墩台。其中以西南角台为最高，达31.62米。在角台高出城垣的部分，壁面上有上下6排孔洞，呈水平方向深入台壁，内留残木。从孔的形状分析，自上而下，第一、二、三、五排是椽孔，较小，呈圆形；第四、六排是柱脚洞，较大，外方内圆。原先应是在台壁的木椽上铺板成道，最下的两排板道且以立柱承托，立柱则以插入柱脚洞的横木作础，状若悬崖峭壁上架设的栈道。层层板道环绕角台，围以栏杆，供战士守御和发射矢石。台顶还建有阁房（或楼）。诚所谓“高隅隐日”①。这样的高大角台，能够形成强大的俯射和侧射火力，显著增强了城隅的防御支撑点作用。唐李筌《太白阴经》卷四述守城战具曰：“城上为堠楼，以板为之，跳出为楼橹。”城墙上向外挑出的楼屋，具有相似的俯射和侧射防御功能。

统万城内城（西城）的四面城垣，还密设大型的马面敌台。如北垣有马面10座，南垣有8座，尤其是南垣马面，最为高大，每座长18.8米，宽16.4米，低于西南角台而高于城垣②。宽大的台面，能够布置更多的兵力和武器，具有更强的火力。而众多马面加上角台和城门，形成了相互间距只有四五十米的密集的侧射防御体系。

学习了中原筑城技术的大夏匈奴人，在军事筑城上确实有卓越的建树。北宋大科学家沈括曾考察了他们建造的另一座城池，大为佩服：

> 延州故丰林县城，赫连勃勃所筑，至今谓之赫连城。紧密如石，劚之皆火出。其城不甚厚，但马面极长且密，予亲使人步之，马面皆长四丈，相去六七丈。以其马面密，则城不须太厚，人力亦难攻也。予曾亲见攻城，若马面长则可反射城下攻者，兼密则矢石相及，敌人至城下，则四面矢石临之。……赫连之城，深为可法也。③

赫连城的两个特点：城墙坚硬牢固，马面高大密集，正与统万城相同。

四、城垣包砖的发端

东晋十六国时期，就在夯土筑城技术登峰造极之际，出现了夯土城包砌砖壁的做法，这是中国筑城技术史上的一个里程碑，标志着传统夯土城开始向砖壁夯土城过渡。

元《至顺镇江志》卷二引《舆地志》称：京口铁瓮城，“吴大帝孙权所筑，周回六百三十步，开南、西二门，内外皆固以砖甓。”④ 孙权筑铁瓮城，为镇江立城之始，其时是否已用砖包砌城门内外墙壁，尚有待于考古发现的证明，迄今所见三国时期的筑城，都无此现象。

关于夯土城包砌砖壁的最初的确切材料，属于东晋十六国时期。《建康实录》

① 赫连勃勃统万城刻石（胡义周撰），见《晋书·赫连勃勃载记》，第3211页。

② 南垣上的一个马面，上部遭破坏，发现其下部中空，有一竖坑，分上下两层，缘梯出入。据分析可能供储藏粮秣之用。马面兼作仓储，这也是一个创造。

③ 《梦溪笔谈》卷十一《官政一·赫连城》。

④ 砖古称“瓴甓”或“甓”。“瓴”也写作“令”；“甓”也写作“辟”、“壁”。后世称砖为“陶甓”、“砖甓”，皆源于此。

卷七记载，东晋咸康五年（339 年），建康宫城始用砖砌。又，《水经注·浊漳水》称邺城“饰表以砖”，从上下文分析，这似为后赵石虎建武元年（335 年）迁都邺城①后大加营缮的结果。尽管目前在建康和邺城都还没有相关的考古发现，但在其他地方已经发现了东晋和后赵夯土城包砌砖壁的实例。

后赵石虎（335～349 年）曾经大规模修缮长安城②。1957 年发掘汉长安城宣平门遗址，发现门道隔墙前壁用砖修砌，砖的大小厚薄不等，不少砖上模印有“石安田□”、“石安曹平”、“石安宋利”、“石安王符”、“石安王承”等文字。据《魏书·地形志》，后赵石勒（319～332 年）置石安县，属咸阳郡。这说明宣平门的砖壁是后赵时包砌的，所用砖产于石安县③。

东晋夯土城包砌砖壁的例子，有扬州的广陵城和镇江的晋陵罗城。

图 5－56　汉长安城宣平门遗址

扬州古称邗城、广陵城。东晋太和四年（369 年），桓温领徐、兖二州刺史，曾发州人修筑广陵城④。1978 年调查发掘扬州蜀岗古城（位今市区西北约 2 公里许），发现有砖砌城墙遗迹。砖墙一般为两层砖砌成，厚 78 厘米，有的地方仅存一层砖，厚 39 厘米，保存较好的，残高 1.5 米多，可见是紧贴夯土墙的护壁，但仅发现于城墙向内一侧，未见城墙外侧有此结构。城砖以灰砖居多，砖长 39 厘米，宽 19 厘米，厚 7.5 厘米，上下两面和四个侧面都戳印文字，字有“北门”、“北门壁”、“城门壁”三种，可见是用于城门及其附近的砌城砖。从各种情况判断，应为东晋桓温修筑广陵城时的遗存⑤。

镇江古称京或京口，东晋时一度为晋陵郡郡治所在。1984 年在镇江市区东北花

① 《资治通鉴》卷九十五，第 3002 页。

② 《晋书·石季龙载记》，第 2772、2777 页；《十六国春秋·后赵录》。

③ 见〔163〕及〔156〕第 10 页。

④ 《晋书·桓温传》，第 2576～2577 页；《读史方舆纪要》卷三十二；《嘉靖维扬志》卷十。参见〔165〕。

⑤ 见〔164〕〔165〕及〔157〕第 507～508 页。

山湾发现的“晋陵罗城”，可能原是东晋京口城的外城。所谓“罗城”，即郭城，如《魏书·肖衍传》记“衍将姜庆真袭陷寿春外郭”，同书《杨侃传》载其事则称“寿春罗城”。自六朝以来，逐渐流行将外城称为罗城，而将内城称为子城。《资治通鉴》胡三省注曰：

凡大城谓之罗城，小城谓之子城。又有第三重城以为节度使居宅，谓之牙城。①

图 5－57　广陵故城出土印有“北门壁”字样的城砖（六面展开拓片）

晋陵罗城的城墙上广泛发现了砖砌护壁，所在部位并不都是城门或城的转角处，说明应是环绕城周。有的段落夯土墙体的内侧和外侧都有砖砌护壁，有的段落仅内侧或外侧有，后一种情况往往其另一侧存在扰乱或破坏现象，据此推测，可能原先夯土城墙的两侧都有砖砌护壁。

砖砌护壁宽 80 厘米，保存较好的高 1～2 米。城砖多为素面，青灰色；或呈黑褐色，火候较高。大小以长 37～38 厘米，宽 17～19 厘米，厚 5.4～7 厘米为多见。少数城砖侧面模印文字，内容涉及窑名、地名、人名、用处、数字等，如“十里牌窑”、“晋陵”、“晋陵罗城孟胜”、“砌城”、“罗城砖”、“东郭门”、“南郭门”，等等②。

图 5－58　河南陕县发现的汉代砖砌墓

以土为坯，经人工烧制而成的砖，与未经烧制的土坯（墼）有很大区别。砖的强度和耐磨、耐蚀、耐水性较墼大为提高，因此它最初都被运用于古代建筑需

① 《资治通鉴》卷二四一，第 7764 页。

② 见〔166〕〔167〕。1991 年南京大学历史系和镇江市博物馆联合对镇江花山湾古城遗址作了进一步发掘，认为其城垣系建于唐代（见〔168〕）。这个问题需要继续探讨。如果此城始筑于东晋，那么唐代曾予修缮增筑，则是肯定的。

要防水及易于磨损的部位，起到加固和保护的作用。到汉代，砖不仅被用于衬井壁、砌下水道等，而且被广泛用于修建地下墓室。中国建筑用砖，首先是在冥穴建筑中得到普及。

夯土城包砌砖壁，其目的也是防水和耐侵蚀。初时主要施于城门和城角等要害部位，起到特殊加固的作用；也不是上下一体包砌，而往往只包砌下部的一截或城墙的一面。从单纯的夯土城到砖壁夯土城，有一个逐步转变的过程，如包砖现象由少而多，包砖部位逐渐扩大，直至城垣整体包砖。

城垣整体包砖，始见于东晋末年。《水经注·获水》记载：东晋义熙十二年（416 年），霖雨骤澍，汴水（即获水）暴涨，彭城（即徐州）的城墙崩坏；“冠军将军，彭城刘公之子也，登更筑之，悉以砖垒，宏壮坚峻，楼橹赫奕，南北所无”。彭城刘公，即不久后（420 年）代晋而建立刘宋政权的宋武帝刘裕①；晋末曾任冠军将军且曾主持彭城军务的刘裕之子，当是后来成为刘宋文帝的刘裕第三子刘义隆②；所谓“悉以砖垒”，盖指城垣全部包砌砖壁；“南北所无”，说明当时尚无类似的例子。因此，这可以视为城垣整体包砖的最初之例。

五、北魏洛阳城

西晋永嘉五年（311 年），匈奴族刘聪率军攻入洛阳，在激烈的战斗中，城内的宫庙、官署和住宅多被焚毁。在东汉末年的废墟上经魏晋两朝 70 余年经营重建起来的洛阳城，再次遭到破坏。此后直至北魏孝文帝于太和十七年（493 年）诏缮洛阳宫室，十九年（495 年）自平城迁都于此③，复经多年营缮，才使洛阳重新成为繁华的都市。

北魏重建洛阳城，有 4 个方面尤其值得重视：

（一）采取单一宫城制。东汉和魏晋洛阳城，其宫城有北宫和南宫，还有永安宫。北魏洛阳城，外廓基本依循魏晋旧城，但对城内布局作了重大改变，只于城北部建一个宫城，其南北长 1400 米，东西宽 660 米，面积约占全城的十分之一④。这是继曹魏邺城之后，采取单一宫城制的又一个有代表性例子，对隋唐时期都城的结构布局有直接的重大影响。

（二）扩建金墉（镛）城。北魏时不仅修复了魏晋洛阳城西北隅的金墉城，而且还可能将之扩大了。洛阳古城遗址的西北隅现有北、中、南三个并连的小城堡遗迹，南小城即魏晋时的金墉城，北、中两个小城的建造年代不早于北魏⑤。三个

---

① 《宋书·武帝纪上》（第 1 页）：“高祖武皇帝讳裕，小名寄奴，彭城县绥舆里人。”

② 《宋书·文帝纪》（第 71 页）：“（义熙）十一年，封彭城县公。高祖伐羌至彭城，将进路，板上行冠军将军留守。”《宋书·武帝纪中》（第 41 ~ 44 页）：“（义熙）十三年正月，公（刘裕）以舟师进讨（羌），留彭城公义隆镇彭城。……十四年正月壬戌，公至彭城，解严息甲。”据此，义隆更筑彭城，当在东晋义熙十三年（417 年）。杨守敬认为更筑彭城者乃刘宋永初元年（420 年）被封为彭城王的刘裕之子刘义康，因而将更筑彭城之事系于刘宋初年（见〔169〕第 1990 ~ 1991 页），甚误。

③ 《魏书·天象志四》，第 2427 页；《魏书·高祖纪下》，第 178 页。

④ 见〔155〕及〔156〕第 17 ~ 29 页〔157〕第 181 ~ 182 页〔158〕第 516 ~ 521 页。

⑤ 旧认为魏晋金墉城本由三个小城堡组成，但 1995 和 1997 年的发掘揭示，北、中两个小城的年代不早于北魏，然究竟为北魏时扩建，还是隋唐时扩建，尚不能确定（见〔159〕）。值得注意的是，《魏书·高祖纪下》（第 178 页）记太和十九年（495 年）八月“金墉宫成”，这可以为金墉城的扩建时间提供一点佐证。

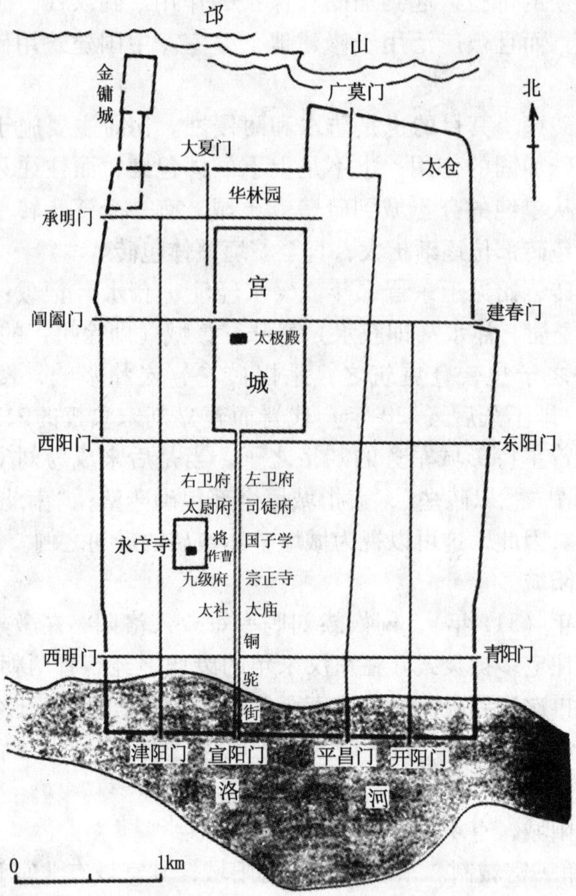

图 5－59　北魏洛阳城平面图

小城构成了扩大的新金墉城，南北长约 1048 米，东西宽约 255 米，墙垣厚约 12～13 米，其外每隔六七十米设一座马面敌台，长约 15 米，宽约 8 米①。经过扩建，金墉城的防御支撑点作用更得到了加强。

（三）城墙局部包砌砖壁。以前发现有一些马面敌台北魏时曾以小砖修葺加固②。后又发现金墉城与大城相接的拐角处城墙残留有包砖壁面，时代为北魏至唐初，所用大多为残半截砖，少有完整者，而且大小不一：或长 25.5 厘米，宽 12 厘米，厚 6 厘米；或长 17 厘米（残），宽 13.8 厘米，厚 4.8 厘米；或长 20 厘米（残），宽 17 厘米，厚 6 厘米，等等③。似系挖采墓砖用于砌城。

（四）城中建高塔。塔是随佛教传来而出现的宗教建筑，东汉末就有建塔的记载。城中建高塔，无疑增加了一个优越的瞭望、警戒点，因而具有一定的军事意义。建于北魏孝明帝熙平元年（516 年）的洛阳永宁寺塔，是中国最著名的早期木构高塔。《洛阳伽蓝记》卷一说：“（永宁寺）中有九层浮屠一所，架木为之，举高

① 关于这个扩大的金墉城的马面设置情况，见〔155〕及〔156〕第 21～20 页。
② 见〔155〕及〔158〕第 518 页。
③ 见〔159〕第 9 页及图版 2：2。

九十丈，有刹复高十丈，合去地一千尺。去京师百里已遥见之。"《水经注·谷水》说："永宁寺，熙平中始创也。作九层浮图，浮图下基方一十四丈，自金露柈（盘）下至地四十九丈。"可知该塔共有9层。塔高说法不一，且都有所夸张。永宁寺位于北魏洛阳城的西南部，九层高塔居寺院之中心。1979年发现了该塔的基座，系夯土版筑，呈正方形，高3.2米，顶部长宽均为38.2米，塔基上124个方形柱础，分5圈排列[170]。以此为据，参照中古时期建筑层高的一般情况估算，全塔总高（含刹和刹座）大致为70余米，人能够登临的塔身（连基座）高度约为60来米①。这是洛阳城中有史以来的最高建筑，大大超过了魏文帝曹丕所建"百尺楼"（约高20余米），对于守城警戒，应能够发挥更大的作用。

（五）新建外郭城。北魏宣武帝（500～515年）时在洛阳旧城之外，又新筑了范围广大的外郭，北依邙山，南通伊洛，"东西二十里，南北十五里"②。经多年勘察发掘，现已发现了北魏洛阳外郭城的北、西、东三面城墙。其北城墙距旧城北垣最近距离为850米，依邙山南坡而建；西城墙距旧城西垣3500～4250米；东城墙距旧城东垣3500米[172]。外郭城的东西宽度约为10公里，与"二十里"之说相符。但新建外郭城，构筑不如旧城坚固，所以毁坏尤甚，保存状况极差；配套的防御设施也没有旧城完备，未筑马面敌台，更没有金墉城那样的防御支撑点。因此，起主要防御作用的仍是旧城，可以称之为主城，新建外郭城充其量只是一道增设的外围屏障。至此，洛阳遂成为由外郭城、主城和宫城构成的有三重城垣的一座坚城。

六、东魏邺南城

东魏孝静帝天平元年（534年），迁都于邺，随即在旧城之南扩建新城和宫室③，北齐因之，同时旧城也在继续使用，二城毗连，人们就将旧城称为北城，而将新城称为南城④。《北齐书·高隆之传》记：天平初，尚书右仆射高隆之"领营构大将，京邑制造，莫不由之。增筑南城，周回二十五里。以漳水近于帝城，起长堤以防汎溢之患。又凿渠引漳水周流城郭，造治水碾磑，并有利于时"。经1983年以来的勘探、发掘揭示，邺南城平面略呈长方形，东西2800米，南北3460米，周长约12.5公里，恰合"周回二十五里"之说。夯土城墙一般宽7～10米，大致每间隔85～95米设一座马面敌台，台宽18米左右，凸出于城墙12米左右。城外环绕护城河，一般宽20米[173]。由史书记载可知，其护城河系统较好地把军事防御功能和民用水利功能结合在一起。

邺南城南面的正门称为朱明门⑤，据1986年的发掘揭示，是一座比较典型的三门道式城门。其位置较南墙内缩，当门处的墙体显著加厚。整座城门宽84米，门道进深20.3米，中央门道宽5.4米，两旁门道宽4.8米，三个门道之间的两堵隔墙皆宽6米；门前立有双阙，台基犹存，为边长约15米的正方形夯土台；阙台

① 见〔171〕第66～67页。
② 《洛阳伽蓝记》卷五。
③ 《魏书·孝静帝纪》，第298～299页。
④ 《嘉靖彰德府志》卷八《邺都宫室志》："南城之北，即连北城，其城门以北城之南门为之。"
⑤ 《嘉靖彰德府志》卷八。

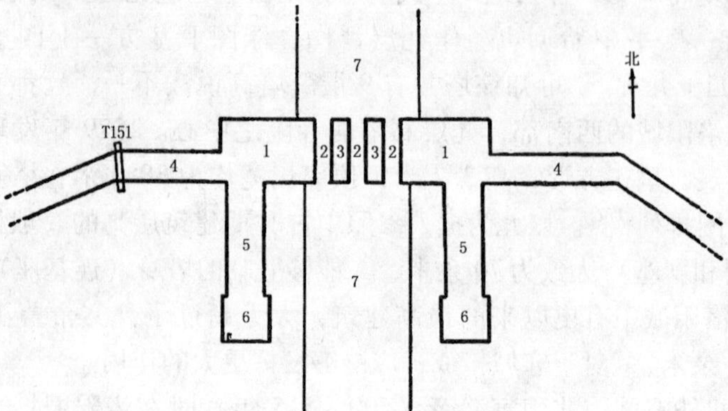

图5-60 邺南城朱明门遗址平面图

1. 门墩；2. 门道；3. 隔墙；4. 城墙；5. 短墙；6. 阙台；7. 大路。

与城门之间有长约34米、宽约12米的短墙相连，对城门形成钳夹之势，能够提供有效的侧射防御[174]。

《邺中记》载：朱明门“门上起楼，势屈曲，随城上下。东西二十四门，朱柱白壁，碧窗朱户，仰宇飞檐，五色晃耀，独雄于诸门，以为南端之表也”①。可见其宏伟富丽之状。

图5-61 麦积山石窟第127窟西魏壁画城池图

南北朝时期的壁画和刻石上有一些城池或城门的图像，其城楼或为三层，或为二层，或为单层，阙楼也多为二三层。如甘肃天水麦积山石窟第127窟西魏壁画城池图中的城楼和阙楼，均为三层；陕西耀县北周造像碑上所刻的城门，顶有二层楼②。有研究者按二层楼式复原了邺南城朱明门外貌，可供参考[179]。其时城门的构造，仍为大过梁式，直到隋唐时代，也是如此，但结构已趋于合理完善③。

① 《嘉靖彰德府志》卷八《邺都宫室志》注引《邺中记》。

② 见〔175〕〔176〕〔177〕或〔178〕中相关诸文。

③ 关于中国中古时期大过梁式城门的构造，傅熹年做过详细的剖析研究，见〔175〕或〔178〕第207~229页。

七、高句丽山城

自新石器时代以来，中国山地筑城一直主要采用石块垒砌的方法；作为非主流形式，石城也主要见于边远的山区。高句丽山城是中古时期很有代表性的例子。

公元前后、两汉之际兴起于东北地区的高句丽，在魏晋南北朝时期势力逐渐壮大，直至668年被唐朝伐灭之前，于白山黑水之间修筑了众多山城，据险而守，攻杀频仍。现今发现的高句丽山城，较重要者有吉林集安（辑安）丸都山城、霸王朝山城，吉林市龙潭山山城，柳河罗通山城，辽宁桓仁五女山城，新宾黑沟山城，沈阳石台子山城等①，大多修筑于魏晋南北朝时期，有的始建年代可以追溯到东汉。

图5－62　沈阳石台子高句丽山城西北墙遗迹

这些山城，都修筑于险峻的山头或山岭脊背，平面均不规则；皆充分利用悬崖峭壁等天然屏障，与人工砌筑的石墙（偶也有土墙）相配合，构成封闭的环形防御体系。一些山城，因地形险恶，大量直接利用断崖绝壁为墙，其峭壁墙的长度甚至远远超过人工墙的长度，如新宾黑沟山城，周长1493米，其中人工石墙累计总长447米，峭壁墙1046米[201]。这些特点，都与中国早期山城一脉相承。但高句丽山城普遍采用经过加工、形状较为规整的石块垒砌城墙，特别是城墙的内外壁，通常用楔形石砌筑，每块楔形石的大头顶端细琢出较光滑的长方形平面，以此组合成壁面，同一部位的石块大小相若，上下层砌石互相错缝，每层厚度均匀，整

图5－63　新宾黑沟高句丽山城西墙外的滚木礌石装置复原图

① 见〔197〕第95～105页及〔198〕〔199〕〔200〕〔201〕〔239〕〔240〕，参见〔202〕。

齐划一，因而城墙壁面平整，石缝较规则美观。这比早期山地石城都用不规则石块垒砌要进步，反映了时代的发展。高句丽石城的墙芯用大量不规则条石、碎石以向心式交错迭压的干插石方法构筑，较少用土，也是一个特色。

高句丽山城都是纯军事性质的堡垒，有多种配套的防御设施。如辑安霸王朝山城〔198〕和新宾黑沟山城〔201〕的城门附筑有瓮城，沈阳石台子山城的城墙筑有马面敌台〔239〕，至于角台、望台之类，更是普遍存在。在新宾黑沟山城，还发现了在城墙外顺山势设置滚木礌石的遗迹。凭借天险，又辅以诸多人工防御设施，高句丽山城因而具有很强的军事防御功能。

八、高句丽国内城

国内城又名不耐城，是高句丽早中期（公元3～5世纪）的都城，位今吉林集安，鸭绿江中游右岸、通沟盆地的西部。早在西汉时期，其地已设治筑城。

据史籍记载，汉武帝元封三年（公元前108年），在东北地区设乐浪、临屯、玄菟、真番四郡，各郡下设县筑城①。国内城大致就始建于这个时期，城垣为夯土筑造。《翰苑》引《高句丽记》称："不耐城，今名国内城，在国东北六百七十里，本汉不而县。"高句丽定都国内城后，在旧土城基础上营建新城，遂使其成为一座石壁夯土城②。

国内城现存遗址平面略近方形，东墙长554.7米，西墙长664.6米，南墙长751.5米，北墙长715.2米，周长2686米，墙基宽约7～10米，墙垣残高4.2米左右。城墙外壁均用石材垒砌，中间用土和沙石夯筑。四面城墙外侧都建有马面，每个马面大体长8～10米，宽6～8米。城隅有外凸的角台。城墙外有天然河道和人工开掘的水沟连接而成护城河。

因年代久远，历经修葺，国内城的大部分墙段已非原貌。经发掘揭示，城墙下部接近墙基的部分，内外壁面用加工规整的方形和长方形石材逐层错缝平砌，墙面石块横行平直，上下错缝，石缝均匀而整齐。这应当是高句丽时期的城墙。其构筑方式，当直接源于高句丽山城。

九、坞壁

东汉末年，黄巾起义，继而群雄逐鹿，互相攻伐，天下大乱，豪右乘机割据一方，民众纷纷筑垒自保，因而出现了大量的坞壁。

所谓坞、坞壁，本指小城堡，意同障、堡、堡壁。《史记·白起王翦列传》索隐曰："障，堡城。"《说文》曰："坞，小障也。"大致从战国至西汉，小型城堡盛称"障"；东汉时期，渐多称"坞"、"坞壁"③。其时对长城沿线的小城堡，就是如此称呼的。

自东汉末年兴起的坞壁，则又有其社会学的特点，或特定的时代意义，诚如《资治通鉴》胡三省注所说：

---

① 《汉书·武帝本纪》，第194页；《后汉书·东夷列传》，第2813页。

② 见〔203〕及〔197〕第58～60页。或认为国内城新城系魏正始五年（244年）毌丘俭征高句丽后，高句丽东川王所筑，高句丽故国原王十二年（342年）又加修筑，见〔197〕第60页。

③ 见《后汉书·顺帝纪》，第269页；《马援传》，第836页；《樊準传》，第1129页；《西羌传》，第2883页。

城之小者曰坞，天下兵争，聚众筑坞以自守。①

壁垒，盖时遇乱离，豪望自相保聚所筑者。②

这种坞壁，大体有三类：一是豪强地主为自我保护或扩大势力而将其庄园半军事化，使之成为具有较强防御能力的堡垒；二是各地村邑为求自保而掘壕筑壁设障，形成具有一定防御能力的堡寨；三是流民群聚山林，或豪强割据一方，凭险设障而形成的堡寨。

汉末、三国时期，坞壁群生，特别是豪右大姓，“起坞壁，缮甲兵，为在所害”③，成为分裂割据的温床。兴平二年（195年），汉献帝因李傕、郭汜之乱而由长安逃亡至安邑，当地坞主豪强“竞求拜职，刻印不给，至乃以锥画之”④。建安四年（199年），满宠为汝南太守，武力、诈谋两手并施，才得以破坞壁，诛顽豪，平定郡内，“得户二万，兵二千人，令就田业”⑤。

图5-64　四川成都羊子山出土东汉庭院画像砖图案　庭院四面有墙，成一封闭的体系；一侧有望楼，表现出加强防御的趋向。这是豪强地主庄园的典型写照。

西晋灭亡后，北方地区成为游牧民族角逐的战场，烽火连年不断，百姓乱离，豪杰屯聚，坞壁又大起。史载十六国时各地坞垒辄以千百数⑥。苻坚败时，“关中堡壁三千余所，推平远将军冯翊、赵敖为统主，相率结盟，遣兵粮助坚”⑦。

这些坞壁，都属于小城堡，建造技术并无卓异之处，大抵平原多为土筑，山地多为石砌。汉末以来，半军事化的豪强地主庄园往往起筑层楼，每层绕以廊道，布置兵丁弩手瞭望、守御。其时墓葬中常出土这样子的明器陶楼，一般有三四层⑧。这是较有时代特色的一个现象。特别是一些明器陶楼，还塑造出了院墙和其他附属建筑，实际上就是庄园式坞壁的模型。如甘肃武威雷台东汉墓出土的明器陶楼，居中主楼高5层，周有院落，院墙四隅且有角楼，主楼、角楼以悬空阁道相通连〔209〕；河南焦作白庄东汉墓出土的明器陶楼，主楼高达7层，并有阁道与一座4层附楼相连〔210〕。这些陶楼模型，对于了解汉魏时期筑城中的望楼、角楼的形态结构，也是重要的资料。

① 见《资治通鉴》卷八十七，第2749页。
② 见《资治通鉴》卷一〇〇，第3166页。
③《后汉书·李章传》，第2492页。
④《后汉书·董卓传》，第2340页。
⑤《三国志·魏书·满宠传》，第722页。
⑥《晋书·慕容儁载记》，第2839~2840页；《资治通鉴》卷一〇〇，第3166页。
⑦《晋书·苻坚载记》，第2926页。
⑧ 典型者如河南陕县刘家渠汉墓出土之例，见〔208〕。

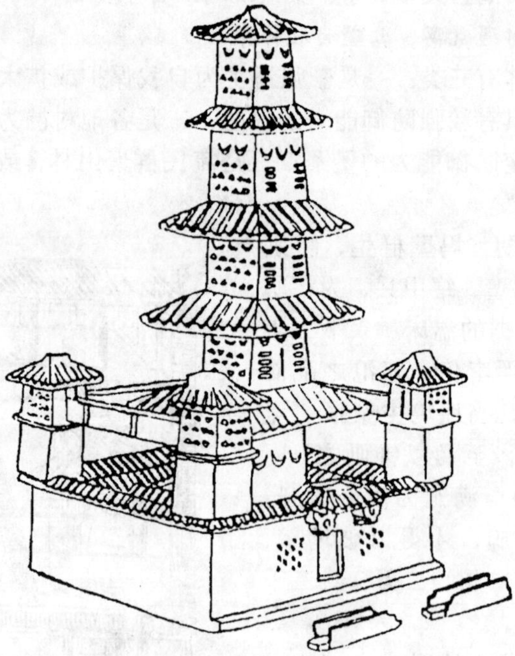

图 5－65　甘肃武威雷台出土东汉明器陶楼

第二节　隋唐五代筑城

一、隋唐长安城

隋取代北周后，在汉长安城东南的龙首原营建新城为都，由左仆射高颎、钜鹿郡公贺娄子幹（后任工部尚书）等督其事，营新都副监宇文恺、将作大匠刘龙负责规划设计和营造。因隋文帝杨坚初封大兴公，故名新京为大兴城①。唐朝建立后，仍以大兴城为国都，更名长安，基本沿袭旧有格局，仅作了局部改造和扩建，如太宗时于宫城东北禁苑内的高地上建大明宫，玄宗时扩建兴庆坊藩邸为兴庆宫、在东郭墙外修建夹城复道等②。

隋唐长安，枕渭水而面终南，规模宏大，规划整齐，总面积达 83 平方公里，其主体是起主要防御作用的外郭城和包含有皇宫与中央衙署的内城。

外郭城又称罗城，平面呈长方形，东西广 9721 米，南北长 8651.7 米，周长约 36.7 公里。城墙全为夯土版筑，底部宽度一般为 9～12 米，夯层厚约 9 厘米，城门处内外表面包砌砖壁。城外距墙根 3 米许，有宽约 9 米、深约 4 米的护城河环绕。

① 《隋书·高祖纪上》，第 17～18 页；《宇文恺传》，第 1587 页；《唐六典》卷七；宋敏求《长安志》卷六；《太平御览》卷一五六引《西京记》。

② 见〔180〕〔181〕〔182〕〔183〕〔184〕〔185〕。

郭城东、西、南三面各开3门①。南面居中的正门明德门广55.5米，深17.5米，有5个门道，皆宽5米，最为宏大壮观②。其余各门都有3个门道。

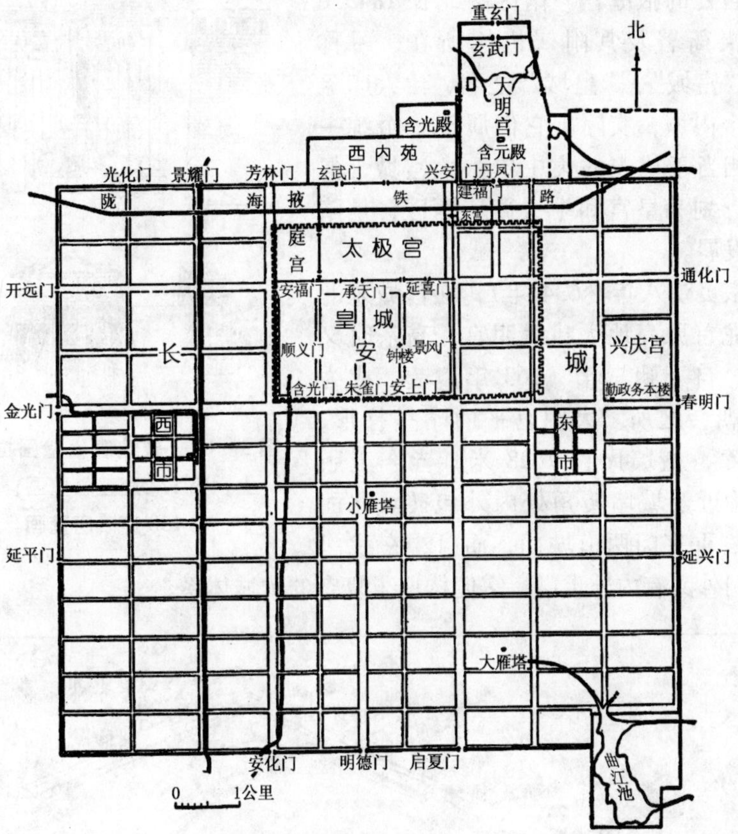

图5-66　唐长安城平面图

郭城内有11条南北方向大街，14条东西方向大街，其中通南面3门和东西6门的6条大街是主干大街。这6条街道，除贯通延平门和延兴门的东西大街宽55米外，其余皆宽100米以上，特别是明德门内的南北大街——朱雀街，宽达150~155米。其他不通城门的大街，宽度在35~65米之间。各街路面皆中间高、两侧低，两侧都修有宽二三米的排水沟。顺城建有环路，宽20~25米。

上述南北11条和东西14条挺直的街道，纵横交错，将全城分划为众多长方形或正方形的小区域，状如严整的棋盘。内城是其中最大也最重要的核心区域。它位于城北部正中，东西宽2820.3米，南北长3335.7米，北依郭城之北墙，东、西、南三面都筑有围墙，城墙也为夯土版筑，底宽14~18米。内城四面开门，中有一条220米宽的横街将之分隔为南北两区。北区南北长1492.1米，乃皇宫所在，

① 北面城墙破坏严重，门址多已不存，据记载有光化门、景耀门、芳林门，当都位于北墙西部；还有丹凤门，位于北墙东部，后成为大明宫之南门，已探出门址。北墙中部与内城重合，其城门即内城之门，中有著名的玄武门，业经发掘（见〔186〕）。

② 见〔183〕，参见〔187〕〔188〕。

习称“宫城”：居中为太极殿（隋时名大兴宫），系皇帝正殿；东部为太子所居东宫；西部为女嫔居处的掖庭宫。南区南北长1843.6米，为中央衙署及其附属机构所在，习称“皇城”。“宫城”、“皇城”之名，给人印象似乎是两个内城，实际上它们属于一个统一的内城，相当于早先的集中单一大宫城，但其中明确分划为皇宫和中央衙署两区，是隋朝的一个发展。

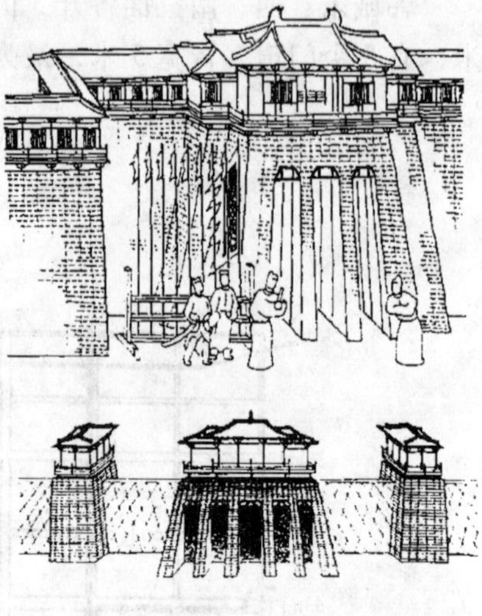

图5－67　敦煌唐代壁画描绘的城门
上，第172窟盛唐壁画；
下，第138窟晚唐壁画。

唐太宗贞观八年（634年），在宫城东北禁苑内的龙首原高地上建大明宫，高宗时又加以修治，自龙朔三年（663年）起，成为朝廷主要朝会之所。大明宫平面略呈梯形，南宽而北窄，城墙周长7628米，皆夯土版筑，城门附近及城墙转角处内外包砖。北面有玄武门、重玄门两道城门，而且，玄武门内、重玄门外又有内外重门，它们构成了复杂的瓮城体系。

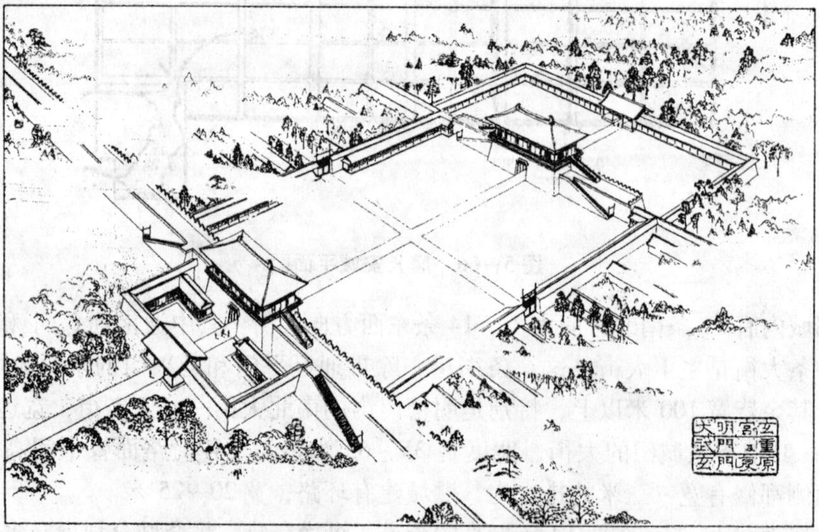

图5－68　唐长安城大明宫玄武门、重玄门复原鸟瞰图（采自〔175〕）

内城之外的一个个较小方块，是108个里坊（一说有110坊）和东、西二市，均端正规整，长宽500～1125米不等，四周筑有围墙，开有门户。大部分坊中修建有十字街。民居官衙，豪宅王府，寺院道观，散布各坊。

综上所述可见，隋唐长安城最突出的特点是规模宏大，区划整齐，结构谨严。它显然是以严格的中轴对称原则规划设计出来的：全城以朱雀大街为中轴线，太极宫当中而立，体现了天子居天下之中的思想；中轴线两侧，城门、街路均左右对称，“畦分棋布，闾巷皆中绳墨”。

中国古代城市布局的中轴对称思想起源甚早，至少可以追溯到商代初期。春秋战国之际问世的《考工记》王城模型，已将中轴对称作为布局规划的基本原则。但在实际的城市建设中，中轴对称布局的成熟仍经历了一个过程。曹魏营建邺城，朝中轴对称布局严整化迈出了重要的一步。至隋代兴建大兴城，终于达到了严格的中轴对称布局。隋唐长安城因此而具有划时代的意义。

在唐代，宏伟而严整的长安城是大唐王朝及其文明的象征，并随唐文化影响的扩大而成为东亚地区筑城的样板，对当时边疆地区地方政权和邻近国家的都城建设，产生了极大的影响。如位于今黑龙江省宁安县渤海镇的唐渤海国上京龙泉府城，即仿效长安而建。邻国，特别是日本奈良时代的平城京和平安京，不仅布局效仿长安，甚至像太极殿、朱雀门、朱雀街等宫殿、城门和街道的名称，也是袭用长安城的。

二、隋唐洛阳城

东魏孝静帝元象元年（538 年），洛阳城在战火中再次被焚毁。隋唐时期的东都洛阳城，营建于隋炀帝大业元年至二年（605～606 年），因旧墟“弗堪葺宇”，遂于旧城之西（当今洛阳市区一带）营建新城，由尚书令杨素、纳言杨达督建，将作大匠宇文恺负责规划设计和营造。唐代沿用，城市格局无甚变异，仅高宗时新建了上阳宫，武则天时增高了外郭城垣。

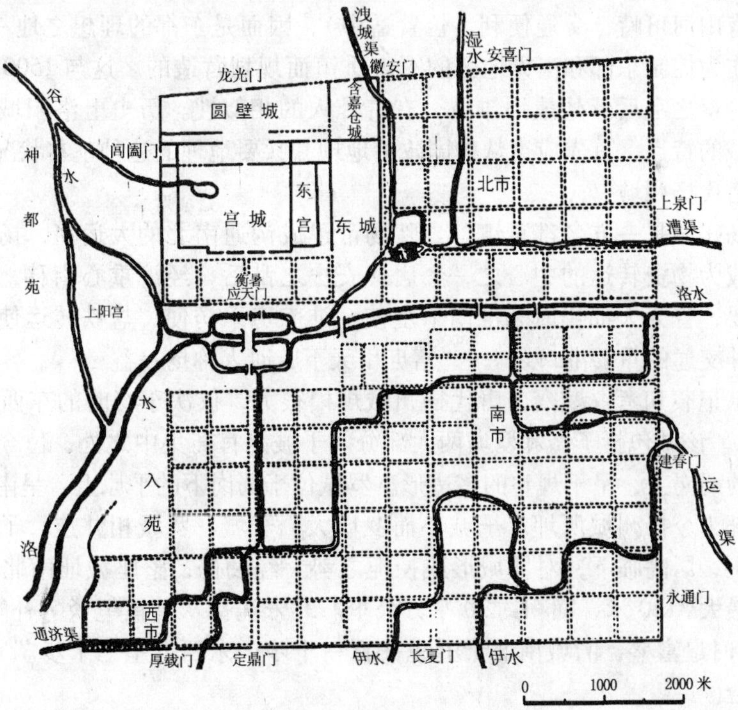

图 5－69　隋唐洛阳城平面图

隋唐洛阳城平面略近方形，其东垣长约 7312 米，南垣长约 7290 米，西垣长约

6776米，北垣长约6138米，周长约27.5公里①。规模较京城长安略小，形制布局也与长安不同，其特点是没有严整的中轴对称结构而具有更强的军事防御功能。主要体现于两个方面：

（一）城墙比长安城更为宽厚高大，建造更加优良。洛阳外郭城的城墙亦为夯土版筑，底宽15～20米，显著厚于长安城的外郭墙。洛阳宫城和皇城的城墙，一般宽14～16米，夯土筑成，内外包砌砖壁，是城垣整体包砖的一例，其质量优于没有包砖的长安内城城墙。

（二）隋唐洛阳的宫城和皇城，位于郭城地势较高的西北隅，而不在郭城北部正中。而且，宫城和皇城之间有城墙相隔，皇城对宫城形成环抱之势，外围又有曜仪城和圆壁城（位于宫城之北）、东城和含嘉仓城（位于皇城之东和东北）等多个小城拱卫，使宫城处于重城环卫之中，也使城西北隅以宫城为核心，形成全城的防御支撑点。这种布局充分体现了注重军事防御功能的规划思想，而不是像首都长安那样突出天子居天下之中的政治理念。

隋唐洛阳城的上述特点，与当初隋炀帝营建东都的指导思想密切相关。炀帝即位时，并州总管汉王杨谅举兵反对，东都洛阳就是在这样的背景下兴建的。隋炀帝在诏书中说：汉王悖逆，毒被山东，州县沦落，主要原因是长安距离过远，“关河悬远，兵不赴急”；“况复南服遐远，东夏殷大”，为能“因机顺动”，就必须营建东都；“洛邑自古之都”，“控以山河，固以四塞，水陆通，贡赋等”（也就是说洛阳有山河可峙，交通便利，位置适中），因而是东都的理想之地②。可见东都洛阳是作为控制东部和南方地区的军事重镇而规划营造的。这与1500多年前周公旦平定管蔡之乱后营建成周雒邑，有着惊人的相似性。历史上洛阳城的屡毁屡建及其筑城的特点，首先应当从中国政治地理和兵要地理的这种基本状况去认识。

三、唐代扬州城

唐代扬州城是一方名都重镇。自隋炀帝建成沟通南北的大运河，扬州居水陆要冲，遂成为物资转运的中心之一。唐代安史之乱后，经济重心南移，扬州的地位日益重要，曾为大都督府和淮南节度使、淮南道采访使、盐铁转运使治所，并是当时中外交通的重要港口之一。“富庶甲天下，时人称扬一益二”③。

据文献记载和考古勘察，唐代扬州城规模很大，仅次于当时的东西两京（长安、洛阳）。该城包括子城和罗城两大部分。子城是官衙集中之处，位今扬州城北郊2公里的蜀岗上，呈不规整的多边形。罗城位于蜀岗下的平原上，呈南北向的长方形，大部为今扬州城所埋。子城小而罗城大，子城、罗城相并连，子城位于罗城西北角上，居高临下，对罗城形成控扼之势。经勘探，整座城址南北最大6030米，东西最大3120米，面积约20平方公里。北宋沈括《梦溪笔谈·补笔谈》说：“扬州隋唐时最富盛，旧城南北十五里一百一十步，东西七里三十步。”与勘探结果大体符合。

---

① 见〔189〕〔190〕〔191〕〔184〕〔185〕〔158〕第577～578页及〔192〕。

② 《隋书·炀帝纪》，第60～61页。

③ 《资治通鉴》卷二五九，第8430页。《旧唐书·秦彦传》亦云：“江淮之间，广陵大镇，富甲天下。”

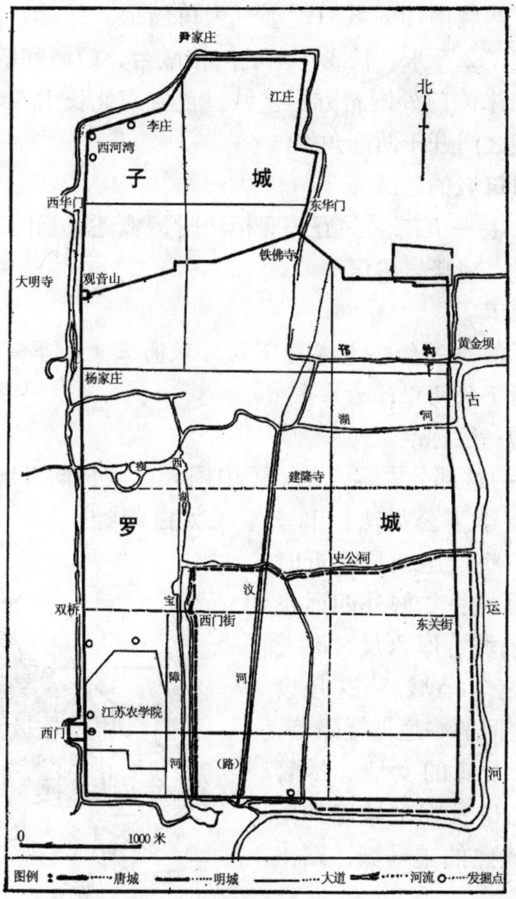

图 5－70　唐代扬州城平面图

子城早在汉代已立城，即原广陵城之所在，至隋唐时期而修筑得益为宏丽。城墙夯土版筑，西南角、西北角和东北角至今保存着很高的角楼台基，在西北城角内侧发掘出隋唐时期的砖砌护壁。砖壁厚达 1 米，城砖是特制的，青灰色，长 35 厘米，宽 17 厘米，厚 8 厘米。子城南门是正门，为三门道式结构，中门道宽 7 米，两侧门道宽 5 米，门道长度均为 14 米，门脸包砖。门两侧城墙厚 9 米。

图 5－71　唐代扬州城子城西北角包砖墙遗迹

罗城南北 4200 米，东西 3120 米，可能始建于中唐或略晚。城墙亦夯土版筑。1984 年在扬州市南通西路基建工地发现了南墙遗迹和一座南门遗址，门附近的城墙内外有砖砌护壁，门外有平面呈长方形的包砖瓮城遗迹，距门道约 60 米有凸出于城墙的马面遗迹。1986 年在江苏农学院附近发现了西墙南端的城门遗址，为单门道式结构，门道宽 5 米、长 14 米，门洞内外两侧有宽 2.5 米、长 3.4 米的门楼墩台，门洞和墩台用城砖包砌。门两侧的夯土城墙厚 9 米。门外围筑方形瓮城，瓮城南北长 158 米、东西宽 145 米，夯土墙厚 9 米，瓮城之门开于西南角①。

四、唐代兵书对筑城的总结

唐杜佑《通典》卷一五二《兵五·守拒法附》概述了当时筑城的情况，如曰：

> 垒高，土厚，城坚，沟深。

这是关于筑城的总要求。

> 凡筑城，下阔与高倍，上阔与下倍，城高五丈，下阔二丈五尺，上阔一丈二尺五寸，高下狭阔以此为准。

这是关于城墙结构的一般标准。

《通典·兵典》的这部分内容，总结了中国夯土城长期发展的成果。在唐代的另外两部著名兵书《李卫公兵法》和李筌《太白阴经》中，也有大同小异的内容②。其中提到的一些设施，是晚近时期才成熟的。如羊马城："城外四面壕内去城十步更立小隔城，厚六尺，高五尺，仍立女墙，谓之羊马城。"这是设于护城壕和主城墙之间的一道低矮障墙，墙顶也建有带射击垛口的女墙。尽管《墨子·备城门》已论及在主城墙外附设木栅或障墙，但成熟的羊马城，则出现较晚。

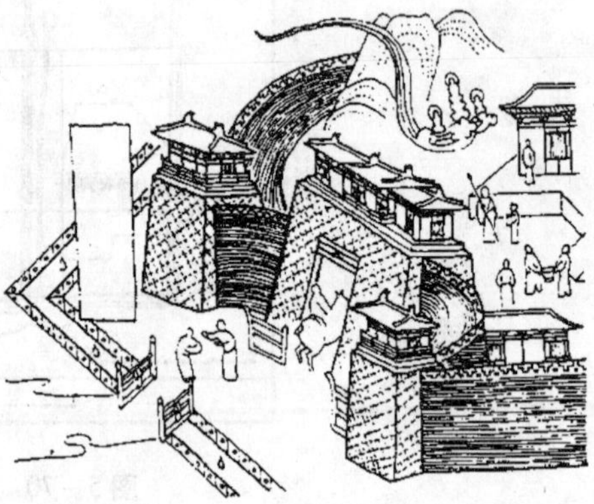

图 5－72　敦煌第 9 窟晚唐壁画描绘的城池

又如弩台："弩台高下与城等，去城百步，每台相去亦如之。下阔四丈，高五丈，上阔二丈，上建女墙。台内通阁（暗）道，安屈胜梯，人上便卷收。中设氈幕，置弩手五人，备干粮水火。"③ 十六国时赫连勃勃所筑统万城已有空心马面。《通典》所述空心弩台，去城百步而设，属外围障堡性质。但无论空心马面还是空心弩台，都为空心敌台，其中空的暗室暗道，可以储粮屯兵，这是十六国以来的创造。

《通典》诸书中都没有提到马面和瓮城，但实际上经过魏晋以来的逐渐推广，到唐代，马面和瓮城在城池筑城中已经比较多见。唐代扬州城的城墙外侧筑有马面，城门外围筑有瓮城，而且瓮城的规模都比较大。唐长安城大明宫更有结构复杂的瓮城体系。正是由于马面和瓮城在隋唐五代时期的筑城中日益普及，所以在北宋初年成书的《武经总要》中就有了对它们的介绍和图示，并视之为筑城的

① 见〔238〕〔193〕第 140 页，参见〔165〕〔157〕第 507～508 页。

② 见《卫公兵法辑本》卷下；《太白阴经》卷五。

③ 一些版本或将"上建女墙"误为"下建女墙"。

定制。

五、城垣包砖的逐渐推广

自东晋十六国以来，夯土城包砌砖壁的做法逐渐得到推广。南北朝时期的壁画画师在表现城池的时候，往往将城墙描绘成包砖的形式。如甘肃天水麦积山石窟第127窟西魏壁画城池图，城墙上画出深浅石青色砖块，表示是用砖包砌的；又如麦积山石窟第27窟北周壁画上的城，城墙表面绘出深浅色灰砖[176]。敦煌唐代壁画中也有类似的图像。包砖城作为一种新事物，大概为画师所乐于表现。但在现实中，其推广的速度并不快，直至隋唐时期，整体包砖城垣仍不多见。这个时期最重要的两座京城：隋唐长安城，仅城门和一些城角处包砌砖壁；隋唐洛阳城，仅宫城包砌砖壁。州县城池，为一方名都重镇的唐扬州城，也只城角、城门及其近旁城墙有包砖现象。所以唐代《李卫公兵法》、《太白阴经》、《通典》等书论及筑城，都依然只云土筑而不言砌砖。

图5－73　唐长安城明德门遗址出土城砖
砖上模印“西坊开廿八九月官砖”，“开廿八”当是开元二十八年的省略。

晚唐五代时，包砖城的数量有所增加。

《新唐书·牛僧儒传》记载：鄂州（今湖北武昌）城“土恶亟圮，岁增筑，赋蓑茅于民，吏倚为扰”；唐敬宗时（825～826年）牛僧儒任武昌节度使，“陶甓以城，五年毕，鄂人无复岁费”。

《新唐书·高骈传》记载：唐僖宗时（873～888年）高骈任剑南西川节度使，“蜀之土恶，成都城岁坏，骈易以砖甓，陴堞完新”。

近年发现的荆州五代城墙，有高1.1米、宽0.9米的砖壁，其上则为砖土混合夯筑墙。所用砌砖均为东汉至隋唐墓砖。据《荆州府志》记载，五代后梁乾化二年（912年）营缮城垣，“郭外五十里冢墓多发掘取砖以甃城”①。由于墓砖小而破损多，好砖数量有限，所以墙根用好砖包砌，碎砖和入泥土夯筑上部墙体[195]。唐末杜荀鹤《旅泊遇郡中叛乱示同志》诗有云：“古寺拆为修寨木，荒坟开作甃城砖。”② 挖掘墓砖砌城的做法在唐末五代较为常见，其所体现的水平并不高，但反映了城墙包砖意识的增强：无力烧造城砖，便掘墓砖代替。正是这种意识的不断增强，为宋以后砖壁城的普及奠定了基础。

六、渤海上京城

渤海国是东北地区继高句丽之后兴起的一个以靺鞨人为主体的少数民族政权，

① “甃”字的本义是砖砌之井壁，引申指用砖石砌筑井壁，又引申指用砖石砌筑城墙壁面，“甃城”因而成为夯土城墙表面包砌砖石的特定名词。

② 《全唐诗》第十函第八册《杜荀鹤二》。

公元698年立国，713年受唐册封，926年为契丹所灭。渤海立国之初，修筑了许多山城，阻山带河，恃险攻守。现知较重要的渤海山城有吉林敦化城山子山城、延吉城子山山城、珲春萨其城①等。后来随疆域拓展，逐渐在平原上立邑筑城，如先后建立的旧国敖东城（位今吉林敦化）和五京：上京龙泉府城（位今黑龙江宁安县渤海镇）、中京显德府城（今吉林和龙县西古城子）、东京龙原府城（今吉林珲春市八连城）、西京鸭绿府城（位今吉林珲江市临江镇）、南京南海府城（位今朝鲜咸镜南道），都是平原城。渤海山城均为石砌；平原城皆为土筑，采用版筑法。

渤海自受唐册封后，积极加强与唐朝的联系，大力学习唐朝的先进文化。其京城的建设，深受隋唐长安城和洛阳城的影响，尤以上京龙泉府城最为突出②。上京城平面呈长方形，东西宽约4.6公里，南北长约3.4公里，周长约16.3公里，城的北部中央建有内城，其北区为宫城（王宫所在），南区为王城（中央衙署所在），中间隔以横街。这种格局与隋唐长安城完全相仿。上京城的中央也依照长安城的朱雀大街建有一条宽110米的南北向大道；城内也如长安城一样，由一条条笔直的东西向街路和南北向街路划分为一个个整齐的里坊，状如棋盘。几乎可以说，渤海上京城就是隋唐长安城（周长36.7公里）的小型翻版。

图5－74　渤海上京城遗址

上京城的建筑技术较有特色。其外郭城垣用土石混合筑成；内城城墙的内外壁面用石块垒砌，中间填筑泥土和碎石，内城中的各种建筑台基，也用此法筑成。石块并不十分规则，但外侧面加工得较平整，故砌出的墙面平直整齐③。

① 见〔197〕第105～109页。敦化城山子山城也称城子山山城，或认为它就是渤海国创建者大祚荣最初筑城以居之“东牟山”城（见〔204〕〔205〕〔206〕第68～70页）。

② 见〔184〕〔206〕第72～81页。

③ 见〔32〕第43～57页，参见〔206〕第74～78页。

上京城所在的牡丹江地区，因远古剧烈的火山活动而富积火山熔岩①。建城所用石料，都是产自当地的火山熔岩——玄武岩，这也是“因天材就地利”的表现。

① 牡丹江地区的风景名胜镜泊湖就是因火山熔岩阻塞河道而形成。参见〔207〕。

第七章
攻守城方法的发展

第一节 实战所见攻守城方法

自《墨子》概括出攻城十二法之后，中国冷兵器时代的攻城方法以及对应的守城方法一直没有大的变化，而只有一些小的发展。中古史籍中留下了大量关于攻守城作战的较详细记载，兹选取若干典型例子进行分析，以进一步揭示古代攻守城的具体方法，特别是其中的工程作业对抗和大型军事机械运用情况。

一、易京之战（197～199年）

《三国志》记公孙瓒守易京（位今河北雄县西北）："为围堑十重，于堑里筑京，皆高五六丈，为楼其上，中堑为京，特高十丈，自居焉，积谷三百万斛。"所谓"围堑"，即环形壕沟；"京"，即人工堆筑的高大土丘，其上建楼屋，以为防御的制高点和支撑点。《墨子》只论述了攻方构筑土山临城，即所谓"堙"、"高临"，实则守方也用此法加强防御。

对此，袁绍采用地道战法攻击："分部攻者掘地为道，穿穴其楼下，稍稍施木柱之，度足达半，便烧所施之柱，楼辄倾倒。"可谓以低克高。公孙瓒最后不支自杀，城破①。

二、官渡之战（200年）

《三国志》记曹操初战不利，便在官渡（今河南中牟境）筑营垒防守，袁绍于是"为高橹（楼），起土山，射营中，营中皆蒙楯，众大惧。太祖乃为发石车，击绍楼，皆破，绍众号曰霹雳车。绍为地道，欲袭太祖营。太祖辄于内为长堑以拒之，又遣奇兵袭击绍运车，大破之，尽焚其谷"②。攻方用堙、穴二法，守方则以抛石机毁其高楼，挖长壕沟截其地道。

三、邺城之战（202年）

《三国志》记曹操为地道攻城，守将审配"亦于内作堑以当之"③。曹操又"凿堑围城，周回四十里，初令浅，示若可越。配望见，笑而不出争利。操一夜浚之，广深二丈，引漳水以灌之。自五月至八月，城中饿死者过半"④。这是环绕邺城挖掘一道宽而深的注水壕沟，形成封闭的包围圈，完全隔绝邺城与外部的联系，长期围困，使其陷入绝境，军心动摇，不攻自破，而不是引水灌城。这种方法《墨子》还不曾提及。

建安三年（198年），曹操攻取下邳诛灭吕布一战，可能也是用同样的方法。

① 《三国志·魏书·公孙瓒传》及注引《英雄记》，第243～244、247页。
② 《三国志·魏书·袁绍传》，第199页。
③ 《三国志·魏书·袁绍传》，第202页。
④ 《后汉书·袁绍传》，第2416页。

《后汉书·吕布传》记曹操“堑围之，壅沂、泗以灌其城，三月，上下离心”，部将献城而降。然《三国志·魏书·吕布传》只说“堑围之三月，上下离心，其将侯成、宋宪、魏续缚陈宫，将其众降”。似乎曹操并非引水灌城，而是环城挖掘壕沟，引水注之，长期围困。

类似的例子还可举出十六国时慕容垂攻邺之战。前秦苻坚淝水之战败后，依附于他的羌、鲜卑等部纷纷离叛，慕容垂乘机起兵攻围苻坚之子苻丕据守的邺城。《晋书·慕容垂载记》记：“垂攻拔邺郛，丕固守中城，垂堑而围之，分遣老弱于魏郡、肥乡，筑新兴城以置辎重，擁（壅）漳水以灌之。”在中国历史上，不同朝代对同一座城的攻围，往往采取相似的方法，特别是那些临水城邑，自战国时代以来，每有战事，不同时代的将军们经常不约而同地想到利用水力来对付它。

四、寿阳之战（466 年）

刘宋泰始二年（466 年），殷琰据守寿阳（即寿春，位今安徽寿县），刘勔率军来攻。《宋书·殷琰传》记：

> 勔于是乃竖长围，治攻道于东南角，并填堑。东南角有高楼，队主赵法进计曰：“外若进攻，必先攻楼，楼颓落，既伤将士，又使人情沮坏，不如先自毁之。”从其言。勔用草茅苞土，掷以塞堑，掷者如云，城内乃以火箭射之，草未及燃，后者续至，一二日，堑便欲满。赵法进复献计，以铁珠子灌之，珠子流滑，悉缘隙得入，草于是火燃，二日间草尽，堑中土不过二三寸。勔乃作大虾（蛤）蟆车载土，牛皮蒙之，三百人推以塞堑。琰户曹参军虞挹之造碻车，击之以石，车悉破坏。

这个材料对攻城时填塞壕沟的方法及守城者的应对之术记述得很具体。所谓“竖长围”，应是绕城外修建栅栏、围墙，形成围困之势。“攻道”即登城坡道。修筑攻道必须填塞壕沟。攻方用茅草树枝裹着土扔入壕沟，守方用火箭射入壕沟，意图引燃柴草，阻止敌人填壕，但“掷者如云”，草还没有燃着，就被接着扔下来的草和土压灭了。守方想出妙计，将烧红的铁珠撒向壕沟，铁珠钻入柴草的缝隙，遂将之点燃，将敌抛入壕沟的柴草烧光，剩下的泥土才二三寸高。攻方又造出巨大的蛤蟆车，装满土，用三百人推向壕沟，企图一举把壕沟填平。守方则用车，即抛石机，成功地把敌人的蛤蟆车打烂。

此外，墨家的城守理论主张城上必为高楼。由此战还可注意到，对于城上高楼在守城战中的作用，也需视具体情况灵活对待。

五、浮山堰之役（514～516 年）

这是一次工程劳役，也是一次以淮南重镇寿阳为攻击目标的战役。自东晋以来，寿阳一直是南北军争要冲，南齐末年，失于北魏，梁武帝萧衍一心图谋收复。梁天监十三年（514 年），北魏降人王足献计堰淮水以灌寿阳。当时北方有民谣曰：“荆山为上格，浮山为下格，潼沱为激沟，并灌钜野泽。”王足引以为证（由此也可见中国历史上水攻意识之浓厚）。萧衍以为然，于是“使水工陈承伯、材官将军祖暅视地形”。水工陈承伯是专门的水利技师；祖暅是大科学家祖冲之之子，家学渊源，当也具有相当的科学知识。二人实地勘察后，都认为淮河河道内沙土漂轻不坚实，难以筑坝。萧衍不理，即命作浮山堰（又名淮堰），南起浮山（今安徽嘉山北之淮水南岸），北抵巉石（浮山对岸），以截断淮水。命康绚持节都督淮上诸军事，监作堰坝，役民伕和战士二十万，“依岸以筑土，合脊于中流”。

天监十四年，“堰将合，淮水漂疾，辄复决溃，众患之。或谓江、淮多有蛟，能乘风雨决坏崖岸，其性恶铁。因是引东、西二冶铁器，大则釜鬵，小则鋘锄，数千万斤，沉于堰所。犹不能合，乃伐树为井干，填以巨石，加土其上。缘淮百里内，冈陵木石，无巨细必尽，负担者肩上皆穿。夏日疾疫，死者相枕，蝇虫昼夜声相合……是冬又寒甚，淮、泗尽冻，士卒死者十七八……十五年四月，堰乃成。其长九里，下阔一百四十丈，上广四十五丈，高二十丈，深十九丈五尺。夹之以堤，并树杞柳，军人安堵，列居其上。”① 这堪称历史上罕见的一座巨坝。

浮山堰建成后，在堰以西形成广大的蓄水区，“水之所及，夹淮方数百里”，堰以西沿淮魏军城戍，包括寿阳，都被大水所浸泡。为减轻大水对堤坝的压力，康绚曾开渎向下游泄水；魏人为削减水势，保住沿淮防线，也凿山开沟，引水北流，但水势犹不减，遂罢归。魏将李崇乃“作浮桥于硖石戍间，又筑魏昌城于八公山东南，以备寿阳城坏。居民散就冈陇，其水清澈，俯视庐舍冢墓，了然在下”。可见水位之高。

魏人患之，以任城王元澄为大将军、大都督南讨诸军事，“勒众十万，将出徐州来攻堰，（魏）尚书右仆射李平以为，不假兵力，终当自坏”。果然，“九月丁丑，淮水暴涨，堰坏，其声如雷，闻三百里，缘淮城戍村落十余万口皆漂入海”②。

史书记载此役皆言：萧衍以事毕将康绚调回，徐州刺史张豹子不复修堰。似乎张豹子对溃堰负有重大责任。但一座刚建成的大坝，四五个月后就被洪水溃决，其根本原因显然在堤坝本身存在严重问题。除了淮河水文地质条件不理想导致大坝基础不实外，没有充分考虑泄洪问题也是重要因素。在浮山堰大坝和寿阳城墙之间耐高水位浸泡的对抗中，由于浮山堰大坝自身的不科学性，遂使其终成为失败者。

在此役中，浸泡寿阳城的高水位之形成，完全靠高大的拦河水坝截流形成广大的蓄水库区。寿阳位于浮山堰大坝上游，濒临淮河，正处于库区之中，故被大水所浸。将之与东周时期的晋阳之战相比较，可知二者代表了中国古代堰水攻城的两种基本方式。晋阳之战的方式系由三项工程组成：以拦河水坝截流蓄水，以导流明渠引水至城，以绕城围堤堰水浸城③。浮山堰之役的方式只靠一座拦河大坝截流蓄水堰水。后者似乎较为简单，实际上，这种方式要求有更为高大的拦河水坝，因此技术难度更大。

堰水攻城，关键是蓄水堰水，不仅要有充沛的水量，而且要有效地把水圈堰于城的周围，对城墙形成浸泡之势。其方法和工程设置，须根据水系分布、地形地势和天候水文，因情而异，在许多情况下，并不像晋阳之战和浮山堰之役那样典型。比如，在一些情况下采取晋阳之战的方式，绕城围堤并不用那么完整，只需在城的周边修筑一些长堤和辅坝，就可以将水圈住；而在一些情况下采取浮山

---

① 《梁书·康绚传》，第291～292页。

② 《资治通鉴》卷一四八，第4623～4624、4626页。

③ 见本书第三编第七章第三节（一）。

堰之役的方式，除了要修建拦河大坝，还需在若干方向修筑一些辅坝，才能将水圈堰于城的周围。

不管采取哪种方式，拦河水坝都是必需的。从这个角度来看，堰水攻城的上述方法又具有统一性，似乎可以概括地表述为：以拦河水坝截流蓄水，并根据具体情况以一定的辅助工程设施，将水引导并圈堰于目标城池的周围，对其形成高水位浸泡之势。辅助工程设施包括引水明渠、绕城围堤、长堤、辅坝等。如果一座拦河大坝就能够起到截流蓄水和堰水浸城的作用，自然也就不需要其他辅助工程设施了①。

六、玉壁之战（546 年）

西魏大统四年（538 年），因玉壁（位今山西稷山西南）险要，筑城以御东魏，城周八里，四面并临深谷。大统十二年（546 年），韦孝宽镇守玉壁，东魏大军来攻，据记：

> 连营数十里，至于城下，乃于城南起土山，欲乘之以入。当其山处，城上先有两楼。孝宽更缚木接之，命极高峻，多积战具以御之。齐神武（高欢）使谓城中曰："纵尔缚楼至天，我会穿城取尔。"遂于城南凿地道。又于城北起土山、攻具，昼夜不息。孝宽复掘长堑，要其地道，仍饬战士屯堑。城外每穿至堑，战士即擒杀之。又于堑外积柴贮火，敌人有伏地道内者，便下柴火，以皮鞴吹之。吹气一冲，咸即灼烂。城外又造攻车，车之所及，莫不摧毁，虽有排楯，莫之能抗。孝宽乃缝布为缦，随其所向则张设之。布既悬于空中，其车竟不能坏。城外又缚松（麻）于竿，灌油加火，规以烧布，并欲焚楼。孝宽复长作铁钩，利其锋刃，火竿来，以钩遥割之，松麻俱落。外又于城四面穿地，作二十一道，分为四路，于其中各施梁柱，作讫，以油灌柱，放火烧之，柱折，城並崩坏。孝宽又随崩处竖木栅以扞之，敌不得入。城外尽其攻击之术，孝宽咸拒破之。②

此战攻方运用了多种手段。这里所说的"土山"，实为登城坡道，与前几个战例中攻守双方构筑的制高点式土山不同，二者古人均称之为"堙"、"距堙"、"土山"，须视情况加以辨别。文中提到的"攻车"，即攻城槌，也就是古人所说的冲车、撞车。

这段记述又不禁使人想起墨子与公输般的故事。春秋末年，墨子与公输般在楚王的宫廷上进行了一场攻守城术的模拟博弈；此战，韦孝宽与高欢则在玉壁进行了一场攻守城术的实战大对抗。

这段文字对穴攻及反穴攻的方法，记述尤详。结合前几个战例来看，穴攻实有两类：一是崩毁城墙，打开缺口；二是从地道偷袭入城，在此战中都能够看到。《晋书·苻坚载记》曾记，太和五年（332 年），苻坚部将杨安攻晋阳，"为地道，遣张蚝率壮士数百人入其城中，大呼斩关"。这是从地道偷袭入城的典型之例。守

① 古籍记载堰水攻城事例，通用"堰"、"壅"、"堨"、"连"、"堤"、"防"等术语，多指拦河水坝，也指绕城围堤、长堤、辅坝等，有时并含诸意，需视情况加以理解和辨别。

② 《周书·韦孝宽传》，第 536～537 页。

方在城内挖掘长壕沟邀截地道（又见前述官渡之战和邺城之战），似乎主要是针对这种攻击，这在《墨子》中未见论及。另从中古战例来看，这两类穴攻之法，往往也为守方反其道而用之，以对付攻城者，典型之例可见下述“太原之战”。

七、颍川之战（547年）

《周书·王思政传》记：东魏太尉高岳、行台慕容绍宗、仪同刘丰生等率步骑十万来攻颍川（位今河南长葛东，洧水之南①），“随地势高处，筑土山以临城中，飞梯、火车②，昼夜攻之”。西魏守将王思政“亦作火䂎③，因迅风便投之土山。又以火箭射之，烧其攻具。仍募勇士，缒而出战。岳众披靡，其守土山人亦弃山而走”。

于是，东魏增兵，“堰洧水以灌城，城中水泉涌溢，不可防止，悬釜而炊，粮力俱竭。慕容绍宗、刘丰生及其将慕容永珍共乘楼船以望城内，令善射者俯射城中。俄而大风暴起，船乃飘至城下。城上人以长钩牵船，弓弩乱发。绍宗穷急，投水而死。丰生浮向土山，复中矢而毙。生擒永珍”。东魏军所用的办法是堰阻洧水以浸灌颍川城，并借高水位操船入堰，抵近城池，从战船上攻击守城者。

堰水浸城是传统的方法；辅之以船舰逼攻，是新的发展。不久后陈将侯安都讨伐留异，留异于岭谷间筑垒据守，安都“因其山垅之势，迮而为堰。天嘉三年（562年）夏，潦水涨满，安都引船入堰，起楼舰与异城等，放拍碎其楼雉”④。陈将吴明彻率军北伐，进围吕梁（位今徐州东南、泗水北岸⑤），“迮清水（即泗水）以灌其城，环列舟舰于城下，攻之甚急”⑥。皆是其例。

南北朝时期，对长江中下游沿江城市的进攻作战往往利用水军，乘秋水暴涨，直抵城下，城墙半在水中，大舰临逼，船舷高与城齐，兵士便可登城而入，或用弓弩、拍竿等攻具打击守军⑦。筑堤堰水，引船入堰攻城，效果与之相同。攻城战因而水战化。

再来看颍川之战，意外败绩后，东魏再度增兵，主帅亲至堰下，督励士卒，“增功筑堰，时盛夏水壮，城北面遂崩，水便满溢，无措足之地”，颍川终于被攻陷⑧。从筑堤堰水，经增高堤堰以抬升水位，终至城墙经高水位浸泡而溃口。

中古时期，堰水攻城的方法常被运用。《通典·兵典》专门论述了对此的防御方法：

> 城若卑地下，敌人壅水灌城，速筑墙壅诸门及陷穴处，更于城内促团

① 见〔211〕第4册第61～62页⑥2。

② 火车，用以焚烧城门城楼的攻城器械。一般用两轮手推车，车上设炉，炉上安大铁锅，满盛油脂，用炽炭烧得滚沸，推至城门楼下，并在城门楼下堆积薪柴，纵火焚烧，守城者从城头泼水灭火，油遇水，火焰更高（见《武经总要》前集卷十《攻城法》）。

③ 䂎即投枪，火䂎即前端带纵火物的投枪。

④ 《陈书·侯安都传》，第146～147页。

⑤ 见〔211〕第4册第65～66页5⑤。

⑥ 《陈书·吴明彻传》，第163～164页。吴明彻是一位惯于引水攻城的将领，此前他领兵攻寿阳，便“迮肥水以灌城”，以致“城中苦湿，多腹疾，手足皆肿，死者十六七”，最后城破。（见《陈书·吴明彻传》，第162页）

⑦ 见本编第五章第二节。

⑧ 《周书·王思政传》，第296、300页；《通典》卷一六一《兵十四》。

（围）周市视水而阔筑墙，墙外取土高一丈以上城立，立后于墙内取土而薄筑之。精兵备城，不得杂役。如有泄水处，即十步为一井，井内潜通引泄漏。城中速造船一二十只，简募解舟楫者，载以弓弩锹镬，每船载三十人，自暗门衔枚而出，潜往斫营，决彼堤堰。觉即急走，城上鼓噪，急出兵助之。①

守城者不仅要在城内筑墙阻漏排水，更要主动出击，力争挖决敌人修筑的堤堰，城池的命运，就取决于这种出击行动能否成功，因为被动地防阻，总是难以持久。《通典》所说的方法，与一千多年前《墨子》的论述完全相同。

八、建康之战（548～549年）

太清二年（548年），侯景起兵反梁，攻打梁都建康（今南京）。《梁书·侯景传》对战斗过程有详细记载：

十月，……景又作木驴数百攻城，城上飞石掷之，所值皆碎破。景苦攻不剋，伤损甚多，乃止攻，筑长围以绝内外。

所谓"木驴"，又称"尖顶木驴"②、"尖头木驴"③，是类似辒车的移动式掩护棚具，大致以木为架，下设轮子，顶尖如屋脊，蒙覆生牛皮，中藏兵士，随人进而前移，可以遮挡矢石，掩护兵士抵近城池。《梁书·羊侃传》对当时防御木驴的办法有不同记述："贼为尖顶木驴攻城，矢石所不能制，侃作雉尾炬，施铁镞，以油灌之，掷驴上焚之，俄尽。"

"筑长围"，即绕城外修筑围墙形成封闭的包围圈，作用与曹操攻邺城挖掘的围堑相同。中古时期，攻城者在久攻不下的情况下，经常在围城之外修筑庞大的围墙或挖掘绵长的围堑，或据地形而以围墙、栅栏、壕沟相结合构成包围圈，隔绝城内外的联络，企图以长期困守的办法使守城者陷入绝境，不攻自破。东晋义熙五年（409年）刘裕北征南燕，将慕容超围于广固"小城"，"于是设长围守之，围高三丈，外穿三重堑"④。是围困尤其严密的一例。

十一月，……景又攻东府城，设百尺楼车，钩城堞尽落，城遂陷。

东府城是建康的外围卫城。百尺楼车实即高大的移动式登城塔，古称"临车"、"轩车"。侯景所作楼车上且装有大型扒钩，能够毁坏城头雉堞（女墙）。但《梁书·羊侃传》对这种巨大登城车的作用有不同记述："贼又作登城楼车，高十余丈，欲临射城内。侃曰：'车高渐虚，彼来必倒，可卧而观之，不劳设备。'及车动果倒，众皆服焉。"

景又于城东西各起一土山以临城内，城内亦作两山以应之，王公以下皆负土。

守方以高抗高。但《梁书·羊侃传》有不同记述："贼又东西两面起土山以临城，城中震骇。侃命为地道，潜引其土，山不能立。"其法与袁绍攻易京以低克高相同。可能守方既以土山与敌军土山相对抗，也用穴攻法对付敌军的临城土山，而后者更加奏效。

---

① 《通典》卷一五二《兵五》，又见《卫公兵法辑本》卷下。

② 《梁书·羊侃传》，第560页。

③ 《武经总要》前集卷十《攻城法》。

④ 《宋书·武帝纪上》，第16页。

> 十二月，景造诸攻具及飞楼、橦（撞）车、登城车、钩堞车、阶道车、火车，并高数丈，一车至二十轮，陈于阙前，百道攻城并用焉。以火车焚城东南隅大楼，贼因火势以攻城，城上纵火，悉焚其攻具，贼乃退。又筑土山以逼城，城内作地道以引其土山，贼又不能立，焚其攻具，还入于栅。材官将军宋嶷降贼，因为立计，引玄武湖水灌台城，城外水起数尺，阙前御街并为洪波矣。

所谓飞楼、登城车、阶道车，应都属于移动式登城塔架。钩堞车，古也称“钩车”，大概类于后世的“搭车”或“饿鹘车”，是一种破坏城墙的攻城器械，其结构是在车上安装一对立柱，柱顶设活动轴，轴上安一根长木杆，杆的前端安装扒钩或巨斧，推车及城，靠杠杆作用操纵扒钩或巨斧扒落或捣毁城头雉堞①。结合前引《梁书·羊侃传》的不同记述来看，真正起作用的并非高百尺或十余丈的楼车，而是这些高数丈的飞楼、登城车、钩堞车之类。

台城即建康宫城，其北墙与建康城的北垣相重合②。玄武湖位于建康城北，有水道绕经建康北垣、东垣外，引其水灌城，非常便利，其堰水围堤应是利用先前在城外修筑的“长围”增筑而成。

次年三月，侯景又“决石阙前水，百道攻城，昼夜不息，城遂陷”。可能因玄武湖水量不够大，水位不高（仅数尺），建康城墙并未被浸塌，所以侯景又决堤放水，再次强攻，终于破城。

建康之战，攻守双方几乎运用了那个时代的所有攻城和守城方法，史家以“百道”概之，可见手段之多。

九、太原之战（757 年）

唐至德二年（757 年）春，李光弼在安史之乱中率军坚守太原（位今山西太原西南），卫护唐肃宗。史思明率叛军 10 万来攻。《新唐书·李光弼传》记：

> 时锐兵悉赴朔方，而麾下卒不满万，众议培城以守，光弼曰：“城环四十里，贼至治之，徒疲吾人。”乃彻（撤）民屋为擂石车，车二百人挽之，石所及辄数十人死，贼伤十二。思明为飞楼，障以木幔，筑土山临城，光弼遣穴地颓之。思明宴城下，倡优居台上嫚指天子，光弼遣人隧地禽（擒）取之。思明大骇，徙牙帐远去，军中皆视地后行。又潜沟营地，将沈（沉）其军，乃阳（佯）约降。至期，以甲士守陴，遣裨校出，若送款者，思明大悦。俄而贼数千没于堑，城上鼓噪，突骑出乘之，俘斩万计。

此战，李光弼能够以少胜多、以弱胜强，成功地守住太原，一个重要原因就是守城得法，充分发挥了技术上的优势。从守城术来看，此战的最大特点有二。一是抛石机的运用。唐军制造的“擂石车”，一具用 200 人拽索发射，一发伤数十人，这是公元 10 世纪以前见于记载的最为大型、而且威力也是最大的抛石机。二是穴攻方法的运用。李光弼首先用挖地道的办法，破坏了敌军的攻城“飞楼”（即移动式登城塔架）和临城堆筑的土山；挖地道袭擒了史思明派在城下辱骂挑衅的

---

① 见宋曾公亮《武经总要》前集卷十《攻城法》。

② 参见〔212〕第 61 ~71 页。

戏子；又挖地道至敌军大营，沉陷敌军数千，其法是将敌营之下挖空，先撑以木柱，至约定之日，唐军出城伪降，乘敌群聚观望时，毁掉地下的支撑木柱，营地便塌陷。可以说，这是中古时期守城方运用穴攻法最充分最为高明的一个战例。唐军高超的穴攻术，吓得史思明“徙牙帐远去”，军中走路都要留心看着地面。

唐军穴攻术的出神入化，其实是有高明的技师发挥作用。《资治通鉴》卷二一九《肃宗至德二载》记其事曰：

> 光弼购募军中，苟有小技，皆取之，随能使之，人尽其用，得安边军钱工三，善穿地道。（胡三省注：“安边军在蔚州兴唐县。蔚州有铜冶，有钱官，故有钱工，时得其三人也。”）

因为有这三名善于挖掘地道的蔚州（今河北蔚县）安边军工匠（实是技术高超的技师）的设计、指挥，守城唐军才得以运用穴攻法取得了巨大成功。而李光弼的重视技术、善于用人，也充分体现了其不愧为一代名将。

另据《旧唐书·李光弼传》和《资治通鉴》卷二一九记载，战前李光弼还率领军民制备了几十万块土坯，临战用以增补城墙，随坏随补。可谓筹谋周详。

十、奉天之战（783年）

《旧唐书·珲瑊传》记：建中四年（783年）冬，朱泚叛军将唐德宗围困于奉天城（今陕西乾县），珲瑊率孤军拒守待援。

> 贼大修攻具，以僧法坚为匠师，毁佛寺房宇以为梯橹。……（十一月）十五日，贼造云桥成，阔数十丈，以巨轮为脚，推之使前，施湿氈生牛革，多悬水囊以为障，直指城东北隅，两旁构木为庐，冒以牛革，回覆相属，负土运薪于其下，以填壕堑，矢石不能伤。……瑊与防城使侯仲庄揣云桥来路，先凿地道，下可深丈余，上积马粪，深五六尺。次二日，即令爇火；次一日，复下柴薪夜烧之，平明，火焰高于城垒。是时，北风正急，贼乃随风推桥以薄城下，贼三千余人相继而登。……贼徒至地道所，桥脚偏陷，不能进。须臾，风回焰转，云桥焚为灰烬，贼焚死者数千，城中欢噪振地。

这种巨大的云桥，也属于移动式登城塔之类，攻城兵士可以由它的斜梯式或斜坡状桥面直接登上城头。其两旁又构建有与主体相连的屏蔽式甬道，兵士在其中往来运土，填塞壕堑，并推车前进。

唐赵元一《奉天录》卷二还记载了奉天保卫战中使用抛石机的情况：

> 初，（朱）泚于奉天城东南隅下营，立表高百尺，造木槛，人藏其身，縋而上之，窥我城阙。帝深患之，召善定砚（砲）者，拜御史中丞，实封三百户。有崇福寺僧昭悟，夜应召而中之，人槛俱碎。

所谓“木槛”，实即巢车。定砲人是抛石机发射中负责瞄准、指挥的人物①。瞄准有术，方能发砲中的，故定砲人极受重视，精擅此道者，更不可多得。有趣的是，攻守双方，所用技师都是僧人。在中国古代，佛寺道观为向心学问的人提供了难得的清净之地，乱世尤其如此。佛门或道门中的一些人，精研数理、机械之学，应用于军事，往往能奏奇效。

① 参见南宋陈规《守城机要》（《守城录》卷二）。

十一、技师在攻守城战中的作用

在冷兵器时代，攻守城作战可以说是技术含量最高的战争形式，许多专门的攻守城战具，特别是大型的攻守城器械的制造，以及攻守城战斗中大量的工程作业对抗（穴攻和反穴攻、水攻和防水攻、起土山筑长围，等等），都需要有经验的技师来指导、组织和实施。这些技师的智慧，往往对攻守城战斗的结果产生重大的乃至决定性的影响。

据《宋书》记载，东晋义熙五年（409年），刘裕率大军北征南燕，将慕容超包围于广固“小城”（位今山东益都西北），并筑长围掘壕堑严密困守，然后修造器械，准备攻城。这时，出现了一个戏剧性的情节：

> 公（刘裕）方治攻具，城上人曰：“汝不得张纲，何能为也。”

张纲何许人也？他是慕容超的尚书郎，史载“其人有巧思”。这时他正被慕容超派往后秦向姚兴乞援，但没有求到救兵，反在归途中被晋人俘获。刘裕“乃升纲于楼车，以示城内，城内莫不失色。于是使纲大治攻具”。数月后，“张纲治攻具成，设诸奇巧，飞楼木幔之属，莫不毕备。城上火石弓矢，无所用之。六年二月丁亥，屠广固”①。

这是匠师在攻守城战中发挥重大作用的典型之例。前述梁武帝萧衍不尊重技师而招致失败的浮山堰之役，则是一个很典型的反面事例。

又，据新旧《唐书》记载，唐太宗贞观年间的将作大匠（一作将作少匠）姜行本，“性恪敏”，“有巧思”。贞观十三年（639年），交河道行军大总管侯君集统军远征新疆，唐太宗“召山东善为攻城器械者悉遣从军”②，姜行本被任命为行军副总管，率众先出伊州，“依山造攻械，增损旧法，械益精……遂与侯君集进平高昌，战有功”，唐太宗特颁玺书尉劳，其文曰：

> 攻战之重，器械为先，将士属心，待以制敌。卿星言就路，躬事修营，干戈才动，梯冲暂临，三军勇士，因斯树绩，万里逋寇，用是克平。方之前古，岂足相况。③

这也是很有代表性的例子。前述“太原之战”中“安边军钱工”的作用，也堪称典型。

第二节 关于火攻

中国古代战争中非常重视对水和火的利用，最复杂的水攻技术，见于以水攻城，前面已有专门的论述。早期火攻在技术上较为简单，但其方式方法也有可探究之处，而且，火攻的盛行，为后来火药的军事应用提供了重要契机——火药之进入军事领域，最初就是被用作纵火攻敌的材料④。

---

① 《宋书·武帝纪上》，第16~17页。

② 《册府元龟》卷九八五。“山东”谓太行山以东地区。

③ 《旧唐书·姜謩附子行本传》，第2333~2334页；《新唐书·姜謩附子行本传》，第3792页。这封玺书，不仅褒奖了姜行本的贡献，而且对武器装备或者说技术因素在战争中的作用，作了高度的评价。

④ 参见〔213〕第230~234页。

一、早期火攻的一般方式

以火攻敌起源甚早，它与先民在狩猎中对火的利用有自然的联系。春秋战国之际（约公元前5世纪），中国战争中火攻的运用已经相当高明，《孙子兵法》甚至对此作了专门的论述。

《孙子·火攻篇》曰："烟火必素具。"这是讲军中"贮火之器，燃火之物，常须预备，伺便而发"①；

又曰："发火有时，起火有日。时者，天之燥也；日者，月在箕、壁、翼、轸也，凡此四宿者，风起之日也。"这是讲火攻必因天时，所谓天干风燥，因风纵火，风助火势；

又曰："火发于内，则早应之于外……以火佐攻者明。"这是讲纵火焚敌与军队攻击相配合，借火乘乱而收奇效，故杜牧注说："凡火，乃使敌人惊乱，因而击之，非谓空以火败敌人也。"②

千百年来，火攻战法一直为中国的军事家所偏爱，孙子的这些论述，则一直被人们奉为火攻的基本原则。

古代火攻，既施之于野战，也运用于水战。野战焚敌营寨、粮秣、积贮、辎重、桥栈，水战焚敌舟船、水栅。特别是在攻守城作战中，更大量使用火攻：攻方用各种火攻具焚敌城门、城楼、屋舍、积贮，守方则抛射纵火物焚敌攻城器械。《墨子》城守诸篇因而频频论及守城时的防火问题。

汉末三国时期，"以火佐攻"出现了一个高潮。一些著名的大战，如赤壁之战、夷陵之战，创造了中国历史上运用火攻的最辉煌的范例。

至唐代，军事家们对火攻的方法和器材进行了总结。这个时期的代表性兵书，几乎都有专门的篇幅论述火攻。通过《李卫公兵法》、《太白阴经》、《通典·兵典》等著名的唐代兵书中的有关篇节③，我们能够对火药出现以前中国的火攻器材有一个全面的了解：当时主要是用各种易燃的膏油，如动物油脂、麻油，偶尔还有石油，浇淋、浸渍蒿艾、苇荻、秸秆、薪刍、麻布等物，或以弓弩、抛石机发射，或以兵卒、动物（马牛鸦雀）携带，或以车船载送，以纵火焚敌。具体之器，名目颇繁，如《太白阴经》卷四《火攻具篇》述及火兵、火兽、火禽、火盗、火矢，《攻城具篇》述及火箭、雀杏，《守城具篇》述及燕尾炬等，现摘录如下：

> 火兵，以骁骑夜衔枚，缚马口，人负束薪藁草，藏火，直抵贼营，一时举火，营中惊乱，急而乘之，彼静不乱，弃而勿攻。
>
> 火兽，以艾蕴火，置瓢中，开四孔，系野猪麞鹿项下，爇其尾端，望敌营而纵之，使奔彼草中，器败火发。
>
> 火禽，以胡桃剖令空，开两孔，实艾以火，系野鸡足，针其尾而纵之，飞入草中，器败火发。
>
> 火盗，选一人勇捷，语言、服饰与敌同者，窃号逐便，怀火偷入营中，

---

① 《孙子·火攻篇》张预注，见〔214〕第217页。

② 《孙子·火攻篇》杜牧注，见〔214〕第218页。

③ 《卫公兵法辑本》卷下、《太白阴经》卷四、《通典》卷一六〇《兵十三·火攻》。

焚其积聚，火发乘乱而出。

火矢，以臂张弩射及三百步者，以瓢盛火冠矢端，以数百端候中夜齐射入敌营中，焚其积聚，火发军乱，乘便急攻。

火箭，以小瓢盛油贯矢端，射城楼橹板上，瓢败油散，后以火箭射油散处，火立焚，复以油瓢续之，则楼橹尽焚。

雀杏，磨杏核中空，以艾内火实之，系雀足，薄暮群放之，飞入城中栖宿，积聚庐舍，须臾火发。

燕尾炬，缚苇草为炬，尾分为两歧，如燕尾状，以油蜡灌之，加火从城上堕下，使骑木驴而烧之。

由于纵火物也常以抛石机抛投，而抛石机古称砲（礮），故抛投纵火物的抛石机，又被称为“火砲（礮）”。唐武元衡（758～815年）《出塞作》诗有“白羽矢飞先火礮，黄金甲耀夺朝暾”之句①。路振（957～1014年）《九国志》卷二记：唐哀帝天祐初年（约904～905年），郑璠攻豫章，“以所部发机飞火，烧龙沙门，率壮士突火先登，入城，焦灼被体”。所谓“发机飞火”，就指用抛石机发射纵火物②。

二、石油在火攻中的运用

中国古代火攻运用石油始见于南北朝时期。唐李吉甫《元和郡县志》卷四十肃州玉门县下有云：

石脂水在县东南一百八十里，泉有苔如肥肉，燃之极明。水上有黑脂，人以草盝取用，涂鸱夷酒囊及膏车。周武帝宣政中（578年），突厥围酒泉，取此脂燃火焚其攻具，得水逾明，酒泉赖之获济。

甘肃河西地区酒泉、玉门一带是中国传统的石油产区。河西石油的发现，可以追溯到西晋时期。晋张华《博物志》卷九记：“酒泉延寿县南有山出泉，水大如筥，注地为沟。其水有脂，如煮肉汁，挹取若著器中，始黄后黑，如不凝膏，燃之极明，与膏无异，膏车及水锥钉甚佳，但不可食，彼方人谓之石漆。”③

陕北也是中国传统的石油产地。陕北石油的发现，更可追溯到汉代。《汉书·地理志下》上郡高奴县下有注云：“有洧水可䵉”。颜师古曰：“䵉，古然火字。”汉代高奴即现在陕北延长。高奴出石油，后世有更明确的记载。北魏郦道元《水经注·河水》说：“高奴县有洧水，肥可䵉。水上有肥，可接取用之。”唐段成式《酉阳杂俎》卷十说：“高奴县石脂水，水腻浮水上如漆，採以膏车及燃灯极明。”北宋沈括《梦溪笔谈》卷二十四说：“鄜延境内有石油，旧说高奴县出脂水，即此也。生于水际，沙石与泉水相杂，惘惘而出，土人以雉尾裛之，乃采入缶中，颇似淳漆，燃之如麻，但烟甚浓，所沾幄幕皆黑。”

然而，中国在历史上并不富产油气，古代对石油的发现和利用，只见于个别地区，范围甚小，且多是利用自然渗溢的地表油，缺乏提炼，其燃烧性能并不比

① 《全唐诗》第五册第七函《武元衡一》。

② 参见〔71〕第55～57、163～164页。

③ 这段文字在《水经注·河水》、《后汉书·郡国志》注中均有引用，文字大同小异。

动物油脂显著突出。所以火攻用石油，也一直不多见。

五代时期，火攻开始使用海外舶来的石油制品，时人称之为“火油”或“猛火油”。钱俨（937～1003年）《吴越备史》卷三记：五代后梁贞明五年（919年），吴越以水师伐淮南，大战于狼山江（今长江南通一段），进火油以焚敌舰。作者自注曰：

> 火油得之海南大食国，以铁筒发之，水沃其焰弥盛。武肃王（案：即吴越王钱镠）以银饰其筒口，脱为贼中所得，必剥银而弃其筒，则火油不为贼所有也。

这是我国古代使用猛火油喷火器的最早一例。此后百余年中，这类喷火器使用渐多。不仅用于水战，更用于攻守城战。北宋庆历四年（1044）成书的《武经总要》记有两种猛火油喷火器，一种较大型，其储油装置是一熟铜柜，故称“猛火油柜”；一种是小型的，其储油装置是一铜葫芦，便于携带。二者皆以唧筒抽射火油，唧筒的口部有火楼放置引火物，油经筒口喷出便被点燃而成烈焰[①]。

图5－75　拜占庭希腊文手稿中的海战使用希腊火插图

所谓猛火油或火油，实乃经由海路从大食（阿拉伯）传来的希腊火（Greek Fire）。这是一种石油基液体混合物，用于战争中火攻焚敌，本为7世纪拜占庭人所发明，后被阿拉伯人所掌握，于是又有了一个阿拉伯名称纳夫忒（naft，此即英语naphtha一词之所本）。据研究，希腊火以中东所产轻质石油（俗称石脑油）为主，混合硫黄、沥青、树脂、木炭和石灰而成，或装入罐内抛投，或以金属质的唧筒喷射，燃烧性能极佳，在中东地区盛行了六七百年[②]。据9世纪拜占庭著作《战术学》（Tactics）的描绘，当时士兵以手持的小筒从铁盾后面喷出火来；在一份拜占庭希腊文手稿中，还有一幅拜占庭人与阿拉伯人海战的图画，描绘了拜占庭士兵手持喷火筒喷射希腊火的情形[③]。10世纪初中国出现的猛火油喷火器，当是随大食火油一道从阿拉伯传来的。但中国可能很快就掌握了猛火油及喷火器的制作技术，并有所改进。北宋时在“广备攻城作”之下设有“猛火油作”[④]，便是

① 《武经总要》前集卷十二《守城》。

② 参见〔215〕〔216〕第76～94页〔218〕第29～32页〔112〕第769页〔71〕第103～105页。

③ 见〔217〕第4～6页〔218〕第30～31页。

④ 宋王得臣《麈史》卷一《朝制》引宋敏求《东京记》，并见《宋会要辑稿·职官三十之七》。

专司这方面军用品的制造。而《武经总要》所载两种猛火油喷火器，当也经过了中国工匠的改进，其重要表现就是点火装置中采用了火药，这是中国人不久前才发明的新事物①。

另据记载，东南亚地区的一些古国也曾向中国进贡火油。五代后周显德五年（958 年），占城（位今越南中南部）国王遣使莆诃散来献方物，中有“猛火油八十四瓶”，“是油得水愈炽，彼国凡水战则用之”②。北宋开宝四年（971 年），三佛齐国（位今印度尼西亚苏门答腊岛东南部）“遣使李何末以水晶、火油来贡”③。但它们贡献的火油，很可能也来自大食。自晚唐以来，因吐蕃、契丹等的遮阻，陆上丝绸之路基本中断，中国与西亚的联系，主要通过海路。东南亚地区为船舶往来必经之地，因而成为东西航运的中继站和物品交流的集散地。宋赵汝适曾说：三佛齐“外有珍珠、乳香、蔷薇水、栀子花、腽肭脐、没药、芦荟、阿魏、木香、苏合油、象牙、珊瑚树、猫儿睛、琥珀、蕃布、番剑等，皆大食诸蕃所产，萃于本国”④；“脑子出渤泥国，又出宾窣国。世谓三佛齐亦有之，非也，但其国据诸蕃来往之要津，遂截断诸国之物，聚于其国，以俟蕃舶贸易耳”⑤。三佛齐和占城贡来的火油，大概就属这种情况。

希腊火的传来，使中国火攻有了新的武器，但因数量有限，并未对传统火攻方法造成大的影响。中国火攻技术的新飞跃，是随火药军事应用的发展而到来的。这是后话。

---

① 对这个问题的专门讨论见〔71〕第 58～59 页。

② 《册府元龟》卷九七二；《太平寰宇记》卷一七九；《新五代史·四夷附录》，第 922 页；张世南《游宦纪闻》卷五。

③ 《宋史·外国传五》，第 14088 页。

④ 《诸蕃志》卷上《三佛齐》。

⑤ 《诸蕃志》卷下《脑子》。

第八章
长城和其他军事工程

第一节　此时期修造长城的情况

修筑长城的活动，自东周时期逐渐兴起，至国力鼎盛的汉武帝时代而达于极盛。历经战国秦汉时期的多次经营，在中原农业区的北部边缘出现了多道长城，建造它们的王朝虽然灭亡，守卫他们的戍卒虽然离去，但长城塞墙和沿线的城障亭燧却长久地矗立于群山旷野，它们所代表的中原农业民族防御北方游牧民族侵袭的传统模式，仍不时引起后人的重视。因此，在形势需要和国力允许的情况下，后来的一些王朝便对前代长城进行营缮，或建造新的长城防线，比如北魏、北齐、北周和隋朝，都曾经这样做。

一、北魏

鲜卑拓跋部本是长城的防御对象之一，但当他们入据中原、建立北魏政权后，便转变为以农耕经济为主体，而仍然活动于大漠南北的柔然族（蠕蠕）这时逐渐强大起来，经常南下犯塞，攻扰北魏统治地区。于是，北魏也学先前中原王朝的做法，在北境修造长城，巩固边防。

《魏书·太宗记》记载，泰常八年（423 年），“筑长城于长川之南，起自赤城，西至五原，延袤二千余里，备置戍卫”。《魏书·天象志》记同一事说：“筑长城……置守卒，以备蠕蠕。”这道长城大体由今河北赤城向西北行，经张北地区而入内蒙古，达于阴山南麓的五原（今内蒙古包头市西①）。

《魏书·世祖纪》记载，太平真君七年（446 年），“发司、幽、定、冀四州十万人筑畿上塞围，起上谷，西至于河，广袤皆千里”。修建这道长城的目的是拱卫当时的首都平城（位今山西大同东北），但次年二月即因故“罢塞围作”，没有按计划完成。

太和八年（484 年），中书监高闾又建议于六镇之北筑长城：

> 北狄悍愚，同于禽兽。所长者野战，所短者攻城。若以狄之所短夺其所长，则虽众不能成患，虽来不能深入。又，狄散居野泽，随逐水草，战则与家业并至，奔则与畜牧俱逃，不赍资粮而饮食自足，是以历代能为边患。六镇势分，倍众不斗，互相围逼，难以制之。请依秦、汉故事，于六镇之北筑长城，择要害之地，往往开门，造小城于其侧，置兵扞守。狄既不攻城，野掠无获，草尽则走，终必惩艾。计六镇东西不过千里，一夫一月之功，可城三步之地，强弱相兼，不过用十万人，一月可就。虽有暂劳，可以永逸。凡长城有五利：罢游防之苦，一也；北部放牧无抄掠之患，二也；登城观敌，

① 参见〔211〕第 4 册第 11 ~ 12 页②7，第 54 ~ 55 页②8。

以逸待劳，三也；息无时之备，四也；岁常游运，永得不匮，五也。①

后来的施行情况不甚清楚，但六镇（沃野镇、怀朔镇、武川镇、抚冥镇、柔玄镇、怀荒镇）镇城都位于秦北边长城沿线②，当时对秦汉长城旧塞进行缮治，以加强防御，是完全可能的。

此外，其时也有缘边挖掘长堑之举。《水经注·鲍丘水》记：滑盐县北有“广长堑”，“太和中掘此以防北狄”。古滑盐县位今北京密云东北。

二、东魏—北齐、北周

公元534年，北魏分裂为东魏和西魏两个政权，势力大削，而突厥、契丹等又先后兴起，来自北方的威胁更趋严重。东魏武定元年（543年），于“肆州北山”修筑长城，“西自马陵戍，东至土隥，四十日而罢”。肆州位于今山西忻州北，修建这道长城，大概是为了拱卫西北重镇晋阳（位今山西太原西南）。

北齐取代东魏后，文宣帝高洋即大规模修筑长城，天保六年（555年）竟“发夫一百八十万人筑长城”。从天保三年至天保七年（552～556年），自西河总秦戍，东至于海，“前后所筑东西凡三千余里，率十里一戍，其要害置州镇，凡二十五所”③。这道长城基本位于山西北部至河北北部，西起黄河，东抵于海，防线较北魏时期内缩，接近于后来明长城东段的位置。

天保八年（557年），文宣帝又“于长城内筑重城，自库洛拔而东至于坞纥戍，凡四百余里”④。这道复线的位置，因文献中只记有鲜卑语的军戍名称，已无可考。但揆诸当日形势，东魏—北齐系以晋阳为西北防御的战略支撑点，六镇鲜卑军的主力均撤至晋阳附近，晋阳且是高氏家族的根据地，所以这第二道长城，很可能在晋阳之西北一带。

北周灭北齐后，因突厥寇并州（治晋阳），于大象元年（579年）“发山东诸州民修长城”⑤，即修缮原来北齐所筑长城。

三、隋

隋朝重新实现统一后，远法秦、汉，近绍齐、周，“缘边修堡障，峻长城”，以防备突厥、契丹等游牧民族，“严治关塞，使其不敢南望”⑥。

史载隋朝曾多次修筑长城，每次缮建一段，逐步趋于完善。如：

开皇元年（581年），发稽胡修筑长城，二旬而罢⑦；

开皇三年（583年），使司农少卿崔仲方发丁三万，于朔方、灵武筑长城⑧；

开皇六年（586年），发丁男十一万修筑长城，二旬而罢⑨；

---

① 《资治通鉴》卷一三六，第4262～4263页；《魏书·高闾传》，第1200～1201页。

② 关于六镇，有不同的说法，此从《元和郡县志》。参见〔219〕第563～564、578页。六镇的位置，参见〔211〕第4册第53、54～55页。

③ 《北齐书·文宣帝纪》，第56～63页。

④ 《北齐书·文宣帝纪》，第64页。

⑤ 《周书·宣帝纪》，第120页；《资治通鉴》卷一七三，第5398页。

⑥ 《隋书·北狄传》，第1865、1867页。

⑦ 《隋书·高祖纪上》，第15页。

⑧ 《隋书·崔仲方传》，第1448页。

⑨ 《隋书·高祖纪上》，第23页。

开皇七年（587 年），发丁男十万余修筑长城，二旬而罢①；

大业三年（607 年），发丁男百余万筑长城，西距榆林，东至紫河，一旬而罢②；

大业四年（608 年），发丁男二十余万筑长城，自榆谷而东③。

隋长城的主体，大致由今宁夏灵武经陕西横山、绥德，越黄河后经山西离石北而抵居庸关，再经北京密云，河北蓟县、卢龙至秦始皇岛海边〔220〕。自北魏分裂，北境设防即向内收缩，隋代仍如此，基本未突破齐、周北边防线。

北朝和隋代修筑的长城，至今未经系统调查。1988 年曾在河北秦皇岛市山海关区发现一段古长城遗迹，缘山伸延，就地取材，用毛石（不规则石块）和黄土建造，未见石灰砌筑痕迹，与明长城的筑法截然不同。其基宽一般为 3 米左右，坍塌严重，仅存带状堆积。初步认为系北齐至隋朝年间所筑〔221〕。

第二节　唐代的边防烽火警讯体系

唐代开国之初，即利用其精锐强大的骑兵部队，采取更加积极主动的防御战略。以太宗李世民为代表，主张在边境战略要地部署重兵集团，待机而动，消灭突厥等游牧民族的主力，迫其远遁，从而使边境得安，而不主张修建长城。李世民曾说：

> 隋炀帝不能精选贤良，安抚边境，惟解筑长城以备突厥，情识之惑，一至于此。朕今委李世勣于并州，遂使突厥畏威遁走，塞垣安静，岂不胜远筑长城耶。④

唐太宗的这个思想，主导了唐代初中期的边防战略，也是与当时的国力军力相适应的。其时中国又步入了鼎盛时代，而随着大唐王朝疆域和势力范围的不断拓展，前代所筑长城，也大多失去作用。所以有唐一代，除因一时一地之需，偶有局部缮、筑长城之举⑤，很少利用旧长城和修筑新长城。

唐代虽基本上不筑长城，但对边防烽火警讯系统的建设极为重视，有完善的体系和严密的制度。《武经总要》前集卷五收有《唐兵部烽式》，是唐代兵部关于烽燧设置和管理及烽火施放操作的制度规定，“尤为详具”。其文曰：

> 凡边城堠望，每三十里置一烽，须在山岭高峻处，若有山冈隔绝，地形不便，则不限一数，要在烽烽相望。若临边界，则烽火外周筑城障。

这是关于烽燧（即烽火台）的设置，唐时一般三十里一烽（唐里与今里相当），间隔距离较汉代为大，这与烽号的变化有关（详见下述）。边界烽台，外筑

① 《隋书·高祖纪上》，第 25 页。

② 《隋书·炀帝纪上》，第 70 页。

③ 《隋书·炀帝纪上》，第 71 页。据《隋书·宇文恺传》（第 1588 页），隋炀帝时筑长城，“诏恺规度之”。宇文恺是当时最著名的大建筑师，曾规划设计了首都大兴城（即唐长安城）和东都洛阳城。

④ 《旧唐书·李勣传》，第 2486 页。

⑤ 《通典》卷一七八《州郡八》记：“妫川郡……北至张说新筑长城九十里；……西北到新长城为界，三百八十里；东到长城界，七十八里。”按妫川郡治在怀戎，即妫州，位今北京延庆西南。张说于武则天时入仕，睿宗时曾任宰相，也任过朔方节度使。

障围，以加强防御，与前代相同。

> 凡掌烽火，置帅一人，副一人，每烽置烽子六人，并取谨信有家口者充。副、帅往来检校；烽子五人，分更刻望视；一人掌送符牒。并二年一代，代且须教新人通解，始得代去。如边境送兵时，更加卫兵八人。

这是关于烽燧的人员配备和分工。一烽八人是最低限，因为昼夜轮番守望需要五人，传送符牒需要一人，轮代值班检视需要两名官长。

> 置烽之法：每烽别有土筒四口，筒间火台四具，台上插橛，拟安火炬，……其烟筒各高一丈五尺……造筒先泥裹，后泥表，使不漏烟……下有乌炉灶……

这是关于烽燧的信号设施设置，最要者有四，即炉灶、烟筒、炬把、火台，用炉灶点火燃烟，用烟筒放烟，用炬把发火，在火台上插置火炬。烽式甚至对烟筒、炉灶的筑法，炬把的制法和规格，都作了具体规定。

> 凡白日放烟，夜放火。先须看筒里至实不错，然后相应时将火炬就乌炉灶口里焚热成焰，即出为应。一炬火一人应，二炬火二人应，三炬火三人应，四炬火四人应。若应灭时，将应火炬插乌炉灶口里，不得火焰出外。应灭讫，别捉五尺火炬，安着土台橛上。烟相应时，一炉筒烟一人开闭，二筒烟二人开闭，三筒烟三人开闭，四筒烟四人开闭。若昼日阴晦雾起，望烟不见，原放之所即差脚力人速告前烽，雾开之处，依式放烟。如有一烽承两道已上烽者，用骑一人，拟告州县发驿报烽来之处。若烽与驿相连者，只差驿马。

这是关于烽火信号的施放操作。至唐代，边防烽火警讯主用烟和火两类信号，战国秦汉时期大量使用的不燃的信号，已被淘汰。可能由于烟、火信号的视距比不燃的信号大，所以唐代烽燧的间距较大。军情的缓急，仍然靠烟柱和火炬的数量及其组合来表示。天气恶劣、能见度差时以人奔走相告，以及将烽火警讯与驿马报信相结合，可能古已如此。关于烽火与驿传的合用，唐烽式又说："先放烟火处，州县镇即录状驰驿奏闻。""凡告贼烽起处，即须传告随近州镇县城堡村坊等人。"

唐烽式最后说：

> 凡烽帅烽副当番者，常须在烽台检视。……烽子则昼分为五番，夜分持五更，昼候烟，夜望火。凡烟火，一昼夜须行二千里。

一座烽台两名官长掌管，五个戍卒昼夜轮番守望，烽火讯号一昼夜传递二千里（约1000公里）。其效率是相当高的。

第三节　其他重要军事工程

一、秦岭栈道

栈道古又称阁道，如《史记·高祖本纪》索隐曰："栈道，阁道也。"《汉书·高帝纪上》颜师古注曰："栈即阁也，今谓之阁道。"所谓栈道、阁道，即在山腰崖壁上建造的悬空廊道，栈、阁都表悬空之意。这是古代山区交通克服山险的重要方式。中国古代修建栈道，多与军事有关，有的就直接出于战争的需要，尤以通巴蜀的栈道最为典型。

“蜀道难，难于上青天。”古代通巴蜀主要有两条路线，一是由汉中跨越秦岭，一是经由长江三峡。前者全行山径，多凭栈道；后者或循江流用舟楫，或行山径缘栈道，军事行动往往水陆并举。

沟通秦（陕西）蜀（四川）的秦岭栈道，在战国时期已经大规模修造。秦惠文王（公元前337～前307年）以来攻略巴蜀，当以跨越秦岭的畅通道路为基本条件。其时业已修通了“金牛道”①。秦昭襄王六年（公元前301年）司马错定蜀地后，为加强巴蜀和关中的联系，更不断增修秦岭栈道，因而有“栈道千里，通于蜀、汉”之说②。

秦朝灭亡后，项羽封刘邦为汉王，王巴蜀、汉中，汉王就国，“去辄烧绝栈道，以备诸侯盗兵袭之，亦示项羽无东意”。但数月之后，刘邦便用韩信之计，“从故道还”，袭取关中，与项羽逐鹿中原，而留萧何收巴蜀租，“抚百姓，给馈饷，不绝粮道”③。这时候，秦岭栈道又得到修复营缮。

汉定天下后，武帝时以“故道多阪，回远”，“发数万人作褒斜道五百余里”④。汉平帝元始五年（公元5年），王莽又“通子午道”⑤。经过战国以来的长期经营，秦蜀之间的崇山峻岭中，形成了多条绵长的栈道⑥。

三国时期，曹魏和蜀汉之间的攻伐以汉中为主要战场，双方进退都凭栈道，进则修路，退则毁道，秦岭栈道的修建出现了前所未有的高潮。诸葛亮还专门创制了适于山径栈道的运输工具“木牛流马”⑦。至魏景元四年（263年）邓艾伐蜀，凿山开路，修栈架桥，经阴平道行险地奇袭取胜，一举灭亡蜀汉⑧。秦岭栈道的这次修建高潮遂告结束。但后世为加强巴蜀和内地的联系，对秦岭栈道仍续有增修，特别是唐宋时代，先后有多次较大规模的修缮营造⑨。

由于栈道都施于山路险绝之处，所谓“险绝之处，旁凿山岩，而施版梁为阁”⑩，“施于险绝，以济不通”⑪，故工程极为艰巨。秦蜀交通路线跨越秦岭，道路都沿南北向峡谷而修，大量铺设栈道，随谷延伸。如最著名的汉中褒斜道，便是如此。《后汉书·顺帝纪》注引《三秦记》曰：“褒斜，汉中谷名。南谷名褒，北谷名斜，首尾七百里。”其他如子午谷、箕谷、骆谷，都因其重要的交通和军事意义，而先后修建了道路。缘峡谷而建的这些秦蜀交通干道，因有大量栈道，以致人们往往把其名称，如“金牛道”、“褒斜道”、“子午道”、“阴平道”等，径作

---

① 《华阳国志·蜀志》。

② 《战国策·秦策三》记蔡泽之语。

③ 《史记·高祖本纪》，第367～368、381页；《汉书·高帝纪上》，第29～31页。

④ 《史记·河渠书》，第1411页。

⑤ 《汉书·王莽传上》，第4076页。

⑥ 参见〔242〕第201～237页。

⑦ 《三国志·蜀书·后主传》，第896～897页；《诸葛亮传》，第925、927～928页。普遍认为“木牛流马”是独轮车性质的运输工具，参见〔222〕〔223〕。

⑧ 《三国志·魏书·邓艾传》，第779页。

⑨ 参见〔224〕，该文并对宋以后栈道的衰落进行了分析。

⑩ 《史记·高祖本纪》（第367页）索隐引崔浩语。

⑪ 《战国策·秦策三》宋鲍彪注。

为栈道的代名词①。

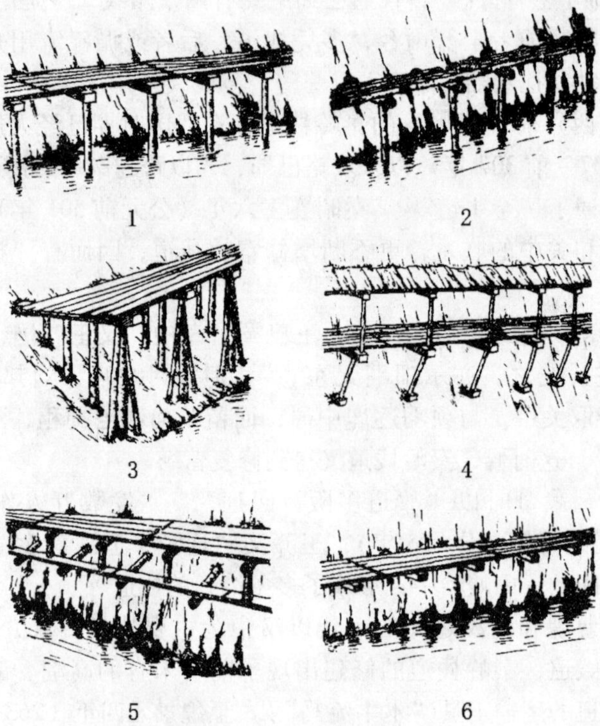

图5－76　古栈道结构示意图（采自〔224〕）

1、2. 临水直柱式；3. 斜坡柱式；4. 深崖斜柱式；5. 悬空柱式；6. 无柱式。

古栈道普遍以木修造，少数用石构建，故又有木栈、石栈之分。

木栈是栈道的一般形式，古人论说栈道，多云木构。如顾祖禹曰：“缘坡岭行，有缺处，以木续之成道，如桥然，所谓栈道也。”② 汉中地区所见木栈的结构主要有以下几种：

（一）临水直柱式。系在水侧崖壁上凿孔安装横梁，水中立木柱托梁，再在梁上铺木板成路。诸葛亮《与兄谨言赵云烧赤崖阁道书》所说“缘谷百余里，其阁梁一头入山腹，一头立柱于水中”③，即属此式。

（二）斜坡直柱式。在较陡峭的斜坡上凿孔安横梁，梁下立木柱支撑，梁上铺板成路。

（三）深崖斜柱式。在崖壁陡峻或河水深切之处，无法垂直立柱，便在横梁下的崖壁上凿孔安斜柱支撑。

（四）悬空柱式。在陡峻的崖壁上平行凿出上下两排孔洞，各安横梁，上梁铺板成路，下梁立柱支撑。

（五）无柱式。仅在崖壁上凿孔安梁，铺板成路，下无支撑。《水经注·沔水》

① 关于秦岭栈道的考察，见〔225〕〔226〕〔227〕〔228〕；有关研究参见〔224〕〔229〕〔230〕。

② 《读史方舆纪要》卷五十六《陕西·汉中府》。

③ 《水经注·沔水》引，又见《诸葛亮集》卷一。

记褒斜道大石门处故栈道，“俗谓千梁无柱也……迳涉者，浮梁振动，无不摇心眩目也”。是非常形象的描述。

为安全起见，栈道外缘常设栏干，古称“勾栏”，如唐代曾将金牛道险栈“限以勾栏”①。千梁无柱的栈道，尤其多见勾栏。有时，人们还在栈道之上凿一排较小的孔洞，安木椽铺板，形成盖顶，遮防流水与滚石，或供行人休顿以避烈日风雨。

李白的名篇《蜀道难》中有“天梯石栈相勾连”之句，石栈道除与木栈道结构相仿而以石料为梁、柱、板者外，还有一种典型结构，即沿山腰崖壁凿出空槽，道从槽中通过，民间俗称“碥路”。汉魏以来修凿的黄河三门峡漕运栈道，系供牵引漕船的纤夫行走，多为碥路，但往往凿出碥路后，再凿壁孔，插木梁，铺木板，以展宽路面，又成碥路式木栈[231]。

修建栈道，务须因地制宜，唯以安、牢为好。古栈道无不经行复杂的地形，古人总是视具体环境而选择适当的方法，因此，任何一条栈道都有多种形式和结构，各种形式和结构往往又互相渗透、夹杂。

二、拦江铁锁

在魏晋南北朝时期的南北分裂局面下，北方的王朝为防备游牧民族而营缮塞防，南方的王朝则为抵御北方王朝而经营江防。当时的基本态势是北攻南守，基本的攻防模式是：南方依靠强大的水军扼守长江天堑，北方则往往先取益州（今四川、重庆），在上游建造战船，组训水军，然后顺流而下，直取江南。为阻遏北方水军从上游顺流东下，南方便用铁锁（以铁环互扣形成的铁索链）拦江，截断航道，这是此时期创造的一项独特的军事工程。

早在汉代，已有因防御需要而用浮桥截断长江航道的做法。如东汉之初公孙述割据巴蜀，“据荆门、虎牙，横江水起浮桥、斗楼，立欑柱绝水道，结营山上，以拒汉兵”②。逆流而进的汉水军数攻不利，后募敢死之士，乘天风狂急，逆流而上，直冲浮桥，船只为欑柱（密集的桩柱）钩挂，汉军殊死战斗，趁风飞炬，纵火焚烧，风怒火盛，桥楼崩毁，才得以长驱而入。

铁锁拦江，始见于晋武帝太康元年（280 年）王濬灭吴之战。《晋书·王濬传》记载：

> 太康元年正月，濬发自成都，率巴东监军、广武将军唐彬攻吴丹杨，克之，擒其丹杨监军盛纪。吴人于江险碛要害之处，并以铁锁横截之，又作铁锥长丈余，暗置江中，以逆距船。先是，羊祜获吴间谍，具知情状。濬乃作大筏数十，亦方百余步，缚草为人，被甲持杖。令善水者以筏先行，筏遇铁椎，锥辄著筏去。又作火炬，长十余丈，大数十围，灌以麻油，在船前，遇锁，燃炬烧之，须臾，融液断绝，于是船无所碍。

后来，唐代大诗人刘禹锡用神来之笔对此战作了精彩描写：

① 《刘梦得文集》卷二十六《山南新修驿路记》。

② 《后汉书·岑彭传》，第 660～661 页。《后汉书·光武帝纪下》（第 55 页）注引《水经注》曰：“江水东历荆门、虎牙之间。荆门山在南，上合下开，其状似门；虎牙山在北，石壁色红，间有白文类牙，故以名也。”二山在今湖北宜昌东南长江两岸。

王濬楼船下益州，金陵王气黯然收。千寻铁锁沉江底，一片降幡出石头。……

隋开皇八年至九年（588～589年）灭陈之战，方略与晋灭吴相似，陈人也以铁锁拦江，阻遏隋军。当时，隋行军元帅杨素率舟师自永安（今四川奉节东）顺江而下，败陈军于狼尾滩（当今湖北宜昌西北之江段），继续东进。陈荆州刺史陈慧纪遣南康内史吕仲肃屯据岐亭（位今长江西陵峡口），于江北岸凿岩，缀铁锁三条，横截江流，阻断航道。杨素于是登陆攻其垒栅，击溃陈军，然后“徐去其锁”，继续进兵①。

在这两个战例中，铁锁拦江都归于失败，但历史上也不乏用类似办法获得成功的例子。梁天监十五年（516年），北魏镇军大将军兼尚书右仆射李平督李崇、崔亮等部水陆俱进，攻围硖石（位于淮南重镇寿阳〔今安徽寿县〕西北，淮河于此流经山峡，因之筑城扼守，是屏障寿阳和淮南的重要据点）。梁将赵祖悦据城坚守，梁武帝萧衍使昌义之与王神念率水军溯淮往救。于是，崔亮遣部将崔延伯守下蔡（今安徽凤台，与寿阳隔水相对）：

延伯与别将伊甕生夹淮为营，延伯取车轮去辋，削锐其辐，两两接对，揉竹为絙，贯连相属，并十余道，横水为桥，两头施大鹿卢，出没随意，不可烧斫。既断赵祖悦走路，又令战舰不通，义之、神念屯梁城不得进。李平部分水陆攻硖石，克其外城。乙丑，祖悦出降，斩之，尽俘其众。②

竹絙即粗竹索。竹絙拦江，理同铁锁拦江。二者其实都是由浮桥拦江变易、发展而来，其技术与古代浮桥技术相同而大为简化，故更易于施行③。崔延伯的创造是改固定式为活动式，用大型绞车（大鹿卢）操纵收放，收紧时竹絙横截江面，放松时竹絙沉入江流，使敌难以烧斫。

又，陈太建九年（577年），吴明彻率军北伐。陈军由淮水入清水（即泗水），进围吕梁（位今徐州东南、清水北岸④），修筑堤堰引清水灌城，环列舟舰于城下，攻之甚急⑤。这时，北周遣上大将军王轨领兵来救，王轨“轻行自清水入淮口，横流竖木，以铁锁贯车轮，遏断船路”。由于周军将清水入淮之口（又称清口）的航道阻断，陈军没有了归路，吕梁又久攻不下，所以诸将惶恐。不得已，陈军乃“自决其堰”，希望借破堤时的大水退军，但船至清口，水势渐微，舟舰遂为拦江铁锁所阻，无法渡过，陈军于是溃败，吴明彻也被周人活捉⑥。

铁锁拦江之法，后世仍有采用。2006年三峡大坝建成之前，在瞿塘峡口草堂河与长江交汇处的一块巨礁上，一直还竖立着两根铁柱，高2.3米，直径0.4米，用生铁铸成，一根铁柱下部残存有“……大将军徐……”的铭文，据考证系南宋

① 《隋书·杨素传》，第1283页。

② 《资治通鉴》卷一四八，第4621～4622页。关于赵祖悦袭据硖石之事，见《资治通鉴》卷一四八，第4618页。

③ 参见下节蒲津浮桥。

④ 见〔211〕第4册第65～66页5⑤。

⑤ 关于此战陈军的攻城方法，见本编第七章第一节（七）。

⑥ 《陈书·吴明彻传》，第163～164页。

景定年间（1260～1264 年）守关大将军徐宗武所设，用以缀连铁锁，横截江流。草堂河口因而又有“铁柱溪”之名①。随着三峡大坝建成，此地已被大水淹没，南宋铁柱现迁移保存于重庆三峡博物馆。

图 5－77 瞿塘峡口的南宋锁江铁柱

三、蒲津浮桥

桥梁自古也是军事工程的重要内容。中国古代桥梁建设有许多巨构，与军事密切相关，跨越黄河的蒲津大浮桥，是有代表性的一例。

《史记·秦本纪》载：秦昭襄王五十年（公元前 257 年），“初作河桥”。唐张守节正义曰：“此桥在同州临晋县东，渡河至蒲州，今蒲津桥也。”蒲津是黄河中游的重要渡口，位今陕西大荔和山西永济之间的黄河段上，沟通秦晋。这里河床开阔，水流平缓，是架设浮桥的理想地点。秦昭襄王时在此所作河桥，是黄河上第一座永久性浮桥。其时秦国正频频攻伐韩、魏，架设这座浮桥，当是直接出于战争的需要。

秦所作河桥后毁废，东魏元象元年（538 年）为攻西魏而于蒲津重建浮桥，至唐玄宗开元十二年（724 年），对它进行了重大的改造②，时任兵部尚书的张说特撰《蒲津桥赞》记其事：

> 易曰利涉大川，济乎难也；诗曰造舟为梁，通乎险也。域中有四渎，黄河是其长；河上有三桥，蒲津是其一。隔秦称塞，临晋名关，关西之要冲，河南之辐辏，必由是也。其旧制，横絙百丈，连舰十（千）艘，辫修笮以维之，系围木以距之，亦云固矣。然每冬冰未合，春沍初解，流澌峥嵘，塞川而下，如礧如臼，如堆如阜，或纵或掍，或磨或切，绠断航破，无岁不有，

① 见〔232〕第 69 页〔233〕第 203 页。

② 见《通典》卷一七九《州郡九·河东》；《永济县志》（清光绪刊本）卷三。

虽残渭南之竹，仆陇坻之松，败辄更之，罄不供费，津吏成罪，县徒告劳，以为常矣。开元十有二载，皇帝闻之，曰："嘻！我其虑哉。"乃思索其极，敷祐于下。通其变，使人不倦；相其宜，授彼有司。俾铁代竹，取坚易脆，图其始而可久，纾其终而就逸，受无疆惟休，亦无疆惟恤。于是大匠蒇事，百工献艺，赋晋国之一鼓，法周官之六齐，飞廉煽炭，祝融理炉，是炼是烹，亦错亦锻，结而为连锁，熔而为伏牛，偶立于两岸，襟束于中潬，锁以持航，牛以絷缆，亦将厌水物，奠浮梁。又疏其舟间，画其鷁首，必使奔澌不突，积凌不溢。新法既成，永代作则。原夫天意，有四旨焉：济人，仁也；利物，义也；顺事，礼也；图远，智也……①

可见东魏所造蒲津浮桥，是用上千艘船只，以竹索编联，用大木加固而成。据旧志记载，结合实地考察，知其长度约为四华里，宽一丈多[234]。唐代改造蒲津浮桥，其措施是以铁锁换竹缆，并在桥头两端设置巨重的铁牛和铁人，牵连铁锁维系浮桥；同时将组成桥身的船只的间隙扩大，以利冰凌通过。经此改造，蒲津浮桥的结构强度和稳固性以及通流性能都大为提高。

图5－78　山西永济蒲津浮桥遗址

关于蒲津浮桥的唐代铁牛和铁人，《通典》卷一七九《州郡九·河东》记："后魏大统四年造浮桥，九年筑城为防，大唐开元十二年河两岸开东西门，各造铁牛四，其牛下并铁柱连腹入地丈余，并前后铁柱十六。"《新唐书·地理志三》记："开元十二年，铸八牛，牛有一人策之，牛下有山，皆铁也，夹岸以维浮梁。"《宋史·方伎传下》称："浮梁用铁牛八维之，一铁牛且数万斤。"1989年，山西省的

① 《全唐文》卷二二六。

文物考古部门从黄河古道淤泥中勘探发现了蒲津古渡遗址，并将古渡东岸的铁牛、铁人、铁山和铁柱全部发掘出土。铁牛四尊，作四角分布，皆俯卧状，各长约3.3米，高约1.5米，重约15吨，底座之下有4根大铁柱，入地丈余，坚固不拔；铁人四尊，身高约1.75米，分别立于牛旁，作牵牛、叱牛之状；铁山两座，处于四尊铁牛中间，山峰露出地面1米有余；整个牛、人、山布局的中央入地一根大铁柱作中央轴，铁柱露出地面0.75米，周围1.03米[235]。蒲津渡西岸的淤泥中，还沉埋着一组对称的铁牛、铁人、铁山和铁柱。这些铁件的铸造和安装，工程甚为浩大。

浮桥既能行人马，也能阻断航道，实际上古代战争中有时就用浮桥来阻断航道（如东汉初公孙述之扼守峡江），而以铁锁维系浮桥，其方法与用铁锁拦江是共通的。所谓铁锁，都是以铁环互扣形成的铁索链。但用铁锁维系浮桥，承受的力量更大，更需耐久，因而要有更强的稳固措施。唐代改造蒲津浮桥所采取的稳固措施，在中古时期的类似工程中是最突出的。

经过唐代的改造，蒲津浮桥延续使用了数百年。北宋嘉祐八年（1063年），浮桥曾被黄河大水冲断，旋又修复，一直使用到南宋末年，被元兵焚毁①。

---

① 《宋史·方伎传下》，第13520页；《永济县志》（清光绪刊本）卷三。

参考文献

〔1〕中国社会科学院考古研究所实验室:《一批隋唐墓出土铁器的金相鉴定》,《考古》1991 年第 3 期。

〔2〕渑池县文化馆、河南省博物馆:《渑池县发现的古代窖藏铁器》,《文物》1976 年第 8 期。

〔3〕北京钢铁学院金属材料系、中心化验室:《河南渑池窖藏铁器检验报告》,《文物》1976 年第 8 期。

〔4〕李众:《从渑池铁器看我国古代冶金技术的成就》,《文物》1976 年第 8 期。

〔5〕柯俊、吴坤仪、韩汝玢、苗长兴:《河南古代一批铁器的初步研究》,《中原文物》1993 年第 1 期。

〔6〕苗长兴、吴坤仪、李京华:《从铁器鉴定论河南古代钢铁技术的发展》,《中原文物》1993 年第 4 期。

〔7〕何堂坤:《百炼钢及其工艺》,《科技史文集》(13),上海:上海科学技术出版社,1985 年。

〔8〕章鸿钊:《洛氏(Laufer)中国伊兰卷金石译证》,《地质专报》乙种第 3 号。

〔9〕章鸿钊:《石雅》(再刊本),1927 年。

〔10〕杨宽:《中国古代冶铁技术发展史》,上海:上海人民出版社,1982 年。

〔11〕谢弗:《唐代的外来文明》,吴玉贵译,北京:中国社会科学出版社,1995 年。(原著:E · H · Shafer, *The Golden Peaches of Samarkand, A study of Tang Exotics*, the University of California Press, 1963.)

〔12〕Jeffrey Wadsworth, Oleg D. Sherby, *On the Bulat – Damascus Steels Revisited*, Progress in Materials Science, Vol. 2, 1980.

〔13〕Oleg D. Sherby, Jeffrey Wadsworth,《大马士革钢》,《科学》(Scientific American 中译本)1985 年第 6 期。

〔14〕张子高、杨根:《镔铁考》,《科学史集刊》(7),北京:科学出版社,1964 年。

〔15〕何堂坤:《关于镔铁的产地和工艺》,《中国国学》(25),台南:台湾省中国国学研究会编印,1997 年。

〔16〕B. Zchokke, *Du Damasse´et des lames de damas*, Revue de metallurgie, No. 21, 1924.

〔17〕周纬:《中国兵器史稿》,北京:生活 · 读书 · 新知三联书店,1957 年。

〔18〕池田温:《中国古代籍帐研究》,东京:东京大学东洋文化研究所,1979 年。

〔19〕李鸿宾:《大谷文书所见镔铁鍮石诸物辨析》,《文史》(34),北京:中

华书局，1992 年。

〔20〕何堂坤：《古代折花钢工艺简介》，《五金科技》1981 年第 4 期。

〔21〕花纹钢模拟试验小组：《关于花纹钢及其模拟试验》，《锻压技术》1988 年第 4 期。

〔22〕钟少异：《6～8 世纪中国武器中的外来影响》，载北京大学考古文博院、大阪经济法科大学编《7～8 世纪东亚地区历史与考古国际学术讨论会论文集》，北京：科学出版社，2001 年。

〔23〕黎瑶渤：《辽宁北票县西官营子北燕冯素弗墓》，《考古》1973 年第 3 期。

〔24〕集安县文管所：《集安万宝汀墓区 242 号古墓清理简报》，《考古与文物》1982 年第 6 期。

〔25〕集安县文管所：《集安高句丽墓葬发掘简报》，《考古》1983 年第 4 期。

〔26〕中国社会科学院考古研究所考古科技实验研究中心：《邺南城出土的北朝铁甲胄》，《考古》1996 年第 1 期。

〔27〕张克举、田立坤：《辽宁发掘北票喇嘛洞鲜卑贵族墓地》，《中国文物报》1996 年 12 月 22 日。

〔28〕辽宁省文物考古研究所、朝阳市博物馆：《朝阳十二台乡砖厂 88M1 发掘简报》，《文物》1997 年第 11 期。

〔29〕原田淑人、驹井和爱：《支那古器图考·兵器篇》，东京：东方文化学院东京研究所，1932 年。

〔30〕西安市文管会：《西安曲江池出土唐代铁铠甲》，《文物》1978 年第 7 期。

〔31〕中国社会科学院考古研究所西安唐城队：《唐大明宫含元殿遗址 1995～1996 年发掘报告》，《考古学报》1997 年第 3 期。

〔32〕中国社会科学院考古研究所：《六顶山与渤海镇：唐代渤海国的贵族墓地与都城遗址》，北京：中国大百科全书出版社，1997 年。

〔33〕Serindia, *Detailed Report of Explorations in Central Asia and Westernmost China*, Vol. 1, 1921.

〔34〕王世襄：《中国古代漆工杂述》，《文物》1979 年第 3 期。

〔35〕《中国博物馆丛书》第 1 卷《陕西省博物馆》，北京：文物出版社，东京：讲谈社，1983 年。

〔36〕冯汉骥：《前蜀王建墓发掘报告》，北京：文物出版社，1964 年。

〔37〕成东、钟少异：《中国古代兵器图集》，北京：解放军出版社，1990 年。

〔38〕云南省文物工作队：《云南昭通后海子东晋壁画墓清理简报》，《文物》1963 年第 12 期。

〔39〕杨泓：《中国古兵器论丛》，北京：文物出版社，1980 年；增订本，1986 年。

〔40〕文化部社会文化事业管理局：《麦积山石窟》，北京，1954 年。

〔41〕《中国美术全集》绘画编（14）《敦煌壁画》，上海：上海人民美术出版社，1985 年。

〔42〕南京博物院：《江苏丹阳胡桥南朝大墓及砖刻壁画》，《文物》1974年第2期。

〔43〕姚迁、古兵：《六朝艺术》，北京：文物出版社，1981年。

〔44〕陕西省文物管理委员会：《陕西省三原县双盛村隋李和墓清理简报》，《文物》1966年第1期。

〔45〕新疆维吾尔自治区博物馆等：《1973年吐鲁番阿斯塔那古墓群发掘简报》，《文物》1975年第7期。

〔46〕新疆维吾尔自治区博物馆：《新疆出土文物》，北京：文物出版社，1975年。

〔47〕河南省文化局文物工作队第二队：《洛阳晋墓的发掘》，《考古学报》1957年第1期。

〔48〕河南省文化局文物工作队第一队：《河南郑州晋墓发掘记》，《考古通讯》1957年第1期。

〔49〕洛阳区考古发掘队：《洛阳烧沟汉墓》，北京：科学出版社，1959年。

〔50〕田立坤、张克举：《前燕的甲骑具装》，《文物》1997年第11期。

〔51〕京都大学文学部考古学研究室：《大谷古坟》，京都，1960年。

〔52〕洪晴玉：《关于冬寿墓的发现和研究》，《考古》1959年第1期。

〔53〕宿白：《朝鲜安岳所发现的冬寿墓》，《文物》1959年第2期。

〔54〕池内宏、梅原末治：《通沟》下卷，日满文化协会，1940年。

〔55〕吉林省博物馆：《吉林辑安麻线沟一号墓壁画》，《考古》1964年第10期。

〔56〕朝鲜民主主义人民共和国文物保存指导局画册编辑室：《高句丽壁画》，平壤：朝鲜中央历史博物馆，1979年。

〔57〕陕西省文物管理委员会：《西安南郊草厂坡村北朝墓的发掘》，《考古》1959年第6期。

〔58〕河南省文物工作队：《邓县彩色画像砖墓》，北京：文物出版社，1958年。

〔59〕谭旦冏：《成都弓箭制作调查报告》，《中央研究院历史语言研究所集刊》(23)，台北，1951年。

〔60〕乌恩、刘国祥、白劲松：《谢尔塔拉I号墓发掘获重大成果》，《中国文物报》1998年12月27日。

〔61〕新疆文物考古研究所：《新疆民丰县尼雅遗址95MNI号墓地M8发掘简报》，《文物》2000年第1期。

〔62〕汉语大词典编辑委员会、汉语大词典编纂处：《汉语大词典》附录·索引卷，上海：汉语大词典出版社，1994年。

〔63〕Joseph Needham, Robin D. S. Yates, with the collaboration of Krzysztof Gawlikowski, Edward McEwen, Wang Ling, *Science and Civilisation in China*, Vol. 5, Part Ⅵ, Millitary Technology: Missiles and Siges, Cambridge University Press, Cambridge, 1994.

〔64〕李约瑟、叶山著，石施道（高利考夫斯基）、麦克尤恩、王铃协助：《中国科学技术史》第5卷第6分册《军事技术：抛射武器和攻守城技术》，钟少异等译，北京：科学出版社，上海：上海古籍出版社，2002年。

〔65〕J. A. Boyle（tr.），The Ta'rikh－i Jahan－Gusha（History of the World Congueror，Chingiz Khan），by 'Alaal－Din 'Ata－Malik〔al－〕Jurvayni（1233－1283），2 vols. Harvard Univ. Press，Cambridge，Mass，Univ. Manchester Press，Manchester，1958.

〔66〕志费尼：《世界征服者史》，何高济译，呼和浩特：内蒙古人民出版社，1980年。

〔67〕南京博物院、南京市文物保管委员会、江苏省文物管理委员会、江苏省博物馆：《江苏省出土文物选集》，北京：文物出版社，1963年。

〔68〕孙机：《床弩考略》，《文物》1985年第5期。

〔69〕吴承洛：《中国度量衡史》，上海：商务印书馆，1937年。

〔70〕曹秀武：《中国历代尺度概述》，载《中国古代度量衡论文集》，郑州：中州古籍出版社，1990年。

〔71〕钟少异主编：《中国古代火药火器史研究》，北京：中国社会科学出版社，1995年。

〔72〕卢本珊、刘诗中：《铜岭商周铜矿开采技术初步研究》，《文物》1993年第7期。

〔73〕卢本栅、张柏春、刘诗中：《铜岭商周矿用桔槔与滑车及其使用方式》，《中国科技史料》第17卷第2期，1996年。

〔74〕银雀山汉墓竹简整理小组编：《孙膑兵法》，北京：文物出版社，1975年。

〔75〕岑仲勉：《墨子城守各篇简注》，北京：中华书局，1958年。

〔76〕叶山：《攻守城器械及东周军事技术》，载李国豪等编《中国科技史探索》，上海：上海古籍出版社，1982年。

〔77〕杨伯峻：《春秋左传注》，北京：中华书局，1981年。

〔78〕高汉玉、史伯奎：《中国古代的纺车和织机》，载自然科学史研究所主编《中国古代科技成就》，北京：中国青年出版社，1978年。

〔79〕何堂坤、赵丰：《中华文化通志·纺织与矿冶志》，上海：上海人民出版社，1998年。

〔80〕刘仙洲：《中国机械工程发明史》第一编，北京：科学出版社，1962年。

〔81〕David Anthony，Dimitri Telegin，Dorcas Brown，《骑马的起源》，《科学》（Scientific American 中译本）1992年第4期。

〔82〕中国社会科学院考古研究所安阳队：《1991年安阳后岗殷墓的发掘》，《考古》1993年第10期。

〔83〕中国社会科学院考古研究所安阳工作队：《殷墟西区发现一座车马坑》，《考古》1984年第6期。

〔84〕石璋如：《小屯（河南安阳殷墟遗址之一）》第一本《遗址的发现与发

掘：丙编·殷墟墓葬之二：中组墓葬》，台北，1972年。

〔85〕中国科学院考古研究所：《沣西发掘报告——1955～1957年陕西长安县沣西乡考古发掘资料》，北京：文物出版社，1962年。

〔86〕北京市文物管理处：《北京地区的又一重要考古收获——昌平白浮西周木椁墓的新启示》，《考古》1976年第4期。

〔87〕中国社会科学院考古研究所、北京市文物工作队琉璃河考古队：《1981～1983年琉璃河西周燕国墓地发掘简报》，《考古》1984年第5期。

〔88〕山西省考古研究所等：《太原晋国赵卿墓》，北京：文物出版社，1996年。

〔89〕孙机：《中国古独辀马车的结构》，《文物》1985年第8期；后收入《中国古舆服论丛》，北京：文物出版社，1993年。

〔90〕杨泓：《骑兵和甲骑具装二论》，《华学》（3），北京：紫禁城出版社，1998年。

〔91〕翟德芳：《北方地区出土之马衔和马镳略论》，《内蒙古文物与考古》（3），1984年。

〔92〕始皇陵秦俑坑考古发掘队：《秦始皇陵东侧第二号兵马俑坑钻探试掘简报》，《文物》1978年第5期。

〔93〕陕西省秦陵考古队等：《秦始皇陵兵马俑》，北京：中国旅游出版社，1983年。

〔94〕陕西始皇陵秦俑坑考古队、秦始皇兵马俑博物馆：《秦始皇陵兵马俑》，北京：文物出版社，1983年。

〔95〕咸阳市文物考古研究所：《咸阳石油钢管钢绳厂秦墓清理简报》，《考古与文物》1996年第5期。

〔96〕桓宽著、王利器校注：《盐铁论校注》，上海：古典文学出版社，1958年。

〔97〕梅原末治：《（增订）洛阳金村古墓聚英》，京都：小林出版部，1944年。

〔98〕陕西省文物管理委员会、咸阳市博物馆：《陕西省咸阳市杨家湾出土大批西汉彩绘陶俑》，《文物》1966年第3期。

〔99〕陕西省文物管理委员会等杨家湾汉墓发掘小组：《咸阳杨家湾汉墓发掘简报》，《文物》1977年第10期。

〔100〕中国对外文物展览公司：《“黄河文明展”图录》，东京：中日新闻社，1986年。

〔101〕《马克思恩格斯全集》（14），中共中央马克思恩格斯列宁斯大林著作编译局译，北京：人民出版社，1964年。

〔102〕史树青：《我国古代的金错工艺》，《文物》1973年第6期。

〔103〕甘肃省博物馆：《武威雷台汉墓》，《考古学报》1974年第2期。

〔104〕林巳奈夫：《汉代の文物》，京都：京都大学人文科学研究所，1976年。

〔105〕广西博物馆：《广西出土文物》，北京：文物出版社，1978年。

〔106〕中国社会科学院考古研究所安阳工作队：《安阳孝民屯晋墓发掘报告》，《考古》1983年第6期。

〔107〕中国社会科学院考古研究所技术室：《安阳晋墓马具复原》，《考古》1983 年第 6 期。

〔108〕湖南省博物馆：《长沙两晋南朝隋墓发掘报告》，《考古学报》1959 年第 3 期。

〔109〕山西省考古研究所、太原市文物管理委员会：《太原市北齐娄叡墓发掘简报》，《文物》1983 年第 10 期。

〔110〕孙机：《唐代的马具与马饰》，《文物》1981 年第 10 期。

〔111〕Joseph Needham, *Science and Civilisation in China*, Vol. 5, Part IV, Cambridge, 1980.

〔112〕张广达：《海舶来天方，丝路通大食——中国与阿拉伯世界的历史联系的回顾》，载周一良主编《中外文化交流史》，郑州：河南人民出版社，1987 年。

〔113〕武威地区博物馆：《甘肃武威南滩魏晋墓》，《文物》1987 年第 9 期。

〔114〕杨泓：《关于铁甲、马铠和马镫问题》，《考古》1961 年第 12 期。

〔115〕杨泓：《中国古代马具的发展和对外影响》，《文物》1984 年第 9 期。

〔116〕齐东方：《中国早期马镫的有关问题》，《文物》1993 年第 4 期。

〔117〕南京市博物馆：《南京象山 5 号、6 号、7 号墓清理简报》，《文物》1972 年第 11 期。

〔118〕辽宁省博物馆文物队、朝阳地区博物馆文物队、朝阳县文化馆：《朝阳袁台子东晋壁画墓》，《文物》1984 年第 6 期。

〔119〕吉林省博物馆文物工作队：《吉林集安的两座高句丽墓》，《考古》1977 年第 2 期。

〔120〕集安县文物保管所：《集安县两座高句丽积石墓的清理》，《考古》1979 年第 1 期。

〔121〕张克举、万欣：《辽宁北票喇嘛洞墓地发掘又获丰收》，《中国文物报》1998 年 12 月 30 日。

〔122〕财团法人古代オリエント博物馆编集：《中国新疆出土文物・シルクロット展》（图录），株式会社旭通信社，1986 年。

〔123〕固原县文物工作站：《宁夏固原北魏墓清理简报》，《文物》1984 年第 6 期。

〔124〕宁夏固原博物馆：《固原北魏漆棺画》，银川：宁夏人民出版社，1988 年。

〔125〕罗伯特・K・G・坦普尔：《中国：发明与发现的国度——中国科学技术史精华》，21 世纪出版社，1995 年。

〔126〕樋口隆康：《镫の发生》，《青陵》（日本）第 19 期，1971 年。

〔127〕杨泓：《新罗“天马冢”马具复原研究——兼谈中国古代马具对海东的影响》，《考古与文物》1985 年第 2 期。

〔128〕申敬澈：《古式镫考》，《古代文化》（日本）第 38 卷第 6 号，1986 年。

〔129〕齐东方：《关于日本藤之木古坟出土马具文化渊源的考察》，《文物》1987 年第 9 期。

〔130〕董高：《公元 3 至 6 世纪慕容鲜卑、高句丽、朝鲜、日本马具之比较研

究》,《文物》1995 年第 10 期。

〔131〕王巍:《从出土马具看三至六世纪东亚诸国的交流》,《考古》1997 年第 12 期。

〔132〕云南省博物馆:《云南晋宁石寨山古墓群发掘报告》,北京:文物出版社,1959 年。

〔133〕云南省博物馆:《云南青铜器》,北京:文物出版社,1981 年。

〔134〕张增祺:《滇国的战马、马具及马镫》,《考古》1997 年第 5 期。

〔135〕张仲葛:《中国古代畜牧兽医方面的成就》,载自然科学史研究所主编《中国古代科技成就》,北京:中国青年出版社,1978 年。

〔136〕Joseph Needham, *Science and Civilisation in China*, Vol. 4, Part Ⅱ, Mechanical Engineering, Cambridge University Press, Cambridge, 1965.

〔137〕谢成侠:《中国养马史》(修订版),北京:农业出版社,1991 年。

〔138〕钟少异:《拍竿考辨及复原研究》,《考古》1996 年第 6 期。

〔139〕周世德:《车船考述》,《文史知识》1988 年第 11 期。

〔140〕木宫泰彦:《日中文化交流史》,胡锡年译,北京:商务印书馆,1980 年。

〔141〕中国航海学会编:《中国航海史》(古代航海史),北京:人民交通出版社,1988 年。

〔142〕索瓦杰(J·Sauvaget):《中国印度见闻录》,穆根来、汶江、黄倬汉译,北京:中华书局,1983 年。

〔143〕桑原陟藏:《蒲寿庚考》,陈裕菁译,上海:中华书局,1954 年。

〔144〕田汝康:《17~19 世纪中叶中国帆船在东南亚洲》,上海:上海人民出版社,1957 年。

〔145〕张俊彦:《古代中国与西亚非洲的海上往来》,北京:海洋出版社,1986 年。

〔146〕沈福伟:《中西文化交流史》,上海:上海人民出版社,1985 年。

〔147〕张星烺:《中西交通史料汇编》(2),北京:中华书局,1977 年。

〔148〕周一良主编:《中外文化交流史》,郑州:河南人民出版社,1987 年。

〔149〕周世德:《沙船考略》,《科学史集刊》(5),北京:科学出版社,1963 年。

〔150〕周世德:《中国古代造船工程技术成就》,自然科学史研究所主编《中国古代科技成就》,北京:中国青年出版社,1978 年。

〔151〕南京博物院:《如皋发现的唐代木船》,《文物》1974 年第 5 期。

〔152〕俞伟超:《邺城调查记》,《考古》1963 年第 1 期。

〔153〕河北省临漳县文保所:《邺城考古调查和钻探简报》,《中原文物》1983 年第 4 期。

〔154〕中国社会科学院考古研究所、河北省文物研究所邺城考古工作队:《河北临漳邺城遗址勘探发掘简报》,《考古》1990 年第 7 期。

〔155〕中国科学院考古研究所洛阳工作队:《汉魏洛阳城初步勘查》,《考古》

1973 年第 4 期。

〔156〕王仲殊：《汉代考古学概说》，北京：中华书局，1984 年。

〔157〕《中国大百科全书 · 考古》，北京 · 上海：中国大百科全书出版社，1986 年。

〔158〕中国社会科学院考古研究所：《新中国的考古发现和研究》，北京：文物出版社，1984 年。

〔159〕中国社会科学院考古研究所洛阳汉魏故城队：《汉魏洛阳故城金墉城址发掘简报》，《考古》1999 年第 3 期。

〔160〕陕西省文管会：《统万城城址勘测记》，《考古》1981 年第 3 期。

〔161〕陕北文物调查征集组：《统万城遗址调查》，《文物参考资料》1957 年第 10 期。

〔162〕侯仁之：《从红柳河上的古城废墟看毛乌素沙漠的变迁》，《文物》1973 年第 1 期。

〔163〕王仲殊：《汉长安城考古工作收获续记——宣平城门的发掘》，《考古通讯》1958 年第 4 期。

〔164〕南京博物院：《扬州古城 1978 年调查发掘简报》，《文物》1979 年第 9 期。

〔165〕纪仲庆：《扬州古城址变迁初探》，《文物》1979 年第 9 期。

〔166〕镇江博物馆：《镇江市东晋晋陵罗城的调查和试掘》，《考古》1986 年第 5 期。

〔167〕刘建国：《晋陵罗城初探》，《考古》1986 年第 5 期。

〔168〕镇江六朝唐宋古城考古队：《江苏镇江花山湾古城遗址 1991 年发掘简报》，《考古》1993 年第 3 期。

〔169〕杨守敬、熊会贞：《水经注疏》，段熙仲点校，陈桥驿复校，南京：江苏古籍出版社，1989 年。

〔170〕中国社会科学院考古研究所洛阳工作队：《北魏永宁寺塔基发掘简报》，《考古》1981 年第 3 期。

〔171〕中国科学院自然科学史研究所主编：《中国古代建筑技术史》，北京：科学出版社，1985 年。

〔172〕中国社会科学院考古研究所洛阳汉魏城工作队：《北魏洛阳外廓城和水道的勘查》，《考古》1993 年第 7 期。

〔173〕中国社会科学院考古研究所、河北省文物研究所邺城考古工作队：《河北临漳县邺南城遗址勘探与发掘》，《考古》1997 年第 3 期。

〔174〕中国社会科学院考古研究所、河北省文物研究所邺城考古工作队：《河北临漳县邺南城朱明门遗址的发掘》，《考古》1996 年第 1 期。

〔175〕傅熹年：《唐长安大明宫玄武门及重玄门复原研究》，《考古学报》1977 年第 2 期。

〔176〕傅熹年：《麦积山石窟中所反映出的北朝建筑》，《文物资料丛刊》（4），北京：文物出版社，1981 年。

〔177〕傅熹年:《中国古代的建筑画》,《文物》1998 年第 3 期。

〔178〕傅熹年:《傅熹年建筑史论集》,北京:文物出版社,1998 年。

〔179〕郭义孚:《邺南城朱明门复原研究》,《考古》1996 年第 1 期。

〔180〕陕西省文物管理委员会:《唐长安城地基初步探测》,《考古学报》1958 年第 3 期。

〔181〕中国科学院考古研究所资料室:《中国科学院考古研究所 1960 年田野工作的主要收获》,《考古》1961 年第 4 期。

〔182〕中国科学院考古研究所西安唐城发掘队:《唐代长安城考古纪略》,《考古》1963 年第 11 期。

〔183〕中国科学院考古研究所西安工作队:《唐代长安城明德门遗址发掘简报》,《考古》1974 年第 1 期。

〔184〕宿白:《隋唐长安城和洛阳城》,《考古》1978 年第 4 期。

〔185〕马得志:《唐代长安与洛阳》,《考古》1982 年第 6 期。

〔186〕中国科学院考古研究所:《唐长安大明宫》,北京:科学出版社,1959 年。

〔187〕傅熹年:《唐长安明德门原状的探讨》,《考古》1977 年第 6 期。

〔188〕杨鸿勋:《唐长安城明德门复原探讨》,《文物》1996 年第 4 期。

〔189〕中国科学院考古研究所洛阳发掘队:《隋唐东都城址的勘查和发掘》,《考古》1961 年第 3 期。

〔190〕中国科学院考古研究所洛阳工作队:《隋唐东都城址的勘查和发掘续纪》,《考古》1978 年第 6 期。

〔191〕河南省博物馆、洛阳博物馆:《洛阳隋唐含嘉仓的发掘》,《文物》1972 年第 3 期。

〔192〕中国社会科学院考古研究所洛阳唐城队:《洛阳隋唐东都城 1982 ~ 1986 年考古工作纪要》,《考古》1989 年第 3 期。

〔193〕中国考古学会编:《中国考古学年鉴(1985)》,北京:文物出版社,1985 年。

〔194〕文物编辑委员会编:《文物考古工作十年(1979 ~ 1989)》,北京:文物出版社,1990 年。

〔195〕陈跃钧、张世松:《荆州城墙考古发掘获丰硕成果》,《中国文物报》1998 年 10 月 7 日。

〔196〕屈定富、常宝琳:《宜昌市发现一座古军垒》,《文物》1987 年第 4 期。

〔197〕吉林省地方志编纂委员会:《吉林省志》卷四十三《文物志》,长春:吉林人民出版社,1991 年。

〔198〕方起东:《吉林辑安霸王朝山城》,《考古》1962 年第 11 期。

〔199〕吉林省文物工作队:《高句丽罗通山城调查简报》,《文物》1985 年第 2 期。

〔200〕陈大为:《桓仁县考古发掘简报》,《考古》1960 年第 1 期。

〔201〕抚顺市博物馆、新宾县文化局:《辽宁省新宾县黑沟高句丽早期山城》,

《文物》1985 年第 2 期。

〔202〕魏存成：《高句丽初中期山城》，《北方文物》1985 年第 2 期。

〔203〕辑安县文物保管所：《辑安高句丽国内城址的调查与试掘》，《文物》1984 年第 1 期。

〔204〕王承礼：《吉林敦化牡丹江上游渤海遗址调查记》，《考古》1961 年第 11 期。

〔205〕刘忠义：《东牟山在哪里》，《学习与探索》1982 年第 4 期。

〔206〕李殿福、孙玉良：《渤海国》，北京：文物出版社，1987 年。

〔207〕王林晏：《玄武岩筑成的纪念碑》，《中国文物报》1999 年 7 月 18 日。

〔208〕黄河水库考古队：《河南陕县刘家渠汉墓》，《考古学报》1965 年第 1 期。

〔209〕甘博文：《甘肃武威雷台东汉墓清理简报》，《文物》1972 年第 2 期。

〔210〕索金星：《河南焦作白庄 6 号东汉墓》，《考古》1995 年第 5 期。

〔211〕谭其骧主编：《中国历史地图集》，上海：地图出版社，1982 年。

〔212〕郭湖生：《台城辨》，《文物》1999 年第 5 期。

〔213〕钟少异：《金戈铁戟——中国古兵器的历史与传统》，北京：解放军出版社，1999 年。

〔214〕曹操等注、郭化若译：《十一家注孙子（附今译）》，上海、北京：中华书局，1962 年。

〔215〕J. R. Partington, *A History of Greek Fire and Gunpowder*, Heffer, Cambridge, 1960.

〔216〕Joseph Needham, *Science and Civilisation in China*, Vol. 5, Part 7, Cambridge, 1986.

〔217〕W. Y. Carman, *A History of Firearms from Earliest Times to* 1914, London, 1955.

〔218〕潘吉星：《中国火箭技术史稿——古代火箭技术的起源和发展》，北京：科学出版社，1987 年。

〔219〕王仲荦：《魏晋南北朝史》，上海：上海人民出版社，1980 年.

〔220〕李文信：《中国北部长城沿革考》（下），《社会科学辑刊》1979 年第 2 期。

〔221〕高廷库、郭泽民：《山海关区古长城考察获新成果》，《中国文物报》1998 年 7 月 12 日。

〔222〕陈从周、陆敬严：《木牛流马辨疑》，《同济大学学报》第 16 卷第 3 期，1988 年。

〔223〕陈全明、陆敬严、李金伯：《复原研究技术的探究》，载《机械技术史——第一届中日机械技术史国际学术会议论文集》，北京：机械工业出版社，1998 年，1999 年。

〔224〕蓝勇：《中国古代栈道的类型及其兴废》，《自然科学史研究》第 11 卷第 1 期，1992 年。

〔225〕陕西省考古研究所：《褒斜道石门附近栈道遗迹及题刻的调查》，《文物》1964 年第 11 期。

〔226〕陕西省考古研究所、汉中市博物馆：《褒斜栈道调查记》，《考古与文物》1980 年第 4 期。

〔227〕王子今、焦南峰：《古武关栈道遗迹调查简报》，《考古与文物》1986 年第 2 期。

〔228〕王子今、周苏平：《子午道秦岭北段栈道遗迹调查简报》，《文博》1987 年第 2 期。

〔229〕郭荣章：《蜀道之谜新探》，《文博》1994 年第 2 期。

〔230〕汉中市蜀道及石门石刻研究会、汉中市博物馆：《蜀道及石门石刻研究论著论文目录索引》，《文博》1994 年第 2 期。

〔231〕张庆捷、赵瑞民：《黄河古栈道的新发现与研究》，《文物》1998 年第 8 期。

〔232〕魏靖宇主编：《中国历史名胜：白帝城》，北京：中国三峡出版社，1995 年。

〔233〕岳涛等主编：《中国三峡》，北京：科学技术文献出版社，1997 年。

〔234〕陆敬严：《蒲津大浮桥考》，《自然科学史研究》第 4 卷第 1 期，1985 年。

〔235〕樊旺林、李茂林：《唐铁牛与蒲津桥》，《考古与文物》1991 年第 1 期。

〔236〕陕西省文物管理委员会：《陕西省出土唐俑选集》，北京：文物出版社，1958 年。

〔237〕商丘市文物工作队：《河南永城市侯岭唐代木船》，《考古》2001 年第 3 期。

〔238〕扬州城考古队：《扬州城考古工作简报》，《考古》1990 年第 1 期。

〔239〕辽宁省文物考古研究所、沈阳市文物考古工作队：《辽宁沈阳市石台子高句丽山城第一次发掘简报》，《考古》1998 年第 11 期。

〔240〕沈阳市文物考古工作队：《辽宁沈阳市石台子高句丽山城第二次发掘简报》，《考古》2001 年第 3 期。

〔241〕北京科技大学冶金与材料史研究所、辽宁省文物考古研究所：《北票喇嘛洞墓地出土铁器的金相实验研究》，《文物》2001 年第 12 期。

〔242〕黄盛璋：《历史地理论集》，北京：人民出版社，1982 年。

后记

本书的撰著，得到了诸多师友的帮助。

杨泓先生的鼎力推荐，促成了我承担此项重要科研任务，也使我有机会对自己以往的学习探讨做一个初步的总结。自我涉足中国古代兵器史和军事技术史以来，泓师一直倾心给予指导，并在图书资料上给予了无私的帮助。

王兆春先生与我合著《中国古代军事工程技术史》（我承担上古至五代卷，王先生承担宋元明清卷），他虚怀若谷，经常就有关问题主动与我交换意见，通过与他话题广泛的平易讨论，使我深受启发和教益。

何堂坤先生作为《中国古代工程技术史大系》的具体主持人，对我的工作给予充分信任，并在撰著过程中，不厌其烦地提供了多方面的帮助。

孙机先生、谭维四先生、韩汝玢先生、华觉明先生、周嘉华先生、张柏春先生、苏荣誉先生、李小娟女士、荣新江先生、刘浦江先生、刘庆先生、李项鸿先生，在学术上给予了宝贵的帮助；程健民先生帮助翻译了英文目录；楼宇栋先生在编辑出版方面付出了诸多辛劳。

值此付梓之际，谨向各位师友致以由衷的谢忱！

此外，中国历史博物馆、河北省文物考古研究所、湖北省博物馆、陕西秦始皇陵兵马俑坑博物馆、山西省考古研究所，分别提供了图片，谨此致以谢意。

钟少异

2002 年岁末

组织者的话

《中国古代工程技术史大系》（简称“大系”）是1995年由中国科学院自然科学史研究所开始策划，1997年正式开始运作的，是中国科学院“九五”立项的重大课题。参加编撰的单位有：中国科学院、中国军事科学院、中国国家博物馆、中国水利水电科学研究院、中国制浆造纸研究院、中国钱币博物馆、中国科技大学、中国矿业大学北京研究生院、中国美术学院、清华大学、南京农业大学、西北农业大学、浙江理工大学、长江水利委员会、云南省轻工设计院、湖北省文物考古研究所、吉林省博物馆、福建省造纸总公司、福州纸业公司、广州市番禺博物馆、四川省自贡市盐业博物馆、河北省铅安市党校文史教研室等有关科研单位和高等院校。“大系”最初设计为10个学科，即采矿、冶铸、机械、建筑、纺织、陶瓷、水利、兵器、日用化工、造纸印刷，大体涵盖了中国古代工程技术的一些主要部门。

“大系”的内容包括三大方面，即：（1）工程技术史，（2）传统技术，（3）技术与社会的关系和技术思想。“大系”的目的，一是增进我们对我国古代工程技术发展状况及其杰出成就的了解，二是使今人能在历史的经验和教训中得到一些有益的启迪和借鉴，并为现代生产和科研服务。《中国古代工程技术史大系》之“大”有两层含义，一方面是言其包含的学科稍多，更为重要的是望其“有容”也。《尚书·君陈》：“有容，德乃大。”

“工程”、“技术”这两个词汇都是产生较早的。“工程”原泛指一切工作、工事和有关程式。《新唐书》卷一二六“魏知古传”：“会造金仙、玉真观，虽盛夏，工程严促。”此指一般工作。《元史》卷一九0“韩性传”：“所著有读书工程，国子监以颁示郡邑校官，为学者式。”此当指某种程式。《红楼梦》卷十七：“园内工程，俱已告竣。”此指与建筑、装修有关的工事。“技术”原指技巧、技艺和方术。《说文解字》：“技，巧也。”《玉篇》：“技，技艺也。”《礼记》卷十三“王制”篇说“技”包括祝、史、射、御、医、卜、百工七个方面。《汉书》卷三十“艺文志·方技”说到过“技术”一词：“汉兴有仓公，今其技术晻昧。”这显然是指医术、技艺。历千百年后，虽然这两个词汇的含义都有了一些发展和变化，但大体上依然承袭了原有的含义。本丛书中的“工程”，多数是“工事”和“程式”的意思，“技术”则较接近于“百工”的技艺和技巧。

“大系”内容的时间范围是从原始社会到1840年，但“传统技术”不受此限，因它指的是古代早已产生，至今仍在沿用，并发挥积极作用的生产技术。

“大系”采用各卷主编负责制，在整个学术活动中，皆遵从“百花齐放、百家争鸣”的方针。

用现代科学的观点来研究我国古代工程技术史之事约始于民国初年。当时，各门现代科学技术皆已传入我国，我国的第一批产业也已出现，第一批具有现代科学知识的工程技术队伍亦开始形成，便为工程技术史研究打下了良好的基础。从民国初年至20世纪末，我国古代工程技术史研究大约经历了四个阶段，即萌芽期，约相当于民国初年至20世纪20年代；初步发展期，约相当于20世纪三四十年代；健步发展期，20世纪50年代至70年代初期；蓬勃发展期，约相当于20世纪70年代中、后期至90年代。我国古代工程技术史研究能取得今日之成果，一方面得益于先人创造的光辉业绩，另一方面则是由于近百年来几代中、外学者，其中包括科技史工作者和考古工作者等的共同探索和努力。

“大系”在策划、立项和编撰过程中，得到了上述参与单位和山西教育出版社的许多支持，本书顾问及科技史界有关学者都给予了许多帮助。其中尤其是我国科技史研究的老前辈、中国科学院院士钱临照先生，以及中国科学院院士席泽宗、雷天觉、汪闻韶、中国工程院院士韩德馨诸位先生，山西教育出版社历任社长总编任兆文、王宇鸿、左执中，责任编辑王佩琼诸位先生，给予了许多支持和帮助。对所有这些支持和帮助，我们将永远铭记，并表示衷心的谢意。

《中国古代工程技术史大系》编委会

2003年10月

图书在版编目(CIP)数据

中国古代军事工程技术史.上古至五代/钟少异著.—太原:山西教育出版社,2008.1
(《中国古代工程技术史大系》路甬祥主编)
ISBN 978-7-5440-3447-0

Ⅰ.中… Ⅱ.钟… Ⅲ.军事技术史-中国-上古~五代十国时期 Ⅳ.E9-092

中国版本图书馆CIP数据核字(2007)第172787号

山西出版集团·山西教育出版社出版发行
(太原市水西门街馒头巷7号)
山西出版集团·山西新华印业有限公司新华印刷分公司印刷
新华书店经销
2008年1月第1版 2008年1月山西第1次印刷
开本:787×1092毫米 1/16 印张:37.75
字数:800千字 印数:1—5000册
定价:136.00元